安徽省高等学校"十二五"规划教材

现代关税与报关实务

主　编　程敏然　董晓波

副主编　郭　琪　吴　用　陈春霞

编　者　（以姓氏笔画为序）
　　　　吴　用　陈春霞　郭　琪
　　　　程敏然　董晓波

图书在版编目(CIP)数据

现代关税与报关实务/程敏然,董晓波主编.—合肥:安徽大学出版社,2015.9(2022.8重印)
安徽省高等学校"十二五"规划教材
ISBN 978-7-5664-0935-5

Ⅰ.①现… Ⅱ.①程… ②董… Ⅲ.①关税－税收管理－中国－高等学校－教材
②进出口贸易－海关手续－中国－高等学校－教材 Ⅳ.①F752.5

中国版本图书馆CIP数据核字(2015)第113067号

现代关税与报关实务

程敏然　董晓波　主编

出版发行：	北京师范大学出版集团 安 徽 大 学 出 版 社 (安徽省合肥市肥西路3号 邮编230039) www.bnupg.com.cn www.ahupress.com.cn
印　　刷：	合肥图腾数字快印有限公司
经　　销：	全国新华书店
开　　本：	184mm×260mm
印　　张：	31.75
字　　数：	787千字
版　　次：	2015年9月第1版
印　　次：	2022年8月第3次印刷
定　　价：	55.00元

ISBN 978-7-5664-0935-5

策划编辑：马晓波	装帧设计：李　军
责任编辑：马晓波	美术编辑：李　军
责任校对：程中业	责任印制：陈　如

版权所有　侵权必究

反盗版、侵权举报电话:0551－65106311
外埠邮购电话:0551－65107716
本书如有印装质量问题,请与印制管理部联系调换。
印制管理部电话:0551－65106311

前言

"现代关税与报关实务"是高校国际经贸类专业的核心课程之一。随着我国进出口业务迅猛发展,就业市场对掌握进出口商品编码、进出口税费核算、进出口报关业务流程、进出口报关单填制等核心技能的报关从业人员需求不断增长,从而推动了"现代关税与报关实务"课程的建设。

近年来,海关通关环境发生了新的变化:

一是区域通关一体化改革深入发展,继京津冀之后,长三角区域通关一体化已经正式启动。据有关消息,海关总署将进一步展开全国性的通关一体化改革,这种海关通关模式的重大变革,势必带来通关运作的创新,使通关效率大大提升,这也将对国际经贸类专业人才培养目标及培养模式产生重大影响。

二是我国自由贸易试验区范围不断扩大,继上海自由贸易区正式启动后,党中央、国务院及时做出了重大决策,建立广东、天津、福建自贸区,这种全力打造中国经济升级版的重大战略布局,必将进一步推进海关监管制度的创新,在企业申报、作业流程、货物流转、税收征管、后续监管等一系列环节上大力推进便利化服务,通关业务势必继续发生新的变化,也将直接影响相关专业课程人才培养的标准及途径。

三是国家取消了报关员资格全国统一考试,取消了报关员资格核准审批,对报关人员从业将不再设置门槛,而是由企事业自主聘用,报关协会自律管理,海关间接管理,这一通关环境的重大变化,也将对"现代关税与报关实务"课程教学目标产生直接影响。

因此,为进一步适应海关通关环境的新变化,适应我国国际经济贸易发展的新形势,着力培养复合型、应用型、国际化国际经贸人才,满足高校和社会学习"现代关税与报关实务"课程的需要,我们在总结了多年教学经验和科研成果的基础上,组织编写了本教材。

本教材的编写宗旨是:以适应应用型本科课程教学需求为主线,以培养学生实践操作能力为目标,重点介绍我国海关进出口货物关税实务、海关监管货物报关实务、海关商品归类实务、海关进出口货物报关单填制实务等基本知识,使学生熟练掌握进出口税费核算与缴纳、我国对外贸易管制措施、进出口货物报关程序、海关商品归类技能、进出口货物报关单填制规范等操作技能,从而不断提升学生的职业素养、职业能力和职业技能。

本教材的编写具有以下特点:

一是以应用型人才培养目标为主线。本教材转变教学思路,努力摒弃过去应试教学模式,把教学目标转变到以培养学生实践能力的基点上,使学生具备从事报关及相关工作岗位的专业技能。例如,本教材加大现代关税实务教学内容,使学生熟练掌握进出口货物完税价格的确定、关税税率的适用、关税税额的核算、主动申报的方式以及关税保全与强制执行措施等操作技能等。

二是以能力培养为核心,整合课程教学内容。本教材将关税实务、报关实务、海关商品归类实务、进出口货物报关实务等内容有机结合起来,内容上前后照应,知识点之间相互衔接。例如,本教材加大进出口商品归类案例教学综合实训,不仅使学生掌握商品编码操作技能,而且以此为起点进行模拟综合实训,使学生系统掌握进口许可证申办、商品检验检疫操作、属地申报口岸验放通关程序、完税价格确定等操作技能。

三是突出教材的实效性。本教材依据国际、国内经济贸易环境与政策的新发展、新变化,及时调整关税实务、报关实务、海关商品归类实务等相关内容,丰富学生的学习内容。例如,本教材重点介绍了电子报关与电子通关系统,使学生掌握电子口岸核心系统的操作技能以及深加工结转网上申报、出品退税网上申报、外汇核销网上申报等应用项目操作技能,体现了"互联网+"模式对教材实操性与时效性要求。

本教材由安徽外国语学院程敏然、安徽财经大学董晓波主编,并负责全书的统稿。具体编写分工如下:董晓波编写第1章、第2章、第3章、第4章;郭琪编写第6章、第7章、第8章、第9章;程敏然编写第10章、第11章;吴用编写第5章、第12章。

在本教材编写过程中,我们参考了国内外许多相关的文献,在此谨向其作者表示衷心的感谢。由于编者水平有限,从事高校应用型教材编写还处在探索与创新阶段,教材难免会有疏漏、错误和不足之处,恳请读者批评指正。

主编程敏然的电子邮箱是 chengminran@sina.com,主编董晓波的电子邮箱是 bim1314@126.com,欢迎读者来邮件交流。

编 者
2015 年 7 月

目录

第 1 章　进出口关税导论　1

- **1.1 进出口税费概述**　〔2〕
  - 1.1.1 关税　〔3〕
  - 1.1.2 进口环节海关代征税　〔5〕
  - 1.1.3 船舶吨税　〔7〕
  - 1.1.4 税款滞纳金　〔7〕
- **1.2 关税征纳理论依据**　〔8〕
  - 1.2.1 理论依据一：实际进出境且有被消费的可能是产生纳税义务的充要条件　〔8〕
  - 1.2.2 理论依据二：是否履行海关监管职责是海关监管货物保管人纳税的充要条件　〔9〕
- **1.3 关税征纳的法律依据**　〔10〕
  - 1.3.1 《海关法》　〔10〕
  - 1.3.2 《进出口关税条例》　〔10〕
  - 1.3.3 海关总署规范性文件　〔11〕
  - 1.3.4 WTO 协议文件　〔11〕
- **1.4 关税征纳的工作流程**　〔12〕
  - 1.4.1 确定完税价格　〔12〕
  - 1.4.2 选择关税税率　〔12〕
  - 1.4.3 计算关税税额　〔12〕
  - 1.4.4 申报纳税　〔12〕
  - 1.4.5 强制纳税　〔12〕
- 习题与实训　〔13〕

第 2 章　进出口货物完税价格的确定　19

- **2.1 进出口货物的价格准则**　〔20〕
  - 2.1.1 进出口货物价格准则的概念　〔20〕

2.1.2　我国现行的价格准则　　　　　　　　　〔20〕
　2.2　一般进口货物完税价格的审定　　　　　　　　〔22〕
　　　2.2.1　成交价格法　　　　　　　　　　　　　〔23〕
　　　2.2.2　相同或类似货物成交价格法　　　　　　〔24〕
　　　2.2.3　倒扣价格法　　　　　　　　　　　　　〔25〕
　　　2.2.4　计算价格法　　　　　　　　　　　　　〔25〕
　　　2.2.5　合理方法　　　　　　　　　　　　　　〔26〕
　2.3　特殊进口货物完税价格的审定　　　　　　　　〔27〕
　　　2.3.1　加工贸易进口料件和制成品的完税价格　〔27〕
　　　2.3.2　从保税区进入非保税区、从出口加工区运往区外、从保税
　　　　　　仓库出库内销的非加工贸易货物的完税价格　〔28〕
　　　2.3.3　其他货物的完税价格　　　　　　　　　〔28〕
　2.4　出口货物完税价格的审定　　　　　　　　　　〔29〕
　习题与实训　　　　　　　　　　　　　　　　　　〔30〕

第3章　进口货物原产地的确定与税率适用　　　37

　3.1　进口货物原产地的确定　　　　　　　　　　〔38〕
　　　3.1.1　原产地含义　　　　　　　　　　　　　〔38〕
　　　3.1.2　原产地类别　　　　　　　　　　　　　〔38〕
　　　3.1.3　原产地认定标准　　　　　　　　　　　〔38〕
　　　3.1.4　申报要求　　　　　　　　　　　　　　〔41〕
　3.2　进口货物原产地证明书　　　　　　　　　　　〔42〕
　　　3.2.1　适用优惠原产地规则的原产地证明书　　〔43〕
　　　3.2.2　适用非优惠原产地规则的原产地证明书　〔44〕
　3.3　税率适用　　　　　　　　　　　　　　　　　〔45〕
　　　3.3.1　税率适用原则　　　　　　　　　　　　〔45〕
　　　3.3.2　税率适用时间　　　　　　　　　　　　〔46〕
　习题与实训　　　　　　　　　　　　　　　　　　〔47〕

第4章　进出口税费的计算　　　55

　4.1　进出口关税税款的计算　　　　　　　　　　　〔56〕
　　　4.1.1　进口关税税款的计算　　　　　　　　　〔56〕
　　　4.1.2　出口关税税款的计算　　　　　　　　　〔59〕
　4.2　进口环节税的计算　　　　　　　　　　　　　〔60〕
　　　4.2.1　消费税税款的计算　　　　　　　　　　〔60〕

    4.2.2 增值税税款的计算 〔61〕
  4.3 船舶吨税的计算 〔62〕
    4.3.1 计算公式 〔62〕
    4.3.2 计算实例 〔62〕
  习题与实训 〔63〕

第5章 进出口税费征收与减免 71

  5.1 进出口税费的缴纳及退补 〔72〕
    5.1.1 税款缴纳的地点与方式 〔72〕
    5.1.2 纳税期限及滞纳金 〔74〕
    5.1.3 税款退还、追补与后续补税 〔76〕
  5.2 税收保全与强制措施 〔81〕
    5.2.1 税收保全 〔81〕
    5.2.2 强制执行 〔82〕
    5.2.3 缴纳税费责任 〔83〕
  5.3 进出口货物税收减免 〔84〕
    5.3.1 法定减免税 〔84〕
    5.3.2 特定减免税 〔84〕
  习题与实训 〔88〕

第6章 报关与海关管理 98

  6.1 海关与报关 〔99〕
    6.1.1 海关的性质与任务 〔99〕
    6.1.2 海关的法律体系 〔101〕
    6.1.3 海关的权力 〔102〕
    6.1.4 海关的管理体制与组织机构 〔106〕
    6.1.5 报关概述 〔109〕
  6.2 报关单位 〔114〕
    6.2.1 报关单位的概念及类型 〔114〕
    6.2.2 报关单位的注册登记 〔114〕
    6.2.3 报关单位的报关行为规则 〔119〕
    6.2.4 报关单位分类管理 〔119〕
  6.3 报关员 〔122〕
    6.3.1 报关员的发展 〔122〕
    6.3.2 报关人员资格 〔123〕

        6.3.3　报关人员的执业　〔124〕
        6.3.4　报关员的海关法律责任　〔125〕
    习题与实训　〔127〕

第7章　我国对外贸易管制　135

    7.1　对外贸易管制概述　〔136〕
        7.1.1　对外贸易管制的含义及特点　〔136〕
        7.1.2　贸易自由化与贸易管制　〔137〕
        7.1.3　对外贸易管制的分类　〔138〕
        7.1.4　对外贸易管制与海关监管　〔138〕
        7.1.5　对外贸易管制的基本框架与法律体系　〔139〕
    7.2　我国对外贸易管制的基本制度　〔141〕
        7.2.1　对外贸易经营者管理制度　〔141〕
        7.2.2　货物与技术进出口许可管理制度　〔141〕
        7.2.3　出入境检验检疫制度　〔147〕
        7.2.4　进出口货物收付汇管理制度　〔149〕
        7.2.5　贸易救济制度　〔150〕
    7.3　我国对外贸易管制主要管理措施　〔152〕
        7.3.1　进出口许可证管理　〔152〕
        7.3.2　进口关税配额管理　〔155〕
        7.3.3　两用物项和技术进出口许可证管理　〔155〕
        7.3.4　自动进口许可证管理　〔155〕
        7.3.5　固体废物进口管理　〔156〕
        7.3.6　野生动植物种进出口管理　〔157〕
        7.3.7　进出口药品管理　〔158〕
        7.3.8　民用爆炸物品进出口管理　〔160〕
        7.3.9　其他货物进出口管理　〔160〕
    习题与实训　〔163〕

第8章　海关监管货物报关程序　171

    8.1　一般进出口货物报关程序　〔172〕
        8.1.1　一般进出口货物概述　〔172〕
        8.1.2　一般进出口货物报关程序　〔174〕
    8.2　保税加工货物报关程序　〔182〕
        8.2.1　保税加工货物报关概述　〔183〕

8.2.2　电子化手册管理下保税加工货物报关程序　〔188〕
　　　8.2.3　电子账册管理下保税加工货物报关程序　〔200〕
　　　8.2.4　出口加工区货物报关程序　〔203〕
　8.3　保税物流货物报关程序　〔210〕
　　　8.3.1　保税仓库货物报关程序　〔210〕
　　　8.3.2　出口监管仓库货物报关程序　〔214〕
　　　8.3.3　保税物流中心货物报关程序　〔216〕
　　　8.3.4　保税物流园区货物报关程序　〔218〕
　　　8.3.5　保税区进出货物报关程序　〔221〕
　8.4　减免税货物报关程序　〔224〕
　　　8.4.1　减免税货物概述　〔224〕
　　　8.4.2　减免税货物报关程序　〔225〕
　8.5　暂准进出境货物报关程序　〔228〕
　　　8.5.1　暂准进出境货物概述　〔228〕
　　　8.5.2　使用ATA单证册报关的暂准进出境报关程序　〔229〕
　　　8.5.3　不使用ATA单证册报关的暂准进出境展览品报关程序　〔231〕
　　　8.5.4　暂准进出境的集装箱箱体报关程序　〔234〕
　　　8.5.5　其他暂准进出境货物报关程序　〔234〕
　8.6　其他进出境货物报关程序　〔237〕
　　　8.6.1　过境、转运、通运货物报关程序　〔237〕
　　　8.6.2　加工贸易不作价设备报关程序　〔238〕
　　　8.6.3　出料加工货物报关程序　〔241〕
　　　8.6.4　无代价抵偿货物报关程序　〔241〕
　　　8.6.5　进出境修理货物报关程序　〔244〕
　　　8.6.6　退运货物报关程序　〔245〕
　　　8.6.7　溢卸和误卸、放弃、超期未报货物报关程序　〔248〕
习题与实训　〔253〕

第9章　电子报关与电子通关系统　265

　9.1　电子口岸简介　〔266〕
　　　9.1.1　电子报关概述　〔266〕
　　　9.1.2　电子通关系统　〔267〕
　9.2　报关申报系统　〔270〕
　　　9.2.1　QP系统申报　〔270〕
　　　9.2.2　QP系统申报主要注意事项　〔271〕

9.3 深加工结转系统 〔272〕
　　9.3.1 深加工结转系统概述 〔272〕
　　9.3.2 深加工结转系统操作 〔272〕
9.4 减免税与出口退税系统 〔283〕
　　9.4.1 减免税与出口退税系统概述 〔283〕
　　9.4.2 减免税与出口退税系统操作 〔283〕
9.5 进出口收付汇系统 〔285〕
　　9.5.1 进口付汇系统 〔285〕
　　9.5.2 出口收汇系统 〔286〕
习题与实训 〔290〕

第10章 进出口商品归类实务　293

10.1 《商品名称及编码协调制度》 〔295〕
　　10.1.1 《商品名称及编码协调制度》的产生 〔295〕
　　10.1.2 《协调制度》的基本结构 〔296〕
　　10.1.3 《协调制度》的分类原则 〔297〕
10.2 我国海关进出口商品分类 〔298〕
　　10.2.1 我国海关进出口商品的分类目录 〔298〕
　　10.2.2 我国海关进出口商品分类目录的基本结构 〔298〕
　　10.2.3 我国海关进出口商品分类目录的基本内容 〔299〕
10.3 《协调制度》归类总规则 〔301〕
　　10.3.1 《协调制度》归类规则一 〔301〕
　　10.3.2 《协调制度》归类规则二 〔302〕
　　10.3.3 《协调制度》归类规则三 〔304〕
　　10.3.4 《协调制度》归类规则四 〔307〕
　　10.3.5 《协调制度》归类规则五 〔308〕
　　10.3.6 《协调制度》归类规则六 〔309〕
10.4 进出口货物商品归类的海关管理 〔312〕
　　10.4.1 商品归类的依据 〔312〕
　　10.4.2 《规范申报目录》及商品归类的申报要求 〔312〕
　　10.4.3 商品归类的修改 〔313〕
　　10.4.4 我国海关商品预归类管理 〔313〕
　　10.4.5 商品归类决定及其他管理要求 〔314〕
10.5 各类进出口商品归类技能 〔315〕
　　10.5.1 动物、植物产品的归类 〔315〕
　　10.5.2 矿产品的归类 〔322〕

　　　　10.5.3　化学工业产品的归类　　　　　　　　　〔325〕
　　　　10.5.4　轻纺工业产品的归类　　　　　　　　　〔333〕
　　　　10.5.5　贵金属、贱金属及其制品的归类　　　　〔341〕
　　　　10.5.6　机电、车辆及仪器的归类　　　　　　　〔347〕
　　　　10.5.7　杂项制品的归类　　　　　　　　　　　〔356〕
　　习题与实训　　　　　　　　　　　　　　　　　　　〔361〕

第11章　进出口报关单填制　　　　　　　　　　　　366

　　11.1　进出口货物报关单　　　　　　　　　　　　〔367〕
　　　　11.1.1　报关单的含义和类别　　　　　　　　　〔367〕
　　　　11.1.2　进出口货物报关单各联的用途　　　　　〔368〕
　　　　11.1.3　进出口货物报关单的法律效力　　　　　〔368〕
　　　　11.1.4　海关对填制报关单的一般要求　　　　　〔368〕
　　11.2　进出口货物报关单表头栏目的填报　　　　　〔370〕
　　　　11.2.1　进口口岸/出口口岸　　　　　　　　　〔370〕
　　　　11.2.2　备案号　　　　　　　　　　　　　　　〔371〕
　　　　11.2.3　进口日期/出口日期　　　　　　　　　〔372〕
　　　　11.2.4　申报日期　　　　　　　　　　　　　　〔373〕
　　　　11.2.5　经营单位　　　　　　　　　　　　　　〔373〕
　　　　11.2.6　运输方式　　　　　　　　　　　　　　〔376〕
　　　　11.2.7　运输工具名称/航次号　　　　　　　　〔377〕
　　　　11.2.8　提运单号　　　　　　　　　　　　　　〔380〕
　　　　11.2.9　收货单位/发货单位　　　　　　　　　〔382〕
　　　　11.2.10　贸易方式（监管方式）　　　　　　　　〔383〕
　　　　11.2.11　征免性质　　　　　　　　　　　　　〔387〕
　　　　11.2.12　征免比例/结汇方式　　　　　　　　　〔390〕
　　　　11.2.13　许可证号　　　　　　　　　　　　　〔391〕
　　　　11.2.14　起运国（地区）/运抵国（地区）　　　　〔391〕
　　　　11.2.15　装货港/指运港　　　　　　　　　　　〔393〕
　　　　11.2.16　境内目的地/境内货源地　　　　　　　〔395〕
　　　　11.2.17　批准文号　　　　　　　　　　　　　〔395〕
　　　　11.2.18　成交方式　　　　　　　　　　　　　〔396〕
　　　　11.2.19　运费　　　　　　　　　　　　　　　〔397〕
　　　　11.2.20　保险费　　　　　　　　　　　　　　〔399〕
　　　　11.2.21　杂费　　　　　　　　　　　　　　　〔399〕
　　　　11.2.22　合同协议号　　　　　　　　　　　　〔400〕

  11.2.23 件数 〔400〕
  11.2.24 包装种类 〔401〕
  11.2.25 毛重(千克) 〔401〕
  11.2.26 净重(千克) 〔402〕
  11.2.27 集装箱号 〔402〕
  11.2.28 随附单证 〔403〕
  11.2.29 用途/生产厂家 〔405〕
  11.2.30 标记唛码及备注 〔406〕
 11.3 进出口货物报关单表体栏目的填制 〔410〕
  11.3.1 项号 〔410〕
  11.3.2 商品编号 〔411〕
  11.3.3 商品名称、规格型号 〔411〕
  11.3.4 数量、单位 〔412〕
  11.3.5 原产国(地区)/最终目的国(地区) 〔414〕
  11.3.6 单价、总价、币制 〔415〕
  11.3.7 征免 〔416〕
 11.4 报关单填制栏目对应关系 〔418〕
  11.4.1 报关单各栏目内容与主要商业、货运单证的对应关系〔418〕
  11.4.2 加工贸易货物报关单填制各栏目对应关系 〔419〕
  11.4.3 减免税进口设备报关单各栏目填报内容及对应关系 〔422〕
  11.4.4 加工贸易进口设备报关单各栏目对应关系 〔423〕
  11.4.5 暂准进出境货物报关单部分栏目对应关系 〔424〕
  11.4.6 无代价抵偿、一般退运、直接退运货物报关单部分栏目
     一般对应关系 〔424〕
 11.5 其他进出境报关单 〔426〕
  11.5.1 保税区进出境货物备案清单 〔426〕
  11.5.2 出口加工区进出境货物备案清单 〔426〕
  11.5.3 过境货物报关单 〔427〕
  11.5.4 进(出)境快件报关单 〔427〕
  11.5.5 暂准进口单证册 〔427〕
  11.5.6 集中申报清单 〔427〕
 习题与实训 〔429〕

第12章 与报关工作相关的海关法律制度   435

 12.1 海关统计制度 〔437〕
  12.1.1 海关统计制度的内涵 〔437〕
  12.1.2 海关统计制度的基本内容 〔438〕

12.2 海关稽查制度 〔442〕
  12.2.1 海关稽查制度的内涵 〔442〕
  12.2.2 海关稽查制度的基本内容 〔443〕
12.3 海关事务担保制度 〔447〕
  12.3.1 海关事务担保制度的内涵 〔447〕
  12.3.2 海关事务担保制度的主要内容 〔449〕
12.4 知识产权海关保护制度 〔452〕
  12.4.1 知识产权海关保护制度的内涵 〔452〕
  12.4.2 知识产权海关保护制度的基本内容 〔453〕
12.5 海关行政许可制度 〔459〕
  12.5.1 海关行政许可制度的内涵 〔459〕
  12.5.2 海关行政许可制度的基本内容 〔460〕
12.6 海关行政处罚制度 〔463〕
  12.6.1 海关行政处罚制度的内涵 〔463〕
  12.6.2 海关行政处罚制度的基本内容 〔464〕
12.7 海关行政复议制度 〔470〕
  12.7.1 海关行政复议制度的内涵 〔470〕
  12.7.2 海关行政复议制度的基本内容 〔471〕
12.8 海关行政申诉制度 〔475〕
  12.8.1 海关行政申诉制度概述 〔475〕
  12.8.2 海关行政申诉制度的基本内容 〔475〕
12.9 海关行政裁定制度 〔478〕
  12.9.1 海关行政裁定制度的内涵 〔478〕
  12.9.2 海关行政裁定制度的主要内容 〔478〕
习题与实训 〔482〕

参考文献 492

第1章 进出口关税导论

教学目标

通过本章学习了解关税和进口环节代征税的内容、船舶吨税的内涵,以及滞纳金的含义。理解关税征纳的理论依据和法律依据。掌握关税征纳的流程。

教学要求

知识要点	能力要求	相关知识
进出口税费概述	(1)能够熟悉关税进口环节代征税的征收程序 (2)能够明晰船舶吨税征收的对象和滞纳金征收的额度及程序	(1)关税的含义和种类 (2)进口环节代征税的含义和种类 (3)船舶吨税的含义和征收目的 (4)税款滞纳金的计算
关税征纳的理论依据	(1)能够理解关税征纳的两个理论依据 (2)能够运用关税征纳的理论依据解释不同货物报关时的关税征纳特征	(1)不同货物报关的特征 (2)不同货物采用不同关税措施的原因
关税征纳的法律依据	(1)熟练掌握关税征纳的四个法律依据 (2)了解不同法律依据的适用范围	(1)法律依据与理论依据之间的联系和区别 (2)运用法律依据解释不同案例的处理
关税征纳的工作流程	(1)熟练掌握关税征纳的步骤 (2)了解关税征纳与其他报关程序的前后联系	(1)从进出口整个流程把握关税征纳的程序 (2)关税征纳与其他进出口环节的联系

案例导入

完税价格的确定

过完春节,大学生小孟想买台苹果笔记本电脑,心里盘算着从国外买要比国内买划算多了,于是托朋友从日本买一台邮寄回国。在收到朋友已将电脑寄出的消息后,她就天天憧憬着用上新电脑。没过多久,小孟接到邮局的电话,告知她去海关缴纳关税后领取电脑。小孟心想,交税是每一位公民应尽的神圣义务,作为一名大学生更加责无旁贷。于是她兴冲冲地到海关准备交税后领取自己的苹果笔记本电脑。可是,到了海关后她发现,在没有查验发票的情况下,笔记本电脑被估价为9000元,征收了10%计900元的进口关税。这下小孟不高兴了,电脑原价才6000元,为什么不按实际价格征税而是按估价9000元征税呢?这要多花好几百块,小孟觉得很冤枉,于是决定向上一级海关提起行政复议。复议机关经审理认为,小孟提供的发票显示该笔记本电脑在日本的实际购买价格是88800日元,约合人民币6000元,按照《中华人民共和国海关总署公告》〔2012年第15号〕的有关规定,该笔记本电脑的实际购买价格是《中华人民共和国进境物品完税价格表》中列明的键盘式笔记本电脑完税价格的2倍以上,海关应按照实际价格征税,即应征600元而非900元。综上,复议机关认为该海关的征税决定认定事实不清、证据不足,根据《中华人民共和国行政复议法》第二十八条第一款第(一)项的规定,作出撤销原征税的决定,责令被申请人在30天内重新作出征税决定。

1.1 进出口税费概述

征收关税和签发许可证是外贸管制的两大重要措施,也是报关中的关键环节和需要重点考虑的事项。关税属于进出口税费体系。进出口税费是指在进出口环节中由海关依法征收的关税、消费税、增值税、船舶吨税等税费。依法征收税费是海关的重要任务之一,依法缴纳税费是有关纳税义务人的基本义务,也是报关员必备的报关技能。

我国进出口环节税费征纳的法律依据主要是《中华人民共和国海关法》(以下简称《海关法》)、《中华人民共和国进出口关税条例》(以下简称《进出口关税条例》)以及其他有关法律、行政法规。

表1-1 进出口税费概览

种 类			概 念
关税	进口关税	从价税	以货物价格为计税标准
		从量税	以货物数量为计税标准
		复合税	同时以价格和数量计税
		滑准税	预先按产品的价格高低分档制定若干不同的税率,然后根据进口商品价格的变动而增减进口税率的一种关税
	出口关税		以出境货物和物品为课税对象所征收的关税
海关代征税	增值税		以新增价值为课税对象的一种流转税
	消费税		以消费品或消费行为的流转额作为课税对象而征收的一种流转税
船舶吨税			船舶吨税是由海关在设关口岸对进出、停靠我国港口的国际航行船舶代为征收的一种使用税
税款滞纳金			逾期缴纳进出口货物的关税、进口环节增值税、消费税、船舶吨税

1.1.1 关税

关税是海关代表国家,按照国家制定的关税政策和公布实施的税法及进出口税则,对准许进出关境的货物和物品征收的一种流转税。"关税"的概念与"关境"紧密相连。关境是指实施同一海关法规和关税制度的境域,即国家(地区)行使海关主权的执法空间,又称"税境"或"海关境域"。我国的关境范围是除享有单独关境地位的地区以外的中华人民共和国的全部领域,包括领水、领土和领空。目前我国的单独关境有香港、澳门和台、澎、金、马单独关税区,它们各自实行单独的海关制度。

关税的征税主体是国家,由海关代表国家向纳税义务人征收。关税的征收对象是进出关境的货物和物品。

关税纳税义务人是指依法负有直接向国家缴纳关税义务的单位或个人,亦称为"关税纳税人"或"关税纳税主体"。我国关税的纳税义务人有:进口货物的收货人、出口货物的发货人、进(出)境物品的所有人。

关税是国家税收的重要组成部分,征收关税是国家保护国内经济、实施财政政策、调整产业结构、发展进出口贸易的重要手段,也是世界贸易组织允许各缔约方对各自国民经济进行保护的一种手段。

1. 进口关税

进口关税是指一国海关以进境货物和物品为征税对象所征收的关税。在国际贸易中,征收进口关税一直被各国公认为是一种重要的经济保护手段。

目前,我国进口关税可分为从价税、从量税、复合税以及滑准税。

(1)从价税:价格和税额成正比例关系,是包括中国在内的大多数国家使用的主要计税标准。我国对进口货物征收进口关税主要采用从价税计税标准。

(2)从量税:以货物计量单位如重量、数量、容量等作为计税标准。我国目前对原油、啤酒、胶卷和冻鸡等进口商品征收从量关税。

(3)复合税:从价、从量两种计税标准各有优缺点,两者混合使用可以取长补短,有利于关税作用的发挥。我国目前对录像机、放像机、摄像机、非家用型摄影一体机、部分数字照相机等进口商品征收复合关税。

(4)滑准税:滑准税是在《进出口税则》中预先按产品的价格高低分档制定若干不同的税率,然后根据进口商品价格的变动而增减进口税率的一种关税。当商品价格上涨时采用较低的税率,当商品价格下跌时则采用较高的税率,其目的是使该种商品的国内市场价格保持稳定。

进口关税还有正税与附加税之分。世界贸易组织不准其成员方在一般情况下随意征收进口附加税,只有符合世界贸易组织反倾销、反补贴条例规定的,才可以征收。

2. 进口附加税

进口附加税是指进口国海关对进口的外国商品在征收进口正税之外,出于某种特定的目的而额外加征的关税。进口附加税不同于进口税,在一国的《海关税则》中并不能找到,也不像进口税那样受到严格的约束,其税率的高低往往视征收的具体目的而定。征收进口附加税是限制商品进口的重要手段,在特定时期会起到较大作用。一般来说,进口附加税都会针对个别国家和特定的商品。进口附加税主要包括反倾销税、反补贴税、紧急关税、惩罚关税和报复关税5种。

反倾销税是指对实行倾销的进口货物所征收的一种临时性进口附加税。反倾销税一般按倾销差额征收,由此抵消低价倾销商品价格与该商品正常价格之间的差额。而且,征收反倾销税的期限也不得超过为抵消倾销所造成的损害所必需的期限。一旦损害得到弥补,进口国应立即停止征收反倾销税。若被指控倾销的出口商愿意作出"价格承诺",即愿意修改其产品的出口价格或停止低价出口的做法,进口国有关部门在认为这种方法足以消除出口商倾销行为所造成的损害时,可以暂停或终止对该产品的反倾销调查,不采取临时反倾销措施或者不予以征收反倾销税。

反补贴税又称为"反津贴税"、"抵消税"或"补偿税",是指进口国为了抵消某种进口商品在生产、制造、加工、买卖、输出过程中所接受的直接或间接的任何奖金或补贴而征收的一种进口附加税。征收反补贴税的目的在于增加进口商品的价格,抵消其所享受的补贴金额,削弱其竞争能力,使其不能在进口国的国内市场上进行低价竞争或倾销。征收反补贴税必须证明补贴的存在及这种补贴与损害之间的因果关系。如果出口国对某种出口产品实施补贴的行为对进口国国内某项已建的工业造成重大损害或产生重大威胁,或严重阻碍国内某一工业的新建时,进口国可以对该种产品征收反补贴税。反补贴税税额一般按出口国对出口商的奖金或补贴的数额征收,不得超过该产品接受补贴的净额,且征税期限不得超过5年。另外,对于接受补贴的倾销商品,不能既征反倾销税,同时又征反补贴税。

紧急关税是为消除外国商品在短期内大量进口,对国内同类产品生产造成重大损害或产生重大威胁而征收的一种进口附加税。当短期内,外国商品大量涌入时,一般正常关税已难以起到有效保护作用,因此需借助税率较高的特别关税来限制进口,保护国内生产。例如,澳大利亚曾受到外国涤纶和棉纶进口的冲击,为保护国内生产,澳大利亚决定征收紧急关税,在每磅20澳分的正税外另加征每磅48澳分的进口附加税。由于紧急关税是在紧急情况下征收的,是一种临时性关税,因此当紧急情况缓解后,紧急关税必须撤除,否则会受到别国的关税报复。

惩罚关税是指出口国某商品违反了与进口国之间的协议,或者未按进口国海关规定办理进口手续时,由进口国海关向该进口商品征收的一种临时性进口附加税。这种特别关税具有惩罚或罚款性质。例如,日本半导体元件出口商曾因违反了与美国达成的自动出口限制协定,被美国征收100%的惩罚关税。又如,某进口商虚报成交价格,以低价假报进口手续,一经发现,进口国海关将对该进口商征收特别关税作为罚款。

报复关税是指一国为报复他国对本国商品、船舶、企业、投资或知识产权等方面的不公正待遇,对从该国进口的商品所课征的进口附加税。通常在对方取消不公正待遇时,报复关税也会相应取消。然而,报复关税也像惩罚关税一样易引起他国的反报复,最终导致关税战。例如,乌拉圭回合谈判期间,美国和欧洲联盟就农产品补贴问题发生了激烈的争执,美国提出一个"零点方案",要求欧盟10年内将补贴降为零,否则除了向美国农产品增加补贴,还要对欧盟进口商品增收200%的报复关税。欧盟也不甘示弱,扬言反报复。双方剑拔弩张,若不是最后相互妥协,就差点葬送了这一轮谈判的成果。

资料卡

为什么征收反倾销税

低价倾销是商家为打开国外市场经常采用的营销策略,是恶性竞争的表现。反倾销税是为抵制外国商品倾销进口,保护国内生产而征收的一种进口附加税,即在倾销商品进口时除征收进口关税外,再征收反倾销税。反倾销税由海关负责征收,其税额不超出倾销差额。反倾销税是我国目前征收的主要进口附加税之一。

为应对他国对我国出口产品实施的歧视性关税或待遇,我国还相应对其产品征收特别关税作为临时保障措施。特别关税是为抵制外国对本国出口产品的歧视而对原产于该国的进口货物特别征收的一种加重关税。《进出口关税条例》规定,任何国家或者地区违反与中华人民共和国签订或者共同参加的贸易协定及相关协定,对中华人民共和国在贸易方面采取禁止、限制、加征关税或者其他影响正常贸易的措施的,对原产于该国家或者地区的进口货物可以征收报复性关税,适用报复性关税税率。征收报复性关税的货物、适用国别、税率、期限和征收办法,由国务院关税税则委员会决定并公布。

3. 出口关税

出口关税是一国海关以出境货物和物品为课税对象所征收的关税。为鼓励出口,世界各国一般不征收出口税或仅对少数商品征收出口税。征收出口关税的主要目的是限制、调控某些商品的过激、无序出口,特别是防止本国一些重要自然资源和原材料的出口。我国目前征收的出口关税都是从价税。

根据《进出口关税条例》的规定,适用出口税率的出口货物有暂定税率的,应当使用暂定税率。除法律、法规有明确规定可以免征出口关税外,对外商投资企业出口的应税商品,一律照章征收出口关税。

4. 暂准进出境货物进出口关税

海关按照审定进出口货物完税价格的有关规定和海关接受该货物申报进出境之日使用的计征汇率、税率,审核确定其完税价格、按月征收税款,或者自规定期限内货物复运出境或者复运进境时征收税款。暂准进出境货物在规定期限届满后不再复运出境或者复运进境的,纳税义务人应当在规定期限届满前向海关申报办理进出口及纳税手续,缴纳剩余税款。

计征税款的期限为 60 个月。不足 1 个月但超过 15 天的,按 1 个月计征;不超过 15 天的,免予计征。计征税款的期限自货物放行之日起计算。

1.1.2 进口环节海关代征税

进口环节海关代征税包括两种,即增值税和消费税。

1. 增值税

增值税是以商品的生产、流通和劳务服务各个环节所创造的新增价值作为课税对象而征收的一种流转税。我国自 1994 年起全面推行并采用国际通行的增值税制。这有利于促进专业分工与协作,体现税负的公平合理,稳定国家财政收入,同时也有利于出口退税的规范操作。

我国增值税的征收原则是中性、简便、规范。进口货物纳税人(进口人或者其代理人)向报关地海关申报纳税。进口环节增值税的缴纳期限与关税相同。对纳税人销售或者进口低税率和零税率以外货物,提供加工、修理、修配劳务的,税率为17%。对纳税人销售或者进口下列货物,按低税率13%计征增值税:

(1)粮食、食用植物油。
(2)自来水、暖气、冷气制品、热气、煤气、石油液化气、天然气、沼气、居民用煤炭制品。
(3)图书、报纸、杂志。
(4)饲料、化肥、农药、农机、农膜。
(5)国务院规定的其他货物。

2. 消费税

消费税是以消费品或消费行为的流转额作为课税对象而征收的一种流转税。我国消费税的立法宗旨和原则是调节我国的消费结构,引导消费方向,确保国家财政收入。我国消费税是在对货物普遍征收增值税的基础上,选择少数消费品再予征收的税。我国消费税采用价内税计算方法,即计税价格的组成中包括了消费税税额。

进口环节消费税除国务院另有规定者外,一律不得给予减税、免税。进口的应税消费品,由纳税人(进口人或者其代理人)向报关地海关申报纳税。进口环节消费税的缴纳期限与关税相同。

消费税的征税范围,主要是根据我国经济社会发展现状和现行消费政策、人民群众的消费结构以及财政需要,并借鉴国外的通行做法确定的。消费税的征收范围,仅限于少数消费品,征税的消费品大体可分为以下四种类型:

(1)一些过度消费会对人的身体健康、社会秩序、生态环境等方面造成危害的特殊消费品,例如烟、酒、酒精、鞭炮、焰火等。
(2)奢侈品、非生活必需品,例如贵重首饰及珠宝玉石、化妆品及护肤护发品等。
(3)高能耗的高档消费品,例如小轿车、摩托车、汽车轮胎等。
(4)不可再生和不可替代的资源类消费品,例如汽油、柴油等。

资料卡

特殊商品征收消费税的管理

有一些特殊的商品征收消费税经过了几次管理的改动。从2002年1月1日起,进口钻石及钻石饰品消费税改由税务部门在零售环节征收,进口环节不再征收。

从2002年6月1日起,除加工贸易外,进出口钻石统一集中到上海钻石交易所办理报关手续,其他口岸均不得进出口钻石。

自2004年3月1日起,国家对进口卷烟征收进口环节消费税时,同时征收消费税定额税和从价税。计征从价税时,应首先根据确定消费税使用比例税率的价格确定进口卷烟所使用的消费税税率,而后再根据组成计税价格和所使用的消费税税率,征收应纳税款。

自2008年3月5日起,对进口溶剂油、石脑油、润滑油、燃料油(蜡油除外)恢复按法定税率征收消费税。

1.1.3 船舶吨税

船舶吨税是海关在设关口岸对进出、停靠我国港口的国际航行船舶代为征收的一种使用税。征收船舶吨税的目的是用于航道设施的建设。

根据我国《船舶吨税暂行办法》的规定,国际航行船舶在我国港口行驶,使用了我国的港口和助航设备,应缴纳一定的税费。凡征收了船舶吨税的船舶不再征收车船使用税;对已经征收车船使用税的船舶,不再征收船舶吨税。

船舶吨税分为优惠税率和普通税率两种。凡与中华人民共和国签订互惠协议的国家或地区适用船舶吨税优惠税率,未签订互惠协议的适用船舶吨税普通税率。根据规定,香港、澳门回归后,香港、澳门特别行政区为单独关税区。对于香港、澳门特别行政区海关已征收船舶吨税的外国籍船舶,进入内地港口时,仍应照章征收船舶吨税。

国家对吨位的丈量是依据船舱的结构,即封闭式和开放式两种,封闭式为大吨位,开放式为小吨位。我国现行规定,凡同时持有大小吨位两种吨位证书的船舶,不论实际装货情况如何,一律按大吨位计征吨税。

船舶吨税按净吨位计征。净吨位计算公式为:

净吨位＝船舶的有效容积×吨/立方米

船舶吨税采用定额税率,按船舶净吨位的大小分等级设置单位税额,分 30 日、90 日和 1 年三种不同的税率,并实行复式税率,具体分为两类:普通税率和优惠税率。中华人民共和国籍的应税船舶,船籍国(地区)与中华人民共和国签订含有相互给予船舶税费最惠国待遇条款的条约或者协定的应税船舶,适用优惠税率。其他应税船舶,适用普通税率。吨税的计算公式是:

应纳船舶吨税税额＝注册净吨位×船舶吨税税率(元/净吨)

船舶吨税起征日为"船舶直接抵口之日",即进口船舶应自申报进口之日起征收。如进境后驶达锚地的,以船舶抵达锚地之日起计算;进境后直接靠泊的,以靠泊之日起计算。

具有下列情况之一的,海关凭船舶负责人或其代理人提供的有效证明文件,在 1 年内办理船舶吨税的退补手续:船舶负责人因不明规定而造成重复缴纳船舶吨税的;其他原因造成错征、漏征的。

1.1.4 税款滞纳金

1. 征收范围

征收滞纳金是海关税收管理中的一种行政强制措施。在海关监督管理中,滞纳金则指应纳关税的单位或个人因在规定期限内未向海关缴纳税款而依法应缴纳的款项。按照规定,关税、进口环节增值税、消费税、船舶吨税等的纳税人或其代理人,应当自海关填发税款缴款书之日起 15 日内缴纳进口税款,逾期缴纳的,海关依法在原应纳税款的基础上,按日加收滞纳税款所应缴纳的滞纳金。征收滞纳金的目的在于通过纳税人承担增加的经济制裁责任,促使其尽早履行纳税义务。

海关对滞纳金的征收是自缴纳期限届满次日起,至进出口货物的纳税(费)义务人缴纳税费之日止,其中的法定节假日不予扣除。

旅客和个人邮递物品不征收滞纳金。

2.征收标准

根据我国《海关法》和《进出口关税条例》的规定,逾期缴纳的进出口货物的关税、进口环节增值税、消费税、船舶吨税等,由海关按日征收 0.5‰ 滞纳金。滞纳金起征额为 50 元,不足 50 元的免予征收。

具体计算公式是:

关税滞纳金金额＝滞纳关税税额×0.5‰×滞纳天数

进口环节海关代征税滞纳金金额＝滞纳代征税税额×0.5‰×滞纳天数

案例讨论

出口关税的秘密

俄罗斯海关在线网站 2014 年 7 月 24 日报道,俄罗斯联邦政府决定对非合金镍和阴极铜实行零出口关税税率。相关法令由政府总理德米特里·梅德韦杰夫于 7 月 22 日签署。法令将自正式公布之日起 30 天后生效。目前,俄罗斯镍的出口关税税率为 3.75%,铜的出口关税税率为 10%。根据俄罗斯在加入世界贸易组织时所作的承诺,镍和铜出口关税逐步降低,并最终从 2016 年 9 月 1 日起完全取消。全球最大的镍生产商和铜主要生产商——俄罗斯"诺里尔斯克镍业"公司建议加速取消镍和铜的出口关税。诺里尔斯克镍业公司占有世界镍产量的 17%、铜产量的 2%,而取消关税后诺里尔斯克镍业的效益到 2016 年底估计可达 110 亿卢布。节省的资金将用于关闭 1942 年投产且已经落后低效的尼克尔镍生产厂。在关闭尼克尔镍生产厂的同时将对诺里尔斯克工业区进行技术改造,诺里尔斯克镍业预计为该计划投资总额 700 亿卢布。根据上述案例,分组讨论,并选代表回答以下问题:

1. 进口关税和出口关税的设置目的有何不同?
2. 不同货物出口关税的操作有何区别?

1.2 关税征纳理论依据

为什么要对进出一国或地区的商品征收关税,纳税人在什么情况下应该缴纳关税,这不仅是一个现实操作问题,更是涉及贸易管制的发展问题,要求我们从理论的高度加以把握。

1.2.1 理论依据一:实际进出境且有被消费的可能是产生纳税义务的充要条件

关税是流转税,那么,关税的纳税人在课税对象流通到哪个环节产生纳税义务？对关税纳税环节的分析,解决了缴纳关税的第一个理论依据问题。现代关税除取得国家财政收入外,更重要的经济意义在于,通过对进入境内消费或运往境外消费的货品征收关税,调节进出境货品的数量和结构,保护境内产业使其得以建立和生存,并促进其发展。从现代关税的经济意义可以看出,国家是否征收关税主要看重的是货品的消费环节,而不是进出境环节。

在此,我们给出缴纳关税的第一个理论依据:从纳税环节来分析,判断货品收发货人是否产生关税纳税义务,要同时满足以下两个条件,我们称为两个充分必要条件:第一,有关货品实际进入关境或运出关境;第二,该货品依法可以供境内或境外使用,或者实际有供境内或境外消费的可能。

各国海关规定货品进境或出境都需要向海关申报,由于此时货品只满足上述的一个条件,所以,向海关申报时,并不代表一定要缴纳关税,如进境加工又复运出境货物,进境仓储又复运出境货物,这些货物在进境申报时没有在境内消费,也不存在境内消费的可能,产生关税纳税义务的两个条件没能充分满足,此时保税货物就成为免税货物。当保税货物没有复运出境而改为内销时,两个充分必要条件得以满足,此时保税货物就成为缴税货物。海关对此类货物以进境时的事实和法律规定确定纳税人的纳税义务。未向海关申报擅自进境的货物(非法进境的走私货物),由于此种货物进境时未受海关监管,进境后随时都有在境内消费的可能。因此,非法进境和脱离海关监管的货物,产生关税纳税义务的两个充分必要条件同时得以满足,故货品收货人应缴纳关税。海关对此类货物以违法行为发生时或发现违法行为时的事实,以法律来强制确定纳税人的纳税义务。

1.2.2 理论依据二:是否履行海关监管职责是海关监管货物保管人纳税的充要条件

国际通行的做法是货品进出境应当经过审单、查验、征税和放行四个海关作业环节,与其相适应的是进出口货品的收发货人或其代理人需要办理进出口货品的申报、配合查验、缴税和提取或发运货物四项手续。只有完整通过四个海关作业环节,办妥四项海关手续的货品才能进入境内外消费。没有办妥四项海关手续仍然进出境的货品,必须接受海关监管,不能在境内外消费,我们将其称为"海关监管货物"。比如,转关货物、保税货物、暂准进出境货物等都是海关监管货物,与其相关的责任人,称为"海关监管货物保管人"。对于海关监管货物保管人,各国海关法都有比较一致的要求,即应履行如下两种义务:第一,不作为义务——不作出使货物脱离海关监管的行为;第二,有作为义务——防止货物脱离海关监管。

在此,我们给出缴纳关税的第二个理论依据:判断海关监管货物保管人是否产生纳税义务,要看他们是否履行海关规定的有作为和不作为两种义务。如果海关监管货物保管人未履行海关规定的两种义务,海关则视为有应税行为,此时,保管人就是纳税人。例如,加工企业将来料加工成货物内销,加工企业是纳税人;仓储企业保管不慎导致货物损毁,仓储企业是纳税人;承运人在转关时使货物短少,承运人是纳税人。如果海关监管货物保管人履行海关规定的上述两种义务,他此时只是单一保管人,不是纳税人。但是由于海关监管货物的多样性和复杂性,保管人能否严格履行两种义务存在许多不确定的因素,所以,人们又将正履行海关规定的两种义务的海关监管货物保管人视为纳税人。

资料卡 —————————— *海关监管区是什么?*

海关监管区(Space under the Customs' Supervision and Control)是设立海关的港口、车站、机场、国界通道、国际邮件互换局和其他有海关监管业务的场所,以及虽未设立海关但经国务院批准的进出境地点。

海关监管的空间效力范围是进出境运输工具、货物、物品所处的空间,具体包括:进出境运输工具在境内的运行路线、停靠地点;进出境货物、物品的进出境地点、存放区域;加工贸易进口货物的加工、储存区域;保税仓库、保税工厂;经济特区、经济技术开发区、经济开放区、沿海开放城市;受海关管理的减免税进口货物的使用区域;其他海关监管的空间范围。

1.3 关税征纳的法律依据

关税是在某一国家关境内针对进出口货品而统一征收的税,所以世界各国无一例外都将关税纳入国税的范畴,与其相对应,关税的立法权也属于国家立法机构。在我国关税实行的是三级立法体系:其一,全国人民代表大会作为我国最高立法机构负责制定《海关法》,所以《海关法》是我国征纳关税的第一级法律依据。其二,国务院作为我国最高行政机关负责制定《进出口关税条例》等法规,该条例与《进出口税则》等构成我国征纳关税的第二级法律依据。其三,海关总署是国家根据《海关法》而成立的,它既是国家的行政管理机关,担负着行政执法的重要职能;又是监督管理机关,代表国家行使其进出关境监管、征收关税、查缉走私、编制海关统计的职能,所以由海关总署负责制定的关税征收的相关制度及办法,构成我国征纳关税的第三级法律依据。此外,我国作为世界贸易组织(WTO)成员,遵守WTO多边协议是我国"入世"的基本承诺和要求,所以,WTO协议与守则是我国征纳关税的重要法律依据。

1.3.1 《海关法》

我国现行的《海关法》是1987年1月22日第六届全国人民代表大会常务委员会第十九次会议通过的,并根据2000年7月8日第九届全国人民代表大会常务委员会第十六次会议《关于修改〈中华人民共和国海关法〉的决定》修正后,自2001年1月1日起施行。该法共9章102条款。主要内容有:对进出境运输工具和货品的规定,对海关依法征收关税的规定,海关事务担保的规定,执法监督和法律责任的规定。

《海关法》的制定与前述的理论依据是相吻合的。譬如,对海关监管货物的纳税人,《海关法》就明确规定,在海关监管货物的保管期间非因不可抗力造成海关监管货物损毁或者灭失,负责保管该海关监管货物的人应当为关税纳税人。这时的"保管"应当做扩展性解释,即不应仅限于在仓库等存放地点对海关监管货物的看管,还应当包括所有海关监管货物在有关相对人的实际控制之下的情况。例如保税货物的加工期间,转关运输期间,暂准进口货物在境内停留、使用、展出期间等。根据海关监管货物的种类不同,纳税人也不相同。例如对于储存在仓库中的海关监管货物,仓库的经营人、保管人是纳税人;对于转关运输货物,承运人是纳税人;对于保税货物,保税仓库经营人、加工企业是纳税人。

1.3.2 《进出口关税条例》

我国现行《进出口关税条例》于2003年10月29日经国务院第26次常务会议通过,自

2004年1月1日起施行。该条例共6章67条款,具体内容包括:

(1)国务院制定的《中华人民共和国进出口税则》、《中华人民共和国进境物品进口税税率表》,用来规定关税的税目、税则号列和税率。

(2)国务院设立关税税则委员会,负责对《中华人民共和国进出口税则》、《中华人民共和国进境物品进口税税率表》的税目、税则号列和税率进行调整和解释,报国务院批准后执行。

(3)进出口货物关税税率的设置和适用包括:决定实行暂定税率的货物、税率和期限,决定关税配额税率,决定征收反倾销税、反补贴税、保障措施关税、报复性关税以及决定实施其他关税措施,决定特殊情况下税率的适用。

(4)进出口货物完税价格的确定。

(5)进出口货物关税的征收以及减免关税规定。

1.3.3 海关总署规范性文件

海关总署规范性文件是指海关总署、直属海关依法在权限范围内依照规定程序制定的、涉及行政管理相对人权利和义务、具有普遍约束力的文件。该类文件包括海关总署依照《规章制定程序条例》制定的规章及其解释、海关总署公告及各直属海关公告。

1.3.4 WTO协议文件

WTO关于国际贸易的通行规则主要体现在28个法律协议中。其中,反倾销协议、海关估价协议、原产地规则协议、补贴与反补贴措施协议、保障措施协议以及信息技术协议(ITA)都是与关税征纳有关的协议,是我国关税征纳的重要法律依据。

案例讨论

如何避免海关代购的逃税风?

中国电子商务研究中心发布的《中国电子商务市场数据监测报告》显示,2013年,中国海外代购交易规模达744亿元人民币,同比增长超过30%,高于2012年的483亿元。香港《南华早报》网站指出,在这场海外代购的狂欢之中,华人业者占据了不小的份额。相比其他跨国消费方式,华人"代购"除了显而易见的价格优势,便于买卖双方沟通的语言因素亦不可小觑。报道称,海外华人通常熟练掌握汉语与住在国语言,这就为中国顾客与海外市场搭建了一座桥梁。中国顾客可以用汉语和海外华人打交道,查阅中文版"洋产品"介绍,付款时可以支付人民币……如此便捷的消费方式,的确让人很难说"不"。近年新兴的"海淘"一族,对"代购"业造成了不小的冲击,但其繁琐的注册、支付及国际转运的流程,仍令不少人望而生畏。尽管直接在海外网站购买的价格更低,但找华人"代购"依然是很多中国顾客的首选。不仅如此,华人之间的文化认同感也有利于买卖双方彼此信任,遇到问题时更容易解决,华人"代购"业者更懂得如何主动迎合中国顾客的消费需求等诸多因素都为华人"代购"牵手中国顾客铺平了道路。但报道称,华人"代购"背后仍暗藏着许多隐忧,如交易风险巨大、缺乏第三方监管平台等。根据上述案例,分组讨论,并选代

表回答以下问题:
1. 请讨论海关代购等电子商务为关税征纳提出了什么挑战。
2. 关于规避海关代购的逃税风,你有什么好的建议吗?

1.4 关税征纳的工作流程

1.4.1 确定完税价格

关税征纳步骤的首要环节是确定计税价格,但计税价格既不是进出口货品的合同价格,也不是纳税人申报的成交价格,而是按照价格准则由海关确定的价格,称为"完税价格"。确定完税价格是一个过程,海关称其为"海关估价"。对关税征纳双方而言,确定完税价格是关税征纳的第一工作环节。

1.4.2 选择关税税率

目前,世界各国都采用复式税率栏目,即同一税则号列(商品编码)存在不同的关税税率。这种情况主要与产地相关,产地不同税率不同,所以确定进出口货物的原产地,进而选择合适的关税税率,是关税征纳的第二工作环节。

1.4.3 计算关税税额

在关税税额计算过程中,不仅需要按关税税则之内的税率计算税额,有时还需要在税则之外计算税额,即正税计算和附加税的计算。除此以外,在关税税额计算基础上,还需要计算与关税相关的海关代征税税额,如进口货物增值税和消费税税额以及船舶停留期间应缴纳的吨税税额。这一系列税额计算构成关税征纳的第三工作环节。它是关税征纳最重要的步骤,也是关税征纳的核心工作。

1.4.4 申报纳税

主动申报纳税是指纳税人在装载进口货物的运输工具进口之日起14天内,向海关报关;在海关填发专用缴款书后15天内,向指定银行缴纳税款。主动申报纳税是我国《海关法》规定关税纳税义务的基本方式,所有进出口货物的纳税人都应按此方式缴纳关税。海关在对已申报的纳税货品进行事后稽查发现少征、漏征或者多征关税时,要补税或退税;如果不在规定时间报关并缴纳关税和代征税,海关要征收滞报金和滞纳金。海关这一系列征收行为构成关税征纳的第四工作环节。

1.4.5 强制纳税

凡是应缴税而未履行纳税申报手续的进出口行为视为违法行为,海关应追究纳税人的行政或刑事责任。追究法律责任的同时,纳税人仍然要履行纳税义务,但是此时纳税人不是主动申报纳税,而是在海关稽查基础上,通过缉私制度查获走私、违法进出口货品的事实和时间征收关税,或通过稽查制度对纳税人的有关账册、来往函电、合同、记录等证据查证的事实和时间征收关税,是被动缴纳关税,我们称之为"强制征纳"。强制征纳是建立在海关事务担保和保全的基础上,是对申报纳税方式的补充。这种海关强制纳税方式,构成关税征纳的第五工作环节。

本章小结

进出口税费包括进口关税、出口关税、进口环节代征税等。船舶吨税不属于进出口税费范围,由海关代征。超过海关规定的缴税期限要缴纳滞纳金。实际进出境且有被消费的可能是产生纳税义务的充要条件,是否履行海关监管职责是海关监管货物保管人纳税的充要条件。《海关法》《进出口关税条例》、海关总署规范性文件、WTO协议文件是关税征纳的法律依据。

背景知识

中国—瑞士、中国—冰岛自由贸易协定正式生效

2014年7月1日,中国—瑞士、中国—冰岛自由贸易协定正式生效。自此,瑞士将对我国99.99%的产品给予关税优惠,冰岛对我国所有工业品和水产品实施零关税。当天,中国贸促会成功签发了首批中国—瑞士、中国—冰岛自由贸易协定项下60余份优惠原产地证书,涉及产品涵盖药品、鞋类、纺织品、化工产品等多个领域,总金额达240万美元。中瑞自贸协定降税幅度大大超过一般自贸协定中90%的降税水平。中冰自贸协定是我国与欧洲国家签署的第一个自由贸易协定,双方最终实现零关税的产品,按税目数衡量均接近96%,按贸易量衡量均接近100%。

习题与实训

1. 单项选择题

(1)进口环节代征税包括增值税和(　　)。
　　A. 进口关税　　　B. 出口关税　　　C. 船舶吨税　　　D. 消费税
(2)关税按照流向可分为进口关税和(　　)。
　　A. 进口增值税　　B. 出口关税　　　C. 船舶吨税　　　D. 消费税
(3)下列属于价内税的是(　　)。
　　A. 进口关税　　　B. 出口关税　　　C. 船舶吨税　　　D. 消费税
(4)关税征收的主体是(　　)。
　　A. 海关　　　　　B. 国家　　　　　C. 税务局　　　　D. 工商局
(5)关税征收的对象是进出境的货物和(　　)。
　　A. 旅客　　　　　B. 运输工具　　　C. 物品　　　　　D. 人员
(6)进口关税计征方式包括从量税、从价税、复合税和(　　)。

A. 滑准税　　　B. 增值税　　　C. 消费税　　　D. 船舶吨税

(7)关税属于(　　)。

A. 流转税　　　B. 财产税　　　C. 资源税　　　D. 所得税

(8)船舶吨税征收的对象是进出境的(　　)。

A. 旅客　　　B. 运输工具　　　C. 物品　　　D. 人员

(9)滞纳金起征额为(　　)。

A. 50元　　　B. 10元　　　C. 100元　　　D. 500元

(10)一般商品的增值税税率为(　　)。

A. 17%　　　B. 20%　　　C. 15%　　　D. 30%

(11)下列货物应缴纳关税的是(　　)。

A. 从中国过境的货物　　　B. 到中国的展览品
C. 到国外的展览品　　　D. 从韩国进口的汽车

(12)下列货物应缴纳关税的是(　　)。

A. 出口到美国的白羽鸡　　　B. 到美国参加展览的国画
C. 从中国转运到新加坡的钢材　　　D. 参加北京奥运会运动员携带的健身器械

(13)下列货物应缴纳关税的是(　　)。

A. 保税货物出口　　　B. 暂准进境货物出口
C. 保税货物内销　　　D. 暂准出境货物进口

(14)下列属于海关征收关税的法律依据的是(　　)。

A. 《海关法》　　B. 地方法规　　C. 地方条例　　D. 地方政策

(15)下列缴纳消费税的是(　　)。

A. 大米　　　B. 矿泉水　　　C. 报纸　　　D. 高档化妆品

(16)缴纳关税的依据价格是(　　)。

A. 成交价格　　B. 发票价格　　C. 完税价格　　D. 任一价格

(17)进口关税的缴纳义务人是(　　)。

A. 出口商　　B. 进口商　　C. 进口报关行　　D. 出口报关行

(18)出口关税的缴纳义务人是(　　)。

A. 出口商　　B. 进口商　　C. 进口报关行　　D. 出口报关行

(19)下列不属于进出口税费的是(　　)。

A. 进口关税　　B. 出口关税　　C. 船舶吨税　　D. 消费税

(20)以货物数量为进口关税计税标准的是(　　)。

A. 从价税　　B. 从量税　　C. 复合税　　D. 滑准税

2. 多项选择题

(1)进口环节代征税包括(　　)。

A. 增值税　　B. 出口关税　　C. 船舶吨税　　D. 消费税

(2)关税征税的主体是国家,其征税对象是(　　)。

A. 进出关境的货物　　　B. 进出关境的物品
C. 进口货物收货人　　　D. 出口货物发货人

(3)下列是关税纳税义务人的是(　　)。

A. 进口货物收货人　　　　　　　　B. 出口货物的发货人
C. 进出境物品的所有人　　　　　　D. 进出境运输工具的负责人

(4)下列货物进口增值税按 13% 征收的是(　　)。
A. 煤气　　　B. 粮食　　　C. 图书　　　D. 化肥

(5)下列货物进口征收消费税的是(　　)。
A. 烟　　　B. 小轿车　　　C. 汽油　　　D. 鞭炮

(6)船舶吨税的征税期限分为(　　)。
A. 1 年　　　B. 90 天　　　C. 60 天　　　D. 30 天

(7)进口时在货物的价款中列明的下列税收、费用,不计入货物关税完税价格的是(　　)。
A. 厂房、机械、设备等货物进口后进行建设、安装、装配、维修和技术服务的费用
B. 进口货物运抵境内输入地点起卸后的运输及相关费用、保险费
C. 进口关税及国内税收
D. 作为该货物向我国境内销售条件,买方必须支付的,与该货物有关的特许权使用费

(8)以下选项中属于进口环节增值税组成计税价格的是(　　)。
A. 进口关税完税价格　　　　　　B. 进口关税税额
C. 进口环节增值税税额　　　　　D. 进口环节消费税税额

(9)一般进口货物完税价格,除包括货物的货价外,还应包括的费用是(　　)。
A. 与进口货物作为一体的容器费用
B. 卖方佣金
C. 买方佣金
D. 货物运抵我国关境内输入地点起卸前的包装费、运费和其他劳务费、保险费

(10)计入到完税价格中的所有项目的费用或价值,必须同时满足(　　)条件。
A. 由买方负担　　　　　　　　　B. 未包括在进口货物的实付或应付价格中
C. 有客观量化的数据资料　　　　D. 由卖方负担

3. 判断题(对的打"√",错的打"×")

(1)进出境货物都应该缴纳关税。　　　　　　　　　　　　　　　　　(　　)
(2)船舶吨税按小吨位征收。　　　　　　　　　　　　　　　　　　　(　　)
(3)关税征收的对象包括进出境的运输工具。　　　　　　　　　　　　(　　)
(4)增值税是价内税。　　　　　　　　　　　　　　　　　　　　　　(　　)
(5)增值税是流转税。　　　　　　　　　　　　　　　　　　　　　　(　　)
(6)消费税是流转税。　　　　　　　　　　　　　　　　　　　　　　(　　)
(7)船舶吨税是进出口税费。　　　　　　　　　　　　　　　　　　　(　　)
(8)关税征收的主体是海关。　　　　　　　　　　　　　　　　　　　(　　)
(9)关税征收的主体是国家。　　　　　　　　　　　　　　　　　　　(　　)
(10)报关行是关税纳税义务人。　　　　　　　　　　　　　　　　　(　　)

4. 综合实训题

合肥鼎鑫商贸公司从日本进口 500 台电视机,由松下公司生产并出口。同时,鼎鑫商贸公司还从日本松下公司进口了 3000 件电子元器件,做加工贸易,即在中国进行加工后复运出境,实质上就是为松下公司代工。鼎鑫商贸公司的进出口一直由合肥的宇环报关行进行

报关。请根据上述资料回答以下问题：

(1)500台电视机进口时,由(   )缴纳进口税费。
　　A.合肥鼎鑫商贸公司　　B.日本松下公司　　C.合肥宇环报关行　　D.以上都可以

(2)500台电视机进口时,不需要缴纳的是(   )。
　　A.出口关税　　　　　　B.船舶吨税　　　　C.过境税　　　　　　D.进口关税

(3)3000件电子元器件进口时,不需要缴纳的是(   )。
　　A.进口关税　　　　　　B.增值税　　　　　C.消费税　　　　　　D.出口关税

(4)可能会被征收滞纳金的是(   )。
　　A.500台电视机　　　　　　　　　　　　　　B.3000件电子元器件
　　C.都有可能　　　　　　　　　　　　　　　　D.都没可能

(5)需要进行进口报关的是(   )。
　　A.500台电视机　　　　　　　　　　　　　　B.3000件电子元器件
　　C.都需要　　　　　　　　　　　　　　　　　D.都不需要

答案与解析

1.单项选择题

(1)【答案】D
【解析】进口环节代征税包括增值税和消费税两种。

(2)【答案】B
【解析】关税按流向分为进口关税和出口关税两种。

(3)【答案】D
【解析】消费税属于价内税。所谓价内税就是指含在价格里面的税。

(4)【答案】B
【解析】关税征收的主体是国家,海关代表国家履行征收的职责。

(5)【答案】C
【解析】关税征收的对象包括进出境的货物和物品两种。进出境的运输工具缴纳船舶吨税或车船使用税,不缴纳关税。

(6)【答案】A
【解析】进口关税按计征方式分为从价税、从量税、复合税和滑准税四种。

(7)【答案】A
【解析】所谓"流转税"就是指在流通环节征收的税,关税是在进出口环节征收的税,属于流转税,增值税、消费税都属于流转税。

(8)【答案】B
【解析】参见第(5)题。

(9)【答案】A
【解析】关税、进口环节代征税、船舶吨税、滞纳金的起征额都是50元,不足50元不征。

(10)【答案】A
【解析】增值税税率有17%和13%两种。

(11)【答案】D

【解析】关税征纳理论依据之一是实际进出口并有被消费的可能。

(12)【答案】A

【解析】参见第(11)题。

(13)【答案】C

【解析】关税征纳理论依据之二为是否履行职责是海关监管货物保管员缴纳关税的充要条件。

(14)【答案】A

【解析】海关征收关税的法律依据包括《海关法》、《进出口关税条例》、海关总署规范性文件、WTO协议文件。

(15)【答案】D

【解析】针对奢侈品、不可再生能源、对人体或环境有害的消费物品征收消费税。

(16)【答案】C

【解析】完税价格是税基,是缴纳关税的依据价格。

(17)【答案】B

【解析】关税是一国财政来源,当由本国或地区的企业承担。

(18)【答案】A

【解析】参见第(17)题。

(19)【答案】C

【解析】参见第(5)题。

(20)【答案】B

【解析】从量税按货物数量计征关税。

2. 多项选择题

(1)【答案】AD

【解析】参见单选第(1)题。

(2)【答案】AB

【解析】参见单选第(5)题。

(3)【答案】ACD

【解析】各种贸易协定下的从价百分比是非常重要的考点,《中巴自贸协定》规定单一成员方原产成分占所得产品FOB价的比例不小于40%。

(4)【答案】ABC

【解析】由关税征收的对象是进出境货物和物品可以推出关税的纳税义务人。

(5)【答案】ABCD

【解析】参见单选第(10)题。

(6)【答案】ABC

【解析】船舶吨税征收期限分为1年、90天和30天三种。

(7)【答案】ABC

【解析】不计入的主要是货物运抵关境起卸后的费用。

(8)【答案】ABD

【解析】进口环节增值税组成计税价格包括进口关税完税价格、进口关税税额、进口环节消费税额。

(9)【答案】ABD

【解析】计入到进口完税价格中的有:

①买方负担的费用(购货佣金除外)。

②买方提供的不包括实付或应付的费用。

③买方支付的特许权使用费。

④卖方进口后转售、处置或使用所得中获得的收益。

(10)【答案】ABC

【解析】计入因素的费用或价值必须由买方负担,并且是未包括在进口货物的实付或应付价格中,有客观量化的数据资料。

3. 判断题(对的打"√",错的打"×")

(1)【答案】×

【解析】请考虑关税征纳的理论依据。

(2)【答案】×

【解析】船舶吨税按大吨位计征。

(3)【答案】×

【解析】进出境运输工具不缴纳关税。

(4)【答案】×

【解析】消费税是价内税。

(5)【答案】√

【解析】增值税和消费税都是流转税。

(6)【答案】√

【解析】参见上题。

(7)【答案】×

【解析】进出口税费不包括船舶吨税,船舶吨税的征收对象是进出境的运输工具。

(8)【答案】×

【解析】关税征收的主体是国家。

(9)【答案】√

【解析】参见上题。

(10)【答案】×

【解析】报关行只是代理报关,代缴税费,自身不是关税纳税义务人。

4. 综合实训题

(1)【答案】A

【解析】考查关税征收的理论依据。关税是财政来源,由本国或地区的企业承担。

(2)【答案】ABC

【解析】考查关税征收的理论依据。

(3)【答案】ABCD

【解析】3000件电子元器件没有在中国消费的可能,所以不需要缴纳税费。

(4)【答案】A

【解析】3000件电子元器件不需要缴纳税费,没有滞纳的可能性。

(5)【答案】C

【解析】凡是进出境的货物、物品、运输工具都需要报关,但不一定都缴纳关税。

第 2 章
进出口货物完税价格的确定

教学目标

了解进出口货物的价格准则概念,掌握发票价格、成交价格和完税价格之间的联系和区别,重点掌握进出口完税价格的审定方法,并能进行灵活运用。

教学要求

知识要点	能力要求	相关知识
进出口货物的价格准则	(1)理解成交价格、发票价格与完税价格之间的关系 (2)了解进出口货物完税价格的六种审定方法	(1)不同审定方法的关键点 (2)进出口货物估价准则的理论依据
一般进口货物完税价格的审定	(1)能够熟练掌握不同审定方法的适用条件和操作准则 (2)能够熟练计算进口货物的完税价格	(1)外贸贸易术语 (2)审价的法律依据和审价的理论依据
特殊进口货物完税价格的审定	(1)了解特殊进口货物完税价格审定的一般规律 (2)掌握每种特殊进口货物完税价格的审定方法	(1)审价的法律依据 (2)审价的理论依据
出口货物完税价格的审定	(1)掌握出口货物完税价格审定的方法 (2)掌握出口货物完税价格审定的操作准则	(1)出口货物的法律依据和理论依据 (2)外贸贸易术语

案例导入

提成费是否计入完税价格

甲公司是某内衣品牌的所有人,在国内合资成立其控股乙公司来生产该品牌产品。甲公司为保证产品的质量,采取全球采购的方式确定供应商,乙公司则按甲公司的定价向国内外供应商采购原料,成品在国内外市场销售。按照合同,甲公司无偿提供模板、图纸、技术人员指导等技术劳务,乙公司则在其自产产品的净销售额中提取5%作为技术提成费支付给甲方。甲公司提出疑问:这项技术提成费可否计入完税价格呢?

虽然乙公司按合同支付技术提成费则可以购买原料(含进口),是构成货物进口的条件,但因为技术提成费与该货物无关,所以本案例中技术提成费无论是否属于特许权使用费范畴,都不应计入乙公司进口货物的完税价格。

2.1 进出口货物的价格准则

2.1.1 进出口货物价格准则的概念

价格准则又称"价格标准",是采用从价税方法计征关税时,确定课税对象的完税价格的标准,包括质和量两方面内容:一是价格概念,即完税价格,这是价格准则质的方面的规定;一是价格构成要素,这是价格准则量的方面的规定。

最早提出申报价格标准的是《关税及贸易总协定》(GATT)第七条,给出"实际价格"的概念(1947年10月)。由于"实际价格"只是一个概念,如何将其转化为具体的实施标准,欧洲各国率先尝试,1950年12月在《布鲁塞尔公约》中,他们制定出一个可操作的价格标准——"正常价格",并在欧洲实施。尽管在欧洲实施多年,但是由于经济发展水平不同,"正常价格"始终无法在全世界推广。鉴于这种情况,在关贸总协定和随后演变成的世界贸易组织框架下,应以什么样的价格标准向海关申报,在国际上经过长达20余年(1973年~1994年)的讨论和探索,经过两个多边谈判回合("东京回合"和"乌拉圭回合"),终于在1994年4月在摩洛哥的马拉喀什达成《WTO海关估价协议》,它是WTO现有的多边协议之一。该协议提出现行申报价格标准——"成交价格",已被所有国家接受和采用。

进出口货物的收发货人应当向海关如实申报进出口货物的成交价格,提供包括发票、合同、装箱清单及其他证明申报价格真实、完整的单证、书面材料和电子数据。海关认为必要时,收发货人还应向海关补充申报反映买卖双方关系和成交活动的情况以及其他与成交价格有关的资料。对此,收发货人不得拒绝、拖延和隐瞒。进出口货物向海关报关时,要按法律规范要求申报一个价格,这个价格称为"成交价格"。这里的"法律规范要求"就是价格准则,又称"申报价格标准"。

2.1.2 我国现行的价格准则

我国海关对实行从价税的进出口货物征收关税时,必须依法确定货物应缴纳税款的价格,即经海关依法审定的完税价格,也就是海关对进出口货物征收从价税时审查估定的应税价格。进出口货物完税价格是凭以计征进出口货物关税及进口环节税的基础。

审定进出口货物完税价格是贯彻关税政策的重要环节,也是海关依法行政的重要体现。海关应当遵循客观、公平、统一的估价原则,主要法律依据有三个层次:《海关法》有关条款,即法律层次;《进出口关税条例》有关章节,即行政法规层次;《中华人民共和国海关审定进出口货物完税价格办法》(以下简称《审价办法》)、《征管办法》等,即部门规章层次。以此为依据来审定进出口货物的完税价格。

为理解"完税价格"的概念,需要分清成交价格、发票价格与完税价格的联系和区别。"成交价格"并非商业术语,而是海关估价中的专业法律术语。成交价格在外在形式上体现为具体的价格数值,但从本质上,成交价格实际上是一种标准的法律状态或估价准则,即只有符合该法律状态的价格才能被海关接受和认可并以之为基础确定完税价格。

发票是指一切单位和个人在购销商品、提供劳务或接受劳务、服务以及从事其他经营活动时,提供给对方的收付款的书面证明,是财务收支的法定凭证,是会计核算的原始依据,也是审计机关、税务机关执法检查的重要依据。从国际贸易角度看,发票(商业发票)是指出口商开立的发货价目清单,是装运货物的总说明,其主要作用是提供进口商凭以收货、支付货款和进出口商记账、报关纳税的凭证。发票价格是发票中所载的重要内容之一,仅代表该次交易中买方需向卖方直接支付的价款,对于间接支付、债券转移等情况一般不体现在发票价格中。如果发票价格体现的支付价格符合成交价格的定义,则该发票价格可被海关接受,并以该价格为基础审查确定完税价格。反之,海关不接受该发票价格为成交价格,则依法进行估价。

"完税价格"是税收征管领域的专业术语。完税价格即税基,也就是征税的价格基础。完税价格以成交价格为基础审查确定,如果成交价格中未包含运输及其相关费用、保险费的,则海关应将上述费用纳入完税价格。

表2-1 成交价格、发票价格与完税价格的区别和联系

名称	本质	体现的关系	联系
成交价格	法律术语	被海关接受的价格	以发票价格为基础确定
发票价格	商业术语	买卖双方自由的商业关系	是确定其他价格的基础
完税价格	法律术语	缴纳税费的基础(税基)	以成交价格为基础确定

完税价格的确定是缴纳关税及其他税费的基础,在确定完税价格的过程中,有6种方法可使用。如下图所示:

《审价办法》规定,以上6种方法要依次使用(按照上图箭头方向所示先后顺序进行),即只有在不能使用前一种估价方法的情况下,才可以顺延使用其他估价方法。其中,倒扣价格法和计算价格法,如果进口货物收货人提出要求并提供相关资料,经申报海关批准,可以调换使用次序。在这6种方法中,成交价格法是最基本、最主要的方法,不仅在时间上要优先使用此种方法,而且只有在纳税人申报的成交价格海关不认可后,才能依次使用后面5种方法。

2.2 一般进口货物完税价格的审定

进口货物完税价格的审定包括一般进口货物完税价格的审定和特殊进口货物完税价格的审定。

一般进口货物的完税价格,由海关以该货物的成交价格为基础审查确定,并应当包括货物运抵中华人民共和国境内输入地点起卸前的运输及其相关费用、保险费。运输及其相关费用中的"相关费用"主要是指与运输有关的费用,如装卸费、搬运费等属于广义的运费范畴内的费用。

表 2-2 进口货物完税价格的审定方法

名称	含义		要点
成交价格法	以实际发票或合同价格为基础	计入要素	(1)买方负担的费用(购货佣金除外) (2)买方提供的不包括实付或应付的费用 (3)买方支付的特许权使用费 (4)卖方进口后转售、处置或使用所得中获得的收益
		扣除要素	(1)进口后进行建设、安装、装配、维修和技术服务的费用 (2)运抵境内输入地点起卸后的运输及其相关费用、保险费 (3)进口关税和国内税
相同或类似货物成交价格法	即依次采用与被估价货物同时或大约同时向我国境内销售的相同货物及类似货物的成交价格作为被估价货物完税价格的依据		进口货物接受申报之日的前后各45天以内
倒扣价格法	以被估价的进口货物、相同或类似进口货物在境内销售的价格为基础估定完税价格	扣除要素	(1)在境内销售时的利润和一般费用及佣金 (2)货物运抵境内输入地点之后的运费、保险费、装卸费及其他相关费用 (3)进口关税、进口环节税和其他与进口或销售该货物有关的国内税 (4)加工增值额
计算价格法	以发生在生产国或地区的生产成本作为基础的价格	各项目之和	(1)生产该货物所使用的原材料价值和进行装配或其他加工的费用 (2)与向我国境内出口销售同级或同类货物相符的利润和一般费用 (3)货物运抵中华人民共和国境内输入地点起卸前的运输及其相关费用、保险费
合理方法	合理使用上述几种方法	禁止使用的价格	(1)国内生产的商品在国内的价格 (2)在备选价格中选择高的价格 (3)出口地境内的市场价格 (4)《进出口关税条例》第二十一条、《审价办法》规定之外的生产成本价格 (5)出口到第三国或地区货物的销售价格 (6)依据最低限价或武断、虚构的价格

2.2.1 成交价格法

成交价格法是第一种估价方法,它建立在进口货物实际发票或合同价格的基础上,在海关估价实践中使用频率最高。

1. 成交价格必须满足的条件

(1)买方对进口货物的处置和使用不受限制,但国内法律、行政法规规定的限制、对货物转售地域的限制、对货物价格无实质影响的限制除外。

(2)货物的价格不应受到导致该货物成交价格无法确定的条件或因素的影响。

(3)卖方不得直接或间接从买方获得因转售、处置或使用进口货物而产生的任何收益,除非按照《进出口关税条例》第十九条、第二十条及《审价办法》的相关规定做出调整。

(4)买卖双方之间的特殊关系不影响价格。

2. 成交价格的构成要素

成交价格是按法律规范要求向海关申报的价格。我国《审价办法》规定,成交价格是在CIF贸易术语下的交易价格。所以成交价格构成要素应包括以下3项:

(1)货价。按成交价格概念中"实际已付和应付"的规定,货价应该是国际贸易中买方实际支付给卖方的价格,包括生产成本、卖方销售利润、出口国产生的相关费用(在实际计算中人们习惯将其等同于FOB价),也应该包括买方实际支付与卖方有联系的第三方费用。货价不是简单等同于贸易合同中的发票价格,需要按价格准则进行必要的调整。货价调整因素将在后面单独列项介绍。

(2)运费。按我国《进出口关税条例》第十八条规定,进口货物运费包括货物运抵我国关境内输入地点起卸前的运输和相关费用。这里输入地点称为起卸点。关于运费有以下规定:①起卸点规定。海运进口货物的起卸点是货物运抵我国关境内卸货口岸(货物从国际航行的船舶上卸下来的口岸,以船舷为界),陆运和空运进口货物的起卸点是货物运抵我国关境内经停第一口岸(我国对已交运费的空运货物另有规定)。②携带进境进口货物规定。免费携带不计算运费,超重并支付超重费的货物,超重费计入运费中。③邮运进口货物(主要指快件)以邮费作为运费。④与运输相关的费用计入运费之中。这些相关费用包括:加急费、危险货物附加费、运输中介费、装卸费、港口机场使用费、临时仓储费、集装箱租赁费。

(3)保险费。运输产生的保险费计算原则是:货物运抵我国关境内起卸点前所实际支付的保险费。但是在实际操作时,对不易分开境内境外的保险费用,以实际支付的保险费计算。如果报关时保险费已经支付,海关按下面公式计算保险费:

$$保险费 = CIF \times (1 + 投保加成率) \times 保险费率$$

对无法确定和未实际发生的保险费,海关按下面公式计算保险费:

$$保险费 = (货价 + 运费) \times 3‰$$

3. 成交价格的调整要素

成交价格的调整要素包括计入因素和扣减因素两个方面。

计入因素即调整因素的加项,指符合一定条件的必须计入实付或应付价格的因素,主要包括:

(1)由买方负担的以下费用:

除购货佣金以外的佣金和经纪费。"佣金"主要是指买方或卖方向其代理人所支付的一种劳务费用,包括购货佣金和销售佣金。"购货佣金"主要是指买方向其采购代理人支付的佣金。委托人向自己的经纪人支付的从事贸易活动的劳务费用,根据《进出口关税条例》第十九条、《审价办法》的相关规定,也应该计入完税价格。

与进口货物视为一体的容器费用。此类容器主要指与货物成为一个整体,并归入同一个税则号列的容器,如酒瓶、香水瓶等。如其价格没包括在酒、香水的实付或应付价格中的,应该计入。

包装材料和包装劳务费用。此类费用主要指进口货物在包装的过程中发生的一些成本和费用。

(2)可按适当比例分摊的,由买方直接或间接免费提供或以低于成本价的方式销售给卖方或有关方的,未包括在实付或应付价格之中的货物或服务的价值,具体包括:

进口货物所包含的材料、部件、零件和类似货物的价值。

在生产进口货物过程中使用的工具、模具和类似货物的价值。

在生产进口货物过程中消耗的材料的价值。

在境外进行的为生产该货物所必需的工程设计、技术研发、工艺及制图等工作的价值。

(3)与该货物有关并作为卖方向中华人民共和国销售该货物的一项条件,应当由买方直接或间接支付的特许权使用费。

(4)卖方直接或间接从买方对货物进口后转售、处置或使用所得中获得的收益。

上述所有应计入实付或应付价格的调整因素的价值或费用,必须同时满足三个条件:由买方负担、未包括在进口货物的实付或应付的价格中、有客观量化的数据资料。如果没有客观量化的数据资料,海关可以不采用成交价格法而依次使用其他估价方法估价。

扣减因素即价格调整因素的减项,主要包括:

(1)厂房、机械、设备等货物进口后进行建设、安装、装配、维修和技术服务的费用,这些费用实际上是一种对劳务的支付,而不是对进口货物本身的支付。

(2)货物运抵境内输入地点起卸后的运输及其相关费用、保险费。

(3)进口关税和国内税。

上述三项费用扣除的前提条件是:必须是其能与进口货物的实付或应付价格相区分,否则不能扣除。

2.2.2 相同或类似货物成交价格法

成交价格法是海关估价中使用频率最高的一种估价方法,但是如果货物的进口非因销售引起或销售不能符合成交价格须满足的条件,就不能采用成交价格法。而应该依次采用相同及类似进口货物成交价格法,即依次采用与被估价货物同时或大约同时向中华人民共和国境内销售的相同货物及类似货物的成交价格作为被估价货物完税价格的依据。

相同或类似进口货物的成交价格法,除了货物本身有区别,在其他方面的适用条件均与成交价格法一样。据以比照的相同或类似货物应共同具备以下五个要素:一是须与进口货物相同或类似;二是须与进口货物在同一国家或地区生产;三是须与进口货物同时或大约同时进口;四是商业水平和进口数量须与进口货物相同或大致相同;五是当存在两个或更多的价格时,选择最低的价格。

1. 相同货物和类似货物

相同货物是指与进口货物在物理性质、质量和信誉等所有方面都相同;与进口货物在同一国家或地区生产;允许存在与进口货物有表面的微小差异比如颜色差异等。

类似货物是指虽然与进口货物不是在所有方面都相同,但具有类似的性质、类似的组成材料,起到相同的作用,并且在商业中可以互换;与进口货物在同一国家或地区生产。

2. 相同或类似货物的时间要素

时间要素是指相同或类似货物必须与进口货物同时或大约同时进口,其中的"同时或大约同时"为在进口货物接受申报之日的前后各45天以内。

3. 价格调整

采用相同或类似货物成交价格估价法,必须使用与进口货物相同商业水平、大致相同数量的相同或类似货物。如果没有相同商业水平和大致相同数量,可以采用不同商业水平和不同数量销售的相同或类似进口货物,但必须对因商业水平和数量、运输距离和方式的不同所产生的价格方面的差异做出调整,调整必须建立在客观量化的数据资料的基础上。

2.2.3 倒扣价格法

倒扣价格法是以被估价的进口货物、相同或类似进口货物在境内销售的价格为基础估定完税价格。

1. 按用以倒扣的价格销售的货物应同时符合的条件

在被估货物进口时或大约同时销售;按照进口时的状态销售;在境内第一环节销售;合计的货物销售总量最大;向境内无特殊关系方销售。

2. 倒扣价格法的核心要素

(1)按进口时的状态销售。必须以进口货物、相同或类似进口货物按进口时的状态销售的价格为基础。没有按进口时的状态销售的价格,可以使用加工后在境内销售的价格作为基础。

(2)时间要素。必须是在被估货物进口时或大约同时转售给国内无特殊关系方的价格,其中"进口时或大约同时"为在进口货物接受申报之日的前后各45天以内。这一时间范围跟相同或类似货物成交价格法的"同时或大约同时进口"的范围是一致的。如果找不到同时或大约同时的价格,可以采用被估价货物进口后90天内的价格作为倒扣价格的基础。

(3)合计的货物销售总量最大。必须使用被估的进口货物、相同或类似进口货物以最大总量单位售予境内无特殊关系方的价格为基础估定完税价格。

3. 倒扣价格法应扣除的费用

(1)该货物的同等级或同种类货物在境内销售时的利润和一般费用及通常支付的佣金。

(2)货物运抵境内输入地点之后的运费、保险费、装卸货及其他相关费用。

(3)进口关税、进口环节税和其他与进口或销售该货物有关的国内税。

(4)加工增值额。加工增值额主要是指如果使用经过加工后在境内转售的价格作为倒扣的基础,必须扣除这部分价值。

2.2.4 计算价格法

计算价格法按顺序为第四种估价方法,与前三种方法有很大的区别,它既不是以成交价格,也不是以在境内的转售价格作为基础,而是以发生在生产国或地区的生产成本作为基础的价格。使用计算价格法必须依据境外的生产商提供的成本方面的资料,如果其不愿意提供上述资料,则该方法不能采用。

采用计算价格法的进口货物的完税价格由下列各项目的总和构成:

(1)生产该货物所使用的原材料价值和进行装配或其他加工的费用。料件成本是指生产被估货物的原料成本,包括原材料的采购价值,以及原材料投入实际生产之前发生的各类费用。加工费用是指将原材料加工为制成品过程中发生的生产费用,包括人工成本、装配费用等有关间接成本。

(2)与向我国境内出口销售同级或同类货物相符的利润和一般费用。

(3)货物运抵中华人民共和国境内输入地点起卸前的运输及其相关费用、保险费。

资料卡 ———————— **形式发票在申报价格中的作用**

形式发票(Proforma Invoice)本来是卖方在推销货物时,为了供买方估计进口成本,假定交易已经成立所签发的一种发票。实际上,并没有发出货物的事实。这种发票可以用作邀请买方发出确定的订单。发票上一般注明价格和销售条件,所以一旦买方接受此条件,就能按形式发票内容签订确定合约。由于形式发票上详细载明了进口货价及有关费用,所以有些国家规定可以凭形式发票申请进口许可证,或作为向海关申报货物价格之用。在实务上,倘若 proforma invoice 具备报价单的内容而构成法律上的要约(offer),则可以用来替代报价单,甚至可以作为销售确认书(sales confirmation)。形式发票还可以用于其他需要结算的场合:①用于预付货款,即在装货前要求现金支付。②在寄售方式中,出口的货物没有确定的销售合约,而是放在代理商手中,对代理商来说,形式发票可以作为向潜在的买方报价的指南。

2.2.5 合理方法

合理的估价方法,实际上不是一种具体的估价方法,而是规定了使用方法的范围和原则,即运用合理方法,必须符合《进出口关税条例》、《审价办法》的公平、统一、客观的估价原则,必须以境内可以获得的数据资料为基础。在使用合理方法估价时,禁止使用以下 6 种价格:

(1)境内生产的货物在境内销售的价格,也就是国内生产的商品在国内的价格。

(2)在备选价格中选择高的价格,也就是从高估价的方法。

(3)依据货物在出口地市场的销售价格,也就是出口地境内的市场价格。

(4)依据《进出口关税条例》第二十一条、《审价办法》规定之外的生产成本价格。

(5)依据出口到第三国或地区货物的销售价格。

(6)依据最低限价或虚构的价格。

案例讨论

手机完税价格根据零售价确定

海关对于所有商品均采取从价计征的原则。根据 2012 年第 15 号公告规定，手机应归入"小家电—电话机—手持移动电话机"类，但分为键盘式和触屏式两类，键盘式手机完税价格为 1000 元，触屏式手机的完税价格另行确定。宋京雁指出，《完税价格表》未列明完税价格的物品，按照相同物品相同来源地最近时间的主要市场零售价格确定其完税价格。实际购买价格是《完税价格表》列明完税价格的 2 倍及以上，或是《完税价格表》列明完税价格的 1/2 及以下的物品，进境物品所有人应向海关提供销售方依法开具的真实交易的购物发票或收据，并承担相关责任。海关可以根据物品所有人提供的上述相关凭证，依法确定应税物品完税价格。根据上述案例，分组讨论，并选代表回答以下问题：

1. 以零售价确定完税价格的依据是什么？
2. 还有哪些相似的货品可以根据零售价来确定完税价格？

2.3 特殊进口货物完税价格的审定

这里所讲的"特殊进口货物"是指以特殊的贸易方式或交易方式进口的货物，上文所讲的估价方法同样适用于以下所述的进口货物。以下主要介绍一些以特殊的贸易方式或交易方式进口的货物的价格审定规定。

2.3.1 加工贸易进口料件和制成品的完税价格

对加工贸易进口货物估价的核心问题是按制成品征税还是按料件征税，征税的环节是在进口环节还是在内销环节。其主要规定有：

(1) 进口时需征税的进料加工进口料件，以料件申报进口时的价格估定。进口时需征税的进料加工进口料件，主要是指不予保税部分的进料加工进口料件。一般来讲，进料加工进口料件在进口环节都有成交价格，因此以该料件申报进口时的价格确定。

(2) 内销的进料加工进口料件或其制成品（包括残次品、副产品），以料件原进口时的价格估定。制成品因故转为内销时，以制成品所含料件原进口时的价格确定。

(3) 内销的来料加工进口料件或其制成品（包括残次品、副产品），以料件申报内销时的价格估定。来料加工的料件在原进口时是没有成交价格的，因此以进口料件申报内销时的价格确定。

(4) 出口加工区内的加工企业内销的制成品（包括残次品、副产品），以制成品申报内销时的价格确定。

(5) 保税区内的加工企业内销的进口料件或其制成品（包括残次品、副产品），分别以料件或制成品申报内销时的价格估定。如果内销的制成品中含有从境内采购的料件，则以所含从境外购入的料件原进口时的价格确定。

(6)加工贸易加工过程中产生的边角料,以申报内销时的价格确定。

2.3.2 从保税区进入非保税区、从出口加工区运往区外、从保税仓库出库内销的非加工贸易货物的完税价格

从保税区或出口加工区销往区外、从保税仓库出库内销的进口货物(加工贸易进口料件及其制成品除外),以海关审定的从保税区或出口加工区销往区外、从保税仓库出仓内销的价格估定完税价格。对经审核销售价格不能确定的,海关按照《进出口关税条例》第二十一条、《审价办法》的相关规定确定完税价格。如果销售价格中未包括在保税区、出口加工区或保税仓库中发生的仓储、运输及其他相关费用的,海关按照客观量化的数据资料予以计入。

2.3.3 其他货物的完税价格

1. 出境修理货物的完税价格

运往境外修理的机械器具、运输工具或其他货物,出境时已向海关报明,并在海关规定期限内复运进境的,海关以境外修理费和料件费审查确定完税价格。

2. 出料加工货物的完税价格

运往境外加工的货物,出境时已向海关报明,并在海关规定期限内复运进境的,海关以境外加工费和料件费以及该货物复运进境的运输及其相关费用、保险费审查确定完税价格。

3. 暂准进境不复运出境的货物完税价格

对于经海关批准的暂准进境不复运出境的货物,按照《进出口关税条例》第二十一条、《审价办法》的相关规定确定完税价格。

4. 租赁进口货物的完税价格

(1)以租金方式对外支付的租赁货物在租赁期间以海关审定的该货物的租金作为完税价格。

(2)留购的租赁货物以海关审定的留购价格作为完税价格。

(3)承租人申请一次性缴纳税款的,可以选择按照《进出口关税条例》第二十一条、《审价办法》的规定估定完税价格,或者按照海关审查确定的租金总额作为完税价格。

5. 减免税货物的完税价格

减税或免税进口货物需预征、补税时,海关以审定的该货物原进口时的价格,扣除折旧部分价值作为完税价格,计算公式如下:

$$完税价格 = 海关审定该货物原进口时的价格 \times \left(1 - \frac{征税时实际已进口的月数}{监管年限 \times 12}\right)$$

其中,"征税时实际已进口的月数"不足1个月但超过15日的,按照1个月计算,不超过15日的,不予计算。

6. 无成交价格货物的估价方法

以易货贸易、寄售、捐赠、赠送等其他方式进口货物,海关按照《进出口关税条例》第二十一条、《审价办法》第六条的相关规定确定完税价格,即按其列明的相同货物成交价格估价法、类似货物成交价格估价法、倒扣价格估价法、计算价格估价法及合理方法审查确定完税价格。

7. 软件介质的估价方法

进口载有专攻数据处理设备用软件的介质,具有下列情形之一的,以介质本身的价值或者成本为基础审查确定完税价格:

(1)介质本身的价值或者成本与所载软件的价值分列。

(2)介质本身的价值或者成本与所载软件的价值虽未分列,但是纳税义务人能够提供介质本身的价值或者成本的证明文件,或者能够提供所载软件价值的证明文件。

含有美术、摄影、声音、录像、影视、游戏、电子出版物的介质不适用上述规定。

2.4 出口货物完税价格的审定

我国《进出口关税条例》规定对出口货物完税价格的审定原则是:出口货物的完税价格由海关以该货物的成交价格以及该货物运至中华人民共和国境内输出地点装载前的运输及其相关费用、保险费为基础审查确定,但其中包含的出口关税税额应当扣除。

出口货物的成交价格是指该货物出口时卖方为出口该货物应当向买方直接收取和间接收取的价款总额。出口货物的成交价格中含有支付给境外的佣金的,如果单独列明,应当扣除。

出口货物的成交价格不能确定时,完税价格由海关依次使用下列方法估定:①与该货物同时或大约同时向同一国家或地区出口的相同货物的成交价格。②与该货物同时或大约同时向同一国家或地区出口的类似货物的成交价格。③按照境内生产相同或类似货物的料件成本、加工费用、通常的利润和一般费用、境内发生的运输及其相关费用、保险费各项总和计算所得的价格。④合理方法估定的价格。

出口货物完税价格的计算公式如下:

$$FOB-出口关税=FOB/(1+出口关税税率)$$

本章小结

价格准则是海关确定完税价格的依据,完税价格的审定方法依次包括成交价格法、相同货物成交价格法、类似货物成交价格法、倒扣价格法、计算价格法、合理方法等6种方法,这6种方法必须依次使用,在海关批准下,倒扣价格法和计算价格法可颠倒使用。发票价格反映买卖双方自由的商业关系,"成交价格"和"完税价格"都是法律术语。

背景知识

发票价格与成交价格

某一票进口货物它的发票价格是CIF100美元,除了发票价格国内的买方还向国外支付了一笔10美元的销售佣金。这里的CIF100美元就是这票进口货物的交易价格,而不是海关意义上的成交价格。海关意义上的成交价格应该是110美元,因为销售佣金属于必须计入实付或应付价格的调整因素。

再比如说,同样是一票进口货物,它的发票价格是 CIF100 美元,在 100 美元的发票价格里面单列了 10 美元的货物进口之后的安装、装配等技术服务的费用,这里的交易价格就是 CIF100 美元,但海关意义上的成交价格应该是 90 美元。

❖ 习题与实训 ❖

1. 单项选择题

(1) 易美公司从美国进口福特豪华小轿车一辆,其成交价格为每辆青岛港 25000 美元,外汇牌价为 1 美元兑 8.71 元人民币,小轿车的关税税率为 120%,消费税率为 8%,则海关应征消费税为(　　)元。
　　A. 217750.52　　　　B. 26130.75　　　　C. 41656.52　　　　D. 329054.74

(2) 金瑞公司进口价值 30000 美元的货物,国际运费是 500 美元,国际保险费是 200 美元,贸易术语是 CIF,进口完税价格是(　　)。
　　A. 30000　　　　　　B. 30500　　　　　　C. 30200　　　　　　D. 30700

(3) 中国石油气开发有限公司进口一套设备。发票列明:成交价格为 CIF USD50000,设备进口后的运费为 1200 美元,海关审定的该设备的成交价格为(　　)。
　　A. USD 50000　　　　B. USD1200　　　　C. USD48800　　　　D. USD8800

(4) 某公司进口一批货物的货价为 FOB5000 美元,国际运费是 500 美元,国际保险费是 200 美元,该批货物的进口关税完税价格是(　　)。
　　A. 5000 美元　　　　B. 5500 美元　　　　C. 5700 美元　　　　D. 4300 美元

(5) 某公司出口价值 50 万元人民币的货物,国际保费 5 千元人民币,国际运费是 7 千元人民币,出口完税价格是(　　)元人民币。
　　A. 50 万　　　　　　B. 51.2 万　　　　　C. 48.8 万　　　　　D. 1.2 万

(6) 完税价格审定方法的最后一种方法是(　　)。
　　A. 成交价格法　　　B. 合理方法　　　　C. 计算价格法　　　D. 倒扣法

(7) 下列关于关税的表述正确的是(　　)
　　A. 关税的征税不是强制的　　　　　　　B. 进出境运输工具不缴纳关税
　　C. 进出境货物不需要缴纳关税　　　　　D. 进出境物品不需要缴纳关税

(8) 下列哪项费用不计入到进口完税价格中(　　)。
　　A. 货物价格　　　　　　　　　　　　　B. 国际运费
　　C. 为在境内复制进口货物而支付的费用　D. 国际保险费

(9) 关税属于(　　)。
　　A. 流转税　　　　　B. 所得税　　　　　C. 增值税　　　　　D. 营业税

(10) 下列属于海关征收的税种是(　　)。
　　A. 消费税　　　　　　　　　　　　　　B. 营业税
　　C. 进口环节增值税、消费税　　　　　　D. 船舶吨税

(11) 纳税义务人应于海关填发税款缴纳书之日起(　　)日内缴清税费款。
　　A. 12　　　　　　　B. 13　　　　　　　C. 14　　　　　　　D. 15

(12)出口方需要办理买方进口税费的术语是( )。
   A. FOB   B. CIF   C. CFR   D. DDP
(13)消费税的性质是( )
   A. 所得税   B. 流转税   C. 营业税   D. 关税
(14)德天公司(外商独资企业)享受特定减免税优惠进口的船舶,未经海关批准不得擅自出售、转让、移作他用。按照现行规定,海关对其监管年限为( )。
   A. 4 年   B. 6 年   C. 8 年   D. 10 年
(15)关税起征额为( )。
   A. 10 元   B. 20 元   C. 50 元   D. 100 元
(16)用境内销售价扣除境内费用的完税价格审定方法是( )
   A. 成交价格法   B. 倒扣法   C. 计算价格法   D. 合理方法
(17)某企业从香港进口一批原材料,加工成品后销往印度,该批货物的原产地是( )。
   A. 香港   B. 台湾   C. 中国   D. 不详
(18)暂准进口的货物必须在( )个月内复运进境。
   A. 3   B. 4   C. 6   D. 12
(19)增值税组成计税价格是完税价格＋关税＋( )。
   A. 营业税   B. 消费税   C. 所得税   D. 出口关税
(20)增值税税率是13％的有( )。
   A. 图书   B. 石油   C. 化妆品   D. 烟酒

2. 多项选择题

(1)进口报关单运费栏需要填的是( )。
   A. FOB   B. CFR   C. CIF   D. FAS
(2)下列说法正确的是( )。
   A. 项号一定是 1 行
   B. 数量及单位的第三行填成交单位
   C. FOB 的代码是 3
   D. CFR 的代码是 2
(3)以下关于运费的格式正确的是( )。
   A. 502/3000/1   B. 142/2000/3   C. 110/300/2   D. 3/1
(4)以下关于集装箱号栏说法正确的是( )。
   A. 格式为集装箱号/规格/自重   B. 自重对应的是 Seal
   C. 没有集装箱时此栏填"0"   D. 没有集装箱时此栏填"其他"
(5)下列说法正确的是( )。
   A. 入境货物通关单代码是 A
   B. 出境货物通关单代码是 B
   C. 入境货物通关单应在许可证号栏填
   D. 入境货物通关单应在随附单证栏填
(6)有一批货物属于法检产品,同时属于自动进口许可证管理范围,下列填法正确的是( )。

A. 自动进口许可证的编号填制许可证号栏

B. 入境货物通关单填在许可证号栏

C. 入境货物通关单填在随附单证栏,自动进口许可证号填在备注栏

D. 自动进口许可证填在随附单证栏,入境货物通关单填在备注栏

(7)汇付有哪三种方式(　　)。

  A.电汇　　　　　　B.信汇　　　　　　C.票汇　　　　　　D.托收

(8)经营单位第五位说法正确的是(　　)。

  A.4代表保税区　　　　　　　　　B.5代表出口加工区

  C.6代表保税港区　　　　　　　　D.7代表保税物流园区

(9)经营单位第六位说法正确的是(　　)。

  A.2代表中外合作企业　　　　　　B.3代表中外合资企业

  C.4代表外商独资企业　　　　　　D.4代表国有企业

(10)下列说法正确的是(　　)。

  A.存在委托代理情况时,一般以代理方位经营单位

  B.出口报关单的"结汇方式"栏不能为空

  C.出口报关单"结汇方式"栏,如果没有结汇关系,填"其他"

  D.有托盘时,包装种类应填"托盘"

3. 判断题(对的打"√",错的打"×")

(1)运输方式是5,代表水路运输。　　　　　　　　　　　　　　　　(　　)

(2)经营单位填写时只需要填写单位名称,无须填写代码。　　　　　　(　　)

(3)进口口岸填写海关名称,不要填写代码。　　　　　　　　　　　　(　　)

(4)备案号栏一定不能为空。　　　　　　　　　　　　　　　　　　　(　　)

(5)项号一定有2行。　　　　　　　　　　　　　　　　　　　　　　(　　)

(6)没有集装箱时,集装箱号栏为空。　　　　　　　　　　　　　　　(　　)

(7)结汇方式栏一定不能为空。　　　　　　　　　　　　　　　　　　(　　)

(8)CIF代码为2。　　　　　　　　　　　　　　　　　　　　　　　(　　)

(9)贸易方式为0110,对应的征免应是全免。　　　　　　　　　　　(　　)

(10)征免性质为101,对应的征免应全免。　　　　　　　　　　　　(　　)

4. 综合实训题

江苏省莎美纺织品集团公司从A国进口粗梳羊毛(税则号列5105.1000,适用非优惠原产地规则)一批,该批粗梳羊毛系以B国原产的未梳含脂剪羊毛(税则号列5101.1100,适用优惠原产地规则)加工而成。发票列明货物价值、包装费、至境内指运地的运费及相关费用、保险费。货物以境内外全程联运方式自上海进境运至该收货人所在的某省会城市。粗梳羊毛系法定检验检疫及进口关税配额管理商品,但收货人未能足额获得配额数量。某报关企业受收货人委托向海关报关时,报关员未能对收货人提供的情况进行认真审核,致使电子数据报关单填制不规范,被海关作退单处理。请回答下列问题:

(1)以下关于该批货物原产地的表述,正确的是(　　)。

  A.适用优惠原产地规则中的"完全获得标准",并以此认定B国为原产国

  B.适用非优惠原产地规则中的"加工工序标准",并以此认定A国为原产国

C. 适用非优惠原产地规则中的"税则归类改变标准",并以此认定 A 国为原产国

D. 适用优惠原产地规则中的"从价百分比标准",并以此认定 B 国为原产国

(2)进口粗梳羊毛的完税价格应不包含货物成交价格中的下列部分(　　)。

　　A. 货物价值

　　B. 包装费

　　C. 运抵境内输入地点起卸后的运费及相关费用

　　D. 运抵境内输入地点起卸后的保险费

(3)进口粗梳羊毛在向海关申报时,应提交的监管证件是(　　)。

　　A. 优惠贸易协定项下的进口原产地证明书　　B. 关税配额证明

　　C. 入境货物通关单　　D. 自动进口许可证

(4)超出关税配额部分的进口粗梳羊毛,可能适用的税率是(　　)。

　　A. 普通税率　　　　B. 最惠国税率　　　　C. 协定税率　　　　D. 关税配额税率

(5)下列情形中,可能造成海关退单的是(　　)。

　　A. 未在报关单"进口口岸"栏填报进境地口岸海关名称及代码

　　B. 未在报关单"备案号"栏填报原产地证书代码及编号

　　C. 未在报关单"随附单据"栏填报监管证件的代码及编号

　　D. 未在报关单"标记唛码及备注"栏填报监管证件的代码及编号

答案与解析

1. 单项选择题

(1)【答案】C

【解析】根据消费税的计算公式,消费税税额＝组成价格×消费税税率,而组成价格又等于完税价格加上关税税额后除以(1－消费税税率)。

(2)【答案】A

【解析】CIF 下,国际运费和国际保费不需要再计算。

(3)【答案】A

【解析】国内运费不计入进口完税价格。

(4)【答案】C

【解析】FOB 情况下,国际运费和国际保费应计入到进口完税价格中。

(5)【答案】A

【解析】出口完税价格不包括国际运费和国际保险费。

(6)【答案】B

【解析】完税价格审定的最后一个方法是合理方法。

(7)【答案】B

【解析】进出境运输工具缴纳船舶吨税或车船使用税。

(8)【答案】C

【解析】进口货物完税价格的计算时不计入的因素:

①进口后进行建设、安装、装配、维修和技术服务的费用

②运抵境内输入地点起卸后的运输及其相关费用、保险费
③进口关税和国内税

(9)【答案】A

【解析】关税是海关代表国家,按照国家制定的关税政策和公布实施的税法及进出口税则,对准许进出关境的货物和物品征收的一种流转税。

(10)【答案】C

【解析】海关征收的税主要有四种:关税、进口环节海关代征税包括增值税和消费税、船舶吨税。

(11)【答案】D

【解析】纳税义务人缴纳税费的期限是自海关填发税款缴款书之日起15日内,从第二天算起,所以是8月28日。而8月28日是星期五,所以无须顺延。

(12)【答案】D

【解析】DDP下,卖方需要负责货达买方后的清关。

(13)【答案】B

【解析】消费税属于流转税,是一种价内税。

(14)【答案】C

【解析】我们国家的减免税有三种:法定减免、特定减免和临时减免。对于特定减免税海关监管的期限是船舶和飞机是8年,机动车辆是6年,其他是5年。

(15)【答案】C

【解析】关税起征额是50元人民币,少于50元人民币不征。

(16)【答案】B

【解析】倒扣法是运用境内销售价减去境内发生的费用来核算完税价格的。

(17)【答案】C

【解析】该成品的产地应为"中国"。

(18)【答案】C

【解析】暂准进口的货物应于6个月内复运进境。

(19)【答案】B

【解析】增值税组成计税价格是完税价格＋关税＋消费税。

(20)【答案】A

【解析】增值税率一般为17%,增值税率为13%的有:
①粮食、食用植物油;
②自来水、暖气、冷气制品、热气、煤气、食油液化气、天然气、沼气、居民用煤炭制品;
③图书、报纸、杂志;
④饲料、化肥、农药、农机、农膜;
⑤国务院规定的其他货物。

2.多项选择题

(1)【答案】AD

【解析】贸易术语决定了运费的负担方式

(2)【答案】BCD

【解析】此四栏的填制应遵循现有的规则。

(3)【答案】BCD

【解析】1代表费率,不能用502/3000/1的格式。

(4)【答案】AC

【解析】没有集装箱时,填0。

(5)【答案】ABD

【解析】出境货物通关单填在随附单证栏内。

(6)【答案】CD

【解析】通关单不能填制许可证栏。

(7)【答案】ABC

【解析】托收不属于汇付。

(8)【答案】ABCD

【解析】第五位代表企业所在的区域。

(9)【答案】ABC

【解析】第六位代表企业性质

(10)【答案】ABCD

【解析】各栏目应按规则填写。

3. 判断题(对的打"√",错的打"×")

(1)【答案】×

【解析】水路运输代码为2。

(2)【答案】×

【解析】经营单位必须写正确,需要代码。

(3)【答案】×

【解析】进口口岸也必须写代码。

(4)【答案】×

【解析】备案号可以为空。

(5)【答案】×

【解析】项号可以是1行。

(6)【答案】×

【解析】没有集装箱时,填0。

(7)【答案】√

【解析】结汇方式不能为空。

(8)【答案】×

【解析】CIF代码是1。

(9)【答案】×

【解析】贸易方式是0110时,对应的征免应为照章征税。

(10)【答案】×

【解析】101对应的征免是照章征税。

4. 综合实训题

(1)【答案】C

【解析】从资料所给内容可以清楚看到适用非优惠原产地规则,并且题目中给出了B国原产的未梳含脂剪羊毛的税则号列与A国进口粗梳羊毛的税则号列有明显的不同,所以应该是"税则归类改变标准"。

(2)【答案】CD

【解析】运抵境内起卸后的费用不计入进口完税价格。

(3)【答案】BC

【解析】羊毛属于关税配额管制的货物,因此需提交关税配额证明,又属于法定检验的商品,因此需提交入境货物通关单。题中没有信息表明羊毛属于自动进口许可管理,因此无须提交自动进口许可证。

由于适用的是非优惠原产地规则,所以无须提交原产地证书。

(4)【答案】AB

【解析】关税配额内外实行的是差别税率,在优惠税率条件下超过部分可享受最惠国税率,非优惠税率条件下,实行普通税率。

(5)【答案】ACD

【解析】在非优惠原产地规则下,无须在备案号栏填原产地证书代码及编码。

第3章
进口货物原产地的确定与税率适用

教学目标

了解进口货物原产地确定的原则,熟练掌握确定原产地归属的技能,了解原产地证书的使用,重点掌握进口税率的适用原则。

教学要求

知识要点	能力要求	相关知识
进出口货物原产地确定	(1)了解各种协议 (2)熟练掌握原产地确定的方法 (2)掌握不同协议下的原产地确定方法和规则	(1)原产地确认的理论依据 (2)结合外贸管制理解原产地确认
进口货物原产地证书	(1)了解不同协议框架下对原产地证书的要求 (2)熟练掌握原产地证书的操作准则	(1)原产地证书申报与其他单证申报的关系 (2)原产地证书的申报依据
税率适用	(1)了解一般情况下税率适用的准则 (2)了解特殊情况下税率适用的准则	(1)税率适用与关税征纳的理论联系 (2)税率适用与关税征纳流程的关系

案例导入

原产地证书不符

广东某企业拟申报进口原产于新加坡的奶粉并申请享受中国—东盟自由贸易区优惠税率,并向海关提交优惠原产地证书及其他相关商业单证。

经单证审核,海关发现该企业提交的其他商业单证均真实有效、符合海关要求,相关优惠原产地证书的安全特征亦与总署备案资料一致,但该证书抬头印有"REPUBLIC OF SINGAPORE PREFER ENTIAL CERTIFICATE OF ORIGIN"字样,并非常见的"ASEAN-CHINA FREE TRADE AREA PREFERENTIAL TARIFF CERTIFICATE OF ORIGIN",亦无"FORM E"及"Issued in(country)"的相关字样。该票货物能否享受协定税率?

3.1 进口货物原产地的确定

3.1.1 原产地含义

为了适应国际贸易的需要,并为执行本国关税及非关税方面的国别歧视性贸易措施,各国必须以一定的标准为依据对进出口商品的原产地进行认定。这种以本国立法形式制定其鉴别货物"国籍"的一定的标准,就是原产地规则。

WTO《原产地规则协议》将"原产地规则"定义为:一国(地区)为确定货物的原地而实施的普遍适用的法律、法规和行政决定。

3.1.2 原产地类别

从适用目的的角度划分,原产地规则分为优惠原产地规则和非优惠原产地规则。优惠原产地规则是指一国为了实施国别优惠政策而制定的原产地规则,优惠范围以原产地为受惠国的进口产品为限。它是出于某些优惠措施规定的需要,根据受惠国的情况和限定的优惠范围,制定的一些特殊原产地认定标准,而这些标准是给惠国和受惠国之间通过多边或双边协定形式制定的,所以又称为"协定原产地规则"。

优惠原产地规则主要有两种实施方式:一是通过自主方式授予,如欧盟普惠制(GSP)、中国对最不发达国家的特别优惠关税待遇;二是通过协定以互惠方式授予,如北美自由贸易协定、中国—东盟自贸区协定等。

非优惠原产地规则是指一国根据实施其海关税别和其他贸易措施的需要,由本国立法自主制定的原产地规则,故也称为"自主原产地规则"。其实施必须遵守最惠国待遇原则,即必须普遍地、无差别地适用于所有原产地为最惠国的进口货物。

3.1.3 原产地认定标准

1. 优惠原产地认定标准

(1)完全获得标准。对于种植、开采或生产国为原产国,这一标准称为"完全获得标准"。

①在该国(或区域)领土或领海开采的矿产品。

②在该国(或区域)领土或领海收获或采集的植物产品。

③在该国(或区域)领土出生和饲养的活动物及从其所得产品。

④在该国(或区域)领土或领海狩猎或捕捞所得的产品。

⑤由该国(或区域)船只在公海捕捞的水产品和其他海洋产品。

⑥由该国(或区域)加工船加工的上述所列物品所得的产品。

⑦在该国(或区域)收集的仅适用于原材料回收的废旧物品。
⑧由该国(或区域)利用上述七项所列产品加工所得的产品。

(2)从价百分比标准。对于非完全在某一受惠国获得或生产的货物,对于经过几个国家(地区)加工、制造的产品,各国多以最后完成实质加工的国家为原产国,这一标准称为"实质性改变标准"。实质性改变标准包括税则归类改变标准、从价百分比标准(增值百分比标准、区域价值成分标准等)、加工程序标准、混合标准等。

税则归类改变标准是指在某一国家(地区)对非该国(地区)原产材料进行加工、制造后、所得货物在《商品名称及编码协调制度》中的某位数级税目归类发生了变化。

从价百分比标准是指在某一国家(地区)对非该国(地区)原材料进行加工、制造后的增值部分超过了所得货物价值的一定比例。

加工工序标准是指在某一国家(地区)进行的赋予制造、加工后所得货物基本特征的主要工序。

我国签署的各优惠贸易协定中实行从价百分比标准的有:

①《亚太贸易协定》,规定生产过程中使用的非成员国材料不超过该货物 FOB 价的 55%,非原产于孟加拉国的材料不超过 65%。

②《中国—东盟合作框架协议》,规定用于所获得或生产产品中的原产于任一成员方的成分不少于该货物 FOB 价的 40%;非成员材料、零件或者产物的总价值不超过所获得或者生产产品 FOB 价的 60%,并且最后工序在成员方境内完成。

③港澳 CEPA 项下的原产地规则,规定在港澳获得的原料、组合零件、劳工价值和产品开发支出价值的核计,与在港澳生产或获得产品 FOB 价的比例应大于或等于 30%。

④《中巴自贸协定》,要求生产或加工货物时,所使用的单一成员方原产成分占所得产品的 FOB 价的比例不小于 40%;或者是在某一成员方境内使用已获得贸易区原产资格的货物作为生产享受协定税率的制成品的材料时,如果该制成品中原产于中国、巴基斯坦成分累计不低于 40%,则该货物应当视为原产于该成员方。

⑤特别优惠关税待遇:受惠国对非该国原产材料进行制造、加工后的增值部分不小于 40%。

⑥《中智自贸协定》,规定的使用非成员方原产材料占价值(FOB)比例小于 60%。

从价百分比标准表

优惠贸易协定	原产于(非原产于)成员国的成品或料件的百分比
亚太贸易协定	非成员国材料不超过 FOB 价的 55%,非原产于孟加拉国的材料不超过 65%
中国—东盟合作框架协议	成员国成分不少于 40%;非成员国成分不少于 60%,最后工序在成员方境内完成
港澳 CEPA	港澳的比例应大于或等于 30%
中巴自贸协定	成员方成分不少于 40%
特别优惠关税待遇	加工增值部分不少于 40%
中智自贸协定	非成员国小于 60%

(3)直接运输标准。

①《亚太贸易协定》,货物运输未经非受惠国关境;货物虽经一个或多个非受惠国关境,但其有充分理由证明过境运输完全出于地理原因或商业运输的要求,并能证明货物在运输过程中未在非受惠国关境内使用、交易或消费,及除装卸和为保持货物良好状态而接受的简单处理外,未经任何其他处理。对于非直接运输进的货物,不能适用《曼谷协定》税率。

②《中国—东盟合作框架协议》,是指《中华人民共和国与东南亚国家联盟全面经济合作框架协议》项下的进口货物从某一东盟国家直接运输至我国境内,或者从某一东盟国家经过其他自由贸易区成员国(地区)境内运输至我国,但途中没有经过任何非自由贸易区成员国(地区)境内。

进口货物运输途中经过非自由贸易区成员国(地区)境内(包括转换运输工具或者作临时储存)运输至我国,并且同时符合下列条件的,视为从东盟国家直接运输:仅是出于地理原因或者运输需要;产品经过上述国家时未进行贸易或者消费;除装卸或者为保持产品良好状态而进行的加工外的其他任何加工。

③香港CEPA项下的直接运输标准是指根据CEPA实行零关税的我国香港原产货物,应从香港直接运输至内地口岸,中途不得经过第三方关境,而我国澳门原产货物则可通过香港转运。

④《中巴自贸协定》项下的直接运输是指原产于巴基斯坦的进口货物运至我国境内,途中未经过任何中国和巴基斯坦之外的国家(地区)境内;如果原产于巴基斯坦之外的国家(地区),不论是否在这些国家(地区)转换运输工具或者作临时储存,应同时符合以下条件:仅是由于地理原因或者运输需要;货物未在这些国家(地区)进入贸易或者消费领域;除装卸或者其他为使货物保持良好状态的处理外,货物在这些国家(地区)未经任何其他加工。

⑤"特别优惠关税待遇"项下进口货物原产地原则要求申报享受特别优惠关税待遇的进口货物,应当直接从受惠国运输至我国境内,途中未经过我国和该受惠国以外的其他国家(地区)。出于地理原因或运输需要,可经过其他国家(地区),但不能装卸,要保持良好状态。

⑥《中智自贸协定》项下《中国—智利自由贸易区原产地规则》要求原产于智利的进口货物从智利直接运输至我国境内,途中未经过我国、智利以外的其他国家(地区),因地理或运输原因,可经过其他国家(地区),条件是未做装卸、保持良好状态或未做其他处理,未进入该国家(地区)进行贸易或者消费的。不论该货物是否换装运输工具,其进入所经过的其他国家(地区)停留时间最长不得超过3个月。

2. 非优惠原产地认定标准

我国的非优惠原产地认定标准主要有完全获得标准和实质性加工标准。

(1)完全获得标准。完全在一个国家(地区)获得的货物,以该国(地区)为原产地;两个以上国家(地区)参与生产的货物,以最后完成实质性改变的国家(地区)为原产地。

以下产品视为在一国"完全获得":

①在该国(地区)内开采的矿物。
②在该国(地区)野外捕捉、捕捞、搜集的动物。
③从该国(地区)的活的动物获得的未经加工的物品。
④在该国(地区)收获的植物和植物产品。
⑤在该国(地区)出生并饲养的活的动物。

⑥在该国(地区)获得的上述五项范围之外的其他天然生成的物品。
⑦在该国(地区)生产过程中生产的只能弃置或回收用作原料的废碎料。
⑧在该国(地区)收集的不能修复或修理的物品,或者从该物品中回收的零件或材料。
⑨由合法悬挂该国旗帜的船舶从其领海以外海域获得海洋捕捞物和其他物品。
⑩在合法悬挂该国旗帜的加工船上加工上述所列物品获得的产品。

还包括从该国领域以外享有专有开采权的海床或者海床领土获得的物品,在该国(地区)完全从上述10项所列物品中生产的产品。

在确定货物是否在一个国家(地区)完全获得时,为运输、储存期间保存货物而作的加工或者处理,为货物便于装卸而作的加工或者处理,为货物销售而作的包装等加工或者处理等,不予考虑。

(2)实质性加工标准。指产品加工后,以最后一个对货物进行经济上可以视为实质性加工的国家(地区)作为有关货物的原产国(地区);在《海关进出口税则》中四位数税号一级的税则归类已经发生了改变的,这就是税则归类改变。制造或者加工序,是指在某一国家(地区)进行的赋予制造、加工后所得货物基本特征的主要工序。从价百分比,是指在某一国家(地区)对非该国(地区)原产材料进行制造、加工后的增值部分,超过所得货物价值的30%。公式如下:

(工厂交货价－非该国(地区)原产材料价值)/工厂交货价×100%≥30%

工厂交货价是指支付给制造厂所生产的成品的价格;"非该国(地区)原产材料价值"是指直接用于制造或装配最终产品而进口原料、零部件的价值(含原产地不明的原料、零配件),以其进口的成本、保险费加运费价格(CIF 价)计算。

3.1.4 申报要求

1.《亚太贸易协定》

纳税义务人除了提交其进口货物所需单证,还应当向海关提交受惠国(《曼谷协定》项下的政府指定机构)签发的原产地证书正本。若货物经过非受惠国关境,则纳税义务人还应当另向海关交验;货物所经过的该过境国家(地区)有关部门出具的未再加工证明文件以及自受惠国起运后换装运输工具至我国的全程提(运)单等。如果货物是经过香港、澳门的,应分别由中国检验(香港)有限公司、中国检验(澳门)有限公司签发未再加工证明文件,如果货物是经过其他国家(地区)的,由过境地海关签发未再加工证明文件。

2. 中国—东盟自由贸易区原产地规则

纳税义务人应主动向申报地海关申明该货物适用中国—东盟协定税率,此外,除提交其进口货物所需单证外,还应当向海关提交由东盟出口国指定政府机构签发的原产地证书(包括正本和第三联)作为报关单随附单证。

如果是货物经过非东盟自由贸易区成员国(地区)关境的,除了上述单证,纳税义务人还应当向海关交验在东盟出口国签发的联运提单、货物所经过的该过境国家(地区)海关出具的未再加工证明文件,香港、澳门分别由中国检验(香港)有限公司、中国检验(澳门)有限公司签发,其他国家(地区)由过境地海关签发。

3. 港澳 CEPA 原产地规则

纳税义务人应主动向申报地海关申明该货物适用零税率。此外,除提交其进口货物所需需单证外,还应当向海关提交符合CEPA项下规定的有效原产地证书作为报关单随附单证。

我国香港CEPA原产地规则项下原产于我国香港的受惠商品,除上述单证外,纳税义务人还可提交承运人提供的香港海关查验报告。

我国澳门CEPA原产地规则项下原产于澳门的受惠商品,且经我国香港转运至内地口岸的,除上述单证外,纳税义务人还应当向海关交验货物的原厂商发票,在澳门签发的联运提单,中国检验(香港)有限公司出具的未再加工证明文件等。

4. 中国—巴基斯坦自由贸易区规则

进口货物收货人应当在向海关申报货物进口时,主动向海关申明适用中巴自贸协定税率,并在有关货物进境报关时向海关提交由巴基斯坦有关政府机构签发的原产地证书。进口货物经过一个或者多个中国和巴基斯坦之外的国家(地区)运输的,进口货物收货人应当向海关提供下列单证:受巴基斯坦签发的联运提单、巴基斯坦有关政府机构签发的原产地证书、货物的原始商业发票副本等。

5. "特别优惠关税待遇"项下受惠进口货物

有关货物在进口报关时,进口货物收货人应当主动向进境地海关申明有关货物享受特别优惠关税,并提交出口受惠国原产地证书签发机构签发的由该国海关于出口时加盖印章的原产地证书,在出口受惠国签发的联运提单或者国家联运始发的其他国家(地区)签发的联运提单、来自出口受惠国的原始商业发票。经过其他国家(地区)运输的进口货物,还应当提交中国海关认为必要的能证明符合直接运输条件的有关文件。

6. 《中智自贸协定》

主动提交智利签发的原产地证书、提单、发票、报关单,申明适用中智自贸协定税率。货物经过其他国家的,须提供证明。展览货物的,在原产地证书上注明展览的名称和地点。所提供原产地证明与文件不符的,收取保证金放行。规定期限内补交证明,逾期保证金将被转税。原产于智利,价值不超过600美元且不属于为规避有关规定的,免予提交原产地证书。

3.2 进口货物原产地证明书

原产地证明书是证明产品原产于某地的书面文件,它是受惠国的原产品出口到给惠国时享受关税优惠的凭证,同时也是进口货物是否适用反倾销税率、反补贴税率、保障措施等贸易政策的凭证。根据签发者不同,原产地证书一般可分为以下三类:①商检机构出具的原产地证书,如:中华人民共和国检验检疫局(CIQ)出具的普惠制产地证格式A(GSP FORM A);一般原产地证书(CERTIFICATE OF ORIGIN)。②商会出具的产地证书,如:中国国际贸易促进委员会(CCPIT)出具的一般原产地证书,简称"贸促会产地证书"(CCPIT CEERTIFICATE OF ORIGIN)。③制造商或出口商出具的产地证书。在国际贸易实务中,应该提供哪种产地证明书,主要依据合同或信用证的要求。一般对于实行普惠制国家出口货物,都要求出具普惠制产地证明书。如果信用证并未明确规定产地证书的出具者,那么银行应该接受任何一种产地证明书。

3.2.1 适用优惠原产地规则的原产地证明书

1.《亚太贸易协定》规则

原产地证书的发证机构名称、发证机构的签章应与备案一致;原产地证书所列进出口商名称和地址、运输方式、货物名称、规格型号、重量、发票号及日期应与进口报关人提供的进口货物的合同、发票、装箱单及货物的实际情况等一致。一个原产地证书只适用于一批进口货物,不可多次使用。

纳税义务人自货物进境之日起 90 日内补交原产地证书,经海关核实为应实施亚太贸易协定税率的,对按原税率多征的部分予以退还。

2.《中国—东盟合作框架协议》规则

原产地证书与海关总署发布的有关原产地证书及其签章的备案材料应一致;原产地证书所列内容应与进口报关人提供的进口货物的合同、发票、装箱单及货物的实际情况一致。原产地证书应自东盟国家有关机构签发之日起 4 个月内提交我国境内申报地海关。如经过第三方转运,该货物的原产地证书提交期限延长为 6 个月。因不可抗力或其他正当理由超过期限提交原产地证书的,海关审核后可以接受。如果原产于东盟国家的进口货物,每批产品的 FOB 价不超过 200 美元的,则无须要求纳税义务人提交原产地证书,但应提交出口人对有关产品原产于该出口成员方的声明。一个原产地证书只适用于一批进口货物,不可多次使用。海关可要求纳税义务人提供可以证明原产地证书正确性的有关资料。

3. 港澳 CEPA 的原产地证明书

一个原产地证明书也是只适用于一批货物,不可多次使用。一份报关单不可涉及多份原产地证书或含有非原产地证书商品。纳税义务人书面申请经海关审核同意,可按照适用的最惠国税率或者暂定税率征收相当于应缴纳税款的等值保证金后先予放行货物,并办理进口手续。海关应自货物放行之日起 90 日内核定其原产地证书的真实情况,根据核查结果办理退还保证金手续或者保证金转税手续。

4. 中国—巴基斯坦自由贸易区原产地规则

进口货物收货人向申报地海关提交原产地证书正本必须用国际标准 A4 纸印制,所用文字为英文,在货物出口前或者出口时,或者在货物实际出口后 15 日内签发。未能在规定的日期签发的,收货人可向申报地海关提交在货物装运之日起 1 年内签发的注明"补发"字样的原产地证书。如有被盗、遗失或者损坏情况发生,在签发日期 1 年内,向原签证机构申请签发真实复制本。原产地证书应自签发之日起 6 个月内向我国海关提交,如果货物运输经过一个或者多个中国和巴基斯坦之外的国家(地区),上述所规定的原产地证书提交期限可延长至 8 个月。

5. "特别优惠关税待遇"进口货物规则

进口货物收货人向海关提交的原产地证书,应当由受惠国官方机构签发,签发机构的名称和地址及签发原产地证书的印章和签章式样应在海关总署备案。原产地证书有效期为自签发之日起 180 天,用 A4 纸印制,所用文字为英文。进口货物收货人向海关申报时应当提交正本及第二副本。

6. 中国—智利自由贸易区原产地规则

收货人向海关提交的智利原产地证书必须符合规定格式,所用文字为英文,并加盖有

"正本"字样的印章。原产地证书上所列的一项或者多项货物应当为同一批次进口到中国的原产于智利的货物。一份原产地证书应当仅对应一份报关单。原产地证书自签发之日起1年内有效。进口货物收货人应向海关提交在有效期内的原产地证书。

3.2.2 适用非优惠原产地规则的原产地证明书

(1) 当进口货物收货人申报进口的与实施反倾销措施的被诉倾销产品相同的货物时,应向海关提交原产地证书,若上述证书无法提供,且经海关实际查验又不能确定货物原产地,海关将按与该货物相同的被诉倾销产品的最高反倾销税或保证金征收比率征收反倾销税或收取保证金。

(2) 适用临时保障措施的钢铁产品,若超出进口关税配额总量已开始征收特别关税或超过进口限定数量暂不予进口,则自起征特别关税之日起或不予进口之日起,进口企业进口钢铁产品时不能提供原产地证明的,如属暂不进口,对此货物将不准进口,如属加征特别关税的,海关将加征特别关税。

(3) 对适用最终保障措施的进口商品,若进口企业申报进口时,不能提供不适用最终保障措施的国家(地区)的原产地证书或上述原产地证书的真实性被海关怀疑,又经海关审核货物有关单证及实际查验仍不能确定其原产地,企业又不能进一步提供能够证明原产地的其他材料的,则将在现行适用的关税税率基础上按照相应的产品所适用的加征关税税率加征关税。

案例讨论

原产地证书利用空间很大

近几年随着区域经济一体化不断加深,自贸区不断增加,不少国家对中国出口产品的关税优惠越来越大,国内出口产品价格竞争优势越来越明显。据了解,自《中瑞自由贸易协定》生效以后,金华市在一周不到的时间内即签出9份中瑞自由贸易原产地证书。金华出入境检验检疫局永康办事处的数据显示,2014年上半年金华市在签证数量和签证金额上实现了双增长,签证总数11132份,同比增长11.2%;签证总金额4.7亿美元,同比增长14.9%。这些原产地证书主要包括普惠制原产地证书、区域性原产地证书及一般产地证明书三大类。其中普惠制原产地证书占到金华市签发的原产地证书总量的56.79%,达到6322份;区域性原产地证书1721份;一般产地证明书3089份。分析数据显示,上半年金华市出口不同地区的原产地证书签证数量和总额上有所变化:中国—智利自贸区原产地证书数量同比下降0.7%,货值同比下降2.2%;中国—新西兰自贸区原产地证书数量同比增加50.0%,但签证总额同比下降7.5%;中国—秘鲁自由贸易区原产地证书同比增长23.1%,而签证总额同比下降幅度较大,达到42.3%。金华出入境检验检疫局永康办事处办公室主任沈海勇表示,这种变化与贸易结构的调整关系较大。根据上述案例,分组讨论,并选代表回答以下问题:

1. 原产地证书在促进我国货物出口上有哪些作用?
2. 原产地证书还可以怎样更好地加以利用?

3.3 税率适用

3.3.1 税率适用原则

进口关税税则分设最惠国税率、协定税率、特惠税率、普通税率、关税配额税率等税率。对进口货物在一定期限内可以实行暂定税率。出口关税则按进口税则列目方式确定出口税则税目,对部分出口商品实行暂定出口税率。

1. 进口税率

(1)原产于共同适用最惠国待遇条款的世界贸易组织成员国(地区)的进口货物,原产于与中华人民共和国签订含有相互给予最惠国待遇条款的双边贸易协定的国家或者地区的进口货物,以及原产于中华人民共和国境内的进口货物,适用最惠国税率。原产于与中华人民共和国签订含有关税优惠条款的区域性贸易协定的国家或者地区的进口货物,适用协定税率。原产于与中华人民共和国签订含有特殊关税优惠条款的贸易协定的国家或者地区的进口货物,适用特惠税率。上述之外的国家或者地区的进口货物,以及原产地不明的进口货物,适用普通税率。

(2)适用最惠国税率的进口货物有暂定税率的,应当适用暂定税率;适用协定税率、特惠税率的进口货物有暂定税率的,应当从低适用税率;适用普通税率的进口货物,不适用暂定税率。适用出口税率的出口货物有暂定税率的,应当适用暂定税率。

(3)按照国家规定实行关税配额管理的进口货物,关税配额内的,适用关税配额税率;关税配额外的,其税率的适用按照上述两项规定执行。

(4)按照有关法律、行政法规的规定对进口货物采取反倾销、反补贴、保障措施的,其税率的适用按照《中华人民共和国反倾销条例》、《中华人民共和国反补贴条例》和《中华人民共和国保障措施条例》的有关规定执行。

(5)任何国家或者地区违反与中华人民共和国签订或者共同参加的贸易协定及相关协定,对中华人民共和国在贸易方面采取禁止、限制、加征关税或者其他影响正常贸易的措施的,对原产于该国家或者地区的进口货物可以征收报复性关税,适用报复性关税税率。征收报复性关税的货物、适用国别、税率、期限和征收办法,由国务院关税税则委员会决定并公布。

此外,适用最惠国税率、协定税率、特惠税率的进口货物,以及适用出口税率的出口货物,暂定税率确定以后,实行从低适用的原则。执行国家有关进出口关税减征政策时,首先应当在最惠国税率基础上计算有关税目的减征税率,然后根据进口货物的原产地及各种税率形式的适用范围,将这一税率与同一税目的特惠税率、协定税率、进口暂定最惠国税率进行比较,税率从低执行,但不得在暂定最惠国税率基础上再进行减免。按照普通税率征税的进口货物,不适用进口关税暂定税率。对于无法确定原产国别(地区)的进口货物,按普通税率征税。

2. 出口税率

对于出口货物,在计算出口关税时,出口暂定税率的执行优先于出口税率。

3.3.2 税率适用时间

《进出口关税条例》规定:进出口货物应当按照海关接受该货物申报进口或出口之日实施的税率征税。

在实际运用时应区分以下不同情况:

(1)进口货物到达前,经海关核准先行申报的,应当按照装载此项货物的运输工具申报进境之日实施的税率征税。

(2)对于进出口货物的退税和补税,一般按该进出口货物原海关接受申报进口或出口之日所实施的税率计算。但对于因纳税义务人违反规定需要追征税款的,应当按照该行为发生之日实施的税率计算;行为发生之日不能确定的,按照海关发现该行为之日实施的税率计算。

(3)进口转关运输货物,应适用指运地海关接受该货物申报进口之日实施的税率;货物运抵指运地前,经海关核准先行申报的,应当适用转载该货物的运输工具抵达指运地之日实施的税率。

(4)出口转关运输货物,应当适用起运地海关接受该货物申报出口之日实施的税率。

(5)经海关批准,实行集中申报的进出口货物,应适用每次货物进出口时海关接受该货物申报之日实施的税率。

(6)因超过规定期限未申报而由海关依法变卖的进口货物,其税款计征应当适用转载该货物的运输工具申报进境之日实施的税率。

(7)对于以下特殊贸易的货物,如果需要缴纳税款,应当按照海关接受申报办理纳税手续之日实施的税率来计算:保税货物经批准不复运出境的;减免税货物经批准转让或者移作他用的;暂准进境货物经批准不复运出境的,以及暂准出境货物经批准不复运进境的;租赁进口货物,分期缴纳税款的。对于转关运输货物税率的适用日期,由海关总署另行规定。

本章小结

本章主要介绍了原产地规则的分类及其确定方法,原产地规则包括优惠原产地规则和非优惠原产地规则两类。原产地确定方法主要包括完全获得、实质改变和直接运输等。原产地证书是证明原产地的有效证件,不同协议下原产地证书的提交要求不同。税率的适用是关税征纳的重要环节,税率适用有一般规则和特殊规则。进口税率一般以货物向海关申报之日的税率为准,出口税率一般以货物向海关申报出口之日的税率为准。

本章的内容实务性很强,重操作、重实践,因此要求读者不仅要掌握理论,更应注重提高解决问题的能力。

背景知识

宁波检验检疫局通报,2014年1~6月份,宁波检验检疫局累计签发各类区域优惠原产地证书32008份,签证金额达11亿美元,同比增长11.7%和8.9%。按照平均减免5%关税计,可为宁波地区出口产品减免约5500万美元的关税。

其中,中国—哥斯达黎加自贸区原产地证书签证量和签证金额增幅更是高达38.53%和60.07%,居各类证书之首。中瑞、中冰自贸区于2014年7月1日正式实施,截至7月18日,宁波检验检疫机构已累计签发700份优惠原产地证书,签证金额达1925万美元。

习题与实训

1. 单项选择题

(1) 按《进出口关税条例》规定,海关对进出口货物征收关税时,应采用(　　)税率计征关税。
　　A. 装载货物的运输工具申报进、出境之日
　　B. 收发货人向海关申报进口或出口之日
　　C. 海关接受申报进口或出口之日
　　D. 海关开出税款缴纳证书之日

(2) 特定减免税进口的货物,未满海关监管年限,经过批准同意转让,需缴纳税款的,应当适用何时的税率(　　)。
　　A. 该货物实际进口之日实施的税率
　　B. 经过批准同意其转让之日实施的税率
　　C. 海关接受其申报办理纳税手续之日的税率
　　D. 以上均不是

(3) 税率适用的原则,下列表述不正确的是(　　)。
　　A. 适用最惠国税率的进口货物,有暂定税率的,应当适用暂定税率
　　B. 同时适用协定税率、特惠税率和暂定税率的进口货物,应当从低适用税率
　　C. 适用普通税率的进口货物,有暂定税率的,不适用暂定税率
　　D. 执行国家关税减征政策时,分别在最惠国税率、协定税率、特惠税率的基础上按国家优惠政策执行

(4) 税率适用时间标准,下列表述不正确的是(　　)。
　　A. 进出口货物应当适用运输工具向海关申报进口或出口之日实施的税率
　　B. 进口货物到达前,经海关核准先行申报的,应当适用装载该货物的运输工具申报进境实施的税率
　　C. 进口转关运输货物,应当适用指运地海关接受该货物申报进口之日实施的税率
　　D. 出口转关运输货物,应当适用起运地海关接受该货物申报出口之日实施的税率

(5) 用于所获得或生产产品中的原产于东盟成员国的成分不少于该货物FOB价的(　　),并且最后的工序是在成员方境内完成,则认定原产国为东盟成员国。
　　A. 40%　　　　　　B. 30%　　　　　　C. 50%　　　　　　D. 60%

(6) 关于暂定税率适用的原则,下列表述错误的是(　　)。
　　A. 适用最惠国税率的进口货物同时有暂定税率的,应当适用暂定税率
　　B. 适用协定税率、特惠税率的进口货物有暂定税率的,应当从低适用税率

C. 适用普通税率的进口货物,不适用暂定税率

D. 适用出口税率的出口货物有暂定税率的,不适用暂定税率

(7) 原产地规则关系到对进口货物实施不同的税率,下列表述中不符合非优惠原产地规则的实质性改变标准规定的是(　　)。

A. 货物加工后,在《海关进出口税则》中的税号(四位数一级的税则号列)已有了改变

B. 货物经重新筛选并重新包装

C. 货物加工后,增值部分占新产品总值的比例已经达到30%

D. 货物加工后,增值部分占新产品总值的比例已经超过30%

(8) 非优惠原产地认定标准之一的从价百分比标准,是指在某一国家(地区)对非该国(地区)原产原料进行制造、加工后的增值部分,超过所得货物价值的比例(　　)。

A. ≥30%　　　　B. ≥40%　　　　C. ≥55%　　　　D. ≥60%

(9) 境内某公司从香港购进孟加拉国产的某商品一批,设该商品的最惠国税率为10%,普通税率为30%,亚太协定税率为9.5%,香港CEPA项下税率为0,该商品进口时适用的税率是(　　)。

A. 10%　　　　B. 30%　　　　C. 9.5%　　　　D. 0

(10) 境内某公司与香港某公司签约进口韩国产的彩色超声波诊断仪1台,直接由韩国运抵上海,成交价格CIF上海10000美元/台。设1美元＝7元人民币,最惠国税率为5%,普通税率为17%,亚太贸易协定税率为4.5%,应征进口关税税额为(　　)元。

A. 0　　　　B. 3150　　　　C. 3500　　　　D. 11900

(11) 特别优惠关税待遇进口货物规则的原产地证明书有效期为自签发之日起(　　)。

A. 30天　　　　B. 60天　　　　C. 90天　　　　D. 180天

(12) 适用《亚太贸易协定》规则的原产地证明书的货物,纳税义务人不能提交原产地证书的,由海关依法确定进口货物的原产地,货物征税放行后,纳税义务人(　　)补交原产地证书的,经海关核实,对按原税率多征的部分予以退还。

A. 自货物进境之日起90日内　　　　B. 自签发之日起180日内

C. 自货物装运之日起1年内　　　　D. 货物放行后15日内

(13) 对于出口货物,在计算出口关税时,出口暂定税率的执行(　　)出口税率。

A. 优先于　　　　B. 等同于　　　　C. 后于　　　　D. 以上都不对

(14) 《亚太贸易协定》规定生产过程中使用的非成员国材料不超过该货物FOB价的(　　)。

A. 40%　　　　B. 50%　　　　C. 55%　　　　D. 60%

(15) 港澳CEPA项下的原产地规则规定,在港澳获得的原料、组合零件、劳工价值和产品开发支出价值的核计,与在港澳生产或获得产品FOB价的比例应大于或等于(　　)。

A. 30%　　　　B. 40%　　　　C. 50%　　　　D. 60%

(16) 按照直接运输原则,我国澳门原产货物可通过(　　)转运。

A. 广州　　　　B. 深圳　　　　C. 香港　　　　D. 北京

(17) 关税税额在人民币(　　)以下的一票进出口货物,免征关税。

A. 50元　　　　B. 500元　　　　C. 200元　　　　D. 100元

(18) 经海关批准,实行集中申报的进出口货物,应当适用(　　)货物进出口时海关接受该货物申报之日实施的税率。

A. 最后一批 B. 每次 C. 第一批 D. 以上都不对

(19)中国—智利自由贸易区原产地规则下,原产地证书的有效期为( )。

A.1年 B.180天 C.60天 D.30天

2. 多项选择题

(1)关于海关估价方法,下列哪些叙述是错误的( )。

　A. 海关在审定进口货物完税价格时,应优先采用成交价格法

　B. 当进口货物的成交价格经海关审查未能确定时,才能依次使用其他估价方法

　C. 在使用其他估价方法时,海关可优先使用合理方法

　D. 相同货物的估价方法中的相同货物,是指在所有方面都相同的货物,即使包装上也不能有任何微小差别

(2)目前我国签署的各项优惠贸易协定主要的从价百分比标准,下列说法正确的是( )。

　A.《亚太贸易协定》项下,非成员国原产的或者不明原产地的材料的总价值不超过该货物FOB价的55%(孟加拉国除外)

　B.《中国—东盟合作框架协议》项下,原产于任一成员方的成分不少于该货物FOB价的40%

　C. 港澳CEPA项下,在港澳获得的原料、组合零件、劳工价值和产品开发支出价值的合计,与在港澳生产或获得产品的FOB价的比例不小于30%

　D. 特别优惠关税待遇的原产地规则,受惠国对非该国原材料进行制造、加工后的增值部分不小于所得货物价值的35%

(3)完全获得标准是确定货物原产地的重要标准,下列属于优惠原产地下完全获得标准的是( )。

　A. 从该国领土或领海内开采的石油

　B. 在该成员国或者地区境内收获的小麦

　C. 从该国境内出生并饲养的活动物

　D. 在该成员国或者地区境内采摘的苹果

(4)关于原产地证书,下列说法正确的是( )。

　A.《中国—东盟合作框架协议》规则的原产地证明书,应当自东盟国家有关机构签发之日起4个月向我国境内申报地海关提交,经过第三方转运的,提交期限延长为6个月

　B. 原产于东盟国家的进口货物,如果产品的FOB价不超过200美元,无须要求我国的纳税义务人提交原产地证书,但是要提交出口人对有关产品原产于该出口成员方的声明

　C. 港澳CEPA的原产地证明书,一个原产地证书可多次使用,适用于多批进口货物

　D."特别优惠关税待遇"原产地证明书的有效期为自签发之日起1年

(5)下面是有关运用《中华人民共和国海关进出口税则》规定征收关税的表述,其中表述正确的是( )。

　A. 执行国家有关税率减征政策时,在暂定最惠国税率基础上再进行减免

　B. 对于原产于中国境内的进口货物,适用最惠国税率

　C. 对于原产地不明的进口货物,按照普通税率计征

D. 对于同时适用多种税率的进口货物,在选择适用的税率时,基本的原则是"从高计征"

(6)下列关于进口税率适用的表述正确的是(　　)。

　　A. 按照普通税率征税的进口货物,不适用进口货物暂定税率

　　B. 对于无法确定原产国别的货物,按普通税率征税

　　C. 适用最惠国税率的进口货物有暂定税率的,应当适用暂定税率

　　D. 适用协定税率、特惠税率的进口货物有暂定税率的,应当适用暂定税率

(7)关于税率适用时间,下列表述正确的是(　　)。

　　A. 减免税货物经批准转让或者移作他用的,应当适用海关批准之日实施的税率征税

　　B. 因纳税义务人违反规定需要追征税款的,应当适用违反规定的行为发生之日实施的税率。行为发生之日不能确定的,适用海关发现该行为之日实施的税率

　　C. 租赁进口货物分期缴纳税款的,应当适用海关接受纳税义务人再次填写报关单申报办理纳税及有关手续之日实施的税率

　　D. 进口货物到达前,经海关核准先行申报的,应当适用装载货物的运输工具申报进境之日实施的税率

(8)下列情形中,应当适用海关接受纳税义务人申报办理纳税手续之日实施的税率的是(　　)。

　　A. 保税货物经批准不复运出境的　　　B. 保税仓储货物转入国内市场销售的

　　C. 减免税货物经批准转让的　　　　　D. 租赁进口货物分期缴纳税款的

(9)下列公式正确的是(　　)。

　　A. FOB－出口关税＝FOB/(1＋出口关税税率)

　　B. 保险费＝(货价＋运费)×3‰

　　C. 复合税应纳关税税额＝进口货物数量×单位税额＋进口货物的完税价格×进口从价税税率

　　D. 应征船舶吨税＝净吨位×船舶吨税税率

(10)下列关于租赁进口货物的完税价格说法正确的是(　　)。

　　A. 以租金方式对外支付的租赁货物在租赁期以海关审定的该货物的租金作为完税价格

　　B. 留购的租赁货物以海关审定的留购价格作为完税价格

　　C. 承租人申请一次性缴纳税款的,可以按照海关审查确定的租金总额作为完税价格

　　D. 必须以货物自身价格作为完税价格

3. 判断题(对的打"√",错的打"×")

(1)进口货物到达前,经海关核准先行申报的,应当按照装载此项货物的申报进境之日实施的税率征税。　　　　　　　　　　　　　　　　　　　　　　　　　(　　)

(2)进口转关运输货物,应适用进境地海关接受该货物申报进口之日实施的税率。
　　　　　　　　　　　　　　　　　　　　　　　　　　　　　　　　　　(　　)

(3)货物运抵指运地前,经海关核准先行申报的,应当适用转载该货物的运输工具抵达进境地之日实施的税率。　　　　　　　　　　　　　　　　　　　　　　　(　　)

(4)出口转关运输货物,应当适用出境地海关接受该货物申报出口之日实施的税率。
　　　　　　　　　　　　　　　　　　　　　　　　　　　　　　　　　　(　　)

(5)适用出口税率的出口货物有暂定税率的,应当不适用暂定税率。 ( )

(6)从适用目的的角度划分,原产地规则分为优惠原产地规则和非优惠原产地规则。
( )

(7)税则归类改变标准是指在某一国家(地区)对非该国(地区)原产材料进行加工、制造后所得货物在《商品名称及编码协调制度》中的某位数级税目归类不发生变化。( )

(8)加工工序标准是指在某一国家(地区)进行的赋予制造、加工后所得货物基本特征的次要工序。 ( )

(9)《亚太贸易协定》规定生产过程中使用的非成员国材料不超过该货物 FOB 价的45％,非原产于孟加拉国的材料不超过55％。 ( )

(10)《中国—东盟合作框架协议》规定用于所获得或生产产品中的原产于任一成员方的成分不少于该货物 FOB 价的50％;非成员材料、零件或者产物的总价值不超过所获得或者生产产品 FOB 价的60％,并且最后工序在成员方境内完成。 ( )

4. 综合实训题

合肥宏泰电器有限公司从韩国进口一批货物,该货物由美国生产的比例为50％,韩国生产的比例为50％。货物从上海浦东进境,按转关方式办理报关。宏泰报关时按要求提交了原产地证书。请根据上述情况回答以下问题:

(1)该批货物的原产国是( )。
  A. 韩国   B. 美国   C. 中国   D. 以上都不对

(2)该货物适用的税率是哪一天的税率( )。
  A. 运输工具进境之日   B. 在上海浦东办理转关申报之日
  C. 在合肥办理报关申报之日   D. 以上都对

(3)该批货物在美国生产的价值最多不能超过( )。
  A. 40％   B. 50％   C. 55％   D. 60％

(4)如果原产地证书不能及时提交,纳税义务人自货物进境之日起( )日内补交原产地证书。
  A. 30   B. 60   C. 90   D. 180

(5)宏泰应向( )海关报关。
  A. 上海浦东   B. 合肥海关   C. 以上都不对   D. 以上都可以

答案与解析

1. 单项选择题

(1)【答案】C
  【解析】进出口税率以海关接受货物申报之日税率为准。

(2)【答案】C
  【解析】参见上题。

(3)【答案】D
  【解析】国家优惠政策与暂定税率两者只能选择一个。

(4)【答案】A

【解析】参见第(1)题。

(5)【答案】D

【解析】原产于东盟成员方的成分不少于该货物FOB价的60%。

(6)【答案】D

【解析】出口暂定税率优先。

(7)【答案】B

【解析】更换包装并不改变商品的税则号列,所以不是实质性改变。

(8)【答案】A

【解析】非优惠原产地标准的从价百分比标准,该国比例不得低于30%。

(9)【答案】C

【解析】孟加拉国是《亚太贸易协定》成员国。

(10)【答案】D

【解析】该货物的产地是韩国,韩国是《亚太贸易协定》的成员国之一,适用协定税率,10000×7×4.5%=3150元。

(11)【答案】D

【解析】特别优惠关税待遇进口货物规则的原产地证书有效期为自签发之日起180天。

(12)【答案】C

【解析】《亚太贸易协定》原产地证书可在货物进境之日起90日内补交。

(13)【答案】A

【解析】对于出口货物,在计算出口关税时,出口暂定税率的执行优先于出口税率。

(14)【答案】D

【解析】《亚太贸易协定》规定生产过程中使用的非成员国材料不超过该货物FOB价的55%。

(15)【答案】A

【解析】港澳CEPA项下原产国所产价值不得低于30%。

(16)【答案】C

【解析】我国澳门原产货物可通过香港转运。

(17)【答案】A

【解析】关税税额起征额为50元。

(18)【答案】B

【解析】实行集中申报的进出口货物,应当适用每次货物进出口时海关接受该货物申报之日实施的税率。

(19)【答案】A

【解析】中国—智利自由贸易区原产地规则下,原产地证书的有效期为1年。

2. 多项选择题

(1)【答案】CD

【解析】合理方法是最后才使用的方法,相同货物可以有微小差异。

(2)【答案】ABC

【解析】特别优惠关税的原产地规则,受惠国对非该国原材料进行制造、加工后的增值部分不小于所得货物价值的40%。

(3)【答案】ABCD

【解析】完全获得标准主要适用于农矿产品。

(4)【答案】AB

【解析】港澳 CEPA 的原产地证书,一个原产地证书只适用于一批进口货物,不可多次使用。特别优惠关税待遇原产地证书的有效期为自签发之日起 180 日。

(5)【答案】BC

【解析】A 选项,执行国家有关税率减征政策时,应当在最惠国税率基础上计算有关税目的减征税率。D 选项,在选择适用的税率时,基本的原则是"从低适用"。

(6)【答案】ABC

【解析】D 选项,适用协定税率、特惠税率的进口货物有暂定税率的,应当从低适用税率。

(7)【答案】CD

【解析】A 选项,减免税货物经批准转让或者移作他用的,应当适用海关接受纳税义务人再次填写报关单申报办理纳税及有关手续之日实施的税率。B 选项,因纳税义务人违反规定需要追征税款的,应当适用违反规定的行为发生之日实施的税率。行为发生之日不能确定的,适用海关发现该行为之日实施的税率。

(8)【答案】ABCD

【解析】保税货物内销、减免税货物内销、租赁进口货物分期缴纳税款都适用海关接受纳税义务人申报办理纳税手续之日实施的税率。

(9)【答案】ABCD

【解析】进出口税费的计算是重点。复合税并不是在从价税和从量税中选择一个,而是两者的结合。

(10)【答案】ABC

【解析】租赁进口货物可以以租金作为完税价格,也可以以货物自身价格作为完税价格。

3. 判断题(对的打"√",错的打"×")

(1)【答案】×

【解析】进口货物到达前,经海关核准先行申报的,应当按照装载此项货物的运输工具申报进境之日实施的税率征税。

(2)【答案】×

【解析】进口转关运输货物,应适用指运地海关接受该货物申报进口之日实施的税率。

(3)【答案】×

【解析】货物运抵指运地前,经海关核准先行申报的,应当适用转载该货物的运输工具抵达指运地之日实施的税率。

(4)【答案】×

【解析】出口转关运输货物,应适用起运地海关接受该货物申报出口之日实施的税率。

(5)【答案】×

【解析】适用出口税率的出口货物有暂定税率的,应当适用暂定税率。

(6)【答案】√

【解析】从适用目的的角度划分,原产地规则分为优惠原产地规则和非优惠原产地规则。

(7)【答案】×

【解析】税则归类改变标准是指在某一国家(地区)对非该国(地区)原产材料进行加工、制造后所得货物在《商品名称及编码协调制度》中的某位数级税目归类发生了变化。

(8)【答案】×

【解析】加工工序标准是指在某一国家(地区)进行的赋予制造、加工后所得货物基本特征的主要工序。

(9)【答案】×

【解析】《亚太贸易协定》规定生产过程中使用的非成员国材料不超过该货物 FOB 价的 55%,非原产于孟加拉国的材料不超过65%。

(10)【答案】×

【解析】《中国—东盟合作框架协议》规定用于所获得或生产产品中的原产于任一成员方的成分不少于该货物 FOB 价的 40%；非成员材料、零件或者产物的总价值不超过所获得或者生产产品 FOB 价的 60%，并且最后工序在成员方境内完成。

4. 综合实训题

(1)【答案】A

【解析】韩国是《亚太贸易协定》成员国，只要原产于韩国的比例大于45%即可算为韩国的。

(2)【答案】C

【解析】转关货物以在指运地申报之日税率为准。

(3)【答案】C

【解析】参见第(1)题。

(4)【答案】C

【解析】如果原产地证书不能及时提交，纳税义务人自货物进境之日起90日内补交原产地证书。

(5)【答案】B

【解析】宏泰向指运地海关报关。

第 4 章
进出口税费的计算

教学目标

了解进口关税、出口关税、进口环节代征税、船舶吨税、滞纳金的含义,掌握各种税费的计算公式和计算程序。能够准确计算各种税费。

教学要求

知识要点	能力要求	相关知识
进出口关税税款的计算	(1)了解关税征纳的公式 (2)熟练计算关税	(1)商品编码 (2)税率的适用规则 (3)完税价格的审定
进口环节税的计算	(1)了解进口环节税的计算公式 (2)熟练计算进口环节税	(1)完税价格的审定 (2)税率的适用规则
船舶吨税的计算	(1)了解船舶吨税的内容 (2)了解船舶吨税的计算公式	(1)税率的适用规则 (2)船舶吨税与进出口税费的关系
滞纳金的计算	(1)了解滞纳金的计算准则 (2)熟练掌握滞纳金的计算公式	(1)滞纳金的征收条件 (2)关税和进口环节税的滞纳金计算

案例导入

正确计算进出口税费

某公司进口一批货物,海关审查后仍未能确定其成交价格,决定用进口货物的类似货物在国内市场的批发价格来计算关税完税价格。已知该货物的国内批发价格为 20000 元人民币,关税税率为 20%,增值税税率为 17%,则该货物的关税税额和增值税税额是多少?

4.1 进出口关税税款的计算

海关征收的关税、进口环节税、滞纳金、滞报金等一律以人民币计征,起征点为人民币50元;完税价格、税额采用四舍五入法计算至分,分以下四舍五入(滞报金计算至元)。

进出口货物的成交价格及有关费用以外币计价的,计算税款前海关按照该货物适用税率之日所适用的计征汇率折合为人民币计算完税价格。

海关每月使用的计征汇率为上一个月的第三个星期三(第三个星期三为法定节假日的,顺延采用第四个星期三)中国人民银行公布的基准汇率;以基准汇率以外的外币计价的,采用同一时间中国银行公布的现汇买入价和现汇卖出价的中间值(人民币元后采用四舍五入法保留4位小数)。如上述汇率发生重大波动,海关总署认为必要时,可发布公告,另行规定计征汇率。

4.1.1 进口关税税款的计算

海关按照《进出口关税条例》的规定,以从价、从量或者国家规定的其他方式对进出口货物征收关税。目前,我国对进口关税采用的计征标准主要有从价关税、从量关税、复合关税等。自2006年1月1日起,对配额外进口一定数量的棉花实行5%~40%的滑准税。

1. 从价关税

(1)从价关税是以进口货物的完税价格作为计税依据,以应征税额占货物完税价格的百分比作为税率,货物进口时,以此税率和实际完税价格相乘计算应征税额。

(2)计算公式:

应征进口关税税额=完税价格×法定进口关税税率

减税征收的进口关税税额=完税价格×减按进口关税税率

(3)计算程序:

①按照归类原则确定税则归类,将应税货物归入恰当的税目税号。

②根据原产地规则和税率适用原则,确定应税货物所适用的税率。

③根据完税价格审定办法和规定,确定应税货物的 CIF 价格。

④根据汇率适用原则,将以外币计价的 CIF 价格折算成人民币(完税价格)。

⑤按照计算公式正确计算应征税款。

(4)计算实例:

实例一:内地某公司向香港购进日本皇冠牌轿车10辆,成交价格合计为 FOB 香港120000美元,实际支付运费5000美元,保险费800美元。已知汽车的规格为4座位,汽缸容量2000cc,外汇折算率1美元=人民币8.2元,计算应征进口关税。

计算方法:

确定税则归类,汽缸容量2000cc的小轿车归入税目税号8703.2314;原产国日本适用最惠国税率28%。

①审定完税价格为125800美元(120000美元+5000美元+800美元);将外币价格折算成人民币为1031560元。

②应征进口关税税额＝完税价格×法定进口关税税率
　　　　　　　＝1031560×28％＝288836.80(元)

2. 从量关税

(1)从量关税是以进口商品的数量、体积、重量等计量单位计征关税的方法。计税时以货物的计量单位乘以每单位应纳税金额即可得出该货物的关税税额。

(2)计算公式：

应征进口关税税额＝货物数量×单位税额

(3)计算程序：

①按照归类原则确定税则归类，将应税货物归入恰当的税目税号。

②根据原产地规则和税率适用原则，确定应税货物所适用的税率。

③确定其实际进口量。

④根据完税价格审定办法、规定，确定应税货物的CIF价格(计征进口环节增值税时需要)。

⑤根据汇率适用原则，将外币折算成人民币(完税价格)。

⑥按照计算公式正确计算应征税款。

(4)计算实例：

实例二：内地某公司从香港购进柯达彩色胶卷50400卷(宽度＝35毫米，长度不超过2米)，成交价格合计为CIF境内某口岸10港币/卷，已知外币折算率为1港币＝人民币1.1元，计算应征进口关税。

计算方法：

确定税则归类，彩色胶卷归入税目税号3702.5410；原产地香港适用最惠国税率30元/平方米；确定其实际进口量50400卷×0.05775平方米/卷(以规定单位换算表折算，规格"135/36"1卷＝0.05775平方米)＝2910.6平方米；审定完税价格为504000港币；将外币总价格折算成人民币为554400元(计征进口环节增值税时需要)。

应征进口关税税额＝货物数量×单位税额
　　　　　　　＝2910.6平方米×30元/平方米＝87318(元)

3. 复合关税

(1)复合关税是对某种进口商品混合使用从价税和从量税计征关税。

(2)计算公式：

应征进口关税税额＝货物数量×单位税额＋完税价格×关税税率

(3)计算程序：

①按照归类原则确定税则归类，将应税货物归入恰当的税目税号。

②根据原产地规则和税率适用原则，确定应税货物所适用的税率。

③确定其实际进口量。

④根据完税价格审定办法、规定，确定应税货物的完税价格。

⑤根据汇率适用原则，将外币折算成人民币。

⑥按照计算公式正确计算应征税款。

(4)计算实例：

实例三：国内某公司，从日本购进广播级电视摄像机40台，其中有20台成交价格为

CIF 境内某口岸 4000 美元/台,其余 20 台成交价格为 CIF 境内某口岸 5200 美元/台,已知外币折算率 1 美元＝人民币 8.2 元,计算应征进口关税。

计算方法：

确定税则归类,该批摄像机归入税目税号 8525.3091；原产国日本关税税率适用最惠国税率,其中 CIF 境内某口岸 4000 美元/台的关税税率为单一从价税 35%；CIF 境内某口岸 5200 美元/台的关税税率为 12960 元从量税再加 3% 的从价税；确定后成交价格合计为 80000 美元和 104000 美元；将外币价格折算成人民币为 656000 元和 852800 元,按照计算公式分别计算进口关税税款。

单一从价进口关税税额＝完税价格×进口关税税率
$$= 65600000 \times 35\% = 229600(元)$$

复合进口关税税额＝货物数量×单位税额＋完税价格×关税税率
$$= 20 \times 12960 \text{元}/台 + 852800 \times 3\% = 259200 + 25584$$
$$= 284784(元)$$

合计进口关税税额＝从价进口关税税额＋复合进口关税税额
$$= 229600 + 284784 = 514384(元)$$

4. 滑准关税

2010 年我国对关税配额外进口的一定数量的棉花实行 5%～40% 的滑准税。

确定滑准税率的具体方式如下：

(1)当进口棉花完税价格高于或等于 14 元/千克时,按 0.570 元/千克计征从量税。

(2)当进口棉花完税价格低于 14 元/千克时,税率按下列公式确定。

(3)计算公式：
$$Ri = 8.23 \div Pi + 3.235\% \times Pi - 1 \quad (Ri \leq 40\%)$$

其中：

Ri：暂定关税税率,当按上述公式计算时其值高于 40% 时,取值 40%

Pi：关税完税价格(元/千克)

应征税款计算公式：应征进口关税税额＝完税价格×关税税率

(4)计算程序：

①根据完税价格审定办法、规定,确定应税货物的完税价格。

②将完税价格折算成人民币。

③将折算后的价格与 14 元/千克比较,最终确定税率。

④按从价税或从量税计算应征税款。

(5)计算实例：

实例四：国内某公司购进配额外未梳棉花 1 吨,原产地为美国,成交价格为 CIF 某口岸 980 美元。经海关核准确认征收滑准税,已知其适用中国银行的外汇折算价为 1 美元＝人民币 7.0648 元,计算应征进口关税税款。

计算方法：

审定完税价格：980 美元×7.0648 元/美元＝6923.50 元,折算后每千克为 6.924 元/千克,低于 14 元/千克,按照滑准关税税率计征关税；根据进口暂定关税税率(滑准关税税率)公式计算其暂定关税税率：$Ri = 8.23 \div Pi + 3.235\% \times Pi - 1 \quad (Ri \leq 40\%)$

该批棉花暂定关税税率＝8.23÷Pi＋3.235％×Pi－1
　　　　　　　　　＝8.23÷6.924＋3.235％×6.924－1＝0.412611

该滑准关税税率计算后为41.26％，大于40％，按照40％的关税税率计征关税。

应征进口关税税额＝暂定关税税率×完税价格
　　　　　　　　＝6923.50×40％＝2769.40(元)

实例五：某加工生产企业内销一批配额外未梳棉花 1 吨，原产地为美国，成交价格为 CIF 某口岸 1020 美元。经海关核准确认征收滑准税，已知其适用中国银行的外汇折算价为 1 美元＝人民币 7.0648 元，计算应征进口关税税款。

计算方法：

审定完税价格：1020 美元×7.0648 元/美元＝7206.10 元，折算后每千克为 7.206 元，低于 14 元/千克，按照滑准关税税率计征关税；根据进口暂定关税税率(滑准关税税率)公式计算其暂定关税税率：

该批棉花暂定关税税率＝8.23÷Pi＋3.235％×Pi－1
　　　　　　　　　＝8.23÷7.206＋3.235％×7.206－1＝0.3752

该滑准关税税率计算后为37.52％，小于40％，按照实际计算的关税税率计征关税。

应征进口关税税额＝暂定关税税率×完税价格(美元)×汇率
　　　　　　　　＝7206.10×37.5％＝2703.73(元)

4.1.2 出口关税税款的计算

1. 实行从价计征标准的出口关税的计算方法

(1)计算公式：

应征出口关税税额＝完税价格×出口关税税率

完税价格＝FOB÷(1＋出口关税税率)

(2)计算程序：

①按照归类原则确定税则归类，将应税货物归入恰当的税目税号。
②根据完税价格审定办法、规定，确定应税货物的 FOB 价格。
③根据汇率适用原则和税率适用原则，将外币折算成人民币。
④按照计算公式正确计算应征出口关税税款。

(3)计算实例：

实例六：国内某企业从广州出境合金生铁一批，申报出口量 86 吨，每吨价格为 FOB 广州 98 美元。已知外汇折算率 1 美元＝人民币 8.2 元，要求计算出口关税税款。

计算方法：

确定税则归类，该批合金生铁归入税目税号 7201.5000，税率为 20％；审定 FOB 为 8428 美元；将外币价格折算成人民币为 69109.60 元。

出口关税税额＝FOB÷(1＋出口关税税率)×出口关税税率
　　　　　　＝69109.60÷(1＋20％)×20％
　　　　　　＝57591.33×20％
　　　　　　＝11518.27(元)

2. 实行从量计征标准的出口关税的计算方法

(1)计算公式：

应征出口关税税额＝货品数量×单位税额

(2)计算程序：

①按照归类原则确定税则归类，将应税货物归入恰当的税目税号。

②根据原产地规则和税率适用原则，确定应税货物所适用的税率。

③确定其实际出口量。

④按照计算公式正确计算应征出口关税税款。

(3)计算实例：

实例七：国内某服装制造企业从青岛出口女装棉制针织上衣4000件、男装棉制针织衬衫4500件，成交总价(FOB)分别为12000美元、15750美元。计算应征出口关税税款。

计算方法：

确定税则归类，女装棉制针织上衣归入税目税号6104.3200，税率为0.30元/件；男装棉制针织衬衫归入税目税号6105.1000，税率为0.20元/件。

应征从量出口关税税额＝货物数量×单位税额
　　　　　　　　　　＝4000×0.30元/件＋4500×0.20元/件＝1200＋900
　　　　　　　　　　＝2100(元)

4.2 进口环节税的计算

4.2.1 消费税税款的计算

1. 计算公式

(1)从价征收的消费税按照组成的计税价格计算。其计算公式为：

应纳税额＝组成计税价格×消费税税率

组成计税价格＝(关税完税价格＋关税税额)÷(1－消费税税率)

(2)从量征收的消费税的计算公式为：

应纳税额＝应征消费税消费品数量×单位税额

(3)同时实行从量、从价征收的消费税是上述两种征税方法之和。其计算公式为：

应纳税额＝应征消费税消费品数量×单位税额＋组成计税价格×消费税税率

2. 计算程序

(1)按照归类原则确定税则归类，将应税货物归入恰当的税目税号。

(2)根据有关规定，确定应税货物所适用的消费税税率。

(3)根据完税价格审定办法、规定，确定应税货物的CIF价格。

(4)根据汇率适用原则，将外币折算成人民币(完税价格)。

(5)按照计算公式正确计算消费税税款。

3. 计算实例

实例八：某进出口公司进口丹麦产啤酒3800升，经海关审核其成交价格总值为CIF境内某口岸 1672 美元。兑换率为:1 美元＝人民币 8.2 元,请计算应征的税款。

计算方法:确定税则归类,啤酒归入税目税号 2203.0000;原产国丹麦关税税率适用最惠国税率,啤酒的关税税率为 0 元/升;进口完税价格≥360 美元/吨的消费税税率为 250 元/吨,进口完税价格＜360 美元/吨的消费税税率为 220 元/吨;进口啤酒数量:3800 升÷988 升/吨＝3.846 吨,计算完税价格单价:1672 美元÷3.846 吨＝434.74 美元/吨(进口完税价格≥360 美元/吨),则消费税税率为 250 元/吨;进口环节增值税税率 17%;审定完税价格为 1672 美元;将外币价格折算成人民币为 13710.40 元;按照计算公式计算进口环节消费税。

进口环节消费税税额＝应征消费税消费品数量×单位税额
$\qquad$＝3.846 吨×250 元/吨＝961.50(元)

4.2.2 增值税税款的计算

1. 计算公式

组成计税价格＝关税完税价格＋关税税额＋消费税税额

增值税税额计算公式:

应纳税额＝组成计税价格×增值税税率

2. 计算实例

实例九:某公司进口货物一批,经海关审核其成交价格为 1200 美元,按兑换率 1 美元＝人民币 8.2 元,折合人民币为 9840 元。已知该批货物的关税税率为 12%,消费税税率为 10%,增值税税率为 17%。请计算应征增值税税额。

计算方法:首先计算关税税额,然后计算消费税税额,最后再计算增值税税额。

应征关税税额＝完税价格×关税税率
$\qquad$＝9840×12%＝1180.80(元)

应征消费税税额＝(完税价格＋关税税额)÷(1－消费税税率)×消费税税率
$\qquad$＝(9840＋1180.80)÷(1－10%)×10%＝12245.33×10%
$\qquad$＝1224.53(元)

应征增值税税额＝(完税价格＋关税税额＋消费税税额)×增值税税率
$\qquad$＝(9840＋1180.80＋1224.53)×17%＝12245.33×17%
$\qquad$＝2081.71(元)

实例十:某进出口公司进口某批不用征收进口消费税的货物,经海关审核其成交价格总值为 CIF 境内某口岸 800 美元。已知该批货物的关税税率为 35%,增值税率为 17%,兑换率为:1 美元＝人民币 8.2 元。请计算应征增值税税额。

计算方法:首先计算关税税额,然后再计算增值税税额。

应征关税税额＝完税价格×关税税率
$\qquad$＝800×8.2×35%＝6560×35%
$\qquad$＝2296(元)

应征增值税税额＝(完税价格＋关税税额)×增值税税率
$\qquad$＝(6560＋2296)×17%＝8856×17%
$\qquad$＝1505.52(元)

4.3 船舶吨税的计算

4.3.1 计算公式

船舶吨税采用定额税率,按船舶净吨位的大小分等级设置单位税额,封闭式为大吨位,开放式为小吨位。按照我国现行规定,凡同时持有大小吨位两种吨位证书的船舶,不论实际装货情况,一律按大吨位计征吨税。分 30 日、90 日和 1 年三种不同的税率,并实行复式税率,具体分为普通税率和优惠税率两类。中华人民共和国籍的应税船舶,船籍国(地区)与中华人民共和国签订含有相互给予船舶税费最惠国待遇条款的条约或者协定的应税船舶,适用优惠税率。其他应税船舶,适用普通税率。

应纳船舶吨税税额＝注册净吨位×船舶吨税税率

净吨位＝船舶有效容积×吨/立方米

船舶吨税税目税率表

税 目 (按船舶净吨位划分)	税 率(元/净吨)						备 注
	普通税率 (按执照期限划分)			优惠税率 (按执照期限划分)			
	1 年	90 日	30 日	1 年	90 日	30 日	
不超过 2000 净吨	12.6	4.2	2.1	9.0	3.0	1.5	拖船和非机动驳船分别按相同净吨位船舶税率的50%计征税款
超过 2000 净吨, 但不超过 10000 净吨	24.0	8.0	4.0	17.4	5.8	2.9	
超过 10000 净吨, 但不超过 50000 净吨	27.6	9.2	4.6	19.8	6.6	3.3	
超过 50000 净吨	31.8	10.6	5.3	22.8	7.6	3.8	

4.3.2 计算实例

实例十一:一艘美籍海轮停靠在我国境内上海港口,纳税人自行选择 30 天期缴纳船舶吨税。该轮船总吨位为 11000 吨,注册净吨位为 7500 吨,经查《船舶吨税税率表》,净吨位 3001～10000 吨的机动船舶,30 天期限的优惠吨税为 3 元/吨,净吨位 10000 吨以上的机动船舶,30 天期限的优惠吨税为 3.3 元/吨。计算应征的船舶吨税税额。

1. 确定吨位数

因为我国船舶吨税是按注册净吨位,所以应以 7500 吨位而不是以 11000 吨位计算吨税。

2. 确定吨税率

根据规定,美国籍船舶适用优惠税率,净吨位为 7500 吨的船舶 30 天期限的优惠税率为 3 元/吨。

3. 计算吨税

应纳船舶吨税税额＝注册净吨位×船舶吨税税率
　　　　　　　　＝7500 吨×3 元/吨＝22500(元)

本章小结

本章主要介绍了进出口税费的基本计算公式、完税价格的确定、进口货物原产地确定和税率的适用、进出口税费的计算以及进出口税费的减免、缴纳和退补。

关税、进口环节海关代征税、船舶吨税是海关征收的主要税费。进口货物完税价格的审定方法依次是成交价格法、相同或类似货物成交价格法、倒扣价格法、计算价格法和合理方法。同学们不仅要能理解,还要用公式计算出来。

本章的内容实务性很强,重操作、重实践,因此要求读者不仅要掌握理论,更应注重提高解决问题的能力。

背景知识

贸易型企业应退税额计算(先征后退)。应退税额=进货发票金额(含税价)÷(1+征税率)×退税率。例:当月进货发票金额117万元(含税价),其中100万元是价款,17万元是增值税的进项税额,退税率13%。应退税额=117万÷1.17×13%=13万元。不予退税部分=17万-13万=4万元。

借:应收账款13万元,主营业务成本4万元。

贷:应交税金——应交增值税(进项税转出)17万元。

习题与实训

1. 单项选择题

(1)某公司从荷兰进口3000箱"喜力"牌啤酒,规格为24支×330毫升,成交价为FOB Rotterdam HKD50/箱,运费为HKD20000,保险费率为0.3%。经海关审定:进口关税税率为3.5元/升,消费税率为RMB220元/吨(1吨=988升),增值税税率为17%,汇率HKD1=RMB1.06。该批啤酒的关税、消费税、增值税分别为(　　)元。

　　A. 83160,5291,42066.67　　　　　　B. 83160,5291,45762.84

　　C. 83160,5227,44863.34　　　　　　D. 83160,5227,30726.14

(2)腾飞公司进口德国槽钢500吨,申报价格为FOB汉堡380美元/公吨,已知申报运费为人民币200元,保险费率为0.27%,外汇牌价为1美元兑8.71元人民币,槽钢的关税税率为10%,增值税税率为17%,则应征进口增值税(　　)元人民币。

　　A. 185965.1　　B. 2034616.1　　C. 859651　　D. 329054.74

(3)中国自来水开发有限公司从英国进口一套钻井设备,发票列明:成交价格为CIF大连USD200000,设备进口后的安装及调试费为USD8000,上述安装、调试费包括在成交价格中,则经海关审定的该设备的成交价格为(　　)。

　　A. USD19200　　B. USD196000　　C. USD200000　　D. USD208000

(4)某公司进口一批货物的货价为CIF青岛9000美元,已知运费为100美元,保险费

200美元,特许权使用费200美元,安装、调试费200美元,该批货物的进口关税完税价格是( )。

A. 9200美元　　　B. 9400美元　　　C. 9300美元　　　D. 9500美元

(5)《中华人民共和国海关法》规定,海关多征的税款,海关发现后应当立即退还;纳税义务人自缴纳税款之日起( )个月内,可以要求海关退还。

A. 1　　　　　　B. 3　　　　　　C. 6　　　　　　D. 12

(6)宇恒国际贸易公司出口一种货物100套,每套重250千克,成交价格为CFR香港50000元人民币,申报运费为人民币350元每公吨,出口税率为15%,则海关应征出口税为( )元人民币。

A. 7500　　　　B. 6180　　　　C. 5380　　　　D. 4820

(7)某航空公司以租赁方式从德国进口一架价值USD1800000的小型飞机,租期1年,年租金为USD60000,此情况经海关审查属实。在这种情况下,海关审定该飞机的完税价格为( )。

A. USD60000　　B. USD1740000　　C. USD1800000　　D. USD1860000

(8)在确定进口货物的完税价格时,下列哪一项费用或价值不应计入( )。

A. 买方负担的除购货佣金以外的佣金和经纪费用
B. 作为销售条件,由买方直接或间接支付的特许使用费
C. 为在境内复制进口货物而支付的费用
D. 包装费

(9)我国关税的征税主体是( )。

A. 国家及代表国家的海关　　　B. 国家税务局
C. 进出口货物的收发货人　　　D. 财政部

(10)在我国不属于海关征收的税种是( )。

A. 营业税　　　　　　　　　　B. 关税
C. 进口环节增值税、消费税　　D. 船舶吨税

(11)成天公司进口的货物在8月13日(星期四)到达口岸,并于同日填发税费缴纳证,该公司应于( )前缴清税费款。

A. 8月19日　　B. 8月20日　　C. 8月21日　　D. 8月28日

(12)出口货物的完税价格由海关以该货物的成交价格为基础审查确定,如果成交价格包含有出口关税,则出口货物的完税价格为( )。

A. FOB　　　　　　　　　　　B. CIF
C. FOB-出口税　　　　　　　D. CIF-出口税

(13)进出口货物的纳税义务人应在( )内缴纳税款。

A. 自海关填发税款缴纳书之日起10日
B. 自海关填发税款缴纳书之日起15日
C. 自海关填发税款缴纳书次日起10日
D. 自纳税义务人收到税款缴纳书之日起15日

(14)某外商独资企业享受特定减免税优惠进口的小轿车,未经海关批准不得擅自出售、转让、移作他用。按照现行规定,海关对其监管年限为( )。

A. 4 年   B. 6 年   C. 8 年   D. 10 年

(15)进口环节增值税的起征额为人民币(　　),滞纳金起征额为人民币(　　)。

     A. 10 元;50 元   B. 50 元;10 元   C. 50 元;50 元   D. 100 元;100 元

(16)暂准进口的施工机械、工程车辆、安装用仪器应在规定期限内复运出境,超过规定期限,应从(　　)开始按月征收进口关税和进口环节税。

     A. 第 7 个月   B. 第 9 个月   C. 第 10 个月   D. 第 12 个月

(17)海关可以对超过(　　)个月仍未缴纳税款的纳税人或担保人采取强制措施。

     A. 1   B. 3   C. 5   D. 6

(18)以下关于我国增值税的说法正确的是(　　)。

     A. 进口环节的增值税以组成价格作为计税价格,征税时不得抵扣任何税额

     B. 我国对进口的货物一律按 13% 的税率征收增值税

     C. 对于进口的图书、报纸、杂志,增值税率为 17%

     D. 对于由中国残疾人联合会直属事业单位进口的残疾人专用物品,一律按 13% 的低税率征收增值税

2. 多项选择题

(1)下列表述错误的是(　　)。

     A. 临时性减免税一般是"一案一批"

     B. 缓税利息的利率为中国人民银行公布的 6 个月至 1 年(含 1 年)短期贷款年利率

     C. 进口环节海关代征税主要有增值税、船舶吨税两种

     D. 滞纳金按日征收滞纳税款的 0.5‰

(2)进口货物完税价格确定包括(　　)。

     A. 进口货物成交价格法   B. 相同货物成交价格法

     C. 倒扣价格法   D. 顺序计算法

(3)关于从价百分比说法正确的是(　　)。

     A.《亚太贸易协定》规定非成员国原产的材料不超过 FOB 价的 55%

     B.《中巴自贸协定》规定单一成员方原产成分占所得产品 FOB 价的比例不小于 30%

     C. CEPA 在港澳生产或获得的产品 FOB 价的比例应大于或等于 30%

     D.《中国—东盟合作框架协议》规定任一成员方的原产成分不少于货物 FOB 价的 40%

(4)下列公式正确的是(　　)。

     A. FOB－出口关税＝FOB÷(1＋出口关税税率)

     B. 保险费＝(货价＋运费)×3‰

     C. 复合税应纳关税税额＝进口货物数量×单位税额＋进口货物的完税价格×进口从价税税率

     D. 应征船舶吨税＝净吨位×船舶吨税税率

(5)下列关于租赁进口货物的完税价格说法正确的是(　　)。

     A. 以租金方式对外支付的租赁货物在租赁期以海关审定的该货物的租金作为完税价格

     B. 留购的租赁货物以海关审定的留购价格作为完税价格

     C. 承租人申请一次性缴纳税款的,可以按照海关审查确定的租金总额作为完税价格

     D. 必须以货物自身价格作为完税价格

(6)船舶吨税的征税期限分为(　　)。
　　A.1年　　　　B.90天　　　　C.60天　　　　D.30天
(7)进口时在货物的价款中列明的下列税收、费用,不计入货物关税完税价格的是(　　)。
　　A.厂房、机械、设备等货物进口后进行建设、安装、装配、维修和技术服务的费用
　　B.进口货物运抵境内输入地点起卸后的运输及相关费用、保险费
　　C.进口关税及国内税收
　　D.作为该货物向我国境内销售条件,买方必须支付的,与该货物有关的特许权使用费
(8)以下选项中属于进口环节增值税组成计税价格的是(　　)。
　　A.进口关税完税价格　　　　　　B.进口关税税额
　　C.进口环节增值税税额　　　　　D.进口环节消费税税额
(9)一般进口货物完税价格,除包括货物的货价外,还应包括的费用是(　　)。
　　A.与进口货物作为一体的容器费用
　　B.卖方佣金
　　C.买方佣金
　　D.货物运抵我国关境内输入地点起卸前的包装费、运费和其他劳务费、保险费
(10)计入到完税价格中的所有项目的费用或价值,必须同时满足(　　)条件。
　　A.由买方负担
　　B.未包括在进口货物的实付或应付价格中
　　C.有客观量化的数据资料
　　D.由卖方负担

3.判断题(对的打"√",错的打"×")

(1)关税是一种海关税收。　　　　　　　　　　　　　　　　　　　　　　　(　　)
(2)海关计征进口关税时,人民币与外币换算采用现汇买入价和现汇卖出价的中间值计征。　　　　　　　　　　　　　　　　　　　　　　　　　　　　　　　　　　(　　)
(3)进料加工进口料件内销时,以料件原进口成交价格为基础审查确定完税价格。
　　　　　　　　　　　　　　　　　　　　　　　　　　　　　　　　　　　(　　)
(4)当进口货物的完税价格不能按照成交价格确定时,海关应当优先采用合理方法确定完税价格。　　　　　　　　　　　　　　　　　　　　　　　　　　　　　　(　　)
(5)出境修理货物复运进境时超过海关规定期限的,由海关按照一般进口货物完税价格审定的规定审查确定完税价格。　　　　　　　　　　　　　　　　　　　　(　　)
(6)对于香港、澳门特别行政区海关已征收船舶吨税的外籍船舶,进入内地港口时,无须再征收船舶吨税。　　　　　　　　　　　　　　　　　　　　　　　　　(　　)
(7)保税区内的加工企业内销的进口料件,海关以接受申报时的内销价格为基础审定完税价格。　　　　　　　　　　　　　　　　　　　　　　　　　　　　　　(　　)
(8)相同货物成交价格法是《审价办法》规定的第一种估价方法。　　　　　(　　)
(9)经海关批准,留购的暂时进境货物,以海关审查确定的留购价格作为完税价格。
　　　　　　　　　　　　　　　　　　　　　　　　　　　　　　　　　　　(　　)
(10)适用普通税率的进口货物也适用暂定税率。　　　　　　　　　　　　(　　)

4. 综合实训题

某进出口公司从香港进口皇冠汽车一辆,成交价格为 CIF 天津 USD25000/辆。进口关税税率为 100%,外汇基准价 USD100＝RMB770,消费税税率为 8%,请根据资料回答下列问题:

(1)该汽车的进口完税价格是(　　)元人民币。
　　A.192500　　　　B.193500　　　　C.194500　　　　D.195500

(2)该汽车的进口关税税额为(　　)元人民币。
　　A.192500　　　　B.193500　　　　C.194500　　　　D.195500

(3)该汽车的消费税税额是(　　)元人民币。
　　A.33478.26　　　B.33467.76　　　C.33498.26　　　D.33478.76

(4)下列属于价内税的是(　　)。
　　A.进口关税　　　B.进口增值税　　C.进口消费税　　D.出口关税

(5)下列关于消费税组成价格公式正确的是(　　)。
　　A.消费税组成价格＝完税价格＋关税税额÷(1－消费税税率)
　　B.消费税组成价格＝完税价格＋关税税额÷(1＋消费税税率)
　　C.消费税组成价格＝完税价格÷(1－消费税税率)
　　D.消费税组成价格＝关税税额÷(1－消费税税率)

答案与解析

1. 单项选择题

(1)【答案】B
　　【解析】根据关税、消费税、增值税的计算公式算得。

(2)【答案】D
　　【解析】此题将增值税的计算与进口完税价格的审定结合在一起形成了综合考点。运费和保险费也应该归入进口完税价格,这是本题的第一个关键点;其次就是关于增值税的含义和计算公式。

(3)【答案】A
　　【解析】此题目考查的是进口完税价格审定中的成交价格法,哪些属于计入因素,哪些属于扣除因素。其中安装、调试费属于不计入因素,如果包括在了成交价格中,应扣除。

(4)【答案】B
　　【解析】成交价格的计入和不计入要素年年都是报关员考试的重点,进口完税价格、特许权使用费、卖方佣金、运保费计入,而维修费和买方佣金不计入。

(5)【答案】D
　　【解析】纳税人发现多缴税款,缴税之日起 1 年内,可书面要求海关退还多缴税款并加算银行同期活期利息,进口增值税已予抵缴的不予退还,滞纳金不予退还。

(6)【答案】C
　　【解析】利用公式 FOB－出口关税＝FOB÷(1＋出口关税税率),需要注意的是需要将 CFR 转化为 FOB。

(7)【答案】A

【解析】经营租赁中的完税价格以租金计算。融资租赁的完税价格有两种计算方法,一种是按租金计算,一种是按货物的价格计算。

(8)【答案】C

【解析】进口货物完税价格计算时不计入的因素:

①进口后进行建设、安装、装配、维修和技术服务的费用。

②运抵境内输入地点起卸后的运输及其相关费用、保险费。

③进口关税和国内税。

(9)【答案】A

【解析】关税是海关代表国家,按照国家制定的关税政策和公布实施的税法及进出口税则,对准许进出关境的货物和物品征收的一种流转税。关税的征税主体是国家,由海关代表国家向纳税义务人征收。关税的征收对象是进出关境的货物和物品。

(10)【答案】A

【解析】海关征收的税主要有:关税、进口环节海关代征税(包括增值税和消费税)、船舶吨税。

(11)【答案】D

【解析】纳税义务人缴纳税费的期限是自海关填发税款缴款书之日起 15 日内,从第二天算起,所以是 8 月 28 日。而 8 月 28 日是星期五,所以无须顺延。

(12)【答案】C

【解析】出口完税价格里不能包括出口税,以 FOB 净价计算。

(13)【答案】B

【解析】这是一个考查具体知识点的题目,需要注意的是选项 D 与选项 B 的区别,虽然时间上都是 15 日,但计算的行为起点不同。

(14)【答案】B

【解析】我们国家的减免税有三种:法定减免、特定减免和临时减免。对于特定减免税海关监管的期限是船舶和飞机是 8 年,机动车辆是 6 年,其他是 5 年。

(15)【答案】C

【解析】进口环节增值税和滞纳金的起征额都是 50 元人民币,少于 50 元人民币不征。

(16)【答案】B

【解析】暂准进口的施工机械、工程车辆、安装用仪器应在规定期限内复运出境,超过规定期限,应从第 9 个月开始按月征收进口关税和进口环节税

(17)【答案】B

【解析】海关可以对超过 3 个月仍未缴纳税款的纳税人或担保人采取强制措施,包括依法变卖处理。

(18)【答案】A

【解析】增值税率一般为 17%,增值税率为 13% 的有:

①粮食、食用植物油。

②自来水、暖气、冷气制品、热气、煤气、石油液化气、天然气、沼气、居民用煤炭制品。

③图书、报纸、杂志。

④饲料、化肥、农药、农机、农膜。

⑤国务院规定的其他货物。

2. 多项选择题

(1)【答案】CD

【解析】船舶吨税不属于进口环节海关代征税,滞纳金按日征收只拿税款的 0.5‰。

(2)【答案】ABCD

【解析】进口货物完税价格审定方法包括成交价格法、相同或类似货物成交价格法、倒扣法、计算

价格法和合理方法。

(4)【答案】ACD

【解析】各种贸易协定下的从价百分比是非常重要的考点,《中巴自贸协定》规定单一成员方原产成分占所得产品FOB价的比例不小于40%。

(4)【答案】ABCD

【解析】进出口税费的计算是每年报关员考试的重点。复合税并不是在从价税和从量税中选择一个,而是两者的结合。

(5)【答案】ABC

【解析】租赁进口货物可以以租金作为完税价格,也可以以货物自身价格作为完税价格。

(6)【答案】ABC

【解析】船舶吨税征收期限分为1年、90天和30天三种。

(7)【答案】ABC

【解析】不计入的主要是货物运抵关境起卸后的费用。

(8)【答案】ABD

【解析】进口环节增值税组成计税价格包括进口关税完税价格、进口关税税额、进口环节消费税额。

(9)【答案】ABD

【解析】计入到进口完税价格中的有:

①买方负担的费用(购货佣金除外)

②买方提供的不包括在实付或应付价格的费用

③买方支付的特许权使用费

④卖方进口后转售、处置或使用所得中获得的收益

(10)【答案】ABC

【解析】计入因素的费用或价值必须由买方负担,并且是未包括在进口货物的实付或应付价格中,有客观量化的数据资料。

3. **判断题**(对的打"√",错的打"×")

(1)【答案】×

【解析】关税是国家税收。

(2)【答案】√

【解析】在计算进出口税费时,人民币对外币采用中间价。

(3)【答案】√

【解析】进料加工料件在进口时是有价格的,所以以其原进口价格为基础审定完税价格。

(4)【答案】×

【解析】完税价格审定的六种方法必须依次选用,即成交价格法、相同或类似货物成交价格法、倒扣价格法、计算价格法、合理方法。合理方法是最后的一种选择。

(5)【答案】√

【解析】出境修理货物复运进境的时限是6个月,最长不超过6个月,超过时限则按一般进口货物计征关税。

(6)【答案】×

【解析】对于香港、澳门特别行政区为单独关境,因此其海关已征收的船舶吨税的外籍船舶,进入内地港口时,仍应照章征收船舶吨税。

(7)【答案】×

【解析】保税区内的加工企业内销的进口料件,海关以接受申报的同时或大约同时进口的相同或者类似货物的进口成交价格作为基础审定完税价格。

(8)【答案】×

【解析】成交价格法是第一种审定完税价格的方法。

(9)【答案】√

【解析】留购就意味着不再复运出境,所以可以以留购价格作为完税价格。

(10)【答案】×

【解析】适用普通税率的进口货物不再适用于暂定税率。

4. 综合实训题

(1)【答案】A

【解析】DPV＝25000×7.7＝192500(元)

(2)【答案】A

【解析】关税税额＝192500×100%＝192500(元)

(3)【答案】A

【解析】消费税组成价格＝完税价格＋关税税额÷(1－消费税税率)＝385000÷(1－8%)＝418478.26(元)

消费税税额＝消费税组成价格×消费税税率＝418478.26×8%＝33478.26(元)

(4)【答案】C

【解析】消费税是价内税。

(5)【答案】A

【解析】参见第(3)题。

第5章
进出口税费征收与减免

教学目标

通过本章的学习,了解进出口税费缴纳及退补业务的基本流程,重点掌握电子支付业务流程、滞纳金征收计算、减免税货物后续补税业务办理步骤以及加工贸易保税货物缓税利息征收规定;了解税收保全的含义、条件及海关采取的税收保全措施,掌握强制措施概念、条件及海关如何实施税收强制措施,重点掌握目前海关实施的特定减免税项目的内容、条件及减免税类型。

教学要求

知识要点	能力要求	相关知识
进出口税费缴纳及退补	(1)了解我国进出口税费缴纳及退补的基本程序; (2)重点掌握电子支付业务流程、滞纳金征收期限,以及减免税货物后续补税业务办理步骤等。	(1)电子支付业务流程; (2)滞纳金征收期限范围; (3)加工贸易保税货物缓税利息征收规定及办理过程。
税收保全与强制措施	(1)了解税收保全的含义、条件及海关采取的税收保全措施; (2)掌握强制措施的概念、条件及海关如何实施税收强制措施。	(1)税收保全的含义、条件及海关税收保全措施; (2)强制措施的概念、条件及海关如何实施税收强制措施。
进出口税收减免	(1)了解我国进出口减免税三大类别,即法定减免税、特定减免税和临时减免税; (2)掌握目前我国实施特定减免税项目。	(1)法定减免税项目; (2)目前实施特定减免税项目内容、条件及减免税类型。

案例导入

买卖双方特殊关系是否影响进口货物成交价格?

上海宏远公司系外商独资企业,向其境外分公司订购进口设备20台,经查属自支进口许可证管理,法定检验商品,该企业向海关出具的发票价格为 CIF50000 美元/台。但在该货物进口的同期,海关掌握的相同货物进口成交价为 CIF60000 美元/台。另外,货物进口后该企业在境内将设备售出,并将所得价款(80000 美元/台)的 10% 返还给境外分公司。

经查核该设备租用税率为复合税:其中 CIF50000 美元/台以下(含 50000 美元/台)的关税税率为单一从价税;CIF50000 美元/台以上的关税税率为 124200 人民币元/台,再加 5% 从价税。当期汇率为 1 美元=7.058 元(人民币)。

宏远公司委托上海欣海报关有限公司来完成这票进口报关业务,如果你是欣海报关公司业务员,你如何完成下列业务:

(1)如何确定进口设备完税价格?
(2)如何办理该项进口货物税费缴纳工作?
(3)该企业报关时需要向海关缴纳多少税款?

进出口税费缴纳是实操性和时效性都较强的业务过程,也是国际贸易业务人员必须掌握的重要技能之一。

5.1 进出口税费的缴纳及退补

申报纳税是世界各国普遍采用的关税征收的基本程序。西方发达国家为提高海关效率,加快通关速度,多采用自我课赋(Self Assessment),即纳税人根据法律规定自行确定完税价格、适用税率,并计算应纳税额后申报,海关按申报先行征税放行,事后审核查验,多退少补。我国采用海关课赋(Custom Assessment),即纳税人申报成交价格,海关审核确定完税价格、适用税率,并计算应纳税额征税。《中华人民共和国海关法》第五十四条规定:"进口货物的收货人、出口货物的发货人、进出境物品的所有人,是关税的纳税义务人。"第五十五条规定:"进出口货物的完税价格,由海关以该货物的成交价格为基础审查确定。"在通常情况下,进出口货物的收发货人、进出境物品的所有人应按国家规定,在货物进出境报关时主动按海关要求办理纳税申报。

5.1.1 税款缴纳的地点与方式

1. 税款缴纳地点

纳税义务人通常在货物的进出境地向口岸海关缴纳税款,也称"口岸纳税"。经海关批准也可以在纳税义务人所在地向其主管海关缴纳税款,也就是"属地纳税"。目前我国进出口税费纳税方式是以"口岸纳税"为主,但在"转关运输"方式下,经海关批准采用"属地纳税"。

2. 税款缴纳方式

缴纳税款的支付方式有两种:第一种是纳税义务人持缴款书到指定银行通过柜台办理税费缴纳税款,也就是"柜台支付"方式;第二种为进一步提高海关信息化管理水平,提升税收征管效率,顺应中国人民银行对第三方支付规范管理要求,自 2010 年 9 月起,海关总署在全国推行电子支付系统,纳税义务人通过电子支付系统办理进出口税费缴纳手续,称为"电子支付"方式。

电子支付方式,企业只需数分钟就能完成税款缴交手续,与传统缴纳方式相比,税款缴纳时间大为减少,货物通关效率显著提高,是各国海关大力推荐的全新的海关税费电子支付系统,代表海关征税方法的发展方向。

背景知识

企业电子支付海关税款流程

海关税费电子支付相关业务流程

企业签署三方协议,开通电子支付流程:

(1)企业到银行申请开通海关税费电子支付业务,并进行银行账号备案申请。

(2)企业登录中国电子口岸,选择开展税费电子支付业务的直属关区,并签署电子口岸、支付平台和企业三方协议。

(3)电子口岸签署协议后,将企业签署的电子协议发送到支付平台。

(4)支付平台签署协议后,将开通回执发送给电子口岸。

(5)电子口岸将企业选择开展税费电子支付业务的直属关区的备案关区开通申请发送海关 H2000 系统。

(6)直属海关关税部门在 H2000 系统中进行企业电子支付备案,H2000 系统将备案申请回执发送到电子口岸。

(7)电子口岸将企业备案关区开通信息发送到支付平台。

(8)企业登录支付平台进行银行账号添加。

(9)支付平台将企业账号添加信息发送给银行。

(10)银行激活企业账号。

企业电子支付担保备案流程:

(1)企业到银行办理海关税费电子支付业务的担保文书。

(2)银行将担保备案请求通过支付平台、电子口岸发送到海关 H2000 系统。

(3)企业将书面担保文书递交直属海关的关税部门。

(4)直属海关税部门在 H2000 系统中进行企业电子支付担保备案,H2000 系统将担保备案回执通过电子口岸、支付平台发送到银行。

(5)银行确认担保备案回执,并发送给支付平台。

(6)企业登录支付平台添加担保账号。

企业电子支付海关税款流程:

(1)海关 H2000 系统审结完报关单后,将电子税单信息发送到电子口岸。

(2)电子口岸将电子税单信息发送到支付平台。

(3)企业登录支付平台查询税单,并确认支付。

(4)支付平台将企业的预扣指令发送到银行。

(5)银行预扣成功后,将预扣成功信息发送到支付平台,通过电子口岸发送到海关 H2000 系统。

(6)企业到现场海关办理交单、接单通关手续,海关打印税单,并将税单第一联交予企业。

(7)海关 H2000 系统打印税单时,发送税款的实扣通知通过电子口岸支付平台转发到银行。

(8)银行实扣税款后,发送实扣成功回执到支付平台,通过电子口岸发送到海关 H2000 系统,H2000 系统根据银行实扣成功回执核注税单,次日,现场海关将正本税单的第二至第五联交予银行。

(9)银行核单入库。

3. 缴纳凭证

进出口关税、进口环节代征税以及滞纳金的缴纳凭证是海关填发的"海关专用缴款书",纳税义务人持其向银行缴纳税款。

"海关专用缴款书"共六联:

第一联收据,国库收款签章后缴纳款单位或个人留存,并以此办理出关手续。

第二联付款凭证,由缴款单位开户银行作为付款凭证。

第三联收款凭证,由收款国库作为收入凭证。

第四联回执,由国库盖章后交海关财务部门,作为海关统计关税税额的依据。

第五联稽查,关税收款后交海关稽查部门,作为海关稽查依据,海关代征税转送当地税务机关。

第六联存根,由填发海关留存备查。

5.1.2 纳税期限及滞纳金

1. 法定纳税期限

《进出口关税条例》规定:"进出口货物的纳税义务人,应当自海关填发税款缴款书之日起 15 日内向指定银行缴纳税款。"

2. 延期纳税期限

我国《海关法》规定:纳税义务人因不可抗力或者国家税收政策调整不能按期缴纳税款的,应当在货物进口前,向办理进出口申报纳税手续所在地直属海关,提出延期缴纳税款的书面申请,并随附相关材料,同时还应当提供缴税计划,由海关总署批准。

货物实际进出口时,纳税义务人要求海关先放行货物的,应当向海关提供税款担保。

延期缴纳税款的期限,自货物放行之日起最长不超过 6 个月。

3. 滞纳金

滞纳金是海关对纳税义务人由于不能按海关规定的期限缴清税款而依法征收的款项。征收滞纳金,其目的在于使纳税义务人承担增加的经济制裁责任,促使其尽早履行纳税义务。征收滞纳金,并不影响海关其他税收强制措施的执行。

(1)征收滞纳金的范围。按照规定,关税、进口环节增值税、进口环节消费税的纳税义务人或其代理人,应当自海关填发税款缴款书之日起 15 日内向指定银行缴纳税款。逾期缴纳税款的,海关依法在原应纳税款的基础上,按日加收滞纳税款万分之五的滞纳金。

纳税义务人在批准的延期缴纳税款期限内缴纳税款的,不征收滞纳金;逾期缴纳税款的,自延期缴纳税款期限届满之日起,至缴清税款之日止,按日加收滞纳税款万分之五的滞纳金。

对逾期缴纳税款应征收滞纳金的,还有以下几种情况:

①进出口货物放行后,海关发现因纳税义务人违反规定造成少征或漏征税款的,可以自缴纳税款之日起3年内追征税款,并从缴纳税款或货物放行之日起至海关发现之日止,按日加收少征或漏征税款万分之五的滞纳金。

②因纳税义务人违反规定造成海关监管货物少征或漏征税款的,海关应当自纳税义务人应缴纳税款之日起3年内,追征税款,并自应缴纳税款之日起至海关发现违规行为之日止,按日加收少征或漏征税款万分之五的滞纳金。

③租赁进口货物分期支付租金的,纳税义务人应当在每次支付租金后的15日内,向海关申报办理纳税手续,逾期办理申报手续的,海关除征收税款外,还应当自申报办理纳税手续期限届满之日起,至纳税义务人申报纳税之日止,按日加收应缴纳税款万分之五的滞纳金。

租赁进口货物自租期届满之日起30日内,应向海关申请办结海关手续,逾期办理手续的,海关除按照审定进口货物完税价格的有关规定和租期届满后第30日该货物适用的计征汇率、税率,审核确定完税价格,计征应缴纳税款外,还应当自租赁期限届满后的30日起,至纳税义务人申报纳税之日止,按日加收应缴纳税款万分之五的滞纳金。

④暂准进出境货物未在规定期限内复运出境或者复运进境,且纳税义务人未在规定期限届满前向海关申报办理进出口及纳税手续的,海关除按照规定征收应缴纳的税款外,还应当自规定期限届满之日起,到纳税义务人申报纳税之日止按日加收应缴纳税款万分之五的滞纳金。

⑤海关采取强制措施时,对纳税义务人、担保人未缴纳的滞纳金,应当同时强制执行。滞纳金应当从税款缴纳期限届满的次日起,至海关执行强制措施之日止,按日计算。

(2)征收滞纳金的期限。缴纳期限届满日遇星期六、星期日等休息日或者法定节假日的,应当顺延至休息日或法定节假日之后的第一个工作日。

在实际计算纳税期限时,应从海关填发税款缴款书之日的第二天起计算。缴纳期限的最后一日是星期六、星期天或法定假日的,则缴款期限顺延至周末或法定假日后的第一个工作日。如果税款缴纳期限内含有星期六、星期天或法定假日,一并计算,不予扣除。起征日和截止日均计入滞纳天数。

(3)计算公式:

关税滞纳金金额=滞纳关税税额×0.5‰×滞纳天数

进口环节税滞纳金金额=滞纳进口环节税税额×0.5‰×滞纳天数

滞纳金按每票货物的关税、进口环节增值税和消费税单独计算,起征点为人民币50元,不足50元人民币的免予征收。

海关对未履行税款给付义务的纳税义务人征收税款滞纳金,纳税义务人主动采取补救措施的,海关依法可以减免税款滞纳金,滞纳金减免事宜,需经纳税义务人申请,并由海关总署审批。

【案例自测】

国内某公司向香港购进日本皇冠牌轿车10辆,成交价格为CIF境内某口岸125800美元。已知该批货物应征关税税额为人民币 352793.52 元,应征进口环节消费税为人民币 72860.70 元,进口环节增值税税额为人民币 247726.38 元。海关于 2013 年 10 月 14 日(周四)填发《海关专用缴款书》,该公司于 2013 年 11 月 9 日缴纳税款。

现计算应征的滞纳金。

解析:计算方法:首先确定滞纳天数,然后再计算应缴纳的关税、进口环节消费税和增值税的滞纳金。

周一	周二	周三	周四	周五	周六	周日
			10月14日	15	16	17
18	19	20	21	22	23	24
25	26	27	28	29	30(起)	31
11月1日	2	3	4	5	6	7
8	9(止)	10				

实际计算纳税期限时,应从税款缴款书之日的第二天起计算,缴纳期限的最后一日是星期六、星期日或法定节假日的,缴纳期限顺延至周末或法定节假日过后的第一个工作日。

税款缴款期限为 2013 年 10 月 29 日(星期五),10 月 30 日~11 月 9 日为滞纳期,共滞纳 11 天。起征日和截止日均计入滞纳天数。

按照计算公式分别计算进口关税、进口环节消费税和增值税的滞纳金。

关税滞纳金 = 滞纳关税税额 × 0.5‰ × 滞纳天数
           = 352793.52 × 0.5‰ × 11 = 1940.36(元)

进口环节消费税滞纳金 = 进口环节消费税税额 × 0.5‰ × 滞纳天数
                    = 72860.70 × 0.5‰ × 11 = 400.73(元)

进口环节增值税滞纳金 = 进口环节增值税税额 × 0.5‰ × 滞纳天数
                    = 247726.38 × 0.5‰ × 11 = 1362.50(元)

5.1.3 税款退还、追补与后续补税

1. 税款退还(非出口退税)

纳税义务人按照规定缴纳税款后,因误征、溢征及其他国家政策调整原因应予退还的税款,可由海关依法退还。

以下情况之一者,经海关核准可以办理已缴纳税款的退税手续。

(1)多征税款退税,包括海关发现多征税款的,纳税义务人应当自收到海关通知之日起 3 个月内办理退税手续;纳税义务人发现多征税款的,自缴纳税款之日起 1 年内,可以向海关申请退还多缴的税款并加算银行同期活期存款利息。

(2)品质或者规格原因退税,包括已缴纳税款的进口货物,因品质或规格原因原状退货复运出境的,纳税义务人自缴纳税款之日起 1 年内,可以向海关申请退税;已缴纳出口关税的出口货物,因品质或规格原因原状退运进境,并已重新缴纳因出口而退还的国内环节有关税收的(即退还出口退税),纳税义务人自缴纳税款之日起 1 年内,可以向海关申请退税。

(3)退关退税,对已缴纳出口关税的货物,因故未装运出口申请退关的,纳税义务人自缴纳税款之日起1年内,可以向海关申请退税。

(4)短装退税,对散装进口货物发生短装并已征税放行的,如该货物发货人、承运人或保险人对短少部分退还或赔偿相应款项,纳税义务人自缴纳税款之日起1年内,可以申请退还短少部分的已征税额。

(5)赔偿退税,对已征税放行的质变、残损、规格不符进出口货物,如发货人、承运人或保险人赔偿相应款项,纳税义务人自缴纳税款之日起1年内,可以向海关申请退还赔偿部分已征税额。

退税受理部门:原征税海关

图5-1 海关税款退还办理步骤图

办理步骤:

(1)申请退税,纳税义务人提交"退税申请表",并持原进口或出口报关单、加盖银行印章的税款缴纳书正本及其他必要单证,如合同、发票、协议、商检机构证明等。

(2)海关审批,指原征税海关申请,办理海关内部三级审批。

(3)海关同意后,制发"收入退还书",按原征税或补税之日实施的税率计算退税额。

(4)退税转账,通过银行转账方式转入纳税义务人相应银行账号。

2.税款补征和追征

(1)补税。包括少征税款补征,进出口货物放行后,海关发现少征税款,即海关对该进出口货物实际征收的税款少于应当征收的税款的,应当自纳税义务人缴纳税款之日起1年内,由海关补征。

漏征税款补征,即海关对进出口货物应当征收但未征收税款的,应当自货物放行之日起1年内,向纳税义务人补征漏征的税款。

补税受理部门:海关通关管理部门

图5-2 海关补税手续办理步骤图

办理步骤:

①前期审批:加工贸易货物内销补税,减免税进口设备转内销补税,须经主管职能部门审批,出具相应补税联系单;因海关稽查发现需要补税的,须经稽查部门审批,出具相应补税联系单。

②电子申报。

③现场交单,除一般单证外,还须提供原进口报关单、审批通过的补税联系单、补税清单。

④征收税费。

⑤单证放行。

(2)追征。包括少征税款追征,即因纳税义务人违反规定导致海关对进出口货物或海关监管货物少征税款的,海关应当自纳税义务人缴纳税款之日起3年内,追征少征收的税款。

漏征税款追征,即因纳税义务人违反规定导致海关对进出口货物或海关监管货物漏征税款的,海关应当自纳税义务人缴纳税款之日起3年内,追征漏征收的税款。

少征或漏征税款部分涉及滞纳金的应一并征收,补征关税、进口环节代征税、滞纳金起征点为50元。

3. 减免税货物后续补税

(1)移作他用后续补税。例如,在海关监管年限内,减免税申请将减免税设备内销,需经主管海关批准,补缴税款解除监管后移作他用。

$$补缴税款 = 海关审定的货物原进口时完税价格 \times 税率 \times \left(\frac{需补缴税款时间}{监管年限} \times 12 \times 30\right)$$

公式中,税率为海关接受纳税义务人办理纳税手续之日税率;需补缴纳税款时间为移作他用(内销)实际时间,按日计算。

受理部门:海关减免税管理部门

办理步骤:

图 5-3 海关减免税设备内销补税手续办理步骤图

①提交申请。在海关监管年限内的减免税设备内销时,须向海关申请补税,并提交书面申请、减免税货物补税申请表、减免税进口货物进口报关单和征免税证明(复印件)及海关认为需要的其他单证。

②海关审批。

③领取补税联系单。海关出具减免税货物补税联系单。

④结案。企业持海关减免税货物补税联系单,办理补税手续,并提交结案申请,将税款缴纳证明交海关审批结案。

(2)转让他人补税手续。例如,减免税设备转让给另一个享有同等减免税优惠待遇的企业,转入企业办理减免税设备审批手续,转出企业办理减免税设备结转手续。

减免税设备转让需要补征税款,其完税价格计算公式如下:

$$补税完税价格 = 海关审定的货物原进口时完税价格 \times \left(1 - \frac{减免税货物已进口时间}{监管年限} \times 12\right)$$

公式中,"减免税货物已进口的时间"为自减免税货物的放行之日起按月计算,不足1个月但超过15日的,按1个月计;不超过15日的,不予计算。已"进口时间"的截止日期,应当为海关接受减免税申请人申请办理补税手续之日。

受理部门:海关减免税管理部门

转入业务,转入企业须凭转出地主管海关的结转联系函,在本地主管海关办理进出口货物征免税证明(否则,办理减免税补税手续),并办理相应的进口报关手续。

转出业务步骤:

图 5-4 海关减免税设备转让手续办理步骤图

①提交申请。本地转出企业向其主管海关提供以下单证:转出方书面申请及减免税结

转申请表、须结转设备征免税证明和进口报关单（复印件）、转入企业营业执照的批准证书、海关需要的其他单证和资料。

②海关审批。

③领取结转关封。本地主管海关出具进口减免税货物结转联系函，并签章后，制成关封，直接交委托报关公司。

④结案。企业在对方海关办理报关手续后，须将报关单交给本地主管海关，申请办理结案手续。

4. 加工贸易保税货物缓税利息

加工贸易货物缓税利息的本质是国家给纳税人贷款，纳税人要缴纳利息。目前我国征收缓税利息，仅局限在保税加工货物内销情况。

保税加工货物在规定的有效期限内（包括经批准延长的期限）全部出口的，由海关通知中国银行将保证金及活期存款利息全部退还；加工贸易保税料件或制成品内销的，海关除依法征收税款外，还应加征缓税利息。

缓税利息缴纳方式、缴纳凭证、缴纳规定与税款缴纳相同。缓税利息不足50元的免予征收。

——征收规定

缓税利息的利率为中国人民银行公布的活期存款利率，海关根据中国人民银行最新公布的活期存款利率随时调整并公布执行。目前实施的缓税利息率为0.36%。

对于实行保证金台账实转管理的加工贸易手册项下的保税货物，在办理内销征税手续时，如果海关征收的缓税利息大于对应台账保证金的利息，应由中国银行在海关税款缴款书上签注后退单，由海关重新开具两份缴款书，一份是将台账保证金利息全额转为缓税利息，另一份将台账保证金利息不足部分单开税款缴款书，企业另行缴纳。

——计息期限

（1）加工贸易保税料件或制成品经批准内销的，缓税利息计息期限的起止日期为：内销料件或制成品所对应的加工贸易合同项下首批料件进口之日至海关填发缴款书之日止。

加工贸易E类电子账册项下的料件或制成品内销时，缓税利息计息期限的起止日期为内销料件或制成品所对应的电子账册的最近一次核销之日（若没有核销日期的，则为电子账册的首批料件进口之日）至海关填发缴款书之日止。

（2）加工贸易保税料件或制成品未经批准内销，违反海关监管规定的，缓税利息计息期限的起止日期为内销料件或制成品所对应的加工贸易合同项下首批料件进口之日至保税料件或制成品内销之日止。

若加工贸易E类电子账册项下的料件或制成品未经批准内销的，缓税利息计息期限的起止日期为内销料件或制成品所对应的电子账册的最近一次核销之日（若没有核销日期的，则为电子账册的首批料件进口之日）至保税料件或制成品内销之日止。

加工贸易保税料件或制成品违规内销的，还应按规定征收滞纳金。滞纳金是从应缴纳税款之日起至海关发现之日止按日计算，滞纳金征收比例为少征或漏征税款的万分之五。

（3）加工贸易剩余料件、残次品、副产品、受灾保税货物等内销时，需征收缓税利息的，比照上述规定办理。

——计算公式

加工贸易缓税利息,应根据填发海关税款缴款书时海关总署调整的最新缓税利息率按日征收。

缓税利息＝补征税款×计息期限(天数)×缓税利息率÷360

——办理程序

未经海关许可并办理补税手续的,企业不得擅自将因国际市场变化造成无法出口的加工贸易料件、制成品、经核定有使用价值的边角料、残次品,以及加工贸易手册核销剩余料件等在国内销售。

加工贸易内销受理部门:海关加工贸易监管部门

办理步骤:

图 5-5　加工贸易内销手续办理步骤图

(1)提交申请。需要材料:

商务主管部门签发的加工贸易进口料件内销批准证。

经营企业申请内销保税加工货物书面材料。

海关按规定需要收取的其他单证和材料。

(2)海关审核,归类审价,审核内销申请资料是否齐全、真实有效。

(3)海关审核通过,做出准予内销的决定,企业领取内销征税联系单。

(4)企业凭海关签发的加工贸易货物内销征税联系单办理报关纳税手续,包括缓税利息。

【案例自测】

1. 载有进出口企业 A 从国外购买进口货物的某海轮 B 于 2012 年 10 月 8 日(周三)向海关申报进境,但 A 企业于 2012 年 10 月 31 日(周五)才向海关申报进口该批货物。该货物成交价格为 CIF 上海 150000 美元,已知其适用汇率为 1 美元＝7.0648 元人民币。海关是否应征收滞报金?征收多少滞报金?

解析:

(1)确定滞报天数,为 9 天。

(2)确定进口货物完税价格,并折算人民币,完税价格为 1059720 元。

(3)计算滞报金,为 4768 元。

2. 某公司进口货物应缴纳关税 80000 元,增值税 100000 元,消费税 70000 元,海关于 2012 年 8 月 5 日(周五)填发税款缴款书,该公司于 2012 年 9 月 9 日(周五)缴纳税款。请计算海关应征的滞纳金。

解析:

(1)确定滞纳的税款总额。

(2)确定滞纳天数,为 18 天。

(3)关税滞纳金额 720 元,增值税滞纳金额 900 元,消费税滞纳金额 630 元,滞纳金总额 2250 元。

3.国内某企业进口一批化肥,成交价格为CIF境内口岸100000美元,兑换率1美元=6元人民币,进口货物租用的关税税率为5%,海关于2012年9月9日(周五)填发税款缴款书,该公司于2012年9月28日缴纳税款,该批货物应征滞纳金总额是多少?

解析:

(1)完税价格600000元人民币。

(2)关税30000元。

(3)增值税81900元。

(4)滞纳天数2天。

(5)关税滞纳金额为30元,免征。

(6)增值税滞纳金额为81.9元。

5.2 税收保全与强制措施

我国《海关法》和《进出口关税条例》规定,凡是未按规定时间履行纳税申报手续而进出口的视为违法,海关通过滞报金和滞纳金加以处罚,如果处罚后仍未履行纳税义务,海关通过稽查制度对纳税人的有关账册、来往函电、合同、记录等证据查证的事实和时间征收关税,这种征税方式对纳税义务人而言,不是主动而是被动缴纳关税,称之为"强制纳税"。

强制纳税有严格时间和执行手续的要求,未到规定时间不能采取强制执行措施,如果未到法定的强制执行时间,海关发现纳税人有转移或藏匿应纳税货物等情形,可先要求纳税人提供担保或采取税收保全措施,担保和保全是强制执行的保障。所以,强制纳税是建立在进出境海关事务担保和税收保全基础上的,是对申报纳税方式的补充。

进出境海关事务担保制度见本教材第12章"与报关工作相关的海关法律制度"。

5.2.1 税收保全

1. 税收保全的含义

税收保全是法律授予海关的一项重要权力。税收保全是指进出口货物的纳税义务人在规定的纳税期限内,有明显的转移、藏匿其应税货物及其他财产迹象的,海关可以要求纳税义务人在海关规定的期限内,提供海关认可的担保。纳税义务人不能在海关规定的期限内,按照海关要求提供担保的,经直属海关关长或者其授权的隶属海关关长批准,海关应当采取税收保全措施。

实际操作中必须把握以下3个条件:

(1)纳税义务人在规定的纳税期限内,有明显的转移、藏匿其应税货物及其他财产迹象的。"规定的纳税期限",对一般进出口货物纳税期限比较容易理解,即自海关填发税款缴款书之日起15日内,延期纳税须由海关总署批准,延期纳税期限是自货物放行之日起最长不超过6个月;对加工贸易保税货物、特定减免税货物、暂时进出境货物,在保税期间极易发生"转移、藏匿"行为。

(2)纳税义务人不能在海关规定的期限内,按照海关要求提供担保的。实施税收保全措施的前提就是海关必须责令纳税义务人提供担保,而纳税义务人不能提供担保。也就是说,纳税义务人向海关提供了与其应当履行的法律义务相适应的担保的,海关不能采取税收保全措施。

(3)海关采取税收保全措施,必须经直属海关关长或者其授权的隶属海关关长批准。这是海关采取的税收保全措施的最重要的前提条件。

2. 税收保全措施

海关税收保全是以保证税款实现为目的,分析各国法律规定,海关实施税收保全措施基本都采取以下两种方式。

(1)暂停支付存款。以书面形式,海关要求纳税义务人开户银行或者其他金融机构暂停支付纳税义务人相当于应纳税款的存款。暂停支付强调等额冻结,即暂停支付相当于应纳税款的存款额。

如果纳税义务人在规定的纳税期限内缴纳了税款,海关书面通知金融机构解除对纳税义务人相应存款实施的暂停支付措施。

如果纳税义务人在规定的纳税期限内未缴纳税款的,海关书面通知金融机构从暂停支付的款项中扣缴相应税款,海关确认金融机构已扣缴税款的,书面通知纳税义务人。

(2)暂扣货物或财产。海关书面通知纳税义务人,并随附扣留清单,扣留纳税义务人价值相当于应纳税款的货物或者其他财产。实践中,海关对不可分割的货物可以全额扣留,但要避免对纳税义务人财产采取强制措施;同时法律并没有将海关扣留对象限定于应税货物,而是规定了可以扣留纳税义务人应税货物或者其他财产,包括动产和不动产,但为了避免给纳税义务人生产经营带来不便,海关在采取税收保全措施时,一般优先采取暂停支付纳税义务人存款的措施,只有在金融机构无存款可以执行时,海关可以扣留纳税义务人价值相当于应纳税款的货物或者其他财产。

纳税义务人在规定的纳税期限内缴纳税款的,海关书面通知纳税义务人,解除扣留措施,随附发还清单,办理确认手续后,将有关货物、财产发还纳税义务人。纳税义务人在规定的纳税期限内未缴纳税款的,海关书面通知纳税义务人,依法变卖被扣留的货物或者其他财产,并以变卖所得抵缴税款。变卖所得不足以抵缴税款的,海关继续采取强制措施抵缴税款的差额部分;变卖所得抵缴税款及扣留相关费用后仍有余款的,返还纳税义务人。

5.2.2 强制执行

1. 税收强制措施

根据《海关法》规定,进出口货物的纳税义务人、担保人自规定的纳税期限届满之日起,超过3个月未缴纳税款,或经海关总署批准延期缴纳税款的,自延期缴税时限届满之日起,超过3个月仍未缴纳税款的,经直属海关关长或其授权的隶属海关关长批准,依次采取下列强制措施:

(1)书面通知金融机构从其存款中扣缴税款。

(2)将应税货物依法变卖,以变卖所得抵缴税款。

(3)扣留并依法变卖其价值相当于应纳税款的货物或者其他财产,以变卖所得抵缴税款。

2. 税收强制措施的条件

(1)进出口货物的纳税义务人、担保人自规定的纳税期限届满之日起,超过3个月未缴纳税款,或经海关总署批准延期缴纳税款的,自延期缴税时限届满之日起,超过3个月仍未缴纳税款的。这是海关实施税收强制措施在逾期缴税期限方面的限制条件。即自海关填发税款缴款书之日起,15天内是合法的缴税期限,超过这个期限,海关并不采取税收强制措施,而是按日征收滞纳金。超过这个期限3个月,即自填发税款缴款书之日起105天,仍未缴纳税款的,构成海关税收强制措施执行时间。

(2)实施税收强制执行措施,必须经过直属海关关长或其授权的隶属海关关长批准。这是法定程序,不经过法定程序强制执行就是在执行程序上违法。经过直属海关关长或其授权的隶属海关关长批准,实施的税收强制执行措施,所产生的法律责任由直属海关关长承担,隶属海关关长未经授权径行实施税收强制执行措施,所产生的法律责任由其自行负责。

3. 税收强制执行的方式

根据《海关法》有关规定,海关对逾期缴纳税款纳税义务人采取强制措施包括3种方式:

(1)书面通知纳税义务人的开户银行或者其他金融机构从其存款中扣缴税款。一般而言,纳税义务人在银行账户中有存款时,优先采取强制扣缴方式。

(2)如果纳税人的银行账户中没有存款或存款不足以强制扣缴时,海关可以将未放行的应税货物依法变卖,以变卖货物所得价款抵缴应缴税款。

(3)如果该应税货物已经放行,海关可以将该纳税义务人其他价值相当于应纳税款的货物或其他财产变卖,以变卖所得价款抵缴应缴税款。

除财产强制外,海关也可以通过对纳税人或其法定代表人采取限制其行动自由的方式,促使其履行处罚决定。

5.2.3 缴纳税费责任

(1)报关企业接受纳税义务人的委托,以纳税义务人的名义办理报关纳税手续,因报关企业违反规定而造成海关少征、漏征税款的,报关企业对少征或者漏征的税款、滞纳金与纳税义务人承担纳税的连带责任;报关企业接受纳税义务人的委托,以报关企业的名义办理报关纳税手续的,应承担与纳税义务人相同的法律责任。

(2)除不可抗力外,在保管海关监管货物期间,海关监管货物损毁或者灭失的,对海关监管货物负有保管义务的人应当承担相应的纳税责任。

(3)欠税的纳税义务人,有合并、分立情形的,在合并、分立前,应当向海关报告,依法缴纳税款。纳税义务人合并时未缴清税款的,由合并后的法人或者其他组织继续履行未履行的纳税义务;纳税义务人分立时未缴清税款的,分立后的法人或者其他组织对未履行的纳税义务承担连带责任。

(4)纳税义务人在减免税货物、保税货物监管期间,有合并、分立或者其他资产重组情形的,应当向海关报告。按照规定需要缴税的,应当依法缴清税款;按照规定可以继续享受减免税、保税待遇的,应当到海关办理变更纳税义务人的手续。

(5)纳税义务人欠税或者在减免税货物、保税货物监管期间,有撤销、解散、破产或者其他依法终止经营情形的,应当在清算前向海关报告。海关应当依法对纳税义务人的应缴税款予以清缴。

【综合案例】

2012年10月,中外合资企业利达公司向海关申报免税进口数台机器设备,价值人民币160余万元,免征税款42万元。上述设备办结通关手续后一直由该公司经营使用。2013年3月某海关对上述免税设备进行后续核查时发现利达公司于2012年12月投资设立了鼎利公司,利达公司已经停产。该海关发现上述违法情况后,立即立案进行调查。同时,该海关认为利达公司的行为影响了有关税款的征收,责令其向海关提供价值相当于应纳税款的担保。因利达公司未能按要求提供担保,经该海关关长批准,该海关于2013年3月20日扣留了利达公司价值150万元的3辆汽车。

试用本章所学内容,分析案例中的海关保全措施程序是否合法。

解析:

(1)首先,该公司对海关监管货物有转移、藏匿迹象。减免税货物未经海关批准,划作他用,其行为是违法的。

(2)海关发现上述违法情况后,立案调查,并要求该企业向海关提供价值相当于应纳税款的担保,符合税收保全措施前置条件。

(3)该公司不提供担保,经该海关关长批准,该海关采取扣留该公司其他财产方式进行税收强制执行,完全合法。

5.3 进出口货物税收减免

根据《海关法》第五十六至五十八条的规定,进出口税收减免是指对进出口货物的关税和进口环节海关代征税给予减征或免征。进出口货物税收减免可分为法定减免税、特定减免税和临时减免税三大类。

5.3.1 法定减免税

法定减免税是指按照《海关法》、《进出口关税条例》和其他法律、行政法规的规定,进出口货物可以享受的减免关税优惠。海关对法定减免税货物一般不进行后续管理。

法定减免税的范围如下:

(1)关税税额在人民币50元以下的一票货物。

(2)无商业价值的广告品和货样。

(3)外国政府、国际组织无偿赠送的物资。

(4)在海关放行前遭受损坏或者损失的货物。

(5)进出境运输工具装载的途中必需的燃料、物料和饮食用品。

(6)中华人民共和国缔结或者参加的国际条约规定减征、免征关税的货物、物品。

(7)法律规定减征免征关税的其他货物、物品。

进口环节增值税或消费税税额在人民币50元以下的一票货物也应免征。

5.3.2 特定减免税

特定减免税是指海关根据国家规定,对特定地区、特定用途和特定企业给予的减免关税的优惠,也称"政策性减免税"。特定减税或者免税的范围和办法由国务院规定,海关根据国务院规定单独或会同其他中央主管部门订出具体实施办法并加以贯彻执行。

自2009年1月1日起,国家对部分进口税收优惠政策进行相应调整。目前实施特定减免税的项目主要有:

1. 外商投资项目投资额度内的进口自用设备

外商投资企业所投资的项目属于国家鼓励发展的,在投资总额内进口的自用设备及随设备进口的配套技术、配件、备件,除《外商投资项目不予免税的进口商品目录》、《进口不予免税的重大技术装备和产品目录》外,免征进口关税,进口环节增值税照章征收。

对于下列企业所投资的项目属于国家鼓励发展的,在投资总额内进口的自用设备,除《国内投资项目不予免税的进口商品目录》、《进口不予免税的重大技术装备和产品目录》外,也可以免征进口关税,进口环节增值税照章征收。

(1)外国投资者的投资比例低于25%的外商投资企业。

(2)境内内资企业发行B股或发行海外股(H股、N股、S股、T股或红筹股)转化为外商投资股份有限公司。

(3)外商投资企业向中西部地区再投资设立的外资比例低于25%的企业,以及向中西部以外地区再投资设立的企业。

2. 外商投资企业自有资金项目

外商投资企业所投资的项目属于国家鼓励发展的,在投资总额以外自有资金,在原批准的生产经营范围内,对于企业原有设备更新和维修国内不能生产或性能不能满足需要的设备,以及与上述设备配套的技术、配件、备件,除《国内投资项目不予免税的进口商品目录》、《进口不予免税的重大技术装备和产品目录》外,可以免征进口关税,进口环节增值税照章征收。

3. 国内投资项目进口自用设备

属于国家鼓励重点发展产业的国内投资项目,在投资总额内进口的自用设备,除《国内投资项目不予免税的进口商品目录》、《进口不予免税的重大技术装备和产品目录》外,可以免征进口关税,进口环节增值税照章征收。

4. 贷款项目进口物资

外国政府贷款和国际金融组织贷款项目,在项目额度或投资总额内进口的自用设备,除《外商投资项目不予免税的进口商品目录》、《进口不予免税的重大技术装备和产品目录》外,可以免征进口关税。

对以上贷款项目,经确认按有关规定增值税进项税额无法抵扣的,同时免征进口关税和进口环节增值税。

5. 重大技术装备

自2009年7月1日起,对经认定符合规定条件的国内企业为生产国家支持发展的重大技术装备和产品,进口规定范围的关键零部件、原材料商品,除《进口不予免税的重大技术装备和产品目录》外,免征关税和进口环节增值税。

6. 特定区域物资

保税区、出口加工区等特定区域进口的区内生产型基础设施项目所需的机器、设备和基建物资可以免税。

区内进口企业自用的生产、管理设备和自用合理数量的办公用品及其所需的维修零部件,生产用燃料,建设生产厂房、仓储设施所需的物资、设备可以免税。

行政管理机构自用合理数量的管理设备和办公用品及其所需的维修零配件,可以免税。

7. 科教用品

对国务院部门和省、自治区、直辖市、计划单列市所属专门从事科学研究工作的科学研究机构和国家承认学历的实施专科及以上高等学历教育学校,或财政部会同国务院有关部门核定的其他科学研究机构和学校,以科学研究和教学为目的,在合理数量范围内进口国内不能生产或性能不能满足需要的科学研究和教学用品,免征进口关税和进口环节增值税、消费税。

8. 科技开发用品

国务院规定对经国家有关部门核准从事科技开发的科学研究、技术开发机构,在一定时期内,在合理数量范围内,进口国内不能生产或者性能不能满足需要的科技开发用品,免征进口关税和进口环节增值税、消费税。

对符合国家规定条件的外资研发中心进口国内不能生产或者性能不能满足需要的合理数量范围内的科技开发用品,免征进口关税和进口环节增值税。

9. 救灾捐赠物资

对向我境内受灾地区(限于新华社对外发布和民政部中国灾情信息公布的受灾地区)捐赠的直接用于救灾的物资,在合理数量范围内,免征关税和进口环节增值税、消费税。

10. 扶贫慈善捐赠物资

对境外捐赠人无偿向受赠人捐赠的直接用于扶贫、慈善事业(指非营利的扶贫济困、慈善救助等社会慈善和福利事业)的物资,免征进口关税和进口环节增值税。

11. 残疾人专用品

民政部直属企事业单位和省、自治区、直辖市民政部门所属福利机构、假肢厂、荣誉军人康复医院等,中国残疾人联合会直属事业单位和省、自治区、直辖市残联所属福利机构和康复机构,进口国内不能生产的残疾人专用物品,免征进口关税和进口环节增值税、消费税。

12. 集成电路项目进口物资

对在我国境内设立的投资额超过80亿元或集成电路线宽小于0.25微米的集成电路生产企业,进口自用生产性原材料、消耗品,净化室专用建筑材料、配套系统,集成电路设备零配件,免征进口关税,进口环节增值税照章征收。

13. 海上石油、陆上石油项目进口物资

凡在我国海洋和特定区域内进行石油和天然气开采作业的项目,进口直接用于开采作业的设备、仪器、零附件、专用工具,免征进口关税和进口环节增值税。

14. 远洋渔业项目进口自捕水产品

对经农业部批准的远洋渔业企业运回的品种及产地符合要求的自捕水产品,不征进口关税和进口环节增值税。

15. 无偿援助项目进口物资

对符合有关规定的无偿援助项目,性质上属于法定减免税范畴,但按照特定减免税货物管理。

5.3.3　临时减免税

临时减免税是指法定减免税和特定减免税以外的其他减免税,是由国务院根据某个单位、某类商品、某个时期或某批货物的特殊情况和需要,给予特别的临时性减免税优惠。

临时性减免税具有集权性、临时性、局限性、特殊性的特点,一般是"一案一批"。

本章小结

本章介绍了进出口税费缴纳及退补的基本程序,介绍了"口岸纳税"、"属地纳税",重点介绍了电子支付业务流程、滞纳金征收期限以及减免税货物后续补税业务办理步骤等,还介绍了加工贸易保税货物缓税利息征收规定及办理过程。

税收保全与强制措施,重点介绍了税收保全的含义、条件及海关采取的税收保全措施,还学习了强制措施的概念、条件及海关如何实施税收强制措施。

进出口税收减免,介绍了法定减免税、特定减免税和临时减免税的规定。要求掌握目前实施的 15 种特定减免税项目的内容、条件及减免税类型。

本章的内容实务性很强,读者不仅要熟悉海关相关规定,更应注重业务操作步骤。

背景知识

征免税证明申请

征免税证明申请:企业应当在主管海关办理完结减免税项目备案手续后,在进口减免税货物之前,按照规定持有关单证向主管海关办理减免税审批手续,经海关审核符合规定的,予以签发征免税证明。

受理部门:海关减免税管理部门

办理时限:海关应当自受理之日起 10 个工作日内作出是否准予减免税的决定,应上报上一级海关事前备案管理的减免税申请除外。

办理步骤:

1. 提交申请。项目单位在向海关申请货物减免税进口时,须向海关提交如下单证:

(1)购货合同、协议和进口发票。

(2)经申请单位确认签章的进出口货物征免税申请表。

(3)由报关公司预录入的海关进出口货物征免税申请表。

(4)相关政策规定享受进出口税收优惠资格的证明材料。

(5)海关需要的其他单证。

2. 海关审批。海关需要对纸质单证逐级审批。

3. 海关签发征免税证明。海关通过电子数据的审核,打印一式三联的征免税证明并签章。

4. 领取签收。由报关公司领取签收已签章的征免税证明第二、第三联。

习题与实训

1. 单项选择题

(1)进出口货物放行后,因纳税义务人违反规定造成漏征税款的,海关( )3年内追征。
    A. 自违规行为发生之日起   B. 自发现违规行为之日起
    C. 自缴纳税款之日起   D. 自货物放行之日起

(2)纳税义务人超过纳税期限( )仍未缴纳税款的,海关可以依法强制扣缴。
    A. 15 日   B. 3 个月   C. 6 个月   D. 30 日

(3)某企业从国外购进一台精密数控机床,申报价格为10万美元,海关对其准确性产生怀疑,采用成交价格法进行价格调整。其审价程序应为( )。
    A. 先进行价格质疑,再进行价格磋商
    B. 只进行价格质疑,无须进行价格磋商
    C. 无须进行价格质疑,直接进行价格磋商
    D. 无须进行价格质疑或价格磋商,直接确定完税价格

(4)( ),免征进口关税,进口环节增值税照章征收。
    A. 扶贫慈善捐赠进口物资   B. 海上石油项目进口物资
    C. 集成电路项目进口物资   D. 远洋渔业项目进口自捕水产品

(5)某公司免税进口造船设备一套,进口1年后开始使用,使用2年后转让给享有同等免税优惠待遇的另一公司,办理结转手续后,海关继续对该设备进行监管的期限为( )。
    A. 8 年   B. 5 年   C. 3 年   D. 2 年

(6)运输工具负责人要求以溢卸货物抵补短卸货物的,应由( )按照( )的报关程序办理进口手续。
    A. 短卸货物原收货人;一般进口货物   B. 短卸货物原收货人;无代价抵偿货物
    C. 溢卸货物所有人;一般进口货物   D. 溢卸货物所有人;无代价抵偿货物

(7)关税和进口增值税、消费税的纳税义务人,应当自海关填发税款缴款书之日起( )内缴纳税款,逾期缴纳的,海关依法按日加收滞纳税款( )的滞纳金。
    A. 5 日;万分之五   B. 5 日;千分之五
    C. 15 日;万分之五   D. 15 日;千分之五

(8)某企业从德国进口放映设备1台,发票分别列明:交易价格CIF100000美元,境外考察费2500美元,销售佣金1500美元。合同另规定,该设备投入使用后,买方应从票房收益中支付卖方10000美元。该批货物应向海关申报的成交价格为( )。
    A. 104000 美元   B. 111500 美元   C. 112500 美元   D. 114000 美元

(9)下列类别的特定减免税货物,免征进口关税同时免征进口环节增值税的是( )。
    A. 外商投资企业自有资金项目   B. 国内投资项目进口自用设备
    C. 重大技术装备   D. 贷款中标项目进口零部件

(10)以下哪种关税担保货物需要提供足额抵押金( )。
    A. 单证不齐全无法办理通关手续的进口货物
    B. 有违法嫌疑的进口货物,但不便扣留或无法扣留的货物

C.保税加工备案货物

D.正在办理减免税手续的进口货物

(11)港澳CEPA项下原产地规则中的实质性改变标准,是指产品经过加工后,在《中华人民共和国海关进出口税则》中四位数税号一级的税则归类已经有了改变或者加工增值部分所占新产品总值的比例已超过(　　)及其以上。

A.60%　　　　B.50%　　　　C.40%　　　　D.30%

(12)我国某进出口公司从香港购进一批平板电视机,其中LED显示屏为韩国生产,集成电路板由新加坡生产,其他零件均为马来西亚生产。最后由韩国三星企业组装成整机。该公司向海关申报进口该批电视机时,原产地是(　　)。

A.中国香港　　B.韩国　　　C.新加坡　　　D.马来西亚

(13)我国某加工区从香港进口日本棉织布,制成衬衣在内地销售,海关认定的原产地是(　　)。

A.中国香港　　B.日本　　　C.中国　　　D.原产地不明

(14)埃及生产的棉花(归入5203),运到我国台湾加工成纱线并织成棉布(归入5208),再转售到越南做成男式衬衫(归入6205)。由于越南加工简单,增值率低,香港商人购进越南制衬衫进一步深加工,制成精制衬衫(仍归入6205),价值增加30%,然后销往中国内地。我国海关认定该男衬衫的原产地是(　　)。

A.埃及　　　　B.中国台湾　　C.越南　　　　D.中国香港

(15)根据《进出口关税条例》规定,下列选项中,正确的表述是(　　)。

A.对原产于我国友好的国家和地区的进口货物按最惠国税率征税

B.对原产于我国未签订关税互惠协议的国家和地区的进口货物,按普通税率征税

C.对原产于我国订有关税互惠协议的国家和地区的进口货物,按最惠国税率征税

D.对原产于对我国出口货物征歧视性关税或其他歧视性待遇的国家和地区的进口货物,征收特别(报复性)关税

(16)以下不属于海关进出口税费缴纳、退补凭证的是(　　)。

A.海关专用缴款书　　　　　　B.收入退还书

C.海关行政事业收费专用票据　　D.全国税务统一专用发票

(17)以下哪家银行不能出具保函提供担保(　　)。

A.中国银行　　B.招商银行　　C.中国人民银行　　D.中国建设银行

(18)下列在规定期限内追征税款、补征税款时无须加收滞纳金的情形是(　　)。

A.海关发现非因纳税义务人违规造成少征或漏征税款的

B.海关发现因纳税人违反规定造成少征税款的

C.海关发现因纳税人违反规定造成漏征税款的

D.因纳税人违反规定需在征收税款的同时加收滞纳金,纳税义务人未在规定的15天缴款期限内缴纳税款的

(19)下列情形中,不属于海关退还税款情形的是(　　)。

A.已缴纳税款的进口货物,因品质或者规格原因,原状退运出境的

B.已缴纳出口关税的出口货物,因品质或者规格原因,原状退货复运进境的,但未缴纳因出口而退还的国内环节有关税款的

C. 已缴纳出口关税的货物,因故未装运出口申报退关的

D. 因海关误征,纳税义务人发现多征税款的

(20) 进出口货物的纳税义务人、担保人自规定的纳税期限届满之日起超过3个月未缴纳税款或经海关总署批准延期缴纳税款的,自延期缴税时限届满之日起超过3个月仍未缴纳税款的,经直属海关关长或其授权的隶属海关关长批准,海关可依法采取强制措施。以下关于海关强制措施的说法,不正确的是( )。

A. 书面通知金融机构从其存款中扣缴税款

B. 将应税货物依法变卖,以变卖所得抵缴税款

C. 扣留并依法变卖其价值相当于应纳税款的货物或者其他财产,以变卖所得抵缴税款

D. 海关实施强制措施的,直接书面通知金融机构,无须书面告知纳税义务人、担保人

2. 多项选择题

(1) 以下进口货物不适用进口货物成交价格法确定完税价格的是( )。

A. 小轿车,只能用于展示

B. 注塑机,以买方向卖方销售螺丝为条件确定价格

C. 水龙头零件,组装为成品后只能销售给指定第三方

D. 印刷机,货价中包括买方向知识产权权利人支付的特许权使用费

(2) 进口货物不适用协定税率的情形,包括( )。

A. 没有提交有效原产地证书、原产地声明的

B. 未提供商业发票、运输单证等其他商业单证的

C. 经查验或原产地核查,确认货物原产地与申报内容不符的

D. 未按补充申报相关规定,在货物申报进口之日起1年内补交有效的原产地证书的

(3) 下列对关税税率实际适用时间的表述正确的是( )。

A. 进口货物到达前,经海关核准先行申报的,应当适用装载该货物的运输工具申报进境之日实施的税率

B. 进口转关运输货物,应当适用指运地海关接受该货物申报进口实施的税率

C. 经海关批准,实行集中申报的进出口货物,应当适用每次货物进出口时海关接受该货物申报之日实施的税率

D. 分期缴纳税款的租赁进口货物,应当适用海关每次接受纳税义务人申报办理纳税及有关手续之日实施的税率

(4) 下列进口货物中,有暂定税率,但不适用暂定税率的情形有( )。

A. 适用普通税率的进口货物

B. 无法确定原产地的进口货物

C. 适用协定税率,且协定税率低于暂定税率的

D. 适用最惠国税率的进口货物

(5) 国内某企业进口一批货物,成交价格为CIF境内口岸50000美元,基准汇率1美元=人民币6元,进口货物适用关税税率为5%,消费税率为10%,增值税率为17%,海关于2015后3月6日(周五)填发税款缴款书,下列关于该公司货物有关税款征收事项正确的说法是( )。

A. 该批货物完税价格为300000元

B. 该批货物应纳关税为15000元,应纳消费税35000元,应纳增值税59500元

C. 该公司于2015年3月20日缴纳税款109500元,在法定纳税期限内,无须缴纳滞纳金

D. 该公司于2015年3月27日缴纳税款109500元,滞纳天数为4天,还应缴纳滞纳金219元

(6)以下哪种货物可以向海关申请办理退税手续(　　)。

A. 纳税义务人发现多征税款的,自缴纳税款之日起已经超过1年的

B. 已缴纳税款的进口货物,因品质原因退货复运出境的,自缴纳税款之日起1年内

C. 已缴纳出口关税,因故未装运出口申报退关的,自缴纳税款之日起1年内

D. 散装进口货物发生短装并已征税放行的,货物发货人对短装部分已退还相应货款的,自缴纳税款之日起1年内

(7)下列应计入出口货物完税价格的税费是(　　)。

A. 出口关税

B. 在货物价款中单独列明由卖方承担的佣金

C. 境内生产货物的成本、利润和一般费用

D. 货物运至境内输出地点装卸前的运费及其相关费用、保险费

(8)下列关于优惠原产地规则的表述,正确的是(　　)。

A. 优惠原产地规则可以是以优惠贸易协定通过双边协定形式制定的特殊原产地认定标准

B. 优惠原产地规则可以是以优惠贸易协定通过多边协定形式制定的特殊原产地认定标准

C. 优惠原产地规则是用于认定进口货物能否享受比最惠国更优惠待遇的依据

D. 优惠原产地规则一般都制定了货物直接运输的条款

(9)以下关于享受零关税的台湾地区农产品的运输要求的表述,正确的是(　　)。

A. 可直接从台湾本岛运输到大陆关境口岸

B. 可直接从澎湖运输到大陆关境口岸

C. 可直接从金门运输到大陆关境口岸

D. 只能经过香港、澳门转运到大陆关境口岸

(10)国家支持发展的重大技术装备和产品,以及重大技术装备和产品进口关键零部件、原材料商品,包括以下商品(　　)。

A. 高速动车组　　　　　　　B. 轨道交通

C. 风力发电设备　　　　　　D. 新型、大马力农业装备

3.**判断题**(对的打"√",错的打"×")

(1)原产地证书并不是确定货物是否适用优惠原产地规则的唯一标准,海关通过查验货物可确认原产地。(　　)

(2)优惠原产地规则的实施应当遵守最惠国待遇原则。(　　)

(3)海关采取税收强制措施时,对纳税义务人未缴纳的税款滞纳金同时强制执行。

(　　)

(4)进口享受协定税率的商品,同时该商品又属于我国实施反倾销措施范围的,按普通税率计征进口关税。(　　)

(5)海关办理退税手续时,已征收的滞纳金一并予以退还。（   ）

(6)纳税义务人向海关缴纳税款的方式,主要有柜台支付方式和电子支付方式。（   ）

(7)对进出口货物征收关税时,海关按收发货人或其代理人实际缴纳税费之日实施的税率计征税款。（   ）

(8)某加工贸易企业于2014年1月20日,经批准进口一批料件加工成品复出口。海关于2015年5月15日稽查发现,该企业已于3月18日将该批进口料件内销。6月22日海关决定罚款并追征税款,海关补税时应按3月18日实施的税率补税。（   ）

(9)某单位进口一批货物,海关查验征税放行后,货主在货物入库清点时发现短少,纳税义务人要求海关退还短少部分货物缴纳的税款,海关应当退还。（   ）

(10)某外商投资企业进口一批设备,海关免税放行。1年后海关发现该企业已将此设备出售给非享受免税待遇的企业,因为已超过了补税期限,所以海关不应征税。（   ）

4.综合实训题

合肥正业橡胶轮胎有限公司主要经营橡胶轮胎及橡胶原辅材料加工及零售业务。该公司进出口业务部拟从巴西进口生产汽车轮胎的原材料天然橡胶烟胶片1000千克。你作为该公司进出口业务员,在商务谈判过程中,需要制订原材料进口报关报检方案。

(1)如何进行该材料商品归类?

(2)该材料进口海关监管条件有哪些?

(3)若进口口岸是合肥海关,如何办理入境货物通关单?

(4)若CIF合肥3美元/千克,该材料进口关税、海关代征税是多少?

答案与解析

1.单项选择题

(1)【答案】D

【解析】根据《进出口关税条例》,"因纳税义务人违反规定造成少征或者漏征的,海关可以自缴纳税款或者货物放行之日起3年追征税款,并按规定加收滞纳金。"本题因纳税义务人违反规定漏征税款,海关可以在货物放行之日起3年追征税款。

(2)【答案】B

【解析】进出口货物纳税义务人、担保人自规定的纳税期限届满之日起超过3个月未缴纳税款的,海关依次采取下列强措施:

①书面通知金融机构从其存款中扣缴税款。

②将应税货物依法变卖,以变卖所得抵缴税款。

③扣留并依法变卖其价值相当于应纳税款的货物或者其他财产,以变卖所得抵缴税款。

(3)【答案】B

【解析】根据《审价办法》规定,海关在确定完税价格过程中,对申报价格真实性或准确性有疑问,或者有理由认为买卖双方特殊关系可能影响成交价格时,需向纳税义务人或者代理人制发"海关价格质疑通知书",告知质疑的理由。经海关审查,决定不采用成交价格估价时需进行价格磋商,采用成交价格估价时无须进行价格磋商。另外本题又不属于海关可以不进行价格质疑或者价格磋商的情形。B为正确选项。

(4)【答案】C

【解析】按照规定,扶贫慈善捐赠进口物资、海上石油项目进口物资、远洋渔业项目进口自捕水产品免征关税和进口环节增值税;集成电路项目进口物资免征进口关税,进口环节增值税照章征收。

(5)【答案】D

【解析】根据规定,特定减免税货物的海关监管期限为:船舶、飞机8年;机动车辆6年;其他货物5年。本题属其他货物,监管期限为5年,从进口之日起计算,本设备转让时已3年,转让后再监管2年。

(6)【答案】B

【解析】根据规定,运输工具负责人或其代理人要求将溢卸货物抵补短卸货物的,应由短卸货物原收货人或其代理人,按照无代价抵偿货物报关程序办理进口手续。

(7)【答案】C

【解析】按照规定,关税、进口增值税、进口消费税的纳税义务人或其代理人,应当自海关填发税款缴款书之日起15日内向指定银行缴纳税款,逾期缴纳的,海关依法在原应纳税款的基础上,按日加收滞纳税款万分之五的滞纳金。

(8)【答案】B

【解析】本题"销售佣金"、"该设备投入使用后,买方应从票房收益中支付卖方费用"均属于计入的因素。海关审定成交价格应为100000+1500+10000=111500美元。

(9)【答案】C

【解析】符合有关规定的外商投资企业自有资金项目、国内投资项目进口自用设备可以免征进口关税,进口环节增值税照章征收;符合规定的贷款中标项目进口零部件免征进口关税,进口环节增值税照章征收;符合规定的重大技术装备免征关税和进口环节增值税。C为正确选项。

(10)【答案】B

【解析】纳税人在提供担保时需要提供足额抵押金的一般是涉案货物,有违法嫌疑的进口货物,但不便扣留或无法扣留的货物,属于涉案货物。

(11)【答案】D

【解析】港澳CEPA从价百分比标准要求,完全在香港、澳门获得的原料、组合零件、劳工价值和产品开发支出价值的合计,与出口制成品离岸价格(FOB)的比值大于或等于30%。

(12)【答案】B

【解析】本题由于赋予制造、加工后所得货物基本特征的主要工序是在韩国三星公司完成,按加工工序标准判定其原产地是韩国。

(13)【答案】C

【解析】出口加工区是我国关境内的区域,从出口加工区输往区外境内视同进口;原产地规则中实质性改变标准。由于进口衬衣是在我国境内出口加工区完成的,所以原产地是中国。

(14)【答案】C

【解析】香港精制衬衫税则号没有改变,所以应从价百分比标准判定原产地。香港进一步加工制成的精制衬衫增值30%,但香港加工增值部分所占新产品总值(FOB)的比例没有等于或者超过30%,所以精制衬衫的原产地仍是越南。

(15)【答案】D

【解析】除世贸组织成员外,只有与我国签署最惠国待遇条款的国家进口货物才按最惠国税率征税,所以A不正确;与我国签订关税互惠协议的国家和地区进口货物按协定税率而不是最惠国税率征税,但与我国未签订互惠协议的国家和地区的进口货物,也不是一定按变通税率征税,所以BC不正确。只有D正确。

(16)【答案】D

【解析】海关专用缴款书是海关征税包括关税和代征税以及征收滞纳金使用的专用缴款书;收入退还书是海关退税使用的凭证;海关行政事业收费专用票据是海关征收滞报金使用的凭证。

(17)【答案】C

【解析】根据《中国人民银行法》规定,中国人民银行作为中央银行,不能为任何单位和个人提供担保,不属于担保银行的范畴。

(18)【答案】A

【解析】根据现行规定,进出口货物放行后,海关发现非因纳税义务人违规造成少征或漏征税款的,应当自缴纳税款之日起或自货物放行之日起1年内,向纳税人补征税款,无须缴纳滞报金。A为正确选项。本题其他情形均因纳税人违反规定造成少征或漏征税款的,要一并征收滞纳金。

(19)【答案】B

【解析】下列B情形中,已缴纳出口关税的出口货物,因品质或者规格原因,原状退货复运进境的,并且缴纳因出口而退还的国内环节有关税款的,纳税义务人自缴纳税款之日起1年内,可以向海关申请退税,但未退还的国内环节有关税款的,则不属于海关退还税款情形。本题其他情形均属海关退还税款的情形。

(20)【答案】D

【解析】进出口货物的纳税义务人、担保人自规定的纳税期限届满之日起超过3个月未缴纳税款或经海关部署批准延期缴纳税款的,自延期缴税时限届满之日起超过3个月仍未缴纳税款的,经直属海关关长或其授权的隶属海关关长批准,海关可依法采取下列强制措施:

A. 书面通知金融机构从其存款中扣缴税款

B. 将应税货物依法变卖,以变卖所得抵缴税款

C. 扣留并依法变卖其价值相当于应纳税款的货物或者其他财产,以变卖所得抵缴税款

实施强制措施的,海关书面通知金融机构,同时书告知纳税义务人、担保人。所以D项选择不正确。

2. 多项选择题

(1)【答案】ABC

【解析】进口货物适用成交价格必须满足4个条件:

①买方对货物的处理和使用不受限制。

②不因某些条件或因素的影响导致价格无法确定。

③卖方不得直接从买方获得因转售、处置或使用进口货物而产生的任何收益,除非上述收益能够被合理确定。

④买卖双方没有特殊关系,或虽有特殊关系但不影响成交价格。

本题AC不符合条件①,D不符合条件②,D货物未体现不符合上述任何条件,可以适用成交价格。所以ABC不适用成交价格法,为正确选项。

(2)【答案】ABCD

【解析】进口货物不适用协定税率的情形,包括:①没有提交有效原产地证书、原产地声明的;②未提供商业发票、运输单证等其他商业单证的;③经查验或原产地核查,确认货物原产地与申报内容不符;④未按补充申报相关规定,在货物申报进口之日起1年内补交有效的原产地证书的。

(3)【答案】ABCD

【解析】《进出口关税条例》规定,进出口货物应当适用海关接受该货物申报进口或者出口之日实施的税率。以下具体区分不同情况:①进口货物到达前,经海关核准先行申报的,应当适用装载该货物的运输工具申报进境之日实施的税率;②进口转关运输货物,应当适用指运地海关接受该货物申报进口实施的税率;③经海关批准,实行集中申报的进出口货物,应当适用每次货物进出口时海关接受该货物申报之日实施的税率;④分期缴纳税款的租赁进口货物,应当适用海关每次接受纳税义务人申报办理纳税及有关手续之日实施的税率。

(4)【答案】ABC

【解析】根据现行规定,适用普通税率的进口货物,不适用暂定税率;无法确定原产国地的进口货

物,按普通税率,不适用暂定税率;适用协定税率的进口货物,有暂定税率,应从低适用,此地不适用暂定税率,因协定税率低于暂定税率;适用最惠国税率的进口货物,有暂定税率,应当适用暂定税率。因此不适用的,为 ABC 项。

(5)【答案】ABCD

【解析】该批进口货物完税价格 300000 元;应缴关税 15000 元;应缴消费税 35000 元;应缴增值税 59500 元;应缴关税和进口环节税合计 109500 元;若公司在法定纳税期限内缴税,不征滞纳金,若公司在 2015 年 3 月 27 日缴纳税款,滞纳天数为 4 天,还应缴纳滞纳金合计 219 元。

(6)【答案】BCD

【解析】以下货物可以向海关申请办理退税手续:①纳税义务人发现多征税款的,自缴纳税款之日起 1 年内;②已缴纳税款的进口货物,因品质原因退货复运出境的,自缴纳税款之日起 1 年内;③已缴纳出口关税,因故未装运出口申报退关的,自缴纳税款之日起 1 年内;④散装进口货物发生短装并已征税放行的,货物发货人对短装部分已退还相应货款的,自缴纳税款之日起 1 年内。

(7)【答案】CD

【解析】根据《审价办法》有关规定,不计入出口货物完税价格的有:①出口关税;②在货物价款中单独列明由卖方承担的佣金;③货物运至境内输出地点装卸后的运费及其相关费用、保险费。CD 是正确选项。

(8)【答案】ABCD

【解析】优惠原产地规则是指一国为了实施国别优惠政策而制定的法律、法规,是以优惠贸易协定通过双边、多边协定形式或者由本国自主制定的一些特殊原产地认定标准;优惠原产地规则是用于认定进口货物能否享受比最惠国更优惠待遇的依据,其认定标准与非优惠原产地规则不同,其宽或严完全取决于成员方;为了防止被滥用或规避,优惠原产地规则一般都制定了货物直接运输的条款。故 ABCD 为正确的选项。

(9)【答案】ABC

【解析】享受零关税的台湾地区农产品,应符合以下运输要求:①直接从台湾本岛、澎湖、金门、马祖运输到大陆关境口岸;②经过香港、澳门或日本石垣岛转运到大陆关境口岸。故 ABC 是正确选项。

(10)【答案】ABCD

【解析】自 2009 年 7 月 1 日起,对经认定符合规定条件的国内企业为生产国家支持发展的重大技术装备和产品,进口规定范围的关键零部件、原材料商品,除《进口不予免税的重大技术装备和产品目录》外,免征关税和进口环节增值税。

国家支持发展的重大技术装备和产品,以及重大技术装备和产品进口关键零部件、原材料商品主要是:大型清洁高效发电装备,特高压输变电设备,大型石化设备,大型煤化工设备,大型冶金成套设备,大型煤炭及露天矿设备,大型船舶和海洋工程设备,高速铁路、城市轨道交通设备,大型环保和资源综合利用设备,大型施工机械及基础设施专用设备,大型、精密、高速数控设备、数控系统、功能部件与基础制造设备,新型纺织机械,新型、大马力农业装备等。故 ABCD 为正确选项。

3. 判断题(对的打"√",错的打"×")

(1)【答案】×

【解析】优惠原产地项下,提供符合相关优惠贸易协定或安排要求的原产地证书,是进口货物享受优惠待遇的必备条件之一,无论货物是否查验无误,在其他所有条件均满足情况下,不能提交符合规定的原产地证书,进口货物就不能享受协定税率。故本题应判错误。

(2)【答案】×

【解析】按照世界贸易组织的规定,适用于非优惠性贸易政策措施的原产地规则,其实施必须遵守最惠国待遇原则。故本题应判错误。

(3)【答案】√

【解析】根据现行规定,海关采取强制措施时,对纳税义务人未缴纳的税款滞纳金同时强制执行。

故本题应判对。

(4)【答案】×

【解析】进口原产于与我国达成优惠贸易协定的国家或地区并享受协定税率的商品,同时该商品又属于我国实施反倾销或反补贴措施范围内的,应按优惠贸易协定税率计征进口关税,并同时实施反倾销税、反补贴措施。故本题应判错误。

(5)【答案】×

【解析】根据现行规定,纳税义务人按照规定缴纳税款后,因误征、溢征及其他国家政策调整原因应予退还的税款,可由海关依法退还,纳税义务人办理退税手续。进口环节增值税已予抵缴的,除国家另有规定外不予退还。已征收的滞纳金不予退还。故本题应判错误。

(6)【答案】√

【解析】纳税义务人向海关缴纳税款的方式主要有两种,一种是柜台支付方式,纳税义务人持缴款书到指定银行通过柜台办理税费交付手续;另一种是电子支付方式,纳税义务人向签有协议的银行办理电子交付税费手续。

(7)【答案】×

【解析】《进出口关税条例》规定,进出口货物应当适用海关接受该货物申报进口或者出口之日实施的税率。对进口货物到达前,经海关核准先行申报的,应当适用装载该货物的运输工具申报进境之日实施的税率。故本题应判错误。

(8)【答案】√

【解析】本案因纳税义务人违反规定导致海关对监管货物漏征税款的,海关应当自该货物放行之日起3年内追征税款,一并征收滞纳金,还涉及保税加工件未经批准擅自内销,加征缓税利息。海关补税时,适用纳税义务人违反规定行为发生之日实施的税率,即按3月18日实施的税率补税。

(9)【答案】×

【解析】本题应判错误。不符合短装退税规定:散装进口货物发生短装并已征税放行的,如该货物发货人、承运人、保险公司已对短装部分退还或者赔偿相应货款,自缴纳税款之日起1年内,纳税义务人可申请退还短装部分相应税款。

(10)【答案】×

【解析】本题应判错误。该设备为减免税设备,该企业未经主管海关批准,将减免税货物转让他人使用,违反海关监管规定,纳税义务人应当补缴漏征税款,一并缴纳滞纳金,并办理解除监管手续。

4. 综合实训题

(1)【答案】天然橡胶烟胶片商品编码为 4001.2100

【解析】查找天然橡胶烟胶片商品编码。首先,查找《进出口商品名称与编码》,根据商品认知,天然橡胶烟胶片属于第七类,即橡胶及其制品;其次,快速浏览第七类类注、章注,无排他条款;再次,查找品目条文,天然橡胶,初级形状或板、片、带,归入品目4001;最后根据商品性质、用途、功能,依次确认一级、二级、三级、四级子目,天然橡胶烟胶片商品编码为 4001.2100。

(2)【答案】天然橡胶烟胶片海关监管条件:AB

【解析】查找《中国海关报关实用手册》,根据天然橡胶烟胶片商品编码,查找"商品综合分类表";其次根据分类表,确认进口天然橡胶烟胶片最惠国税率、普通税率、年度暂定税率,以及出口退税率、法定计量单位、海关监管条件等内容;最后根据海关"监管条件",确认该商品进口或出口时,需要向海关提交监管证件。

A:入境货物通关单;B:出境货物通关单。

商品编码	商品名称及备注	进口最惠国税率(%)	进口普通税率(%)	增值税率(%)	出口退税率(%)	计量单位	监管条件
4001210000	天然橡胶烟胶片	20.0	40.0	17.0	5	千克	AB

(3)【答案】在合肥口岸检验检疫机构实施报检

【解析】因该商品在合肥口岸进境报关,应在合肥口岸检验检疫机构实施报检,属于一般报检,按照先报检后报关,在取得《入境货物通关单》后,再到合肥海关办理报关手续。

(4)【答案】应征进口关税 3666.66 元;应征进口增值税 3739.98 元

【解析】根据出口国企业的原产地证书,该批货物拟最惠国税率征税。

查找上个月第三个星期三中国人民银行公布的基准汇率表,为本月海关使用的计征汇率,计征汇率为 1 美元＝6.1111 人民币。

审定进口完税价格＝1000×3×6.1111＝18333.3(元)

应征进口关税＝完税价格×进口从价关税税率

＝18333.3×0.20

＝3666.66(元)

应征进口消费税＝0

应征进口增值税＝(完税价格＋关税税额＋消费税额)×增值税率

＝(18333.3＋3666.6＋0)×17％

＝3739.98(元)

第 6 章
报关与海关管理

教学目标

通过本章学习,重点掌握海关的含义、性质和任务,掌握我国海关的法律体系、海关权力及管理体制;掌握报关的概念、报关单位的类型、注册登记制度、分类管理措施;掌握报关员的概念、报关业务水平测试等。

教学要求

知识要点	能力要求	相关知识
海关管理概述	(1)能够掌握我国海关的法律体系 (2)能够掌握海关的权力内容 (3)熟悉我国海关的管理体制与机构	(1)海关的基本任务 (2)海关权力的特点 (3)海关的组织机构
报关概述	(1)能够掌握报关的基本内容 (2)能够掌握自理报关与代理报关的含义	(1)报关的概念 (2)报关的基本内容、分类
报关单位	(1)能够掌握报关单位的注册登记制度 (2)能够掌握报关单位的分类管理措施	(1)报关单位的注册登记制度 (2)报关单位的分类管理措施
报关员	(1)能够掌握报关员的注册登记制度 (2)了解报关员执业守则	(1)报关员的注册登记 (2)报关员的权利与义务

案例导入

海关扣留货物能否先行变卖

2013年10月15日,某公司以一般贸易方式向某海关(直属海关)申报进口大豆一批,申报单价明显低于国际市场上同期同类商品的行情价格以及海关所掌握的价格资料,某公司对此未能向海关作出合理的解释。后经进一步核查,海关发现该公司在进口贸易过程中有删改合同和发票行为,存在故意低报价格、逃税漏税的重大嫌疑。2013年10月28日,海关对该公司立案调查,并根据《海关法》第六条的有关规定,同日扣留了涉案货物。案件调查期间,因在扣大豆不宜长期保存,海关于2014年2月26日委托拍卖机构将该货物先行变卖,同时制发《先行变卖通知书》,告知当事人对涉案货物先行变卖的有关情况。

某公司不服上述处理决定,向海关总署申请行政复议。该公司认为,公司的进口申报行为是否违法尚在调查之中,根据《海关法》第九十二条的规定,无论涉案行为是否违法,在正式作出处罚决定前,海关无权处理进口货物,海关在未查明有关事实的情况下,提前变卖扣留货物,且变卖所得远低于货物实际价值,海关的上述行为违反了《海关法》的有关规定,使其遭受了重大经济损失,严重侵犯其合法权益。公司请求复议机关依法确认海关的先行变卖行为违法,并责令海关赔偿其经济损失。你认为海关的此举是合法的吗?该公司能否得到海关的经济赔偿?

6.1 海关与报关

6.1.1 海关的性质与任务

1. 海关的性质

海关是国家主权的象征,体现着国家的权力和意志。我国《海关法》规定:"中华人民共和国海关是国家的进出关境监督管理机关。"这一规定明确了海关的性质。海关的性质包括以下三层含义:

(1)海关是国家行政机关,是国务院的直属机构,从属于国家行政管理体制。海关对外维护国家的主权和利益,对内体现国家的、全社会的整体利益,海关代表国家行使行政管理权,而不是代表某个地方或某个部门的局部利益。

(2)海关是国家进出境监督管理机关。海关依照国家法律,对进出境活动实施监督管理。海关监管范围是所有进出关境的运输工具、货物、物品。

(3)海关监管是国家行政执法活动。海关执法依据是《海关法》和国家其他有关法律、行政法规。海关事务属于中央立法事权,立法者为全国人大及其常务委员会和国务院。海关总署也可以根据国家法律和国务院的法规、决定、命令,制定规章,作为执法依据的补充。省、自治区、直辖市人民代表大会和人民政府不得制定海关法律规范,地方法规、地方规章不是海关执法的依据。

2. 海关的任务

我国《海关法》明确规定:"中华人民共和国海关是国家的进出关境监督管理机关。海关依照本法和其他有关法律、行政法规,监管进出境的运输工具、货物、行李物品、邮递物品和其他物品,征收关税和其他税、费,查缉走私,并编制海关统计和办理其他海关业务。"因此,海关四项基本任务是监管、征税、缉私和统计。

(1)监管。海关监管是海关最基本的任务,海关的其他任务都是在监管工作的基础上进行的。

什么是海关监管?海关监管是指海关运用国家赋予的权力,通过一系列管理制度与管理程序,依法对进出境运输工具、货物、物品的进出境活动所实施的一种行政管理行为。海关监管是一项国家职能,其目的在于保证一切进出境活动符合国家政策和法律的规范,维护国家主权和利益。海关监管不是海关监督管理的简称,海关监督管理是海关全部行政执法活动。

海关监管的类型与方式有哪些? 根据监管对象的不同,海关监管分为运输工具监管、货物监管和物品监管三大体系,每个体系都有规范的管理程序与管理方法。海关监管除了通过备案、审单、查验、放行、后续管理等形式对进出境运输工具、进出口货物、进出境物品实施监管外,还要执行与监督执行国家对外贸易管制政策和措施,如实施进出口许可管理制度、对外贸易经营者管理制度、出入境检验检疫制度、进出口收付汇管理制度和对外贸易救济措施等。

(2)征税。征收关税和其他税费是海关的另一项重要任务。

海关征税的法律依据是《海关法》、《进出口关税条例》以及其他有关法律、行政法规。《海关法》明确将征收关税的权力授予海关,由海关代表国家行使征收关税的职能,因此,未经法律授权,其他任何单位和个人不得行使征收关税的权力。

海关征收哪些税费? 按照《海关法》和进出口税则,海关征税包括:征收进口关税、出口关税;代国家税务总局征收货物进口环节的增值税、消费税,代交通部征收的船舶吨税;征收其他税费,包括滞报金、滞纳金等。

海关征税的作用是什么? 关税是国家财政收入的重要来源,是国家宏观经济调控的重要工具,是世界贸易组织允许各缔约方保护和发展本国经济的一种手段。海关通过执行国家制定的关税政策,对进出境物品、运输工具和进出口货物征收关税,起到保护国内工农业生产、调整产业结构、组织财政收入和调节进出口贸易活动的作用。

(3)缉私。查缉走私是完成海关监管和征税任务而采取的保障措施。

什么叫查缉走私? 查缉走私是指海关依照法律赋予的权力,在海关监管区和海关附近沿海沿边规定地区,为发现、制止、打击、综合治理走私活动而进行的一种调查和惩处活动。海关查缉走私的目标是制止和打击一切非法进出口货物、物品的行为,维护国家的主权和利益,保障社会主义现代化建设的顺利进行。

什么叫走私行为? 所谓走私是指进出境活动的当事人或相关人违反《海关法》及有关法律、行政法规,逃避海关监管,偷逃应纳税款,逃避国家有关进出境的禁止性或者限制性管理,非法运输、携带、邮寄国家禁止、限制进出口或者依法应当缴纳税款的货物、物品进出境,或者未经海关许可并且未缴应纳税款、交验有关许可证件,擅自将保税货物、特定减免税货物以及其他海关监管货物、物品、进境的境外运输工具在境内销售的行为。

《海关法》规定:"国家实行联合缉私、统一处理、综合治理的缉私体制。海关负责组织、协调、管理查缉走私工作。"海关是打击走私的主管机关。我国组建了专门打击走私犯罪的海关缉私警察队伍,负责对走私犯罪案件的侦查、拘留、执行逮捕和预审工作。公安、工商、税务、烟草专卖等部门也有查缉走私权利,但这些部门查获的走私案件,必须按照法律规定,统一处理。各有关行政部门查获的走私案件,应当给予行政处罚的,移送海关依法处理;涉嫌犯罪的,应当移送海关侦查走私犯罪公安机构或地方公安机关,依据案件管辖分工和法定程序办理。

(4)统计。海关统计是《海关法》赋予海关的重要任务之一,是国民经济统计的重要组成部分。

中华人民共和国国务院令第 454 号公告显示：海关统计是以实际进出口货物作为统计和分析的对象，通过搜集、整理、加工处理进出口货物报关单或经海关核准的其他申报单证，对进出口货物的不同指标分别进行统计和统计分析，全面准确地反映对外贸易的运行态势，及时提供统计信息，实施有效的统计监督，开展国际贸易统计的交流与合作，为国家制定对外经济贸易政策和进行宏观经济调控提供重要的依据。

我国海关的统计制度规定，实际进出境并引起境内物质存量增加或者减少的货物，列入海关统计；进出境物品超过自用合理数量的，列入海关统计表。对部分不列入海关统计的货物和物品，则根据我国对外贸易管理和海关管理的需要，实施单项统计。

这项新的条例自 2006 年 3 月 1 日起开始执行。

6.1.2 海关的法律体系

我国海关的法律体系采取了国家最高权力机关、国务院和海关总署三级立法体制，在结构上形成了以国家最高权力机关制定的《海关法》为母法，以国务院制定的行政法规和海关总署制定的部门规章为补充的三级海关法律体系。

1.《海关法》

《海关法》是我国现行法律体系的一个重要组成部分，是管理海关事务的基本法律规范。《海关法》于 1987 年 1 月 22 日，由第六届全国人民代表大会常务委员会第十九次会议通过，同年 7 月 1 日起实施；2000 年 7 月 8 日第九届全国人民代表大会常务委员会第十六次会议审议通过《关于修改〈中华人民共和国海关法〉的决定》，对《海关法》进行了较大的修改。修正后的《海关法》自 2001 年 1 月 1 日起实施。

2. 行政法规

行政法规是国务院根据《中华人民共和国宪法》和其他法律制定和颁布的规范性文件的总称。目前在海关管理方面主要的行政法规有：

(1)《中华人民共和国进出口关税条例》，简称《进出口关税条例》。

(2)《中华人民共和国海关稽查条例》，简称《稽查条例》。

(3)《中华人民共和国知识产权海关保护条例》，简称《知识产权海关保护条例》。

(4)《中华人民共和国海关统计条例》，简称《统计条例》。

(5)《中华人民共和国海关行政处罚条例》，简称《海关行政处罚条例》。

(6)《中华人民共和国海关统计条例》，简称《统计条例》。

(7)《中华人民共和国进出口货物原产地条例》，简称《货物原产地条例》。

3. 海关规章及其他规范性文件

(1) 海关规章主要是指由海关总署单独制定，或会同有关部委共同制定的规范性文件，是海关日常工作中引用数量最多、内容最广、操作性最强的法律依据，其效力低于法律和行政法规。海关行政规章以海关总署令的形式对外公布。例如，2009 年 1 月 8 日海关总署公布的《中华人民共和国海关进出口货物优惠原产地管理规定》，该规定适用于海关对优惠贸易协定项下进出口货物原产地管理，自 2009 年 3 月 1 日起施行。

(2) 其他规范性文件是指海关总署及各直属海关按照规定程序制定的涉及行政管理相对人权利、义务，具有普遍约束力的文件。海关总署制定的规范性文件要求行政管理相对人遵守或执行的，应当以海关总署公告形式对外发布，但不得设定对行政管理相对人的行政处罚。直属海关在限定范围内制定的关于本关区某一方面行政管理关系的涉及行政管理相对人权利义务的规范,应当以直属海关公告形式对外发布。例如,海关总署公布的"关于深入推进通关作业无纸化改革工作有关事项的公告",自2014年4月1日起,海关总署对通关作业无纸化的试点范围将扩大至全国海关的全部通关业务现场。

背景知识

"海关"一词的由来

中国海关历史悠久,早在西周和春秋战国时期,古籍中已有关于"关和关市之征"的记载。秦汉时期进入统一的封建社会,对外贸易发展,西汉元鼎六年(公元前111年)在合浦等地设关。宋、元、明时期,先后在广州、泉州等地设立市舶司。清政府宣布开放海禁后,于康熙二十三至二十四年(1684—1685),首次以"海关"命名,先后设置粤(广州)、闽(福州)、浙(宁波)、江(上海)四海关。1840年鸦片战争后,中国逐渐丧失关税自主权、海关行政管理权和税款收支保管权,海关变成半殖民地性质的海关,长期被英、美、法、日等帝国主义国家控制把持,成为西方列强掠夺中国人的一个重要工具。直至1949年中华人民共和国建立以后,人民政府接管海关,宣告受帝国主义控制的半殖民地海关历史结束,标志着社会主义性质海关的诞生。中华人民共和国政府对原海关机构和业务进行彻底变革,经历曲折的发展过程,逐步完善海关建制。

6.1.3 海关的权力

海关权力是指国家为保证海关依法履行职责,通过《海关法》和其他法律、行政法规赋予海关的对进出境运输工具、货物、物品的监督管理权能。海关权力属于公共行政职权,其行使受一定范围和条件的限制,并应当接受执法监督。海关执法监督主要指中国共产党的监督、国家最高权力机关的监督、国家最高行政机关的监督、监察机关的监督、审计机关的监督、司法机关的监督、管理相对人的监督、社会监督以及海关上下级机构之间的相互监督、机关内部不同部门之间的相互监督、工作人员之间的相互监督等。

1. 海关权力的特点

(1)特定性:行使主体特定——海关,适用范围特定——进出关境监督管理领域,不适用其他场合。

(2)独立性:依法独立行使职权,仅向海关总署负责,不受地方政府左右。这以组织独立为前提。

(3)效力先定性:海关行政行为一经作出,就应推定其合法而必须遵照执行。

(4)优益性:行政受益权——享受国家提供的各种物质优益条件。

2. 海关权力的内容

根据《海关法》及有关法律、行政法规的规定,海关在行政执法中,可以行使下列权力:

(1)检查权。海关有权检查进出境运输工具;检查有走私嫌疑的运输工具和有藏匿走私货物、物品的场所;检查走私嫌疑人的身体。

海关对进出境运输工具的检查不受海关监管区域的限制；对走私嫌疑人身体的检查，应在海关监管区和海关附近沿海沿边规定地区内进行，并应得到海关关长的批准；对于有走私嫌疑的运输工具和有藏匿走私货物、物品嫌疑的场所，在海关监管区和海关附近沿海沿边规定地区内，海关人员可直接进行检查，超过这个范围，在调查走私案件时，应经海关关长批准，才能进行检查，但不能检查公民住宅。

表 6-1 海关检查内容及检查范围的限制

检查对象	区域	权力的行使
进出境运输工具	两区①内	直接行使
	两区外	直接行使
有走私嫌疑的运输工具	两区内	直接行使
	两区外	一事一授权
有藏匿走私货物、物品的场所	两区内	直接行使
	两区外	一事一授权②（不能检查公民住处）
走私嫌疑人	两区内	直接行使
	两区外	不能行使

(2) 查阅、复制权。包括查阅进出境人员的证件，查阅、复制与进出境运输工具、货物、物品有关的合同、发票、账册、单据、记录、文件、业务函电、录音录像制品和其他有关资料。

(3) 查问权。海关有权对违反《海关法》或者其他有关法律、行政法规的嫌疑人进行查问，调查其违法行为。

(4) 查询权。海关在调查走私案件时，经直属海关关长或者其授权的隶属海关关长批准，可以查询案件涉嫌单位和涉嫌人员在金融机构、邮政企业的存款、汇款。

(5) 查验权。海关有权查验进出境货物、物品，不受海关监管区域限制。海关查验货物认为必要时，可以径行提取货样。

(6) 稽查权。海关在法律规定的年限内，对企业进出境活动及与进出口货物有关的账务、记账凭证、单证资料等有权进行稽查。

(7) 行政强制权。海关行政强制，包括行政强制措施和行政强制执行。

①海关行政强制措施。

其一，限制公民人身自由。对违反《海关法》或者其他有关法律、行政法规的进出境运输工具、货物和物品以及与之有关的合同、发票、账册、单据、记录、文件、业务函电、录音录像制品和其他资料，可以扣留。

在海关监管区和海关附近沿海沿边规定地区，对有走私嫌疑的运输工具、货物、物品和走私犯罪嫌疑人，经直属海关关长或者其授权的隶属海关关长批准，可以扣留；对走私犯罪嫌疑人，扣留时间不得超过 24 小时，在特殊情况下，可以延长至 48 小时。

海关对查获的走私犯罪嫌疑案件，应扣留走私犯罪嫌疑人，移送海关侦查走私犯罪公安机构。

---

① 两区：海关监管区和附近沿海沿边地区。

② 一事一授权：是相对于一般性授权而言的，指的是必须经过直属海关或者其授权的隶属海关关长的批准才能行使的权力。

其二,扣留财物。对违反海关法的进出境运输工具、货物、物品及与之有牵连的合同、发票、账册、单据、记录、文件、业务函电、录音录像制品和其他数据,可以扣留。

在海关监管区和海关附近沿海沿边地区,对有走私嫌疑的运输工具、货物、物品,经直属海关关长或其授权的隶属海关关长批准,可以扣留。

在海关监管区和海关附近沿海沿边地区以外,对有证据证明有走私嫌疑的运输工具、货物、物品,可以扣留。

有违法嫌疑的货物、物品、运输工具无法或者不便扣留,当事人或者运输工具负责人未提供等值担保的,海关可以扣留当事人等值的其他财产。

海关不能以暂停支付方式实施税收保全措施时,可以扣留纳税义务人其价值相当于应纳税款的货物或者其他财产。

进出口货物的纳税义务人、担保人自规定的纳税期限届满之日起超过3个月未缴纳税款的,经直属海关关长或其授权的隶属海关关长的批准,海关可以扣留其价值相当于应纳税款的货物或者其他财产。

对涉嫌侵犯知识产权的货物,海关可以依申请扣留。

其三,冻结存款、汇款。进出口货物的纳税义务人在规定的纳税期限内有明显的转移、藏匿其应税货物及其他财产迹象,不能提供纳税担保的,经直属海关关长或其授权的隶属海关关长的批准,海关可以通知纳税义务人开户银行或其他金融机构暂停支付纳税义务人相当于应纳税款的存款。

其四,封存货物或者账簿、单证。海关进行稽查时,发现被稽查人的进出口货物有违反《海关法》和其他法律、行政法规嫌疑的,经直属海关关长或其授权的隶属海关关长的批准,可以封存有关进出口货物。

海关进行稽查时,发现被稽查人可能篡改、转移、藏匿、毁弃账簿和单证等数据的,经直属海关关长或其授权的隶属海关关长的批准,在不妨碍被稽查人正常的生产经营活动的前提下,可以暂时封存其账簿、单证等有关资料。

其五,其他强制措施。进出境运输工具违抗海关监管逃逸的,海关可以连续追至海关监管区和海关附近沿海沿边地区以外,将其带回。

②海关行政强制执行。

其一,加收滞纳金。进出口货物的纳税义务人逾期缴纳税款的,由海关征收滞纳金。

进出口货物和海关监管货物因纳税义务人违反规定造成少征或者漏征税款的,海关可予追征并加征滞纳金。

其二,扣缴税款。进出口货物的纳税义务人、担保人自规定的纳税期限届满之日起超过3个月未缴纳税款的,经直属海关关长或者其授权的隶属海关关长的批准,海关可以书面通知其开户银行或者其他金融机构暂停支付纳税人相当于应纳税款等值的存款。

其三,抵缴、变价抵缴。当事人逾期不履行海关的处罚决定又不申请复议或者提起诉讼的,海关可以将其保证金抵缴或者将其被扣留的货物、物品、运输工具依法变价抵缴。

进出口货物的纳税义务人、担保人自规定的纳税期限届满之日起超过3个月未缴纳税款的,经直属海关关长或者其授权的隶属海关关长的批准,海关可以依法变卖应税货物,或者依法变卖其价值相当于应纳税款的货物或者其他财产,以变卖所得抵缴税款。

进口货物的收货人自运输工具申报进境之日起超过3个月未向海关申报的,其进口货物由海关提取依法变卖处理。

确属误卸或者溢卸的进境货物,原运输工具负责人或者货物的收发货人逾期未办理退运或者进口手续的,由海关提取依法变卖处理。

【技能自测】

(1)海关的权力有哪些必须"授权"("授权"是指经直属海关关长或其授权的隶属海关关长的批准后才能行使。)

解析:见表6-1的总结

(2)在海关权力行使是否要授权问题上,检查权行使与扣留权行使在区域上有何区别?

解析:

①在对走私嫌疑人上:(检查权)两区内,可以直接行使;两区外,不能行使。(扣留权)两区内要授权,两区外有证据证明的可直接扣留。

②在对有走私嫌疑的运输工具等上:(检查权)两区内,直接行使;两区外,要授权。(扣留权)两区内要授权,两区外有证据证明的可直接扣留。

3. 海关权力行使的原则

海关权力作为国家行政权的一部分,一方面,海关权力运行起到了维护国家利益,维护经济秩序,实现国家权能的积极作用;另一方面,由于客观上海关权力的广泛性、自由裁量权较大等因素,以及海关执法者主观方面的原因,海关权力在行使时任何的随意性或者滥用都必然导致管理相对人的合法权益受到侵害,从而对行政法治构成威胁。因此,海关权力的行使必须遵循一定的原则。一般来说,海关权力行使应遵循的基本原则如下:

(1)合法原则。权力的行使要合法,这是行政法的基本原则——依法行政原则的基本要求。按照行政法理论,行政权力行使的合法性至少包括:

①行使行政权力的主体资格合法,即行使权力的主体必须有法律授权。例如,涉税走私犯罪案件的侦查权,只有缉私警察才能行使,海关其他人员则无此项权力。又如,《海关法》规定海关行使某些权力时应"经直属海关关长或者其授权的隶属海关关长批准",如未经批准,海关人员不能擅自行使这些权力。

②行使权力必须有法律规范为依据。《海关法》第二条规定了海关的执法依据是《海关法》、其他有关法律和行政法规。无法律规范授权的执法行为,属于越权行为,应属无效。

③行使权力的方法、手段、步骤、时限等程序应合法。

④一切行政违法主体(包括海关及管理相对人)都应承担相应的法律责任。

(2)适当原则。行政权力的适当原则是指权力的行使应该以公平性、合理性为基础,以正义性为目标。因国家管理的需要,海关在验、放、征、减、免、罚的管理活动中拥有很大的自由裁量权,即法律仅规定一定原则和幅度,海关关员可以根据具体情况和自己的意志,自行判断和选择,采取最合适的行为方式及其内容来行使职权。因此,适当原则是海关行使行政权力的重要原则之一。为了防止自由裁量权的滥用,目前我国对海关自由裁量权进行监督的法律途径主要有行政监督(行政复议)和司法监督(行政诉讼)程序。

(3)依法独立行使原则。海关实行高度集中统一的管理体制和垂直领导方式,地方海关只对海关总署负责。海关无论级别高低,都是代表国家行使管理权的国家机关,海关依法独立行使权力,各地方、各部门应当支持海关依法行使职权,不得非法干预海关的执法活动。

(4)依法受到保障原则。海关权力是国家权力的一种,应受到保障,才能实现国家权能的作用。《海关法》规定:海关依法执行职务,有关单位和个人应当如实回答询问,并予以配合,任何单位和个人不得阻挠;海关执行职务受到暴力抗拒时,执行有关任务的公安机关和人民武装警察部队应当予以协助。

6.1.4 海关的管理体制与组织机构

1. 我国海关的管理体制

海关作为国家的进出境监督管理机关,为了履行进出境监督管理职能,必须建立完善的管理体制。新中国成立以来,海关的管理体制几经变更。在很长时间内,海关总署归属于对外贸易部管辖。1980 年 2 月,根据改革开放形势需要,国务院作出了《国务院改革海关管理体制的决定》,从此海关恢复了集中统一的垂直领导体制。1987 年 1 月,第六届全国人民代表大会常务委员会第十九次会议通过的《海关法》明确规定:"国务院设立海关总署,统一管理全国海关","海关依法独立行使职权,向海关总署负责","海关的隶属关系不受行政区划的限制",从而进一步明确了海关总署作为国务院直属部门的地位,明确了海关机构的隶属关系,以法律形式确立了我国海关集中统一的垂直领导体制。

2. 我国海关的设关原则

《海关法》以法律形式明确了海关的设关原则:"国家在对外开放的口岸和海关监管业务集中的地点设立海关。海关的隶属关系不受行政区划的限制。"

"对外开放的口岸"是指由国务院批准,允许运输工具及所载人员、货物、物品直接进出入国(关)境的港口、机场、车站以及允许运输工具、人员、货物、物品进入国(关)境的边境通道。国家规定,在对外开放的口岸必须设立海关,设立出入境检验检疫机构。

"海关监管业务集中的地点"是指虽非国务院批准对外开放的口岸,但是在某类或者某几类监管业务比较集中的地方,如转关运输监管、保税加工监管等。在海关监管业务集中地点设立海关的原则,为海关管理从口岸向内地、从而向全境的转化奠定了基础,同时也为海关业务制度的发展预留了空间。

据此,我国在下列地方设立海关机构:

(1)对外开放口岸和进出口业务集中的地点。
(2)边境火车站、汽车站及主要国际联运火车站。
(3)边境地区陆路和江河上准许货物、人员进出的地点。
(4)国际航空港。
(5)国际邮件交换局(交换站)。
(6)其他需要设立海关的地点。

海关机构的设立、撤销,由国务院或者国务院授权海关总署决定。目前,国家批准的海、陆、空一类口岸共有 253 个,此外还有省级人民政府原来批准的二类口岸近 200 个。

"海关的隶属关系不受行政区划的限制",表明了海关管理体制与一般性的行政管理体制的区域划分没有必然联系,如果海关监管需要,国家可以在现有的行政区划之外考虑和安排海关的上下级关系和海关的相互关系。

3. 我国海关的组织机构

海关机构的设置为海关总署、直属海关和隶属海关三级。隶属海关由直属海关领导,向直属海关负责;直属海关由海关总署领导,向海关总署负责。

(1)海关总署。海关总署是国务院的直属机构,正部级,在国务院领导下统一管理全国海关机构、人员编制、经费物资和各项海关业务,是海关系统的最高领导部门。海关总署下设广东分署,在上海和天津设立特派员办事处,作为其派出机构。

海关总署的基本任务是在国务院领导下,领导和组织全国海关正确贯彻实施《海关法》和国家的有关政策、行政法规,积极发挥依法行政、为国把关的职能,服务、促进和保护社会主义现代化建设。

(2)直属海关。直属海关直接由海关总署领导,负责管理一定区域范围内海关业务。目前直属海关共有 41 个,除香港、澳门、台湾地区外,分布全国 31 个省、自治区、直辖市。直属海关就本关区的海关事务独立行使职权,向海关总署负责。直属海关承担着在关区内组织开展海关各项业务和关区集中审单作业、全面有效地贯彻执行海关各项政策、法律、法规、管理制度和作业规范的重要职责,在海关三级业务职能管理中发挥着承上启下的作用。

图 6-1　全国直属海关单位分布图

(3)隶属海关。隶属海关是指由直属海关领导,负责办理具体海关业务,是海关进出境监督管理职能的基本执行单位,一般都设在口岸和海关业务集中的地点。

(4)海关缉私警察机构。为了严厉打击走私违法活动,中共中央、国务院决定成立国家缉私警察队伍,1999 年 1 月 5 日,在正式成立海关总署走私犯罪侦查局的同时,正式组建了专司打击走私犯罪的执法队伍——海关缉私警察队伍,实行了"联合缉私,统一处理,综合治理"的反走私斗争新体制。缉私警察由海关总署和公安部双重领导,以海关领导为主。走私犯罪侦查局在广东分署和全国各直属海关设立走私犯罪侦查分局,在部分隶属海关设立走私犯罪侦查支局。各级走私犯罪侦查机关负责其所在海关业务管辖区域内的走私犯罪案件的侦查工作。

资料卡

中国电子口岸IC卡"口岸备案"各直属海关关区代码表

北京关区——0100	天津关区——0200
石家庄关区——0400	太原关区——0500
满洲里关区——0600	呼和浩特关区——0700
沈阳关区——0800	大连关区——0900
长春关区——1500	哈尔滨关区——1900
上海海关——2200	南京海关——2300
杭州关区——2900	宁波海关——3100
合肥海关——3300	福州海关——3500
厦门关区——3700	南昌关区——4000
青岛海关——4200	郑州关区——4600
武汉海关——4700	长沙关区——4900
广州海关——5100	黄埔关区——5200
深圳海关——5300	拱北关区——5700
汕头海关——6000	海口关区——6400
湛江关区——6700	江门关区——6800
南宁海关——7200	成都关区——7900
重庆关区——8000	贵阳海关——8300
昆明关区——8600	拉萨海关——8800
西安关区——9000	乌鲁木齐关区——9400
兰州关区——9500	银川海关——9600
西宁关区——9700	

4. 海关的关徽、关衔制度

(1)关徽。关徽是中华人民共和国海关的专用标志。中华人民共和国海关关徽由金黄色钥匙与商神手杖交叉组成(见图6-2)。其中两蛇相缠的商神杖是商神——古希腊神话中赫尔墨斯的手持之物。赫尔墨斯是诸神中的传信使者,兼商业、贸易、利润和发财之神,及管理商旅、畜牧、交通之神。传说赫尔墨斯拿着这支金手杖做买卖很发财。人们便称赫尔墨斯为商神,金手杖也便成了商神杖了,被世人视为商业及国际贸易的象征。

图6-2 关徽

金钥匙寓意国门钥匙,具有海关掌管国家经济大门的含义,象征海关为祖国把关。来源:1950年"五一国际劳动节",前国家主席刘少奇在天安门城楼检阅劳动大军时发表的讲话:"帝国主义已经从中国赶走,帝国主义在中国的许多特权已经被取消。新中国的海关政策与对外贸易政策已经成为保护新中国工业发展的重要工具。这就是说,我们已把中国大门的钥匙放在自己的袋子里,而不是如过去一样放在帝国主义及其走狗的袋子里。从今以后,中国工业就不致受到帝国主义的廉价商品的竞争,中国的原料将首先供给自己工业的需要。这就扫除了一百年来使中国工业不能发展的一个最大的障碍。"

中国海关关徽寓意着中国海关依法实施进出境监督管理,维护国家的主权和利益,促进对外经济贸易发展和科技文化交往,保障社会主义现代化建设。钥匙上的三个齿,分别代表海关的监管、征税、查私三大任务。(1987年7月1日起实施的《中华人民共和国海关法》确定,海关任务改为监管、征税、查私、统计四项。)

(2)关衔制度。2003年2月28日,第九届全国人民代表大会常务委员会第三十二次会议通过《中华人民共和国海关关衔条例》。

2003年9月12日国务院举行授予海关关衔仪式,中华人民共和国海关正式实行关衔制。时任中华人民共和国海关总署署长牟新生被授予最高关衔——"海关总监"关衔。海关关衔制的全面实施,是推进海关干部队伍的正规化、规范化建设的重大措施,成为现代海关制度建设的重要里程碑。

海关关衔设五等十三级:一等:海关总监、海关副总监;二等:一级关务监督、二级关务监督、三级关务监督;三等:一级关务督察、二级关务督察、三级关务督察;四等:一级关务督办、二级关务督办、三级关务督办;五等:一级关务员、二级关务员。

6.1.5 报关概述

1. 报关的含义与范围

(1)报关的含义。《海关法》规定:"进出境运输工具、货物、物品,必须通过设立海关的地点进境或者出境。"由设立海关的地点进出境并办理规定的海关手续是运输工具、货物、物品进出境的基本原则,也是进出境运输工具负责人、进出口货物收发货人、进出境物品的所有人应履行的一项基本义务。因此,报关是与运输工具、货物、物品的进出境密切相关的一个概念。

报关是指进出口货物收发货人、进出境运输工具负责人、进出境物品所有人或者他们的代理人向海关办理货物、运输工具、物品进出境手续及相关海关事务的过程。

资料卡

报检、报关与通关的区别

报检是指向出入境检验检疫机构申请办理进出口货物的检验检疫业务的行为。报检单位一般是专门的报检公司或者货代。

报关是指进出口货物收发货人、进出境运输工具负责人、进出境物品所有人或者他们的代理人向海关办理货物、物品或运输工具进出境手续及相关海关事务的过程,包括向海关申报、交验单据证件,并接受海关的监管和检查等。报关是履行海关进出境手续的必要环节之一。

通关即结关、清关,是指进口货物、出口货物和转运货物进入一国海关关境或国境必须向海关申报,办理海关规定的各项手续,履行各项法规规定的义务;只有在履行各项义务,办理海关申报、查验、征税、放行等手续后,货物才能放行,放行完毕叫"通关"。货主或申报人才能提货。同样,载运进出口货物的各种运输工具进出境或转运,也均须向海关申报,办理海关手续,得到海关的许可。货物在结关期间,不论是进口、出口或转运,都是处在海关监管之下,不准自由流通。

用一句话来概括,报关是向海关申报,报检是就商品质量向出入境检验检疫局申报,通关是办理货物进出境的手续的总称。

(2) 报关的范围。

①进出境货物:主要包括一般进出口货物、减免税货物、保税货物、暂准进出境货物、过境货物、转运货物、通运货物和其他进出口货物。另外,一些特殊货物,如通过管道、电缆输送的进出境的水、石油、电和无形的货物,如以货物为载体的软件等也属报关的范围。

②进出境运输工具:主要包括用以载运人员、货物、物品进出境,在国际间运营的各种境内或境外的船舶、航空器、车辆和驮畜等。

③进出境物品:主要包括进出境的行李物品、邮递物品和其他物品。行李物品是指以进出境人员携带、托运等方式进出境的物品;邮递物品是指以邮递方式进出境的物品;其他物品主要指享有外交特权和豁免的外国机构或者人员的公务用品或自用物品等。

2. 报关的分类

(1) 自理报关与代理报关。自理报关是指进出口货物收发货人自行办理报关业务。根据《海关法》规定,进出口货物收发货人必须依法向海关注册登记后方能自行办理报关业务。

代理报关是指报关企业接受进出口货物收发货人的委托,代理进出口货物收发货人办理报关业务的行为。我国海关法律把有权接受他人委托办理报关业务的企业称为报关企业。报关企业从事代理报关业务必须依法取得报关企业注册登记许可,并向海关注册登记后方能从事代理报关业务。

在实际业务中,根据代理报关法律行为责任的承担者不同,代理报关又分为直接代理报关和间接代理报关。

直接代理报关是指报关企业接受委托人的委托,以委托人的名义办理报关业务的行为。在直接代理中,代理人代理行为的法律后果直接作用于委托人,即进出口货物收发货人对进出口货物的合法进出口承担完全的法律责任,报关企业承担对报关行为合理、审慎的义务,即报关企业对在报关当中出现的按照报关企业的情况应该可以预防或制止的差错负相应的法律责任。

间接代理报关是指报关企业接受委托人的委托,以报关企业自身的名义向海关办理报关业务的行为。在间接代理中,报关企业应当承担进出口货物收发货人自己报关时所应当承担的相同的法律责任。

目前,我国报关企业大都采取直接代理形式代理报关,间接代理报关只适用于经营快件业务的国际货物运输代理企业。

(2) 有纸报关与无纸报关。纸质报关属于传统的一种申报方式,是指报关人按照海关的规定以书面形式向海关申报,它的特点是需要在放行前交单。

无纸报关是利用中国电子口岸及现代海关业务系信息化系统功能,改变海关验核进出口企业递交书面报关单及随附单证办理通关手续的做法,直接对企业联网申报的进出口货物报关单电子数据进行无纸审核、验放处理的通关模式。它的特点是通关速度快且成本低,可事后交单。

背景知识

海关总署发布公告扩大通关作业无纸化试点范围

为进一步提高通关效率,提升监管效能,海关总署决定自5月1日起,在前期试点的基础上在全国海关深化通关作业无纸化改革试点工作,扩大试点范围。

根据海关总署2013年第19号公告,试点企业范围将扩大至海关管理类别为B类及以上企业;北京、天津、上海、南京、杭州、宁波、福州、青岛、广州、深圳、拱北、黄埔等首批12个海关将试点范围扩大到关区全部业务现场和所有试点业务;其余30个海关各选取1至2个业务现场和部分业务开展通关作业无纸化改革试点;2013年内,将"属地申报,口岸验放"通关模式下的报关单纳入通关作业无纸化改革试点范围。

根据公告,试点企业经报关所在地直属海关审核同意,在与报关所在地直属海关、第三方认证机构(中国电子口岸数据中心)签订电子数据应用协议后,可在该海关范围内适用"通关作业无纸化"通关方式。

2012年8月1日海关通关作业无纸化改革试点正式启动。通关作业无纸化是指海关以企业分类管理和风险分析为基础,按照风险等级对进出口货物实施分类,运用信息化技术改变海关验核进出口企业递交纸质报关单及随附单证办理通关手续的做法,直接对企业通过中国电子口岸录入申报的报关单及随附单证的电子数据进行无纸审核、验放处理的通关作业方式。

(3)口岸报关与属地报关。口岸报关是指进出境货物由报关人在货物的进出境地海关办理相关海关手续。

属地报关是指进出境货物在企业申请注册的海关管辖关区申报,由属地海关办理接单审核、征收税费等通关手续,口岸海关对货物进行实货验放的一种新型通关方式。通俗地讲,内陆海关成为口岸海关的通关现场,所有手续在内陆海关完成后,可以直接在口岸提货或者装船,货物运抵口岸海关闸口后,计算机系统对申报信息与物流信息实施自动对比验放,从而使企业在内陆海关报关和在口岸海关报关完全一致,真正做到了一次申报、一次查验、一次放行。

(4)逐票报关与集中报关。逐票报关是指以每票货物为单位向海关进行申报,而集中报关主要针对的是对同一口岸多批次进出口的货物,在经过海关的备案后,可以先行以清单方式申报办理验放手续,再以报关单形式集中办理其他海关手续的一种通关方式。

3. 报关的基本内容

(1)进出境运输工具报关的基本内容。根据我国《海关法》的有关规定,所有进出我国关境的运输工具必须经由设有海关的港口、机场、车站、国界孔道、国际邮件互换局及其他可办理海关业务的场所申报进出境。进出境运输工具负责人或其代理人在运输工具进入或驶离我国关境时均应如实向海关申报运输工具所载旅客人数、进出口货物数量、装卸时间等基本情况。

根据海关监管要求的不同,不同种类的运输工具报关时所需递交的单证及所要申明的具体内容也不相同。总的来说,运输工具进出境报关时须向海关申明的主要内容有:运输工具进出境时间、航次;运输工具进出境时所载运货物情况;运输工具服务人员名单及其自用物品、货币、金银等情况;运输工具所载旅客情况;运输工具所载邮递物品、行李物品的情况;其他需要向海关申报清楚的情况。

除此之外,运输工具报关时还需提交运输工具从事国际合法性运输必备的相关证明文件,如船舶国籍证书、吨税证书、海关监管簿、签证簿等,必要时还需出具保证书或缴纳保证金。

进出境运输工具报关,一个重要的事项是运输工具舱单的申报。

进出境运输工具舱单(以下简称舱单)是指反映进出境运输工具所载货物、物品及旅客信息的载体,包括:

①原始舱单,是指舱单传输人向海关传输的反映进境运输工具装载货物、物品或者乘载旅客信息的舱单。

②预配舱单,是指反映出境运输工具预计装载货物、物品或者乘载旅客信息的舱单。

③装(乘)载舱单,是指反映出境运输工具实际配载货物、物品或者载有旅客信息的舱单。

进境运输工具载有货物、物品的,舱单传输人应当在规定时限内向海关传输原始舱单主要数据,舱单传输人应当在进境货物、物品运抵目的港以前向海关传输原始舱单其他数据。海关接受原始舱单主要数据传输后,收货人、受委托的报关企业方可向海关办理货物、物品的申报手续。

出境运输工具预计载有货物、物品的,舱单传输人应当在办理货物、物品申报手续以前向海关传输预配舱单主要数据;以集装箱运输的货物、物品,出口货物发货人应当在货物、物品装箱以前向海关传输装箱清单电子数据。海关接受预配舱单主要数据传输后,舱单传输人应当在规定时限内向海关传输其他数据。出境货物、物品运抵海关监管场所时,海关监管场所经营人以电子数据方式向海关提交运抵报告后,海关即可办理货物、物品的查验、放行手续。舱单传输人应当在运输工具开始装载货物、物品前向海关传输装载舱单电子数据。运输工具负责人应当在货物、物品装载完毕或者旅客全部登机(船、车)后向海关提交结关申请,经海关办结手续后,出境运输工具方可离境。

进出境航空器、铁路列车以及公路车辆办理进出境手续时,也应按海关规定传输舱单数据。

(2)进出境物品报关的基本内容。进出境物品不同于进出口货物,其一由于物品的非贸易性质,其二进出境物品一般限于自用合理数量。《海关法》规定,个人携带进出境的行李物品、邮递物品,应当以自用合理数量为限。自用合理数量原则是海关对进出境物品监管的基本原则,也是进出境物品报关的基本要求。

所谓自用合理数量,对于行李物品而言,"自用"是指进出境旅客本人自用、馈赠亲友而非为出售或出租,"合理数量"是指海关根据进出境旅客旅行目的地和居留时间所规定的正常数量;对于邮递物品,则指的是海关对进出境邮递物品规定的征、免税限制。

(1) 进出境行李物品的报关

对于进出境旅客行李物品的报关,我国与世界大多数国家的海关法律规定一样,都规定旅客进出境采用"红绿通道"制度(如表6-2所示)。

表6-2 绿色通道与红色通道的区别表

绿色通道（又称"无申报通道"）	适用于携运物品在数量上和价值上均不超过免税限额,且无国家限制或禁止进出境物品的旅客
红色通道（又称"申报通道"）	适用于携运有上述"绿色通道"适用物品以外的其他物品的旅客
	选择红色通道的旅客,必须填写"中华人民共和国海关进(出)境旅客行李物品申报单"或海关规定的其他申报单证,在进出境地向海关做出书面申报

(2) 进出境邮递物品的报关。我国是《万国邮政公约》的签约国,根据《万国邮政公约》规定,进出口邮包必须由寄件人填写"报税单",小包邮件填写绿色标签,列名所寄物品的名称、价值、数量,向邮包寄达国家的海关申报。进出境邮递物品的"报税单"和"绿色标签"随同物品通过邮政企业或快递公司呈递给海关。

(3) 进出境货物报关的基本内容。《海关法》规定:进出口货物收发货人或其代理人在货物实际进出境时,须持报关单及随附单证,向海关办理申报手续;此外还应配合海关对货物进行查验;在按规定缴纳了进出口税费且经海关放行后,报关单位可安排装卸货物。

进出境货物的报关业务应由依法取得报关从业资格并在海关注册的报关员办理。海关对不同性质的进出境货物规定了不同的报关程序和要求。一般来说,进出境货物报关时,报关单位及报关人员要做好以下几个方面工作:

①准备报关单证,在海关规定的报关地点和报关时限内,以电子数据和书面方式向海关申报。报关时应交验的单证有:

《进出口货物报关单》或其他报关单证,这是报关单位向海关申报货物情况的法律文书,申报人必须如实填写,并对其所填制内容的真实性和合法性负责,承担相应的法律责任和经济责任。

与进出口货物直接相关的商业票据和运输单证,如发票、装箱单、提单等。

属于国家限制性的进出口货物,应准备国家有关法律、法规规定实行特殊管制的证件,如进出口货物许可证等。

还要准备好海关可能查阅或收取的资料、证件,如贸易合同、原产地证明等。

②海关审核,陪同查验。经海关对报关电子数据或书面报关单证进行审核后,在海关认为必要的情况下,报关人员要配合海关进行货物的查验。

③缴纳税费。属于应纳税、应缴费范围的进出口货物,报关单位应在海关规定的期限内缴纳进出口税费。

④海关放行,提取或装运货物。货物经海关放行后,报关单位凭签盖海关"放行章"的运输单据,安排提取或装运货物,也可以向海关申领收付汇核销和出口退税等相关海关证明。

对于保税货物、减免税货物、暂时进出口货物,在进出境前还需办理备案申请手续,在进出境后,还需在规定时间,以规定方式,向海关办理核销结案手续。

6.2 报关单位

6.2.1 报关单位的概念及类型

1. 报关单位的概念

报关单位是指依法在海关注册登记的进出口货物收发货人和报关企业。

《海关法》规定:"进出口货物收发货人、报关企业办理报关手续,必须依法经海关注册登记,报关人员必须依法取得报关资格。未依法经海关注册登记的企业和未依法取得报关从业资格的人员,不得从事报关业务。"因此,依法向海关注册登记是法人、其他组织或者个人成为报关单位的法定要求。

2. 报关单位的类型

《海关法》按报关单位的性质,将报关单位划分为两种类型:进出口货物收发货人和报关企业。

(1)进出口货物收发货人。进出口货物收发货人是指依法直接进口或者出口货物的中华人民共和国关境内的法人、其他组织或者个人。

一般而言,进出口货物收发货人指的是依法向国务院对外贸易主管部门或者其委托的机构办理备案登记的对外贸易经营者,主要由贸易型企业、生产型企业和仓储型企业等组成。

对于一些未取得对外贸易经营者备案登记表但按照国家有关规定需要从事非贸易性进出口活动的单位,在进出口货物时,海关也视其为进出口货物收发货人。

进出口货物收发货人经向海关注册登记后,只能为本单位进出口货物报关。

(2)报关企业。报关企业是指按照规定经海关准予注册登记,接受进出口货物收发货人的委托,以进出口货物收发货人的名义或者以自己的名义,向海关办理代理报关业务,从事报关服务的境内企业法人。

目前,我国从事报关服务的报关企业主要有两类:

①国际货物运输代理公司,其本身经营国际货物运输代理或国际运输工具代理等业务,兼营进出口货物代理报关业务。

②报关公司(或报关行),其本身不参与进出口货物的对外贸易经营,而主营代理报关业务,只有在进出口货物收发货人委托时,才接受委托向海关办理代理报关业务。

报关单位 { 进出口货物收发货人 { 无进出口经营权,非贸易性质,办理临时注册登记手续,视作进出口货物发货人 / 有进出口经营权的,在企业所在地海关备案即可获得报关权 } ; 报关企业(代理报关) { 国际货运代理公司 / 报关行 }

图 6-3 报关单位的类型

6.2.2 报关单位的注册登记

《中华人民共和国海关报关单位注册登记管理规定》已于 2014 年 2 月 13 日经海关总署

署务会议审议通过,现已公布,自公布之日起施行。2005年3月31日以海关总署令第127号发布的《中华人民共和国海关对报关单位注册登记管理规定》同时废止。

中华人民共和国海关是报关单位注册登记管理的主管机关,报关单位办理报关业务应当遵守国家有关法律、行政法规和海关规章的规定,承担相应的法律责任。除法律、行政法规或者海关规章另有规定外,办理报关业务的报关单位,应当按照本规定到海关办理注册登记。

报关单位应当在每年的6月30日前向注册地海关提交《报关单位注册信息年度报告》。

报关单位对其所属报关人员的报关行为应当承担相应的法律责任。报关单位注册登记分为报关企业注册登记和进出口货物收发货人注册登记。

1. 进出口货物收发货人注册登记

(1)进出口货物收发货人应当按照规定到所在地海关办理注册登记手续。进出口货物收发货人办理注册登记,应当提交下列文件材料,另有规定的除外:

①《报关单位情况登记表》。

②营业执照副本复印件以及组织机构代码证书副本复印件。

③对外贸易经营者登记备案表复印件或者外商投资企业(台港澳侨投资企业)批准证书复印件。

④其他与注册登记有关的文件材料等。

申请人按照本款规定提交复印件的,应当同时向海关交验原件。

注册地海关依法对申请单位的资格条件进行审查。对申请材料齐全、符合法定形式的申请人,由注册地海关核发"中华人民共和国海关报关单位注册登记证书"。进出口货物收发货人凭以办理报关业务。

(2)下列单位未取得对外贸易经营者备案登记表,按照国家有关规定从事非贸易性进出口活动的,应当办理临时注册登记手续:

①境内企业、新闻、经贸机构、文化团体等依法在中国境内设立的常驻代表机构。

②少量货样进出境的单位。

③国家机关、学校、科研院所等组织机构。

④临时接受捐赠、礼品、国际援助的单位。

⑤其他可以从事非贸易性进出口活动的单位。

临时注册登记单位在向海关申报前,应当向所在地海关办理备案手续。特殊情况下可以向拟进出境口岸或者海关监管业务集中地海关办理备案手续。

办理临时注册登记,应当持本单位出具的委派证明或者授权证明以及非贸易性活动证明材料。对于符合条件的,海关可以出具"临时注册登记证明",但是不予核发注册登记证书。对于已经办理报关注册登记的进出口货物收发货人,海关不予办理临时注册登记手续。

2. 报关企业注册登记

作为提供报关服务的企业法人,报关企业只有具备一定的条件,方能办理注册登记手续。

(1)报关企业应当具备的条件:

①具备境内企业法人资格条件。

②法人代表人无走私记录。

③无因走私行为被海关撤销注册登记许可记录。
④有符合从事报关服务所必需的固定经营场所和设施。
⑤海关监管所需要的其他条件等。

(2) 报关企业注册登记许可程序：

① 报关企业注册登记许可申请。申请报关企业注册登记许可的申请人应当到所在地直属海关对外公布受理申请的场所向海关提出申请。

申请报关企业注册登记许可，应当提交下列文件材料：《报关单位情况登记表》；企业法人营业执照副本复印件以及组织机构代码证书副本复印件；报关服务营业场所所有权证明或者使用权证明；其他与申请注册登记许可相关的材料。

申请人按照本款规定提交复印件的，应当同时向海关交验原件。申请人也可委托代理人提出注册登记许可申请，申请人委托代理人代为提出申请的，应当出具授权委托书。

② 海关对申请的处理。申请人不具备报关企业注册登记许可申请资格的，应当作出不予受理的决定；申请材料不齐全或者不符合法定形式的，应当当场或者在签收申请材料后5日内一次告知申请人需要补正的全部内容，逾期不告知的，自收到申请材料之日起即为受理；申请材料仅存在文字性、技术性等可以当场更正的错误的，应当允许申请人当场更正，并且由申请人对更正内容予以签章确认；申请材料齐全、符合法定形式，或者申请人按照海关的要求提交全部补正申请材料的，海关应当受理报关企业注册登记许可申请，并作出受理决定。

③ 海关对申请的审查。所在地海关受理申请后，应当按法定条件和程序进行全面审查，并于受理注册登记许可申请之日起20日内审查完毕。直属海关未授权隶属海关办理注册登记许可的，应当自收到所在地海关报送的审查意见之日起20日内作出决定；直属海关授权隶属海关办理注册登记许可的，隶属海关应当自受理或受到所在地海关报送的审查意见之日起20日内作出决定。

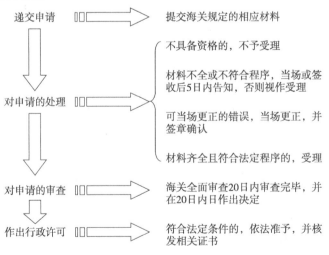

图6-4 报关企业注册登记许可的程序

④ 行政许可作出。申请人的申请符合法定条件的，海关应当依法作出准予注册登记许可的书面决定，并通知申请人，同时核发《中华人民共和国海关报关单位注册登记证书》；申

请人的申请不符合法定条件的,海关应当作出不准予注册登记许可的书面决定,并且告知申请人享有依法申请行政复议或者提起行政诉讼的权利。

(3)报关企业设立分支机构的注册登记。报关企业设立分支机构应当向其分支机构所在地海关提交下列备案材料:

①《报关单位情况登记表》。

②报关企业《中华人民共和国海关报关单位注册登记证书》复印件。

③分支机构营业执照副本复印件以及组织机构代码证书副本复印件。

④报关服务营业场所所有权证明复印件或者使用权证明复印件。

⑤海关要求提交的其他备案材料。

经审查符合备案条件的,海关应当核发《中华人民共和国海关报关单位注册登记证书》。

3. 报关单位注册登记证书的时效及换证管理

(1)报关单位注册登记证书的时效。根据海关规定,进出口货物收发货人的《中华人民共和国海关报关单位注册登记证书》长期有效,报关企业的《中华人民共和国海关报关单位注册登记证书》有效期限为2年。

(2)报关单位注册登记换证手续。报关企业注册登记许可期限为2年,被许可人需要延续注册登记许可有效期的,应当办理注册登记许可延续手续。报关企业分支机构备案有效期为2年,报关企业分支机构应当在有效期届满前30日持备案时所提交的相应材料到分支机构所在地海关办理换证手续。

4. 报关单位的变更和延续

(1)进出口货物收发货人变更登记。进出口货物收发货人企业名称、企业性质、企业住所、法定代表人(负责人)等海关注册登记内容发生变更的,应当自变更生效之日起30日内,持变更后的营业执照副本或其他批准文件以及复印件,到注册地海关办理变更手续。

所属报关人员发生变更的,进出口货物收发货人应当在变更事实发生之日起30日内,持变更证明文件等相关材料到注册地海关办理变更手续。

(2)报关企业变更登记和延续。

①报关企业的变更登记。报关企业的企业名称、法定代表人发生变更的,应持《报关单位情况登记表》、《中华人民共和国海关报关单位注册登记证书》、变更后的工商营业执照或者其他批准文件及复印件,以书面形式到注册地海关申请变更注册登记许可。

报关企业分支机构企业名称、企业性质、企业住所、负责人等海关备案内容发生变更的,应当自变更生效之日起30日内,持变更后的营业执照副本或者其他批准文件及复印件,到所在地海关办理变更手续。

所属报关人员备案内容发生变更的,报关企业及其分支机构应当在变更事实发生之日起30日内,持变更证明文件等相关材料到注册地海关办理变更手续。

对被许可人提出的变更注册登记许可申请,注册地海关应当参照注册登记许可程序进行审查。经审查符合注册登记许可条件的,应当作出准予变更的决定,同时办理注册信息变更手续。经审查不符合注册登记许可条件的,海关不予变更其注册登记许可。

②报关企业的延续。报关企业办理注册登记许可延续手续,应当在有效期届满前30日前向海关提出申请,同时提交申请报关企业注册登记许可时提交的相应材料。依照海关规定提交复印件的,还应当同时交验原件。海关应当在注册登记许可有效期届满前作出是否

准予延续的决定。有效期届满时仍未作出决定的,视为准予延续,海关应当依法为其办理注册登记许可延续手续。报关企业未按照规定在规定的时限提出延续申请的,海关不再受理其注册登记许可延续申请。

报关企业应当在办理注册登记许可延续的同时办理换领《中华人民共和国海关报关单位注册登记证书》手续。

海关应当参照注册登记许可程序在有效期届满前对报关企业的延续申请予以审查。经审查认定符合注册登记许可条件,以及法律、行政法规、海关规章规定的延续注册登记许可应当具备的其他条件的,应当依法作出准予延续2年有效期的决定。

海关对不再具备注册登记许可条件,或者不符合法律、行政法规、海关规章规定的延续注册登记许可应当具备的其他条件的报关企业,不准予延续其注册登记许可。

5. 报关单位的注销登记

(1)进出口货物收发货人注销登记。进出口货物收发货人有下列情形之一的,应当以书面形式向注册地海关办理注销手续。海关在办结有关手续后,应当依法办理注销注册登记手续。

①破产、解散、自行放弃报关权或者分立成两个以上新企业的。
②被工商行政管理机关注销登记或者吊销营业执照的。
③丧失独立承担责任能力的。
④对外贸易经营者备案登记表或者外商投资企业批准证书失效的。
⑤其他依法应当注销注册登记的情形。

进出口货物收发货人未依照本条第一款主动办理注销手续的,海关可以在办结有关手续后,依法注销其注册登记。

(2)报关企业注销登记。报关企业有下列情形之一的,海关应当依法注销注册登记许可:

①有效期届满未申请延续的。
②报关企业依法终止的。
③注册登记许可依法被撤销、撤回,或者注册登记许可证件依法被吊销的。
④由于不可抗力导致注册登记许可事项无法实施的。
⑤法律、行政法规规定的应当注销注册登记许可的其他情形。

海关依据第一条规定注销报关企业注册登记许可的,应当同时注销该报关企业设立的所有分支机构。

案例讨论

海关为什么拒绝

2013年3月20日,顺发公司获得进出口经营权,注册成为一家外贸公司。3月22日即对外签订了一份出口合同。为了提高办事效率,第二天公司派职员小李去海关办理货物出口报关手续,结果遭海关拒绝。请问,海关的拒绝是否有理?为什么?

6.2.3 报关单位的报关行为规则

1. 报关企业报关地域范围的规定

报关企业可以在依法取得注册登记许可的直属海关关区内各口岸,或者海关监管业务集中的地点从事报关服务,但应当在拟从事报关服务的口岸或者海关监管业务集中的地点依法设立分支机构,并且在开展报关服务前按规定向直属海关备案。

报关企业如需要在注册登记许可区域以外从事报关服务的,应当依法设立分支机构,并且向拟注册登记的海关申请报关企业分支机构注册登记许可。报关企业分支机构经海关依法准予注册登记许可的,向海关办理注册登记后,可在所在地口岸或者海关监管业务集中的地点从事报关服务。报关企业对其分支机构的行为承担法律责任。

2. 报关企业应当履行承担的以下义务

(1)遵守法律、行政法规、海关规章的各项规定,依法履行代理人职责,配合海关监管工作,不得违法滥用报关权。

(2)依法建立账簿和营业记录。真实、正确、完整地记录其受委托办理报关业务的所有活动,详细记录进出口时间、收发货单位、报关单号、货值、代理费等内容,完整保留委托单位提供的各种报关单证、票据、函电,接受海关稽查。

(3)报关企业应当与委托方签订书面委托协议,委托协议应当载明受托报关企业名称、地址、委托事项、双方责任、期限、委托人的名称、地址等内容,由双方签章确认。

(4)报关企业接受进出口收发货人的委托,办理报关手续时,应当承担对委托人所提供情况的真实性、完整性进行合理审查的义务。

审查内容包括:证明进出口货物的实际情况的资料,包括进出口货物的品名、规格、用途、产地、贸易方式等;有关进出口货物的合同、发票、运输单据、装箱单等商业单据;进出口所需的许可证件及随附单证;海关要求的加工贸易手册(纸质或电子数据的)及其他进出口单证等。报关企业未对进出口货物收发货人提供情况的真实性、完整性履行合理审查义务或违反海关规定申报的,应当承担相应的法律责任。

(5)报关企业不得以任何形式出让其名义,供他人办理报关业务。

(6)对于代理报关货物涉及走私违规情况的,应接受或者协助海关进行调查。

表 6-3 收发货人与报关企业的比较

报关单位	注册方式	申请流程	有效期	申请延续日期	报关范围
进出口货物收发货人	备案登记制	隶属申请隶属审批	/	/	全关境范围内
报关企业	注册登记许可制	隶属申请直属审批	2年	有效期届满40日前	直属海关所辖区域

6.2.4 报关单位分类管理

为了鼓励企业守法自律,提高海关管理效能,保障进出口贸易的安全与便利,根据《海关法》和其他有前法律、法规,我国对于进出口活动直接有关的企业实施分类管理。海关根据企业经营管理状况、报关情况、遵守海关法律法规情况等,对在海关注册登记的进出口货物收发货人、报关企业进行评估,按照AA、A、B、C、D五个管理类别进行管理,并对企业的管理类别予以公开。

海关按照守法便利原则,对适用不同管理类别的企业,制订相应的差别管理措施,其中AA类和A类企业适用相应的通关便利措施,B类企业适用常规管理措施,C类和D类企业适用严密监管措施。

全国海关实行统一的企业分类标准、程序和管理措施。

1. 进出口货物收发货人管理类别的设定

(1)AA类进出口货物收发货人,应当同时符合下列条件:

①已适用A类管理1年以上。

②上一年度进出口报关差错率3%以下。

③经海关验证稽查,符合海关管理、企业经营管理和贸易安全的要求。

④每年报送"经营管理状况报告"和会计事务所出具的上一年度审计报告;每半年报送"进出口业务情况表"。

(2)A类进出口货物收发货人,应当同时符合下列条件:

①已适用B类管理1年以上。

②连续1年无走私罪、走私行为、违反海关监管规定的行为。

③连续1年未因进出口侵犯知识产权货物而被海关行政处罚。

④连续1年无拖欠应纳税款、应缴罚没款项情况。

⑤上一年度进出口总值50万美元以上。

⑥上一年度进出口报关差错率5%以下。

⑦会计制度完善,业务记录真实、完整。

⑧主动配合海关管理,及时办理各项海关手续,向海关提供的单据、证件真实、齐全、有效。

⑨每年报送"经营管理状况报告"。

⑩按照规定办理"中华人民共和国海关进出口货物收发货人报关注册登记证书"的换证手续和相关变更手续。

⑪连续一年在商务、人民银行、工商、税务、质检、外汇、监察等行政管理部门和机构无不良记录。

(3)进出口货物收发货人有下列情形之一的,适用C类管理:

①有走私行为的。

②1年内有3次以上违反海关监管规定行为,且违规次数超过上一年度报关单及进出境备案清单总票数1‰的,或者1年内因违反海关监管规定被处罚款累计人民币100万元以上的。

③1年内有2次因进出口侵犯知识产权货物而被海关行政处罚的。

④拖欠应纳税款、应缴罚没款项人民币50万元以下的。

(4)进出口货物收发货人有下列情形之一的,适用D类管理:

①有走私罪的。

②1年内有2次以上走私行为的。

③1年内有3次以上因进出口侵犯知识产权货物而被海关行政处罚的。

④拖欠应纳税款、应缴罚没款项超过人民币50万元的。

(5)进出口货物收发货人未发生 C 类管理和 D 类管理所列情形,并符合下列条件之一的,适用 B 类管理:

①首次注册登记的。

②首次注册登记后,管理类别未发生调整的。

③AA 类企业不符合原管理类别适用条件,并且不符合 A 类管理类别适用条件的。

④A 类企业不符合原管理类别适用条件的。

(6)在海关登记的加工企业,按照进出口货物收发货人实施分类管理。

2. 报关企业管理类别的设定

(1)AA 类报关企业,应当同时符合下列条件:

①已适用 A 类管理 1 年以上。

②上一年度代理申报的进出口报关单及进出境备案清单总量在 2 万票(中西部 5000 票)以上。

③上一年度进出口报关差错率 3% 以下。

④经海关验证稽查,符合海关管理、企业经营管理和贸易安全的要求。

⑤每年报送"经营管理状况报告"和会计事务所出具的上一年度审计报告;每半年报送"报关代理业务情况表"。

(2)A 类报关企业,应当同时符合下列条件:

①已适用 B 类管理 1 年以上。

②企业以及所属执业报关员连续 1 年无走私罪、走私行为、违反海关监管规定的行为。

③连续 1 年代理报关的货物未因侵犯知识产权而被海关没收,或者虽被没收但对该货物的知识产权状况履行了合理审查义务。

④连续 1 年无拖欠应纳税款、应缴罚没款项情事。

⑤上一年度代理申报的进出口报关单及进出境备案清单等总量在 3000 票以上。

⑥上一年度代理申报的进出口报关差错率在 5% 以下。

⑦依法建立账簿和营业记录,真实、正确、完整地记录受委托办理报关业务的所有活动。

⑧每年报送"企业经营管理状况评估报告"。

⑨按照规定办理注册登记许可延续及"中华人民共和国海关报关企业报关注册登记证书"的换证手续和相关变更手续。

⑩连续一年在商务、人民银行、工商、税务、质检、外汇、监察等行政管理部门和机构无不良记录。

(3)报关企业有下列情形之一的,适用 C 类管理:

①有走私行为的。

②1 年内有 3 次以上违反海关监管规定行为,或者 1 年内因违反海关监管规定被处罚款累计人民币 50 万元以上的。

③1 年内代理报关的货物因侵犯知识产权而被海关没收达 2 次且未尽合理审查义务的。

④上一年度代理申报的进出口报关差错率在 10% 以上的。

⑤拖欠应纳税款、应缴罚没款项人民币 50 万元以下的。

⑥代理报关的货物涉嫌走私、违反海关监管规定拒不接受或者拒不协助海关进行调查的。

⑦被海关暂停从事报关业务的。

(4)报关企业有下列情形之一的,适用 D 类管理:
①有走私罪的。
②1 年内有 2 次以上走私行为的。
③1 年内代理报关的货物因侵犯知识产权而被海关没收达 3 次以上且未尽合理审查义务的。
④拖欠应纳税款、应缴罚没款项人民币 50 万元以上的。
(5)报关企业未发生 C 类管理和 D 类管理所列情形,并符合下列条件之一的,适用 B 类管理:
①首次注册登记的。
②首次注册登记后,管理类别未发生调整的。
③AA 类企业不符合原管理类别适用条件,并且不符合 A 类管理类别适用条件的。
④A 类企业不符合原管理类别适用条件的。

3. 报关单位分类管理措施的实施

(1)报关企业代理进出口货物收发货人开展报关业务,海关按照报关企业和进出口货物收发货人各自适用的管理类别实施相应的管理措施。

因企业的管理类别不同导致与应当实施的管理措施相抵触的,海关按照下列方式实施:
①报关企业或者进出口货物收发货人为 C 类或者 D 类的,按照较低的管理类别实施相应的管理措施。
②报关企业和进出口货物收发货人均为 B 类及以上管理类别的,按照报关企业的管理类别实施相应的管理措施。

(2)加工贸易经营企业与承接委托加工的生产企业管理类别不一致的,海关对该加工贸易业务按照较低的管理类别实施相应的管理措施。

6.3 报 关 员

6.3.1 报关员的发展

我国现代意义的报关员职业产生于上世纪 80 年代末。那时候,在一些进出口企业里出现了一批专门为企业办理海关事务的人员。到了 90 年代初,承担代理报关纳税手续业务的专业化公司出现了,在这些公司,有一批专门从事报关业务的从业人员,这些人就是最早从事报关员职业的群体。

随着海关监管制度的逐步严密,海关相继出台了报关员注册登记、资格考试制度,规范了报关员从业的知识和技能条件、权利义务等,为报关员职业化创造了有利条件。

报关员资格全国统考首次是在 1997 年 12 月进行的,在起初的几年每年举行 2 次考试,从 2001 年开始变成每年举行 1 次考试,原则上只有通过考试才能在海关注册登记成为正式的报关员,进而从事报关工作,所以从这一层意义上来讲报关员并不是一个自由职业者,它必须依托报关单位的存在才有意义,但这一举措随着国家的简政放权政策的实施也有了相应的改变。

2013年10月,海关总署发布公告,改革报关从业人员资质资格管理制度,对报关从业人员不再设置门槛和准入条件,自2014年起不再组织报关员资格全国统一考试。为落实海关总署简政放权、转变职能的要求,更好地发挥行业协会自律规范的作用,中国报关协会决定从2014年起开展报关水平测试工作,为企业选人、用人提供基本依据,同时也为院校培养报关后备人才提供客观标准。

与报关员资格考试相比,报关水平测试具有如下主要特点:注重突出技能操作,测试内容除包括从业人员必备的基础知识外,突出进出境现场报关、保税加工报备报核、商品归类、报关单填制、报关核算等基本操作技能测评;注重测试成绩分析,向参试人员出具"报关水平测试证书",对参试人员报关基础知识及报关业务技能水平进行综合评价与定量分析;注重发挥行业主导作用,专家队伍以报关行业专家为核心。

6.3.2　报关人员资格

1. 报关业务水平测试

海关总署发布2013年第54号公告显示:2014年不再组织报关员资格全国统一考试,对报关从业人员不再设置门槛和准入条件。但是因为报关是一项非常专业的工作,从业人员必须掌握一定的技能,在这种背景下,2014年出台"报关水平测试",这种测试更加注重的是实际工作中的技能,考试由报关协会组织进行,测试后会颁发《报告书》,各个单项成绩将在报告书中显示,企业再根据报告书有针对性地选拔人才(具体的《报告书》见下图6-5)。

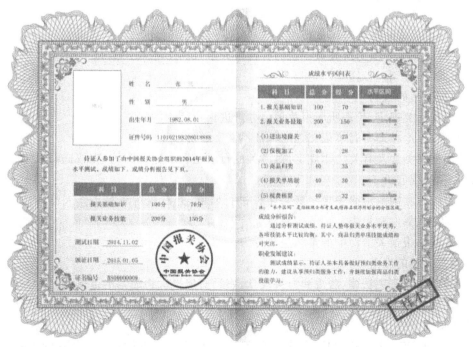

图6-5　报关业务水平测试《报告书》样本

2. 报关业务水平测试条件

报名参加测试的人员应当符合下列条件:
(1)具有中华人民共和国国籍,包括持有有效"港澳居民来往内地通行证"的港澳居民和

"台湾居民来往大陆通行证"的台湾居民。

(2)年满18周岁,具有完全民事行为能力。

(3)高中毕业或同等学力及以上,包括应届毕业生。

有下列情形之一的,不得报名参加测试,已经办理报名手续的,报名无效:

(1)因刑事犯罪受过处罚的。

(2)因在报关活动中向海关工作人员行贿,被海关依法处理的。

(3)在测试中曾发生作弊行为,被宣布测试结果无效的

6.3.3 报关人员的执业

报关人员必须具备一定的学识水平和实际业务能力,必须熟悉与货物进出口有关的法律、对外贸易、商品知识,必须精通海关法律、法规、规章并具备办理报关业务的技能。报关人员的工作内容主要包括:

——按照规定如实申报出口货物的商品编码、商品名称、规格型号、实际成交价格、原产地及相应优惠贸易协定代码等报关单有关项目,并办理填制报关单、提交报关单证等与申报有关的事宜。

——申请办理缴纳税费和退税、补税事宜。

——申请办理加工贸易合同备案(变更)、深加工结转、外发加工、内销、放弃核准、余料结转、核销及保税监管等事宜。

——申请办理进出口货物减税、免税等事宜。

——协助海关办理进出口货物的查验、结关等事宜。

——海关规定应当由报关员办理的其他报关事宜。

报关人员还享有一定的权利和义务。

1. 报关人员的权利

(1)根据海关规定,代表所属报关单位办理进出口货物的报关业务。

(2)有权拒绝办理所属单位交办的单证不真实、手续不齐全的报关业务。

(3)根据海关法及有关法律规定,对海关的行政处罚决定不服的,有权向海关申请复议,或者向人民法院起诉。

(4)有权根据国家法律法规对海关工作进行监督,并有权对海关工作人员的违法、违纪行为进行检举、揭发和控告。

(5)有权举报报关活动中的走私违法行为。

2. 报关人员的义务

(1)遵守国家有关法律、法规和海关规章,熟悉所申报货物的基本情况。

(2)提供齐全、正确、有效的单证,准确填制进出口货物报关单,并按有关规定办理进出口货物的报关手续。

(3)海关检查进出口货物时,应按时到场,负责搬移货物、开拆和重封货物的包装。

(4)在规定的时间,负责办理缴纳所报货物的各项税费手续、海关罚款手续和销案手续。

(5)配合海关对企业的稽查和对走私、违规案件的调查。

(6)协助本企业完整保存各种原始报关单证、票据、函电等业务资料。

(7)应按规定参加海关对报关员的记分考核。

(8)承担海关规定报关员办理的与报关业务有关的工作。

6.3.4 报关员的海关法律责任

报关人员,是指经报关单位向海关备案,专门负责办理所在单位报关业务的人员。报关单位所属人员从事报关业务的,报关单位应当到海关办理备案手续,海关予以核发证明。报关单位可以在办理注册登记手续的同时办理所属报关人员备案。

1. 参加考试,通过企业选聘

2014年海关总署不再组织报关员资格考试,这是在顺应了国家政策的"简政放权"下的一大改革,但由于报关这一行业的专业性,从业人员必须具备一定技能和素质才能胜任这一工作,所以原则上从事报关的相关人员应当参加报关协会组织的"报关业务水平测试",相关用人单位根据水平测试的结果有针对性地选聘符合企业岗位要求的人员。

2. 熟悉外贸知识,了解商品属性和贸易流程,能正确填写报关单

报关人员是联系企业和海关的桥梁,是海关对进出口货物实施监督管理的助手,每年承担数亿吨进出口货物的报关,在对外贸易活动中发挥着重要的作用。报关人员的工作质量也关系到货物的通关速度,关系着企业的经济利益,因此,报关人员必须熟悉相关的国际贸易知识,全面了解各种进出口产品的属性和归类,才能顺利地进行报关,为进出口企业的外贸工作节约时间并提供便利的进出口条件。

3. 熟悉海关各项政策、条款及相关流程

报关是一种知识性广、技能性强、具有丰富实践经验的综合性智力劳动。报关人员需要熟悉掌握海关的基本法规、海关监管制度、海关操作程序、进出口贸易估算、外贸运输保险以及英语等相关知识。及时了解一些新的进出口条例,尤其是现在的贸易环境发生着许多新的变化,对于我国的进出口贸易也会产生很大的影响,对于报关人员来讲,必须及时了解海关新的政策、条款。

4. 较强的心理承受能力和反应能力,出色的人际沟通能力

报关人员工作压力大,一头联系着企业,一头联系着海关,难免会遇到"两头难"的情况,这就要求报关人员心理承受能力要强,在办理通关手续上,能清楚地回答海关的问题,解释疑惑。同时,报关人员更要具有细致和不怕吃苦的精神,由于工作比较繁重,所以报关人员要把准备工作做在前面,避免返工,加速通关。

5. 良好的职业道德、遵纪守法、规范操作

报关人员的工作具有很强的独立性、随意性,难以管理,一些人员法制观念淡薄,不经企业授权私自揽活、乱收费、伙同不法人员进行走私活动,瞒着企业违法报关,偷税漏税,损害企业的形象和经济利益,这都严重扰乱了报关秩序。为了进一步规范报关秩序,提高报关质量,加强对报关人员的管理,加快通关速度,维护国家利益和企业的合法权益,报关人员一定要加强自身职业道德建设,提高法制意识。

本 章 小 结

本章介绍了海关的含义、我国海关的性质和任务、海关的权力和管理体制;报关的基本概念、报关单位、报关员等。重点是海关的性质和任务以及报关单位的相关知识点。

中华人民共和国海关是国家进出关境的监督管理机关。海关的基本任务是监管、征税、缉私、统计。我国海关的领导体制为集中统一、垂直领导体制,海关机构主要包括海关总署、直属海关、隶属海关三级。具体设立海关地点主要集中在对外开放的口岸和海关监管业务集中的地点。

我国对海关法采取了国家最高权力机关、国务院和海关总署三级立法的体制,形成了以国家最高权力机关制定的《海关法》为母法,以国务院审定的行政法规以及海关总署制定的海关规章为补充的三级海关法律体系。我国海关的权力主要包括行政许可权、税费征收权、行政检查权、行政强制权、行政处罚权等,海关在行使权力时要遵循四个原则:合法原则、适当原则、依法独立行使原则、依法受到保障原则。

报关是指进出口货物收发货人、进出境运输工具负责人、进出境物品的所有人或者他们的代理人向海关办理货物、物品或运输工具进出境手续及相关海关事务的过程。按照报关的对象,报关可分为进出境运输工具报关、进出境货物报关和进出境物品报关;按照报关的目的,报关可分为进境报关、出境报关和转关报关;按照报关的行为性质,报关分为自理报关和代理报关。

报关单位是指依法在海关注册登记的进出口货物收发货人和报关企业,依法向海关注册登记是法人、其他组织或个人成为报关单位的法定要求。由于两类报关单位的性质不同,其报关注册登记条件的规定也不同,对于报关企业,海关要求其必须具备规定的设立条件并取得海关报关注册登记许可,方能经海关办理注册登记手续;对于进出口货物收发货人实行备案制度,直接办理注册登记。

背景知识

中国报关协会

中国报关协会(China Customs Brokers Association,简称CCBA)是由经海关批准的从事报关的企业和个人自愿结成的非营利性质的具有法人资格的全国性行业组织,是我国唯一的全国性报关行业组织。中国报关协会受民政部和海关总署双重管理,其登记管理机关是民政部,业务主管单位为海关总署。

中国报关协会的宗旨是配合政府部门加强对我国报关行业的管理,维护、改善报关市场的经营秩序,促进会员间的交流与合作,依法代表本行业利益,保护会员的合法权益,促进我国报关服务行业的健康发展。

报关行业协会的业务范围是:监督指导,沟通协调,行业自律,培训考试,年审初审,出版刊物,交流合作,创办实体。

从2014年开始,"报关员资格考试全国统一考试"将改为报关协会组织的"报关业务水平测试",本考试包含两大块内容:报关基础知识和报关业务技能,报关协会将考试的结果以《报告书》的形式体现,用人单位据此选拔适合的人才,具体内容详见海关总署2013年发布的第54号公告。

习题与实训

1. 单项选择题

(1) 海关对有走私嫌疑的运输工具和有藏匿走私货物、物品嫌疑的场所行使检查时(   )。
  A. 不能超出海关监管区和海关附近沿海沿边规定地区的范围
  B. 不受地域限制,但不能检查公民住处
  C. 在海关监管区和海关附近沿海规定地区,海关人员可直接检查;超出这个范围,只有在调查走私案件时,才能直接检查,但不能检查公民住处
  D. 在海关监管区和海关附近沿海规定地区,海关人员可直接检查;超出这个范围,只有在调查走私案件时,经直属海关关长或其授权的隶属海关关长批准才能进行检查,但不能检查公民住处

(2) 进出口货物的纳税义务人缴纳税款的时限是自海关填发税款缴纳书之日起15日以内,对于超过3个月仍未缴纳的,海关在经直属海关关长或者其授权的隶属海关关长批准后采取的以下措施中不正确的是(   )。
  A. 冻结其在银行或其他金融机构的所有账户,派员进驻其单位或企业进行监管
  B. 将应税货物依法变卖,以变卖所得抵缴税款
  C. 书面通知其开户银行或者其他金融机构从其存款中扣缴税款
  D. 扣留并依法变卖其价值相当于应纳税款的货物或者其他财产,以变卖所得抵缴税款

(3) 以下各项中说法不正确的是(   )。
  A. 海关的行政行为有违反法律规定之处,侵犯管理相对人的合法权益,管理相对人可以拒绝服从
  B. 海关在行使职权时,依法享有一定的行政优先权和行政受益权
  C. 海关在行使职权时,只对法律和上级海关负责,不受地方政府、其他机关、企事业单位或个人的干预
  D. 海关享有对进出关境活动进行监督管理的行政主体资格

(4) 海关在行使(   )权力时需经直属海关关长或者其授权的隶属海关关长批准。
  A. 在调查走私案件时,查询案件涉嫌单位和涉嫌人员在金融机构、邮政企业的存款、汇款
  B. 在海关监管区和附近沿海沿边规定地区,检查走私嫌疑人的身体
  C. 检查有走私嫌疑的进出境运输工具
  D. 封存被稽查人有违法嫌疑的进出口货物

(5) 报关企业注册登记许可的书面决定,应由(   )作出。
  A. 海关总署   B. 直属海关   C. 隶属海关   D. 所在地海关

(6) 下列对税收保全措施不正确的是(   )。
  A. 书面通知开户银行或者其他金融机构,暂停支付纳税义务人相当于应纳税款的存款;
  B. 扣留纳税义务人价值相当于应纳税款的货物
  C. 将应税货物依法变卖,以变卖所得抵缴税款
  D. 扣留纳税义务人价值相当于应纳税款的其他财产

(7) 以下各项中属于符合报关单位的报关行为规则的是( )。
　　A. 进出口货物收发货人代理其他单位报关
　　B. 报关企业接受某具有报关权的外商投资企业的委托,代理其报关
　　C. 报关企业不可以在注册登记许可的海关关区以外的地区从事报关服务
　　D. 进出口货物收发货人借用某报关企业的报关员代表本企业报关

(8) 下列关于报关企业和进出口货物收发货人报关范围的表述,正确的是( )。
　　A. 两者均可在关境内各海关报关
　　B. 两者均只能在注册地海关辖区内各海关报关
　　C. 报关企业可以在关境内各个海关报关,进出口货物收发货人只能在注册地海关辖区内各海关报关
　　D. 报关企业只能在注册地海关辖区内各海关报关;进出口货物收发货人可以在关境内各海关报关

(9) 依法对特定的进出口货物、物品减征或免征关税是海关的权利之一,这种权利属于( )。
　　A. 行政许可权　　B. 税费征收权　　C. 行政裁定权　　D. 行政强制权

(10) 2005年3月,甲报关行接受企业丙的委托,负责以甲的名义办理丙从国外进口的一批货物的报关纳税事宜。后被海关发现该批货物实为从泰国装船运进的一批轿车,被确定为走私货物,那么关于报关行甲在这起走私案件中应负的责任,下列叙述正确的为( )。
　　A. 货物为丙所有,甲无责任核实进口的货物,故不承担任何法律责任
　　B. 报关行甲接受委托后以自己的名义向海关办理该货物报关业务,应视同甲自己向海关申报。因此,甲对该走私案件应承担相同的法律责任
　　C. 报关行甲对进出口货物的报关行为仅因为丙企业的委托而产生,因此甲所负法律责任较轻
　　D. 报关行甲若不是以自己的名义向海关办理报关事宜,而是以丙的名义办理报关的,则不承担任何法律责任

(11) 对于邮递物品而言,自用合理数量的含义是指( )。
　　A. 海关对进出境邮递物品规定的征免税限制
　　B. 进出境旅客本人自用,馈赠亲戚朋友的而非出售用的
　　C. 根据出境旅客旅行目的和居留时间所规定的正常数量
　　D. 以上都不对

(12) 按照法律规定,下列不列入报关范围的是( )。
　　A. 进出境运输工具　　B. 进出境货物　　C. 进出境物品　　D. 进出境旅客

(13) 下列关于进出口货物收发货人和报关企业报关行为规则的表述,错误的是( )。
　　A. 两者办理报关业务时,向海关递交的纸质进出口货物报关单必须加盖本单位在海关备案的报关专用章
　　B. 两者均应对其所属报关员的报关行为承担相应的法律责任
　　C. 两者均可以代理其他单位办理报关业务
　　D. 两者均可在其注册登记地直属海关关区内各口岸或者海关业务集中的地点办理报关业务

(14)受委托企业委托,以委托人的名义办理报关业务行为,这种报关方式叫(　　)。
   A. 直接代理报关　　B. 间接代理报关　　C. 自理报关　　D. 跨关区报关
(15)某企业首次注册登记,其管理类别应该是(　　)。
   A. A类　　　　B. B类　　　　C. C类　　　　D. D类

2. 多项选择题

(1)以下各项中,(　　)符合海关关于报关资格和报关范围的规定。
   A. 自理报关企业委托代理报关企业报关
   B. 自理报关企业代理其他企业(单位)报关
   C. 报关企业受外商投资企业的委托报关
   D. 报关企业为本企业进出口的货物报关

(2)报关企业应对委托人所提供的下列(　　)情况的真实性、完整性进行审查。
   A. 进出口许可证
   B. 进出口货物的合同、发票、运输单据、装箱单
   C. 进出口货物的贸易方式、用途、产地、品名
   D. 海关要求的加工贸易手册

(3)根据进出境旅客行李物品"红绿通道"制度的规定,下列表述中正确的选择是(　　)。
   A. 旅客携带超过免税限额的物品进出境,应选择"红色通道"
   B. 旅客携带国家限制或禁止进出境的物品,应选择"红色通道"
   C. 旅客携带不超过免税限额的物品进出境,应选择"绿色通道"
   D. 选择"红色通道"旅客,必须填写"海关进出境旅客行李物品申报单"

(4)下列表述中属于报关单位共有的特征的是(　　)。
   A. 具有对外贸易经营权　　　　　　B. 经海关注册登记,取得报关权
   C. 能独立承担相应的经济和法律责任　D. 是境内法人或其他组织

(5)对于报关企业,海关要求其设立应具备(　　)的条件。
   A. 有进出口经营权
   B. 拥有固定的服务场所和提供服务的必要设备
   C. 有健全的组织机构和财务管理制度
   D. 具备境内企业法人资格条件

(6)在上海海关注册登记的某进出口企业,它可以在以下(　　)海关办理自理报关业务。
   A. 珠海海关　　B. 厦门海关　　C. 扬州海关　　D. 连云港海关

(7)下列行政行为中,属于海关行使行政强制权的是(　　)。
   A. 依法提取变卖处理超期未报货物
   B. 对超期申报的货物征收滞报金
   C. 扣留纳税义务人价值相当于应纳税款的货物
   D. 取消有违法情况的报关企业的报关资格

(8)下列选项中海关的行政监督检查权包括的主要内容是(　　)。
   A. 检查走私嫌疑人的身体
   B. 有权查验进出境货物、物品

C. 海关对超期未报货物征收滞报金,对逾期缴纳进出口税费的,征收滞纳金
D. 有权对违反《中华人民共和国海关法》或者其他法律行政法规的嫌疑人进行查问

(9)根据《中华人民共和国海关法》规定,海关的基本任务为(   )。
　　A. 监督管理　　　　B. 征收关税　　　　C. 缉私　　　　　　D. 编制海关统计
(10)下列属于行政强制执行的是(   )。
　　A. 限制公民人身自由　　　　　　　　B. 加施封志权
　　C. 加收滞纳金　　　　　　　　　　　D. 抵缴、变价抵缴

3. 判断题(对的打"√",错的打"×")

(1)接受进出口货物收发货人的委托,以进出口货物收发货人的名义,向海关办理代理报关业务从事报关服务的境内企业法人是报关企业。（   ）

(2)我国海关不接受未取得对外贸易经营权的单位向海关办理报关纳税手续,因为我国现行的法律规定,没有取得对外贸易经营权的企业、单位不得进出口货物。（   ）

(3)有报关权的单位不一定有进出口经营权,但有经营权的单位都有报关权。（   ）

(4)海关事务的立法者为全国人大及其常委会以及国务院,其属于中央立法事权。（   ）

(5)广州某电子有限公司在广州海关办理了注册登记手续,取得了报关权。因业务需要,该公司需在上海海关办理报关业务,由于该公司已取得了报关权,因此,可以在上海海关办理报关业务。（   ）

(6)海关可以对与进出境运输工具、货物、物品有关的合同、发票、账册、单据等进行查阅和复制。（   ）

(7)报关企业和进出口货物收发货人须经海关注册登记许可后方可向海关办理报关单位注册登记手续。（   ）

(8)我国海关现行的领导体制是垂直领导体制。（   ）

(9)海关对进出境运输工具的检查不受海关监管区域的限制。（   ）

(10)我国的关境大于国境。（   ）

答案与解析

1. 单项选择题

(1)【答案】D
【解析】根据《中华人民共和国海关法》规定,在海关监管区和海关附近沿海规定地区,海关人员对有走私嫌疑的运输工具和有藏匿走私货物、物品嫌疑的场所可直接检查;超出这个范围,只有在调查走私案件时,经直属海关关长或其授权的隶属海关关长批准才能进行检查,但不能检查公民住处。

(2)【答案】A
【解析】进出口货物的纳税义务人,应当自海关填发税款缴纳书之日起15日内缴纳税款;逾期缴纳的,由海关征收滞纳金。纳税义务人、担保人超过3个月仍未缴纳的,经直属海关关长或者其授权的隶属海关关长批准,海关可以采取以下强制措施:
①书面通知其开户银行或者其他金融机构,从其存款内扣缴税款。
②将应税货物依法变卖,以变卖所得抵缴税款。
③依法变卖其价值相当于应纳税款的货物或者其他财产,以变卖所得抵缴税款。

(3)【答案】A

【解析】海关权力的特点有:①特定性;②独立性;③效力先定性;④优益性。

(4)【答案】A

【解析】须经直属海关关长或者其授权的隶属海关关长批准的情况:

①海关对进出境运输工具的检查不受海关监管区域限制,可直接行使检查权;对走私嫌疑人身体的检查,应在海关监管区和海关附近沿海沿边规定地区内进行;对有走私嫌疑的运输工具和有藏匿走私货物、物品的场所,在海关监管区和海关附近沿海沿边规定地区内,海关人员可直接行使检查权,超出这个范围的,在调查走私案件时,须经直属海关关长或其授权的隶属海关关长批准,才能进行检查,但不能检查公民住所。

②在海关监管区和海关附近沿海沿边规定地区,对有走私嫌疑的运输工具、货物、物品和走私犯罪嫌疑人,经直属海关关长或者其授权的隶属海关关长批准,可以扣留;对走私犯罪嫌疑人,扣留时间不得超过24小时,在特殊情况下,可以延长至48小时。

③海关依法扣留的货物、物品,不宜长期保留的,经直属海关关长或其授权的隶属海关关长批准,可以先行依法变卖。

④进出口货物纳税义务人在海关依法责令其提供纳税担保,而纳税义务人不能提供纳税担保的,经直属海关关长或者其授权的隶属海关关长批准,海关可以采取税收保全措施。

(5)【答案】B

【解析】报关企业注册登记许可,应由直属海关作出。按规定报关企业可以在依法取得注册登记许可的直属海关关区内各口岸,或者海关监管业务集中的地点从事报关服务,但应当在拟从事报关服务的口岸或者海关监管业务集中的地点依法设立分支机构,并且在开展报关服务前按规定向直属海关备案。

(6)【答案】C

【解析】进出口货物纳税义务人在海关依法责令其提供纳税担保,而纳税义务人不能提供纳税担保的,经直属海关关长或者其授权的隶属海关关长批准,海关可以采取下列税收保全措施:

①书面通知纳税义务人开户银行或者其他金融机构,暂停支付纳税义务人相当于应纳税款的存款。

②扣留纳税义务人价值相当于应纳税款的货物或者其他财产。

(7)【答案】B

【解析】A错误,进出口货物收发货人在海关办理注册登记后,可以在中华人民共和国关境内各个口岸或者海关监管业务集中的地点办理本单位报关业务,但不能代理其他单位报关。C错误,报关企业可以依法取得注册登记许可的直属海关关区内各口岸,或者海关监管业务集中的地点从事报关服务,但应当在拟从事报关服务的口岸或者海关监管业务集中的地点依法设立分支机构,并且在开展报关服务前按规定向直属海关备案。报关企业如需要在注册登记许可区域以外从事报关服务的,应当依法设立分支机构,并且向拟注册登记的海关申请报关企业分支机构注册登记许可。报关企业分支机构经海关依法准予注册登记许可的,向海关办理注册登记后,可在所在地口岸或者海关监管业务集中的地点从事报关服务。报关企业对其分支机构的行为承担法律责任。D错误,报关企业不得借用其他单位的报关员代表本企业报关。

(8)【答案】D

【解析】AB不正确。C也不正确,因为:报关企业可以在依法取得注册登记许可的直属海关关区内各口岸,或者海关监管业务集中的地点从事报关服务,进出口货物收发货人在海关办理注册登记后,可以在中华人民共和国关境内各个口岸或者海关监管业务集中的地点办理本单位报关业务,但不能代理其他单位报关。报关企业如需要在注册登记许可区域以外从事报关服务的,应当依法设立分支机构,并且向拟注册登记的海关申请报关企业分支机构注册登记许可。报关企业分支机构经海关依法准予注册登记许可的,向海关办理注册登记后,可在所在地口岸或者海关监管业务集中的地点从事报关服务。

(9)【答案】B

【解析】海关税费征收权包括:(1)代表国家依法对进出口货物、物品征收关税及其他税费;(2)根据法规及有关规定,对特定的进出口货物、物品减征或免征关税;(3)对经海关放行后的有关进出口货物、物品,发现少征或者漏征税款的,依法补征、追征税款的权力。

(10)【答案】B

【解析】根据规定,报关行甲的报关代理为间接代理方式,则法律后果直接作用于甲。

(11)【答案】A

【解析】所谓自用合理数量,对于行李物品而言,"自用"是指进出境旅客本人自用、馈赠亲友而非为出售或出租,"合理数量"是指海关根据进出境旅客旅行目的地和居留时间所规定的正常数量;对于邮递物品,则指的是海关对进出境邮递物品规定的征、免税限制。

(12)【答案】D

【解析】报关范围包括:(1)进出口货物,主要包括一般进出口货物、减免税货物、保税货物、暂准进出口货物、过境货物、转运货物、通运货物和其他进出口货物。另外,一些特殊货物,如通过管道、电缆输送的进出境的水、石油、电和无形的货物,如以货物为载体的软件等。(2)进出境运输工具,主要包括用以载运人员、货物、物品进出境,在国际间运营的各种境内或境外的船舶、航空器、车辆和驮畜等。(3)进出境物品,主要包括进出境的行李物品、邮递物品和其他物品。行李物品是指以进出境人员携带、托运等方式进出境的物品;邮递物品是指以邮递方式进出境的物品;其他物品主要指享有外交特权和豁免的外国机构或者人员的公务用品或自用物品等。报关范围不包括进出境旅客。

(13)【答案】C

【解析】进出口货物收发货人办理报关业务时,向海关递交的纸质进出口货物报关单必须加盖本单位在海关备案的报关专用章。进出口货物收发货人应对其所属报关员的报关行为承担相应的法律责任。进出口货物收发货人在海关办理注册登记后,可以在中华人民共和国关境内各个口岸或者海关监管业务集中的地点办理本单位报关业务,但不能代理其他单位报关。进出口货物收发货人自行办理报关业务时,应当通过本单位所属的报关员向海关办理。报关企业可以代理其他单位办理报关业务,并应对其所属报关员的报关行为承担相应的法律责任。报关企业办理报关业务时,向海关递交的纸质进出口货物报关单必须加盖本单位在海关备案的报关专用章。报关企业可以在依法取得注册登记许可的直属海关关区内各口岸,或者海关监管业务集中的地点从事报关服务,但应当在拟从事报关服务的口岸或者海关监管业务集中的地点依法设立分支机构,并且在开展报关服务前按规定向直属海关备案。

(14)【答案】A

【解析】直接代理报关是接受委托人的委托,以委托人的名义办理报关业务。

(15)【答案】B

【解析】首次注册登记的企业,海关按照B类管理来实施管理。

2.多项选择题

(1)【答案】AC

【解析】自理报关是指进出口货物收发货人自行办理报关业务,根据《海关法》规定,进出口货物收发货人必须依法向海关注册登记后方能自行办理报关业务。代理报关是指报关企业接受进出口货物收发货人的委托,代理进出口货物收发货人办理报关业务的行为。我国海关法律把有权接受他人委托办理报关业务的企业称为报关企业。报关企业从事代理报关业务必须依法取得报关企业注册登记许可,并向海关注册登记后方能从事代理报关业务。

(2)【答案】ABCD

【解析】报关企业接受进出口收发货人的委托,办理报关手续时,应当承担对委托人所提供情况的真实性、完整性进行合理审查的义务。审查内容包括:证明进出口货物的实际情况的资料,包括进出口货物的品名、规格、用途、产地、贸易方式等;有关进出口货物的合同、发票、运输单据、装箱单等商业单据;进出口所需的许可证件及随附单证;海关要求的加工贸易手册(纸质或电子数据的)及其他进出口单证等。报关企业未对进出口货物收发货人提供情况的真实性、完整性履行合理审查义务或违反海关规定申报的,应当承担相应的法律责任。

(3)【答案】ABD

【解析】"绿色通道"又称"无申报通道",适用于携运物品在数量和价值上均不超过免税限额、且无携带国家限制或禁止进出境物品的旅客。"红色通道"又称"申报通道",适用于携带有应向海关申报物品的旅客。对于选择红色通道的旅客,必须填写"中华人民共和国海关进出境旅客行李物品申报单"或海关规定的其他申报单证,在进出境地向海关作出书面申报。

(4)【答案】BC

【解析】A 错误,在报关单位中,报关企业一般没有进出口经营权,进出口收发货人一般有进出口经营权。D 错误,报关单位除了境内法人或其他组织外,也包括个体工商户。

(5)【答案】BCD

【解析】报关企业的设立条件是:①具备境内企业法人资格条件;②企业注册资本不低于 150 万元;③健全的组织机构和财务管理制度;④报关员人数不少于 5 名;⑤投资者、报关业务负责人、报关员均无走私记录;⑥报关业务负责人具有 5 年以上从事对外贸易工作经验或者报关工作经验;⑦无因走私违法行为被海关撤销注册登记许可的记录;⑧有符合从事报关服务所必需的固定经营场所和设施;⑨海关监管所需要的其他条件等。

(6)【答案】ABCD

【解析】该企业为自理报关单位,该单位在上海海关办理报关注册,可以在我国关境各口岸办理报关纳税手续。

(7)【答案】ABC

【解析】海关行政强制权是《海关法》及相关法律、行政法规得以贯彻实施的重要保障。具体包括:扣留权;滞报金、滞纳金征收权;提取货物变卖、先行变卖权;强制扣缴和变价抵缴关税权;税收保全;抵缴、变价抵缴罚款权;其他特殊行政强制权。进口货物超过 3 个月未向海关申报的,海关可以提取依法变卖处理;海关对超期申报的货物征收滞报金;对逾期缴纳进出口税费的,征收滞纳金。进出口货物的纳税义务人、担保人超过规定期限未缴纳税款的,经直属海关关长或者其授权的隶属海关关长批准,海关可以书面通知其开户银行或者其他金融机构,从其存款内扣缴税款;将应税货物依法变卖,以变卖所得抵缴税款;依法变卖其价值相当于应纳税款的货物或者其他财产,以变卖所得抵缴税款。对有违法情况的报关企业和报关员处以暂停或取消报关资格属于海关的行政处罚权。

(8)【答案】ABD

【解析】行政检查权是海关保证其行政管理职能得到履行的基本权力,主要包括检查权、查验权、施加封志权、查阅制权、查问权、查询权、稽查权等。①检查权,指海关有权检查进出境运输工具;检查有走私嫌疑的运输工具和有藏匿走私货物、物品的场所;检查走私嫌疑人的身体。②查验权,海关有权查验进出境货物、物品,不受海关监管区域限制。海关查验货物认为必要时,可以径行提取货样。③查阅复制权,包括查阅进出境人员的证件;查阅、复制与进出境运输工具、货物、物品有关的有关合同、发票、账册、单据、记录、文件、业务函电、录音录像制品和其他有关资料。④查问权,海关有权对违反《海关法》或者其他有关法律、行政法规的嫌疑人进行查问、调查其违法行为。⑤查询权,海关在调查走私案件时,经直属海关关长或者其授权的隶属海关关长批准,可以查询案件涉嫌单位和涉嫌人员在金融机构、邮政企业的存款、汇款。⑥稽查权,指自进出口货物放行之日起 3 年内或者在保税货物、减免税货物的海关监管期限内及其后的 3 年内,海关可以对与进出口货物直接有关的企业、单位的会计账簿、会计凭证、报关单证以及其他有关资料和有关进出口货物实施稽查,以监督被稽查人进出口活动的真实性、有效性和合法性。

(9)【答案】CD

【解析】海关是四项基本任务的监管、征税、缉私和统计,但本题尤其要注意的是监管不是监督管理的简称,监督管理不仅包括监管还包括其他的一些海关事项;征收关税也是不正确的,海关的任务是征收关税和其他环节代征税,不能简单地理解为征收关税。

(10)【答案】CD

【解析】A 选项和 B 选项属于行政强制措施,注意区分行政强制措施和行政强制执行的关键点在于:行政强制措施是一种暂时性的行为,而行政强制执行的发生是具有不可逆性的。

3. 判断题(对的打"√",错的打"×")

(1)【答案】×

【解析】报关企业是指按照规定经海关准予注册登记,接受进出口货物收发货人的委托,以进出口货物收发货人的名义或者以自己的名义,向海关办理代理报关业务,从事报关服务的境内企业法人。

(2)【答案】×

【解析】《海关法》规定,进出口货物收发货人、报关企业办理报关手续,必须依法经海关注册登记。因此,向海关注册登记是进出口货物收发货人、报关企业向海关报关的前提条件。没有进出口经营权的单位,有的也可以办理报关纳税手续,如科研、院校、海关特批的。

(3)【答案】×

【解析】有报关权的单位没有经商务部批准的进出口经营权的批件就没有进出口经营权,有进出口经营权的单位如果没有在所在地海关进行报关注册登记就没有报关权。

(4)【答案】√

【解析】海关事务属于中央立法权,立法者为全国人大及其常务委员会和国务院。海关执法依据:《海关法》和其他有关法律、行政法规。海关总署也可以根据国家的法律和国务院的法规、决定、命令,制定规章,作为执法依据的补充。省、自治区、直辖市人民代表大会和人民政府不得制定海关法律规范,地方法规、地方规章不是海关执法的依据。

(5)【答案】√

【解析】进出口货物收发货人在海关办理注册登记后,可以在中华人民共和国关境内各个口岸或者海关监管业务集中的地点办理本单位报关业务,但不能代理其他单位报关。

(6)【答案】√

【解析】《海关法》规定,海关有权查阅、复制与进出境运输工具、货物、物品有关的有关合同、发票、账册、单据、记录、文件、业务函电、录音录像制品和其他有关资料。

(7)【答案】×

【解析】进出口货物收发货人可直接在海关办理注册登记手续,无须经海关注册登记许可。

(8)【答案】√

【解析】《海关法》规定,国家在对外开放的口岸和海关监管业务集中的地点设立海关。海关的隶属关系不受行政区划的限制。

(9)【答案】√

【解析】进出境运输工具属于海关检查权的范围,因此不需要授权就可以直接行使。

(10)【答案】×

【解析】在我国,关境应该是小于国境的,因为有香港、澳门和台澎金马三个单独的关境区,但这三个地方是属于中国的国境范围的。

第 7 章
我国对外贸易管制

教学目标

通过对本章的学习,应能够熟练掌握对外贸易管制各种措施框架,明确各类管理类别所涉及的范围,对五种其他贸易管制制度应有较为深刻的理解,并对其中的操作细节能够熟练掌握和运用。

教学要求

知识要点	能力要求	相关知识
对外贸易管制概述	(1)能够正确利用贸易管制措施进行实践操作 (2)能够分析当前贸易管制措施的目的和特点	(1)对外贸易管制的目的和特点 (2)对外贸易管制与海关监管的联系 (3)贸易管制的基本框架,其操作所依据的法律体系
我国货物、技术进出口许可管理制度	(1)能够熟练运用贸易管制的措施 (2)熟练操作各种类别的贸易管制流程,办理所需手续	(1)禁止进出口货物和技术范围 (2)限制类进出口货物和技术范围 (3)自由进出口管理的措施
其他贸易管制制度	(1)在各种贸易管制措施下,能够进行熟练操作 (2)能够熟练操作管制流程及办理所需手续和单证	(1)对外贸易经营者管理 (2)出入境检验检疫制度、收付汇制度、贸易救济制度 (3)其他进出口管理措施

案例导入

完税价格的确定

自动许可证管理货物进口时必须提交许可证吗?

2012 年 2 月 15 日,华丰机电进出口有限公司(以下简称"华丰公司")以一般贸易方式在 A 海关申报进口机床设备一批,所报货物不属于国家许可证件管理商品,价值人民币50万元。A海关经查验发现,华丰公司实际进口货物为某型号多功能机床仪器设备,实际进口货物与申报商品虽然税率相同,但前者属于自动进口许可管理商品。因华丰公司进口申报行为涉嫌违法,A海关遂对此立案调查。海关经调查认定,华丰公司实际进口货物与申报不符是业务人员工作疏忽所致,并无逃避海关监管的主观故意,但该公司涉案行为构成影响国家许可证件管理的申报不实行为,违反海关监管规定,应承担相应法律责任。

2012年5月23日,A海关对华丰公司作出行政处罚决定,根据《海关行政处罚实施条例》(以下简称《处罚条例》)第十五条第(三)项的规定,对该公司处罚款人民币5万元;同时,因华丰公司进口属于国家自动进口许可管理货物,但申报时不能提交自动进口许可证明,A海关根据《处罚条例》第十四条的规定,决定不予放行涉案货物。华丰公司对海关所作出的决定不服,它应该如何处理?海关的处罚是合理的吗?

7.1 对外贸易管制概述

为了维护对外贸易的秩序,促进我国对外贸易和文化科技的发展,保障社会主义现代化发展的进程,我国颁布了一系列的关于对外贸易管制的法律、行政法规和部门规章。对外贸易管制是政府的一种强制性行政管理行为,是一种国家管制,任何从事对外贸易的经营活动者都必须无条件服从。

7.1.1 对外贸易管制的含义及特点

对外贸易管制,又可称为"进出口贸易管制",是指一国政府为了国家的宏观经济利益和国内外政策需要以及履行所缔结或加入国际条约的义务,确定实行各种管制制度、设立相应管制机构和规范对外贸易活动的总称。是各国或为经济目的或为政治目的而对进出口采取的禁止、限制措施,其已成为各国必不可少的重要政府职能之一。对外贸易管制措施的形式和内容存有许多差异,但各国实行对外贸易管制的目的相差无几,主要表现为:

1. 发展本国经济,保护本国的经济利益

贸易管制措施是经济政策的重要体现。民族工业对于发展中国家来说,具有深远的战略意义,实行对外贸易管制的重点是对本国的民族工业的保护,建立与完善、巩固本国的经济体系,在此过程中通过对外贸易管制的各项措施,能抵御外国产品或服务对本国市场的冲击,防止本国经济结构的独立性被扰乱或被打破,在国际收支平衡上,可以使有限的外汇发挥最大的作用;发达国家在当前竞争激烈、经济全球化的背景下,加之金融、政治等因素的不确定性,有如履薄冰之感。对外贸易管制从经济上看主要是为了继续确保本国在世界经济中的优势地位,特别是要巩固在某些产品或技术上的国际垄断地位,确保各项经济发展目标的实现。通过对进出口贸易的管理和管制,可以避免国际贸易活动对本国经济产生不良影响。从此可以看出,各国的对外贸易管制措施都是与各国的经济利益相联系的。

2. 推行本国的外交政策

一国的外交环境直接影响其经济、社会等多方面的发展,外交环境的影响因素是多方面的,这导致了外交具有不稳定性,应因时因势而变。

贸易管制作为影响国际经济往来重要的制度措施之一,经常会作为一国推行外交政策的有效手段。各国因各自目的不同,有的是为了政治上的考虑,有的则是出于军事上的原因。在不同背景下,会针对不同国家或不同商品实行差异性的对外贸易管制措施,达到其目标,有时甚至不惜牺牲经济利益。

3. 实现国家职能

作为主权国家,控制和支配其自然资源和采取独立性的经济行为是永久的主权,对外贸易管制的强制性是国家保护自然资源、环境、国民人身安全以及调控国民经济的一个重要保证,因此,对外贸易管制是实现国家职能的重要保证之一。

对外贸易管制除具有上述三个目的之外,还具有以下三个特点:第一,贸易管制政策是一国外交政策的体现;第二,贸易管制会因时因势而变化,各个时期对外的经济利益、安全环境和政治环境不同,贸易管制措施也应及时调整;第三,贸易管制措施以对进口的管制为重点,原因是贸易管制主要是为了对本国市场或经济利益实施保护。

7.1.2 贸易自由化与贸易管制

1. 贸易自由化是利益均衡分配的理想状态

贸易自由化是指一国对外国商品和服务的进出口以市场机制为主要调节手段,所采取的限制逐步减少,为进口商品和服务提供贸易优惠待遇的过程或结果。无论是以往的关贸总协定,还是现在的世贸组织,都是以贸易自由化为宗旨的。

一国最佳贸易政策的选择应是自由贸易政策,也即国家对进出口贸易不加干预和限制,允许商品自由输出和输入,在国内外市场自由竞争。通过市场机制以及比较优势,实现总社会福利的增加和互利共赢。然而以比较成本学说为基础的自由贸易理论在推行和传播过程中并非一帆风顺。早在十五六世纪的重商主义时期,保护主义的主张就已出现。保护主义的贸易政策是指国家采取各种限制进口的措施来保护本国市场,免受外国商品竞争,并对本国出口商品给予优待,鼓励商品出口的贸易政策。时至今日,贸易自由化作为符合"自然秩序"的一种贸易模式,仍是人类不懈追求的一种理想贸易政策,只是国际贸易有望达到的一种美好境界。亚当·斯密也很清楚这一点:"期待贸易自由像期待乌托邦一样的荒谬,因为不仅公众的偏见会反对,而且更无法克服的是存在许多个人的私利,都会不可遏制地出来阻挡和反对自由贸易。"

2. 贸易自由化与贸易管制交错存在

各国经济发展不平衡,仍然存在国家利益和民族利益,社会制度、经济体制和文化观念等方面的差异,使得贸易利益不可能在世界各国之间均衡分配。"在贸易政策中,国家安全不是唯一的非经济目标,各国可能非常想保留自己的文化传统或保护本国环境"。"有些人将其保护主义的论点建立在纯经济论据基础之上;另一些人则宣称由于社会的和政治的原因,采取保护主义是适当的"。基于国家利益和民族利益的需要,在经济上落后的国家为了保护本国生产力的发展,特别是为了保护国内的幼稚工业,大力倡导并推行保护贸易;而那些发达国家为了维护国内市场的垄断价格和夺取国外市场,也总是打着贸易自由化的旗帜,实行严厉的保护贸易政策。

因此通过考察世界市场经济发展的历程,不难看出,贸易自由化与贸易保护主义一直交错存在,各个国家总会自觉或不自觉地采取保护本国贸易的措施,只不过两种力量对比的不同可能导致在一定时期更倾向于一个方面。在国际贸易自由化的趋势下,关税保护和进口配额已被置于 GATT/WTO 规则约束之中,非关税措施在国际保护贸易政策中所占的地位越来越重要,保护的重点也由过去的传统竞争性产业逐步转向高技术产业并且由政策法规的间接限制代替了过去的行政性限制。随着知识产权在国际贸易中的地位变得越来越重要,如果不加强知识产权的国际保护,各国利用知识产权壁垒阻碍贸易自由化是必然的。这也是尽管各国矛盾重重、利益分歧巨大,但各种贸易协议得以最终达成的一个重要原因。

7.1.3 对外贸易管制的分类

对外贸易管制从不同的方面来看,分类方式有很多,但按照管制的对象来看,可以分为三种,即货物贸易、服务贸易、技术贸易。

1. 货物贸易

货物贸易也称为"有形(商品)贸易",用于交换的商品主要是以实物形态表现的各种实物性商品。国际货物贸易是指在国际市场上货物的交换,它的主要目的是获取利润,当然制约其的主要因素是社会分工的影响。国际贸易中的货物种类繁多,为了便于统计,联合国起草了分类标准将其分为 10 个大类。

2. 服务贸易

服务贸易又称为"劳务贸易",指国与国之间互相提供服务的经济交换活动。服务贸易有广义和狭义之分,狭义的服务贸易是指一国以提供直接服务活动形式满足另一国某种需要以取得报酬的一种活动。而广义的服务贸易不仅包括有形的活动,也包括一些无形的活动,而我们现在所谈到的服务贸易一般都是指广义的。

3. 技术贸易

技术贸易是市场体系的重要部分,技术的无形性使其有本身独特的特性。国际技术贸易是指不同国家的企业、经济组织或个人之间,按照一般商业条件,向对方出售或从对方购买软件技术使用权的一种国际贸易行为。它由技术出口和技术引进两方面组成。简言之,国际技术贸易是国际间以纯技术的使用权为主要交易的一种商业行为。

7.1.4 对外贸易管制与海关监管

对外贸易管制措施是一项综合管理制度,需要国家各个行政管理部门之间合理分工合作来实现。海关监管在对外贸易管制中也扮演着重要的角色。

1. 海关监管是实现贸易管制目标的有效行政管理手段

对外贸易在《对外贸易法》中被划分为货物进出口、技术进出口和国际服务贸易,这三类贸易中尤其是货物进出口贸易以及以货物为表现形式的技术进出口贸易,都是要有进出境行为的,而海关则是进出关境管理机关,是国家经济的守门人。《海关法》规定:"中华人民共和国海关是国家进出关境监督管理机关。海关依照本法和其他有关法律、行政法规,监管进出境的运输工具、货物、行李物品、邮递物品和其他物品,征收关税和其他税、费,查缉走私,并编制海关统计和办理其他海关业务。"从此可以看出,海关对进出关境的监督管理职能与对外贸易管制措施是紧密相连的,是贸易管制目标实现的行政保证。

海关管理活动所依据的三大要素是"单"(包括报关单在内的各类报关单据及其电子数

据)、"证"(各类许可证件、相关文件及其电子数据)、"货"(实际进出口货物)。"单"、"证"、"货"相符是海关确认货物合法进出口的必要条件,海关放行的依据是"单单相符"、"单货相符"、"单证相符"、"证货相符"。

2. 报关是海关确认进出口货物合法性的先决条件

《海关法》第二十四条规定:"进口货物的收货人、出口货物的发货人应当向海关如实申报,交验进出口许可证件和有关单证。国家限制进出口的货物,没有进出口许可证件的,不予放行。"申报作为报关的必不可少的环节之一,是进出口货物收发货人或其代理人依法向海关进行进出口申报并办理有关海关手续的过程,是进出口货物收、发货人或其代理人必须履行的手续。贸易管制政策海关监管环节是通过对"单"、"证"、"货"这三个要素来确认货物进出口的合法性。其中"单"和"证"正是通过报关环节中的申报手续向海关递交的。申报是报关单位向海关报告进出口货物的情况,海关随即将对其申报的情况进行审核并履行其他有关程序直至放行。由此可见,报关是海关确认进出口货物合法性的先决条件。

案例讨论

出口关税的秘密

宁波海关在货运渠道查获512支仿真枪,该批仿真武器外壳为黑色硬塑料,部分内部机件为金属制,枪支弹匣、瞄准器、消音器、激光红外灯等配件一应俱全。经过试验,用普通塑料子弹即可穿透3厘米厚纸板,射程可达到30~40米左右。最令人担心的是,该批仿真枪经过简单的改装,可以直接使用铅弹,"火力"远远超过了一般玩具枪。

试根据这一实际案例讨论,海关对于这些仿真枪支该如何处理?需要对其进行管制吗?

7.1.5 对外贸易管制的基本框架与法律体系

1. 基本框架

我国对外贸易管制制度不是指某个单项管理措施,而是由多种管理制度构成的一种综合制度,基本框架主要由海关监管制度、关税制度、对外贸易经营者的资格管理制度、进出口许可制度、出入境检验检疫制度、进出口货物收付汇管理制度以及贸易救济制度等构成。为保障贸易管制各项制度的实施,我国颁布了大量涉及对外贸易管制的法律和行政法规以及部门规章。经过几十年的努力,我国已基本建立并逐步确立了以《中华人民共和国对外贸易法》为核心的对外贸易管理与管制的法律体系,并依照这些法律制度和我国履行国际公约的有关规定,自主实行对外贸易管制。

2. 法律体系

我国对外贸易管制的国家管制特点决定了其所涉及的法律渊源仅限于宪法、法律、行政法规、部门规章以及相关的国际条约,其法律渊源不包括地方性法规、地方性规章及各民族自治区政府的地方条例和单行条例。

表 7-1 对外贸易管制的法律体系

对象	性质	具体内容
法律	法律是指由国家最高权力机关全国人民代表大会或它的常务委员会制定,由国家主席颁布的规范性文件的总称	(1)《中华人民共和国对外贸易法》 (2)《中华人民共和国海关法》 (3)《中华人民共和国进出口商品检验法》 (4)《中华人民共和国进出境动植物检疫法》 (5)《中华人民共和国固体废物污染环境防治法》 (6)《中华人民共和国国境卫生检疫法》 (7)《中华人民共和国野生动物保护法》 (8)《中华人民共和国药品管理法》 (9)《中华人民共和国文物保护法》 (10)《中华人民共和国食品卫生法》
行政法规	行政法规是指国务院为了实施宪法和其他相关法律,在自己职权范围内,制定基本行政管理规范性文件的综合	(1)《中华人民共和国货物进出口管理条例》 (2)《中华人民共和国技术进出口管理条例》 (3)《中华人民共和国进出口关税条例》 (4)《中华人民共和国知识产权海关保护条例》 (5)《中华人民共和国外汇管理条例》 (6)《中华人民共和国反倾销管理条例》 (7)《中华人民共和国反补贴管理条例》 (8)《中华人民共和国保障措施条例》
部门规章	部门规章是指国务院各部门根据法律和国务院的行政法规和命令,在本部门权限范围内发布的规范性文件综合	(1)《货物进口许可证管理办法》 (2)《货物出口许可证管理办法》 (3)《货物自动进口许可管理办法》 (4)《出口收汇核销管理办法》 (5)《进口药品管理办法》 (6)《放射性药品管理办法》 (7)《两用物项和技术进出口许可证管理办法》
国际条约	国际条约是指国家及其他国际法主体间所缔结的,以国际法为准则,并确定其相互间权利和义务关系的一种国际书面协议	(1)《关于简化和协调海关制度的国际公约》 (2)《濒危野生动植物种国际贸易公约》 (3)《关于消耗臭氧层物质的蒙特利尔议定书》 (4)《关于麻醉品和精神药物的国际公约》 (5)《关于化学品国际贸易资料交流的伦敦准则》 (6)《关于在国际贸易中对某些危险化学品和农药采用事先知情同意程序的鹿特丹公约》 (7)《关于控制危险废物越境转移及其处置的巴塞尔公约》 (8)《建立世界知识产权组织公约》

7.2 我国对外贸易管制的基本制度

7.2.1 对外贸易经营者管理制度

国务院商务主管部门和相关部门为了鼓励对外经济贸易的发展,发挥各方面的积极性,保障对外贸易经营者的对外自主权,制定了一系列法律、行政法规和部门规章,对对外贸易经营活动中涉及的相关内容做出了规范,对外贸易经营者在进出口经营活动中必须遵守相应的法律、行政法规、部门规章。这些法律、行政法规、部门规章构成了我国对外贸易经营者管理制度。对外贸易经营者管理制度是我国对外贸易管理制度之一。

对外贸易经营者,是指依法办理工商登记或者其他执业手续,依照《对外贸易法》和其他有关法律、行政法规、部门规章的规定从事对外贸易经营活动的法人、其他组织或者个人。也就是说,对外贸易经营者有三种形式,即法人、其他组织或者个人。对外贸易经营者具有进出口经营权。

目前,我国对外贸易经营者的资格管理,实行备案登记制。从事货物进出口或者技术进出口的对外贸易经营者,应当向国务院商务主管部门或者其委托的机构办理备案登记,但法律、行政法规规定要备案登记的除外。也就是对外贸易经营者在从事对外贸易经营前,必须按照国家的有关规定,依法定程序在国务院商务主管部门备案登记,取得对外贸易经营资格后,方可在其允许的范围内从事对外贸易经营活动。备案登记的具体实施办法由国务院商务主管部门规定。对外贸易经营者未按照规定办理备案登记的,海关不予办理进出口货物的报关验放手续。

对外贸易经营者可以接受他人的委托,在经营范围内代为办理对外贸易业务。国务院商务主管部门也可以对部分进出口商品,或者在一定期限内对部分进出口商品实施国营贸易管理或制定经营管理。所谓的部分进出口商品指的是关系到国计民生的重要进出口商品。实行国营贸易管理的货物的进出口业务只能由经授权的企业经营,但国家允许部分数量的国营贸易管理的货物的进出口业务由非授权企业经营的除外。实行国营贸易管理的货物和经授权经营企业的目录,由国务院商务主管部门会同国务院其他有关部门确定、调整并公布。未经批准擅自进出口实行国营贸易管理的货物,海关不予放行。

7.2.2 货物与技术进出口许可管理制度

进出口许可制度是根据国家的法律、政策、对外贸易计划和国内市场的需要,对进出口经营权、经营范围、贸易国别、进出口商品品种、数量等实行全面管制的制度,从广义上讲,进出口许可制度是以进出口商品许可证管理为主体的国家对外贸易一系列审批制度的总和。进出口许可制度的基本内容包括:进出口经营权及经营范围的审批、国家限制进出口商品的配额管理和许可证管理、进出口商品的分类管理、对外贸易国别政策等内容。

进出口许可制度是国家对外经济贸易宏观管理的重要措施,也是海关对进出口货物实行监管的重要依据。

进出口许可制度属于一项非关税措施,被世界各国长期并广泛地采用。所谓进出口许可是国家对进出口的一种行政管理程序,既包括准许进出口有关证件的审批和管理制度本身的程序,也包括以国家各类许可为条件的其他行政管理手续,这种行政管理制度称为"进出口许可管理制度"。

在我国进出口许可管理制度中,货物、技术进出口许可管理制度处于主体地位,其管理范围包括禁止进出口货物和技术、限制进出口货物和技术、自由进出口的技术以及自由进出口中部分实行自动许可管理的货物。

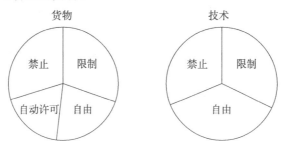

图 7-1 货物与技术进出口许可管理范围

注:货物管理范围中的"自由"无须申领任何许可证件,因而是"绝对的自由";
技术管理范围中的"自由"需办理合同备案登记,因而是"相对的自由"。

1. 禁止进出口管理

禁止进出口管理包括禁止货物进出口管理和禁止技术进出口管理。禁止进出口管理的内容主要由国务院商务主管部门会同国务院有关部门确定,主要依据为《对外贸易法》等有关法律法规,主要载体形式为禁止进出口货物、技术目录。海关在禁止进出口管理中的任务是依据相关法律法规对禁止进出口的商品实施监督管理,绝不能让禁止进出口的货物或技术有进出口的行为发生。根据我国《海关法》的规定,我国海关在对进出境货物实行监管的过程中,一旦发现有涉嫌违反国家禁止进出口规定的货物,有权采取扣留、没收等行政措施。

禁止进出口的货物和技术从管理流向上看,可以分为禁止进口管理和禁止出口管理。

(1)禁止进口管理。凡是列入国家公布的禁止进口目录的货物、技术以及国家法律法规明令禁止或停止进口的货物、技术,任何企业不得经营进口。我国法律法规规定的相关货物、技术如表 7-2 所示:

表 7-2　禁止进口货物、技术列表

类别	目录	所包括具体商品和技术品名
货物	1.列入《禁止进口货物目录》的商品	
	(1)《禁止进口货物目录》(第一批)： ①保护我国的自然生态环境和资源 ②为了履行相关条约和协定	——国家禁止进口属破坏臭氧层物质的四氯化碳； ——禁止进口属濒危物种管理范畴的犀牛角和虎骨等。
	(2)《禁止进口货物目录》(第二批)： ①保护生产安全和人身安全 ②环境保护的需要	——旧机电产品类：如涉及生产安全(压力容器类)、人身安全(电器、医疗设备类)和环境保护(汽车、工程及车船机械类)的旧机电产品等。
	(3)《禁止进口固体废物目录》(原第三、四、五批)： 为了防止对环境等造成污染	——对环境有污染的固体废物类，主要包括废动物产品、废动植物油脂、冶炼矿渣、废药物、杂项化学品废物、废橡胶、废纺织物、废玻璃等。
	(4)《禁止进口货物目录》(第六批)： ①保护人的健康、维护环境安全、淘汰落后产品 ②履行公约	——长纤维青石棉； ——二恶英。
	2.国家有关法律、法规明令禁止进口的商品	
	主要依据《中华人民共和国进出境动植物检疫法》的相关规定	——来自动植物疫情流行的国家和地区有关动植物及其他检疫物； ——动植物病源(包括菌种、毒种等)及其他有害生物、动物尸体、土壤； ——带有违反"一个中国"原则内容的货物及其包装； ——以氯氟烃物质为制冷剂、发泡剂的家用电器产品和以氯氟烃物质为制冷工质的家用电器用压缩机； ——滴滴涕、氯丹； ——莱克多巴胺和盐酸莱克多巴胺。
	3.其他各种原因停止进口的商品	
	主要依据海关规章停止进口或不得进口的货物	——以 CFC—12 为制冷工质的汽车及以 CFC—12 为制冷工质的汽车空调压缩机(含汽车空调器)； ——旧衣服； ——Ⅷ因子制剂等血液制品； ——氯酸钾、硝酸铵； ——禁止进口和销售100瓦及以上的普通照明白炽灯。
技术	1.列入《中国禁止进口限制进口技术目录》的技术	
	根据《对外贸易法》、《技术进出口管理条例》及《中国禁止进口限制进口技术目录》，列明的技术不得进口	——钢铁冶金技术、有色金属冶金技术、化工技术、石油炼制技术、石油化工技术、消防技术、电工技术、轻工技术、印刷技术、医药技术、建筑材料生产技术等技术领域。

（2）禁止出口管理。禁止出口管理包括禁止出口货物管理和禁止出口技术管理两个部分，其主要依据是国家公布禁止出口目录的以及国家法律法规明令禁止或其他原因停止出口的货物、技术，任何企业不得经营出口。我国法律法规规定的禁止出口货物、技术如下表所示：

表 7-3 禁止出口货物、技术列表

类别	目录	所包括具体商品和技术品名
货物	1. 列入《禁止进口货物目录》的商品	
	（1）《禁止出口货物目录》（第一批）： ①保护我国的自然生态环境和资源 ②为了履行相关条约和协定	——国家禁止出口属于破坏臭氧层物质的四氯化碳； ——禁止出口属濒危物种管理范畴的犀牛角、虎骨、麝香； ——禁止出口有防风固沙作用的发菜和麻黄草等植物。
	（2）《禁止出口货物目录》（第二批）： 为了保护我国匮乏的森林资源	——禁止出口木炭。
	（3）《禁止出口货物目录》（第三批）： ①保护人的健康、维护环境安全、淘汰落后产品 ②履行公约	——长纤维青石棉； ——二恶英。
	（4）《禁止出口货物目录》（第四批）	——硅砂、石英砂、天然砂。
	（5）《禁止出口货物目录》（第五批）	——森林凋落物（无论是否经化学处理）； ——泥炭（草炭）。
	2. 国家相关法律、法规明令禁止出口的商品	
	主要依据国家的相关法律法规、国际条约以及相关协定规定不得出口的商品	——未定名的或者新发现并有重要价值的野生植物； ——原料血浆； ——商业性出口的野生红豆杉及其部分产品； ——劳改产品； ——以氯氟烃物质为制冷剂、发泡剂的家用电器产品和以氯氟烃物质为制冷工质的家用电器用压缩机； ——滴滴涕、氯丹； ——莱克多巴胺和盐酸莱克多巴胺
技术	1. 列入《中国禁止出口限制出口技术目录》的技术	
	《对外贸易法》、《技术进出口管理条例》及《中国禁止出口限制出口技术目录》列明的技术不得出口	——核技术、测绘技术、地质技术、药品生产技术、农业等技术领域。

2. 限制进出口管理

为了维护国际安全和社会公共利益，保护人民的生命健康，履行国际条约和一些相关协议和协定，国务院商务主管部门和其他相关部门，依照《对外贸易法》的规定，调整并公布了相关的限制进出口货物、技术目录，海关依据相关规定对货物及技术的进出口实行监督。

(1)限制进口管理。限制进口管理的主要依据是限制进出口货物、技术目录,由国务院商务部主管部门会同其他有关部门制定并管理,所以限制进出口的货物或技术必须经过许可后方可进口。

①限制进口货物管理。我国对限制进口货物的管理实行许可证件管理和关税配额管理两种方式。其中许可证件管理是非配额限制管理,关税配额管理属于关税配额税率管理。

许可证件管理。许可证件管理是指在一定时期内根据国内各领域需要,以及为履行我国所加入或缔约的有关国际条约规定,由国家行政许可并签发许可证件,以此方式来实现各类限制的进口措施。

许可证件管理主要包括进口许可证、两用物项和技术进出口许可证、濒危物种进口、限制类可利用废物进口、药品进口、音像制品进口、黄金及其制品进口等管理。

在许可证件管理过程中,签发权由法律、法规所规定的各类有关部门行使,海关则负责对许可证件进行验放,由此可见,海关管理是一种再管理。

关税配额管理。关税配额管理是指一定时期内(一般是1年),国家对部分商品的进口制定配额优惠税率并规定该商品进口数量总额。配额以内进口的货物,经国家批准后可以按照配额内税率征税进口,超出配额的部分则按照配额外税率征税,也就是说配额内额外实行差别税率。配额以内的税率一般低于配额以外的税率,关税配额是一种相对的数量限制。

②限制进口技术管理。限制进口技术实行目录管理。国务院商务主管部门会同国务院有关部门,制定、调整并公布限制进口的技术目录,属于目录范围的限制进口的技术,实行许可证管理,未经许可,不得进口。目录制定的依据是《对外贸易法》、《技术进出口管理条例》以及由国务院商务主管部门发布的《禁止进口限制进口技术管理办法》的有关规定。

属于限制进口的技术的进口程序是申请、接受审查、通过审批、申领《技术进口许可意向书》、签订合同、申领技术进口许可证。具体操作是,应首先向国务院商务主管部门提出技术进口申请,国务院商务主管部门收到技术进口申请后,然后会同国务院有关部门对申请进行审查,技术进口申请经批准的,由国务院商务主管部门发给《中华人民共和国技术进口许可意向书》,进口经营者取得技术进口许可意向书后,可以对外签订技术进口合同。进口经营者签订技术进口合同后,应当向国务院商务主管部门申请技术进口许可证。经审核符合发证条件的,由国务院外经贸主管部门颁发《中华人民共和国技术进口许可证》,凭之向海关办理进口通关手续。

(2)限制出口管理。国务院商务部会同国务院有关部门,依照《对外贸易法》等相关法律法规,制定、调整并公布各类限制出口货物、技术目录。实行限制出口管理的货物、技术,必须依照国家有关规定,经国务院商务主管部门会同国务院有关部门许可,方可出口。海关则根据有关法律对限制出口的货物、技术实施监管。

限制出口管理可分为限制出口货物管理和限制出口技术管理两个方面。

①限制出口货物管理。我国《进出口管理条例》中对限制出口货物有明确的规定:"国家规定有数量限制的出口货物,实行配额管理;其他限制出口货物,实行许可证件管理;实行配额管理的限制出口货物,有国务院商务主管部门和国务院有关经济管理部门按照国务院规定的职责划分进行管理。"

限制出口货物按照对其限制的方式可分为出口配额限制、出口非配额限制两种方式。

出口配额限制。出口配额限制是指国家对部分商品的出口数量直接加以限制的措施,出口配额限制有出口配额许可证件管理和出口配额招标管理两种形式。

出口配额许可证件管理是指国家对部分商品的出口,在一定时期内(一般是1年)规定一个数量总额,经国家批准获得配额的企业方允许经营出口业务,否则不准出口,这种管理措施是国家通过行政管理手段所实施的一种绝对数量的限制。

具体操作程序是提出申请、国务院商务主管部门对申请者进行审查、发放配额证明、凭配额证明申领《出口货物许可证》。出口配额许可证件管理的配额是直接分配的。

出口配额招标管理是国家对部分商品的出口,在一定时期内(一般是1年)规定一个数量总额,采取招标分配的方式,中标者获得配额的企业允许出口。出口配额招标管理是国家通过行政管理手段所实施的绝对数量限制措施。

具体操作程序是中标者获得国家各配额主管部门发放的配额证明,凭配额证明申领《出口货物许可证》、凭以办理通关、外汇核销等出口手续。

出口非配额限制。出口非配额限制是指在一定时期内根据不同领域的需要,以及为履行我国所加入或缔约的有关国际条约规定,须经国家行政许可并签发许可证件,以此方式来实现的各类限制出口措施。我国非配额限制管理主要包括出口许可证、濒危物种出口、两用物项出口以及黄金及其制品出口等许可管理。

②限制出口技术管理。限制出口技术管理实行目录管理。国务院商务主管部门会同国务院有关部门,制定、调整并公布限制出口的技术目录,属于目录范围内的限制出口的技术,实行许可证管理,未经国家许可,不得出口。目录制定的主要根据是《对外贸易法》、《技术进出口管理条例》、《生物两用品及相关设备和技术出口管制条例》、《导弹及相关物项和技术出口管制条例》、《核两用品及相关技术出口管制条例》、《核出口管理条例》以及《禁止出口限制出口技术管理办法》等有关规定。

限制出口技术目录目前主要有《两用物项和技术进出口许可证管理目录》和《中国禁止出口限制出口技术目录》等。

具体操作程序是首先向国务院商务主管部门提出技术出口申请,经其审核批准后取得技术出口许可证件。凭许可证件办理出口通关手续。

经营限制出口技术的经营者在向海关申报出口手续时必须主动递交相关技术出口许可证件,否则经营者将承担由此而造成的一切法律责任。

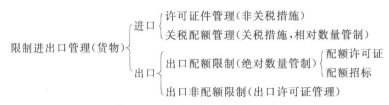

图7-2 限制进出口管理(货物)

3. 自由进出口管理

自由进出口的货物、技术的进出口不受限制。自由进出口管理的范围就是除国家禁止、限制进出口的货物、技术外的其他货物、技术。国家对自由进出口的管理体现在对部分属于自由进出口的货物实行自动进口许可管理,对自由进出口的技术实行技术进出口合同登记管理,由此也可看出在自由进出口管理中,对于货物和技术的管理方式是有差别的。

(1)对货物的自动进口许可管理。自动进口许可管理是在任何情况下对进口申请一律予以批准的进口许可制度。这种进口许可是一种在自由进口货物进口前进行自动登记的许可制度,主要作用是便于国家对这类货物的统计和监督,自动进口许可管理是我国进出口许可管理制度中的重要组成部分,也是目前各国普遍使用的一种进口管理制度。

具体操作程序是进口经营者在办理海关报关手续前,先向国务院商务主管部门或者国务院有关经济管理部门提交自动进口许可申请,凭相关部门发放的自动进口许可证,向海关办理报关手续。

(2)对技术的进出口合同登记管理。自由进出口的技术实施合同登记管理,向国务院商务主管部门或者其委托的机构办理。国务院商务主管部门应当自收到规定文件之日起3个工作日内,对技术进出口合同进行登记,颁发技术进出口合同登记证,申请人凭技术进出口合同登记证,办理外汇、银行、税务、海关等有关手续。

7.2.3 出入境检验检疫制度

出入境检验检疫制度是我国贸易管制制度中的重要组成部分之一,主要目的是维护国家声誉和对外贸易有关当事人的合法权益,保障国内生产的正常开展、促进对外贸易的健康发展,保护我国的公共安全和人民生命财产安全等,是国家主权的具体体现。

出入境检验检疫制度的主管部门是国家质量监督检验检疫总局。其含义是指由国家出入境检验检疫部门依据我国有关法律和行政法规以及我国政府所缔结或者参加的国际条约、协定,对出入境的货物、物品及其包装物、交通运输工具、运输设备和出入境人员实施检验检疫监督管理的法律依据和行政手段的总和。出入境检验检疫制度是国家主权的体现,是国家维护根本经济权益与安全的重要措施。

1. 出入境检验检疫职责范围

(1)我国出入境检验检疫制度实行目录管理,目录名称为《出入境检验检疫机构实施检验检疫的进出境商品目录》(简称《法检目录》)。该目录由国家质量监督检验检疫总局根据对外贸易活动中的需要公布并调整。该目录所列名的商品称为"法定检验商品",即国家规定实施强制性检验的某些进出境商品。

(2)法定检验以外的商品不需要进行强制性的检验,是否需要检验,由对外贸易当事人自行决定。对外贸易合同约定或者进出口商品的收发货人申请检验检疫时,检验检疫机构可以接受委托,实施检验检疫并制发证书。虽然检验检疫机构对法检以外的进出口商品不实施强制性的检验,但可以采取抽查的方式予以监督管理。

(3)对关系国计民生、价值较高、技术复杂或重要环境及卫生、疫情标准的重要进出口商品,收货人应当在对外贸易合同中约定在出口装运前进行预检验、监造或监装,以及保留货到后最终检验和索赔的条款。

2. 出入境检验检疫制度组成

我国出入境检验检疫制度由进出口商品检验制度、进出境动植物检疫制度以及国境卫生监督制度三部分组成。

表 7-4　出入境检验检疫制度构成

	法律依据	检验检测内容	方式
进出口商品检验制度	《中华人民共和国进出口商品检验法》	商品的质量、规格、数量、重量、包装以及是否符合安全、卫生要求	法定检验、合同检验、公证鉴定和委托检验
进出境动植物检疫制度	《中华人民共和国进出境动植物检疫法》	对进出境动植物、动植物产品的生产、加工、存放过程实行动植物检测	进境检疫、出境检疫、过境检疫、进出境携带和邮寄物检疫以及出入境运输工具检疫
国境卫生监督制度	《中华人民共和国国境卫生检疫法》和《中华人民共和国食品卫生法》	对出入境的交通工具、货物、运输容器以及口岸辖区的公共场所、环境、生活设施、生产设备所进行的卫生检查、鉴定、评价和采样检验	进出境检疫、国境传染病检测、进出境卫生监督

(1)进出口商品检验制度。进出口商品检验制度是国家质量监督检验检疫总局及其口岸出入境检验检疫机构,根据《中华人民共和国进出口商品检验法》及其《实施条例》的规定,对进出口商品所进行的品质、质量检验和监督管理的制度。

对进出口商品实施检验制度的主要目的是加强对进出口商品的检验,确保进出口商品的质量标准,达到对贸易有关各方的合法权益实施保护,促进对外经济贸易关系的顺利发展。商品检验机构实施进出口商品检验的内容包括:商品的质量、规格、数量、重量、包装以及是否符合安全、卫生要求等。我国商品检验的种类分为 4 种,即法定检验、合同检验、公证鉴定和委托检验。对法律、行政法规规定有强制性标准或者其他必须执行的检验标准的进出口商品,依照法律、行政法规规定的检验标准检验,法律、行政法规没有规定依照对外贸易合同约定的检验标准检验。

(2)进出境动植物检疫制度。进出境动植物检疫制度是根据《中华人民共和国进出境动植物检疫法》及其《实施条例》的规定,国家质量监督检验检疫总局及其口岸出入境检验检疫机构对进出境动植物、动植物产品的生产、加工、存放过程实行动植物检疫的进出境的监督管理制度。

我国实行进出境动植物检验检疫制度的目的是防止动物传染病、寄生虫病和植物危险性病、虫、杂草以及其他有害生物传入、传出国境,保护农、林、牧、渔业生产和人体健康,促进对外经济贸易的发展。

口岸出入境检验检疫机构实施动植物检疫监督管理的方式有:实行注册登记、疫情调查、检测和防疫指导等,其管理主要包括:进境检疫、出境检疫、过境检疫、进出境携带和邮寄物检疫以及出入境运输工具检疫等。

(3)国境卫生监督制度。国境卫生监督制度是指出入境检验检疫机构卫生监督执法人员,根据《中华人民共和国国境卫生检疫法》及其《实施细则》以及国家其他的卫生法律法规和卫生标准,在进出口口岸对出入境的交通工具、货物、运输容器以及口岸辖区的公共场所、环境、生活设施、生产设备所进行的卫生检查、鉴定、评价和采样检验的制度。我国实行国境卫生监督制度的目的主要是防止传染病的传播,保护人体健康。其监督职能主要包括:进出境检疫、国境传染病检测、进出境卫生监督等。

3. 出入境货物通关单

列入《法检目录》内的货物必须由所有人或其代理人在办理进出口通关手续前,向口岸检验检疫机构报检。海关凭口岸出入境检验检疫机构签发的"中华人民共和国检验检疫入境货物通关单"(简称"入境货物通关单")或"中华人民共和国检验检疫出境货物通关单"(简称"出境货物通关单")验放。

自 2008 年 1 月 1 日起,国家实行出入境货物通关单电子数据联网管理,出入境检验检疫机构对法检商品签发通关单,并实时将通关单电子数据传输至海关,海关凭以验放法检商品,办结海关手续后将通关单使用情况反馈给检验检疫部门。

入境货物通关单和出境货物通关单都实行"一批一证"制度管理。入境货物通关单主要适用的情况有:列入《法检目录》的商品;外商投资财产价值签订(受国家委托,为防止外商瞒骗对华投资额而对其以实物投资形式进口的投资设备的价值进行的签订);进口可用作原料的废物;进口旧机电产品;进口货物发生短少、残损或其他质量问题需对外索赔时,其赔付的进境货物;进口捐赠的医疗器械;其他未列入《法检目录》但国家有关法律、行政法规明确由出入境检验检疫机构负责检验检疫的出境货物或特殊物品等。出境货物通关单适用的情况有:列入《法检目录》的货物;出口纺织品标志;对外经济技术援助物资及人道主义紧急救灾物资;其他未列入《法检目录》但国家有关法律、行政法规明确由出入境检验检疫机构负责检验检疫的入境货物或特殊物品等。

【技能自测】

2009 年 7 月,某进出口公司向国外出口 7 个集装箱装运的钢丝绳。在货物出运前,公司新进上岗的装卸工人考虑到此批货物重量较大,为了方便客户利用铲车卸货,在夹板盘上加钉了未进行除害处理、未加施 IPPC 标识的实木条。该公司也未就该木质包装向当地检验检疫机构报检。货物到达目的国后,该国海关在查验过程中发现,包装物中混有实木包装且未加施 IPPC 标识,强制将全部货物做退运处理。

为什么这批货物会被退运?

解析:根据《出境货物木质包装检疫处理管理办法》(国家质检总局第 69 号令),从 2005 年 3 月 1 日起,出境货物木质包装应当按照规定的检疫除害处理方法实施处理,并按要求加施 IPPC 专用标识。出境货物使用的木质包装不是获得检验检疫许可的处理单位生产并加施有效 IPPC 标志,发货人又不依法向检验检疫机构报检致使涉案木质包装已经出口的,属于未依法报检的违法行为。

本案中,该进出口公司装卸工人加装实木条,完全是出于方便收货人卸货的考虑,并不存在逃避检验检疫监管的主观故意,但最终导致了货物被强制退运的结果,使企业蒙受了巨大的损失,也给中国出口货物造成了不好的国际影响。

7.2.4 进出口货物收付汇管理制度

对外贸易经营者在对外贸易经营活动中,应当依照国家有关规定结汇、用汇。这里所提的国家有关规定就是我国的外汇管理制度,即国家外汇管理局、中国人民银行及国务院其他有关部门,依据国务院《中华人民共和国外汇管理条例》及其他有关规定,对包括经常项目外汇业务、资本项目外汇业务、金融机构外汇业务、人民币汇率的生成机制和外汇市场等领域实施的监督管理。进出口货物收付汇管理是我国实施外汇管理的主要手段,也是我国外汇管理制度的重要组成部分。

1. 出口货物收汇管理

我国对出口收汇管理采取的是外汇核销形式。为完善企业货物贸易出口收结汇管理,加强出口交易与收结汇的真实性及一致性的核查,根据《中华人民共和国外汇管理条例》,国家外汇管理局先后颁布了《出口收汇核销管理办法》和《出口收汇核销管理办法实施细则》,并会同商务部、海关总署联合制定了《出口收结汇联网核查办法》,明确通过出口收结汇联网核查系统进行出口电子数据联网核查的方式。具体内容是:核查系统依据海关提供的企业出口货物报关单有关数据和外汇管理局提供的企业出口预收货款数据,结合企业贸易类别及行业特点等,产生企业与出口对应的可收汇额。企业出口收汇,应当先进入银行直接以该企业名义开立的出口收汇待核查账户,对需要结汇或者划出的外汇应当如实填写"出口收汇说明",连同中国电子口岸操作员IC卡,一并提交银行办理;银行应当凭企业及自身操作员IC卡登录核查系统,对企业出口收汇进行联网核查后在企业相应出口可收汇额内办理结汇或划出资金手续,同时在核查系统中核减其对应出口可收汇额。

2. 进口货物付汇管理

进口货物付汇管理采取外汇核销形式。国家为了防止汇出外汇而实际不进口商品的逃汇行为的发生,通过海关对进口货物的实际监管来监督进口付汇情况。其具体程序为:进口企业在进口付汇前需向付汇银行申请国家外汇管理局统一制发的"贸易进口付汇核销单",凭以办理付汇。货物进口后,进口单位或其代理人凭海关出具的进口货物报关单付汇证明联及其相关电子数据等向国家外汇管理局指定银行办理核销付汇。

7.2.5 贸易救济制度

对外贸易救济措施是对一国产业进行保护的手段之一,主要包括反补贴、反倾销和保障措施。反补贴和反倾销措施针对的是价格歧视这种不公平贸易行为,保障措施针对的则是进口产品激增的情况。

贸易救济措施是WTO允许成员采用的措施,我国依据WTO有关《反倾销协议》、《补贴与反补贴措施协议》和《保障措施协议》以及我国《对外贸易法》的有关规定,制定颁布了《中华人民共和国反补贴条例》、《中华人民共和国反倾销条例》以及针对保障措施的有关规定。

1. 反倾销措施

倾销是指一国产品以低于其正常价值的价格,出口到另一国市场的行为。倾销从表面上看对进口国是有利的,但实际上,这种低价销售的背后,出口国为了垄断进口国市场,用价格手段扰乱进口国市场,打击进口国竞争对手,这样的结果常使进口国的相关企业因不堪低价竞争而纷纷关闭,而造成进口国一系列的问题,如国内产品价格份额的减少、工业萎缩、就业机会减少等,同时还会严重影响国家经济发展和国家财政。因此,各国往往通过国内立法手段进行反击。从反倾销的产生和其功能来看,应属于一种非关税措施。

我国在WTO制定的《反倾销协议》的基础上,严格依据《中华人民共和国反倾销条例》来实施反倾销措施。反倾销措施包括临时反倾销措施和最终反倾销措施。

(1)临时反倾销措施。临时反倾销措施是指进口方主管机构经过调查,初步认定被指控产品存在倾销,并对国内同类产业造成损害,据此可以依据WTO所规定的程序进行调查,在全部调查结束之前,采取临时性的反倾销措施,以防止在调查期间国内产业继续受到损害。

目前,临时反倾销措施主要有两种形式:一是征收临时反倾销税;二是要求提供现金保证金、保函或者其他形式的担保。

征收临时反倾销税的程序是:由国务院商务主管部门提出建议,国务院关税税则委员会根据其建议做出征税决定,由国务院商务主管部门予以公告。要求提供现金保证金、保函或者其他形式的担保的程序是:由国务院商务主管部门做出决定并予以公告。海关自公告规定实施之日起执行。

临时反倾销措施实施的期限,自临时反倾销措施决定公告规定实施之日起,不超过4个月;在特殊情形下,可以延长至9个月。

(2)最终反倾销措施。对最终被确定倾销成立的,可以在正常海关税费之外征收反倾销税。征收反倾销税的程序是:由国务院商务主管部门提出建议,国务院关税税则委员会根据其建议做出征税决定,由国务院商务主管部门予以公告。海关自公告规定实施之日起执行。

2. 反补贴措施

补贴是指政府或任何公共机构对企业提供财政捐助,以及政府对其收入或价格的支持,特别是出口补贴。补贴与倾销一样,也是一种不公平竞争行为。反补贴与反倾销的措施相同,也分为临时反补贴措施和最终反补贴措施。

(1)临时反补贴措施。终裁被确定补贴成立的,可以采取临时反补贴措施。临时反补贴措施采取以现金保证金或者保函作为担保的征收临时反补贴税的形式。

采取临时反补贴措施的程序是:由国务院商务主管部门提出建议,国务院关税税则委员会根据其建议做出决定,由国务院商务主管部门予以公告。海关自公告规定实施之日起执行。临时反补贴措施实施的期限不超过4个月。

(2)最终反补贴措施。自临时反补贴措施决定公告规定实施之日起,在为完成磋商的努力没有取得效果的情况下,由终裁决定被确定补贴成立的,并因此而对国内产业造成损害的,可对其征收反补贴税。

征收反补贴税的程序是:由国务院商务主管部门提出建议,国务院关税税则委员会根据其建议做出决定,由国务院商务主管部门予以公告。海关自公告规定实施之日起执行。

3. 保障措施

保障措施是指进口国在进口商品数量激增并对国内相关产业造成严重损害或构成严重损害威胁时,采取的进口限制措施。保障措施在性质上完全不同于反倾销措施和反补贴措施。保障措施与反倾销措施、反补贴措施最大的不同点在于所针对的对象不同,保障措施针对的是公平贸易条件下的进口产品激增,反倾销措施和反补贴措施针对的是不公平竞争。

根据WTO《保障措施协议》的有关规定,保障措施可分为临时保障措施和最终保障措施。

(1)临时保障措施。临时保障措施是指在紧急情况下,如果延迟会造成难以弥补的损失,进口国成员国可不经磋商而采取临时保障措施,临时保障措施的实施期限不得超过200天,并且此期限计入保障措施总期限。

临时保障措施通常的做法是提高关税,如果事后调查不能证实进口激增对国内有关产业已经造成损害或构成损害威胁,则增收的关税应立即退还。

(2)最终保障措施。最终保障措施,可以采取提高关税、纯粹的数量限制和关税配额形式。保障措施应仅在防止或救济严重损害的必要限度内实施。

保障措施的实施期限一般不超过 4 年,如果仍需继续采取保障措施则必须同时满足四个条件:对于防止或者补救严重损害仍有必要;有证据表明该产业正在进行调整;已经履行有关对外通知、磋商的义务;延长后的措施不严于延长前的措施。但保障措施全部实施期限(包括临时保障措施期限)不得超过 10 年。

【技能自测】

2011 年 10 月 19 日,德国 Solar World 公司的美国分公司联手其他 6 家匿名公司,组成美国光伏制造商联盟,向美国商务部和美国国际贸易委员会提交申诉报告,指控中国太阳能制造企业以不公平价格向美国倾销太阳能晶体硅电池(板),并且指责中国政府向太阳能晶体硅电池(板)生产者提供多项非法补贴,使中国相关厂商从中获利。要求对中国晶体硅光伏电池(板)进行反倾销和反补贴调查。

2011 年 11 月 8 日,美国商务部正式展开对中国输美太阳能晶体硅电池(板)产品的双反调查,并举行听证会。

在上述案例中,在调查期间,该对中国太阳能制造企业采取什么样的行为?若调查证明不存在倾销和补贴行为,又该如何?

解析:在取证环节,为了避免损失进一步扩大,一般采取临时反倾销和临时反补贴措施,临时反倾销措施可采取征收临时反倾销税或保证金为形式的担保,而临时反补贴是以提交保证金或保函形式的临时反补贴税形式。调查结束之后,若中国太阳能制造企业不存在倾销和补贴行为,保证金要予以退还,与此同时,保证金所产生的活期存款利率也要一并退还。

7.3 我国对外贸易管制主要管理措施

贸易管制措施有关报关规范由两大方面构成:一是如实申报。所谓如实申报是指进出口货物收发货人在向海关申请办理通关手续时,按照规定的格式(进出口货物报关单)真实、准确地填报与货物有关的各项内容。二是按照政策规定,主动向海关提交有关许可证件及其他有关证明文件,即通过进出口货物类别,准确认定其所应适用的国家贸易管制政策,对其中属于国家实行许可证件管理的货类,向海关申请办理通关手续时应主动递交相应的许可证件;对涉及多项国家贸易管制措施的货类,依据国家贸易管制措施相对独立的原则,应分别递交相应的许可证件。

7.3.1 进出口许可证管理

进出口许可证管理是国家限制进出口的一种最主要的管理形式,作为我国货物进出口许可制度的核心管理,其是由国务院对外经济贸易主管部门或者由其会同国务院有关部门,根据《中华人民共和国对外贸易法》以及国家其他法律法规的有关规定,制定并调整进出口许可证管理目录,以签发"中华人民共和国进口许可证"(以下简称"进口许可证")、"中华人民共和国出口许可证"(以下简称"出口许可证")的形式对该目录商品实行进出口许可的国别管理。

进出口许可证是国家管理货物进出口的凭证,不得买卖、转让、涂改、伪造和变造。凡属于进出口许可证管理的货物,除国家另有规定的以外,对外贸易经营者应当在进口或出口前按规定向指定的发证机构申领进出口许可证,海关凭进出口许可证接受申报和验放。

进出口许可证管理分为进口许可证管理和出口许可证管理,商务部是全国进出口许可证的归口管理部门,负责制定进出口许可证管理办法及规章制度,监督、检查进出口许可证管理办法的执行情况,处罚违规行为。商务部会同海关总署制定、调整和发布年度进出口许可证管理货物目录。

目前,我国进出口许可证的签发工作由商务部统一管理、指导。全国各发证机构按其管理级别分为:商务部配额许可证事务局,商务部驻各地特派员办事处和各省、自治区、直辖市、计划单列市以及商务部授权的其他省会城市商务厅(局)、外经贸委(厅、局)。它们负责在授权范围内签发"中华人民共和国进口许可证"或"中华人民共和国出口许可证"。

1. 进口许可证管理

(1)含义。进口许可证管理属于国家限制进口管理范畴,是国家许可对外经营单位进口某种货物的证明,也是海关对进口货物监管的重要依据。凡属进口许可证管理的商品,除国家另有规定外,对外贸易经营者进口前应当按照规定向指定的发证机构申领进口许可证,海关凭进口许可证接受申报和验放。

(2)范围。2014年进口许可证管理的商品范围:消耗臭氧层物质和重点旧机电产品两类,其中对重点旧机电产品实行进口许可证管理,对消耗臭氧层物质实行进口配额许可证管理。

消耗臭氧层物质包括:三氯氟甲烷(CFC-11)、二氯二氟甲烷(CFC-12)等49个商品编号的商品。重点旧机电产品包括:旧化工设备、旧金属冶炼设备、旧工程机械、旧起重运输设备、旧造纸设备、旧电力电器设备、旧农业机械、旧纺织机械、旧印刷机、旧食品加工包装设备、旧船舶类、旧矽鼓等12大类。

消耗臭氧层物质进口审批单实行一单一批制。审批单有效期为90日,不得超期或者跨年度使用。

(3)发证机关。商务部配额许可证事务局负责签发重点旧机电产品的进口许可证;商务部授权的地方商务主管部门负责签发消耗臭氧层物质的进口许可证。在京中央管理企业的进口许可证由许可证局签发。

(4)报关规范。进口许可证的有效期为1年,当年有效。特殊情况需要跨年度使用时,有效期最长不得超过次年3月31日,逾期自动失效。进口许可证实行"一证一关",即只能在一个海关报关。一般情况下进口许可证实行"一批一证",即进口许可证在有效期内一次报关使用,如要实行"非一批一证",应当同时在进口许可证备注栏内打印"非一批一证"字样,但最多不超过12次,由海关在许可证背面"海关验放签注栏"内逐批签注核减进口数量。对进口实行许可证管理的大宗、散装货物,溢短装数量不得超过进口许可证所列数量的5%,其中原油、成品油溢装数量不得超过许可证所列数量的3%。对不实行"一批一证"制的大宗、散装货物,在每批货物进口时,按其实际进口数量进行核扣,最后一批货物进口时,其溢装数量按该许可证实际剩余数量并在规定的溢装上限5%内计算,原油、成品油则在溢装上限3%内计算。

资料卡 ———————————— *溢短装条款的由来*

溢短装条款（More or Less Clause）一般用于大宗散货运输，指的是航次租船合同中根据货物买卖合同的有关规定订明船舶承运货物数量的机动幅度的条款。

在矿砂、化肥、粮食、食糖等大宗散装货物的交易中，受商品特性、货源变化、船舱容量、装载技术和包装等因素的影响，准确地按约定数量交货有时存在一定困难，为了避免因实际交货不足或超过合同规定而引起的法律责任，方便合同的履行，对于一些数量难以严格限定的商品，通常在合同中规定交货数量允许有一定范围的机动幅度，这种条款即为溢短装条款。

2. 出口许可证管理

(1) 含义。出口许可证是我国进出口许可证管理制度中具有法律效力，用来证明对外贸易经营者经营列入国家出口许可证管理目录商品合法出口的证明文件，是海关验放该类货物的重要依据。

(2) 范围。2014年实行出口许可证管理的商品有48种，分别实行出口配额许可证、出口配额招标和出口许可证管理。

① 实行出口配额许可证管理的商品是：玉米、大米、小麦、玉米粉、大米粉、小麦粉、棉花、锯材、活牛（对港澳）、活猪（对港澳）、活鸡（对港澳）、煤炭、原油、成品油、稀土、锑及锑制品、钨及钨制品、锡及锡制品、白银、铟及铟制品、钼、磷矿石、消耗臭氧层物质。

② 实行出口配额招标管理的商品是：蔺草及蔺草制品、滑石块（粉）、镁砂、甘草及甘草制品。

③ 实行出口许可证管理的商品是：活牛（对港澳以外市场）、活猪（对港澳以外市场）、活鸡（对港澳以外市场）、冰鲜牛肉、冰鲜猪肉、冻猪肉、冰鲜鸡肉、冻鸡肉、消耗臭氧层物质、石蜡、部分金属及制品、铂金（以加工贸易方式出口）、汽车（包括成套散件）及其底盘、摩托车（含全地形车）及其发动机和车架、天然砂（含标准砂）、钼制品、柠檬酸、维生素C、青霉素工业盐、硫酸二钠、焦炭、碳化硅、矾土、氟石。

(3) 发证机关。玉米、小麦、棉花、煤炭、原油、成品油等6类商品的出口许可证，由许可证局签发；大米、玉米粉、小麦粉、大米粉、锯材、活牛、活猪、活鸡、焦炭、稀土、锑及锑制品、钨及钨制品、锡及锡制品、白银、铟及铟制品、钼、磷矿石、蔺草及蔺草制品、滑石块（粉）、镁砂、甘草及甘草制品、碳化硅、矾土、铂金（以加工贸易方式出口）、天然砂（含标准砂）等25种商品的出口由各地的特派办签发；冰鲜牛肉、冰鲜猪肉、冻猪肉、冰鲜鸡肉、冻鸡肉、消耗臭氧层物质、石蜡、部分金属及制品、汽车（包括成套散件）及其底盘、摩托车（含全地形车）及其发动机和车架、钼制品、柠檬酸、维生素C、青霉素工业盐、硫酸二钠、氟石等16种商品的出口许可证，由各地方发证机构签发。

在京中央企业的出口许可证由许可证局签发。

(4) 报关规范。许可证的有效期最长不得超过6个月，且有效期截止时间不得超过当年12月31日。商务部可视具体情况，调整某些货物出口许可证的有效期。对出口许可证管理的大宗、散装货物,溢短装数量不得超过出口许可证所列数量的5%,其中原油、成品油溢装数量不得超过许可证所列数量的3%。对不实行"一批一证"制的大宗、散装货物,在每批货物出口时,按其实际出口数量进行核扣,最后一批货物出口时,其溢装数量按该许可证实际剩余数量并在规定的溢装上限5%内计算,原油、成品油则在溢装上限3%内计算。

7.3.2　进口关税配额管理

1. 含义

关税配额管理属限制进口,实行关税配额证管理。对外经营者在取得关税配额证后允许按照关税配额税率征税进口,超过限额则按照配额外税率征税进口。

2. 包含范围

2014年实施关税配额管理的商品包括农产品和工业品两种。实施进口关税配额管理的农产品包括:小麦、玉米、稻谷和大米、糖、羊毛及毛条、棉花;实施进口关税配额管理的工业品为化肥。

3. 发证机关

农产品进口关税配额为全球配额,主管部门为商务部、国家发展和改革委员会(简称"国家发改委"),许可证件的名称是"农产品进口关税配额证"。实施工业品关税配额管理的亦为全球配额,商务部是其主要管理机关,许可证件的名称是"化肥进口关税配额证明"。实行关税配额管理的进口商品目录,由商务主管部门会同其他部门制定、调整并公布。

4. 报关规范

"农产品进口关税配额证"实行"一证多批"制,也就是最终用户需分多批进口的,有效期内,凭"农产品进口关税配额证"可多次办理通关手续,直至海关核注栏填满为止。

"化肥进口关税配额证明",由商务部的化肥进口关税配额管理机构负责发放许可证件、统计、咨询和其他授权工作。

7.3.3　两用物项和技术进出口许可证管理

商务部是全国两用物项和技术进出口许可证的归口管理部门,负责制定两用物项和技术进出口许可证管理办法及规章制度,监督、检查两用物项和技术进出口许可证管理办法的执行,处罚违规的行为。

商务部配额许可证事务局和受商务部委托的省级商务主管部门为两用物项和技术进出口许可证发证机构。两用物项和技术进口许可证实行"非一批一证"和"一证一关"制度,并需在其备注栏内打印"非一批一证"字样;两用物项和技术出口许可证实行"一批一证"和"一证一关"制度。

两用物项和技术进出口许可证有效期一般不超过1年。跨年度使用时,在有效期内只能使用到次年3月31日,逾期发证机构将根据原许可证有效期换发许可证。

7.3.4　自动进口许可证管理

1. 发证机关

自动进口许可证的签发工作由商务部配额许可证事务局、商务部驻各地特派员办事处和各省、自治区、直辖市、计划单列市商务主管部门以及地方机电产品进出口机构负责。目前自动进口许可证管理相对应的管理目录是《自动进口学科管理货物目录》,许可证件为"中华人民共和国自动进口许可证"。

2. 适用范围

2014年自动进口许可证管理的商品范围包括非机电产品、机电产品两大类,分为两个管理目录。

(1)目录一(非机电产品):牛肉、猪肉及副产品、羊肉、肉鸡、鲜奶、奶粉、大豆、油菜籽、植物油、玉米酒精、豆粕、烟草、二醋酸纤维丝束、铁矿石、铜精矿、铝土矿、原油、成品油、氧化铝、化肥、钢材,共21类。

(2)目录二(机电产品):

①由商务部发证机电产品涉及光盘生产设备、烟草机械、移动通讯产品、卫星广播电视设备及关键部件、汽车产品、飞机、船舶、游戏机等8类商品。

②地方、部门机电产品进出口办公室发证的机电产品涉及汽轮机、发动机(非第八十七章车辆用)及关键部件、水轮机及其他动力装置、化工装置、食品机械、工程机械、造纸及印刷机械、纺织机械、金属冶炼及加工设备、金属加工机床、电气设备、铁路机车、汽车产品、飞机、船舶、医疗设备等16类商品。

3. 免于交验进口许可证的情形

(1)加工贸易项下进口并复出口的(原油、成品油除外)。

(2)外商投资企业作为投资进口或者投资额内生产自用的(旧机电产品除外)。

(3)货样广告品、试验品进口,每批次价值不超过5000元人民币的。

(4)暂时进口的海关监管货物。

(5)进入保税区、出口加工区等海关特殊监管区域及进入保税仓库、保税物流中心的属自动进口许可证管理的货物。

(6)加工贸易项下进口的不作价设备监管期满后留在原企业使用的。

(7)国家法律法规规定的其他免领自动进口许可证的。

4. 报关规范

自动进口许可证的有效期是6个月,但仅限公历年度内有效。原则上实行"一批一证"管理,对部分货物也可实行"非一批一证"管理。对实行"非一批一证"管理的货物,在有效期内可分批次报关,但累计使用次数不得超过6次。每次报关时,海关在自动进口许可证原件"海关验放签注栏"内批注后,留存复印件,最后一次使用后,海关留存正本。同一进口合同项下,收货人可以申请并领取多份自动进口许可证。

海关对溢装数量在货物总量5%以内的散装货物予以免领许可证验放;对溢装数量在货物总量3%以内的原油、成品油、化肥、钢材等四种大宗散装货物予以免证验放。对"非一批一证"的大宗散装商品,每批货物进口时,按其实际进口数量核扣自动进口许可证额度数量;最后一批货物进口时,其溢装数量按该自动进口许可证实际剩余数量在规定的允许溢装的上限内计算。

7.3.5 固体废物进口管理

环境保护部是进口废物的国家主管部门,会同国务院商务主管部门,一同制定、调整并公布《限制进口类可用做原料的废物目录》及《自动进口许可证管理类可用做原料的废物目录》,没有列入上述两个目录的固体废物则禁止进口。

想要进口废物的单位或者是废物利用单位应直接向环境保护部提出废物进口申请,由国家环境保护部审查批准,取得国家环境保护部签发的"中华人民共和国限制进口类可用做原料的固体废物进口许可证"或"中华人民共和国自动许可类可用做原料的固体废物进口许可证"(统称为"废物进口许可证")后才可进口。

废物进口时应向海关提交废物进口许可证和口岸检验检疫机构出具的入境货物通关单及其他有关单据。而对未列入《限制进口类可用做原料的废物目录》及《自动进口许可管理类可用做原料的废物目录》或者虽列入这两个目录但未取得有效废物进口许可证的废物一律不得进口或存入保税仓库。废物进口许可证实行"非一批一证"管理,如要实行"一批一证",应当同时在固体废物进口相关许可证备注栏内打印"一批一证"字样。

7.3.6 野生动植物种进出口管理

我国颁布了如《中华人民共和国森林法》、《中华人民共和国野生动物保护法》以及《中华人民共和国野生植物保护条例》等相关法律法规并颁布了我国物种保护目录,同时,我国也是《濒危野生动植物种国际贸易公约》的成员国。

1. 含义

濒危物种进出口管理是指中华人民共和国濒危物种进出口管理办公室会同国家其他部门,依法制定或调整《进出口野生动植物种商品目录》并以签发"《濒危野生动植物种国际贸易公约》允许进口证明书"(简称"公约证明")、"中华人民共和国濒危物种进出口管理办公室野生动植物允许进出口证明书"(简称"非公约证明")或"非《进出口野生动植物种商品目录》物种证明"(简称"非物种证明")的形式,对该目录列明的依法受保护的珍贵、濒危野生动植物及其产品实施的进出口限制管理。

凡进出口列入《进出口野生动植物种商品目录》的野生动植物或其产品,必须严格按照有关法律、行政法规的程序进行申报和审批,并在进出口报关前取得国家濒管办或其授权的办事处签发的公约证明或非公约证明后,向海关办理进出口手续。

2. 适用范围及报关规范

(1)非公约证明。非公约证明是我国进出口许可管理制度中具有法律效力,用来证明对外贸易经营者经营列入《进出口野生动植物种商品目录》中属于我国自主规定管理的野生动植物及其产品合法进出口的证明文件,是海关验放该类货物的重要依据。

①适用范围:用于列入《进出口野生动植物种商品目录》中属于我国自主规定管理的野生动植物及其产品的进出口通关。不论以何种方式进出口列入上述管理范围的野生动植物及其产品,均须事先申领非公约证明。

②报关规范:向海关申报进出口列入《进出口野生动植物种商品目录》中属于我国自主规定管理的野生动植物及其产品,报关单位应主动向海关提交有效的非公约证明及其他有关单据。非公约证明实行"一批一证"制度。

(2)公约证明。公约证明是我国进出口许可管理制度中具有法律效力,用来证明对外贸易经营者经营列入《进出口野生动植物种商品目录》中属于《濒危野生动植物种国际贸易公约》成员国(地区)应履行保护义务的物种合法进出口的证明文件,是海关验放该类货物的重要依据。

①适用范围:用于列入《进出口野生动植物种商品目录》中属于《濒危野生动植物种国际贸易公约》成员国(地区)应履行保护义务的物种的进出口通关。不论以何种方式进出口列入上述管理范围的野生动植物及其产品,均须事先申领公约证明。

②报关规范:向海关申报进出口列入《进出口野生动植物种商品目录》中属于《濒危野生动植物种国际贸易公约》成员国(地区)应履行保护义务的物种,报关单位应主动向海关提交有效的公约证明及其他有关单据。公约证明实行"一批一证"制度。

(3)物种证明。由于受濒危管理的动植物种很多,认定工作的专业性很强,为使濒危物种进出口监管工作做到既准确又严密,海关总署和濒危物种进出口管理办公室共同商定,对海关无法认定的,由濒危物种进出口管理办公室指定机构进行认定并出具物种证明,报关单位凭以办理报关手续。

①适用范围:对进出口列入《进出口野生动植物商品目录》中适用公约证明、非公约证明管理的《濒危野生动植物种国际贸易公约》附录及重点保护野生动植物以外的其他列入商品目录的野生动植物及相关货物或物品和含野生动植物成分的纺织品,均事先申领物种证明。

②报关规范:物种证明分为"一次使用"和"多次使用"两种。一次使用的物种证明有效期自签发之日起不得超过6个月。多次使用的物种证明只适用于同一物种、同一货物类型、在同一报关口岸多次进出口的野生动植物。多次使用的物种证明有效期截至发证当年12月31日。持证者须于1月31日之前将上一年度使用多次物种证明进出口有关野生动植物标本的情况汇总上报发证机构。

7.3.7 进出口药品管理

进出口药品管理是指为加强对药品的监督管理,保证药品质量,保障人体用药安全,维护人民身体健康和用药合法权益,国家食品药品监督管理局依照《中华人民共和国药品管理法》、有关国际公约以及国家其他法规,对进出口药品实施监督管理的行政行为。

1. 管理部门及管理形式

国家食品药品监督管理局会同国务院对外贸易主管部门依法对药品制定并调整管理目录,以签发许可证件的形式对其进出口加以管制。对进出口药品的管理是我国进出口许可管理制度的重要组成部分,属于国家限制进出口管理范畴,实行分类和目录管理。进出口药品从管理角度可以分为麻醉药品、进出口精神药品、进出口兴奋剂以及进口一般药品。

2. 适用范围及报关规范

(1)精神药品进出口准许证。精神药品进出口准许证是我国进出口精神药品管理批件,用来证明对外贸易经营者经营列入《精神药品管制品种目录》管制药品,合法进出口的证明文件,是海关验放该类货物的重要依据。

国家食品药品监督管理局制定和调整《精神药品管制品种目录》并以签发"精神药品进口准许证"及"精神药品出口准许证"的形式对该目录商品实行进出口限制管理。

进出口列入《精神药品管制品种目录》的药品,包含精神药品标准品及对照品,包括咖啡因、去氧麻黄碱、复方甘草片等。任何单位以任何贸易方式进出口列入《精神药品管制品种目录》的药品,不论用于何种用途,均须事先申领精神药品进出口准许证。精神药品的进出口准许证仅限在该证注明的口岸海关使用,并实行"一批一证"制度,证面内容不得自行更改,如需更改,应到国家食品药品监督管理局办理换证手续。

(2)麻醉药品进出口准许证。麻醉药品进出口准许证是我国进出口麻醉药品管理批件,用来证明对外贸易经营者经营列入《麻醉药品管制品种目录》管理药品,合法进出口的证明文件,是海关验放该类货物的重要依据。

国家药品监督管理部门制定和调整《麻醉药品管制品种目录》并以签发"麻醉药品进口准许证"或"麻醉药品出口准许证"的形式对该目录商品实行进出口限制管理。

进出口列入《麻醉药品管制品种目录》的麻醉药品包括:鸦片、可卡因、大麻、海洛因及合成麻醉药类及其他易成瘾癖的药品、药用原植物及其制剂等。任何单位以任何贸易方式进出口列入《麻醉药品管制品种目录》的药品,不论用于何种用途,均须事先申领麻醉药品进出口准许证。

麻醉药品进出口准许证实行"一批一证"制度,证面内容不得自行更改,如需更改,应到国家食品药品监督管理局办理换证手续。

(3)兴奋剂。为了防止在体育运动中使用兴奋剂,保护体育运动参加者的身心健康,维护体育公平竞赛的公平竞争,根据《中华人民共和国体育法》和其他有关法律法规的规定,国家体育总局会同商务部、卫生部、海关总署、国家食品药品监督管理局制定颁布了《兴奋剂目录》。

列入《兴奋剂目录》的药品包括蛋白同化制剂品种、肽类激素品种、麻醉药品品种、刺激剂(含精神药品)品种、药品类易制毒化学品品种、医疗用毒性药品品种、其他品种等7类。

进出口列入《兴奋剂目录》的精神药品、麻醉药品、易制毒化学品、医疗用毒性药品,应按照现行规定向海关办理通关验放手续。对《兴奋剂目录》中的其他药品,海关暂不按照兴奋剂实行管理。

"蛋白同化剂"和"肽类激素",分别实行"进口准许证"和"出口准许证",海关凭此证验放。进出口单位应事先向国家食品药品监督管理局申领。"进口许可证"有效期1年。"出口许可证"有效期不超过3个月(有效期时限不跨年度)。进出口准许证实行"一证一关"制度,证面内容不得修改。

(4)一般药品。国家对一般药品的管理实行目录管理。国家食品药品监督管理局依法制定和调整《进口药品目录》,国家食品药品监督管理局授权的口岸药品检验所以签发进口药品通关单的形式对该目录商品实行进口限制管理。

①管理范围。进口列入《进口药品目录》的药品包括:用于预防、治疗、诊断人的疾病,有目的地调节人的生理机能并规定有适应症、用法和用量的物质,具体包括中药材、中药饮品、中成药、化学原料药及其制剂、抗生素、生化药品、血清疫苗、血液制品和诊断药品。

进口列入《生物制品目录》的药品,包括:疫苗类、血液制品类及血源筛查用诊断试剂等。

首次在中国境内销售的药品。

进口暂未列入《进口药品目录》的原料药的单位,必须遵守《进口药品管理办法》中的各项有关规定,主动到各口岸药品检验所报检。

②报关规范。向海关申报进口列入管理目录中的药品,报关单位应主动向海关提交有效的进口药品通关单及其他单据。

进口药品通关单仅限在该单注明的口岸海关使用,并实行"一批一证"制度,证面内容不得更改。

目前,一般药品出口暂无特殊的管理要求。

7.3.8 民用爆炸物品进出口管理

为了加强对民用爆炸物品进出口的管理,维护国家经济秩序,保障社会公共安全,根据《民用爆炸物品安全管理条例》,国家对民用爆炸物品实施进出口限制管理。

1. 主管部门

工业和信息化部负责民用爆炸物品进出口的审批,公安机关负责民用爆炸物品境内运输的安全监督管理,海关负责民用爆炸物品进出口环节的管理。

在进出口民用爆炸物品之前,进出口企业应当向工业和信息化部申领"民用爆炸物品进/出口审批单"。严禁进出口未经工业和信息化部核发"民用爆炸物品进/出口审批单"的民用爆炸物品。

2. 管理范围

管理范围包括:用于非军事目的、列入"民用爆炸物品品名表"的各类火药、炸药及其制品和雷管、导火索等点火、起爆器材。

3. 报关规范

(1)向海关申报进出口民用爆炸物品,报关单位应主动向海关提交有效的"民用爆炸物品进/出口审批单"及其他有关单据。"民用爆炸物品进/出口审批单"实行"一批一单"和"一单一关"管理制度。

(2)海关无法确定进出口物品是否属于民用爆炸物品的,由进出口企业将物品样品送交具有民用爆炸物品检测机制的机构鉴定,海关依据有关鉴定结论实施进出口管理。

(3)民用爆炸物品在海关特殊监管区域或者场所与境外之间进出口的,应当向海关提交"民用爆炸物品进/出口审批单"。

7.3.9 其他货物进出口管理

1. 黄金及其制品进出口管理

(1)黄金及其制品进出口管理是指中国人民银行、商务部依据《中华人民共和国金银管理条例》等有关规定,对进出口黄金及其制品实施监督管理的行政行为。

列入中国人民银行、海关总署联合发布的《黄金及其产品进出口管理目录》的黄金及其制品,主要包括:氯化金、氯化金钾(含金40%)、其他金化合物、非货币用金粉、非货币用未锻造金、非货币用半制成金、货币用未锻造金(包括镀铂的金)的废碎料、镶嵌钻石的黄金制首饰及其零件、镶嵌濒危物种制品的金首饰及其零件、其他黄金制首饰及其零件、金制工业用制品、实验室用制品等。

(2)黄金及制品进出口管理属于我国进出口许可管理制度中限制进出口管理范畴,中国人民银行总行为黄金及制品进出口的管理机关,具体规定为:

出口黄金及其制品,出口企业应事先向中国人民银行申领"黄金及其制品出口准许证"。

进口黄金及其制品,进口企业应事先向中国人民银行申领批件,即"黄金及其制品进口准许证"。

2. 有毒化学品管理

环境保护部负责对有毒化学品的管理,发布《中国禁止或严格限制的有毒化学品名录》,签发有毒化学品环境管理放行通知单,它是我国进出口许可管理制度中具有法律效力,用来证明对外贸易经营者经营列入《中国禁止或严格限制的有毒化学品名录》的化学品合法出口的证明文件,是海关验放该类货物的重要依据。

3. 农药进出口管理

农业部是农药进出口管理的主管部门,实行目录管理,农业部会同海关总署制定《中华人民共和国进出口农药登记证明管理记录》。进出口列入上述目录的农药,应事先向农业部农药检定所审理进出口农药登记证明,海关凭此证明放行。

进出口农药登记证明实行"一批一证"制,一经签发,任何单位和个人不得修改证明内容,如需变更证明内容,应在有效期内将原证交回农业部农药检定所,并申请重新办理进出口农药登记证明。

4. 兽药进口管理

农业部是兽药进口管理的主管部门,实行目录管理,即《进口兽药管理目录》,由农业部会同海关总署制定、调整并公布。企业进口列入《进口兽药管理目录》的兽药,应向进口口岸所在地省级人民政府兽医行政管理部门申请办理"进口兽药通关单",凭此向海关办理报关手续。

5. 水产品捕捞进口管理

我国已加入养护大西洋金枪鱼国际委员会、印度洋金枪鱼委员会和南极海洋生物资源养护委员会。为遏制非法捕鱼活动和有效养护有关渔业资源,上述政府间渔业管理组织对一部分水产品实施合法捕捞证明制度。根据合法捕捞证明制度的规定,国际组织成员进口部分水产品时,有义务验核船旗国政府主管机构签署的合法捕捞证明,没有合法捕捞证明的水产品被视为非法捕捞产品,各成员国不得进口。

为有效履行我国政府相关义务,树立我国负责任渔业国际形象,农业部会同海关总署对部分水产品捕捞进口实施进口限制管理,并调整公布了《实施合法捕捞水产品清单》。对进口列入《实施合法捕捞水产品清单》的水产品(包括进境样品、暂时进口、加工贸易进口以及进入海关特殊监管区域和海关保税监管区域和海关监管场所等),有关单位应向农业部申请"合法捕捞通关证明"向海关办理相关手续。申请"合法捕捞通关证明"应提交由船旗国政府主管机构签发的合法捕捞证明原件。如在船旗国以外的国家或地区加工的该目录所列产品进入我国,申请单位因提交由船旗国政府主管机构签发的合法捕捞产品副本和加工国或者地区授权机构签发的再出口证明原件。

案例讨论

这批金块是否准予入境?

2014年7月14日,一辆入境的中国籍客车进入海关检查区。当班关员在进行图像扫描时,发现车辆前部有两处显示可疑。查验关员根据指令,对车体进行了反复检查却没有任何发现。于是,关员决定将嫌疑车带回大型集装箱检查设备的检查通道,对车辆进行反向扫描,以进一步确定嫌疑物在车体横截面上的准确位置。经过反向扫描图像对比,关员们最终确定嫌疑物位于发动机舱附近。

经过仔细观察,查验关员将发动机舱顶部的进气、出气管列为重点查验部位,并要求司机对进气、出气管进行开拆。而此时,嫌疑车辆的司机明显开始变得紧张起来,借口说管道很烫,开拆不了,可此时发动机温度已经完全降下来了。司机的反常表现更让查验员坚定了之前的判断。在关员的追问下,司机终于承认——进气、出气管道中确实藏了东西。经过对管道开拆,现场关员从管道中掏出三条用黑色塑料袋和铁丝包裹缠绕的条状物体,打开后,里面是金灿灿的金块,共计48块。

请根据以上案例说明这批金块能否入境,原因是什么。

本章小结

本章介绍了对外贸易管制的目的和意义,以及与海关监管的关系。重点是对外贸易管制的框架,以及禁止、限制和自由进出口的管理措施,包括货物和技术两大部分。

对外贸易管制涉及诸多领域,可按不同标准分为三大类:一类是按管理目的分为进口贸易管制和出口贸易管制;一类是按管制手段分为关税措施和非关税措施;一类是按管制对象分为货物进出口贸易管制、技术进出口贸易管制和国际服务贸易管制。对外贸易管制是政府的一种强制性行政管理行为,是一种国家管制。

我国对外贸易管制制度不是指某个单项管理措施,而是由多种管理制度构成的一种综合制度,基本框架主要由海关监管制度、关税制度、对外贸易经营者的资格管理制度、进出口许可制度、出入境检验检疫制度、进出口货物收付汇管理制度以及贸易救济制度等构成。我国已基本建立并逐步确立了以《中华人民共和国对外贸易法》为核心的对外贸易管理与管制的法律体系,并依照这些法律制度和我国履行国际公约的有关规定,自主实行对外贸易管制。

国家对外贸易管制是通过国家对外贸易主管部门及其他行业主管部门依据国家贸易管制政策发放各类许可证件,最终由海关依据许可证件对实际进出口货物合法性的监督管理来实现的。缺少海关监管这一环节,任何对外贸易管制政策都不可能充分发挥其效力。

背景知识

取消稀土配额时机已经成熟

最近几年,中国稀土出口面临的最大的尴尬是,一方面是配额用不完,另一方面是走私猖獗,这让稀土配额制度的作用有限,甚至是名存实亡。

最近,世界贸易组织(WTO)裁定中国的稀土出口配额制度违反了贸易规则,延宕两年的美、欧、日诉中国的稀土案以中方败诉而告终,这再次引起了业界对稀土配额制度存废的争议。按照规则,WTO裁定中国败诉后,中方还可以继续上诉,如果最终败诉,废除稀土配额只是时间早晚的问题。

稀土出口配额制度始于1998年,初衷是为了环境保护,规范出口秩序。2001年中国加入WTO,即按照承诺,在规定期限内取消了绝大部分产品的出(进)口配额,截至2014年只有22种商品仍施行配额许可证管理制度。稀土就是这22种商品之一,并且是唯一的有色金属资源。如果取消配额管理,那意味着有色金属资源将彻底告别"配额时代"。

配额的出发点是为了限制出口数量,规范出口秩序。但2011年中国稀土配额的使用量只有61.6%,2012年更是进一步降低到不足50%,2013年前10月配额仅完成了57.8%,出口额度根本完成不了,自然谈不上限制出口数量了。一家企业辛辛苦苦争取到了10万吨的出口额度,结果只卖了5万吨,这个配额还有什么意义吗?

❖ 习题与实训 ❖

1. 单项选择题

(1) 进口许可证中的"非一批一证"情况下,最多可使用( )次。
　A. 8　　　　　B. 6　　　　　C. 10　　　　　D. 12

(2) 下列不属于既是禁止出口又是禁止进口的货物的是( )。
　A. 犀牛角　　　B. 虎骨　　　C. 四氯化碳　　　D. 硅砂

(3) 出口配额管理措施包括出口配额招标管理和( )。
　A. 出口非配额管理　　　　　B. 关税配额
　C. 出口配额许可证管理　　　D. 许可证件管理

(4) 针对数量激增而采用的贸易救济措施是( )。
　A. 保障措施　　B. 反倾销　　C. 反补贴　　D. 出口管理

(5) 对列入《出入境检验检疫机构实施检验检疫的进出境商品目录》范围的进出口货物,海关凭( )单证验放。
　A.《报关单》　　　　　　　B.《报验单》
　C.《出入境货物通关单》　　D.《放行单》

(6) 临时反倾销措施实施的期限,自临时反倾销措施决定公告规定实施之日起,不超过( )个月,在特殊情形下,可以延长( )个月。
　A. 3,6　　　　B. 4,9　　　　C. 5,10　　　　D. 4,10

(7) 下列不可实行"非一批一证"的是( )。
　A. 进口许可证　　　　　　　B. 两用物项和技术进口许可证
　C. 两用物项和技术出口许可证　D. 出口许可证

(8) 下列关于对外贸易救济措施的表述,正确的是( )。
　A. 临时反倾销措施征收临时反倾销税,如事后调查不能确认进口产品对国内产业形成损害或威胁,应退还所征临时反倾销税
　B. 临时反补贴措施征收临时反补贴税,如事后调查不能确认进口产品对国内产业形成损害或威胁,应退还所征临时反补贴税
　C. 临时保障措施提高征收的关税,如事后调查不能确认进口产品对国内产业形成损害或威胁,应退还所征关税
　D. 以上都错误

(9) 我国商品检验的种类分为四种:法定检验、合同检验、公证鉴定和( )。
　A. 委托检验　　B. 卖方检验　　C. 买方检验　　D. 国家检验

(10) 列入《中国禁止进口限制进口技术目录》中属限制进口的技术不包括（　　）。
　　A. 生物技术　　　B. 化工技术　　　C. 废物处理技术　　D. 造币技术
(11) 目前我国对外贸易经营权实行的是（　　）。
　　A. 行政审批制　　　　　　　　　　B. 备案登记制
　　C. 对公有制经济实行审批制　　　　D. 对非公有制经济实行登记和核准制
(12) 进口许可证下原油、成品油溢装数量不得超过其许可证所列数量的（　　）。
　　A. 5%　　　　　B. 10%　　　　　C. 3%　　　　　D. 15%
(13) 下列哪种不属于免交自动进口许可证的情形（　　）。
　　A. 来料加工项下进口的料件
　　B. 到我国参加展览的戴尔笔记本
　　C. 英国发给我国客户的样品，价值5000英镑
　　D. 进入保税区的属于自动进口许可管理的货物
(14) 限制货物进口管制措施包括许可证件管理和（　　）。
　　A. 关税配额　　　B. 绝对配额　　　C. 数量配额　　　D. 国别配额
(15) 对自由进出口的技术实行（　　）。
　　A. 自动进口许可　B. 自动登记　　　C. 合同登记　　　D. 关税配额
(16) 贸易管制所依据的法律渊源中，核心的是（　　）。
　　A. 关税条例　　　B. 国际条约　　　C. 对外贸易法　　D. 海关法
(17) 下列关于进口限制进口的技术，说法正确的是（　　）。
　　A. 向所在地直属海关提出进口申请
　　B. 由海关总署对进口申请进行审查
　　C. 申请经批准的，由国务院商务主管部门发"技术进口许可意向书"
　　D. 先签进口技术合同，再发"技术进口许可意向书"
(18) 关于临时反倾销税说法错误的是（　　）。
　　A. 由商务部提出建议
　　B. 国务院关税税则委员会作出决定
　　C. 海关总署对外公告
　　D. 临时反倾销税期限不超过4个月，可延长至9个月
(19) 配额与许可证这两种限制措施既可以单独使用，也可以结合在一起使用，下列我国目前较多采用的措施是（　　）。
　　A. 配额管理措施　　　　　　　　　B. 许可证管理措施
　　C. 配额许可证管理措施　　　　　　D. 许可证配额管理措施
(20)（　　）负责全国音像制品的进口管理，省、自治区、直辖市人民政府音像制品行政管理部门负责管理本行政区域内的音像制品进口工作。
　　A. 商务部　　　　　　　　　　　　B. 中宣部
　　C. 出入境检验检疫局　　　　　　　D. 文化部

2. 多项选择题
(1) 下列表述错误的是（　　）。
　　A. 关税配额是一种绝对的数量限制

B. 反倾销是针对价格歧视造成的不公平贸易实施的措施
C. 对外贸易经营者可接受他人委托进出口
D. 进口许可证和出口许可证的有效期都是 6 个月

(2) 我国对外贸易管制的范围包括(　　)。
　　A. 禁止进出口的货物和技术
　　B. 限制进出口的货物和技术
　　C. 自由进出口的技术
　　D. 自由进出口中部分实行自动许可管理的货物

(3) 限制进口货物管理不包括(　　)。
　　A. 许可证件管理　　B. 反倾销　　C. 关税配额　　D. 招标管理

(4) 下列属于禁止进口的货物是(　　)。
　　A. 虎骨　　B. 四氯化碳　　C. 旧机电　　D. 木炭

(5) 我国出入境检验检疫制度内容包括(　　)。
　　A. 进出口商品检验制度　　　　B. 进出境动植物检疫制度
　　C. 国境卫生监督制度　　　　　D. 法定检验

(6) 两用物项和技术出口许可证实行的是(　　)。
　　A. 一批一证　　B. 一证一关　　C. 非一批一证　　D. 一关一证

(7) 下列有关自动进口许可证说法正确的是(　　)。
　　A. 有效期为 6 个月　　　　　B. 一批一证
　　C. 不可实行非一批一证　　　D. 累计使用不得超过 6 次

(8) 下列哪些免交自动进口许可证(　　)。
　　A. 加工贸易项下进口并复出口的原油
　　B. 货物广告品每批次价值不超过 5000 元人民币
　　C. 暂时进口的海关监管货物
　　D. 外商投资企业进口的旧机电产品

(9) 2009 年实施进口许可证管理的货物有(　　)。
　　A. 重点旧机电　　B. 农产品　　C. 化肥　　D. 消耗臭氧层物质

(10) 下列说法正确的是(　　)。
　　A. 入境货物通关单和出境货物通关单都是"一批一证"
　　B. 出入境货物通关单由海关签发
　　C. 贸易管制所依据的法律渊源中,核心的是对外贸易法
　　D. 药品通关单是进出口药品必不可少的单证

3. 判断题(对的打"√",错的打"×")
(1) 国营贸易由国家授权的国有企业经营。　　　　　　　　　　　　(　)
(2) 出口非配额管理是一种无数量限制的管理措施。　　　　　　　　(　)
(3) 出口配额管理是一种绝对数量限制的管理措施。　　　　　　　　(　)
(4) 保障措施的全部实施期限不得超过 10 年,临时保障措施不包括在内。(　)
(5) 出口配额招标管理与出口配额许可证管理的区别在于两者在配额数量不同。
　　　　　　　　　　　　　　　　　　　　　　　　　　　　　　　(　)

(6)对外贸易管制按管理目的可分为关税措施和非关税措施。 （ ）

(7)出入境商品检验检疫制度实行目录管理,对于法定检验的商品,必须实施强制性检验。 （ ）

(8)黄金及其制品的出口需提交中国人民银行签发的中国人民银行授权书。 （ ）

(9)非公约证明实行"非一批一证"。 （ ）

(10)农药进出口实行目录管理,进出口农药登记证明实行"非一批一证"。 （ ）

4. 综合实训题

大宇集团有限公司以 CIF 上海 USD9500/吨从英国进口低压高密度聚乙烯 300 吨,该产品被列入《法检目录》,属自动进口许可管理,并实行"一批一证",该货物由顺通报关行报关,以大宇集团的名义向外高桥保税区报关。请回答下列问题:

(1)该批货物进境报关时必须向海关提交的单证有（　　）。

　　A.进口货物报关单　　B.入境货物通关单　　C.自动进口许可证　　D.环保通关单

(2)自动进口许可证的有效期为（　　）。

　　A.6 个月　　　　　　B.45 天　　　　　　C.3 个月　　　　　　D.12 个月

(3)请问该题目中的报关形式为（　　）。

　　A. 自理报关　　　　　　　　　　　B.间接代理报关

　　C. 直接代理报关　　　　　　　　　D.间接自理报关

(4)自动进口许可证中对溢装数量在货物总量 3% 以内的（　　）等大宗散装货物予以免证验放。

　　A.原油　　　　　　B.化肥　　　　　　C.钢材　　　　　　D.小麦

答案与解析

1. 单项选择题

(1)【答案】D

【解析】进口许可证的报关规范是"一批一证"、"非一批一证"、"一证一关"。所谓"非一批一证"即在有效期内可多次报关使用,但最多可使用 12 次。

(2)【答案】D

【解析】禁止进口的货物包括三大类:一是列入《禁止进口货物目录》的商品,该目录由国务院商务主管部门或由其会同国务院有关部门制定;二是国家有关法律法规明令禁止进口的商品;三是其他原因停止进口的商品。

目前列入《禁止进口货物目录》的商品分为六批。按其种类可以分为三大类:

①《禁止进口货物目录》(第一批、第六批)是从我国国情出发,为履行我国所缔结或者参加的与保护世界自然生态环境相关的一系列国际条约和协定而发布的,其目的是保护我国自然生态环境和生态资源,如:国家禁止进口属破坏臭氧层物质的四氯化碳;禁止进口属世界濒危物种管理范畴的犀牛角和虎骨等。

②《禁止进口货物目录》(第二批)属旧机电产品类,是国家对涉及生产安全(压力容器类)、人身安全(电器、医疗设备类)和环境保护(汽车、工程及车船机械类)的旧机电产品所实施的禁止进口管理。

③《禁止进口货物目录》(第三批)、《禁止进口货物目录》(第四批)、《禁止进口货物目录》(第五批)所涉及的是对环境有污染的固体废物类。主要包括废动物产品、废动植物油脂、冶炼矿渣、废药物、杂项化学品

废物、废橡胶、废纺织物、废玻璃等。

(3)【答案】C

【解析】出口配额限制是指国家对部分商品的出口数量直接加以限制的措施,出口配额限制有出口配额许可证件管理和出口配额招标管理两种形式。

出口配额许可证件管理是指国家对部分商品的出口,在一定时期内(一般是1年)规定一个数量总额,经国家批准获得配额的企业方允许经营出口业务,否则不准出口,这种管理措施是国家通过行政管理手段所实施的一种绝对数量的限制。

出口配额招标管理是国家对部分商品的出口,在一定时期内(一般是1年)规定一个数量总额,采取招标分配的方式,中标获得配额的企业允许出口。出口配额招标管理是国家通过行政管理手段所实施的绝对数量限制措施。

所以两者的区别是配额发放的方式不同。

(4)【答案】A

【解析】反倾销、反补贴和保障措施都是贸易救济措施,但是反倾销、反补贴针对的是价格歧视造成的不公正待遇,而保障措施针对的则是数量激增情况。

(5)【答案】C

【解析】《出入境货物通关单》是国家检验检疫部门出具的商品检验证明。列入《法检目录》内的货物必须由所有人或其代理人在办理进出口通关手续前,向口岸检验检疫机构报检。海关凭口岸出入境检验检疫机构签发的"中华人民共和国检验检疫入境货物通关单"(入境货物通关单)或"中华人民共和国检验检疫出境货物通关单"(出境货物通关单)验放。

入境货物通关单和出境货物通关单都实行"一批一证"制度管理。

(6)【答案】B

【解析】临时反倾销措施实施的期限,自临时反倾销措施决定公告规定实施之日起,不超过4个月;在特殊情形下,可以延长至9个月。

海关自公告规定实施之日起执行。临时反补贴措施实施的期限不超过4个月。

(7)【答案】C

【解析】此题是对多个考点的一个综合测试,要求学生能对多个相似知识点进行归类和总结。两用物项和技术出口许可证的报关规范是"一批一证"和"一证一关"。

(8)【答案】C

【解析】贸易救济措施关于事后是否可以退还的问题,临时保障措施做出了明确的说明,提高征收的关税,如事后调查不能确认进口产品对国内产业形成损害或构成威胁,应退还所征关税。

(9)【答案】A

【解析】此题考查的是对知识点的记忆能力。商品检验就是四种:法定检验、合同检验、公证鉴定和委托检验。

(10)【答案】C

【解析】禁止进口的技术主要包括生物技术、化工技术、石油炼制技术、石油化工技术、生物化工技术和造币技术。

(11)【答案】B

【解析】目前,我国对对外贸易经营者的管理实行备案登记制。也就是法人、其他组织或者个人在从事对外贸易经营活动前,必须按照国家的有关规定,依法定程序在国务院商务主管部门备案登记,取得对外贸易经营资格后,方可在国家允许的范围内从事对外贸易经营活动。

(12)【答案】C

【解析】进出口许可证都对溢短装数量有所规定,大宗、散装货物不得超过其进出口许可证所列数量的5%,其中原油、成品油不得超过其许可证所列数量的3%。

(13)【答案】C

【解析】此题是将抽象的理论具体化为现实的典型题目,要求能够理论联系实际。从理论上讲,可免领自动进口许可证的有 6 种情形。选项 C 的错误在于,原文是"货样广告品、实验品进口,每批次价值不超过 5000 元人民币的"。

(14)【答案】A

【解析】限制货物进口措施有两个,一个是许可证件管理,另一个就是关税配额。关税配额是一种相对数量的管理措施。

(15)【答案】C

【解析】自由进出口管理的货物实行的是自动登记的许可制度,技术进出口实行的是合同登记管理。

(16)【答案】C

【解析】在所有贸易管制的法律渊源中,《对外贸易法》是核心。贸易管制的法律渊源只限于宪法、法律、行政法规、部门规章以及相关的国际条约,不包括地方性法规、规章及各民族自治区政府的地方条例和单行条例。

(17)【答案】C

【解析】限制进口技术管理的程序是两次申请、两次审批。先申请"技术进口许可意向书",再签技术进口合同,然后再申领"技术进口许可证"。

(18)【答案】C

【解析】临时反倾销的步骤,是商务部建议,由国务院关税税则委员会决定,再由商务部公告。

(19)【答案】C

【解析】我国多是凭配额的多少来发放许可证,然后凭证报关放行。

(20)【答案】D

【解析】文化部负责全国音像制品进口的监督管理工作,进口音像制品批准单是我国进出口许可管理制度中具有法律效力,用来证明对外贸易经营者经营音像制品合法进口的证明文件,是海关验放该类货物的重要依据。

2. 多项选择题

(1)【答案】AD

【解析】关税配额是一种相对数量的限制措施,进口许可证的有效期是 12 个月,出口许可证的有效期是 6 个月。

(2)【答案】ABCD

【解析】此题多次成为报关员考试的真题,我国对外贸易管制的范围包括四大类。其中注意并不是所有的自由进出口的货物都是贸易管制的范围。

(3)【答案】BD

【解析】我国对限制进口货物的管理实行许可证件管理和关税配额管理两种方式。其中许可证件管理是非配额限制管理,关税配额管理属于关税配额税率管理。

(4)【答案】AB

【解析】选项中属于禁止进口的货物有虎骨和四氯化碳。旧机电属于限制进口货物,木炭属于禁止出口货物。

(5)【答案】ABC

【解析】这是知识点记忆题目,出入境检验检疫制度包括三大制度,即进出口商品检验制度、进出境动植物检疫制度和国境卫生监督制度。

(6)【答案】AB

【解析】两用物项和技术出口许可证实行"一批一证"和"一证一关"。

(7)【答案】ABD

【解析】自动进口许可证的有效期是6个月,但仅限公历年度内有效。原则上实行"一批一证"管理,对部分货物也可实行"非一批一证"管理。对实行"非一批一证"管理的货物,在有效期内可分批次报关,但累计使用次数不得超过6次。

(8)【答案】BC

【解析】免交自动进口许可证的情形有:①加工贸易项下进口并复出口的(原油、成品油除外);②外商投资企业作为投资进口或者投资额内生产自用的(旧机电产品除外);③货样广告品、试验品进口,每批次价值不超过5000元人民币的;④暂时进口的海关监管货物;⑤进入保税区、出口加工区等海关特殊监管区域及进入保税仓库、保税物流中心的属自动进口许可证管理的货物;⑥国家法律法规规定的其他免领自动进口许可证的。

在免交自动进口许可证的知识点中,有例外的情况,选项A和选项D都是例外情况。

(9)【答案】AD

【解析】2009年实施进口许可证管理的货物有两种,重点旧机电和消耗臭氧层物质。

(10)【答案】ACD

【解析】出入境货物通关单由检验检疫机构签发。

3. 判断题(对的打"√",错的打"×")

(1)【答案】×

【解析】国务院商务主管部门也可以对部分进出口商品,或者在一定期限内对部分进出口商品实施国营贸易管理或制定经营管理。所谓的部分进出口商品指的是关系到国计民生的重要进出口商品。实行国营贸易管理的货物的进出口业务只能由经授权的企业经营,但国家允许部分数量的国营贸易管理的货物的进出口业务由非授权企业经营的除外。实行国营贸易管理的货物和经授权经营企业的目录,由国务院商务主管部门会同国务院其他有关部门确定、调整并公布。未经批准擅自进出口实行国营贸易管理的货物,海关不予放行。

所以,国营贸易只能由国家授权的企业经营,但不一定是国有企业。

(2)【答案】√

【解析】出口非配额管理已经表明是非配额,配额是数量限制,非配额就表明没有数量限制。

(3)【答案】√

【解析】出口配额限制是指国家对部分商品的出口数量直接加以限制的措施,出口配额限制有出口配额许可证件管理和出口配额招标管理两种形式。

出口配额管理所定的配额是不能够超的,凭配额发放许可证,凭证报关。

(4)【答案】×

【解析】保障措施的实施期限一般不超过4年,如果仍需继续采取保障措施的必须同时满足四个条件:对于防止或者补救严重损害仍有必要;有证据表明该产业正在进行调整;已经履行有关对外通知、磋商的义务;延长后的措施不严于延长前的措施。但保障措施全部实施期限(包括临时保障措施期限)不得超过10年。

(5)【答案】×

【解析】出口配额招标管理与出口配额许可证管理在于两者的发放方式不同,而不是数量不同。

(6)【答案】×

【解析】对外贸易管制措施的分类有三种:按照管理的目的分为进口贸易管制和出口贸易管制,按管制的手段分为关税措施和非关税措施,按管制对象分为货物进出口贸易管制、技术进出口贸易管制和国际服务贸易管制。

(7)【答案】√

【解析】我国出入境检验检疫制度实行目录管理,目录名称为《出入境检验检疫机构实施检验检疫的进出境商品目录》(简称《法检目录》)。该目录由国家质量监督检验检疫总局根据对外贸易活动中的需要,公布并调整。该目录所列名的商品称为法定检验商品,即国家规定实施强制性检验的某些进出境商品。

(8)【答案】×

【解析】黄金及其制品的出口须提交的是中国人民银行签发的"黄金及其制品出口准许证"。

(9)【答案】×

【解析】非公约证明是我国进出口许可管理制度中具有法律效力,用来证明对外贸易经营者经营列入《进出口野生动植物物种商品目录》中属于我国自主规定管理的野生动植物及其产品合法进出口的证明文件,是海关验放该类货物的重要依据。非公约证明实行"一批一证"制度。

(10)【答案】×

【解析】进出口农药登记证明实行"一批一证"制,一经签发,任何单位和个人不得修改证明内容,如需变更证明内容,应在有效期内将原证交回农业部农药检定所,并申请重新办理进出口农药登记证明。

4. 综合实训题

(1)【答案】ABC

【解析】报关时所提交的单证分为两大类,一类是主要单证,即进出口报关单,另一类是随附单证,包括基本单证和特殊单证。本题目中的报关单就是主要单证,由于是被列入到《法检目录》中的货物,所以必须要提供出入境货物通关单,自动进口许可管理就应该提交自动进口许可证。没有信息表明该货物需提交环保通关单。

(2)【答案】A

【解析】自动许可证的有效期与出口许可证的有效期相同,都是6个月。

(3)【答案】C

【解析】报关企业的报关属于代理报关,如果以委托人的名义则属于直接代理报关,如果以报关企业的名义则属于间接代理报关。目前,我国大部分报关企业都不能经营间接代理报关业务,只限于经营快件业务的国际货代。

(4)【答案】ABC

【解析】海关对溢装数量在货物总量5%以内的散装货物予以免征验放;对溢装数量在货物总量的3%以内的原油、成品油、化肥、钢材等四种大宗散装货物予以免征验收。

第8章 海关监管货物报关程序

教学目标

本章详细讲述了4种不同性质的货物进出境报关操作方法,通过本章的学习,掌握不同性质货物进出口报关规范、操作程序。

(1)一般进出口货物的报关程序,这是最基本操作程序,其他3类特殊报关程序中都包含这个程序。

(2)保税加工货物报关程序,包括进料加工、来料加工的料件、成品等进出境报关程序。

(3)特殊监管区域进出口货物的报关程序,包括出口加工区、保税仓库、出口监管仓库、保税物流园区、保税区货物报关程序。

(4)特殊监管方式进出口货物的报关程序,包括减免税货物、暂准进出境货物、加工贸易不作价设备、无代价抵偿货物、进出境修理货物、退运货物、溢卸和误卸货物等特殊进出口货物报关程序。

教学要求

知识要点	能力要求	相关知识
一般进出口货物报关	(1)掌握一般进出口货物报关操作流程 (2)能够熟练进行电子报关与纸质报关	(1)一般进出口货物概念、特征、范围 (2)申报期限和滞报金 (3)已申报的报关单修改或撤销的规定
保税加工货物报关	(1)掌握保税加工货物报关操作流程 (2)掌握深加工结转货物报关操作流程 (3)掌握出口加工区进出货物报关操作流程	(1)海关保税加工货物监管模式 (2)异地加工贸易合同备案 (3)加工贸易外发加工
特殊监管区域进出口货物报关	(1)掌握保税仓库货物报关操作流程 (2)掌握出口监管仓库货物报关操作流程 (3)掌握保税物流园区进出货物报关操作流程 (4)掌握保税区进出货物报关程序	(1)保税物流中心含义、功能与管理 (2)保税港区含义、功能与管理
特殊监管方式进出口货物报关	(1)掌握特定减免税货物报关操作流程 (2)掌握暂准进出境货物报关操作流程 (3)掌握无作价抵偿货物含义、特征与报关 (4)掌握进出境修理货物报关操作流程 (5)掌握退运货物报关操作流程	(1)进出境快件含义、分类与报关 (2)进出境货物集中申报程序 (3)跨关区"属地申报,口岸验放"通关程序 (4)转关货物含义、方式与报关

8.1 一般进出口货物报关程序

案例导入

如何做好一般进出口货物报关操作方案

北京 AB 成套设备进出口公司与日本 TMT 公司,于 2012 年 7 月 8 日在广州签订了出售户外家具(Outdoor Furniture)的外贸合同。货名:花园椅(Garden Chair),铸铁底座的木椅,按规定出口时需要有动植物检验检疫证明,型号:TG0803;价格:USD78.00/PC FOB Guangzhou;数量:1000 把;毛重:21KGS/PC;净重:19KGS/PC;包装:1PC/CTN;集装箱:1×20;生产厂家:广州 NK 家具厂;最迟装运期:2012 年 9 月 8 日;起运港:广州港;目的港:大阪港;支付方式:不可撤销信用证。北京 AB 成套设备进出口公司委托广州 GB 报关行报关。

问题提出:

(1)根据以上材料,为出口公司整理一份《销售合同》或《成交确认书》。

(2)广州 GB 报关行报关是否需要办理异地报关注册登记手续,为什么?

(3)如果订舱的装船时间是 2012 年 9 月 8 日 10:00AM,那么,报关员最迟在何时何地报关完毕?

(4)如果报关员在 8 月 16 日以电子数据报关单向海关申报,8 月 18 日收到海关放行交单的通知,报关员应不迟于哪一天持打印的纸质报关单,备齐哪些单证,到货物所在地海关提交书面单证,并办理相关海关手续?

(5)作为广州 GB 报关行报关员,如何做好此票设备进口报关操作方案?

为此,本章节详细介绍一般进出口货物通关模式特征,通过课程实训学会制订报关操作方案,重点掌握一般进出口货物通关操作流程。

8.1.1 一般进出口货物概述

1. 一般进出口货物的含义

一般进出口货物是一般进口货物和一般出口货物的合称,是指在进口环节缴纳了应征的进口税费,并办结了所有必要的海关进口手续,海关放行后不再进行监管,可以直接进入生产和消费领域流通的进口货物和在出口环节缴纳了应征的出口税费,并办结了所有必要的海关出口手续,海关放行后离境的出口货物。

一般进出口货物并不完全等同于一般贸易货物。一般进出口货物是指按照海关一般进出口监管制度监管的进出口货物,而一般贸易货物是指按照"一般贸易"交易方式进出口的货物,两者之间存在较大区别。一般贸易货物在进口时可以按照一般进出口监管制度办理海关手续,这时它就是一般进出口货物;如果享受了特定减免税优惠,按照"特定减免税"监管制度办理海关手续,这时它就是特定减免税货物;如果是经海关批准保税,按照"保税"监管制度办理海关手续,它就是保税货物。

因此,一般进出口监管制度适用于在海关放行后可以永久留在境内或境外的进出口货物。一般进出口通关制度包含了两个重要含义:一是在进出口环节缴纳了应征的进出口税费;二是办结了所有必要的海关进出口手续。

2. 一般进出口货物通关模式的特征

(1)必须在进出境时缴纳应征的进出口税费。一般进出口货物的收发货人,按照《海关法》和其他有关法律、行政法规的规定,在货物进出境时向海关缴纳应当缴纳的税费。

(2)必须在进出口时提交相关的许可证件。货物进出口应受国家法律、行政法规管制的,进出口货物收发货人或其代理人应当向海关提交相关的进出口许可证件。

(3)进口货物海关放行即办结了海关手续,出口货物海关放行后离境限办结海关手续。海关征收了全额的税费,审核了相关的进出口许可证件,并对货物进行实际查验(或做出不予查验的决定)以后,按规定签章放行。这时,进出口货物收发货人或其代理人才能办理提取进口货物或者装运出口货物的手续。

3. 一般进出口货物通关模式的适用范围

除特定减免税货物以外的实际进出口货物,均应按一般进出口货物通关规则办理进出口海关手续。这些货物具体包括:

(1)一般贸易进口货物。

(2)一般贸易出口货物。

(3)转为实际进口的保税货物、暂准进境货物或转为实际出口的暂准出境货物。

(4)易货贸易、补偿贸易进出口货物。

(5)不批准保税的寄售代销贸易货物。

(6)承包工程项目实际进出口货物。

(7)外国驻华商业机构进出口陈列用的样品。

(8)外国旅游者小批量订货出口的商品。

(9)随展览品进境的小卖品。

(10)免费提供的进口货物,如外商在经济贸易活动中赠送的进口货物;外商在经济贸易活动中免费提供的试车材料等;我国在境外的企业、机构向国内单位赠送的进口货物。

4. 不同类型海关监管货物对应不同的报关程序

根据货物进出境的不同目的,海关监管货物可以分成五大类,包括一般进出口货物、保税货物、特定减免税货物、暂准进出境货物、其他尚未办结海关手续的进出境货物。海关按照对各种监管货物的不同要求,分别建立了相应的进出境货物报关监管制度(如表8-1所示)。

一般进出口货物报关程序没有前期阶段和后续阶段,只有进出境阶段,由4个环节构成,即进出口申报、配合查验、缴纳税费、提取和装运货物。

表 8-1　各种海关监管货物适用的报关程序

货物类别	前期阶段	进出境阶段	后续阶段
一般货物	/	进出口申报（海关决定是否受理申报） 配合查验（海关决定是否查验、决定查验的形式和方法） 缴纳税费（海关决定征、减、缓、免税费） 提取或装运货物（海关签印放行）	/
保税货物	加工贸易备案和申领登记手册（银行开设台账，海关核发手册）		保税货物核销申请（海关办理核销结关，包括手册核销、台账核销）
特定减免税货物	特定减免税备案、审批和申领减免税证明（核发免税证明）		解除海关监管申请（海关审批解除监管手续）
暂准进出境货物	展览品备案申请手续		暂准进出口货物销案申请（海关办理销案手续）
其他进出境货物	出料加工货物备案 加工贸易不作价设备备案等		出料加工货物、进出境修理货物、租赁货物等的销案手续

8.1.2　一般进出口货物报关程序

1. 进出口申报操作流程

进出口申报是指进出口货物收发货人、受委托的报关企业，依照《海关法》以及其他有关法律、行政法规的要求，在规定的期限、地点，采用电子数据报关单和纸质报关单形式，向海关报告实际进出口货物的情况，并接受海关审核的行为。

（1）进出口申报操作流程：

图 8-1　一般进出口货物进出口申报阶段操作流程图

①办理报关委托书。不自行办理报关的进出口货物收发货人，在货物进出口前，应与报关企业签订《代理报关委托书》，委托书载明委托方企业名称、法定代表人姓名、代理事项、提供单证、代理期限以及双方法律责任等内容。进出口货物收发货人自行办理报关手续的，无须办理报关委托书。

②准备、审核报关单证。报关企业接受进出口货物收发货人委托，应对委托人所提供情况的真实性、完整性进行合理审查。审查内容主要有：

第一，证明进出口货物实际情况相关的资料，如进出口货物名称、规格、用途、性能、产地、贸易方式等。

第二，有关进出口货物的合同、发票、运输单证、装箱单等商业单据。

第三，进出口所需的许可证件及随附单证。

第四，海关要求的加工贸易手册及其他进出口单证等。

③申报前看货取样。进口货物收货人在向海关申报前，为了确定货物的名称、规格、型号以及商品归类，填写好纸质报关单证，可以向海关提出查看货物或者提取货样的书面申请，海关审核同意的，派员到场监管。

涉及动植物及其产品以及其他必须依法提供检疫证明的货物,如果需要提取货样,应该按照国家的有关法律规定,事先取得主管部门签发的书面批准证明。提取货样后,到场监管的海关工作人员与进口货物的收货人在海关开具的取样记录和取样清单上签字确认。

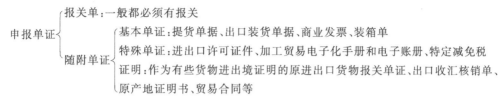

图 8-2　申报时提交的各类单证

④电子数据申报。进出口货物收发货人或其代理人,选择终端申报、委托 EDI 申报、自行 EDI 申报、网上申报等 4 种电子申报方式中适用的一种,将报关单内容录入海关电子计算机系统,生成电子数据报关单,并将数据、内容传送到海关报关自动化系统。

进出口货物收发货人或其代理人在委托录入或自行录入报关单数据的计算机上接收到海关发送的接受申报信息,即表示电子申报成功;接收到海关发送的不接受申报信息后,则应当根据信息提示修改报关单内容后重新申报。

⑤提交纸质报关单及随附单证。海关审核电子数据报关单后,进出口货物收发货人或其代理人,应当自接到海关"现场交单"或"放行交单"信息之日起 10 日内,持打印的纸质报关单,备齐规定的随附单证并签名盖章,到货物所在地海关提交书面单证,办理相关海关手续。

⑥修改申报内容或撤销申报。海关接受进出口货物申报后,电子数据和纸质的进出口货物报关单不得修改或者撤销;确有正当理由的,经海关审核批准,可以修改或撤销。进出口收发货人或其代理人有以下正当理由的,可以向原接受申报的海关申请修改或者撤销进出口货物报关单:由于报关人员操作或书写错误造成所申报的报关单内容有误,并且未发现有走私违规或者其他违法嫌疑的;出口货物放行后,由于装运、配载等原因造成原申报货物部分或全部退关、变更运输工具的;进出口货物在装载、运输、存储过程中因溢短装、不可抗力的灭失、短缺等原因造成原申报数据与实际货物不符的;根据贸易惯例先行采用暂时价格成交、实际结算时按商检品质认定或国际市场价格付款方式需要修改申报内容的;由于计算机、网络系统等方面原因导致电子数据申报错误的;其他特殊情况经海关核准同意的。

海关已经决定布控、查验的,以及涉案的进出口货物的报关单位在办结前不得修改或撤销。

(2)进出口申报的操作要求:

①申报地点。

进口货物应当由收货人或其代理人在货物的进境地海关申报;出口货物应当由发货人或其代理人在货物的出境地海关申报。

经收发货人申请,海关同意,进口货物的收货人或其代理人可以在设有海关的货物指运地申报,出口货物的发货人或其代理人可以在设有海关的货物起运地申报。

以保税货物、特定减免税货物和暂准进境货物申报进境的货物,因故改变使用目的从而改变货物性质转为一般进口时,进口货物的收货人或其代理人应当在货物所在地的主管海关申报。

②申报期限。

进口货物申报期限为自装载货物的运输工具申报进境之日起14日内(从运输工具申报进境之日的第二天开始算)。申报期限的最后一天是法定节假日或双休日的,顺延至法定节假日或双休日后的第一个工作日。进口货物自装载货物的运输工具申报进境之日起3个月仍未向海关申报的,货物由海关提取并依法变卖。对属于不宜保存的货物,海关可以根据实际情况提前处理。

出口货物的申报期限为货物运抵海关监管区后、装货的24小时以前。

③申报日期。

申报日期是指申报数据被海关接受的日期。进出口货物收发货物人或其代理人的申报数据自被海关接受之日起,其申报的数据就产生法律效力,即进出口货物收发货人或代理人应当向海关承担"如实申报"、"如期申报"等法律责任。因此,海关接受申报数据的日期非常重要。

采用先电子数据报关单申报,后提交纸质报关单,或者仅以电子数据报关单方式申报的,申报日期为海关计算机系统接受申报数据时记录的日期,该日期将反馈给原数据发送单位,或公布于海关业务现场,或通过公共信息系统发布。如果电子数据报关单经过海关计算机检查被退回的,视为海关不接受申报,进出口货物收发货人或其代理人应当重新申报,申报日期为海关接受重新申报的日期。海关已接受申报的报关单电子数据,送人工审核后,需要对部分内容进行修改的,进出口货物收发货人或其代理人应当按照海关规定进行修改并重新发送,申报日期仍为海关原接受申报的日期。

先以纸质报关单申报,后补交电子数据的,或者只提供纸质报关单申报的,海关关员在报关单上作登记处理的日期,为海关接受申报的日期。

④滞报金。

进口货物收货人未按规定期限向海关申报产生滞报的,由海关按规定征收滞报金。进口货物滞报金应当按日计征。计征滞报金起始日为运输工具申报进境之日起第15日,截止日为海关接受申报之日。起始日和截止日均计入滞报期间。

滞报金的日征收金额为进口货物完税价格的0.5‰,以人民币"元"为计征单位,不足人民币1元的部分免征。

征收滞报金的计算公式:滞报金金额=进口货物完税价格×0.5‰×滞报期间(滞报天数)

滞报金的起征点为人民币50元。滞报金的计征起始日如遇法定节假日的,顺延至法定节假日后的第一个工作日。

2. 配合查验操作流程

海关接受进出口货物收发货人或其代理人申报后,依法对进出口货物进行查验。进出口货物收发货人或其代理人应当到场配合海关的查验,这是报关单位的一项义务。

(1)配合查验操作步骤。

图8-3 一般进出口货物配合查验阶段操作流程图

①布控查验。海关不是对所有的进出口货物都必须查验,而是根据对进出口货物进行

风险分析或商品归类、完税价格的审定等需要,决定对进出口货物是否进行查验。海关查验是在风险分析的基础上有选择地进行的,海关在接单审核完毕后,通过在电脑中布控查验要求,主要由审单中心布控、接单现场布控和作业现场海关人员布控,一旦下达查验指令,查验关员必须实施查验。进出口货物收发货人或其代理人应向海关办理查验手续。

②查验受理。

受理部门:海关查验部门

进出口货物收发货人或者代理人,在接到海关查验通知后,持相关单证至海关查验部门登记,按序等候查验。办理进出境查验,须向海关提供下列单证:

进出口货物报关单;发票、装箱单、运单;减免税货物提供海关征免税证明。

③查验执行。

第一,查验货物时,进出口货物收发货人或者代理人应当到场,负责配合查验。

第二,因进出口货物所具有的特殊属性,容易因开启、搬运不当原因导致货物毁损,进出口货物收发货人或者代理人应当在海关实施查验前声明。

第三,查验结束后,在场进出口货物收发货人或者代理人应当在查验记录上签名确认。

④查验处置。查验完成后,查验关员填制海关货物查验记录单相应栏目的查验结果。一般查验结果为:

第一,查验正常,转放行岗位做放行处理。

第二,查验待处理,需要取样判定归类、价格,化验货物性质的,要等鉴定结果出来后处理。

第三,查验异常,货物实际情况与申报不符,按照差错程度移交通关、法规、缉私等相关部门处理。

(2)海关特殊查验方式操作要求:

①海关监管区外查验。

海关查验应在海关监管区内实施,不宜在监管区内实施查验的,可向海关申请区外查验。

例如,因货物易受温度、静电、粉尘等自然因素影响,不宜在海关监管区内实施查验,或者因其他特殊原因,需要在海关监管区外查验的,经进出口货物收发货人或其代理人书面申请,海关可以派员到海关监管区外实施查验。

②优先查验。

海关查验时间一般约定在海关正常工作时间内进行。但对于危险品或者鲜活、易腐、易烂、易失效、易变质等不宜长期保存的货物,以及因其他特殊情况需要紧急验放的货物,经进出口货物收发货人或其代理人申请,海关可以优先实施查验。

③海关复验。

有下列情形之一的,海关可以对已查验货物进行复验。

第一,经初次查验未能查明货物的真实属性,需要对已查验货物的某些性状作进一步确认的。

第二,货物涉嫌走私违规,需要重新查验的。

第三,进出口货物收发货人对海关查验结论有异议,提出复验要求并经过海关同意的。

第四,其他海关认为必要的情形。

已经参加过查验的检验人员不得参加对同一票货物的复验。

④径行开验。

经主管领导批准,海关可以在进出口货物收发货人或其代理人不在场的情况下,对进出口货物进行开拆包装,实施径行查验。有下列情形之一的,海关可以径行开验:

第一,进出口货物有违法嫌疑的。

第二,经海关通知查验,进出口货物收发货人或其代理人届时未到场的。

海关径行开验时,存放货物的海关监管场所经营人、运输工具负责人应当到场协助,并在查验记录上签名确认。

(3)进出口货物收发货人或其代理人配合查验操作要求。

进出口货物收发货人或其代理人配合海关查验应当做好如下工作:

①负责按照海关要求搬移货物,开拆包装,以及重新封装货物。

②预先了解和熟悉所申报货物的情况,如实回答查验人员的询问,以及提供必要的资料。

③协助海关提取需要作进一步检验、化验或鉴定的货样,收取海关出具的取样清单。

④查验结束后,确认查验结果,在"海关进出境货物检查记录单"签字,并注意以下情况的记录是否符合实际:开箱的具体情况;货物残损情况及造成残损的原因;提取货样的情况;查验结论。

查验记录准确清楚的,配合查验人员应即签名确认。如不签名的,海关查验人员在查验记录中予以注明,并由货物所在监管场所的经营人签名证明。

(4)查验货物损失赔偿。在查验过程中,或者证实海关在径行开验过程中,因为海关查验人员的责任造成被查验货物损坏的,进出口货物收发货人或其代理人可以要求赔偿。海关赔偿的范围仅限于在实施查验过程中,由于查验人员的责任造成被查验货物损坏的直接经济损失。直接经济损失的金额根据被损坏货物及其部件的受损程度确定,或者根据修理费确定。

以下情况不属于海关赔偿的范围:

①进出口货物收发货人或其代理人搬移、开拆、装封货物或保管不善造成的损失。

②易腐、易失效货物在海关正常工作程序所需时间内(含扣留或代管期间)所发生的变质或失效。

③海关正常查验时产生的不可避免的磨损。

④在海关查验之前已发生的损坏和海关查验之后发生的损坏。

⑤由于不可抗力造成的货物损失或损坏。

进出口货物的收发货人或其代理人在海关查验时对货物是否受损未提出异议,事后发现货物有损坏的,海关不负赔偿责任。

3. 缴纳税费的操作流程

缴纳税款的支付方式有三种:柜台支付、网上支付、电子支付。进出口货物收发货人或其代理人在办理缴纳税费时,先要选择一种支付方式。其中电子支付方式已在本书第5章"税款缴纳地点和方式"中介绍。本节介绍在网上支付方式下办理缴纳税费的操作流程。

进出口货物收发货人或其代理人(以下称为企业)开展网上支付海关税款业务流程:

(1)资格要求。

①企业应是中国电子口岸入网用户,取得企业法人卡及操作员卡。

②通过中国电子口岸向海关和银行提出企业备案、操作员备案及授权的申请,并经海关、银行审批通过。

③已在银行开立用于支付税费的预储账户,开户行及账号对海关不保密。

(2)支付操作流程。

①企业将报关单及随附单证提交给货物进出境地指定海关,海关对报关单进行审核,对需要查验的货物先由海关查验,然后核对计算机计算的税费,开具税款缴款书和收费票据。

②企业通过电子口岸接收海关发出的税款缴款书和收费票据。

③企业在网上向指定的银行办理电子交付税费手续。

④企业收到银行缴款成功的信息,即可报请海关办理货物放行手续。

4. 提取或装运货物的操作流程

图8-4 一般进出口货物配合查验阶段操作流程图

(1)海关现场放行和货物结关。《海关法》规定:"进出口货物在收发货人缴清税款或者提供担保后,由海关签印放行。"具体操作流程有两种:

①海关现场放行,一般由海关在进口货物提货凭证或者出口货物装货凭证上加盖海关放行章。进出口货物的收发货人或其代理人签收进口提货凭证或者出口装货凭证,凭以提取进口货物或将出口货物装上运输工具离境。

②在实行"无纸通关"申报方式的海关,海关作出现场放行决定时,通过计算机将海关决定放行的信息发送给进出口货物收发货人或其代理人和海关监管货物保管人。进出口货物收发货人或其代理人从计算机上自行打印海关通知放行的凭证,凭以提取进口货物或将出口货物装运到运输工具上离境。

海关现场放行与货物结关有两种情况:

其一,放行即结关,对于一般进出口货物,放行时进出口货物收发货人或其代理人已经办理了所有海关手续,因此海关进出境现场放行即等于结关。

其二,放行不等于结关,对于保税货物、特定减免税货物、暂准进出境货物、部分其他进出境货物,放行时进出境货物的收发货人或其代理人并未全部办完所有的海关手续,海关在一定期限内还需要进行监管,所以该类货物的海关进出境现场放行不等于结关。

(2)提取货物或装运货物。具体操作流程是:

①进口货物收货人或其代理人签收海关加盖海关放行章戳记的进口提货凭证,凭以到货物进境地的港区、机场、车站、邮局等地的海关监管仓库办理提取进口货物的手续。

②出口货物发货人或其代理人签收海关加盖海关放行章戳记的出口装货凭证,凭以到货物出境地的港区、机场、车站、邮局等地的海关监管仓库办理将货物装上运输工具离境的手续。

(3)申请签发报关单证明联和办理其他证明手续。进出口货物收发货人或其代理人办理完提取进口货物或装运出口货物的手续以后,如果需要海关签发有关货物的进出口报关单证明联或办理其他证明手续的,均可向海关提出申请。

具体操作流程是：

①进口付汇证明联。

适用情况：对需要在银行或国家外汇管理部门办理进口付汇核销的进口货物。

受理部门：海关通关管理部门。

办理步骤：

第一步，提交申请，进口货物收货人或代理人已办结所有海关手续，向海关申请签发。

第二步，对符合条件的，海关审批同意后打印证明联，加盖印章，并通过电子口岸执法系统向银行和国家外汇管理部门发送证明联电子数据。

②出口收汇证明联。

适用情况：对需要在银行或国家外汇管理部门办理出口收汇核销的出口货物。

受理部门：海关通关管理部门。

办理步骤：

第一步，提交申请，出口货物发货人或代理人已办结所有海关手续，向海关申请签发。

第二步，对符合条件的，海关审批同意后打印证明联，加盖印章，并通过电子口岸执法系统向银行和国家外汇管理部门发送证明联电子数据。

③出口退税证明联。

适用情况：对需要在国家税务机构办理出口退税的出口货物。

受理部门：海关通关管理部门。

办理步骤：

第一步，提交申请，对已申报出口并装运出境的货物，出口货物发货人或代理人向海关申请签发。

第二步，对符合条件的，海关审批同意后打印证明联，加盖印章，并通过电子口岸执法系统向国家税务机构发送证明联电子数据。

④出口收汇核销单。

适用情况：对需要办理出口收汇核销的出口货物。

核发部门：国家外汇管理部门。

办理步骤：

第一步，出口货物发货人或代理人，在货物出口申报时，向海关提交出口收汇核销单。

第二步，海关放行后，海关在出口收汇核销单上签章。出口货物发货人凭出口货物报关单收汇证明联和出口收汇核销单办理出口收汇核销手续。

⑤进口货物证明书。

适用情况：对需要向国家交通管理部门办理汽车、摩托车的牌照申领手续。

受理部门：海关通关管理部门。

办理步骤：

第一步，进口货物收货人或代理人，向海关申请签发进口货物证明书。

第二步，海关放行汽车、摩托车后，签发进口货物证明书，同时将"进口货物证明书"上的内容通过计算机发送给海关总署，再传输给国家交通管理部门。

第8章 海关监管货物报关程序

【案例实操】 如何做好一般进出口货物报关操作方案？

杭州联华国际贸易有限公司(3301210118),从德国 WESTLAND 公司进口牙科用 χ 射线应用设备5台(型号 YY-90),每台报价是22000美元 FOB 汉堡。装载该批设备的货轮于2013年8月24日杭州港申报进境,设备用木箱包装,每箱1台,海运费计1900美元,按 CIF 价10%投保,保险费率为0.85%。联华公司将报关事务委托杭州天成国际物流服务有限公司办理进口报关手续。

补充材料:运输方式为水路运输;运输工具名称为 CAPE/1107;提单号为 KMTC03208;起运国为德国;装运港为汉堡;境内目的地为杭州经开区;合同协议号为13NY050-ES0027;毛重为5528千克;净重为5473千克;集装箱号 TEXU3605231/20\2275。

标记唛码为:
HANGZHOU
N/WKGS
G/WKGS
C/NO.1-5

作为天成国际物流公司报关员,如何做好此票设备进口报关操作方案?

实操解析:

作为天成国际物流公司报关员,应根据海关一般进口货物通关操作规定,拟定具体报关业务操作方案:

(1)签订委托协议书,取得代理报关委托书。
(2)查找商品编码,办理进口许可证件。
(3)根据货轮预计到港日期,安排电子申报和现场交单期限。
(4)熟悉产品,做好陪同查验准备。
(5)计算并缴纳税费。
(6)申请放行,做好进口货物付汇核销准备。

具体操作方案包括以下内容:

(1)签订《委托报关协议》。根据题目资料相关内容,填写"代理报关委托书"。

(2)查找商品编码,办理进口许可证件。经查阅报关实用手册,进口货物牙科用 χ 射线应用设备,商品编码是9022130000,海关监管条件为"6OA","6"为旧机电产品禁止进口代码,该货物不属于旧机电产品禁止进口,"O"为自动进口许可证,设备进口前,应向商务部申领该证;"A"为入境货物通关单,该货物列入《法检目录》,属于接收口岸检验检疫机构检验的货物,故在设备进口前,到杭州出入境检验检疫局报检,办理入境货物通关单。

(3)根据货轮预计到港日期,安排电子申报和现场交单期限。确定电子申报和现场交单的具体期限安排:装载设备货轮于2013年8月24日进境,8月24日是星期六,根据申报期限规定,为了不产生滞报金,这批设备进口申报计划在9月7日前进行。9月7日是星期六,根据规定,这批设备进口申报最迟需要在9月9日前进行。并且电子申报成功后,打印报关单,备齐随附单证,在10日内到海关进行现场报关。

(4)准备、审核单证,进行进口申报。根据单证员提供的发票、提单、装箱单等资料,填写进口货物报关单,该批货物贸易方式:一般贸易;备案号:空;征免性质:一般征税;征免:照章征税;用途:外贸自营内销。运输方式:水路运输;其他内容从补充资料找。经营单位:杭州联华国际贸易有限公司 3301210118。

进口报关单填好以后,录入申报数据,进行电子申报。在得到"现场交单"电子信息后 10 日内,向通关大厅窗口提交纸质报关单及随附单据。

(5)熟悉产品,做好陪同查验准备。若收到海关查验通知单,陪同海关关员查货,未收到,不予查验。

(6)计算并缴纳税费。经查阅报关实用手册,编码为 9022130000 进口货物,最惠国税率为 4%,普通税率为 11%,进口增值税率为 17%,出口税率为 0,消费税率为 0;法定计量单位为台。该批货物原产国为德国,WTO 成员国,适用最惠国税率为 4%,增值税率为 17%,不征收进口消费税。

计算(每台):

FOB 报价 $= 22000 \times 6.827 = 150194.00$(元)

国际运费 $= 1900 \times 6.827 \div 5 = 2594.26$(元)

$$CIF = (FOB + 运费) \div [1 - (1 + 保险加成率) \times 保险费率]$$
$$= (150194 + 2594.26) \div [1 - (1 + 0.1) \times 0.85\%]$$
$$= 152788.26 \div 0.99065 = 154230.31(元)$$

保险费 $= CIF \times (1 + 投保加成率) \times 保险费率$
$= 154230.31 \times 1.1 \times 0.85\% = 1442.05$(元)

进口关税 $= CIF \times 税率$
$= 154230.31 \times 4\% = 6169.21$(元)

增值税 $= (CIF + 关税) \times 增值税率$
$= (154230.31 + 6169.21) \times 17\% = 27267.92$(元)

应缴进口关税 $= 6169.21 \times 5 = 30846.05$(元)

应缴增值税 $= 27267.92 \times 5 = 136339.60$(元)

在接到海关的税款缴款书后,采用网上支付方式,及时支付上述关税和增值税。

(7)申请放行,做好进口货物付汇核销准备。凭海关盖了放行章的提货单进行提货,放行等于结关。在办结所有海关手续后,向海关通关管理部门提交申请,申领进口货物报关单付汇证明联,到指定银行办理付汇核销手续。

8.2 保税加工货物报关程序

案例导入

如何办理电子化手册管理下保税加工通关操作流程

注册于上海的某加工贸易经营企业,属海关 A 类管理企业,与韩国一家电子企业签订了一份进料加工合同,委托苏州某加工企业进行加工,属海关 B 类管理企业。在料件进口前,该企业已向海关办理了加工贸易合同备案手续。2012 年 3 月 6 日,企业购进的料件从上海吴淞海关申报进境,进境后随之运到加工企业进行加工。加工成品于 2012 年 5 月 5 日返销出口,该企业在成品出口后向海关核销结案。

问题提出:

(1)该进料加工合同应向哪个海关申请备案?

(2)是否需要建立银行保证金台账?

(3)海关对该项跨关区异地加工贸易合同进行分类管理时,应该按照何类企业管理?

(4)该企业在合同报核时,应提交哪些单证?

(5)经营企业办理这笔进料加工报关,具体操作流程是什么?

为此,本章节详细介绍保税加工货物海关监管模式,重点介绍保税加工货物海关监管特征,重点掌握电子化手册监管模式下保税加工业务通关技能。

8.2.1 保税加工货物报关概述

1. 保税加工货物含义

保税加工货物是指经海关批准未办理纳税手续进境,在境内加工、装配后复运出境的货物。

保税加工货物通常被称为加工贸易保税货物,加工贸易保税货物不完全等同于加工贸易货物。加工贸易货物只有经过海关批准才能保税进口。经海关批准准予保税进口的加工贸易货物才是保税加工货物。

保税加工货物有来料加工和进料加工两种形式。来料加工是指由境外企业提供料件,经营企业不需要付汇进口,按照境外企业的要求进行加工或装配,只收取加工费,制成品由境外企业销售的经营活动。进料加工是指经营企业用外汇购买料件进口,制成成品后外销出口的经营活动。

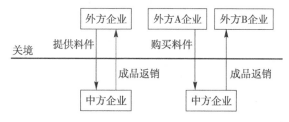

图 8-5 来料加工与进料加工的异同

2. 保税加工货物特征

保税加工货物有以下特征:

(1)料件进口时暂缓缴纳进口关税及进口环节海关代征税,成品出口时除另有规定外无须缴纳关税。

(2)料件进口时除国家另有规定外免予交验进口许可证件,成品出口时凡属许可证件管理的,必须交验出口许可证件。

(3)进出境海关现场放行并未结关。

3. 加工贸易货物范围

(1)专为加工、装配出口产品而从国外进口且海关准予保税的原材料、零部件、元器件、包装物、辅助材料。

(2)用进口保税料件生产的成品、半成品。

(3)在保税加工生产过程中产生的副产品、残次品、边角料和剩余料件。

4. 海关对保税加工货物监管模式

海关对保税加工货物的监管模式有两大类：一类是物理围网的监管模式，包括出口加工区和跨境工业园区，采用电子账册管理；另一类是非物理围网的监管模式，采用计算机联网监管。

(1)物理围网监管。

所谓物理围网监管是指经国家批准，在关境内或关境线上划出一块区域，采用物理围网，让企业在围网内专门从事保税加工业务，由海关进行封闭式的监管。在境内的保税加工封闭式监管模式为出口加工区，已经实施多年，有一套完整的监管制度；在关境线上的保税加工封闭式监管模式为跨境工业园区，目前只有珠澳跨境工业园区，分为澳门园区和珠海园区，在澳门特别行政区的部分是澳门园区，在珠海经济特区的部分是珠海园区。

(2)非物理围网监管。

非物理围网监管即计算机联网监管这种模式。

计算机联网监管是一种高科技的监管方式，主要是应用计算机手段实现海关对加工贸易企业的联网监管，建立电子账册或电子手册。备案、进口、出口、核销等手续，全部通过计算机进行。计算机联网监管模式又分为两种：一种是针对大型企业的，以建立电子账册为重要标志，以企业为单元进行管理，不再执行银行"保证金台账"制度；另一种是针对中小企业的，以建立电子手册为主要标志，以合同为单元，执行银行"保证金台账"制度。

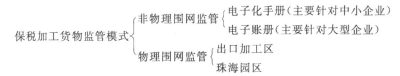

图8-6 保税加工货物海关监管模式

保税加工货物海关监管特征可以概括为：商务审批、备案保税、暂缓纳税、监管延伸、核销结关。

(1)商务审批。保税加工货物需经过商务主管部门审批才能进入海关备案程序。商务审批有两种情况：

①审批加工贸易合同。加工贸易经营企业在向海关办理加工贸易合同备案建立电子化手册之前，先要到商务主管部门办理加工贸易合同审批手续。经审批后，经营企业凭商务主管部门出具的"加工贸易业务批准证"、"加工贸易经营企业经营状况和生产能力证明"以及批准后的加工贸易合同到加工企业所在地主管海关备案。

②审批加工贸易经营范围。加工贸易经营企业在向海关申请建立电子账册之前，先要到商务主管部门办理加工贸易经营范围审批手续，由商务主管部门对加工贸易企业作出前置审批，凭商务主管部门出具的"经营范围批准证书"和"加工贸易经营企业经营状况和生产

能力证明",到海关申请联网监管并建立电子账册、电子手册。

(2)备案保税。凡准予备案的加工贸易料件进口时可以暂不办理纳税手续。海关受理加工贸易料件备案的原则是:

①合法经营,指申请保税的料件、保税申请人本身不属于国家禁止的范围,并且获得有关主管部门的许可,有合法进出口的凭证。

②复运出境,指申请保税的货物流向明确,进境加工、装配后,最终流向表明是复运出境,同时申请保税的单证能够证明进出境基本是平衡的。

③可以监管,指申请保税的货物无论在进出境环节,还是在境内加工、装配环节,海关都可以监管,不会因为某种不合理因素造成监管失控。

(3)暂缓纳税。国家规定专为加工出口产品而进口的料件,按实际加工复出口成品所耗用料件的数量准予免缴进口关税和进口环节增值税、消费税。

但是,在料件进口的时候,无法确定用于出口成品上的料件的实际数量,海关只有先准予保税,在产品实际出口并最终确定使用在出口成品上的料件数量后,再确定征免税的范围。即用于出境的免税,不出境的征税,由企业办理纳税手续。因此,保税加工业务要解决两个问题:

其一,保税加工货物,经批准不复运出境的,既要征收进口关税、进口环节代征税,还要征收缓税利息。

保税加工货物内销缓税利息计算公式如下:

应征缓税利息=应征税额×计息天数×缓税利息率÷360

具体操作见本书第5章"进出口税费征收或减免"。

其二,料件进境时,未办理纳税手续,应当按照本书第12章"海关事务担保制度"规定,履行海关事务担保。保税加工业务按照专门的"加工贸易银行保证金台账制度"执行。

什么是加工贸易银行保证金台账制度?

加工贸易银行保证金台账制度的核心内容:对不同地区的加工贸易企业和加工贸易涉及的进出口商品实行分类管理,对部分企业进口的部分料件,由银行按照海关根据规定计算的金额征收保证金。

①地区分为东部地区和中西部地区。东部,包括辽宁省、北京市、天津市、河北省、山东省、江苏省、上海市、浙江省、福建省、广东省;中西部,包括东部地区以外的中国其他地区。

②加工贸易企业按报关单位分类管理中"收发货人的审定标准"分为 AA 类、A 类、B 类、C 类、D 类等 5 个管理类别。

③商品分为禁止类、限制类、允许类 3 类。加工贸易禁止类和限制类商品目录由商务部、海关总署会同国家其他有关部门适时公布。

——目前公布的加工贸易禁止类目录主要包括:国家明令禁止进出口的商品;为种植、养殖而进口的商品;高能耗、高污染的商品;低附加值、低技术含量的商品;其他列名的加工贸易禁止类商品。

列入加工贸易禁止类进口商品目录的,凡用于深加工结转转入,或从具有保税加工功能的海关特殊监管区域内企业经实质性加工后进入区外的商品,不按加工贸易禁止类进口商品管理。

列入加工贸易禁止类出口商品目录的,凡用于深加工结转转出,或进入具有保税加工功能的海关特殊监管区域内企业加工生产的商品,不按加工贸易禁止类出口商品管理。

——目前公布的加工贸易进口限制类商品,主要包括冻鸡,植物油,初级形状聚乙烯,聚酯切片,天然橡胶,糖、棉、棉纱、棉坯布和混纺坯布,化学短纤,铁和非合金钢材、不锈钢,电子游戏机等。

目前公布的加工贸易出口限制类商品,主要包括线型低密度聚乙烯、初级形状聚苯乙烯、初级形状环氧树脂、初级形状氨基树脂等化工品,拉敏木家具、容器等制成品,玻璃管、棒、块、片及其他型材和异型材,羊毛纱线,旧衣物,部分有色金属等。

以加工贸易深加工结转方式转出、转入的商品,属于限制类的按允许类商品管理。

——禁止类和限制类以外的商品为允许类商品。

表8-2 加工贸易银行保证金台账分类管理内容表

台账分类管理内容	禁止类商品		限制类商品		允许类商品	
	东部	中西部	东部	中西部	东部	中西部
AA类企业	不准开展加工贸易		空转		不转	
A类企业					空转	
B类企业			半实转	空转	空转	
C类企业			实转			
D类企业			不准开展加工贸易			
特殊监管区域企业	不准开展加工贸易		不转			

注:表中"不转"指不设台账,"空转"指设台账不付保证金,"实转"指设台账付保证金,"半实转"指设台账减半支付保证金。

加工贸易银行保证金台账分类管理的具体内容:

①任何类企业都不准开展禁止类商品的加工贸易。

②适用D类管理的企业,不得开展加工贸易。

③适用C类管理的企业,无论在什么地区开展加工贸易,进口限制类商品、允许类商品,都为实转,即都要设台账,按全部进口料件应征税款金额全额征收保证金。

④东部地区适用B类管理的企业开展加工贸易,进口限制类、允许类商品,均设台账,进口限制类商品按进口的限制类商品应征税款的50%征收保证金,进口允许类商品不征收保证金。

⑤东部地区适用A类管理的企业,中西部地区A类、B类管理的企业开展加工贸易,进口限制类、允许类商品均设台账,但实行保证金台账空转。

⑥适用AA类管理的企业,不管在什么地区开展加工贸易,进口允许类商品,不设台账,进口限制类商品设台账,但实行银行保证金台账空转。

⑦适用AA类企业、A类企业、B类企业,开展加工贸易,不管什么地区,进口料件不论是限制类还是允许类商品,进口金额在1万美元及以下的,可以不设台账,也不征收保证金(为不转)。

⑧东部地区适用B类管理的企业从事限制类商品加工贸易,其台账保证金计算公式:

进口料件属限制类商品,或进口料件、出口成品均属限制类商品:

台账保证金=(进口限制类料件的关税+进口限制类料件的增值税)×50%

出口成品属限制类商品：

台账保证金＝进口料件备案总值×（限制类成品备案总值÷全部出口成品备案总值）× 22％×50％

⑨适用C类管理的企业从事限制类商品加工贸易，其台账保证金计算公式：

台账保证金＝（进口限制类料件的关税＋进口限制类料件的增值税）×100％

(4)监管延伸。一般进出口货物，海关监管的时间是自进口货物进境起到办结海关手续提取货物止，出口货物自向海关申报起到装运出境止，海关监管的地点主要在货物进出境口岸的海关监管场所。

保税货物的海关监管无论在时间，还是在地点，都进行了延伸：

从监管地点上来说，在海关监管期限内，凡是保税货物储存、加工、装配的地点，都是海关监管该保税货物的场所。

从监管时间上来说，保税货物在进境地被提取，不是海关监管的结束，而是海关后续监管的开始，一直到该货物储存、加工、装配后复运出境或办结海关核销手续为止。

海关监管时间涉及2个期限：准予保税期限是指经海关批准后，保税加工货物在境内储存、加工、装配，直到复运出境的时间限制。申请核销期限是指保税加工货物的经营人向海关申请核销的最后日期（见表8-3）。

表8-3 保税加工货物监管期限一览表

监管模式		期　限
电子化手册管理	保税加工期限	原则上不超过1年，经批准可以延长，延长时间最长期限原则上也是1年
	申请核销期限	手册有效期到期之日起或最后一批成品出运后30天内报核
电子账册管理	保税加工期限	从企业电子账册记录第一批料件进口之日起，到该电子账册被撤销止
	申请核销期限	一般规定以180天为1个报核周期，首次报核期限，从电子账册建立之日起180天后的30天内报核；以后报核期限从上次报核之日起180天后的30天内报核
海关特殊监管区域	保税加工期限	从加工贸易料件进区起，到成品出区办结海关手续止
	申请核销期限	每180天向海关申报1次保税加工货物的进出境、进出区的实际情况（珠海园区：每年向海关办理报核手续1次）

(5)核销结关。一般进出口货物是放行结关。即进出口货物收发货人及其代理人向海关申报后，由海关审单、查验、征税、放行，然后提取货物或装运货物，海关放行就是结关。

保税货物是核销结关。保税进口货物海关放行后，并不等于海关监管结束，保税加工货物复运出境后，只有经过海关核销才能结关。向海关核销，不仅要确认进出口数量是否平衡，而且要确认成品是否由所进口料件生产。

【案例实操】 如何根据合同内外销比例办理保税加工通关操作流程

上海某专营进料加工集成电路块出口的外商投资企业，是适用海关B类管理的企业，该公司2012年3月份对外签订了主料硅片（非限制类商品）等原材料的进口合同，按合同企业30％加工成品内销，70％加工成品外销，原料4月底交货，6月份与境外商家订立了集成电路块出口合同，交货期为10月底。9月底产品全部出运。作为该公司报关员，应如何完成集成电路进料加工业务报关操作流程？

实操解析:

作为该公司报关员,应完成集成电路进料加工业务报关操作流程如下(以填空作答):

(1)加工贸易合同备案,申领外销部分的电子化手册编号。

报关员应当在4月底前,到主管海关申领进料加工电子化手册编号,以使料件按合同期限收货。申领电子化手册编号具体操作流程如下:

①报上海市商务主管部门审批(　　),领取(　　)和(　　)。

②该企业将合同相关内容预录入(　　),海关审核确定是否准予备案,对准予备案的,海关确定是否需要开设加工贸易银行保证金台账。

③主管海关审核无误后,按(　　)批注保税比例。

④因某公司属于海关B类管理企业,硅片属允许类商品,按加工贸易银行保证金台账管理规定,应实行(　　),主管海关开出(　　)。

⑤企业凭银行签发的(　　),到合同备案主管海关领取加工贸易电子化手册编号。

(2)办理主料进口报关手续。

①货物到港后,按货物内外销比例,将进料分成两部分预录入通关,其中30%内销部分,贸易方式按(　　)填报料件进口报关单;70%外销部分,贸易方式按(　　)填报料件进口报关单。

②收到主管海关(　　)指令后,报关员应将报关单及(　　)等随附单证到主管海关现场交单。

③海关需要查验的货物,企业在收到海关(　　),收货人或代理人应当到现场(　　)。

④企业收到税款缴款书后,到海关指定银行(　　)或(　　),税费核注后,到海关领取(　　),凭此单到码头海关监管仓库提货。

(3)办理成品出口手续。

办理成品出口的报关手续的流程是:

①备货。

②到外管局领取(　　),填制出口报关单,做好电子申报。

③持(　　)单证资料,到海关现场交单,查验放行,提取货物。

(4)办理合同核销手续。

①货物于9月底全部出运,所以经营企业必须在(　　)前,持(　　)向主管海关申请报核。

②经主管海关予以核销的,凭主管海关签发的(　　)到指定中国银行办理(　　)。

③凭银行出具的(　　),到主管海关领取(　　),至此,该加工贸易合同的报关程序全部完成。

8.2.2　电子化手册管理下保税加工货物报关程序

案例导入

如何办理电子化手册管理下保税加工货物报关操作流程

上海市某中外合资经营企业A,为生产内外销产品,在其投资总额内,从境外购进生产设备若干台,是国家鼓励发展产业,不属于《外商投资项目不予免税的进口商品目录》所列商品。在海关依法查验该批进口设备时,陪同查验人员开拆装不慎,将其中一台设备的某一部件损坏。之后,该企业又从同一供货商处购进生产原料一批,其中30%加工产品内销,50%加工产品直接返销境外,20%加工产品结转给另一关区其他加工贸易企业 B,继续加工返销境外。若经营企业 A 和加工企业 B 企业管理类别均为 A 类,经营企业 A 委托上海欣海报关有限公司从事报关业务。

问题提出:

(1)本案例中,料件进口时,应如何报关?

(2)该企业进口加工设备,应如何办理进口手续?

(3)本案例中,加工产品结转给其他加工贸易企业继续加工返销境外的做法,在海关管理中称为深加工结转,如何办理加工贸易深加工结转手续?

(4)在海关查验环节产生的加工设备破损,按规定应如何处理?

(5)作为欣海公司报关员,应如何办理该笔业务报关事宜?

为此,通过本章节学习,熟悉电子化手册管理下保税加工货物报关程序的操作流程,通过开展"技能自测"和"案例实操"等实践教学活动,重点掌握在电子化手册管理下保税加工合同备案、进出口报关、合同报核的操作技能。

1. 合同备案

电子化手册管理模式的特征是以合同为单元进行监管,主要体现在"逐笔审批、一次备案、合同核销、备案控制、联网核查"等方面。

逐笔审批:是指海关以合同为单元进行管理,而不是以企业为单元进行管理。

一次备案:是指料件进口、成品出口以及单耗关系进行一次性备案,而不是对它们分段备案。

合同核销:是指按合同的数量进行一次性核销关系,而不是以 180 天为报核周期,实行滚动核销。

备案控制:是指按进口料件、出口成品备案数量进行控制,而不是按生产能力进行周转量的控制。

联网核查:是指实行联网核查、实行银行台账制度、全额保税,凭电子身份认证卡实现全国口岸报关。

电子化手册管理模式下,保税加工货物报关程序包括三个步骤:合同备案、进出口报关、合同报核。

(1)加工贸易合同备案操作流程。加工贸易合同备案是指加工贸易企业经批准的加工贸易合同,到主管海关备案,申请保税并建立加工贸易电子化手册或领取其他准予备案凭证的行为。加工贸易合同备案具体操作流程如下:

①加工贸易经营企业报商务主管部门审批加工贸易合同,领取"加工贸易业务批准证"、"加工贸易企业经营状况和生产能力证明",以及经审批同意的进(来)料加工合同,需要领取其他许可证件的,还要向有关主管部门申领许可证件。

②将合同相关内容,包括进口料件申请备案清单、成品出口备案清单等相关内容预录入

与主管海关联网的计算机。

③海关审批,确定是否准予备案。海关需要逐级审批,对纸质单证和电子数据同步审核,其间可能下厂核查。准予备案的,由海关确定是否需要开设加工贸易银行保证金台账。不需要开设台账的,直接向海关领取电子化手册号码。

④需要开设银行保证金台账的,在预录入端收到回执,直接向海关指定银行办理保证金台账设立手续,并缴纳实转保证金,凭银行签发的电子"银行保证金台账登记通知单",向海关办理加工贸易备案核注手续。

⑤领取电子化手册号码。在各项审批完成后,海关签发以 C 开头的进料电子化手册号码,或以 B 开头的来料电子化手册号码。

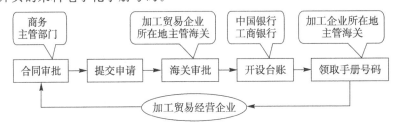

图 8-7　加工贸易合同备案操作流程

(2)合同备案企业。国家规定开展加工贸易业务应当由经营企业到加工企业的所在地主管海关办理加工贸易合同备案手续。经营企业和加工企业可能是同一家企业,也可能不是同一家企业。

经营企业是指负责对外签订加工贸易进出口合同的各类进出口企业和外商投资企业,以及经批准获得来料加工经营许可的对外加工装配服务公司。

加工企业是指接受经营企业委托,负责对进口料件进行加工或者装配,且具有法人资格的生产企业,以及由经营企业设立的虽不具有法人资格,但实行相对独立核算并已经办理工商营业执照的工厂。

(3)合同备案单证。

①商务主管部门按照权限签发的《加工贸易业务批准证》和《加工贸易企业经营状况和生产能力证明》。

②加工贸易合同或合同副本。

③经营企业委托加工的,提交经营单位和加工单位签订的"委托加工合同"。

④属管制类商品,须交验主管部门的许可证件或许可证件复印件。

⑤"加工合同备案申请表"及"企业加工合同备案呈报表"。

⑥为确定单耗和损耗率所需的有关资料。

⑦其他备案所需要的单证。

(4)合同备案商品。加工贸易禁止类商品不准备案。

进出口消耗臭氧层物质、易制毒化学品、监控化学品,在备案时需要提供进出口许可证或两用物项进出口许可证复印件。

进出口音像制品、印刷品、地图产品及附有地图的产品,进口工业再生废料等,在备案时需要提供有关主管部门签发的许可证件或批准文件。

(5)保税额度。加工贸易合同项下海关准予备案的料件,全额保税。

加工贸易合同项下海关不予备案的料件,以及试车材料、未列名消耗性物料等,不予保税,进口时按一般进口货物照章征税。

(6)台账制度。加工贸易银行保证金台账分类管理的具体内容见表8-2。

为了简化手续,进口料件金额在1万美元及以下的,适用AA类、A类、B类管理的加工贸易企业按规定不设台账或台账保证金空转,因此也不必向银行交付保证金。适用AA类、A类、B类管理的加工贸易企业进口金额在5000美元及以下的客供服装辅料(拉链、纽扣、鞋扣、扣袢、摁扣、垫肩、胶袋、花边等78种)免领手册,但必须凭出口合同向主管海关备案。

(7)加工贸易零星辅料的备案。对于生产出口产品而进口的属于国家规定的78种列名服装辅料,且金额不超过5000美元的合同,除适用C类企业外,免予建立电子化手册,直接凭出口合同备案准予保税后,凭海关在备案出口合同上的签章和编号,直接进入进出口报关阶段。

(8)合同备案的变更。已经海关登记备案的加工贸易合同,其品名、规格、金额、数量、加工期限、单耗、商品编码等发生变化的,须向主管海关办理合同备案变更手续,开设台账的合同还须变更台账。

①合同备案变更的要求如下:

其一,变更合同应在合同有效期内报商务主管部门批准(原审批部门)。

其二,为简化合同变更手续,对贸易性质不变、商品品种不变、合同变更金额小于1万美元和延期不超过3个月的合同,企业可直接到海关和银行办理变更手续,不需再经商务主管部门审批。

其三,原1万美元及以下备案合同,变更后进口金额超过1万美元的,AA类、A类、B类管理企业,需重新开设台账的,应重新开设台账;东部地区适用B类管理的企业合同金额变更后,进口料件如果涉及限制类商品的,由银行按海关计算的金额加收相应的保证金。

其四,因企业管理类别调整,合同从"空转"转为"实转"的,应对原备案合同交付台账保证金。经海关批准,可只对原合同未履行出口部分收取台账保证金。

其五,企业管理类别调整为D类的企业,已备案合同,经海关批准,允许交付全额台账保证金后继续执行,但合同不得再变更和延期。

其六,对允许类商品转为限制类商品的,已备案的合同不再交付台账保证金。对原限制类或允许类商品转为禁止类的,已备案合同,按国家即时发布的规定办理。

②海关加工贸易电子化手册变更操作流程。

图8-8 加工贸易电子化手册变更操作流程图

受理部门:海关加工贸易备案部门

办理步骤:

第一步:提交申请。向海关提交以下单证:加工贸易合同变更申请;加工贸易变更的合同;商务主管部门核发的加工贸易业务批准证;企业预录入的变更清单;海关需要的其他单证。

第二步:海关审批。

第三步:登记银行保证金台账

如果需要建立银行保证金台账的,主管海关签发银行保证金台账变更联系单,企业持联系单到指定银行办理台账。

如果银行保证金台账需实转的,则要向银行缴纳实转保证金,持银行保证金台账变更通知单,办理海关电子化手册核注手续。

实行台账联网的,银行保证金台账变更联系单及银行保证金台账变更通知单,将通过海关与银行间的网络传输,无须现场办理交接登记。

(9)与合同备案相关的事宜。

①异地加工贸易合同备案。异地加工贸易也叫跨关区异地加工贸易,是指一个直属海关的关区内加工贸易经营企业,将进口料件委托另一个直属海关的关区内加工生产企业加工,并组织出口的加工贸易。

开展异地加工贸易应在加工企业所在地设立台账,由加工贸易经营企业向加工企业所在地主管海关办理合同备案手续。

海关对开展异地加工贸易的经营企业和加工企业实行分类管理,如果两者的管理类别不相同,按其中较低类别管理。如需实行保证金台账"实转"的,应按规定由经营单位缴纳货物税款的保证金。经营单位不得委托 D 类企业开展加工贸易。

异地加工贸易合同备案的步骤如下:

其一,经营企业凭所在地商务主管部门核发的"加工贸易业务批准证"和加工企业所在地县级以上商务主管部门出具的"加工贸易企业经营状况和生产能力证明",填制"异地加工贸易申请表",向经营企业所在地主管海关提出异地加工贸易申请,经海关审核后,领取经营企业所在地主管海关的关封。

其二,经营企业持关封和合同备案的必要单证,到加工企业所在地主管海关办理合同备案手续。

②加工贸易单耗申报。重点理解单耗、净耗、工艺损耗、工艺损耗率的概念,以及单耗计算公式(一般不会用于计算)

单耗是指加工贸易企业在正常生产条件下加工生产单位出口成品(包括深加工结转的成品和半成品)。

工艺损耗:指因加工生产工艺要求,在生产过程中除净耗外所必须耗用,且不能完全物化在成品(包括深加工结转的成品和半成品)中的加工贸易进口保税料件的数量。

单耗=净耗/(1-工艺损耗率)

申报单耗是指加工贸易企业向海关报告单耗的行为。加工贸易企业可以在备案时,货物出口、深加工结转或内销前向海关申报单耗。经海关批准后,加工贸易企业也可以在报核前向海关申报单耗。

③加工贸易外发加工申请。什么是外发加工?外发加工是指经营企业因受自身生产特点和条件限制,经海关批准,并办理有关手续,委托承揽企业对加工贸易货物进行加工,在规定期限内将加工后的产品运回本企业,并最终复出口的行为。

外发加工有哪些特点?

其一,经营企业因受自身生产特点和条件限制。

其二,继续加工,然后复出口。

其三,外发加工可以是同一个关区,也可以是不同的关区。

其四,外发加工的成品、剩余料件及生产过程中产生的边角料、残次品、副产品等加工贸易货物,经经营企业所在地主管海关批准,可以不运回本企业。

经营企业如何办理海关加工贸易外发加工审批?经营企业申请开展外发加工业务,应当如实填写"加工贸易外发加工申请审批表"及"加工贸易外发加工货物外发清单",经海关审核批准后,方可进行外发加工。

经营企业向海关申请开展外发加工业务审批操作流程图如下:

图 8-9　加工贸易电子化手册变更操作流程图

受理部门:海关加工贸易监管部门外发加工审批岗位。

办理步骤:

第一步:提交申请。申请提交单证如下:经营企业签章的"加工贸易货物外发加工申请表";经营企业与承揽企业签订的外发加工业务合同或者协议;承揽企业营业执照复印件;经营企业签章的"承揽企业经营状况和生产能力证明";海关需要收取的其他单证和材料。

第二步:海关审批。有下列情形之一的,申请开展外发加工业务的经营企业,应当向海关提供相当于外发加工货物应缴税款金额的保证金或者银行保函:外发加工业务跨关区的;全部工序外发加工的;外发加工后的货物不运回,直接出口的;申请外发加工的货物未涉案,但经营企业或者承揽企业涉嫌走私、违规,已经海关立案调查、侦查且未审结的。

第三步:领取加盖海关行政许可章的审批表。

申请外发加工的货物之前已向海关提供不低于应缴税款金额的保证金或者银行保函的,经营企业无须再向海关提供保证金或者银行保函。

④加工贸易"串料"申请。

加工贸易货物应当专料专用。

加工贸易"串料"是指因生产需要,将一个出口合同内的料件用于生产另外一个出口合同的产品。

经营企业因加工出口产品急需,申请本企业内部进行"料件串换"的,需提交书面申请,并符合下列条件:

保税料件之间、保税料件和进口非保税料件之间的串换,须符合同品种、同规格、同数量、不牟利的条件。

来料加工保税进口料件不得串换。

2.进出口报关

电子化手册管理下的保税加工货物报关,适用进出口报关阶段程序,有进出境货物报关、深加工结转货物报关和其他保税加工货物报关等三种情形。

(1)进出境货物报关操作流程。保税加工货物进出境报关包括料件进口报关和成品出口报关。其报关操作流程同前面一般进出口货物一样,也包含单证申报、陪同查验、缴纳税费(暂缓纳税)、放行货物后提取或装运货物4个环节。

但是,保税加工货物进出境报关与一般进出口货物报关的最大不同点是:保税加工进出境货物报关时,在计算机系统中已生成电子底账,有关数据通过网络发送到相应的口岸海关,因此企业在口岸海关报关时提供的有关单证内容必须与备案数据完全一致,也就是说商品报关的商品编码、品名、规格、计量单位、数量、币制等必须与备案数据无论在字面上还是计算机格式上都完全一致。只要在某一方面不一致,报关就不能通过。要做到完全一致,首先必须做到报关数据的输入准确。

加工贸易保税货物进出境由加工贸易经营单位或其代理人申报。加工贸易保税货物进出境申报必须持有"加工贸易登记手册"或其他准予合同备案的凭证。

保税加工货物进出境报关的许可证件管理和税收征管要求如下:

①关于进出口许可证件管理:进口料件,除易制毒化学品、监控化学品、消耗臭氧层物质、原油、成品油等个别规定商品外,均可以免予交验进口许可证件。出口成品,属于国家规定应交验出口许可证的,在出口报关时必须交验出口许可证。

②关于进出口税收征管:准予保税的加工贸易料件进口时暂缓纳税。加工贸易项下出口应税商品,如系全部使用进口料件加工生产的产(成)品,不征收出口关税。加工贸易项下出口应税商品,如系部分使用进口料件、部分使用国产料件加工的产(成)品,则按海关核定的比例征收出口关税。

加工贸易货物出口关税的计算公式是:

出口关税＝出口货物完税价格×出口关税税率×出口产(成)品中使用的国产料件和全部料件的价值比例

(2)深加工结转货物报关。深加工结转是指加工贸易企业将保税进口料件加工的产品转至另一海关关区内的加工贸易企业,进一步加工后复出口的经营活动。

深加工结转货物报关程序分为计划备案、收发货登记、结转报关三个环节。

①计划备案(先转出,后转入)。转出企业在"保税加工货物深加工结转申请表"中,填写本企业的转出计划并签章,向转出地海关备案。

转出地海关备案后,留存申请表第一联,其余三联退转出企业交转入企业。

转入企业自转出地海关备案企业备案之日起 20 日内,持申请表其他三联填制本企业内容,向转入地海关办理备案手续。

转入地海关审核后,将申请表第二联留存,第三、四联交转入转出企业,凭以办理结转收发货登记及报关手续。

②收发货登记。转出、转入企业按照双方海关核准的申请表进行实际收发货。

转出、转入企业的每批次收发货记录应当在保税货物实际结转登记表上如实登记,并加盖企业结转专用章。

结转货物退货的,转入、转出企业应当将实际退货情况在登记表中进行登记,并注明"退货"字样,加盖结转专用章。

③结转报关(先转入,后转出)。转出、转入企业分别在转出地、转入地海关办理结转报关手续,转出企业每批实际发货后 90 天内办结该批货物的出口报关手续,转入企业在每批实际收货后 90 天内办结该批货物的进口报关手续。

转入企业凭申请表、登记表等单证向转入地海关办理结转进口报关手续,并在结转进口报关后的第二个工作日内将报关情况通知转出企业。

转出企业应当在转入企业通知之日起 10 日内,凭申请表、登记表等单证向转出地海关办理结转出口报关手续。

结转进口、出口报关的申报价格为结转货物的实际成交价格。

一份结转进口货物报关单对应一份结转出口货物报关单,两份报关单之间对应的申报序号、商品编号、数量、价格和手册号应当一致。

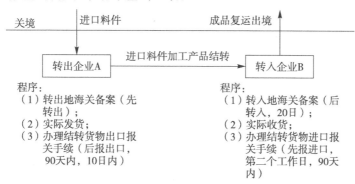

图 8-10　深加工结转货物报关

(3)其他保税加工货物报关。其他保税加工货物是指履行加工贸易合同过程中产生的剩余料件、边角料、残次品、副产品和受灾保税货物。

对于履行加工贸易合同中产生的剩余料件、边角料、残次品、副产品和受灾保税货物,企业必须在手册有效期内处理完毕,具体处理方式有:内销、结转、退运、放弃、销毁等。

①内销报关。保税加工货物转内销应当经过商务主管部门审批,加工贸易企业凭"加工贸易保税进口料件内销批准证"办理内销料件正式进口报关手续,缴纳进口税和缓税利息。

属进口许可证件管理的,企业还应按规定向海关补交进口许可证件,但申请内销的剩余料件,如果金额占该加工贸易合同项下实际进口料件总额 3% 及以下且总值不超过人民币 1 万元的,免于审批,免予交验许可证件。

对 B 类及以上企业将保税加工货物转内销的,可实施"内销集中办理纳税手续"措施。企业在有效担保条件下,可在内销当月办理集中纳税手续。

保税加工货物内销征税时的征税数量、完税价格和征税税率应当遵循以下规定:

其一,关于征税的数量。剩余料件和边角料内销,直接按申报数量计征进口税;制成品和残次品内销,根据单耗关系折算耗用的保税进口料件数量计征进口税;副产品内销,按申报时实际状态的数量计征进口关税。

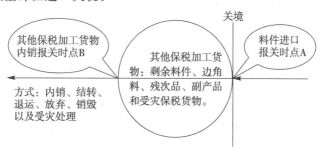

图 8-11　其他保税加工货物报关

其二,关于征税的完税价格。进料加工进口料件或其制成品、残次品内销时,以料件原进口成交价格为基础确定完税价格;料件原进口成交价格不能确定的,以接受内销申报同时或者大约同时进口的、与料件相同或者类似货物的进口成交价格为基础确定完税价格。

来料加工进口料件或其制成品、残次品内销时,以接受内销申报同时或者大约同时进口的、与料件相同或类似货物的进口成交价格为基础确定完税价格。

加工企业内销加工过程中产生的副产品或者边角料内销,以内销价格作为完税价格。

其三,关于征税的税率。经批准正常的转内销征税,适用海关接受申报办理纳税手续之日的税率。如属关税配额管理的商品,在办理纳税手续时无配额证的,应当按配额外适用税率缴纳进口税。

其四,关于征税的缓税利息。保税加工货物经批准内销,凡依法需要征收税款的,除征收税款外,还加征缓税利息,但边角料除外。

缓税利息计息期限,起始日为加工贸易合同首批料件进口之日,终止日为海关填发税款缴款书之日。

应征缓税利息＝应征税额×计算期限×缓税利息率/360

缓税利息率为中国人民银行公布的短期贷款年利率。

②余料结转。加工贸易企业可以向海关申请将剩余料件结转至另一个加工贸易合同项下生产出口,但应当在同一经营单位、同一加工工厂、同样的进口料件和同一加工贸易方式的情况下结转。

海关依法对企业结转申请予以审核,对符合规定的,海关作出准予结转的决定,并向企业签发加工贸易剩余料件结转联系单,由企业在转出手册的主管海关办理出口报关手续,在转入手册的主管海关办理进口报关手续。

③退运报核。加工贸易企业因故申请将剩余料件、边角料、残次品、副产品等保税加工货物退运出境的,应持电子化手册编号,并持有关单证向口岸海关报关,办理出口手续,留存有关报关单证,以备报核。

④放弃处理。企业放弃剩余料件、边角料、残次品、副产品等,交由海关处理,应当提交书面申请。对符合规定的,海关将作出准予放弃的决定,开具加工贸易企业放弃加工贸易货物交接单。

企业凭交接单在规定时间内将放弃货物运至指定的仓库,并办理货物的报关手续,留存有关报关单证以备报核。

有下列情形的,海关将作出不予放弃的决定:

其一,申请放弃的货物属于国家禁止或限制进口的。

其二,申请放弃的货物属于对环境造成污染的。

其三,法律、行政法规、规章规定不予放弃的其他情形。

⑤销毁报核。被海关作出不予结转决定或不予放弃决定的加工贸易货物,或涉及知识产权等原因企业要求销毁的加工贸易货物,企业可以向海关提出销毁申请,海关经核实同意销毁的,由企业按规定销毁,必要时海关可以派员监督销毁。货物销毁后,企业应当收取有关部门出具的销毁证明材料,以备报核。

⑥受灾保税加工货物的处理。对于受灾保税加工货物,加工贸易企业须在灾后7日内向主管海关书面报告,并提供相应证明材料,海关可视情况派员核查取证。

具体处理分3种情况：

其一,因不可抗力造成的受灾保税货物灭失,或者已完全失去使用价值无法再利用的,可由海关审定,并予以免税。

其二,因不可抗力造成的受灾保税货物需销毁处理的,同其他保税加工货物的销毁处理一样,由企业提出申请,海关核实同意,有关部门出具销毁证明材料。

其三,因不可抗力造成的受灾保税加工货物,虽失去原使用价值,但可再利用的,按海关审定的受灾保税货物价格,按对应的进口料件适用的税率,缴纳进口税和缓税利息。其对应进口料件属于实行关税配额管理的,按照关税配额税率计征税款。

有关保税加工过程中产生的剩余料件、边角料、残次品、副产品和受灾保税货物的5种处理方式及其审批部门,如表8-4所示：

表8-4 剩余料件等5种处理方式表

处理方式	审批	证书	报关单
内销报关	商务主管部门	《内销批准证》	进口报关单
余料结转	海关审批	《结转联系单》	出口报关单,进口报关单
退运报核	直接办理	无	出口报关单
放弃处理	海关审批	放弃加工贸易货物交接单	进口报关单
销毁报核	企业要求,海关同意	有关部门的销毁证明材料	无

3. 合同报核

(1)报核和核销的含义。加工贸易合同报核,是指加工贸易企业在加工贸易合同履行完毕或终止合同并按规定对未出口部分货物进行处理后,按照规定的期限和规定的程序,向加工贸易主管海关申请核销要求结案的行为。

加工贸易合同核销,是指加工贸易经营企业加工复出口并对未出口的货物办妥有关海关手续后,凭规定单证向海关申请解除监管,海关经审查、核查属实且符合有关法律、行政法规的规定,予以办理解除监管手续的海关行政许可事项。

(2)报核的时间。经营企业应当在规定的期限内将进口料件加工复出口,并自加工贸易电子化手册项下最后一批成品出口之日起或者加工贸易手册到期之日起30日内向海关报核。

经营企业对外签订的合同因故提前终止的,应当自合同终止之日起30日内向海关报核。

(3)报核的单证。企业报核所需的单证如下：
①企业合同核销申请表。
②进出口货物报关单。
③核销核算表。
④其他海关需要的资料。

(4)报核的步骤。企业报核的步骤如下：
①合同履约后,及时将登记手册和进出口报关单进行收集、整理、核对。
②根据有关账册记录、仓库记录、生产工艺资料等,查清此合同加工生产的实际单耗,并

据以填写核销核算表(产品的实际单耗如与合同备案单耗不一致的,应在最后一批成品出口前进行单耗的变更)。

③填写核销预录入申请单,办理报核预录入手续。

④携带有关报核需要的单证,到主管海关报核,并填写报核签收回联单。

(5)特殊情况的报核。

①遗失进出口货物报关单的合同报核。按规定企业应当用报关单留存联报核,在遗失报关单的情况下,可以凭报关单复印件向原报关地海关申请加盖海关印章后报核。

②无须申领登记手册的5000美元及以下的78种列名服装辅料的合同报核。企业直接持进出口货物报关单、合同、核销核算表报核。报核的出口货物报关单应当是注明备案编号的一般贸易出口货物报关单。

③撤销合同报核。加工贸易合同备案后因故提前终止执行,未发生进出口而申请撤销的,应报商务主管部门审批,企业凭审批件和手册报核。

④有走私违规行为的加工贸易合同报核。加工贸易企业因走私行为被海关缉私部门或者法院没收保税加工贸易货物的,凭相关证明材料,如"行政处罚决定书"、"行政复议决定书"、"判决书"、"裁决书"等办理核销手续。

加工贸易企业因违规等行为被海关缉私部门或法院处以警告、罚款等处罚但不没收加工贸易保税货物的,不予免除加工贸易企业办理相关海关手续的义务。

(6)海关受理报核和核销。海关对企业的报核应当依法进行审核,对不符合规定的,书面告知企业不予受理的理由,并要求企业重新报核;符合规定的,应当受理。

海关自受理企业报核之日起20个工作日内核销完毕,特殊情况下,可以由直属海关的关长批准或者由直属海关关长授权的隶属海关关长批准,延长10个工作日。

对未开设台账的电子化手册,经核销准予结案的,海关向经营单位签发"核销结案通知书";经核销情况正常,且开设台账的,签发"银行保证金台账核销联系单",企业凭以到银行销台账,其中"实转"的台账,企业应当在银行领回保证金和应得的利息或者撤销保函,并领取"银行保证金台账核销通知单",凭以向海关领取"核销结案通知书"。

【技能自测】 通过案例分析,进行讨论,回答问题。

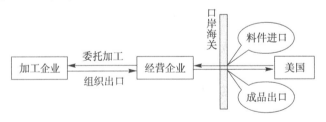

图 8-12 异地加工贸易合同备案

上海申华进出口公司(A类管理企业),从境外购进价值1万美元的涤纶短丝一批,委托浙江嘉兴嘉顺针织制品公司(B类管理企业),加工生产袜子后返销出口。该加工合同履行期间,因境外发货有误,部分原料未能及时到货。为确保履行成品出口合同,申华公司报经主管海关核准,使用本企业其他进口非保税料件进行内部串换。合同执行完毕,尚有剩余料件,拟结转加工。

根据上述案例,解答下列问题:

1. 什么是异地加工业务?本案例涉及的委托加工在海关管理中称为(　　)。

A. 跨关区外发加工

B. 跨关区异地加工

C. 跨关区深加工结转

D. 跨关区联合加工

解析:知识点,异地加工,跨关区,经营企业负责出口。B项选择为正确。

2. 如何申请办理异地加工合同备案?本案例涉及的加工贸易合同备案手续应由(　　)。

A. 申华公司到嘉顺公司所在地主管海关申请办理

B. 申华公司在所在地主管海关申请办理

C. 嘉顺公司在所在地主管海关申请办理

D. 嘉顺公司到申华公司所在地主管海关申请办理

解析:异地加工备案业务操作,A项为正确选项。

3. 经营企业与加工企业管理类别不一致,海关如何实施相关管理?该加工贸易合同备案时,其银行保证金台账,应按下列规定办理(　　)。

A. 不设台账

B. 设台账,但无须缴付保证金

C. 设台账,并按进口料件应征税款的50%缴付保证金

D. 设台账,并按进口料件应征税款缴付保证金

解析:知识点,首先,加工贸易不同类别,按较低类别B管理;其次,涤纶短丝为限制类,东部地区,按"半实转"管理,应"设台账,50%保证金";再次,超1万美元,不是78种客供辅料,不是零星进口料件,应实行台账管理。综上,C为正确选项。

4. 加工贸易串料申请的条件是什么?该加工贸易合同执行期间所发生的料件串换及处置,应符合下列规定(　　)。

A. 串换的料件必须是同品种、同规格、同数量、不牟利

B. 串换的料件关税税率为零

C. 串换的料件不涉及进出口许可证件管理

D. 串换下来的同等数量料件,由企业自行处置

解析:知识点,料件串换条件,应严格执行,正确选项为AD。

5. 加工贸易剩余料件结转的条件及办理程序是什么?该项加工合同内剩余料件的结转,应符合下列哪些规定(　　)。

A. 应在同一经营单位、同一加工工厂的情况下结转

B. 应在同样的进口料件和同一加工贸易方式的情况下结转

C. 应向海关提供结转书面申请、剩余料件清单

D. 应办理正式进口报关手续,缴纳进口税和缓税利息。

解析:知识点,保税加工合同,剩余料件结转,条件:同一经营单位,同一加工厂,同样的进口料件,同一加工贸易方式,并提交相应的单证。所以,ABC是正确的选项。

8.2.3 电子账册管理下保税加工货物报关程序

1. 电子账册的建立步骤

电子账册管理是海关对加工贸易企业实施监管的一种模式。电子账册管理模式的特征是以加工贸易企业整体加工贸易业务为单元进行监管,主要体现在"一次审批、分段备案、滚动核销、控制周转、联网核查"等方面。

一次审批:是指商务主管部门对加工贸易企业经营资格、经营范围和加工生产能力进行一次审批,而不是对合同进行逐票审批。

分段备案:是指海关备案方式是先备案进口料件,在成品出口前再备案成品及申报实际单耗情况,而不是对进口料件、出口成品、单耗关系一次性备案。

滚动核销:是指以180天为报核周期,而不再实行合同到期或最后一批成品复运境外后集中核销。

控制周转:是指对进出口保税货物的总数量或总价值,按生产能力控制周转量,而不是通过对备案数量进行直接控制。

联网核查:与电子化手册管理模式一样,都是实行联网核查,实行银行台账制度,全额保税,凭电子微分卡实现全国口岸报关。

电子账册的建立要经过保税加工联网企业的申请和审批、加工贸易业务的申请和审批、建立电子账册和商品归并关系等三个步骤。

(1)联网企业的申请和审批。企业先向商务主管部门办理前置审批手续,然后向所在地直属海关提出申请,经所在地主管海关进行预先审核和确认,签发"海关联网监管通知书"。

图 8-13 联网监管的申请与审批

(2)加工贸易业务的申请和审批。联网企业加工贸易业务由商务主管部门审批,商务主管部门总体审定联网企业的加工贸易资格、业务范围和加工生产能力,签发"联网监管企业加工贸易业务批准证"。

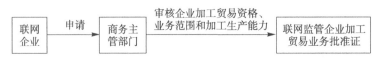

图 8-14 加工贸易的申请与审批

(3)建立商品归并关系和电子账册。联网企业凭商务主管部门签发的"加工贸易业务批准证",向所在地主管海关申请建立电子账册。

电子账册包括"经营范围电子账册"和"便捷通关电子账册"。电子账册编码为12位。"经营范围电子账册"第一、第二位为标记代码"IT",所以称"IT账册",不直接用于报关,主要起检查控制加工贸易进出口商品范围的作用;"便捷通关电子账册"第一位标记代码为

"E",所以称"E账册",用于加工贸易备案、通关、报核。

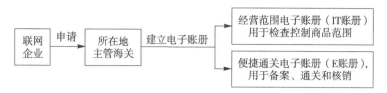

图 8-15　建立电子账册

2. 报关程序

(1)备案。"经营范围电子账册"备案。企业凭商务主管部门的批准证通过网络向海关办理"经营范围电子账册"备案手续。备案内容为:

①经营单位名称及代码。

②加工单位名称及代码。

③批准证件编号。

④加工生产能力。

⑤加工贸易进口料件和成品范围(商品编码前4位)。

"便捷通关电子账册"备案。企业可通过网络向海关办理"便捷通关电子账册"备案手续。备案内容为:

①企业基本情况表。

②料件表。

③成品表。

④单耗关系表。

其他部分可同时申请备案,也可分阶段申请备案,但料件必须在相关料件进口前备案,成品和单耗关系最迟在相关成品出口前备案。

(2)进出口报关。电子账册模式下联网监管企业的保税加工货物报关与电子化手册模式一样,适用进出口报关阶段程序的,也有进出境货物报关、深加工结转货物报关和其他保税加工货物报关。

进出境货物报关:

①报关清单、报关单的生成。联网企业从企业系统导出料号级数据生成归并前的报关清单,通过网络发送到中国电子口岸;中国电子口岸将报关清单进行归并,分拆成报关单后发送回企业;企业填报完整的报关单内容后,通过网络向海关正式申报。

②报关单的修改、删除。不涉及报关清单的报关单内容可直接进行修改,涉及报关清单的报关单内容修改必须先修改报关清单,再重新进行归并。

报关单申报后,一律不得修改,只能进行删除。

报关单申报放行前,即海关审核通过前,内容不涉及报关单表体内容的,企业经海关同意可直接修改报关单,涉及报关单表体内容的,必须撤销报关单重新申报。

③申报方式选择。联网企业可以根据情况,分别选择有纸报关或者无纸报关。

深加工结转货物报关。与电子化手册管理下的保税加工货物深加工结转报关一样。

其他保税加工货物报关:

①经主管海关批准,联网监管企业可按月度集中办理内销征税手续。

②联网企业以内销、结转、退运、放弃、销毁等方式处理保税进口料件、成品、副产品、残次品、边角料和受灾货物的报关手续,参照电子化手册管理。后续缴纳税款时,同样要缴纳缓税利息。

(3)报核和核销。

①报核方式:实现滚动核销的形式,即对电子账册按照时间段进行核销,将某个确定时间段内企业的加工贸易进出口情况进行平衡核算。

②报核期限:一般规定180天为一个报核周期。首次报核期限,从电子账册建立之日起180天后的30天内;以后报核期限,从上次报核之日起180天后的30天内。确有正当理由的,经主管海关批准可以延期,但延期期限不得超过60天。

③企业报核程序,分为预报核和正式报核。

预报核是指在电子账册本次核销周期到期之日起30天内,将本核销周期内申报的所有电子账册进出口报关数据按海关要求的内容,包括报关单号、进出口岸、扣减方式、进出标志等以电子报文形式向海关申请报核。

正式报核是指企业预报核通过海关审核后,以预报核海关核准的报关数据为基础,准确、详细地填报本期保税进口料件的应当留存数量、实际留存数量等内容,以电子数据向海关正式申请报核。

经海关认定企业实际库存多于应存数,有合理正当理由的,可以下期核销;对其他原因造成的,依法处理。

④海关核销。海关核销的基本目的是掌握企业在某个阶段所进口的各项保税加工料件的使用、流转、损耗情况,确认是否符合以下的平衡关系:

进口保税料件(含深加工结转进口)=出口成品折料(含深加工结转出口)+内销料件+
　　内销成品折料+剩余料件+损耗-退运成品折料

经海关核对,企业报核数据与海关底账数据及盘点数据相符的,正式报核审核通过,海关打印核算结果,系统自动将本期结余数转为下期期初数。

对不符情况的处理如下:企业实际库存量多于电子底账核算结果的,海关会按照实际库存量调整电子底账的当期结余数量;企业实际库存量少于电子底账核算结果的,且可以提供正当理由的,对短缺部分,联网企业按照内销处理;企业实际库存量少于电子底账核算结果的,且联网企业不能提供正当理由的,对短缺部分,海关将移交缉私部门处理。

【案例实操】 如何办理异地加工和深加工结转业务报关操作流程

宁波华田国际贸易有限公司(320213××××,A类管理企业),于2013年3月与香港纬元贸易有限公司签订服装加工合同,由纬元公司向华田公司提供免费面料,并支付加工费,成品由纬元公司在境外销售。在加工过程中,由于没绣花设备,华田公司报经主管海关同意,将半成品交宁波开发区山水服饰有限公司绣花后运回。

另外,华田公司于2013年8月购进一批价值4000美元的棉花,用以加工生产男式西装垫肩,已履行出口加工合同。加工成垫肩后,80%的成品已经复运出口,由于境外订货商对垫肩需求减少,经有关部门批准,华田公司将20%的垫肩结转给南京禾祥有限公司(32195××××,B类管理企业)继续加工后返销境外。

作为华田公司报关员,如何办理以上两笔业务报关事宜?

实操解析：

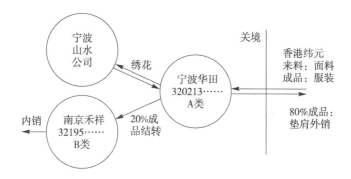

图 8-16 异地加工与深加工结转

如图，宁波华田两笔业务，宁波山水公司绣花业务为异地加工业务，南京禾祥公司垫肩业务为深加工结转业务，报关业务具体操作分别如下：

(1) 异地加工业务。该公司 2013 年 3 月服装加工合同是来料加工业务，拟以服装加工合同为单元，向海关申请办理异地加工（绣花）备案手续，其备案过程如下：

① 华田公司填制《海关异地加工贸易申请表》，同时提交《委托加工合同》、《加工贸易业务批准证》、《加工贸易企业经营状况及生产能力证明》，向所在地主管海关提出异地加工申请。

② 主管海关审批同意后，将申请表与《加工贸易业务批准证》、《加工贸易企业经营状况及生产能力证明》，一并制作关封交华田公司。

③ 华田公司持该关封到山水公司所在地海关备案，由于加工产品不属于限制类，而且实行 B 类管理，保证金台账为空转（东部地区，允许类），台账开设后，凭银行《台账开设通知单》，在加工企业所在地海关领取《加工贸易登记手册》。

(2) 深加工结转业务。2013 年 8 月 20% 垫肩加工是深加工结转业务，拟以垫肩加工合同为单元向海关申请办理 20% 垫肩深加工结转手续。

① 计划备案。转出企业华田公司先提交《保税货物深加工结转申请表》，向其主管海关备案，然后将备案申请表交禾祥公司，由禾祥公司向其主管海关申请备案。禾祥公司主管海关审核后，将第三联和第四联交禾祥公司、华田公司。

② 实际收发货。华田公司和禾祥公司按照海关核准的申请表进行实际收发货，同时在《结转情况登记表》上进行如实登记，加盖企业结转专用章。

③ 结转报关。禾祥公司凭申请表、登记表、登记手册、《进口货物报关单》等单证向转入地海关办理结转进口报关手续，办妥后将报关情况通知华田公司。华田公司在接到通知之日起 10 日内，凭申请表、登记表、登记手册、《出口货物报关单》等单证向转出地主管海关办理结转出口报关手续。

8.2.4 出口加工区货物报关程序

案例导入

如何填写出口加工区深加工结转申请表

大连出口加工区企业三友公司，大连出口加工区海关代码 0904，将 10000 千克深加工的纱线(为棉纱线,商品编码为52053500,规格型号为A),结转给北京平谷蓝天公司,海关代码0110。转入转出企业分别在所在地海关办理深加工结转备案手续后,分别于2012年9月6日和9月10日,凭双方海关核准的"出口加工区货物出区深加工结转申请表",进行实际收发货3000千克和7000千克。每批收发货均在"出口加工区货物实际结转情况登记表"上如实登记。转出手册号为C00203430111,转入手册号为C02034301001。

问题提出:根据上述业务背景,以平谷蓝天公司报关员身份回答以下问题,并办理相关结转报关业务。

(1)该批货物深加工结转报关手续应如何办理?

(2)在实际收货后,转出企业北京平谷蓝天公司如何办理进口报关手续?需提交什么单证?

(3)填制"出口加工区货物出区深加工结转申请表"和"出口加工区货物实际结转情况登记表"。

为此,本节重点介绍出口加工区海关监管特征、与境外之间和与境内区外之间报关流程,重点掌握出口加工区深加工结转流程,掌握出口加工区货物通关技能。

1. 出口加工区简介

(1)含义。出口加工区是指经国务院批准在境内设立的,由海关对进出口货物及区内相关场所进行封闭式监管的特定区域。

(2)功能。出口加工区具有从事保税加工、保税物流及研发、检测、维修等业务的功能。出口加工区内设置出口加工企业、仓储物流企业以及经海关核准专门从事区内货物进出的运输企业。

(3)管理。加工区是海关监管的特定区域。加工区与境内其他地区之间设置符合海关监管要求的隔离设施及闭路电视监控系统,在进出区通道设立卡口。

海关在加工区内设立机构,并依照有关法律、行政法规,对进出加工区的货物及区内相关场所实行24小时监管。区内不得经营商业零售业务,不得建立营业性的生活消费设施。区内企业建立符合海关监管要求的电子计算机管理数据库,并与海关实行电子计算机联网,进行电子数据交换。

加工区与境外之间进出的货物,除国家另有规定的外,不实行进出口许可证件管理。国家禁止进出口的货物,不得进出加工区。

境内区外进入出口加工区的货物,视同出口,办理出口报关手续,除属于取消出口退税的基建物资外,可以办理出口退税手续。

从境外运入出口加工区的加工贸易货物全额保税。出口加工区区内企业开展加工贸易业务不实行加工贸易银行保证金台账制度,适用电子账册管理,包括"加工贸易电子账册(H账册)"和"企业设备电子账册",并且实行备案电子账册的滚动累加、扣减,每6个月核销一次。

出口加工区内企业从境外进口的企业自用的生产、管理所需设备、物资,除交通运输车辆和生活消费用品外,予以免税。

2. 报关程序

(1)与境外之间的报关程序。出口加工区企业从境外运进货物或运出货物的,由收发货人或其代理人填写进出境货物备案清单,向出口加工区海关备案。

对于跨关区进出境的出口加工区货物,除邮递物品、个人随身携带物品、跨越关区进口车辆和出区在异地口岸拼箱出口货物外,可以按"转关运输"中的直转转关方式办理转关。对于同一直属海关的关区内进出境的出口加工区货物,可以按直通式报关。

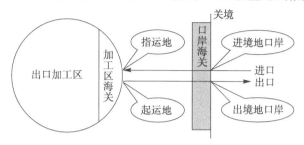

图 8-17　出口加工区货物与境外之间报关操作流程

①境外货物运入出口加工区,按直转转关方式进口报关操作流程如下:

其一,货物到港后,收货人或其代理人持进口转关货物申报单、汽车载货登记簿向口岸海关物流监控部门办理转关手续。

其二,口岸海关审核同意企业转关申请后,向出口加工区海关发送转关申报电子数据,并对运输车辆进行加封。

其三,货物运抵出口加工区后,收货人或其代理人向出口加工区海关办理转关核销手续,出口加工区海关物流监控部门核销"汽车载货登记簿",并向口岸海关发送转关核销电子回执。

其四,同时,收货人或其代理人录入"出口加工区进境货物备案清单",向出口加工区海关提交运单、发票、装箱单、电子账册编号、相应的许可证件等单证办理进境报关手续。

其五,出口加工区海关审核有关报关单证,确定及实施查验,办理放行手续,并签发有关备案清单证明联。

②出口加工区货物运往境外,按直转转关方式出口报关操作流程如下:

其一,发货人或其代理人录入出口加工区出境货物备案清单,向出口加工区海关提交运单、发票、装箱单、电子账册编号等单证,办理出口报关手续。

其二,同时,向出口加工区海关录入转关申报数据,并持出口加工区出境货物备案清单、"汽车载货登记簿"向出口加工区海关物流监控部门办理出口转关手续。

其三,出口加工区海关审核同意企业转关申请后,向口岸海关发送转关申报电子数据,并对运输车辆进行加封。

其四,货物运抵出境地海关后,发货人或其代理人向出境地海关办理转关核销手续,出境地海关核销"汽车载货登记簿",并向出口加工区海关发送转关核销电子回执。

其五,货物实际离境后,出境地海关核销清洁载货清单,并反馈出口加工区海关,出口加工区海关凭以签发有关备案清单证明联。

(2)与境内区外其他地区之间的报关程序。

①出口加工区货物运往境内区外的报关("关境内移",运往境内区外,视同进口)。

出口加工区运往境内区外的货物,按照对进口货物的有关规定办理报关手续。

其一,由区外企业录入进口货物报关单,凭发票、装箱单以及有关许可证件等向出口加工区海关办理进口报关手续。

其二,进口报关结束后,区内企业填制出口加工区出境货物备案清单,凭发票、装箱单、电子账册编号等单证向出口加工区海关办理出区报关手续。

其三,出口加工区海关查验放行货物后,向区外企业签发进口货物报关单付汇证明联,向区内企业核发出境货物备案清单收汇证明联。

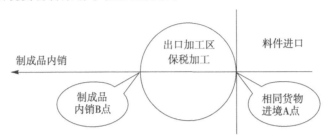

图8-18 出口加工区货物与境内区外之间报关操作流程

其他海关监管规定:

其一,出口加工区加工企业内销加工贸易制成品,包括残次品,以接受内销申报的同时或大约同时进口的相同或类似货物的进口成交价格为基础确定完税价格。内销加工过程产生的边角料按报验状态归类后适用税率和审定价格计征税款,内销副产品以内销价格作为完税价格,由区外企业缴纳有关税收,免缴税利息,属于许可证管理的,须提交许可证,但边角料除外。

其二,出口加工区内企业需要将有关模具、半成品运往区外用于加工生产,应当报经加工区主管海关关长批准,由接受委托的区外企业向加工区主管海关缴纳货物应征关税和进口环节增值税等值的保证金或银行保函后,方可办理出区手续。加工完毕后,加工产品应按期运回加工区,一般为6个月,区内企业向加工区主管海关提交运出加工区时填写的《委托区外加工申请书》及有关单证,办理验放核销手续。加工区主管海关办理验放核销手续后,应退还保证金或撤销保函。

其三,出口加工区区内使用的机器、设备、模具和办公用品等,由区内企业提出申请,经主管海关核准、登记、查验后,方可运往境内区外维修、测试或检验;运往境内区外维修、测试或检验的机器、设备、模具和办公用品等,不得用于境内区外加工生产和使用;运往境内区外维修、测试或检验的机器、设备、模具和办公用品等,应自运出之日起2个月内运回加工区,因特殊情况不能如期运回的,区内企业应于期限届满前7天内,向主管海关说明情况,并申请延期,延期以1次为限,不超过1个月。

②境内区外货物运入出口加工区("关境内移",运入加工区,视同出口)。

境内区外运入出口加工区的货物,按照对出口货物的有关规定办理报关手续。

其一,由区外企业录入出口货物报关单,凭购销合同(协议)、发票、装箱单等单证,向出口加工区海关办理出口报关手续。

其二,出口报关结束后,区内企业填制出口加工区进境货物备案清单,凭购销发票、装箱单、电子账册编号等单证向出口加工区海关办理进区报关手续。

其三,货物经出口加工区海关查验放行后,出口加工区海关向区外企业签发出口货物报关单收汇证明联和出口退税证明联,向区内企业核发出口加工区进境货物备案清单付汇证明联。

其他海关监管规定:

从境内区外运进出口加工区区内企业使用的国产机器、设备、原材料、零部件、元器件、包装材料、基础设施,加工企业和行政管理部门生产、办公用房所需合理数量的基建物资等,按照对出口货物的管理规定办理出口报关手续,海关签发《出口退税报关单》。

(3)出口加工区出区深加工结转报关程序。

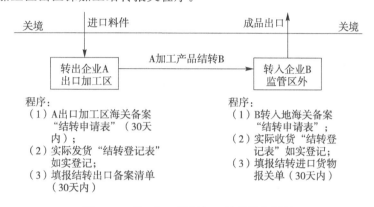

图 8-19 出口加工区深加工结转货物报关

出口加工区货物出区深加工结转是指出口加工区内企业经海关批准并办理相关手续,将本企业加工生产的产品直接或者通过保税仓库转入其他出口加工区、保税区等海关特殊监管区域内,或海关特殊监管区域外加工贸易企业,进一步加工后复出口的经营活动。未经实质性加工的保税料件,不得进行出口加工区货物出区深加工。

开展出口加工区货物出区深加工结转前,转出企业凭出口加工区管委会批复,向所在地出口加工区海关办理海关备案手续后,方可开展出口加工区货物深加工结转;对转入其他出口加工区、保税区等海关特殊监管区域的,转入企业凭其所在区管委会的批复办理结转手续;对转入海关特殊监管区域外加工贸易企业的,转入企业凭商务主管部门的批复办理结转手续。

对结转至海关特殊监管区域外的加工贸易企业的货物,按照对保税加工进口货物的有关规定办理手续,结转产品如果属于加工贸易项下进口许可证件管理商品的,则企业应当向海关提供相应的有效进口许可证件。

对转入特殊监管区域内的,转出、转入企业分别在自己的主管海关办理结转手续,对转入特殊监管区域外加工贸易企业的,转出、转入企业在转出地主管海关办理结转手续。

对转入特殊监管区域的深加工结转,除特殊情况外,比照转关运输方式办理结转手续;不能比照转关运输方式办理结转手续的,在向主管海关提供相应的担保后,由企业自行运输。

对转入其他特殊监管区外的加工贸易企业的深加工结转报关程序如下:

①转入企业在"海关出口加工区出区深加工结转申请表"中填写本企业转入计划,凭申请表向转入地海关备案。

②转入地海关备案后,留存申请表第一联,将其余三联退还转入企业,由转入企业送交出口加工区转出企业。

③转出企业自转入企业备案之日起30日内,在申请表上填写本企业相关内容后,向出口加工区海关备案。

④转出地海关备案后,留存第二联,将第三联、第四联交转出企业、转入企业。

⑤转出、转入企业办理结转备案手续后,凭双方海关核准的申请表,进行实际收发货。转出企业每批次发货记录应当在"出口加工区货物实际结转情况登记表"上如实登记,经转出地海关卡口签注登记表后,货物出区。

⑥转出、转入企业每批实际发货、收货后,可以凭申请表和登记表,分批或集中办理报关手续。转出、转入企业每批实际发货、收货后,应当在实际发货、收货之日起30天内办结该批货的报关手续。转入企业填报结转进口货物报关单,转出企业填报结转出口备案清单。一份结转进口货物报关单对应一份结转出口备案清单。转出、转入企业在转出地主管海关办理结转手续。

(4)出口加工区机器设备出区处理。

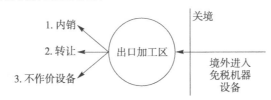

图8-20 出口加工区特定减免税设备出区处理

①从境外进入出口加工区的机器设备,按规定予以免税,海关在规定的监管年限内实施监管。监管年限为5年,使用完毕,原则上应退运出境。

其一,需在监管年限内出区内销的,海关按照特定减免税货物的管理规定征收税款。监管年限届满的,出区时不再征收税款。从境外进入,免予提交机电产品进口许可证件的,在其出区时,海关凭与其入境状态一致的机电产品进口许可证件验放。

其二,在监管年限内,转让给区外进口同一货物享受减免税优惠待遇企业的,由区外企业按照特定减免税货物的管理规定办理进口手续,监管年限连续计算。

其三,在监管年限内,如出区转为加工贸易不作价设备的,由区外企业按照不作价设备的管理规定办理进口手续,监管年限连续计算。

②从境内区外采购入区予以退税的机器设备,如需内销出区的,按报验状态征税,免予提交相应的进口许可证。其中,从境内区外采购入区的、海关监管年限内的,特定减免税进口机器设备和加工贸易不作价设备,出区时海关按照特定减免税货物的管理规定征收税款,监管年限应连续计算,监管年限届满的,出区时不再征收税款。

【案例实操】 物理围网监管模式下的出口加工区货物报关操作流程

江西南昌出口加工区某企业履行进料加工合同,料件从上海口岸进口,同时从境外、境内区外各购进加工设备1台,加工中因工艺原因,需将加工的半成品运往区外进行加工,产品运回加工区后返销境外,余料、边角料内销。

根据上述案例,作为该企业报关员如何办理出口加工区有关报关业务操作流程?

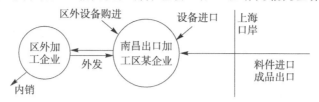

图 8-21　出口加工区保税加工货物报关操作流程

根据上述案例,作为该企业报关员如何办理有关报关业务操作事宜?

实操解析:

江西南昌出口加工区某企业,实行封闭式联网监管,因此要完成相关报关业务,需要经过以下操作流程。

(1)建立电子账册,办理进出口业务备案。某公司在进出口货物前,应向南昌出口加工区海关申请建立电子账册,包括"加工贸易电子账册(H账册)"和"企业设备电子账册",加工贸易电子账册用于备案登记企业加工贸易进口料件、出口成品,设备电子账册用于备案登记企业自用设备、办公用品。本案例,在账册建立后进口料件和出口成品前,通过电子数据传输方式,向加工区海关进行备案。

(2)料件进境申报。本案例加工区海关和口岸海关不在同一直属海关关区,拟采用直转转关方式,具体操作流程是:

①货物到港后,收货人持进口转关货物申报单向口岸海关物流监控部门办理转关手续。

②口岸海关审核同意企业转关申请后,向出口加工区海关发送转关申报电子数据,并对运输车辆进行加封。

③货物运抵出口加工区后,收货人向出口加工区海关办理转关核销手续,出口加工区海关物流监控部门向口岸海关发送转关核销电子回执。

④收货人录入"出口加工区进境货物备案清单",向出口加工区海关提交运单、发票、装箱单、H账册编号、相应的许可证件等单证办理进境报关手续,保税,免证。

⑤出口加工区海关审核有关报关单证,确定及实施查验,办理放行手续,并签发有关备案清单证明联。

(3)成品复运出境。本案例按直转转关方式出口报关操作流程如下:

①发货人录入出口加工区出境货物备案清单,向出口加工区海关提交运单、发票、装箱单、H账册编号等单证,办理出口报关手续,免税,免证。

②同时,向出口加工区海关录入转关申报数据,并持出口加工区出境货物备案清单、"汽车载货登记簿"向出口加工区海关物流监控部门办理出口转关手续。

③出口加工区海关审核同意企业转关申请后,向口岸海关发送转关申报电子数据,并对运输车辆进行加封。

④货物运抵出境地海关后,发货人向出境地海关办理转关核销手续,出境地海关核销"汽车载货登记簿",并向出口加工区海关发送转关核销电子回执。

⑤货物实际离境后,出境地海关核销清洁载货清单,并反馈出口加工区海关,出口加工区海关凭以签发有关备案清单证明联。

(4)外发加工业务申请。本案例经营企业将半成品运往区外加工企业用于加工生产,产品运回返销境外,由经营企业持《加工贸易货物外发加工申请审批表》和《加工贸易外发加工货物外发清单》,向加工区主管海关提出申请,经批准后,由加工企业向加工区海关缴纳货物应征关税和进口环节增值税等值的保证金或保函,办理出区手续。加工产品按期运回出口加工区,提交《委托区外加工申请表》等有关单证,办理验放核销手续。

(5)余料和剩余边角料内销。余料内销,经商务主管部门批准,加工企业凭《加工贸易保税进口料件内销批准证》,向加工区海关办理内销料件正式进口报关手续,缴纳进口税和缓税利息,1万元以下的免予审批,免证。边角料内销,按以上规定,但免予提交许可证。

(6)办理自用设备免税进口备案及申请手续。领取《征免税证明》,向加工区海关办理进口报关手续。对于区外购买设备,代企业自用,由区外企业按照出口货物规定办理出口报关手续,海关签发出口货物报关单退税证明联。

(7)预报核和正式报核。电子账册实行滚动核销制度,进行平衡核算,该企业应在规定的期限内,完成报核手续。

8.3 保税物流货物报关程序

8.3.1 保税仓库货物报关程序

1. 保税物流货物概述

(1)含义。保税物流货物是指经海关批准未办理纳税手续进境,在境内进行分拨、配送或储存后复运出境的货物,也称作"保税仓储货物"。

已办结海关出口手续尚未离境,经海关批准存放在海关专用监管场所或特殊监管区域的货物,带有保税物流货物的性质。

(2)特征。保税物流货物有以下特征:

①进境时暂缓缴纳进口关税及进口环节海关代征税,复运出境免税,内销缴纳进口关税和进口环节海关代征税,不征收缓税利息。

②进出境时除国家另有规定外,免予交验进出口许可证件。

③进境海关现场放行不是结关,进境后必须进入海关保税监管场所或特殊监管区域,运离这些场所或区域必须办理结关手续。

(3)保税物流货物监管制度主要内容。

①设立审批。保税仓库、出口监管仓库、保税物流中心,要经过海关审批,并核发批准证书,凭批准证书设立及存放保税物流货物;保税物流园区、保税区、保税港区要经过国务院审批,凭国务院同意设立的批复设立,并经海关等部门验收合格才能进行保税物流货物的运作。未经法定程序审批同意设立的任何场所或者区域都不得存放保税物流货物。

②准入保税。保税物流货物通过准予进入监管场所或监管区域来实现批准保税。"准入保税"成为海关保税物流货物监管的特点之一。海关对于保税物流货物的监管通过对保税监管场所或者特殊监管区域的监管来实现。海关依法监管场所或者区域,按批准存放范围准予货物进入保税监管场所或者区域,不符合规定存放范围的货物不准进入。

③纳税暂缓。凡是进境进入保税物流监管场所或特殊监管区域的保税物流货物,在进境时暂不办理进口纳税手续,当运离海关保税监管场所或特殊监管区域时才办理纳税手续,或者征税,或者免税。在这一点上,保税物流监管制度与保税加工监管制度是一致的,但是保税物流货物在运离海关保税监管场所或特殊监管区域征税时不需同时征收缓税利息,而保税加工货物(出口加工区、珠海园区和边角料除外)内销征税时要征收缓税利息。

④监管延伸。

其一,监管地点延伸。进境货物从进境地海关监管现场,延伸到保税监管场所或者特殊监管区域。

已办结海关出口手续尚未离境的货物,从出口申报地海关现场,延伸到保税监管场所或者特殊监管区域。

其二,监管时间延伸,如下表:

表8-5 保税物流货物监管时间表

保税物流货物类型	存放保税物流货物的时间
1.保税仓库	1年,可以申请延长,最长可延长1年
2.出口监管仓库	6个月,可以申请延长,最长可延长6个月
3.保税物流中心	2年,可以申请延长,最长可延长1年
4.保税物流园区	没有限制
5.保税区	没有限制
6.保税港区	没有限制

⑤运离结关。根据规定,保税物流货物报关同保税加工货物报关一样有报核程序,有关单位应当定期以电子数据和纸质单证向海关申报规定时段保税物流货物的进、出、存、销等情况。但是实际结关的时间,除外发加工和暂准运离(维修、测试、展览等)需要继续监管以外,每一批货物运离保税监管场所或者特殊监管区域,都必须根据货物的实际流向办结海关手续。办结海关手续后,该批货物就不再是保税物流货物。

2. 保税仓库货物的报关程序

(1)保税仓库货物的报关管理规定。

①保税仓库是指经海关批准设立的、专门存放保税货物及其他未办结海关手续货物的仓库。我国保税仓库根据使用对象分为公用型、自用型及专用型三类。

公用型保税仓库:由主营仓储业务的我国境内独立企业法人经营,专门向社会提供保税仓储服务。

自用型保税仓库:由特定的我国境内独立企业法人经营,仅存储本企业自用的保税货物。

专用型保税仓库:是指专门用来存储具有特定用途或特殊种类商品的保税仓库,包括液体危险品保税仓库、备料保税仓库、寄售维修保税仓库和其他专用保税仓库。

②保税仓库的功能。保税仓库的功能是仓储,而且只能存放进境货物。

经海关批准可以存入保税仓库的进境货物有:加工贸易进口货物;转口货物;供应国际航行船舶和航空器的油料、物料和维修用零部件;供维修外国产品所进口寄售的零配件;外商进境暂存货物;未办结海关手续的一般贸易进口货物;经海关批准的其他未办结海关手续的进境货物。

③保税仓库的设立。保税仓库应当设立在设有海关机构、便于海关监管的区域。申请经营保税仓库的企业,应当具备下列条件:

其一,经工商行政管理部门注册登记,具有企业法人资格。

其二,注册资本最低限额为300万元人民币。

其三,具备向海关缴纳税款的能力。

其四,经营特殊许可商品存储的,应当持有规定的特殊许可证件。

其五,经营备料保税仓库的加工贸易企业,年出口额最低为1000万美元。

其六,公用保税仓库面积最低为2000平方米,液体危险品保税仓库容积最低为5000立方米,寄售维修保税仓库面积最低为2000平方米。

(2)保税仓库货物报关程序。

①进仓报关。

其一,保税仓库货物进境入仓。收货人或代理人应当在仓库主管海关办理进口报关手续。经主管海关批准,也可以在进境口岸海关办理报关手续。

保税仓库货物进境入仓,除易制毒化学品、监控化学品、消耗臭氧物质外,免领进口许可证件。

其二,仓库主管海关与口岸海关不是同一直属海关的,经营企业可以按照"提前报关转关"方式,先到仓库主管海关申报,再到口岸海关办理转关手续,货物运到仓库,由主管海关验放入仓;或者按照"直接转关"方式,先到口岸海关转关,货物运到仓库,向主管海关申报进口,验放入仓。

其三,仓库主管海关与进境口岸海关是同一直属海关的,经直属海关批准,可不按照转关运输方式办理,由经营企业直接在口岸海关办理报关手续,口岸海关放行后,企业自行提取货物入仓。

②出仓报关。保税仓库货物出仓可能出现进口报关和出口报关两种情况。保税仓库货物出库根据情况可逐一报关,也可集中报关。

其一,进口报关。保税仓库货物出仓运往境内其他地方转为正式进口的,必须经主管海关保税监管部门审核同意。

转为正式进口的同一批货物,填制两份报关单;一份办结出仓报关手续,填制出口货物报关单,贸易方式栏填写"保税间货物"(代码1200);一份办理进口申报手续,按照实际进口监管方式,填制进口货物报关单。

保税仓库货物实际进口监管方式大体有:保税仓库货物出库用于加工贸易的,由加工贸易企业或其代理人,按保税加工货物的报关程序办理进口报关手续;保税仓库货物出库用于可以享受特定减免税的特定地区、特定企业和特定用途的,由享受特定减免税的企业或其代理人,按特定减免税货物的报关程序办理进口报关手续;保税仓库货物出库进入国内市场或用于境内其他方面的,由收货人或其代理人,按一般进口货物的报关程序办理进口报关手续;保税仓库内的寄售维修零配件申请以保修期内免税出仓的,由保税仓库经营企业,办理进口报关手续,填制进口报关单,贸易方式填写"无代价抵偿货物"(代码3100)。

其二,出口报关。保税仓库货物出仓复运出境货物,包括退运出境的,保税仓库经营企业或其代理人,按一般出口货物的报关程序,办理出口报关手续,可免缴纳出口关税,免交验出口许可证。

仓库主管海关与口岸海关是同一直属海关的,经直属海关批准,可以不按照转关运输方式,由经营企业自行提取货物出仓到口岸海关办理出口报关手续;仓库主管海关与口岸海关不是同一直属海关的,按转关办理出口报关手续。

其三,集中报关。保税货物出库批量少、批次频繁的,经海关批准可以定期集中办理报关手续。

③流转报关。

其一,保税仓库货物与其他保税仓库、出口加工区、保税物流园区等海关特殊监管区域或保税监管场所结转往来的货物,按转关运输的有关规定办理相关手续。

其二,保税仓库货物和其他保税仓库、出口加工区、保税物流园区等海关特殊监管区域或保税监管场所,在同一直属海关关区内的,经直属海关批准,可不按转关运输方式办理。

其三,保税仓库货物转往其他保税仓库的,应在各自主管海关报关,报关时先办理进口报关,再办理出口报关。

【案例实操】 寄售维修保税仓库设立条件与作用

淮南矿业集团寄售维修型保税仓库是安徽第一家专用型保税仓库。该保税仓库是专门存储为维修外国设备所进口寄售零配件的保税仓库,经合肥海关批准设立,由淮南矿业集团经营,库容近3000平方米,其进口货物可享受先不缴纳进口税款、不办理进口许可证件等各项手续的优惠。

2015年3月,淮南矿业集团从上海口岸进境一批设备维修零配件存入保税仓库。2015年7月,因一批在保修期内的原进口设备需要维修,经主管海关保税监管部门审核同意,淮南矿业集团向主管海关办理了出仓进口报关手续。

淮南矿业集团寄售维修型保税仓库案例有三问,即

(1)设立寄售维修保税仓库的条件与作用是什么?

(2)如何办理保税仓库设立申请?

(3)本案例中维修零配件进仓报关如何操作?

实操解析:

(1)设立寄售维修保税仓库的条件共6个,组织讨论。

(2)保税仓库设立的申请操作流程

图8-22 保税仓库设立申请操作流程

受理部门:主管海关保税监管部门

操作流程:

第一步,提交申请,并提供以下单证:保税仓库申请书;保税仓库申请事项表;可行性报关;经营企业法人工商营业执照复印件;税务登记证复印件(国税和地税);股权结构证明书复印件(合资企业须提供);开户银行证明复印件;拟开展保税仓储的营业场所的土地所有权或使用权证明复印件,以及拟开展保税仓储的营业场所的主权证明,属租借房屋的还应收取房屋租赁合同;申请设立的保税仓库位置图及平面图;仓库管理制度;对申请设立寄售维修

型保税仓库的,还应收取经营企业与外商的维修协议;经营企业财务制度与会计制度;消防验收合格证书;其他需要的相关材料。

第二步,主管海关审核,对申请材料不齐全或者不符合法定形式的,应当场或者在签收申请材料后5个工作日内一次告知申请企业需补正的全部内容;对申请材料齐全、符合法定形式的,或者申请人按照海关的要求提交全部补正申请材料的,应当作出受理决定,并上报直属海关审批。

第三步,直属海关审批,自接到材料之日起20个工作日内审查完毕,对符合条件的出具批准文件,有效期1年,不符合条件的,应该书面告知申请人理由。

第四步,申请验收,申请设立保税仓库的企业应当自海关出具保税仓库批准文件1年内向海关申请验收,由主管海关验收,并报直属海关。

第五步,注册登记,领取海关核发的中华人民共和国海关保税仓库注册登记证书,并在海关注册登记。

(3)本案例中维修零配件进仓报关操作流程是:

①因为仓库主管海关与进境口岸海关不是同一直属海关,经营企业按照"提前报关转关"方式,先到芜湖海关办理进口报关手续,免缴税,免交证。

②再到上海口岸海关办理转关手续。

③货物运到仓库,由芜湖海关验放入仓。

8.3.2 出口监管仓库货物报关程序

1. 出口监管仓库概述

(1)含义。出口监管仓库是指经海关批准设立,对已办结海关出口手续的货物进行存储、保税物流配送、提供流通性增值服务的海关专用监管仓库。

出口监管仓库分为出口配送型仓库和国内结转型仓库。出口配送型仓库是指存储以实际离境为目的的出口货物的仓库,国内结转型仓库是指存储用于国内结转的出口货物的仓库。

(2)功能。出口监管仓库的功能只有仓储,主要用于存放出口货物。经海关批准可以存入出口监管仓库的货物有以下几种:

①一般贸易出口货物。

②加工贸易出口货物。

③从其他海关特殊监管区域、场所转入的出口货物。

④其他已办结海关出口手续的货物。

出口配送型仓库还可以存放为拼装出口货物而进口的货物。

出口监管仓库不得存放下列货物:

①国家禁止进出境货物。

②未经批准的国家限制进出境货物。

③海关规定不得存放的货物。

(3)设立。出口监管仓库的设立,首先应符合区域物流发展和海关对出口监管仓库布局的要求。申请设立出口监管仓库的经营企业,应当具备以下5个条件:

①经工商行政管理部门注册登记,具有企业法人资格。

②具有进出口经营权和仓储经营权。
③注册资本在300万元人民币以上。
④具备向海关缴纳税款的能力。
⑤出口配送型仓库面积不得低于5000平方米,国内结转型仓库面积不得低于1000平方米。

2. 出口监管仓库货物报关程序

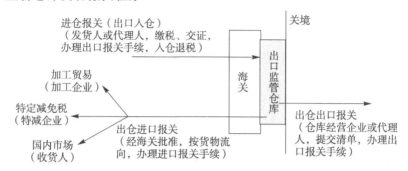

图 8-23　出口监管仓库报关流程图

出口监管仓库货物报关,大体可以分为进仓报关、出仓报关、结转报关和更换报关。

(1)进仓报关。出口货物存入出口监管仓库时,发货人或其代理人应当向主管海关办理出口报关手续,填制出口货物报关单。按照国家规定应当提交出口许可证件和缴纳出口关税的,发货人或其代理人必须提交许可证件和缴纳出口关税。

发货人或其代理人按照海关规定提交报关必需单证和仓库经营企业填制的"出口监管仓库货物入仓清单"。

对经批准享受入仓即退税政策的出口监管仓库,海关在货物入仓办结出口报关手续后,予以签发出口货物报关单退税证明联;对不享受入仓即退税政策的出口监管仓库,海关在货物实际离境后签发出口货物报关单退税证明联。

(2)出仓报关。出口监管仓库货物出仓可能出现出口报关和进口报关两种情况。

①出口报关。出口监管仓库货物出仓出境时,仓库经营企业或其代理人应当向主管海关申报。提交报关必需的单证,并提交仓库经营企业填制的"出口监管仓库货物出仓清单"。

对入仓没有签发出口货物报关单退税证明联的,出口货物出仓离境后,海关按规定签发出口货物报关单退税证明联。

②进口报关。出口监管仓库货物出仓转进口的,应当经海关批准,按照进口货物的有关规定办理相关手续。

用于加工贸易的,由加工贸易企业或其代理人,按加工贸易货物的报关程序办理进口报关手续。

用于可以享受特定减免税的特定地区、特定企业和特定用途的,由享受特定减免税的企业或其代理人,按特定减免税货物的报关程序办理进口报关手续。

进入国内市场或用于境内其他方面,由收货人或其代理人按一般进口货物的报关程序办理进口报关手续。

(3)结转报关。经转入、转出方所在地主管海关批准,并按照转关运输的规定办理相关手续后,出口监管仓库之间、出口监管仓库与保税区、出口加工区、保税物流园区、保税物流中心、保税仓库等特殊监管区域、专用监管场所之间可以进行货物流转。

(4)更换报关。对已存入出口监管仓库因质量等原因要求更换的货物,经仓库所在地主管海关批准,可以更换货物。被更换货物出仓前,更换货物应当先行入仓,并应当与原货物的商品编码、品名、规格型号、数量和价值相同。

3. 出口监管仓库货物监管规定

①出口监管仓库必须专库专用,不得转租、转借给他人经营,不得下设分库。

②出口监管仓库经营企业应当如实填写有关单证、仓库账册,真实记录并全面反映其业务活动和财务状况,编制仓库月度进、出、转、存情况表和年度财务会计报告,并定期报送主管海关。

③出口监管仓库所存货物的储存期限为6个月。如因特殊情况需要延长储存期限,应在到期之前向主管海关申请延期,经海关批准可以延长,延长的期限最长不超过6个月。

④出口监管仓库所存货物是海关监管货物,未经海关批准并按规定办理有关手续,任何人不得出售、转让、抵押、质押、留置、移作他用或者进行其他处置。

⑤货物在仓库储存期间发生损毁或者灭失,除不可抗力原因外,保税仓库应当依法向海关缴纳损毁、灭失货物的税款,并承担相应的法律责任。

⑥经主管海关同意,可以在出口监管仓库内进行品质检验、分级分类、分拣分装、印刷运输标志、改换包装等流通性增值服务。

8.3.3 保税物流中心货物报关程序

1. 保税物流中心简介

(1)含义。保税物流中心是指经海关总署批准,由中国境内一家企业法人经营,多家企业进入并从事保税仓储物流业务的海关集中监管场所。

(2)功能。保税物流中心的功能是保税仓库和出口监管仓库功能的叠加,既可以存放进口货物,也可以存放出口货物,还可以开展多项增值服务。

(3)设立。

①保税物流中心的设立。保税物流中心应当设在靠近海港、空港、陆路枢纽及内陆国际物流需求量较大、交通便利,设有海关机构且便于海关集中监管的地方。

经营企业需满足以下资格条件:经工商行政管理部门注册登记,具有独立的企业法人资格;注册资本不低于5000万元人民币;具备对中心内企业进行日常管理的能力;具有协助海关对进出保税物流中心的货物和中心内企业的经营行为实施监管的能力。

申请设立保税物流中心需满足以下资格条件:符合海关对保税物流中心的监管规划建设要求;仓储面积,东部地区不少于10万平方米,中西部地区不少于5万平方米;经省级人民政府确认,符合地方发展总体布局,满足加工贸易发展对保税物流的需求;建立符合海关监管要求的计算机管理系统,提供海关查阅数据的终端设备,并按照海关规定的认证方式和数据标准,通过电子口岸平台与海关联网,以便海关在统一平台上与国税、外汇管理等部门实现数据交换及信息共享;设置符合海关监管要求的安全隔离设施、视频监控系统等监管、办公设施。

保税物流中心的申请由直属海关受理,报海关总署,并由海关总署、财政部、税务总局和外汇管理局联合审批,并由四部委联合发文批准申请企业筹建保税物流中心。

保税物流中心验收合格后,由海关总署向企业核发"保税物流中心验收合格证书"和"保税物流中心注册登记证书",颁发保税物流中心标牌。

保税物流中心在验收合格后方可开展有关业务。

②保税物流中心内企业的设立。企业进入保税物流中心的条件如下:具有独立的法人资格或者特殊情况下中心外企业的分支机构;具有独立法人资格的企业注册资本最低限额为500万元人民币,属企业分支机构的,注册资本不少于1000万元人民币;具备向海关缴纳税款和履行其他法律义务的能力;建立符合海关监管要求的计算机管理系统并与海关联网;在保税物流中心内有专门存储海关监管货物的场所。

企业申请进入保税物流中心应当向所在地主管海关提交书面申请,提供能够证明上述条件已经具备的有关文件。

主管海关受理后报直属海关审批。直属海关对经批准的企业核发"中华人民共和国海关保税物流中心企业注册登记证书"。

中心内企业需变更有关事项的,由主管海关受理后报直属海关审批。

(4)管理。

①保税物流中心经营企业应当设立管理机构负责物流中心的日常工作,制定完善的物流中心管理制度,协助海关实施对进出物流中心的货物及中心内企业经营行为的监管。

②保税物流中心经营企业不得在本中心内直接从事保税仓储物流的经营活动。

③保税物流中心内货物保税存储期限为2年,确有正当理由的,经主管海关同意可以予以延期,除特殊情况外,延期不得超过1年。

④企业根据需要经主管海关批准,可以分批进出货物,月度集中报关,但集中报关不得跨年度办理。实行集中申报的进出口货物,应当适用每次货物进出口时海关接受申报之日实施的税率、汇率。

⑤未经海关批准,保税物流中心不得擅自将所存货物抵押、质押、留置、移作他用或者进行其他处置。

保税物流中心内的货物可以在中心内企业之间进行转让、转移,但必须办理相关海关手续。

⑥保税仓储货物在存储期间发生损毁或者灭失的,除不可抗力外,保税物流中心经营企业应当依法向海关缴纳损毁、灭失货物的税款,并承担相应的法律责任。

2.保税物流中心进出货物报关程序

(1)保税物流中心与境外之间进出货物报关程序。

①保税物流中心与境外之间进出的货物,应当在保税物流中心主管海关办理相关手续。保税物流中心与口岸不在同一主管海关的,经主管海关批准,可以在口岸海关办理相关手续。

②保税物流中心与境外之间进出的货物,除实行出口被动配额管理和中华人民共和国参加或者缔结的国际条约以及国家另有明确规定的以外,不实行进出口配额、许可证件管理。

③从境外进入保税物流中心内的货物,凡属于规定存放范围内的货物予以保税;属于保税物流中心企业进口自用的办公用品、交通运输工具、生活消费品等以及保税物流中心开展综合物流服务所需进口的机器、装卸设备、管理设备等,按照进口货物的有关规定和税收政

策办理相关手续。

(2)保税物流中心与境内之间进出货物报关程序。保税物流中心内货物运往所在关区外,或者跨越关区提取保税物流中心内货物,可以在保税物流中心主管海关办理进出中心的报关手续,也可以按照海关其他规定办理相关手续。

保税物流中心与境内之间的进出货物报关按下列规定办理:

①出中心。出中心进入境内的其他地区。保税物流中心货物出中心进入境内的其他地区视同进口,按照货物进入境内的实际流向和实际状态填制《进口货物报关单》,办理进口报关手续;属于许可证件管理的商品,企业还应当向海关出具有效的许可证件。

进口申报流程同保税仓库出库进入境内货物的报关流程相似,具体参照保税仓库有关内容。

从保税物流中心进入境内用于在保修期限内免费维修有关外国产品并符合无代价抵偿货物有关规定的零部件或者用于国际航行船舶和航空器的物料或者属于国家规定可以免税的货物,免征进口关税和进口环节海关代征税。

出中心运往境外。保税物流中心货物出中心运往境外填制《出口货物报关单》,办理出口报关手续,具体流程同保税仓库和出口监管仓库出库运往境外货物的报关流程相似。

②进中心。货物从境内进入保税物流中心视同出口,办理出口报关手续。需缴纳出口关税的,应当按照规定纳税;属于许可证件管理的商品,还应当向海关出具有效的出口许可证件。

从境内运入保税物流中心的原进口货物,境内发货人应当向海关办理出口报关手续,经主管海关验放;已经缴纳的关税和进口环节海关代征税,不予退还。

从境内运入保税物流中心已办结报关手续的货物或者从境内运入中心供中心企业自用的国产机器设备、装卸设备、管理设备、检测检验设备等及转关出口货物(起运地海关在已收到保税物流中心主管海关确认转关货物进入物流中心的转关回执后),海关签发《出口货物报关单退税证明联》。

从境内运入保税物流中心的下列货物,海关不签发《出口货物报关单退税证明联》:供中心企业自用的生活消费品、交通运输工具;供中心企业自用的进口的机器设备、装卸设备、管理设备、检测检验设备等;保税物流中心之间,保税物流中心与出口加工区、保税物流园区和已实行国内货物入仓环节出口退税政策的出口监管仓库等海关特殊监管区域或者海关保税监管场所之间往来的货物。

8.3.4 保税物流园区货物报关程序

1. 保税物流园区简介

(1)含义。保税物流园区是指经国务院批准,在保税区规划面积内或者毗邻保税区的特定港区内设立的、专门发展现代国际物流的海关特殊监管区域。

(2)功能。保税物流园区的主要功能是保税物流。允许开展以下保税业务:

①存储进出口货物及其他未办结海关手续货物。

②对所存货物开展流通性简单加工和增值服务,如分级分类、分拆分拣、分装、计量、组合包装、打膜、印刷运输标志、改换包装、拼装等具有商业增值的辅助性服务。

③国际转口贸易。

④国际采购、分销和配送。

⑤国际中转。

⑥检测、维修。

⑦商品展示。

⑧经海关批准的其他国际物流业务。

（3）管理。

①保税物流园区是海关监管的特定区域。园区与境内其他地区之间应当设置符合海关监管要求的卡口、围网隔离设施、视频监控系统及其他海关监管所需的设施。

②海关对园区企业实行电子账册监管制度和计算机联网管理制度。园区行政管理机构或者其经营主体应当在海关指导下通过电子口岸建立供海关、园区企业及其他相关部门进行电子数据交换和信息共享的计算机公共信息平台。园区企业建立电子计算机管理系统及终端设备，并与海关进行联网。

③园区货物不设存储期限，但园区企业自开展业务之日起，每年向园区主管海关办理报核手续。园区主管海关自受理报核申请之日起30天内予以核库。企业有关账册、原始数据自海关核库之日起至少保留3年。

2. 保税物流园区进出货物的报关程序

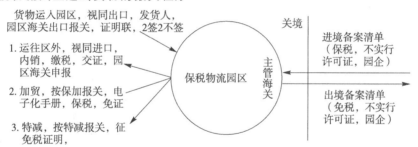

图8-24 保税物流园区货物报关流程图

（1）保税物流园区与境外之间进出货物。海关对保税物流园区与境外之间进出货物（园区自用的免税进口货物、国际中转货物或者法律、行政法规另有规定的货物除外），实行备案制管理。

①境外运入园区的货物。境外货物到港后，园区企业及其代理人可以先提交舱单将货物直接运到园区，再提交《进境货物备案清单》，向园区主管海关办理申报手续。

除法律、行政法规另有规定的外，境外运入园区的货物不实行许可证件管理。

境外运入保税物流园区的下列10种货物予以保税：园区企业为开展业务所需的货物及其包装物料；加工贸易进口货物；转口贸易货物；外商暂存货物；供应国际航行船舶和航空器的物料、维修用零部件；进口寄售货物；进境检测、维修货物及其零部件；看样订货的展览品、样品；未办结海关手续的一般贸易货物；经海关批准的其他进境货物。

境外运入园区的下列3种货物予以免税：园区的基础设施建设项目所需的设备、物资等；园区企业为开展业务所需机器、装卸设备、仓储设施、管理设备及其维修用消耗品、零配件及工具；园区行政机构及经营主体、园区企业自用合理数量的办公用品。

境外运入园区的园区行政机构及经营主体、园区企业自用交通运输工具、生活消费品，按一般进口货物的有关规定和程序办理申报手续。

②园区运往境外。从园区运往境外的货物,除法律、行政法规另有规定外,免征出口关税,不实行许可证件管理。

进境货物未经流通性简单加工,需原状退运出境的,园区企业可以向园区主管海关申请办理退运手续。

(2)保税物流园区与境内区外之间进出货物。园区与境内区外之间进出的货物,由区内企业或者区外的收发货人或其代理人在园区主管海关办理申报手续。园区企业在区外从事进出口贸易且货物不实际进出园区的,可以在收发货人所在地的主管海关或者货物实际进出境口岸的海关办理申报手续。

①园区货物运往境内区外。园区货物运往境内区外,视同进口。园区企业或者区外收货人或其代理人按照进口货物的有关规定,向园区主管海关申报,海关按照货物出园区时的实际监管方式的有关规定办理。

进入国内市场的,按一般进口货物的报关程序办理进口报关手续。提供相关的许可证件,照章缴纳进口关税及进口环节的增值税、消费税。

用于加工贸易的,按保税加工货物的报关程序办理进口报关手续。提供加工贸易电子化手册或电子账册,继续保税。

用于可以享受特定减免税的特定地区、特定企业和特定用途的,按特定减免税货物的报关程序办理报关手续。提供《进出口货物征免税证明》和相应的许可证件,免缴进口关税、进口环节增值税。

②境内区外货物运入园区。境内区外货物运入园区,视同出口,由区内企业或者区外的发货人或其代理人向园区主管海关办理出口申报手续。属于应当缴纳出口关税的商品,照章缴纳;属于许可证管理的商品,应当同时向海关出具有效的许可证件。

用于办理出口退税的出口货物报关单证明联的签发手续,按照下列规定办理:

从区外进入园区供园区企业开展业务的国产货物及其包装物料,由园区企业或者区外发货人(或者其代理人)填写《出口货物报关单》,海关按照对出口货物的有关规定办理,签发《出口货物报关单证明联》;货物转关出口的,起运地海关在收到园区主管海关确认转关货物已进入园区的电子回执后,签发《出口货物报关单证明联》。

从区外进入园区供园区行政管理机构及经营主体和园区企业使用的国产基建物资、机器、装卸设备、管理设备等,海关按照对出口货物的有关规定办理,并签发《出口货物报关单证明联》。

从区外进入园区供园区行政管理机构及经营主体和园区企业使用的生活消费用品、办公用品、交通运输工具等,海关不予签发《出口货物报关单证明联》。

从区外进入园区的原进口货物、包装物料、设备、基建物资等,区外企业应当向海关提供上述货物或者物品的清单,按照出口货物的有关规定办理申报手续,海关不予签发《出口货物报关单证明联》,原已缴纳的关税、进口环节增值税和消费税不予退还。

③保税物流园区与其他特殊监管区域、保税监管场所之间往来货物。

海关对于园区与海关其他特殊监管区域或者保税监管场所之间往来的货物,继续实行保税监管,不签发《出口货物报关单退税证明联》。

货物从未实行国内货物入区、入仓环节出口退税制度的海关特殊监管区域或者保税监管场所转入园区的,按照货物实际离境的有关规定办理申报手续,由转出地海关签发《出口货物报关单退税证明联》。

园区与其他特殊监管区域、保税监管场所之间的货物交易、流转,不征收进出口环节和国内流通环节的有关税收。

8.3.5 保税区进出货物报关程序

1. 保税区简介

(1)含义和功能。保税区是指经国务院批准在中华人民共和国境内设立的由海关进行监管的特定区域。具有多种功能：出口加工、转口贸易、商品展示、仓储运输等,也就是说,既有保税加工的功能,又有保税物流的功能,但主要功能是保税物流。

(2)禁止事项。

①除安全保卫人员外,其他人员不得在保税区居住。

②国家禁止进出口的货物、物品,不得进出保税区。

③国家明令禁止进出口的货物和列入加工贸易禁止类商品目录的商品,在保税区也不准开展加工贸易。

(3)物流管理。

①海关对进出保税区的货物、物品、运输工具、人员及区内有关场所,有权依照《海关法》的规定进行检查、查验。

②在保税区内设立的企业,必须向海关办理注册手续。区内企业必须依照国家有关法律、行政法规的规定设置账簿、编制报表,凭合法、有效凭证记账并进行核算,记录有关进出保税区货物和物品的库存、转让、转移、销售、加工、使用和损耗等情况。

③区内企业必须与海关实行电子计算机联网,进行电子数据交换。

④进出保税区的运输工具的负责人,必须持保税区主管机关批准的证件连同运输工具的名称、数量、牌照号码及驾驶员姓名等清单,向海关办理登记备案手续。

⑤未经海关批准,从保税区到非保税区的运输工具和人员不得运输、携带保税区的免税货物、保税货物。

⑥保税区内的转口货物可以在区内仓库或者区内其他场所进行分级、挑选、印刷运输标志、改换包装等简单加工。

(4)加工贸易管理。

①保税区企业开展加工贸易,进口易制毒化学品、监控化学品、消耗臭氧层物质需要提供进口许可证,生产激光光盘及进口国家限制进口可用作原料的废物并对其加工、拆解,需要主管部门批准,其他加工贸易料件进口免予交验许可证件。

②保税区内企业开展加工贸易,不实行银行保证金台账制度。

③区内加工企业加工的制成品及其在加工过程中产生的边角余料运往境外时,应当按照国家有关规定向海关办理手续,除法律、行政法规另有规定外,免征出口关税。

④区内加工企业将区内加工贸易料件及制成品、在加工过程中产生的副产品、残次品、边角料运往境内非保税区时,应当依照国家有关规定向海关办理进口报关手续,并依法纳税,免交付缓税利息。

2. 保税区进出货物报关程序

保税区货物报关分进出境报关和进出区报关。

(1)进出境报关。

①进出境报关采用报关制和备案制相结合的运行机制,即保税区与境外之间进出的货物,属自用的,采取报关制,填写进出口报关单;属非自用的,包括加工出口、转口、仓储和展示,采取备案制,填写进出境备案清单。

②对保税区企业进口自用合理数量的机器设备、管理设备、办公用品及工作人员所需自用合理数量的应税物品及货样,由收货人或其代理人填写《进口货物报关单》向海关申报。

③保税区与境外之间进出的货物,除易制毒化学品、监控化学品、消耗臭氧层物质等国家规定的特殊货物外,不实行进出口许可证件管理,免交验许可证件。

④为保税加工、保税仓储、转口贸易、展示而从境外进入保税区的货物可以保税。

⑤由境外进入保税区的以下货物可以免税:区内生产性的基础设施建设项目所需的机器、设备和其他基建物资;区内企业自用的生产、管理设备和自用合理数量的办公用品及其所需的维修零配件,生产用燃料,建设生产厂房、仓储设施所需的物资、设备,但是交通车辆和生活用品除外;保税区行政管理机构自用合理数量的管理设备和办公用品及其所需的维修零配件。

(2)进出区报关。进出区报关要根据不同的情况按不同的报关程序报关。

表 8-6 保税加工货物内销完税价格的确定

类型	完税价格
进口料件或制成品	以接受内销申报的同时或者大约同时进口的相同或者类似货物的进口成交价格为基础确定完税价格。
进料加工制成品中,如果含有从境内采购的料件	以制成品所含有的从境外购入的料件的原进口成交价格为基础确定完税价格。
来料加工制成品中,如果含有从境内采购的料件	以接受内销申报的同时或大约同时进口的与料件相同或者类似货物的进口成交价格为基础确定完税价格。
边角料或者副产品	以内销价格确定完税价格。

①保税加工货物进出区。进区,报出口,要有加工贸易电子化手册或者电子账册编号,填写出口报关单,提供有关的许可证件,海关不签发《出口货物报关单退税证明联》。

出区,报进口,按不同的流向填写不同的《进口货物报关单》:

出区进入国内市场的,按一般进口货物报关,填写《进口货物报关单》,提供有关许可证件。

出区用于加工贸易的,按加工贸易货物报关,填写《加工贸易进口货物报关单》,提供加工贸易电子化手册或者电子账册编号。

出区用于可以享受特定减免税企业的,按特定减免税货物报关,提供进出口货物征免税证明和应当提供的许可证件,免缴进口税。

②进出区外发加工。保税区企业货物外发到区外加工,或区外企业货物外发到保税区加工,都需经主管海关核准。

进区提交外发加工合同向保税区海关备案,加工出区后核销,不填写进出口货物报关单,不缴纳税费。

出区外发加工的,须由区外加工企业在加工企业所在地海关办理加工贸易备案手续,需要建立"银行保证金台账"的,应当设立台账,加工期限最长6个月,特殊情况下,经海关批准可以延期,延长的最长期限是6个月;备案后进入加工贸易货物出区报关程序。

③设备进出区。不管是施工设备还是投资设备,进出区均需向保税区海关备案。设备进区不填写报关单,不缴纳出口税,海关不签发《出口货物报关单退税证明联》,设备系从国外进口已征进口税的,不退进口税;设备退区外,也不必填写报关单申报,但要报保税区海关销案。

【案例实操】 保税区保税加工业务和转口贸易业务如何办理通关手续

保税区某企业进料加工,生产激光光盘出口,其中部分料件为进区国产料件,产品出口到东南亚市场,因外商要求变更合同,减少光盘出口数量,部分产品未能如约出口,而出区进入国内市场。在加工过程中,由于一台机器出现故障,从境内区外其他公司借来了一台同样机器。在加工过程中产生的残次品、边角料运往区外内销。同时,该企业还承接了一批红酒的转口贸易。

请问,应如何处理以上通关业务?

实操解析:

本案例为保税区内企业经营活动,报关业务是保税区报关。该公司业务涉及进料加工、成品内销、残次品内销、境内区外设备进出区、转口贸易等方面,因此进行相应的报关业务。具体有:

(1)建立电子账册,办理进出口业务备案:某公司在进出口货物前,应向保税区海关申请建立电子账册。在账册建立后进口料件和出口成品前,通过电子数据传输方式,向保税区海关进行料件进口备案和成品出口备案,当合同内容发生变化时,通过网络直接向海关申请变更。

(2)红酒进境申报、料件进境申报:红酒进境,填制《进境货物备案清单》,向保税区海关申报进境,暂缓纳税;保税加工国外料件进境,按备案数字,填制《进口报关单》,向保税区海关申报进境,保税,免证。

(3)红酒出境申报、成品出境申报:红酒出境,填制《出境货物备案清单》,向保税区海关申报出境,免税;成品出境,填制《出口货物报关单》,向保税区海关申报出境,免税,免证。

(4)国产料件进口申报,成品内销进口申报,残次品、边角料内销进口申报:国产料件进口申报,按保税加工货物进区,报出口,区外企业填制《出口货物报关单》,持电子化手册号,缴税,交证,不签发出口货物报关单退税证明联。

成品内销,按保税加工货物出区,报进口,区外企业填制《进口货物报关单》,交证,并且按出境实际状态确定内销征税完税价格,补缴税款和缓税利息。

残次品和边角料内销按有关规定确定完税价格,缴税、交证(边角料除外)、缓税利息。

(5)设备进出区备案:境内区外设备进区,向保税区海关备案,出区时向保税区海关销案,不必填写进口报关单。

(6)保税加工业务报核与核销:预报核和正式报核。电子账册实行滚动核销制度,进行平衡核算,本企业应在规定的期限内,完成报核手续。

8.4 减免税货物报关程序

8.4.1 减免税货物概述

1. 减免税的含义

关税减免又称为"关税优惠",是"减征关税"和"免征关税"的合称。自2009年1月1日起,国家实施增值税转型改革后,大部分进口减免税货物恢复征收进口增值税,只免征进口关税。

我国的关税减免又分为法定减免税、特定减免税和临时减免税。相关概念已在本书第5章"进出口税费征收与减免"阐述,本节从海关监管的角度,阐述作为海关特殊监管方式之一,减免税货物海关监管的特征、进口报关程序、后续处置方式以及解除监管操作程序。

2. 减免税货物的管理

(1)进口减免税货物的监管年限。

①船舶、飞机,海关监管年限是8年。

②机动车辆,海关监管年限是6年。

③其他货物,海关监管年限是5年。

监管年限自货物进口放行之日起计算。

除海关总署另有规定外,在海关监管年限内,减免税申请人应当按照海关规定保管、使用进口减免税货物,并依法接受海关监管。

(2)一般不豁免进口许可证件。进口减免税货物,前期须向所在地海关办理减免税备案、审批手续,取得进出口货物征免税证明,后期须办理销案,解除监管。

(3)有下列情形之一的,减免税申请人可以向海关申请凭税款担保,先予办理货物放行手续。

①主管海关按照规定已经受理减免税备案或者审批申请,但尚未办理完毕的。

②有关进口税收优惠政策已经国务院批准,具体实施尚未明确,海关总署已经确认减免税申请人属于享受该政策范围的。

③其他经海关总署核准的情况。

减免税海关事务担保规定,需要办理税款担保手续的,减免税申请人应当在进口前向主管海关提出,主管海关准予担保的,出具《海关准予办理减免税货物税款担保证明》,税款担保期限一般不超过6个月,但经直属海关关长或其授权人批准,可以延期,延长期限不超过6个月。

国家对进出口货物有限制性规定,应当提供许可证件而不能提供的,以及法律、行政法规规定不得担保的其他情形,不得办理减免税货物凭税款担保放行手续。

(4)减免税进口货物可以在两家享受特定减免税优惠的企业之间结转。在海关监管期限内,减免税申请人将进口减免税货物转让给进口同一货物享受同等减免税优惠待遇的其他单位的,不予恢复减免税货物转出申请人的减免税额度,减免税货物转入申请人的减免税额度按照海关审定的货物结转时的价格、数量或者应缴税款予以扣减。

8.4.2 减免税货物报关程序

减免税货物报关程序大体分为三个阶段:前期阶段、进出境阶段和后续阶段。前期阶段主要办理减免税备案和审批,进出境阶段主要办理进口报关,后续阶段主要办理减免税货物的处置。

1. 减免税备案和审批

减免税申请人应当在其所在地海关申请办理减免税备案、审批手续,特殊情况除外。

投资项目所在地海关与减免税申请人所在地海关不是同一海关的,减免税申请人应当向投资项目所在地海关申请办理减免税备案、审批手续。

(1)减免税备案。减免税申请人按照有关进出口税收优惠政策的规定,申请减免税进出口相关货物,海关需要事先对减免税申请人的资格或者投资项目等情况进行确认的,减免税申请人应当在申请办理减免税审批手续前,向主管海关申请办理减免税备案手续。

(2)减免税审批。减免税备案后,减免税申请人应当在货物申报进口前,向主管海关申请办理进口货物减免税审批手续,并同时递交以下材料:

①进出口货物征免税申请表。
②企业营业执照或者事业单位法人证书等证明材料。
③进出口合同、发票及相关货物的产品情况材料。
④相关政策规定的享受进出口税收优惠政策资格的证明材料。
⑤海关认为需要提供的其他材料。

申请人提交证明材料的,应当交验原件,同时提交加盖减免税申请人有效印章的复印件。海关收到申请后,经审核符合相关规定的,确定其所申请货物征税、减税或免税的决定,并签发《进出口货物征免税证明》。

2. 进口报关

减免税货物进口报关程序,可参见本章的"一般进出口货物的报关程序"中的相关内容,但是减免税货物进口报关的有些具体手续与一般进出口货物的报关有所不同:

(1)减免税货物进口报关时,进口货物收货人或其代理人,除了向海关提交报关单及随附单证以外,还应当向海关提交进出口货物征免税证明。海关在审单时,从计算机查阅征免税证明的电子数据,核对纸质的进出口货物征免税证明。

(2)减免税货物进口填制报关单时,应当在报关单"备案号"栏填写进出口货物征免税证明上的12位编号。写错将不能通过海关计算机审核,或者在提交纸质报关单证时无法顺利通过海关审单。

3. 减免税货物的处置

(1)异地监管。在海关监管年限内,减免税货物应当在主管海关核准的地点使用。

需要变更使用地点的,减免税申请人应当向主管海关提出申请,说明理由,经海关批准后方可变更使用地点。

减免税货物需要移出主管海关管辖地使用的,减免税申请人应当事先持有关单证及需要异地使用的说明材料,向主管海关申请办理异地监管手续,经主管海关审核同意,并通知转入地海关后,减免税申请人可以将减免税货物运至转入地海关管辖地,转入地海关确认减免税货物情况后,进行异地监管。

(2)结转。在海关监管年限内,减免税申请人将进口减免税货物转让给进口同一货物享受同等减免税优惠待遇的其他单位的,按下列操作程序办理减免税货物结转手续:

①转出地申请人持有关单证向转出地主管海关提出申请,转出地主管海关审核同意后,通知转入地主管海关。

②转入地申请人向转入地主管海关申请办理减免税审批手续,转入地主管海关审核无误后,签发征免税证明。

③转出、转入减免税货物的申请人,分别向各自主管海关申请办理减免税货物的出口、进口报关手续。

④转出地主管海关办理转出减免税货物解除监管手续。结转减免税货物的监管年限连续计算,转入地主管海关在剩余监管年限内对结转减免税货物继续实施后续监管。

⑤转入地海关和转入地海关为同一海关的,按照本条第一款规定办理。

(3)转让。在海关监管年限内,减免税申请人将进口减免税货物转让给不享受进口税收优惠政策或者进口同一货物不享受同等减免税优惠待遇的其他单位的,应当事先向减免税申请人主管海关申请办理减免税货物补缴税款和解除监管手续。其中,补税的完税价格以海关审定的货物原进口时的价格,按照减免税货物已进口时间与监管年限的比例进行折旧,其计算公式如下:

补税的完税价格=海关审定的货物原进口时价格×[1-货物已进口时间÷(监管年限×12)]

时间按月计算,不足1个月但超过15天的按1个月计算,不超过15天的,免予计算。

补税税率适用海关接受减免税申请人再次填写报关单申报办理补税之日实施的税率。

(4)退运。在海关监管年限内,减免税申请人要求将进口减免税货物退运出境的,应当报主管海关批准。减免税货物退运出境后,减免税申请人应当持出口货物报关单,向主管海关办理原进口货物的解除监管手续。减免税货物退运出境,海关不再对退运出境的减免税货物补征相关税款。

(5)贷款抵押。在海关监管年限内,减免税申请人要求以减免税货物向金融机构办理贷款抵押的,应当向主管海关提出书面申请。经审核符合有关规定的,主管海关批准其办理贷款抵押手续。

减免税申请人不得以减免税货物向金融机构以外的公民、法人或者其他组织办理贷款抵押手续。

减免税申请人以减免税货物向境内金融机构办理贷款抵押的,应当向海关提供下列形式的担保:

①与货物应缴税款等值的保证金。

②境内金融机构提供的相当于货物应缴税款的保函。

③减免税申请人、境内金融机构共同向海关提交《进口减免税货物贷款抵押承诺保证书》,书面承诺当减免税申请人抵押贷款无法清偿需要以抵押物抵偿时,抵押人或者抵押权人先补缴海关税款,或者从抵押物的折价款中优先偿付海关税款。

减免税申请人以减免税货物向境外金融机构办理贷款抵押的,应当向海关提交与货物应缴税款等值的保证金或者境内金融机构提供的相当于货物应缴税款的保函。

(6)解除监管。特定减免税进口货物监管期限届满时,自动解除海关监管。纳税义务人需要解除监管证明的,可以自监管年限届满之日起 1 年内,持有关单证向海关申请领取解除监管证明。海关应当自接到纳税义务人的申请之日起 20 日内核实情况,并填发解除监管证明。

①监管期满申请解除监管。特定减免税货物监管期满,原减免税申请人应当向主管海关申请解除海关对减免税进口货物的监管。主管海关在审核后批准,签发《减免税进口货物解除监管证明》,至此,特定减免税进口货物办结了全部海关手续。

②监管期内申请解除监管。特定减免税货物在海关监管期内,因特殊原因需要在海关监管期内销售、转让的,原征免税证明的申请人应当向原签发征免税证明的海关提出解除监管申请,海关按照使用时间审查确定完税价格征税后,签发解除监管证明书,办理结关手续,企业即可将原减免税货物在国内销售、转让。

【案例实操】 如何办理减免税货物海关事务担保

天津 A 报关企业,受北京 B 企业委托,向天津新港海关申报进口一批机械设备。该批设备向海关申报时,报关单"经营单位"栏填报 B 企业的名称及海关注册编码,"贸易方式"栏填报"2225","征免性质"栏填报"789"。经海关审核,接受申报后,该批设备向海关缴纳保证金后获得海关放行。B 企业在规定的时间办理担保销案手续。进口机械设备在使用 2 年后,经主管部门批准,缴纳相关进口税费后转售给国内另一企业。

作为接受委托报关的天津 A 报关企业,如何办理该项减免税货物海关事务担保和减免税货物出售通关手续?

实操解析:

本案例涉及减免税货物监管规定和通关操作实务,是减免税货物重要的实操技能。根据题意,该公司是外商独资企业,在投资总额内进口自用设备,符合国家相关政策,在主管海关按规定受理减免税备案和审批期间,货物到达口岸,该企业向主管海关申请担保验放手续。该企业进口减免税货物 2 年后,将其转售给另一企业,该企业也要办理转售申请及解除监管手续。为此,作为 A 报关企业应当完成通关操作任务如下:

(1)减免税货物担保放行。

①进口前,提交银行保函,向主管海关提交担保申请,经海关审批签发担保证明。

②持担保证明,办理减免税货物进口报关手续。

③领取《进出口货物征免税证明》,向主管海关办理担保销案手续。

(2)办理减免税货物转售。

①向主管海关提交转售书面申请、《减免税补税申请表》、《减免税货物进口报关单》、征免税证明等单证及资料。

②经海关审批,领取海关出具的补税联系单。

(3)办理减免税货物销案及解除监管手续。

①持海关减免税货物补税联系单、税款缴纳证明以及相关许可证件,到主管海关办理补税手续。

②海关批准解除监管,出具解除监管证明。

③将解除监管的减免税货物转售另一企业。

8.5 暂准进出境货物报关程序

8.5.1 暂准进出境货物概述

1. 含义

暂准进出境货物是指为了特定的目的,经海关批准暂时进境或暂时出境,应当在规定的期限内复运出境或复运进境的货物。包括暂准进境货物和暂准出境货物。

2. 范围

暂准进出境货物分为两大类:

第一类,在进境或出境时纳税义务人提供纳税担保的,可以暂不缴纳关税,并且自货物进境或者出境之日起 6 个月内复运出境或者复运进境。

第二类是指第一类以外的暂准进出境货物,如工程施工中使用的设备、仪器及用品,应当按照该货物的完税价格和其在境内滞留时间与折旧时间的比例,按月征收税款。

本节主要详细讲解第一类暂准进出境货物。第一类暂准进出境货物的范围如下:

(1)在展览会、交易会、会议及类似活动中展示或者使用的货物。

(2)文化、体育交流活动中使用的表演、比赛用品。

(3)进行新闻报道或者摄制电影、电视节目使用的仪器、设备及用品。

(4)开展科研、教学、医疗活动使用的仪器、设备和用品。

(5)上述 4 项所列活动中使用的交通工具及特种车辆。

(6)货样。

(7)供安装、调试、检测、修理设备时使用的仪器及工具。

(8)盛装货物的容器。

(9)其他用于非商业目的的货物。

上述 9 项内容按照我国海关监管方式,本类暂准进出境货物可以归纳为以下 4 种:

①使用 ATA 单证报关的暂准进出境货物:指使用 ATA 单证册报关的第(1)项货物。

②不使用 ATA 单证报关的展览品:指不使用 ATA 单证册报关的第(1)项货物。

③集装箱箱体:指第(8)项"盛装货物的容器"中的暂准进出境集装箱箱体。

④其他暂准进出境货物:指上述 9 项货物中除适用前 2 项监管方式以外的其他暂准进出境货物。

3. 特征

(1)暂时免予缴纳税费。提供担保是免予缴纳税费的保全措施,我国《海关暂时进出境管理办法》规定,经海关批准的暂时进出境货物,在货物收发货人向海关缴纳相当于税款的保证金或海关依法认可的其他担保后,准予暂时免纳关税;我国现行担保形式主要是保证金、保函担保,其中展览品的暂准进出境适用 ATA 单证册制度,实行国际联保。

(2)免予提交进出口许可证。暂准进出口货物不属于实际进出境货物,为了特定目的使用后,应当在规定期限复运出境或复运进境,因此暂准进出境货物原则上不适用许可管理;但涉及公共道德、公共安全、公共卫生实施的进出境管理制度,如动植物检疫、食品卫生检测、枪支弹药、无线电器材等管理，不论其是否实际进出口，都应当在进出口前，向有关主管部门申请批准，并凭证申报。

（3）规定的期限内按原状复运进出境。这是货物暂准进出境并免予缴纳关税的前提条件。暂准进出境货物应当自进境或者出境之日起6个月内复运出境或者复运进境；经收发货人申请，海关可以根据规定延长复运出境或者复运进境的期限。

（4）按货物实际使用情况办结海关手续。暂准进出境货物都必须在规定期限内，由货物的收发货人根据货物的不同情况向海关办理核销结关手续。经海关批准可以改变暂准进出境货物性质，一旦转变性质，应按转变性质后的货物去向办理结关手续。

8.5.2　使用ATA单证册报关的暂准进出境报关程序

1. ATA单证册概述

"ATA单证册"是暂准进口单证册的简称，是世界海关组织通过的《货物暂准进口公约》及其附约A和《关于货物暂准进口的ATA单证册海关公约》中规定使用的，用于替代各缔约方海关暂准进出口货物报关单和税费担保的国际性通关文件。

一份ATA单证册一般由8页ATA单证组成：一页绿色封面单证、一页黄色出口单证、一页白色进口单证、一页白色复出口单证、两页蓝色过境单证、一页黄色复进口单证、一页绿色封底。

我国海关只接受用中文或者英文填写的ATA单证册。使用ATA单证册的范围仅限于展览会、交易会、会议及类似活动的货物，即暂准进出境货物范围所包括9项内容里面的第1种情况，除此之外，我国海关不接受持ATA单证册办理进出口申报手续。

中国国际商会是我国ATA单证册的担保和出证机构。海关总署在北京设立ATA核销中心，负责全国的核销业务。

使用ATA单证册报关的货物暂准进出境期限为自货物进出境之日起6个月。超过6个月的，ATA单证册持证人可以向海关申请延期。延期最多不超过3次，每次延长期限不超过6个月。延长期届满应当复运出境、进境或者办理进出口手续。

ATA单证册项下货物延长复运出境、进境期限的，ATA单证册持证人应当在规定期限届满30个工作日前向货物暂准进出境申请核准地海关提出延期申请，并提交《货物暂时进/出境延期申请书》以及相关申请材料。

直属海关受理延期申请的，应当于受理申请之日起20个工作日内制发《中华人民共和国海关货物暂时进/出境延期申请批准决定书》或者《中华人民共和国海关货物暂时进/出境延期申请不予批准决定书》。

参加展期在24个月以上展览会的展览品，在18个月延长期届满后仍需要延期的，由主管地直属海关报海关总署审批。

ATA单证册项下暂时进境货物申请延长期限超过ATA单证册有效期的，ATA单证册持证人应当向原出证机构申请续签ATA单证册。续签的ATA单证册经主管地直属海关确认后可替代原ATA单证册。

续签的ATA单证册只能变更单证册有效期限，其他项目均应当与原单证册一致。续签的ATA单证册启用时，原ATA单证册失效。

ATA单证册项下暂时进境货物未能按照规定复运出境或过境的，ATA核销中心向中国国际商会提出追索。自提出追索之日起9个月内,中国国际商会向海关提供货物已经在规定期限内复运出境或者已经办理进口手续证明的,ATA核销中心可以撤销追索;9个月期满后未能提供上述证明的,中国国际商会应当向海关支付税款和罚款。

2. 报关程序

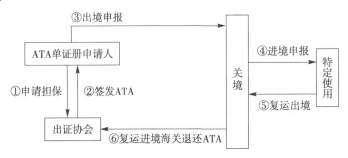

图 8-25　使用 ATA 单证册正常暂准进境

下面以暂准进境为例说明申报程序：

①持证人向出证协会提出申请,缴纳一定的手续费,并按出证协会的规定提供担保。

②出证协会审核后,签发 ATA 单证册。

③持证人凭 ATA 单证册等单证,将货物在出境国(地)暂时出境。

④预录 ATA 单证册内容,持证人凭 ATA 单证册,到进境国(地),进境国(地)主管海关经查验签章放行。

⑤货物达到暂时进境的特定使用目的后,从进境国(地)复运出境,又复运进境到原出境国(地)。

⑥进境国(地)主管海关签注后,将使用过的、经各海关签注的 ATA 单证册退还持证人,正式核销结关。

具体说：

(1)进境申报。进境货物收货人或其代理人持 ATA 单证册向海关申报进境展览品时,先在海关核准的出证协会中国国际商会以及其他商会,将 ATA 单证册上的内容预录进海关与商会联网的 ATA 单证册电子核销系统,然后向展览会主管海关提交纸质 ATA 单证册、提货单等单证。海关在白色进口单证上签注,并留存白色进口单证(正联),将存根联和 ATA 单证册其他各联退还给收发货人或其代理人。

(2)出境申报。出境货物发货人或其代理人持 ATA 单证册向海关申报出境展览品时,向出境地海关提交国家主管部门的批准文件、纸质 ATA 单证册、装货单等单证。海关在绿色封面单证和黄色出口单证上签注,并留存黄色出口单证(正联),将存根联和 ATA 单证册其他各联退还给出境货物发货人或其代理人。

(3)异地复运出境、进境申报。货物异地复运出境、进境申报,ATA 单证册持证人应当持主管海关签章的海关单证向复运出境、进境地海关办理手续。货物复运出境、进境后,主管海关凭复运出境、进境地海关签章的海关单证办理核销结案手续。

(4)过境申报。过境货物承运人或其代理人持 ATA 单证册向海关申报将货物通过我国转运至第三国参加展览会的,不必填制过境货物报关单。海关在两份蓝色过境单证上分别签注后,留存蓝色过境单证(正联),将存根联和 ATA 单证册其他各联退还给运输工具承运人或其代理人。

3. 核销结关

(1)正常结关。持证人在规定期限内将进境展览品、出境展览品复运出境、复运进境,海关在白色复出口单证和黄色复进口单证上分别签注,留存单证(正联),退还其存根联和 ATA 单证册其他各联给持证人,正式核销结关。

(2)非正常结关。持证人不能在规定期限内,将展览品复运进出境的,我国海关向担保协会,即向中国国际商会直接提出追索,这就是非正常结关。

非正常结关一般可能产生两种情况:一是因为货物未在规定期限内复运出境,产生了进境国(地)海关对货物征税问题;二是因为持证人未遵守暂时进境国海关规定,未办理出境手续,产生了进境国(地)海关对持证人罚款问题。在这两种情况下,进境国(地)海关可以向本国担保协会提出索赔。

具体索赔流程如下:

图 8-26　ATA 单证册非正常结关索赔操作流程图

非正常结关以下 4 种情况的处理:

①ATA 单证册项下暂时进境货物复运出境时,因故未经我国海关核销、签注的,ATA 核销中心,凭由另一缔约国海关在 ATA 单证上签注的该批货物从该国进境或者复运进境的证明,或者我国海关认可的能够证明该批货物已经实际离开我国境内的其他文件,作为已经从我国复运出境的证明,对 ATA 单证册予以核销。

②发生上述情形的,ATA 单证册持证人应当按照规定向海关缴纳调整费。在我国海关尚未发出《ATA 单证册追索通知书》前,如果持证人凭其他国海关出具的货物已经运离我国关境的证明要求予以核销单证册的,海关免予收取调整费。

③使用 ATA 单证册暂准进出境货物因不可抗力的原因受损,无法原状复运出境、进境的,ATA 单证册持证人应当及时向主管地海关报告,可以凭有关部门出具的证明材料办理复运出境、进境手续;因不可抗力的原因灭失或者失去使用价值,经海关核实后可以视为该货物已经复运出境、进境。

④使用 ATA 单证册暂准进出境货物因不可抗力以外的原因灭失或者受损的,ATA 单证册持证人应当按照货物进出口的有关规定办理海关手续。

8.5.3　不使用 ATA 单证册报关的暂准进出境展览品报关程序

1. 进出境展览品的范围

(1)进境展览品。进境展览品指的是在展览会中展示或示范用的货物、物品,为示范展出的机器或器具所需用的物品,展览者设置临时展台的建筑材料及装饰材料,供展览品做示范宣传用的电影片、幻灯片、录像带、录音带、说明书、广告、光盘、显示器材等。

下列在境内展览会期间供消耗、散发的用品,由海关根据展览会性质、参展商规模、观众

人数等情况,对其数量和总值进行核定,在合理范围内的,按照有关规定免征进口关税和进口环节税:

①在展览活动中的小件样品,包括原装进口的或在展览期间用进口的散装原料制成的食品或饮料的样品。

②为展出的机器或器件进行操作示范而被消耗或损坏的物料。

③布置、装饰临时展台消耗的低值易耗货物。

④展览期间免费向观众散发的有关宣传品。

⑤供展览会使用的档案、表格及其他文件。

展览用品中的酒精饮料、烟草制品及燃料不适用有关免税的规定。展会期间出售的小卖品,属于一般进口货物范围,进口时应当缴纳进口税及进口环节税,属于许可证管理的商品,应当交验许可证件。

(2)出境展览品。出境展览品是指国内单位赴国外举办展览会或参加外国博览会、展览会而运出的展览品,以及与展览活动有关的宣传品、布置品、招待品及其他公用物品。

与展览活动有关的小卖品、展览品,可以按展览品报关出境,不按规定期限复运进境的办理一般出口手续,交验出口许可证件,缴纳出口关税。

2. 展览品的暂准进出境期限

进境展览品的暂准进境期限为6个月,即自展览品进境之日起6个月内复运出境;出境展览品的暂准出境期限为自展览品出境之日起6个月内复运进境。超过6个月的,进出境展览品的收发货人可以向海关申请延期,延期最多不超过3次,每次延长期限不超过6个月。延长期届满,应当复运出境、进境,或者办理进出口手续。

参加展期在24个月以上的展览品,在18个月延长期届满后仍需要延期的,由主管地直属海关报海关总署批准。

3. 展览品的进出境申报操作流程

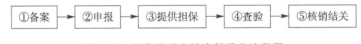

图8-27 展览品进出境申报操作流程图

(1)进境申报。

①备案:境内展览会的办展人或者参加展览会的办展人、参展人应在展览品进境20个工作日前,向主管地海关提交有关部门备案证明或批准文件及展览品清单等相关单证办理备案手续。

②申报:展览品进境申报手续可以在展出地海关办理,从非展出地海关进境的,可以申请在进境地海关办理转关运输手续,将展览品在海关监管下从进境口岸转运至展览会举办地主管海关办理申报手续。

展览会主办单位或其代理人应当向海关提交报关单、展览品清单、提货单、发票、装箱单等。展览品中涉及检验检疫等管制的,还应当向海关提交有关许可证件。

③提供担保:展览会主办单位或其代理人应当向海关提供担保。在海关指定场所或者海关派专人监管的场所举办展览会的,经主管地直属海关批准,参展的展览品可以免予向海关提供担保。

④查验：海关一般在展览会举办地对展览品进行开箱查验。展览品开箱前，展览会主办单位或其代理人应当通知海关。海关查验时，展览品所有人或其代理人应当到场，并负责搬运、开拆、封装货物。

展览会展出或使用的印刷品、音像制品及其他需要审查的物品，还要经过海关的审查，才能展出或使用。对我国政治、经济、文化、道德有害的以及侵犯知识产权的印刷品、音像制品，不得展出，由海关没收、退运出境或责令更改后使用。

(2)出境申报。

①备案：境内出境举办或者参加展览会的办展人、参展人应在展览品出境20个工作日前，向主管地海关提交有关部门备案证明或批准文件及展览品清单等相关单证办理备案手续。

展览会不属于有关部门行政许可项目的，办展人、参展人应当向主管地海关提交展览会邀请函、展位确认书等其他证明文件以及展览品清单办理备案手续。

②申报：展览品出境申报手续应当在出境地海关办理。在境外举办展览会或参加国外展览会的企业应当向海关提交国家主管部门的批准文件、报关单、展览品清单(一式两份)等单证。

③缴纳保证金：展览品属于应当缴纳出口关税的，向海关缴纳相当于税款的保证金；属于核用品及相关技术的出口管制商品的，应当提交出口许可证。

④查验：海关对展览品进行开箱查验，核对展览品清单。查验完毕，海关留存一份清单，另一份封入"关封"交还给发货人或其代理人，凭以办理展览品复运进境申报手续。

(3)核销结关。

①复运进出境。进境展览品按规定期限复运出境，出境展览品按规定期限复运进境后，海关分别签发报关单证明联，展览品所有人或其代理人凭以向主管海关办理核销结关手续。

异地复运出境、进境的展览品，进出境展览品的收发货人应当持主管地海关签章的海关单证向复运出境、进境地海关办理手续。货物复运出境、进境后，主管地海关凭复运出境、进境地海关签章的海关单证办理核销结案手续。

展览品未能按规定期限复运进出境的，展览会主办单位或出国举办展览会的单位应当向主管海关申请延期，在延长期内办理复运进出境手续。

②转为正式进出口。进境展览品在展览期间被人购买的，由展览会主办单位或其代理人向海关办理进口申报、纳税手续，其中属于许可证件管理的，还应当提交进口许可证件。

出口展览品在境外参加展览会后被销售的，由海关核对展览品清单后要求企业补办有关正式出口手续。

③展览品放弃或赠送。展览会结束后，进口展览品的所有人决定将展览品放弃交由海关处理的，由海关变卖后将款项上缴国库。

展览品的所有人决定将展览品赠送的，受赠人应当向海关办理进口手续，海关按照进口礼品或经贸往来赠送品的规定办理。

④展览品毁坏、丢失、被窃。展览品因毁坏、丢失、被窃等原因，而不能复运出境的，展览会主办单位或其代理人应当向海关报告。对于毁坏的展览品，海关根据毁坏程度估价征税；对于丢失或被窃的展览品，海关按照进口同类货物征收进口税。

进出境展览品因不可抗力的原因受损,无法原状复运出境、进境的,进出境展览品的收发货人应当及时向主管地海关报告,可以凭有关部门出具的证明办理复运出境、进境手续;因不可抗力原因灭失或者失去使用价值的,经海关核实后可以视为该货物已经复运出境、进境。

进出境展览品因不可抗力以外的其他原因灭失或者受损的,进出境展览品的收发货人应当按照货物进出口的有关规定办理海关手续。

8.5.4 暂准进出境的集装箱箱体报关程序

1. 范围

集装箱箱体既是一种运输设备,又是一种货物。当货物用集装箱装载进出口时,集装箱箱体就作为一种运输设备;当一家企业购买进口或销售出口集装箱时,集装箱箱体就是普通的进出口货物。

本部分介绍的集装箱箱体,是作为运输设备暂时进出境集装箱箱体。

2. 报关操作流程

暂准进出境的集装箱箱体报关有以下两种情况:

(1)境内生产的集装箱及我国营运人购买进口的集装箱,在投入国际运输前,营运人应当向其所在地海关办理登记手续。

海关准予登记并符合规定的集装箱箱体,无论是否装载货物,海关都准予暂时进境和异地出境,营运人或者其代理人无须对箱体单独向海关办理报关手续,进出境时也不受规定的期限限制。

(2)境外集装箱箱体暂准进境,无论是否装载货物,承运人或者其代理人都应当将箱体单独向海关申报,并应当于入境之日起 6 个月内复运出境。如因特殊情况不能按期复运出境的,营运人应当向暂准进境地海关提出延期申请,经海关核准后可以延期,但延长期不得超过 3 个月,逾期应按规定向海关办理进口报关纳税手续。

8.5.5 其他暂准进出境货物报关程序

1. 范围

其他暂准进出境货物涉及的范围包括暂不缴纳税款的第一类暂准进出境货物,共 9 项,但除使用 ATA 单证册报关的第 1 项货物、不使用 ATA 单证册报关的第 1 项展览品、第 8 项集装箱箱体外,其余的均按其他暂准进出境货物进行监管,均属于其他暂准进出境货物的范围。

2. 期限

其他暂准进出境货物进出境报关属于海关行政许可项目,海关审核许可的,应当按照海关行政许可程序办理,即要办理暂准进出境申请和审批,原则上暂缓缴纳进出口税费,不需交验许可证件,但必须向海关提供担保,应当自进出境之日起 6 个月内复运出境或复运进境,超过 6 个月的,收发货人或其代理人应向海关申请延期。延期最多不超过 3 次,每次延长期限不超过 6 个月。延长期届满应当复运出境、进境或者办理进出口手续。

国家重点工程、国家科研项目使用的暂准进出境货物,在 18 个月延长期届满后仍需要延期的,由主管地直属海关报海关总署审批。

3. 报关操作流程

(1)暂准进出境申请和审批。

①暂准进出境申请。暂准进出境货物收发货人,持《货物暂时进/出境申请书》、暂准进出境货物清单、发票、合同或者协议以及其他相关单据,向海关提出货物暂准进出境申请。

②海关就暂准进出境申请作出是否批准的决定后,制发《中华人民共和国海关货物暂时进/出境申请批准决定书》或者《中华人民共和国海关货物暂时进/出境申请不予批准决定书》。

③暂准进出境货物申请延长复运出境、进境期限的,收发货人应当在规定期限届满30个工作日前,向货物暂准进出境核准地海关提出延期申请,并提交《货物暂时进/出境延期申请书》以及相关申请材料。直属海关作出决定并制发相应的决定书。申请延长超过18个月的由海关总署作出决定。

(2)进出境申报。

①进境申报。其他暂准进境货物收货人或其代理人,应当向海关提交主管部门允许货物为特定目的而暂时进境的批准文件、进口货物报关单、商业及货运单据等,向海关办理暂时进境申报手续。

不必提交进口货物许可证件,但对国家规定需要实施检验检疫的,或者为公共安全、公共卫生等实施管制措施的,仍应当提交有关的许可证件。

收货人或其代理人免予缴纳进口税,但必须向海关提供担保。

②出境申报。其他暂准出境货物发货人或其代理人,应当向海关提交主管部门允许货物为特定目的而暂时出境的批准文件、出口货物报关单、货运和商业单据等,向海关办理暂时出境申报手续。

除易制毒化学品、监控化学品、消耗臭氧层物质、有关核出口"核两用品"及相关技术的出口管制条例管制的商品以及其他国际公约管制的商品按正常出口提交有关许可证件外,不需交验许可证件。

(3)核销结关。

①复运进出境。其他暂准进境货物复运出境或复运进境,进出口货物收发货人或其代理人必须留存由海关签章的复运进出境的报关单,准备报核。

②转为正式进出口。因特殊情况,改变特定的暂准进出境目的转为正式进出口的,收发货人应当在货物复运进出境期限届满30个工作日前向主管地海关申请,经主管地直属海关批准后,按照规定提交有关许可证件,办理货物正式进出口的报关纳税手续。

③放弃。在境内完成暂时进口的特定目的后,如货物所有人不准备将货物复运出境,可以向海关声明将货物放弃,海关按放弃货物的有关规定处理。

④不可抗力。其他暂准进出境货物因不可抗力的原因受损,无法原状复运出境、进境,收发货人应当及时向主管地海关报告,可以凭有关部门出具的证明材料办理复运出境、进境手续;因不可抗力的原因灭失或者失去使用价值的,经海关核实后可以视为该货物已经复运出境、进境。因不可抗力以外的其他原因灭失或者受损的,收发货人应当按照货物进出口的有关规定办理海关手续。

针对上述几种情况,按照货物实际流向,进出口货物收发货人或其代理人向海关提交经海关签注的进出口货物报关单,或者处理放弃货物的有关单据以及其他有关单证,申请报核。海关经审核,情况正常的,退还保证金或办理其他担保销案手续,予以结关。

【案例实操】 如何办理教学设备暂准进出口手续

深圳某大学邀请一境外学术代表团来华进行学术交流,以海运方式从深圳口岸运进一批教学用设备,包括先进的智能机器人一台和医用影像设备一套,根据计划,交流结束后该大学将留购智能机器人以备教学使用,而医学影像设备按原状复运出境。该大学作为收货人委托中海物流(深圳)有限公司在深圳海关办理该批设备进出口手续。

中海物流公司报关员如何办理该批货物通关操作流程?

实操解析:

深圳某大学为了开展学术交流活动,而暂准进出境货物,包括智能机器人和医用影像设备,均属于第一类第4项其他暂准进出境货物,属于海关行政许可项目,在进境前,收货人必须办理海关暂准进出境申请和审批手续。同时,作为国家863项目,留购智能机器人必须在货物申报进口前,办理减免税备案与审批。因此,中海物流公司办理该批货物通关流程是:

(1)行政许可。深圳某大学填写《货物暂时进/出境申请书》,同时提交暂准进境货物清单、发票、合同或者协议等相关单据,向深圳海关提出暂时进出境申请。

海关批准后,领取《中华人民共和国海关货物暂时进/出境申请批准决定书》。

(2)进境申报。中海物流公司向深圳海关提交批准决定书、进口货物报关单、商业发票、货运单据等进行申报,同时提供相当于税款的担保。

进口货物报关单主要栏目填报:"贸易方式"栏填报"暂时进出货物"(或2600);"征免性质"栏填报"其他法定"(或299);"征免"栏填报"全免"(或3);"用途"栏填报"收保证金"(或07);"备注"栏填报相应的消耗品审核清单编号。

(3)申请办理征免税证明。留购智能机器人项目,属于科教用品,符合"以科学研究为目的,在合理数量范围内进口国内不能生产或者性能不能满足需要的"规定,在办理主管部门批件基础上,深圳某大学作为减免税申请人,向主管海关申请办理备案手续,在货物进口前,提交下列材料,向主管海关办理进口减免税审批手续,签发《进出口货物征免税证明》。

提交材料:①进出口货物征免税申请表;②企业营业执照或者事业单位法人证书等证明材料;③进出口合同、发票及相关货物的产品情况材料;④相关政策规定的享受进出口税收优惠政策资格的证明材料;⑤海关认为需要提供的其他材料等。

(4)复运出境申报。中海物流公司向深圳海关办理医用影像设备复运出境报关手续。填制《出口报关单》,主要栏目填报同《进口报关单》,但是要在《出口报关单》"标记唛码及备注"栏填报《进口报关单》关联报关单号。

(5)转为正式进口申报。中海物流公司持免税证明,向深圳海关办理智能机器人进口报关,免征进口关税和进口环节增值税、消费税,海关放行后,进行后续监管。

(6)暂准进出境货物核销结关。中海物流公司持海关签注的复运出境报关单和减免税设备进口报关单,到深圳海关申请报核,退还保证金或其他担保销案,办理暂准进出境货物核销结关手续。

8.6 其他进出境货物报关程序

8.6.1 过境、转运、通运货物报关程序

1. 过境、转运、通运货物含义

过境货物、转运货物、通运货物都不是实际进口货物,都是因为各种原因进入我国关境,之后又运出的货物,是借助我国陆路、水路、港口或者航线机场,以达到将货物最终运输到其他国家或地区的目的。

(1)过境货物,是指借用我国的陆路,从境外起运,在我国境内不论是否换装运工具,通过陆路运输,继续运往境外的货物。

(2)转运货物,是借用我国的港口或车站码头,由境外起运,通过我国境内设立海关的地点换装运工具,不通过境内陆路运输,继续运往境外的货物。

(3)通运货物,是借用我国的航道或机场,从境外起运,不通过我国境内陆路运输,运进境后,由原运输工具载运出境的货物。

2. 报关程序

(1)过境货物进出口报关。

①进境报关。过境货物进境时,过境货物经营人或报关企业向进境地海关递交《过境货物报关单》和运单、转载清单、载货清单以及发票、装箱单等,办理过境手续。

过境货物经进境地海关审核查验无误后,进境地海关在提运单上加盖"海关监管货物"戳记,并将《过境货物报关单》和《过境货物清单》制作"关封"后,加盖"海关监管货物"专用章,连同提运单交经营人或报关企业。

过境货物经营人或承运人应当将上述单证及时交出境地海关验核。

②出境报关。过境货物出境时,过境货物经营人或报关企业向出境地海关申报,并递交进境地海关签发的"关封"和其他单证。

出境地海关审核有关单证、"关封"和货物,确认无误后,加盖放行章,监管货物出境。

过境货物的过境期限为6个月,因特殊原因,可以向海关申请延期,经海关同意后,最长可延长3个月。过境货物超过规定期限3个月仍未过境的,海关依法提取变卖,变卖后的货款按有关规定处理。

(2)转运货物报关。

①载有转运货物的运输工具进境后,承运人应当在进口载货清单上列明转运货物的名称、数量、起运地和到达地,并向主管海关申报进境。

②申报经海关同意后,在海关指定的地点换装运输工具。

③在规定时间内运送出境。

(3)通运货物报关。

①运输工具进境时,运输工具的负责人应凭注明通运货物名称和数量的《船舶进口报告书》,或国际民航使用的《进口载货舱单》向进境地海关申报。

②进境地海关接受申报后,在运输工具抵境、离境时核查,并监管货物实际离境。

运输工具因装卸货物需搬运或倒装货物时,应向海关申请并在海关的监管下进行。

8.6.2 加工贸易不作价设备报关程序

1. 加工贸易不作价设备概述

(1)含义。加工贸易不作价设备是指加工贸易经营企业开展加工贸易,包括来料加工、进料加工及外商投资企业履行产品出口合同,境外厂商免费向经营单位提供的加工生产所需设备,不需境内加工贸易经营企业付汇,也不需用加工费或差价偿还。

加工贸易进口设备必须是不作价的,可以是由境外厂商免费提供,也可以是向境外厂商免费借用(临时进口不超过半年的单件的模具、机器除外),进口设备的一方不能以任何方式、任何途径,包括用加工费扣付、出口产品减价等方式来偿付设备价款或租金。

(2)范围。加工贸易境外厂商免费提供的不作价设备,如果属于国家禁止进口商品和《外商投资项目不予免税的进口商品目录》所列商品,海关不能受理加工贸易不作价设备申请。

除此以外的其他商品,加工贸易企业可以向海关提出加工贸易不作价设备免税进口的申请。

(3)特征。加工贸易不作价设备与保税加工货物进境后虽然都用于加工贸易生产,但有明显的区别,主要区别在于:前者是加工贸易生产设备,进境后使用时一般不改变形态,国家政策不强调复运出境;后者是加工贸易生产料件,进境后使用时一般改变形态,国家政策强调加工后复运出境。

加工贸易不作价设备与特定减免税设备都是免税进境的生产设备,但在海关管理上有明显的区别:前者按保税货物管理,后者按特定减免税货物管理。

加工贸易不作价设备与保税加工货物、特定减免税货物一样,在进口放行后需要继续监管。

2. 加工贸易不作价设备报关程序

(1)备案。加工贸易不作价设备的备案合同,应当是订有加工贸易不作价设备条款的加工贸易合同或者加工贸易协议,单独的进口设备合同不能用来办理加工贸易不作价设备的合同备案。

加工贸易不作价设备备案的加工贸易经营企业应当符合下列条件之一:

①设立独立专门从事加工贸易的工厂或车间(不从事内销产品加工生产),并且不作价设备仅限在该工厂或车间使用。

②对未设立独立专门从事加工贸易的工厂或车间,以现有加工生产能力为基础开展加工贸易的项目,使用不作价设备的加工生产企业,在加工贸易合同期限内,其每年加工产品必须是70%以上属出口产品。

加工贸易不作价设备的备案手续如下:

①凭商务主管部门批准的加工贸易合同(协议)和批准件及《加工贸易不作价设备申请备案清单》,到加工贸易合同备案地主管海关办理合同备案申请手续。

②主管海关根据加工贸易合同、批准件和《加工贸易不作价设备申请备案清单》及其他有关单证,对照《外商投资项目不予免税的进口商品目录》,审核准予备案后,核发加工贸易不作价进口设备登记手册,12位数字,首位字母为D。

加工贸易不作价设备登记手册有效期一般为1年,1年到期前,加工贸易经营企业向海关提出延期申请,延长期一般为1年,可以申请延长4次。

加工贸易不作价设备不纳入加工贸易银行保证金台账管理的范围,因此不需要设立台账。

海关可以根据情况对加工贸易不作价设备,收取相当于进口设备应纳进口关税和进口环节海关代征税税款金额的保证金或者银行或非银行金融机构的保证函。

不在加工贸易合同或者协议里订明的单独进口的不作价设备及其零配件、零部件不予备案。

(2) 进口。企业凭登记手册向口岸海关办理进口报关手续,口岸海关凭登记手册验放。

加工贸易不作价设备,除国家另有规定的外,进境时免进口关税,不免进口环节增值税,如有涉及进口许可证件管理的,可免交进口许可证件。

加工贸易不作价设备进口申报时,报关单的"贸易方式"栏填"不作价设备"(代码0320),对临时进口(期限在6个月以内)加工贸易生产所需不作价模具、单台设备,按暂准进境货物办理进口手续。

(3) 核销。加工贸易不作价设备自进口之日起至按海关规定解除监管止,属海关监管货物,企业应按海关的规定保管、使用。加工贸易不作价设备的海关监管期限是根据特定减免税货物的海关监管期限来规定的。加工贸易不作价设备海关监管期限一般是5年。

加工贸易不作价设备申请解除海关监管有两种情况:

① 在监管期内。监管期限未满,企业申请提前解除监管,主要有5种情况:

其一,结转。加工贸易不作价设备在享受同等待遇的不同企业之间结转,以及加工贸易不作价设备转为减免税设备。

转入和转出企业分别填制进出口货物报关单。

报关单"贸易方式"栏根据报关企业所持加工贸易登记手册或征免税证明,分别选择填报"加工设备结转"、"减免税设备结转"。

报关单"备案号"栏分别填报加工贸易手册编号、征免税证明编号或为空。

报关单其他栏目按《报关单填制规范》关于结转货物要求填报。

其二,转让。转让给不能享受减免税优惠或者不能进口加工贸易不作价设备的企业。

必须由原备案加工贸易合同或者协议的商务主管部门审批。

按照规定办理进口海关手续。

填制进口货物报关单。

提供相关的许可证件。

按照以下计算公式确定完税价格缴纳进口关税:

转让设备进口完税价格(CIF)×{1−[按加工贸易不作价设备规定条件使用月数÷(5×12)]}

不足15天的,不计月数,超过或者等于15天的,作为一个月计算。

其三,留用。监管期未满本企业移作他用,或者虽未满监管期,但加工贸易合同已经履约,本企业留用的,必须由原备案加工贸易合同或者协议的商务主管部门审批,并按照规定办理进口海关手续,填制进口货物报关单,提供相关的许可证件,按照上述计算公式确定完税价格缴纳进口关税。

其四,修理、替换。进境加工贸易设备需要出境修理,或者由于质量或规格不符需要出境替换的,可以使用加工贸易不作价设备登记手册申报出境和进境,也可以按照出境修理货物或者无代价抵偿货物办理海关进出境手续。

其五,退运。监管期内退运应当由原备案加工贸易合同或协议的商务主管部门审批,凭批准件和加工贸易不作价登记手册到海关办理退运出境的海关手续。

②监管期满。加工贸易不作价设备5年监管期满,如不退运出境,可以留用,也可以向海关申请放弃。

其一,留用。监管期已满的不作价设备,要求留在境内继续使用的,企业可以向海关申请解除监管,也可以自动解除海关监管。

其二,放弃。监管期满既不退运也不留用的加工贸易不作价设备,可以向海关申请放弃,海关比照放弃货物办理有关手续。放弃货物也要填制进口货物报关单。

【案例实操】 如何办理加工贸易不作价设备备案?

芜湖海光服装公司与外商签约开展来料加工业务,双方在加工贸易合同(编号117080224S)中约定,由境外厂商免费提供加工生产所需设备一批,设备进口前已在主管海关办理相关备案手续,现部分设备已运抵上海口岸。在进境地海关办理进口申报手续。

问题提出:

(1)加工贸易不作价设备的范围是什么?

(2)加工贸易不作价设备备案申请应具备哪些条件?

(3)如何办理加工贸易不作价设备转让手续?

(4)作为海关公司报关员,如何办理加工贸易不作价设备备案操作事宜?

实操解析:

(1)下列设备不属于加工贸易不作价设备的范围。

(2)加工贸易不作价设备备案申请应具备条件。

(3)加工贸易不作价设备转让手续。

(4)加工贸易不作价设备备案。

图 8-28 加工贸易不作价设备备案操作流程图

受理部门:主管海关

办理步骤:

第一步:提交申请。向海关提供以下单证:

①凭商务主管部门批准件及《加工贸易不作价设备申请备案清单》。

②加工贸易不作价设备合同(协议)(必须注明不作价条款)。

③企业委托报关公司预录入并打印的不作价设备清单。

④经营企业法人委托经办人员办理合同备案代理委托书。

⑤海关需要的其他单证。

第二步:海关审批。海关需要逐级审批。对纸质单证和电子数据同步审核,不作价设备手册不产生银行保证金台账。

第三步:领取纸质手册。在各项审批完成后,海关将打印加工贸易合同备案基本情况表,并在纸质手册上加盖海关行政许可专用章。加工贸易不作价进口设备登记手册,12 位数字,首位字母为 D。

8.6.3 出料加工货物报关程序

1. 出料加工货物概述

(1)含义。出料加工货物是指我国境内企业运到境外进行技术加工后,复运进境的货物。

(2)原则。出料加工的目的是借助国外先进的加工技术提高产品的质量和档次,只有在国内现有的技术手段无法或难以达到产品质量要求,而必须运到境外进行某项工序加工的情况下,才可开展出料加工业务。

出料加工原则上不能改变出口货物的物理形态。对完全改变原出口货物物理形态的出境加工,属于一般出口。

出料加工货物自运出境之日起 6 个月内应当复运进境,经海关批准可延期 3 个月。逾期以一般进口货物报关。

2. 出料加工货物的报关程序

(1)备案。开展出料加工的经营企业应当到主管海关办理出料加工合同的备案申请手续。海关根据出料加工的有关规定审核,决定是否受理备案,受理备案的应当核发出料加工手册。

(2)进出口。

①出境申报:发货人或其代理人向海关提交手册、出口货物报关单、货运单据及其他海关需要的单证申报出口,属许可证件管理的商品,免交许可证件,属应征出口税的,应提供担保。

②进境申报:出料加工货物复运进口,收货人或其代理人向海关提交手册、进口货物报关单、货运单据及其他海关需要的单证申报进口,海关对出料加工复进口货物,以境外加工费、材料费、复运进境的运输及其相关费用和保险费,审查确定完税价格,征收进口关税和进口环节海关代征税。

(3)核销。出料加工货物全部复运进境后,经营人应当向海关报核,海关进行核销,提供担保的,应当退还保证金或者撤销担保。

出料加工货物未按海关允许期限复运进境的,海关按一般进出口货物办理,将货物出境时收取的税款担保金转为税款,货物进境时按一般进口货物征收进口关税和进口环节海关代征税。

8.6.4 无代价抵偿货物报关程序

1. 无代价抵偿货物的含义

无代价抵偿货物是指进出口货物在海关放行后,因残损、缺少、品质不良或规格不符,由进出口货物的发货人、承运人或者保险公司免费补偿或更换的与原货物相同或者与合同规定相符的货物。

收发货人申报进出口的无代价抵偿货物,与退运出境或者退运进境的原货物不完全相同,或者与合同规定不完全相符,经收发货人说明理由,海关审核认为理由正当,且税则号列未发生改变的,仍属于无代价抵偿货物范围。

收发货人申报进出口的免费补偿或者更换的货物,其税则号列与原进出口货物的税则号列不一致的,不属于无代价抵偿货物范围,属于一般进出口货物范围。

2. 海关监管的特征

(1)进出口无代价抵偿货物,免予交验进出口许可证件。

(2)进口无代价抵偿货物,不征收进口关税和进口环节海关代征税;出口无代价抵偿货物,不征收出口关税。但是,进出口与原货物或与合同规定不完全相符的无代价抵偿货物,应当按规定计算与原进出口货物的税款差额,高出原征收税款数额的应当征收超出部分的税款,低于原征收税款,原进出口的发货人、承运人或者保险公司同时补偿货款的,应当退还补偿货款部分的税款,未补偿货款的,不予退还。

(3)现场放行后,海关不再进行监管。

3. 无代价抵偿货物的报关程序

无代价抵偿分为两种,一种是短少抵偿,另一种是残损、品质不良或规格不符抵偿。

(1)残损、品质不良或规格不符引起的无代价抵偿货物进出口海关手续。残损、品质不良或规格不符引起的无代价抵偿货物,进出口前应当先办理被更换的原进出口货物中残损、品质不良或规格不符货物的有关海关手续。

①退运进出境。原进口货物的收货人或其代理人,应当办理被更换的原进口货物中残损、品质不良或规格不符货物的退运出境的报关手续。被更换的原进口货物退运出境时不征收出口关税。

原出口货物的发货人或其代理人,应当办理被更换的原出口货物中残损、品质不良或规格不符货物退运进境的报关手续。被更换的原出口货物退运进境时不征收进口关税和进口环节税。

②放弃,交由海关处理。被更换的原进口货物中残损、品质不良或规格不符货物不退运出境,但是原进口货物的收货人愿意放弃,交由海关处理的,海关应当依法处理并向收货人提供依据,凭以申报进口无代价抵偿货物。

③原进口货物不退运出境,也不放弃,及原出口货物不退运进境。被更换的原进口货物中残损、品质不良或规格不符货物,不退运出境,且不放弃交由海关处理的,原进口货物的收货人应当按照海关接受无代价抵偿货物申报进口之日适用的有关规定申报进口,并按照海关对原进口货物重新估定的价格计算的税额,缴纳进口关税和进口环节海关代征税,属于许可证件管理的商品,还应当交验相应的许可证件。

被更换的原出口货物中残损、品质不良或规格不符货物,不退运进境,原出口货物的发货人应当按照海关接受无代价抵偿货物申报出口之日适用的有关规定申报出口,并按照海关对原出口货物重新估定的价格计算的税额,缴纳出口关税,属于许可证件管理的商品,还应当交验相应的许可证件。

(2)向海关申报办理无代价抵偿货物进出口手续的期限。向海关申报进出口无代价抵偿货物应当在原进出口合同规定的索赔期内,而且不超过原货物进出口之日起 3 年。

(3)无代价抵偿货物报关应当提供的单证。收发货人向海关申报无代价抵偿货物进出口时,除应当填制报关单和提供基本单证外,还应当提供其他特殊单证。

进口申报需要提交的特殊单证：

①原进口货物报关单。

②原进口货物退运出境的出口货物报关单，或者原进口货物交由海关处理的货物放弃处理证明，或者已经办理纳税手续的单证（短少抵偿的除外）。

③原进口货物税款缴纳书或者进出口货物征免税证明。

④买卖双方签订的索赔协议。

海关认为需要时，纳税义务人还应当提交具有资质的商品检验机构出具的原进口货物的残损、短少、品质不良或者规格不符的检验证明书或者其他有关证明文件。

出口申报需要提交的特殊单证：

①原出口货物报关单。

②原出口货物退运进境的进口货物报关单或者已经办理纳税手续的单证（短少抵偿的除外）。

③原出口货物税款缴纳书。

④买卖双方签订的索赔协议。

海关认为需要时，纳税义务人还应当提交具有资质的商品检验机构出具的原出口货物残损、短少、品质不良或者规格不符的检验证明书或者其他有关证明文件。

【案例实操】 如何鉴别无代价抵偿货物？

大连某科技有限公司，2011年由美国某公司进口一套大豆出仓系统设备，2012年11月，出仓机的滑动式轴承磨损严重，通过"无代价抵偿"方式更换了一套滑动式轴承，已磨损部件未退运出境（以下简称"第一次更换行为"）。2014年6月，该轴承环又产生了严重磨损，经商检部门检验是设计缺陷。企业与外方签订了索赔协议，将滑动轴承更换为滚动轴承（以下简称"第二次更换"），又拟以"无代价抵偿"方式向海关申报。

问题提出：

(1)第一次更换行为如何申报？如何征税？

(2)第二次更换行为如何申报？如何征税？

(3)向海关申报办理无代价抵偿货物进出口手续的期限是什么？

实操解析：

(1)第一次更换行为符合"无代价抵偿"货物的定义，但海关对这批更换料件仍应照章征税。原因在于其原进口货物未退运出境，且未放弃交由海关处理。根据《中华人民共和国海关进出口货物征税管理办法》规定："纳税义务人申报进出口无代价抵偿货物，被更换的原进口货物不退运出境，且不放弃交由海关处理的，海关应当按照接受无代价抵偿货物申报进口之日适用的有关规定申报进口，并按照海关对原进口货物重新估定的价格计算的税额缴纳进口关税和进口环节海关代征。"因此，第一次更换申报应为"无代价抵偿"货物，征税应为照章征税。

(2)第二次更换行为不符合"无代价抵偿"货物的定义，海关对这批货物应以"一般贸易"的方式通关并照章征税。因为替换滚动轴承与原进口货物滑动轴承不完全相同，它们的税则号也不一致，滚动轴承归入8482品目项下，而滑动轴承归入84833000，根据《中华人民共和国海关进出口货物征税管理办法》规定："收发货人申报进出口的免费补偿或者更换的货物,其税则号列与原进出口货物的税则号列不一致的,不属于无代价抵偿货物范围,属于一般进出口货物范围。"因此,海关应该按照一般贸易进口方式征收税款。

(3)进出口企业还应注意,向海关申报无代价抵偿货物有一个期限,即"在原进出口合同规定的索赔期内,而且不超过原货物进出口之日起 3 年"。

8.6.5 进出境修理货物报关程序

1. 进出境修理货物的含义

进境修理货物是指运进境进行维护修理后复运出境的机械器具、运输工具或者其他货物及为维修这些货物需要进口的原材料、零部件。

出境修理货物是指运出境进行维护修理后复运进境的机械器具、运输工具或者其他货物及为维修这些货物需要出口的原材料、零部件。

进境修理包括原出口货物运进境修理和其他货物运进境修理。出境修理包括原进口货物出境修理和其他货物运出修理。

原进口货物出境修理包括原进口货物在保修期内运出境修理和原进口货物在保修期外运出境修理。

2. 进出境修理货物的特征

(1)进境修理货物免予缴纳进口关税和进口环节海关代征税,但要向海关提供担保,并接受海关后续监管。对于一些进境维修的货物,也可以申请按照保税货物办理进境手续。

(2)出境修理货物进境时,在保修期内并由境外免费维修的,可以免征进口关税和进口环节税;在保修期外的或者在保修期内境外维修收取费用的,应当按照境外修理费和材料费审定完税价格计征进口关税和进口环节海关代征税。

(3)进出境修理货物免予交验许可证件。

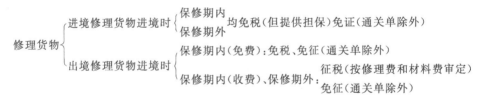

图 8-29 进境出境修理货物海关监管特征

3. 进出境修理货物的报关程序

(1)进境修理货物。货物进境后,收货人或其代理人持维修合同或者含有保修条款的原出口合同及申报进口需要的所有单证,办理货物进境申报手续,并提供进口税款担保。

货物进口后在境内维修的期限为进口之日起 6 个月,可以申请延长,延长的期限最长不超过 6 个月。在境内维修期间受海关监管。

修理货物复出境申报时,应当提供原修理货物进口申报时的报关单(留存联或复印件)。

修理货物复出境后应当申请销案,正常销案的,海关应当退还保证金或撤销担保。未复运出境部分货物,应当办理进口申报纳税手续。

(2)出境修理货物。发货人在货物出境时,向海关提交维修合同或含有保修条款的原进口合同,以及申报出口需要的所有单证,办理出境申报手续。

货物出境后,在境外维修的期限为出境之日起 6 个月,可以申请延长,延长的期限最长不超过6个月。

货物复运进境时,应当向海关申报在境外实际支付的修理费和材料费,由海关审查确定完税价格,计征进口关税和进口环节海关代征税。

超过海关规定期限复运进境的,海关按一般进口货物计征进口关税和进口环节海关代征税。

【案例实操】 如何以保税货物方式办理货物进出境修理

东莞某电子公司出口一批 DVD 机到美国,因机内有一些部件损坏,需退回工厂维修,此批货物已办理退税、已核销。遇到这种情况,一般选择办理退运回工厂,进行维修,再复出口。

问题提出:

(1)海关进境维修申报存在什么风险?

(2)"对于一些进境维修的货物,也可以申请按照保税货物办理进境手续",如何选择以保税方式进境,维修后再复出口?

实操解析:

(1)办理出口货物进境修理手续存在三个缺点:一是维修货物进境时,需要提供进口税款相当的担保;二是退运进境非常麻烦,需要提供所有单证办理货物进口申报手续;三是在境内维修期限为6个月,如果进境申报海关未通过,或者用去很长时间,这会给进境维修带来风险,因为退运货物6个月未复出境的,海关不予退还保证金。

(2)运用保税物流园区境内关外功能可以进行退运返修。具体操作流程:

①工厂将进境维修货物从口岸海关(如蛇口码头)转关到深圳保税物流园区。

②园区与境外开展整箱进出、二次拼箱国际中转业务,企业向海关发送电子舱单数据,再凭进境货物备案清单向园区主管海关申报,进入物流园仓库。

③货到仓库后,安排技术人员和配件以及检测仪器,进行维修,改换包装,返修完后装柜交码头出境。

利用保税物流园区进行返修的好处:一是无须办理复杂的退运手续;二是无须缴纳保证金;三是无须申报进出口。

8.6.6 退运货物报关程序

退运货物是指原出口货物或进口货物因各种原因造成退运进口或者退运出口的货物。退运货物包括一般退运货物和直接退运货物。

1. 一般退运货物

一般退运货物是指已经办理申报手续,且海关已放行出口或进口,因各种原因造成退运进口或退运出口的货物。

(1)一般退运进口货物的报关程序。

①报关。一般退运进口货物报关要区分以下两种情况:

其一,原出口货物已收汇、已核销的。原出口货物退运进境时,若该批出口货物已收汇、已核销,原发货人或其代理人应填写进口货物报关单向进境地海关申报,并提供原货物出口时的出口货物报关单,现场海关应凭加盖有已核销专用章的《外汇核销单出口退税专用联》

（正本），或税务部门出具的《出口商品退运已补税证明》，保险公司证明或承运人溢装、漏卸的证明等有关资料，办理退运进口手续，同时签发一份进口货物报关单。

其二，原出口货物未收汇的。原出口货物退运进境时，若该批出口货物未收汇，原发货人或其代理人在办理退运手续时，提交原出口货物报关单、出口收汇核销单、出口报关单退税证明联，向进口地海关申报退运进口，同时填制一份进口货物报关单。

若出口货物部分退运进口，海关应在原出口货物报关单上批注退运的实际数量、金额后退回企业并留存复印件，海关核实无误后，验放有关货物进境。

②税收。因品质或者规格原因，出口货物自出口之日起1年内原状退货复运进境的，经海关核实后不予征收进口税，原出口时已经征收出口关税的，只要重新缴纳因出口而退还的国内环节税，自缴纳出口税款之日起1年内准予退还。

(2) 一般退运出口货物的报关程序。

①报关。因故退运出口的进口货物，原收货人或其代理人应填写出口货物报关单申报出境，并提供原货物进口时的进口货物报关单、保险公司证明或承运人溢装、漏卸的证明等有关资料，经海关核实无误后，验放有关货物出境。

②税收。因品质或者规格原因，进口货物自进口之日起1年内原状退货复运出境的，经海关核实后不予征收出口税，已经征收的进口关税和进口环节税，自缴纳进口税款之日起1年内准予退还。

2. 直接退运货物

直接退运货物是指在进境后、办结海关放行手续前，进口货物收发货人、原运输工具负责人或其代理人申请直接退运境外，或者海关根据国家有关规定责令直接退运境外的全部或者部分货物。

进口转关货物在进境地海关放行后，当事人申请办理退运手续的，不属于直接退运货物，应当按照一般退运货物办理退运手续。

(1) 当事人申请直接退运的货物。当事人申请直接退运的报关程序如下：

①申请。向海关申请直接退运，应按照海关要求提交《进口货物直接退运申请书》、证明进口实际情况的合同、发票、装箱单、已报关货物的原报关单、提运单或者载货清单等相关单证、符合申请条件的相关证明文件以及海关要求当事人提供的其他文件。

②海关受理。海关按照行政许可程序受理或者不予受理，受理并批准直接退运的，制发《准予直接退运决定书》。

③填制报关单。办理进口货物直接退运手续，应按照报关单填制规范填制进出口货物报关单，并要符合下列要求："标记唛码与备注"栏填写《准予直接退运决定书》编号；"贸易方式"栏填写"直接退运"（代码4500）。

当事人办理进口货物直接退运的申报手续时，应先填写出口货物报关单向海关申报，再填写进口货物报关单，并在进口货物报关单的"标记唛码及备注"栏填报关联报关单（出口报关单）号。

④免予填制报关单情形。因进口货物收发货人或者承运人的责任造成的错发、误卸或者溢卸，获海关批准直接退运的，当事人可以不填写报关单，凭《准予直接退运决定书》向海关办理直接退运手续。

⑤免证。经海关批准直接退运的货物免交许可证、免征税费及滞报金,不列入海关统计。

⑥退运口岸。进口货物直接退运应当从原进境地口岸退运出境。对因运输原因需要改变运输方式或者由另一口岸退运出境的,应经由原进境地海关批准后,以转关运输方式出境。

(2)海关责令直接退运的货物。对需要责令进口货物直接退运的,由海关根据相关政府行政主管部门出具的证明文件,向当事人制发"中华人民共和国海关责令进口货物直接退运通知书"。

由海关责令直接退运的货物报关程序如下:

①填制报关单。办理进口货物直接退运手续,应按照报关单填制规范填制进出口货物报关单,并要符合下列要求:"标记唛码与备注"栏填写"责令直接退运通知书"编号;"贸易方式"栏填写"直接退运"(代码4500)。

当事人办理进口货物直接退运的申报手续时,应先填写出口货物报关单向海关申报,再填写进口货物报关单,并在进口货物报关单的"标记唛码及备注"栏填报关联报关单(出口报关单)号。

②免予填制报关单情形。因进口货物收发货人或者承运人的责任造成的错发、误卸或者溢卸,经海关责令直接退运的,当事人可以不填写报关单,凭《责令直接退运通知书》向海关办理直接退运手续。

③免证。经海关责令直接退运的货物免交许可证、免征税费及滞报金,不列入海关统计。

④退运口岸。进口货物直接退运应当从原进境地口岸退运出境。对因运输原因需要改变运输方式或者由另一口岸退运出境的,应当经由原进境地海关批准后,以转关运输方式出境。

案例讨论

出口货物退运该不该征税?

2012年2月,利维电子设备有限责任公司与外方签订货物买卖合同。双方约定,利维公司向外方出售一批电子感光仪器设备,有关合同须在2012年6月底之前履行完毕。此后,利维公司组织生产上述设备,但由于原材料供应问题,拟出口的电子感光仪器设备直到2012年8月初才全部生产完毕。

2012年8月15日,利维公司以一般贸易方式向某海关办理出口手续,将上述设备发运给境外收货人。因利维公司延迟履行合同,外方以利维公司违约为由拒绝接受货物,并要求解除合同。利维公司虽经交涉仍无法改变外商意见,为避免货物滞留境外港口造成更大经济损失,利维公司无奈于2012年10月开始着手办理货物退运事宜,同时联系国内企业拟将退运货物国内销售。

2012年10月17日,上述货物从原出境口岸复运进境,利维公司在办理报关手续时,向某海关说明了出口货物退运进境的原因和事由,并提供了有关证明材料。某海关经审核认为,上述货物虽为出口退运货物,但造成退运的原因是利维公司延迟履行合同,致使外方拒绝接受货物,该事由不属于《进出口关税条例》所规定的可不予征收进口关税的退运情形,根据《海关法》和《进出口关税条例》有关规定,对利维公司出口退运货物应照章征收进口关税。

2012年10月20日,某海关向利维公司作出征税决定,征收退运设备进口关税和进口环节海关代征税合计人民币38.24万元。

分组讨论:海关此举是否正确,为什么?

8.6.7 溢卸和误卸、放弃、超期未报货物报关程序

1. 溢卸货物和误卸货物

(1)含义。溢卸货物就是多卸了,是指未列入进口载货清单、提单或运单的货物,或者多于进口载货清单、提单、运单所列数量的货物。

误卸货物就是卸错了,是指应运往境外港口、车站或境内其他港口、车站而在本港卸下的货物。

(2)管理。经海关核实的溢卸货物和误卸货物,由载运该货物的原运输工具负责人,自运输工具卸货之日3个月内,向海关申请办理退运出境手续;或者由该货物的收发货人,自运输工具卸货之日3个月内,向海关申请办理退运或者申报进口手续。

经载运该货物的运输工具负责人或该货物的收发货人申请,海关批准,可以延期3个月办理退运出境或申报进口手续,超期未向海关办理退运出境或申报进口手续的由海关提取依法变卖处理。

溢卸、误卸货物属于危险品或者鲜活、易腐、易烂、易失效、易变质、易贬值等不宜长期保存的货物的,海关可以根据实际情况,依法提前提取变卖处理,变卖所得价款按有关规定做出相应处理。

(3)报关程序。溢卸、误卸货物报关程序是根据该货物的处置方式决定的,分为以下几种情况:

①退运境外:属于溢卸、误卸货物,能够提供发货人或者承运人书面证明文件的,当事人可以向海关申请办理直接退运手续。

②溢短相补:运输工具负责人或其代理人要求将溢卸货物抵补误卸货物的,应与短卸货物原收货人协商同意,并限于同一运输工具、同一品种的货物;非同一运输工具或同一运输工具非同一航次之间抵补的,只限于同一运输公司、同一发货人、同一品种的进口货物。

上述两种情况都应该由短卸货物原收货人或其代理人按照无代价抵偿货物的报关程序办理进口手续。

③物归"原主":指运往境外港口、车站的误卸货物,运输工具负责人或其代理人要求运往境外时,经海关核实后按照转运货物的报关程序办理海关手续,转运至境外。

④就地进口:溢卸货物由原收货人接收的,原收货人或其代理人应按照一般进口货物报关程序办理进口手续,填写进口货物报关单向进境地海关申报,并提供相关的溢卸货物证明,如属于许可证件管理商品的,应提供有关的许可证件;海关征收进口关税和进口环节税后,放行货物。

⑤境内转售:原收货人不接受溢卸货物、误卸货物,或不办理溢卸货物、误卸货物的退运手续的,运输工具负责人或其代理人可以要求在国内进行销售,由购货单位向海关办理相应

的进口手续。

2. 放弃货物

(1)含义。放弃货物又称"放弃进口货物",指进口货物的收货人或其所有人声明放弃,由海关依法提取变卖处理的货物。

(2)范围。放弃交由海关处理的货物范围如下:

①没有办结海关手续的一般进口货物。

②保税货物。

③在监管期限内的特定减免税货物。

④暂准进境货物。

⑤其他没有办结海关手续的进境货物。

国家禁止或限制进口的废物、对环境造成污染的货物不得声明放弃。

(3)处理。

①放弃进口货物,海关将依法提取变卖。

②海关依法变卖放弃进口货物所得的价款,优先拨付变卖处理实际支付的费用,再扣除运输、装卸、储存等费用,假如不足以支付运输、装卸、储存等费用的,按比例支付。

③变卖价款扣除相关费用后尚有余款的,上缴国库。

3. 超期未报关货物

(1)含义。超期未报关货物是指在规定的期限内,未办结海关手续的海关监管货物。

(2)超期未报关货物的范围。

①自运输工具申报进境之日起,超过3个月未向海关申报的进口货物。

②在海关批准的延长期满,仍未办结海关手续的溢卸货物、误卸货物。

③超过规定期限3个月未向海关办理复运出境或者其他海关手续的保税货物。

④超过规定期限3个月未向海关办理复运出境或者其他海关手续的暂准进境货物。

⑤超过规定期限3个月未运输出境的过境、转运和通运货物。

(3)处理。超期未报关进口货物由海关依法提取变卖处理。

①被决定变卖处理的货物,属于《法检目录》范围的,由海关在变卖前提请出入境检验检疫机构进行检验检疫,检验检疫费用和其他变卖处理实际支出的费用从变卖款中支付。

②变卖所得的价款,在优先支付变卖处理实际支出的费用后,按照以下顺序扣除相关费用和税款,所得价款不足以支付同一顺序的相关费用的,按照比例支付:

其一,运费、装卸、储存费用。

其二,进口关税。

其三,进口环节海关代征税。

其四,滞报金。

(4)按照规定扣除相关费用和税款后,尚有余款的,自货物依法变卖之日起1年内,经进口货物收发货人申请,予以返还。

其中被变卖货物属于许可证管理商品的,应当提交许可证件而不能提供的,不予返还;不符合进口货物收货人资格、不能证明其对进口货物享有权利的,申请不予受理。

逾期无进口货物收货人申请、申请不予受理或者不予返还的,余款上缴国库。

(5)经海关审核符合被变卖进口货物收货人资格的返还余款的申请人,应按照海关对进口货物的申报规定,补办进口申报手续。

【技能自测】

华宁集团有限公司以 CIF 上海 USD9500 元/吨从法国进口 HHM5502BN 薄膜级低压高密度聚乙烯 200 吨,列入法检范围,属自动进口许可管理,并实行"一批一证"制。进口合同还规定了数量装载的机动幅度为正负 5%。该货物于 2012 年 7 月 20 日由"汉津"轮载运进口。收货单位申报前看货取样时,发现实际到货的数量为 210 吨,且其中混有型号为 HHMTR-144 的同类商品 20 吨。该公司即与外商交涉,外商同意补偿 HHM5502BN 货物 10 吨。外商同时要求将型号为 HHMTR-144 的商品降价留在境内,但收货人未予接受。

根据上述案例,回答下列问题。

(1)该单位向海关办理货物进境申报时应当提交的单证有(　　)。

　　A.进口货物报关单　　　　　　　　B.自动进口许可证
　　C.入境货物通关单　　　　　　　　D.进口合同

解析:一般进口货物进境申报主要单证和随附单证,另外,还应提交进口许可证,只有在海关特殊要求时,才需提交进口合同。正确选项是 ABC。

(2)该单位向海关办理进口申报时,其申报数量应为(　　)。

　　A.190 吨　　　　B.200 吨　　　　C.210 吨　　　　D.220 吨

解析:合同规定了数量装载的机动幅度为正负 5%,故货物数量在 190 吨和 210 吨之间均不违约。符合合同规定的只有 190 吨,错发 20 吨,不申报进口。正确选项为 A。

(3)海关对补偿进口的货物,可按下列哪项管理规定办理(　　)。

　　A.按无代价抵偿货物,免证免税　　　B.按一般进口货物,交证缴税
　　C.按无代价抵偿货物,交证缴税　　　D.按一般进口货物,免证征税

解析:无代价抵偿货物是进出口货物海关放行后,因残损等原因,由进出口货物发货人、承运人或者保险公司免费补偿或者更换的与原货物相同或者与合同规定相符的货物,本题不涉及。后补的 10 吨,只能作为一般进口货物对待,正确的选项是 B。

(4)错发的 20 吨货物,如不退运境外,(　　)。

　　A.可放弃交海关依法处理　　　　　　B.可由承运人委托代理人在境内销售
　　C.超期未报的,海关可依法提取变卖处理　D.海关可依法予以扣留

解析:错发的 20 吨货物,可按溢卸、误卸货物来处理。对于溢卸、误卸货物,原收货人不接受或不办理退运手续的,运输工具负责人或其代理人可以要求在境内销售。若自该货物卸离运输工具之日起 3 个月内还没有申请办理进口手续,则由海关依法提取变卖处理;对于进口货物的收货人或所有人声明放弃的货物,由海关依法变卖处理。所以,正确的选项是 ABC。

(5)错发的 20 吨货物,如退运境外,(　　)。

　　A.可按一般退运货物处理　　　　　　B.可按退关货物处理
　　C.可按暂时进口货物处理　　　　　　D.可按直接退运货物处理

解析:一般退运货物是指已办理进出口手续且海关已放行的退运货物;直接退运货物是指进口手续尚未办理完毕,海关尚未放行的退运货物;退关货物是指出口货物在向海关申报出口后被海关放行,因故未能装上运输工具,发货单位请求将货物退运出海关监管区域不再

作为出口的货物;而暂时进口货物属于暂准进出境货物的一种,货物进境时有着特定的目的,需要经海关批准且要在规定的期限内复运出境的货物。所以正确的选项是 D。

背景知识

国际上保税港区的基本模式

(一)德国汉堡

2004 年,汉堡港凭借总转运量 1.15 亿吨、700 万 TEU 的吞吐量,跻身世界大港行列。汉堡自由港依托汉堡港而建立,由一条被称为"关界围墙"(长 23.5 公里,高 3 米)的金属栅栏与其他港区隔开。汉堡自由港面积约 16.2 平方公里,拥有 180 多万平方米储存区,建有 160 万平方米的集装箱中心,并设有火车站。可开展货物转船、储存、流通以及船舶建造等业务,享有以下优惠:①船只从海上进入或离自由港驶往海外无须向海关结关,航行时只要在船上挂一面"关旗",就可不受海关任何干涉;②凡进出自由港或转运货物在自由港装卸、转船和储存不受海关限制,货物进出不要求每批立即申报与查验,甚至 45 天之内转口的货物无须记录,货物储存的时间也不受限制;③货物只有从自由港输入欧盟市场时才需向海关结关,缴纳关税及其他进口税。汉堡自由港并非不允许非监管性质货物通过,只要能提供有关单证证明,海关就可给予区别管理,视同在欧盟境内另一口岸已完成进入欧盟手续,到汉堡只是为了完成物流流程。汉堡自由港对进出的船只和货物给予最大限度的自由。

(二)荷兰鹿特丹港

世界最重要的货物集散地之一。2004 年,凭借 3.52 亿吨、828 万 TEU 的吞吐量继续位居世界前列。其最大特点是储、运、销一体化,通过一些保税仓库和货物分拨配送中心进行储运和再加工,提高货物的附加值,然后通过多种运输方式将货物运往荷兰等欧洲国家。海关可提供 24 小时通关服务(周日除外)、先存储后报关、以公司账册管理及存货数据取代海关查验,企业可选择适合的通关程序,运作十分便利。

(三)比利时安特卫普港

2004 年,海运吞吐量 1.52 亿吨,606 万 TEU,为欧洲第三大集装箱港。安特卫普对整个港口实行更灵活的管理制度,注重单证管理而非实物管理。该港在邻近区域设有六种类型的保税库区,而且海关允许在一个仓库区里设立各种类型的保税仓库,物流企业操作更灵活。安特卫普港还实行临时存储(Temporary storage)的管理方式。这种海关临时存储区也可以不设在港区内,只需提前简易申报即可临时存储,而不必得到海关批准。经过海运到达的货物,可在海关指定位置保存 45 天,而以其他方式进入的货物,保存期为 20 天。同时,该港还有 Free zone 和 Free warehouse 区域,这两个区域主要服务于国际中转和转口贸易的需要,可实现货物的长期保税中转存放。

本章小结

海关监管货物包括一般进出口货物、保税货物、特定减免税货物、暂准进出境货物、过境、转运、通运货物,以及其他尚未办结海关手续的进出境货物。

1. 一般进出口货物的报关从海关的角度看,其业务流程是接受申报、查验、征税、放行;从进出口货物收发货人的角度看,其报关程序是进出口申报、配合查验、缴纳税费、提取或装运货物。其他货物依据海关给予的不同优惠政策,其报关程序不同。

2. 保税货物是经海关批准未办理纳税手续进境,在境内储存、加工、装配后复运出境的货物。有两种基本形式:保税加工和保税储存。保税加工主要涉及以成品出口为导向的进料加工和来料加工两种形式,保税储存指在海关监管下储存于指定场所并暂缓缴纳进口税的一种保税形式,等待最终进入贸易或生产环节。

3. 其他进出境货物主要包括:

(1)特定减免税进口货物是指海关根据国家政策的规定准予减免税进境,在规定的时间里,使用于特定地区、特定企业、特定用途的货物。其报关程序主要分为三个阶段:前期减免税申请、进口报关、后续申请解除监管。

(2)暂准进出口货物是指为了特定的目的暂时进境或出境,有条件暂时免纳进出口关税并豁免进出口许可证,在特定的期限内除因使用中正常的损耗外按原状复运出境或复运进境的货物。我国目前适合暂准进出口货物的范围主要有:使用ATA单证册报关的暂准进出口货物,不使用ATA单证册报关的展览品、集装箱箱体、暂时进出口货物。其报关程序主要有:进出境申报和核销结关。

(3)租赁货物的范围有两种:一种是金融租赁,另一种是经营租赁。根据《进出口关税条例》的规定,租赁进口货物的纳税义务人对租赁进口货物应当按照海关审查确定的租金作为完税价格缴纳进口完税,租金分期支付的可以选择一次性缴纳税款或者分期缴纳税款。选择一次性缴纳税款的可以按照海关审查确定的货物的价格作为完税价格,也可以按照海关审查确定的租金总额作为完税价格。所以,租赁进口货物的报关要根据纳税人对缴纳税款的完税价格的选择来决定。

(4)无代价抵偿货物是指进出口货物在海关放行后,因残损、缺少、品质不良或规格不符,由进出口货物的发货人、承运人或者保险公司免费补偿或更换的与原货物相同或者与合同规定相符的货物。无代价抵偿分为两种:一种是短少抵偿,另一种是残损、品质不良或规格不符抵偿。对两种抵偿引起的两类进出口无代价抵偿货物在报关程序上有所区别。对残损、品质不良或规格不符引起的无代价抵偿货物,进出口前应当先办理被更换的原进出口货物中残损、品质不良或规格不符货物的有关海关手续。

(5)进出境修理货物是指运进境或运出境维护修理后复运出境或复运进境的机械器具、运输工具或者其他货物以及为维护这些货物需要进口的原材料、零部件。其报关程序分为进境修理货物报关和出境修理货物报关。

(6)退运货物是指因各种原因造成原出口货物或进口货物退运进口或者退运出口的货物。退运货物分为一般退运货物和直接退运货物,其退运手续或报关程序应根据具体情况分别办理。

(7)过境货物、转运货物、通运货物,这类货物是指由境外运入我国境内,再继续运往境外的货物。其报关主要包括两个环节:进境报关手续和复出境报关手续。

(8)进出境快件是指进出境快件营运人,以向客户承诺的快速的商业运作方式,承揽、承运的进出境的货物、物品。进出境快件分为文件类、个人物品类和货物类三类,实行快件的分类报关。

习题与实训

1. 单项选择题

(1)关于海关接受申报的时间,下列表述错误的是( )。
   A. 经海关批准单独以电子数据报关单形式向海关申报的,以"海关接受申报"的信息发送给进出口货物收发货人或其代理人,或者公布以海关业务现场的时间为接受申报的时间
   B. 经海关批准单独以纸质报关单形式向海关申报的,以海关在纸质报关单上进行登记处理的时间为接受申报的时间
   C. 在先以电子数据报关单向海关申报,后以纸质报关单向海关申报的情况下,海关接受申报的时间以海关接受纸质报关单申报的时间为准
   D. 在采用电子和纸质报关单申报的一般情况下,海关接受申报的时间以海关接受电子数据报关单申报的时间为准

(2)根据《中华人民共和国海关法》的规定,进口货物的收货人向海关申报的时限是( )。
   A. 自运输工具申报进境之日起14个工作日内
   B. 自运输工具申报进境之日起14日内
   C. 自运输工具申报进境之日起半个月内
   D. 自收到运输工具通知货物到达之日起14日内

(3)对进口货物收货人或其代理人未在规定的期限内向海关申报的,由海关自到期的次日起,至报关单位向海关申办货物进口手续之日止,按日征收进口货物到岸价格( )的滞报金。
   A. 0.5%   B. 1%   C. 0.5‰   D. 1‰

(4)下列不属于基本单证的是( )。
   A. 进口提货单据   B. 进口许可证   C. 商业发票   D. 装箱单

(5)济南某企业自日本进口一批设备,5月9日(周一)运载该批设备的船舶向青岛海关申境进境,该企业于5月15日向青岛海关电子申报,海关发出"现场交单"通知。5月29日该企业提交纸质报关单和随附单证,发现海关已删除电子数据报关单,该企业于5月31日重新申报,被海关接受申报。该企业滞报天数为( )。
   A. 7天   B. 8天   C. 9天   D. 6天

(6)保证金台账制度的实施与加工贸易项目(商品)的类别及加工贸易企业的类别有密切

的联系,按照现行规定,下列哪一项情况应采用保证金台账"实转"方式运作(　　)。
　　A.金额在 10000 美元及以下的加工贸易合同,由 A 类企业或 B 类企业经营
　　B.按加工贸易企业分类标准已被评定为 A 类的企业,加工允许类商品
　　C.按加工贸易企业分类标准已被评定为 C 类的企业,加工允许类商品
　　D.A 类企业年进出口总额 3000 万美元及以上

(7)某实行海关 B 类管理的企业签订由国外客户提供 4000 美元的垫肩、拉链等进行加工贸易的合同,合同备案的手续应当是(　　)。
　　A.不设台账,申领《登记手册》　　　　B.不设台账,不申领《登记手册》
　　C.设台账,实转,申领《登记手册》　　D.设台账,空转,申领《登记手册》

(8)保税区与境外之间进出的货物,属自用的,采用(　　),填写(　　)。
　　A.备案制,进出境备案清单　　　　　B.报关制,进出口报关单
　　C.备案制,进出口报关单　　　　　　D.以上答案都不对

(9)经海关批准,未办理纳税手续进境,在境内加工、装配后复运出境的货物是(　　)。
　　A.过境货物　　　　　　　　　　　　B.暂准进出口货物
　　C.一般进出口货物　　　　　　　　　D.保税加工货物

(10)电子账册管理的保税加工报核期限,一般以(　　)为 1 个报核周期。
　　A.1 年　　　　B.180 天　　　　C.60 天　　　　D.30 天

(11)对于履行加工贸易合同产生的剩余料件、边角料、残次品、副产品等,在海关规定的下列处理方式中不需要填制报关单向海关申报的是(　　)。
　　A.销毁　　　　B.结转　　　　C.退运　　　　D.放弃

(12)对于应征税的进口货样广告品,报关时应提交的报关单是(　　)。
　　A.进出境快件 KJ1 报关单　　　　　B.进出境快件 KJ2 报关单
　　C.进出境快件 KJ3 报关单　　　　　D.个人物品报关单

(13)我国 ATA 单证册的适用范围是(　　)。
　　A.暂准进口货物　　　　　　　　　　B.暂时进口货物
　　C.展览会中供陈列或使用的货物　　　D.暂时进口集装箱

(14)特定减免税进口的机器设备和其他设备、材料的海关监管年限为(　　)。
　　A.5 年　　　　B.6 年　　　　C.8 年　　　　D.3 年

(15)经海关确认的溢卸、误卸货物,从起卸之日起(　　)内可以由原运输工具负责人或货物所有人向海关办理退运或进口手续。
　　A.半个月　　　B.1 个月　　　C.3 个月　　　D.6 个月

(16)无代价抵偿进口货物进口时,必须填写进口报关单,提供原进口报关单、税款缴纳证,海关认为需要时,还应提交(　　)的检验证明文件。
　　A.海关　　　B.进口单位　　　C.使用单位　　　D.国家进出口商检机构

(17)享受特定减免税优惠进口的钢材,必须按照规定用途使用,未经海关批准不得擅自出售、转让、移作他用。按照现行规定,海关对其监管年限为(　　)。
　　A.3 年　　　　B.5 年　　　　C.6 年　　　　D.8 年

(18)下列货物或物品不适用暂准进出口通关制度的是(　　)。

A. 外国艺术团来华进行文艺演出而暂时运进的器材、道具、服装等
B. 承装一般进出口货物进境的外国集装箱
C. 在展览会中展示用的进口货物物品
D. 进口待转口输出的转口贸易货物

(19) 申请出口货物退关的,应当在退关之日起(　　)内向海关申请。
A. 24小时　　　　B. 3天　　　　C. 1周　　　　D. 3个月

(20) 对进口误卸、溢卸、放弃或超期未报的货物,海关均可依法变卖处理,但前提条件各不一样。下列表述中错误的是(　　)。
A. 误卸、溢卸货物经海关审定确实,当事人又未在规定的期限内向海关申报办理进口或退运手续的,由海关变卖处理
B. 因可能对环境造成污染,收货人申明放弃的货物由海关变卖处理
C. 进口货物自运输工具申报进境之日起超过3个月未向海关申报,即为超期未报货物,由海关变卖处理
D. 保税货物超过规定的期限3个月未向海关申请办理复运出境或其他海关手续的,由海关依法变卖处理

2. 多项选择题

(1) 关于申报期限,以下表述正确的是(　　)。
A. 进口货物的申报期限为自装载货物的运输工具进境之日起14日内
B. 出口货物的申报期限为货物运抵海关监管区后、装货的24小时前
C. 经海关批准集中申报的进口货物,自装载货物的运输工具申报进境之日起1个月内办理申报手续
D. 经电缆、管道或其他特殊方式进出境的货物,进出口货物收发货人或其代理人应当按照海关的规定定期申报

(2) 海关可以对已查验货物进行复验,以下属于海关可以复验的情形是(　　)。
A. 经初次查验未能查明货物的真实性,需要对已查验货物的某些性状做进一步确认的
B. 货物涉嫌走私违规,需要重新查验的
C. 进出口货物收发货人对海关查验结论有异议,提出复验要求并经海关同意的
D. 海关查验后,检验检疫部门提出复验要求的

(3) 经海关批准可以存入保税仓库的货物有(　　)。
A. 加工贸易进口货物
B. 转口货物
C. 供应国际航行的船舶航空器的油料、物料和维修用零部件
D. 外商进境暂存物品

(4) 某加工企业与外商签订了一份关于印刷品的来料加工合同,该厂报关员到海关办理该批合同的备案手续时,下列属于应当向海关提交的单证资料的是(　　)。
A. "加工贸易业务批准证"和"加工贸易企业经营状况和生产能力证明"
B. 加工合同备案申请表及企业加工合同备案呈报表
C. 新闻出版总局印刷复制司的批准文件
D. 为确定单耗和损耗率所需的有关资料

(5)加工贸易企业进行备案时,需要提供许可证的商品有(   )。
　　A. 易制毒化学品　　　　　　　　B. 监控化学品
　　C. 冻的鸡翅尖、鸡爪、鸡肝　　　　D. 消耗臭氧层物质

(6)保证金台账制度的实施与加工贸易项目(商品)的类别及加工贸易企业的类别有密切的联系,按照现行规定,下列哪一项情况应采用保证金台账"不转"方式运作(   )。
　　A. 由境外厂商提供辅料,金额在10000美元及以下的加工贸易合同,由A类企业或B类企业经营
　　B. 按加工贸易企业分类标准已被评定为A类的企业,加工限制类商品
　　C. 按加工贸易企业分类标准已被评定为C类的企业,加工允许类商品
　　D. A类企业中从事飞机、船舶等特殊行业加工贸易的企业经营的加工贸易项目

(7)从保税物流园区"区外"运入保税物流园区,供区内行政机构及其经营主体和园区企业使用的(   )海关不予签发"出口货物报关单"证明联。
　　A. 生活消费品　　　　　　　　　B. 交通运输工具
　　C. 办公用品　　　　　　　　　　D. 国产基建物资、机器、装卸设备

(8)关于保税区,下列说法正确的是(   )。
　　A. 保税区内企业开展加工贸易,不实行"银行保证金台账"制度
　　B. 从非保税区进入保税区的货物,按照出口货物办理手续
　　C. 设备进出保税区,不管是施工还是投资设备,进出区均需向保税区海关备案
　　D. 设备进入保税区,不填写报关单,不缴纳出口税,海关不签发"出口货物报关单"退税证明联

(9)货物类进出境快件应按快件的种类不同填写相应的报关单,下列表述正确的是(   )。
　　A. 文件类填写《中华人民共和国进出境快件KJI报关单》、总运单(副本)等单证报关
　　B. 对应征税的货样、广告品(法律、行政法规规定需要许可证件的和进口付汇的除外),填写《中华人民共和国进出境快件KJ3报关单》、每一进境快件的分运单、发票和海关需要的其他单证报关
　　C. 对关税税额在50元以下的货物和货样、广告品,填写《中华人民共和国进出境快件KJ2报关单》、每一进境快件的分运单、发票和海关需要的其他单证报关
　　D. 其他货物类进境快件,一律按进口货物的报关程序报关

(10)关于无代价抵偿货物的税、证管理规定,下列表述正确的是(   )。
　　A. 抵偿货物进口申报时,除进口货物报关单外,应随附原进口货物报关单、税款缴纳证、商检证书或索赔协议书
　　B. 对于车辆、家电等无代价抵偿货物,进口时免税,但其留在国内的原货应视其残损程度估价征税
　　C. 对外商同意因残损而削价并补偿进口的同品名、同规格货物,如价格未超过削价金额的,可免税
　　D. 如果属于国家限制进口的商品,与原货名、数量、价值、贸易方式一样,无论原货是否已退运境外,均可免予另办许可证件

3. 判断题(对的打"√",错的打"×")

(1)办理进出口货物的海关申报手续,报关人可先通过电子数据报关单申报,后提交纸质报关单申报,两种形式均属法定申报,具有同等法律效力。（　）

(2)国家规定开展加工贸易业务应当由经营企业到经营企业所在地直属海关办理加工贸易合同备案手续。（　）

(3)加工贸易合同项下海关不予备案的料件及试车材料,全额保税。（　）

(4)加工贸易企业因自己自身生产工序限制,需将加工过程中的某道工序委托其他加工企业(承揽企业)进行加工后,按期运回本企业并最终出口的行为,叫跨关区异地加工贸易。（　）

(5)某中外合资企业被海关核定为D类企业,根据《中华人民共和国海关对企业实施分类管理办法》规定,该企业半年后可以开展加工贸易业务。（　）

(6)纳税暂缓是海关对保税加工货物监管的特征之一。（　）

(7)我国A企业与法国外商签订进口进料加工合同,加工成成品后复运出口。由于国外市场不看好,A企业可自行将该批成品全部转内销。（　）

(8)经海关批准暂时进口或者暂时出口的货物,应当在6个月内复运出境或者复运进境。只有在特殊情况下,经海关同意,才可以延期。（　）

(9)个人物品类进出境快件营运人需填写《中华人民共和国个人物品报关单》,每一进出境快件的分运单、进境快件收件人和出境快件发件人身份证影印件和其他海关需要的单证报关。（　）

(10)根据有关规定,过境、转运和通运货物,运输工具负责人应向进境地海关如实申报,并应在规定的期限内运输出境,且不得在境内加工、改换包装。（　）

4. 综合实训题

请在下列两个案例各问题答案的选项中,选出一个或一个以上正确答案。

(1)深圳华富进出口公司(440393xxxx,该企业1年内出现两次违规行为)从境外购进一批黄铜,料件进口前,该企业已向海关办妥加工贸易合同登记备案手续。料件进口后委托广东佛山佳盛电子厂(440636xxxx,加工贸易B类管理企业)加工生产出口锌片。该加工合同履行期间,部分原料未能及时到货,为确保履行成品出口合同,华富公司报经主管海关核准,用我国国内市场购买的国产料件进行串换。合同执行完毕,尚有剩余料件。根据上述案例,解答下列问题：

①本案例涉及的委托加工在海关管理中称为（　　）。
　A. 跨关区外发加工　　　　　　　B. 跨关区异地加工
　C. 跨关区深加工结转　　　　　　D. 跨关区联合加工

②料件进口时,进口料件的保税额度是（　　）。
　A. 85%　　　B. 95%　　　C. 50%　　　D. 100%

③该批料件进口时,报关单的"境内目的地"栏目应填（　　）。
　A. 深圳华富进出口公司　　　　　B. 广东佛山佳盛电子厂
　C. 广东佛山高新技术产业开发区　D. 广东佛山其他

④本案例涉及的加工贸易合同备案手续应由（　　）。
　A. 华富公司到佳盛公司所在地主管海关申请办理

B. 华富公司在所在地主管海关申请办理

C. 佳盛公司在所在地主管海关申请办理

D. 佳盛公司到华富公司所在地主管海关申请办理

⑤在办理合同备案手续时,填制《异地加工贸易申请表》,并提供(   )。

　A. 华富公司所在地商务主管部门出具的《加工贸易业务批准证》和《加工贸易加工企业生产能力证明》

　B. 佳盛公司所在地商务主管部门出具的《加工贸易业务批准证》和《加工贸易加工企业生产能力证明》

　C. 华富公司所在地商务主管部门出具的《加工贸易业务批准证》和佳盛公司所在地商务主管部门出具的《加工贸易加工企业生产能力证明》

　D. 佳盛公司所在地商务主管部门出具的《加工贸易业务批准证》和华富公司所在地商务主管部门出具的《加工贸易加工企业生产能力证明》

⑥该加工贸易合同备案时,其银行保证金台账应按下列规定办理(   )。

　A. 不转/免册　　　B. 空转/领册　　　C. 半实转/领册　　　D. 实转/领册

⑦该加工贸易合同执行期间所发生的料件串换及处置,应符合下列规定(   )。

　A. 串换的料件必须是同品种、同规格、同数量

　B. 串换的料件关税税率为零

　C. 串换的料件不涉及进出口许可证件管理

　D. 串换下来的同等数量料件,由企业自行处置

⑧该项加工合同内剩余料件,企业可以处理的方式有(   )。

　A. 内销、结转　　　　　　　　　　B. 退运

　C. 放弃,交由海关处理　　　　　　D. 自行销毁

⑨如果该项加工合同内剩余料件进行结转的,下列说法正确的是(   )。

　A. 应在同一经营单位、同一加工工厂的情况下结转

　B. 应在同样的进口料件和同一加工贸易方式的情况下结转

　C. 应向海关提供申请结转的书面申请、剩余料件清单等单证和材料

　D. 应办理正式进口报关手续,缴纳进口税和缓税利息

⑩如果该项加工合同内剩余料件进行内销的,下列说法正确的是(   )。

　A. 剩余料件内销时,应交付缓税利息

　B. 剩余料件内销时,免交付缓税利息

　C. 关于征税的数量,剩余料件的数量,按申报数量计征进口税

　D. 剩余的料件内销时,以料件申报内销时进口成交价格为基础审查确定完税价格

(2)大连新世纪进出口有限公司(A类管理企业)向大连机场海关申报进口已鞣未缝制500张羊皮(单价为18美元/张),以履行羊皮大衣的出口合同。货物进口后,交由南京伟达服饰有限公司(B类管理企业)加工。合同执行期间,因加工企业生产规模有限,经与境外订货商协商后更改出口合同,故羊皮耗用数量减为300张。经批准,剩余的200张羊皮中的185张结转至另一加工贸易合同项下;15张售予沈阳华亿服装有限公司(C类管理企业)用以生产内销产品。(外汇牌价:1美元=8元人民币)

　①该批货物进口后,交由南京伟达服饰有限公司加工,在海关管理中,称为(   )。

A. 跨关区异地加工　　　　　　　　B. 跨关区深加工结转
C. 跨关区委托加工　　　　　　　　D. 跨关区外发加工

②根据加工贸易银行保证金台账制度的规定,500张进口羊皮应(　　)。
A. 不转;领登记手册　　　　　　　B. 不转;免领登记手册
C. 半实转;领登记手册　　　　　　D. 空转;领登记手册

③185张羊皮结转至另一加工贸易合同项下,须符合下列规定(　　)。
A. 必须由同一经营单位经营　　　　B. 必须由同一加工企业加工
C. 必须是同一贸易方式　　　　　　D. 必须生产同一产品

④15张羊皮转为内销,须符合下列规定(　　)。
A. 应经对外贸易主管部门批准
B. 如属进口许可证件管理的,应按规定向海关补交进口许可证件
C. 除应缴纳进口税外,还须交付缓税利息
D. 应由国内购买单位办理内销料件的正式进口手续

⑤在加工过程中产生的边角料,下列说法正确的是(　　)。
A. 交由海关处理的,应当提交书面申请
B. 内销,以内销价格作为完税价格
C. 内销的税率适用向海关申报内销手续时实施的税率
D. 内销时,除应征税款外,还应加征缓税利息

答案与解析

1. 单项选择题

(1)【答案】C

【解析】在采用电子和纸质报关单申报的一般情况下,海关接受申报的时间是以海关接受电子数据报关单申报的时间为准,而不是以接受纸质报关单申报的时间为准。选项C不符合规定,是错误的。

(2)【答案】B

【解析】进口货物的申报期限为自装载货物的运输工具申报进境之日起14日内。最后一天是法定假日或休息日的,顺延至法定节假日或休息日后的第一个工作日。

(3)【答案】C

【解析】滞报金的日征收金额为进口货物完税价格的0.5‰,以人民币"元"为计征单位,不足人民币1元的部分免征。

(4)【答案】B

【解析】基本单证包括进口提货单据、出口装货单、出口收汇核销单、商业发票及装箱单等。选项B不是基本单证,而是特殊单证。

(5)【答案】B

【解析】海关审核电子数据报关单后,进出口货物收发货人或其代理人应当自接到海关"现场交单"或"放行交单"信息之日起10日内,持打印的纸质报关单,备齐规定的随附单证并签名盖章,到货物所在地海关提交书面单证,办理相关海关手续。未在规定期限或核准的期限内递交纸质报关的,海关删除电子数据报关单,报关企业应当重新申报。若由此产生滞报的,滞报金的征收,以自运输工具申报进境之日起第

15日为起始日,以海关接受重新申报之日为截止日。本题滞报金的征收起始日为5月9日,截止日为以海关接受重新申报之日5月31日,则企业滞报天数为8天。

(6)【答案】C

【解析】见本章银行保证金台账分类管理表。

(7)【答案】B

【解析】5000美元及以下的78种列名服装辅料无须设台账申请手册。

(8)【答案】A

【解析】见本章保税区进出货物报关规范表。

(9)【答案】D

【解析】保税加工货物定义。

(10)【答案】B

【解析】见保税加工货物监管期限表。

(11)【答案】A

【解析】对于履行加工贸易合同中产生的上述剩余料件、边角料、残次品、副产品、受灾保税货物,企业必须在手册有效期内处理完毕。处理的方式有内销、结转、退运、放弃、销毁等。除销毁处理外,其他处理方式都必须填制报关单报关。

(12)【答案】C

【解析】进境的货物类快件报关时,营运人应当按下列情形分别向海关提交申报单证:对关税税额在人民币50元以下的货物和海关规定准予免税的货样、广告品,应提交《中华人民共和国海关进出境快件KJ2报关单》、每一进境快件的分运单、发票和海关需要的其他单证。对应予以征税的货样、广告品(法律、行政法规规定实行许可证件管理的、需进口付汇的除外),应提交《中华人民共和国海关进出境快件KJ3报关单》、每一进境快件的分运单、发票和海关需要的其他单证。

(13)【答案】C

【解析】在我国使用ATA单证册的范围仅限于展览会、交易会、会议及类似活动项下的货物。除此之外的货物,我国海关不接受持ATA单证册办理进出口申报手续。四个选项唯有C项目正确。

(14)【答案】A

【解析】特定减免税进口货物的海关监管期限按照货物的种类不同,分为以下几种:船舶、飞机,海关监管年限是8年;机动车辆,海关监管年限是6年;其他货物,海关监管年限是5年。

(15)【答案】C

【解析】经海关核实的溢卸货物和误卸货物,由载运该货物的原运输工具负责人,自运输工具卸货之日3个月内,向海关申请办理退运出境手续;或者由该货物的收发货人,自运输工具卸货之日3个月内,向海关申请办理退运或者申报进口手续。

(16)【答案】D

【解析】海关认为需要时,纳税义务人还应当提交具有资质的商品检验机构出具的原进口货物的残损、短少、品质不良或者规格不符的检验证明书或者其他有关证明文件。

(17)【答案】B

【解析】特定减免税进口货物的海关监管期限按照货物的种类不同,分为以下几种:船舶、飞机,海关监管年限是8年;机动车辆,海关监管年限是6年;其他货物,海关监管年限是5年。享受特定减免税优惠进口的钢材海关对其监管年限为5年。

(18)【答案】D

【解析】暂准进出境货物的范围如下:①在展览会、交易会、会议及类似活动中展示或者使用的货物;②文化、体育交流活动中使用的表演、比赛用品;③进行新闻报道或者摄制电影、电视节目使用的仪器、设备及用品;④开展科研、教学、医疗活动使用的仪器、设备及用品;⑤上述四项所列活动中使用的交通工具及特种车辆;⑥暂时进出境的货样及盛装货物的容器;⑦供安装、调试、检测设备时使用的仪器、工具;⑧旅游用自驾交通工具及其用品;⑨慈善活动和工程施工中使用的仪器、设备及用品;⑩海关批准的其他暂准进出境货物。D项不适用暂准进出口通关制度。

(19)【答案】B

【解析】出口货物的发货人及其代理人应当在得知出口货物未装上运输工具,并决定不再出口之日起3天内,向海关申请退关。

(20)【答案】B

【解析】溢卸、误卸货物属于危险品或者鲜活、易腐、易烂、易失效、易变质、易贬值等不宜长期保存的货物的,海关可以根据实际情况,依法提前提取变卖处理,变卖所得价款按有关规定做出相应处理。可能对环境造成污染的货物,海关可以根据实际情况,依法提前提取变卖处理,而不是等到收货人申明放弃后。B项目表述错误。

2. 多项选择题

(1)【答案】BD

【解析】进口货物的申报期限为自装载货物的运输工具申报进境之日起14日内;出口货物的申报期限为货物运抵海关监管区后、装货的24小时前;以集中申报通关方式办理海关手续的收发货人,应当在载运进口货物的运输工具申报进境之日起14日内,出口货物在运抵海关监管区后、装货的24小时前,向海关申报。如果收货人在运输工具申报进境之日起14日后才向海关申报进口的,就只能以正常报关单的形式向海关申报。经电缆、管道或其他特殊方式进出境的货物,进出口货物收发货人或其代理人按照海关规定定期申报。

本题答案为BD。

(2)【答案】ABC

【解析】海关复验的情形:①经初次查验未能查明货物的真实属性,需要对已查验货物的某些性状作进步确认的;②货物涉嫌走私违规,需要重新查验的;③进出口货物收发货人对海关查验结论有异议,提出复验要求并经过海关同意的;④其他海关认为必要的情形。检验检疫部门提出复验要求并不是海关查验和复验的范围,所以D项排除。ABC三项陈述正确。

(3)【答案】ABCD

【解析】经海关批准可以存入保税仓库的进境货物有:(1)加工贸易进口货物;(2)转口货物;(3)供应国际航行船舶和航空器的油料、物料和维修用零部件;(4)供维修外国产品所进口寄售的零配件;(5)外商进境暂存货物;(6)未办结海关手续的一般贸易进口货物;(7)经海关批准的其他未办结海关手续的进境货物。

(4)【答案】ABCD

【解析】加工贸易备案单证包括:商务主管部门按照权限签发的"加工贸易业务批准证"和"加工贸易企业经营状况和生产能力证明";加工贸易合同或合同副本;"加工合同备案申请表"及"企业加工合同备案呈报表";属于加工贸易国家管制商品的,需交验主管部门的许可证件或许可证件复印件;为确定单耗和损耗率所需的有关资料;其他备案所需要的单证。进出口音像制品、印刷品、地图产品及附有地图的产品,进口工业再生废料等,在备案时需要提供有关主管部门签发的许可证件或批准文件。

(5)【答案】ABD

【解析】进出口消耗臭氧层物质、易制毒化学品、监控化学品,在备案时需要提供进出口许可证或两用物项进出口许可证复印件。

(6)【答案】AD

【解析】见银行保证金台账分类管理表。

(7)【答案】ABC

【解析】见"保税物流园区与境内区外之间进出货物报关"。

(8)【答案】ABCD

【解析】见保税区进出货物报关规范。

(9)【答案】ABCD

【解析】不同的进出境快件申报时需要提供不同的单证：①文件类进出境快件报关时，运营人应当向海关提交《中华人民共和国海关进出境快件 KJ1 报关单》、总运单副本和海关需要的其他单证；对应予以征税的货样、广告品（法律、行政法规规定实行许可证件管理的、需进口付汇的除外），应提交《中华人民共和国海关进出境快件 KJ3 报关单》、每一进境快件的分运单、发票和海关需要的其他单证；对关税税额在人民币 50 元以下的货物和海关规定准予免税的货样、广告品，应提交《中华人民共和国海关进出境快件 KJ2 报关单》、每一进境快件的分运单、发票和海关需要的其他单证；其他进境的货物类快件，一律按进口货物相应的报关程序提交申报单证。

(10)【答案】ABC

【解析】ABC 三个选项均表述正确，D 项不属于无代价抵偿货物的税、证管理规定。

3. 判断题（对的打"√"，错的打"×"）

(1)【答案】√

【解析】办理进出口货物的海关申报手续，进出口货物收发货人或其代理人先电子数据报关单申报，后提交纸质报关单申报，两种形式均属法定申报，具有同等法律效力。

(2)【答案】×

【解析】加工贸易合同备案是指加工贸易经营企业持合法的加工贸易合同，到主管海关备案，申请保税并领取《加工贸易登记手册》或其他准予备案凭证的行为。

(3)【答案】×

【解析】加工贸易合同项下海关准予备案的料件，全额保税；海关不予备案的料件，以及试车材料、未列名消耗性物料等，不予保税，进口时按一般进口货物照章征税。

(4)【答案】×

【解析】加工贸易企业因受自身生产工序限制，经海关批准并办理有关手续，委托承揽企业对加工贸易出口产品生产环节中的个别工序进行加工，在规定期限内将加工后的产品运回本企业并最终复出口的行为是外发加工。

(5)【答案】×

【解析】D 类企业不允许开展加工贸易，直到升为 C 类企业。

(6)【答案】√

【解析】纳税暂缓是海关对保税加工货物监管的特征之一。

(7)【答案】×

【解析】必须经海关批准方可转为内销。

(8)【答案】√

【解析】使用 ATA 单证册报关的货物暂准进出境期限为自货物进出境之日起 6 个月。超过 6 个月的，ATA 单证册持证人可以向海关申请延期。延期最多不超过 3 次，每次延长期限不超过 6 个月。延长期届满应当复运出境、进境或者办理进出口手续。

(9)【答案】√

【解析】个人物品类进出境快件报关时，运营人应当向海关提交《中华人民共和国海关进出境快件个人物品报关单》，每一进出境快件的分运单、进境快件收件人或出境快件发件人身份证影印件和海关需要的其他单证。

(10)【答案】√

【解析】过境、转运和通运货物，运输工具负责人应向进境地海关如实申报，并应在规定的期限内运输出境，且不得在境内加工、改换包装。

4. 综合实训题

(1)①【答案】B

【解析】两企业编码表明二者不在同一关区,且按照"资料卡跨关区异地加工、加工贸易外发加工和深加工结转的区别"来看,应选 B。

②【答案】D

【解析】加工贸易合同项下海关准予备案的料件,全额保税。

③【答案】C

【解析】境内目的地为货物最终到达和消费使用的地点。

④【答案】A

【解析】开展异地加工贸易应在加工企业所在地设立台账,由加工贸易经营企业向加工企业所在地主管海关办理合同备案手续。

⑤【答案】C

【解析】加工经营企业在所在地商务主管部门申请《加工贸易业务批准证》,加工企业在其所在地商务主管部门申请《加工贸易加工企业生产能力证明》。

⑥【答案】D

【解析】华富公司属 C 类企业,应按实转运作台账制度。

⑦【答案】ABCD

【解析】保税料件和国产料件之间的串换,必须符合同品种、同数量、关税税率为零的条件,且商品不涉及许可证管理。保税进口料件和征税进口料件之间以及保税进口料件和国产料件之间发生串换,串换下来的同等数量的保税进口料件,由企业自行处置。

⑧【答案】ABC

【解析】加工贸易中产生的剩余料件、边角料、残次品、副产品、受灾保税货物,企业必须在手册有效期内处理完毕。处理的方式有内销、结转、退运、放弃、销毁等。销毁处理要报海关批准。

⑨【答案】ABC

【解析】加工合同内剩余料件进行结转,应在同一经营单位、同一加工工厂的情况下结转,同样的进口料件和同一加工贸易方式的情况下结转,应向海关提供申请结转的书面申请、剩余料件清单等单证和材料。

⑩【答案】AC

【解析】见内销征税规定。

(2)①【答案】A

【解析】两企业不在同一关区,且按照资料卡"跨关区异地加工、加工贸易外发加工和深加工结转的区别"来看,应选 A。

②【答案】A

【解析】位于东部地区的 A 类企业加工允许类产品,纸质手册下,实行银行台账制度的不转。

③【答案】ABC

【解析】加工合同内剩余料件进行结转,应在同一经营单位、同一加工工厂、同样的进口料件和同一加工贸易方式的情况下结转。

④【答案】C

【解析】一般情况下,剩余料件转内销应经对外贸易主管部门批准;如属进口许可证件管理的,应按规定向海关补交进口许可证件。但是要注意看后面的特殊情况:如申请内销的剩余料件,如果金额占该加工贸易合同项下实际进口料件总额 3% 及以下且总值在人民币 1 万元以下(含 1 万元),免予审批,免交许可证。本题内销 15 张羊皮,每张羊皮的单价为 18 美元,因此申请内销的金额为 15×18=270 美元(合人民币 2160 元)。本题中,申请内销的剩余金额占该加工贸易合同项下实际进口料件总额的 3%(270/9000=

3%)。因此属于申请内销的剩余料件,金额占该加工贸易合同项下实际进口料件总额3%及以下且总值在人民币1万元以下(含1万元)的情形,因此免审批,免交许可证。因此A、B不正确。D不正确,内销料件的正式进口手续,应由加工贸易经营企业办理。

⑤【答案】AB

【解析】C错,适用海关接受申报办理纳税手续之日实施的税率。D错,边角料不加征缓税利息。

第9章 电子报关与电子通关系统

教学目标

通过本章学习,重点掌握电子口岸概念,电子口岸通关系统等相关知识点;要熟悉QP报关单录入系统的基本功能;掌握QP系统的实际操作技术;掌握深加工结转系统的操作;了解减免税与出口退税系统以及进出口收付汇系统的网上操作过程。

教学要求

知识要点	能力要求	相关知识
电子口岸与报关申报系统	(1)掌握电子口岸的操作界面 (2)能按照QP系统操作要求,实施报关单电子数据的预录入、系统发送、结果查询等操作	(1)电子口岸的相关介绍 (2)QP系统申报
深加工结转系统	(1)能准确判断深加工结转的具体形式 (2)掌握深加工结转的具体案例业务操作	深加工结转系统的报关流程
减免税与出口退税系统	(1)掌握减免税系统的具体操作 (2)熟悉出口退税系统的具体网上操作	(1)减免税申请界面操作 (2)出口退税流程
进出口收付汇系统	(1)掌握进口付汇系统的操作 (2)掌握出口收汇系统的操作	进口付汇系统和出口收汇系统的介绍

案例导入

深圳皇岗口岸改造——深港通关能力提高五倍

皇岗口岸是亚洲目前最大的陆路口岸,也是深港两地的重要交通枢纽。皇岗口岸原设计通关量为每日1万人次,至2019年增为5万人次。而随着深港两地的发展和日趋融合,实际通关量大大超过原设计通关量,特别是皇岗口岸于2004年1月27日实行24小时通关后,过境客流量逐月攀升,2004年平均日通关客流量达

11万到12万人次,最高时达17.5万人次,超过皇岗口岸原设计通关量两倍之多,而人力不足、场地有限、设备陈旧等问题一直困扰着这个亚洲最大的陆路口岸。

为做到既加快口岸通关速度又有效对出入境车辆实施监管,皇岗出入境检验检疫局提出了利用高科技手段建立口岸管理部门"电子闸口"的设想。该项目于2008年6月委托有关科技公司付诸实施,2008年11月,深圳皇岗口岸管理部门"电子闸口"开始试运行。

原来货物到达口岸后需要经过报检、录入、打印报检单、检务部门审单、计收费、施检部门审单、查验、检务部门在监管本上盖章、打印通关单等9个作业环节,现在大部分都可通过系统提前完成,货到口岸后只需经现场查验、发送解控指令2个环节,全过程仅需20分钟,货物通关时间缩短了2/3,通关效率提高了2倍。同时,由于实现了车辆的自动申报,无须填写口岸管理部门监管本,也不用每次排队换本、填本,仅此项,皇岗口岸每年可为企业减负400多万元,节省企业时间6万多个工作日。此外,该系统在陆路口岸实现了关检业务数据交换、信息共享,提高了口岸整体监管水平。

9.1 电子口岸简介

9.1.1 电子报关概述

1. 电子口岸简介

电子口岸是中国电子口岸执法系统的简称。该系统运用现代信息技术,借助国家电信公网,将各类进出口业务电子底账数据集中存放到公共数据中心,国家职能管理部门可以进行跨部门、跨行业的联网数据核查,企业可以在网上办理各种进出口业务。

目前,电子口岸有中国电子口岸和各个地方的电子口岸,中国电子口岸是国家进出口统一信息平台,是国务院有关部委将分别掌管的进出口业务信息流、资金流、货物流电子底账数据集中存放的口岸公共数据中心,为各行政管理部门提供跨部门、跨行业的行政执法数据联网核查,并为企业提供与行政管理部门及中介服务机构联网办理进出口业务的门户网站。目前,中国电子口岸已经与海关、国检、国税、外管等执法部门联网,提供了海关报关、加工贸易、外汇核销单、出口退税等业务功能。中国电子口岸主要开发全国统一的执法功能和网上备案、数据报送企业办事业务。现在各个地方都在建设各自的电子口岸。

2. 电子报关含义

电子报关指进出口货物收发货人或其代理人通过计算机系统,按照《中华人民共和国海关进出口货物报关单填制规范》的有关要求,向海关传送报关单电子数据,并备齐随附单证的申报方式。

《海关法》规定:"办理进出口货物的海关申报手续,应当采用纸质报关单和电子数据报关单的形式。"这一规定确立了电子报关的法律地位,使电子数据报关单和纸质报关单具有同等的法律效力。

一般情况下,进出口货物收发货人或其代理人应当采用纸质报关单形式和电子数据报关单形式向海关申报,即进出口货物收发货人或其代理人先向海关计算机系统发送电子数据报关单,接收到海关计算机系统发送的表示接受申报的信息后,凭以打印向海关提交的纸质报关单,并准备必需的随附单证。

特殊情况下经海关同意,允许先采用纸质报关单形式申报,电子数据事后补报。在向未使用海关信息化管理系统作业的海关申报时,可以采用纸质报关单申报形式。在特定条件下,进出口货物收发货人或其代理人可以单独使用电子数据报关单向海关申报,保存纸质报关单证。

9.1.2 电子通关系统

1. 中国电子口岸系统

(1)含义。中国电子口岸系统又称"口岸电子执法系统",简称"电子口岸",是利用现代计算机信息技术,将与进出口贸易管理有关的政府机关分别管理的进出口业务信息电子底账数据集中存放在公共数据中心,为管理部门提供跨部门、跨行业联网数据核查,并向企业提供应用互联网办理报关、结付汇核销、出口退税、网上支付等实时在线服务。

电子口岸系统和 H2000 通关系统连接起来,构成了覆盖全国的进出口贸易服务和管理的信息网络系统。进出口企业在其办公室就可以上网向海关及国家其他有关管理机关办理与进出口贸易有关的各种手续;与进出口贸易有关的海关及国家其他有关管理机关也能在网上对进出口贸易进行有效管理。

(2)功能。

①数据交换。通过中国电子口岸平台,政府与政府部门、政府部门与企业之间可实现数据交换和共享。数据交换对象包括国家行政管理机关、社会团体、事业单位、国内外企业、驻华使领馆、个体工商户等;连接方法有 PSTN、ISDN、ADSL、DDN、FR、ATM 等有线接入方式或 GPRS、CDMA 等无线接入方式;交换格式包括 EDFACT、XML、HTML、WML、SWIFT 等。

②事务处理。中国电子口岸可为政府部门和企业办理核销单审批、加工贸易合同审批、减免税审批、报关单申报、进出口许可证件和外汇核销单申领、结付汇核销、保税区台账申请、ATA 单证申请等提供实时在线服务。

③身份认证。电子政务网上操作时谁也见不到谁,不仅要解决安全问题,而且要解决信任问题,否则一旦发生法律纠纷,将难以判定法律责任。中国电子口岸入网用户都要经过工商、税务、质检、外贸、海关、外汇等 6 个部门严格的入网资格审查,才能取得入网 IC 卡开展网上业务,这有效地解决了网上业务信任关系和法律责任问题。身份认证包括对工商、税务、海关、外汇、外贸、技术监督局等政府部门的身份认证,对进出口企业、加工贸易企业、外贸工业服务企业、外贸附属企业的身份认证和对个体工商户的身份认证。

④存证举证。根据国家行政管理机关的授权以及中国电子口岸数据中心与各用户单位之间签订的协议,中国电子口岸数据中心针对部分联网应用项目承担存证举证的责任,电子

数据存证期为 20 年。

2. 电子口岸 IC 卡

(1) 电子口岸 IC 卡概述。中国电子口岸的企业 IC 卡指需使用中国电子口岸的企业及其人员,通过备案申请取得的存储有用户信息的 CPU 智能卡。

企业 IC 卡是企业在网上使用的身份证和印章,其内部存有企业用户的密钥和证书,可进行身份认证及数字签名,是企业办理网上业务时明确法律责任、保护企业合法权益的重要工具,必须妥善保存和管理。企业 IC 卡又可分为企业法人卡和企业操作员卡两种。

企业法人卡又称"公章卡",指在中国电子口岸中唯一代表企业身份的 IC 卡。企业法人卡由企业的法定代表人或其指定的人员持有,企业可以为本企业人员申领操作员卡,并对本企业的操作员卡进行停用、注销等管理,并可以法人名义对本企业的电子文件进行数字签名。

企业操作员卡用于企业内部人员身份认证,其持有者经法人卡申请和主管部门批准后,可在中国电子口岸进行具体业务操作,并对填写、修改的电子文件进行个人名义的数字签名。经法人卡授权登记,操作员卡也可代表企业对授权范围内的电子文件进行数字签名。

(2) 企业办理中国电子口岸入网流程。开展中国电子口岸业务的企业一般分为以下四类:进出口企业、外贸中介服务企业、加工贸易企业、外贸货主单位。进出口企业指具有进出口经营权、从事进出口业务的境内法人;外贸中介服务企业包括专业报关企业、代理报关企业以及经营进出境快件、邮政快递等相关业务的企业;加工贸易企业指从境外保税进口全部或部分原辅材料、零部件、元器件、包装物料,经境内企业加工或装配后将制成品复出口的单位;外贸货主单位指进口货物在境内的最终消费、使用单位或出口货物在境内的生产、销售单位。

各类企业除在"企业办理中国电子口岸入网流程"环节提供的资格审查文件和业务部门审批有差异外,开展中国电子口岸业务的前期准备工作和注意事项基本相同。详细步骤如下:

①企业提出入网申请。企业到所在地的数据分中心或制卡代理点,领取并如实填写"中国电子口岸企业情况登记表"和"中国电子口岸企业 IC 卡登记表",由企业法人签字并加盖公章。

②企业信息备案。企业到所在地的数据分中心或制卡代理点进行企业信息备案工作,其中,进出口企业、外贸中介服务企业需携带:"企业法人营业执照"或"企业营业执照";"税务登记证"或"外商投资企业税务登记证";"中华人民共和国组织机构代码证",包括电子副本 IC 卡;"报关单位登记注册证明";企业负责人签字并加盖公章的"中国电子口岸企业情况登记表"和"中国电子口岸企业 IC 卡登记表";企业如需办理外经贸或外汇管理等部门业务,还需分别提供"中华人民共和国进出口企业资格证书"或"中华人民共和国外商投资企业批准证书"或"对外贸易经营者备案登记表"、"外汇核销资格证明"等文件资料。

③企业入网资格审批。企业持"中国电子口岸企业入网资格审查记录表",并分别携带"中华人民共和国组织机构代码证"、"企业法人营业执照"或"企业营业执照"、"税务登记证"或"外商投资企业税务登记证"到所在地技术监督局、工商局、税务部门接受企业入网资格

审批。

④制作企业法人卡和操作员卡。企业持经所在地技术监督局、工商局、税务局审批的"中国电子口岸企业入网资格审查记录表"到所在地的数据分中心或制卡代理点制作企业法人卡。企业持法人卡登录中国电子口岸身份认证系统,使用"制卡发卡"功能导入(或在线录入)企业操作员信息并申报。数据分中心或制卡代理点工作人员在线审批操作员信息后,即可制作企业操作员卡。

进出口企业、外贸中介服务企业办理海关业务之前必须由海关部门进行相关审批工作。此外,各类企业如需办理海关、外汇、外贸等相关业务,也必须分别报上述业务部门审批。

⑤业务部门审批。企业持法人卡登录中国电子口岸身份认证系统,使用"数据备案"功能向相关业务部门进行企业和IC卡等信息的备案。企业分别携带"报关单位登记注册证明"、"中华人民共和国进出口企业资格证书"或"中华人民共和国外商投资企业批准证书"或"对外贸易经营者备案登记表"、"外汇核销资格证明"等文件到所在地海关、外贸部门、外汇部门接受相关业务的审批。

⑥企业领取IC卡等软硬件设备。企业领卡人持单位介绍信、本人身份证明到所在地的数据分中心或制卡代理点,缴纳IC卡、读卡器、Oracle Lite软件的成本费用后,领取上述软硬件设备。同时,可免费获得中国电子口岸系统安装盘1张。

⑦购买安全技术服务卡。企业登录电子口岸办理业务之前,还需要联系北京东方中讯联合认证技术有限公司(或当地制卡中心)购买安全技术服务卡。中国电子口岸综合服务网站"在线售卡"栏目提供网上代售安全技术服务卡服务。企业也可通过该栏目方便、快捷地购买安全技术服务卡。

3. 电子通关系统

我国海关已经在进出境货物通关作业中全面使用计算机进行信息化管理,并成功开发运用了多个电子通关系统。

(1)海关H883/EDI通关系统。H883/EDI通关系统是中国海关报关自动化系统的简称,是我国海关利用计算机对进出口货物进行全面信息化管理,实现监管、征税、统计三大海关业务一体化管理的综合性信息利用项目。

(2)海关H2000通关系统。海关H2000通关系统是对H883/EDI通关系统的全面更新换代项目。海关H2000通关系统在集中式数据库的基础上建立了全国统一的海关信息作业平台,不但提高了海关管理的整体效能,而且使进出口企业真正享受到简化报关手续的便利。进出口企业可以在其办公场所办理加工贸易登记备案、特定减免税证明申领、进出境报关等各种海关手续。

(3)中国电子口岸系统。"中国电子口岸客户端—通关系统"又称"速通(Quick Pass,简称QP)系统",是由中国电子口岸数据中心开发,并提供给申报单位用于向管理部门进行电子申报及办理相关手续的操作客户端。QP系统具有企业注册管理、加工贸易管理、报关单电子申报等功能,是申报单位与管理部门进行数据沟通的重要平台,对提高申报单位通关效率、促进国家外贸发展起着重要的积极作用。目前,全国只有一个口岸——上海口岸未推行QP系统,其推行的是EDI系统,该系统大多数功能与QP系统功能一致。

9.2 报关申报系统

9.2.1 QP 系统申报

1. QP 系统登录流程

(1) 打开中国电子口岸首页,界面如图 9-1 所示:

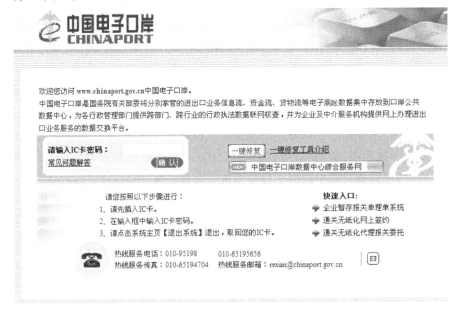

图 9-1 "电子口岸"界面

(2) 按照要求插入 IC 卡,并输入密码,这时就进入 QP 系统的界面,如图 9-2 所示:

图 9-2 "QP 系统"首页界面

2. 报关单电子数据预录入

按照实际情况选择要录入的报关单据,此项以报关申报为例,单击图 9-2 所示的报关申报按钮,若要填写进口货物报关单,再在页面上单击"进口申报"就会出现如图 9-3 所示的界面。

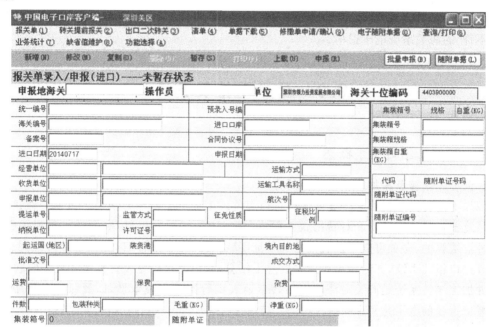

图 9-3　进口报关单录入界面

9.2.2　QP 系统申报主要注意事项

1. 电子数据发送前注意数据核对检查

部分报关单数据逻辑发生错误时,系统会提示可能有误的情形,需要认真对照加以修正。

例如,净重大于毛重时,系统提示"净重不能大于毛重";贸易方式、征免性质、用途等填报内容逻辑不符时,系统提示"逻辑不符";录入商品编码不存在时,系统会提示"此商品编号不存在"等。对未提示项目,报关人员在报关单电子数据发送前,需对照纸质单据核对检查,保证数据录入准确后,再向海关发送电子数据。

2. 电子数据发送后注意退单信息提示

数据发送后如发生退单情形,系统会根据不同情况给出退单提示,相关人员必须对照修改。

3. 其他需要注意事项

(1)各表中,红色显示项目为必填项。

(2)各表中,输入相应的数据后,直接按回车键,光标将自动跳至下一字段。

(3)各表录入框中颜色提示:灰色,项目栏锁定,不可输入。蓝色,当前输入栏。红色,表示当前输入有误。

(4)"报关员"及"联系方式"栏目不需录入。
(5)"商品名称"及"规格型号"栏目不能录入超过30个字符。
(6)录入"转关运输申报单"前必须先录入"申报地海关"。
(7)一家企业只能有一个备案资料库,但可以有多个电子化通关手册。
(8)运输工具名称、提运单号栏目录入完成后,需要与舱单系统核对,避免发生"与舱单数据不符"的海关系统电子退单。

9.3 深加工结转系统

9.3.1 深加工结转系统概述

1. 深加工结转及深加工结转系统简介

深加工结转指加工贸易企业将保税进口料件加工的产品转至另一加工贸易企业进一步加工后复出口的经营活动。对转出企业而言,深加工结转视同出口,应办理出口报关手续,如以外汇结算的,海关可以签发收汇报关单证明联;对转入企业而言,深加工结转视同进口,应办理进口报关手续,如与转出企业是以外汇结算的,海关可以签发付汇报关单证明联。

深加工结转系统是海关对深加工结转申请表实行网上申报审批,以及对收发货单实行网上登记审核的电子化管理系统。

2. 深加工结转注意事项

本章节所提到的深加工结转不包括以下内容:
(1)保税区、保税物流园区等海关特殊监管区域之间结转的货物(属于保税间货物)。
(2)出口加工区企业生产的产品结转至其他出口加工区或非海关特殊监管区域加工复出口,加工区企业转出、转入(属于出口加工区成品进出区)。
(3)经营企业进料加工产品转给享受减免税优惠的企业(进料成品转减免)。

3. 深加工结转系统主要功能

(1)结转申请表备案。
(2)收发货单登记。
(3)退货单登记。
(4)备案数据下载。
(5)综合查询。

9.3.2 深加工结转系统操作

1. 备案申请

深加工结转备案基本内容为双方企业信息、双方收发货信息。一般情况下,在向海关申请深加工结转手续前,双方将结转交易进行商谈并取得一致结转信息。通常情况下双方要填写结转备案申请表(表9-1),以确定结转业务是否可行。

表 9-1　中华人民共和国海关加工贸易保税货物深加工结转申请表（样表）

申请表编号：

_____海关：						
我_____公司（企业）需与_____公司（企业）结转保税货物，特向你关申请，并保证遵守海关法律和有关监管规定。						
结转出口货物情况	项目	商品编号	品　名	规格型号	数量	单位	转出手册号
^	1						
^	2						
^	3						
^	4						
说明						
结转进口货物情况	项目	商品编号	品　名	规格型号	数量	单位	转入手册号
^	1						
^	2						
^	3						
^	4						
转出企业法定代表：　　电话： 报关员：　　　　　　　电话： 　　　　　　　　　　　（企业盖章） 　　　　　　　　　　　　年　月　日	转入企业法定代表：　　电话： 报关员：　　　　　　　电话： 　　　　　　　　　　　（企业盖章） 　　　　　　　　　　　　年　月　日
转出地海关： 　（海关盖章） 　　　　　　　年　月　日	转入地海关： 　（海关盖章） 　　　　　　　年　月　日
海关批注	

注：①本表一式四联，第一、二联海关留存，第三、四联企业办理报关手续；
②企业须经双方海关同意后，方可进行实际收发货；
③结转双方的商品编号必须一致；
④企业必须按"申请表"内容进行实际收发货后，方可办理结转报关手续；
⑤结转进出报关单对应的商品项号顺序必须一致；
⑥每批收发货后应在90天内办结该批货物的报关手续。

深加工结转备案手续由转出企业和转入企业分别在各自的计算机系统上操作。基本操作程序如下：

(1)转出企业备案操作。

①登录 QP 系统,输入口令,进入系统界面,系统界面如图 9-4 所示:

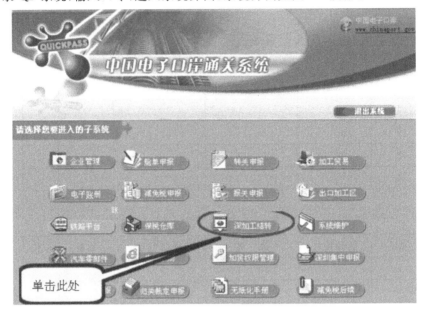

图 9-4 "QP 系统"界面

单击图 9-4 中的"深加工结转",进入深加工结转子系统界面,在界面的功能菜单上单击"申请表备案"菜单,再单击"转出备案",进入"转出备案申请"界面,如图 9-5 所示:

图 9-5 "转出备案申请"界面

结转申请表表头分为 3 个部分:结转申请表基本信息、转出企业信息、转入企业信息。

②录入转出备案表表头。根据实际单据,将转出备案表表头相关信息正确录入。在录入过程中,转出企业不能录入转入企业填写部分,须由转入企业自行登录并录入,转出企业

录入完成后,如图9-6所示:

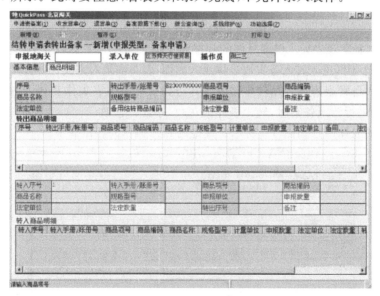

图9-6 备案表表头录入完成后界面

③录入转出备案表表体。录入完表头信息,按回车键即进入如下转出备案表表体录入界面,如图9-7所示。此时要注意,若表头未录入完成,不允许录入表体。

图9-7 备案表表体录入界面

结转申请表表体分为转出备案表表体和转入备案表表体两部分,当转出企业进行转出备案时,转入标题为灰色,不允许填写。

根据实际情况完成录入,当表头、表体录入完成后,单击"暂存"按钮,系统提示"暂存成功"。这时系统才允许进入申报操作,单击申报按钮完成结转申请表转出备案申请,提示"申报成功",其数据向海关发送。

(2)转入企业备案操作。

①登录转入备案界面。转入企业与转出企业一样,须先登录 QP 系统,进入深加工结转子系统界面。在"备案数据下载"功能菜单下,根据转出企业提供的"电子口岸统一编号"下载转出企业申报的结转申请表。

在界面的功能菜单上,单击"申请表备案",进入"申请表备案"菜单,再单击"转入备案",进入"转入备案申请"界面。该界面与"转出备案申请"界面的格式及录入规范基本一致,如图 9-8 所示:

图 9-8 "转入备案申请"界面

②录入转入备案表表头。根据具体的数据和单据录入转入备案表表头相关内容,录入完表头信息,按回车键即进入转入备案表表体录入界面,表头未录入完成,不允许录入表体界面。

③录入转入备案表表体。结转申请表表体分为转出备案表表体和转入备案表表体两部分,当转入企业进行转入备案时,转出表体为灰色,不允许修改。

完成录入的表体内容如图 9-9 所示。其他的具体操作同转出企业。

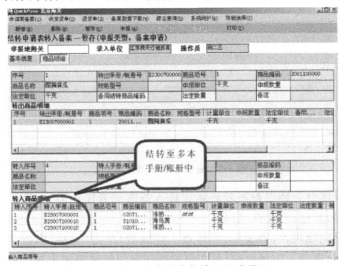

图 9-9 转入备案表表体填写完成界面

2. 收发货登记

深加工结转收发货登记手续由转出企业和转入企业分别在各自的计算机系统上操作，基本操作程序如下：

(1)发货登记。在界面的功能菜单上，单击"收发货单"，进入"收发货单"菜单，再单击"发货登记"，进入"发货登记"界面，如图9-10所示：

图9-10 "发货登记"界面

收发货单录入界面分为表头、表体两部分。表头部分录入收发货企业的基本信息，表体部分录入收发货的明细数据。操作员须依次录入表头、表体部分，表头部分没有录入完成时，不能进行表体部分录入。

①录入收发货单表头。收发货单表头分为3个部分：收发货单基本信息、转出企业信息、转入企业信息。

——录入收发货单表头

——录入转出企业填写部分

转出企业不能录入转入企业填写部分，因此，转出企业先完成表头的录入，如图9-11所示：

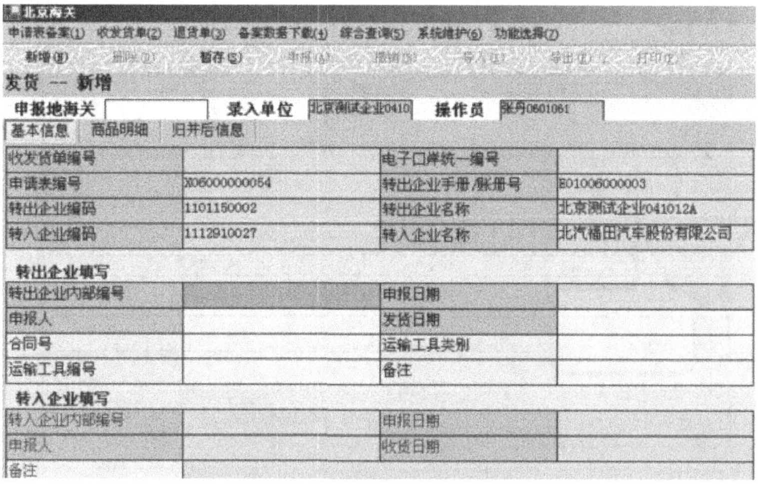

图9-11 表头录入完成界面

录入完表头信息,按回车键即进入发货登记表表体录入界面,如图 9-12 所示。表头未录入完成,不允许录入表体界面。

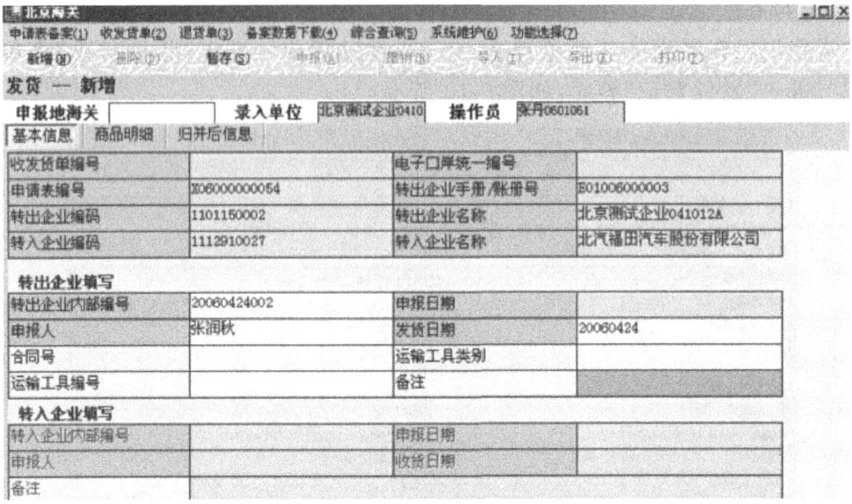

图 9-12 发货登记表表体录入界面

② 录入收发货单表体。收发货单表体分为商品明细和归并后信息两部分。商品明细由企业录入,根据主管海关的要求,可按手册或账册的料号或商品编码录入收发货数据。归并后信息只供企业查看,不能录入和修改。如果企业按料号录入商品明细数据,那么归并后信息根据其归并关系自动生成归并后信息数据;如果是无归并关系的手册或账册,则商品明细数据与归并后信息数据一一对应,系统将归并后信息中的数据向海关发送。

商品明细表体分为发货明细表体和收货明细表体两部分,当转出企业进行发货明细登记时,收货明细为灰色,不允许填写。

完成录入的表体内容如图 9-13 所示:

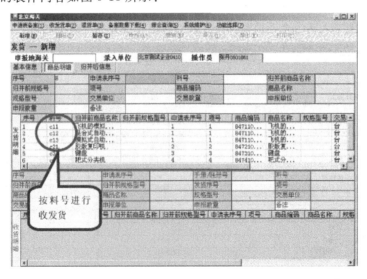

图 9-13 发货登记表表体填写完成界面

当表头、表体录入完成后,单击"暂存"按钮,系统提示"暂存成功"。这时可查看归并后信息。如图 9-14 所示:

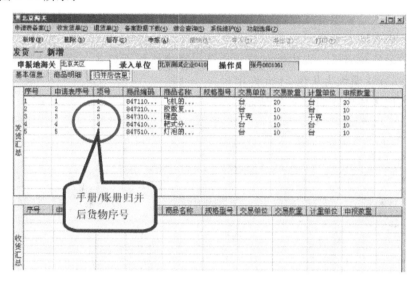

图 9-14 "归并后信息"界面

若没有问题,单击"申报"按钮完成收发货单发货登记申报,提示申报成功后数据向海关发送。企业可以在"收发货单"菜单下的"数据查询"中查看收发货单的数据内容及回执状态。

(2)收货登记。在"备案数据下载"功能菜单下,根据发货企业提供的"收发货单编号"下载发货企业申报的发货登记。

在页面的功能菜单上,单击"收发货单",进入"收发货单"菜单,再单击"收货登记"界面。该界面与"发货登记"界面的格式及录入规范基本一致,如图 9-15 所示:

图 9-15 "收货登记"界面

①录入收发货单表头。

——录入收发货单基本信息

——录入转入企业填写部分(具体如图 9-15 所示的提示信息)

其他录入内容同发货登记。

②录入收发货单表体。表体界面与发货登记表表体界面格式一样,当转入企业进行收货明细登记时,发货明细为灰色,不允许填写。

完成录入的表体内容如图 9-16 所示:

图 9-16　收货登记表表体填写完成界面

当表头、表体录入完成后,单击"暂存"按钮,系统提示"暂存成功",这时可查看归并后信息,如图 9-17 所示:

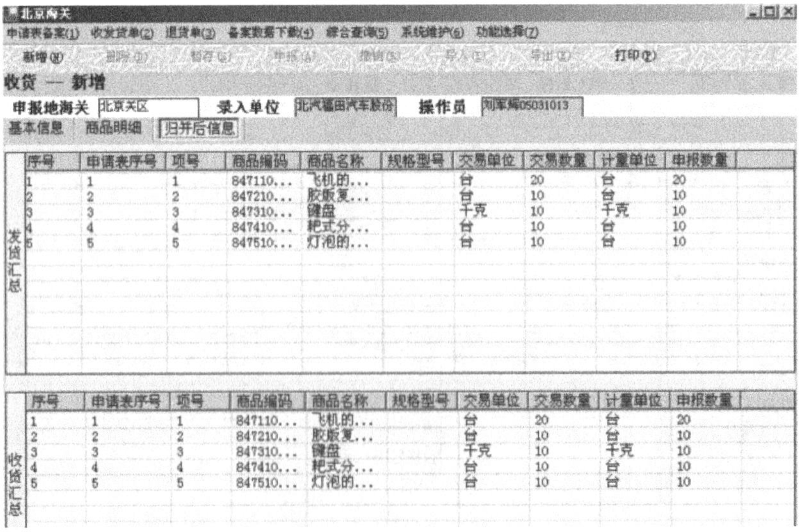

图 9-17　归并后信息界面

若没有问题,单击"申报"按钮完成收发货单收货登记申报,提示申报成功后数据向海关发送。企业可以在"收发货单"菜单下的"数据查询"中查看收发货单的数据内容及回执状态。

(3)收发货撤销及退货。如发生收发货撤销及退货情况,需在操作系统中单击相应的功能菜单,通过相对应的"数据查询功能",查询相关的发货记录,进行撤销等操作。

3. 结转报关

深加工结转报关手续由转出企业和转入企业分别在各自的计算机上操作,基本操作程序如下:

(1)用户在"深加工结转"子系统的界面上单击"功能选择",弹出一个下拉菜单,再单击"返回主菜单",进入主选单界面,如图9-18所示:

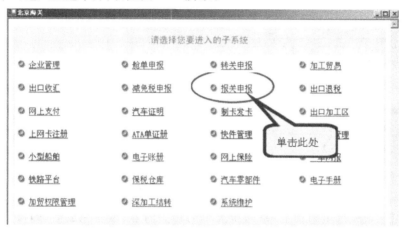

图 9-18 主选单界面

(2)单击"报关申报",即进入"报关申报"子系统界面,如图9-19所示:

图 9-19 "报关申报"子系统界面

在界面的功能菜单上,单击"报关单",进入"报关单"菜单,再单击"进口货物报关单"或"出口货物报关单",进入录入界面,如图9-20所示:

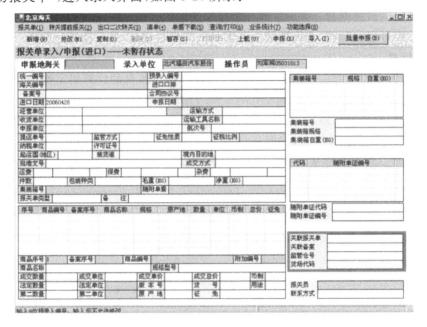

图 9-20 "进口货物报关单"录入界面

(3)企业按《报关单填制规范》录入报关单的相关内容,填写完成后,即可向海关申报。录入好的报关单,如图9-21所示:

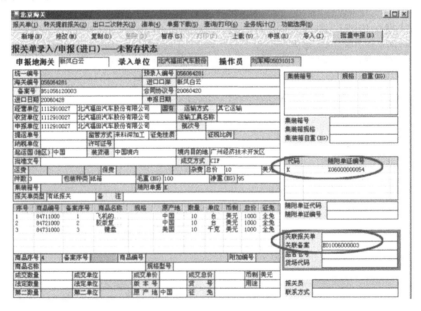

图 9-21 录入好的"进口货物报关单"界面

至此,加工贸易深加工结转业务办理完毕。

9.4 减免税与出口退税系统

9.4.1 减免税与出口退税系统概述

1. 减免税系统简介

中国电子口岸"减免税预录入"子系统(报关行版)作为中国电子口岸系统的一个子系统,与中国电子口岸其他业务系统相连接,弥补了目前减免税申报系统录入烦琐、界面复杂的不足,从界面到功能设计都力争达到录入方便、界面简洁、功能齐全。

中国电子口岸"减免税预录入"子系统(报关行版)采用客户机/服务器模式,数据分别存放在预录入公司、数据中心和海关三地数据库中,预录入公司与数据中心之间、数据中心与海关之间的数据均以 MQ 报文的形式进行传输。系统使用统一的预录入和申报界面,强化数据质量控制,加快数据录入和传输速度,以确保数据的准确性、有效性和合法性。

2. 出口退税系统简介

出口企业在办理"对外贸易经营者备案登记表"后 30 日内,或者未取得进出口经营权的生产企业代理出口在发生首笔出口业务之日起 30 日内,必须到所在地主管退税的税务机关办理出口货物退(免)税认定手续,纳入出口退税管理。

出口退税系统是针对出口退税报关单(出口报关单退税证明联)的联网核查系统。系统将海关总署从各口岸海关采集的出口退税报关单电子底账数据保存在电子口岸数据中心,在企业确认后,电子口岸数据中心再将该电子底账数据传送给国税总局,国税总局收到后通过网络下发给各地国税局供具体操作人员查询。该系统为国税局进行出口退税操作提供了可靠的电子依据,进一步提高了工作效率和执法的准确性;为纳税人办理出口退税提供了良好的外部数据环境,同时杜绝了利用国家出口退税政策进行骗税的不法行为。

9.4.2 减免税与出口退税系统操作

1. 减免税系统操作

登录系统,输入口令后,进入口岸系统的界面,单击"减免税申报"按钮,即进入"减免税申报"子系统,在"减免税申报"子系统界面,可以进行以下操作:

(1)项目备案申请的录入/申报/打印。操作员录入项目备案申请表,并向海关申报,等待海关审批。操作员可对项目备案进行查询,当查询到项目备案的当前状态为海关入库时,操作员即可打印"进出口货物征免税备案登记表"。

(2)征免税证明申请的录入/申报/打印。操作员录入征免税证明申请表,并向海关申报,等待海关审批,操作员可对征免税证明申请进行查询,当查询到征免税证明申请的状态为海关入库时,操作员便可以打印"进出口货物征免税证明申请表"。

(3)项目备案的变更。项目备案申请经海关审批通过后,企业因故需要变更项目备案时,在经过海关同意变更之后,可以通过"减免税申报"子系统对该项目备案进行变更操作,变更操作的申报/打印流程同项目备案申请的录入/申报/打印。

2. 出口退税系统操作

登录系统,输入口令后,进入口岸系统的界面,单击"出口退税"按钮,即进入"出口退税"子系统,"出口退税"子系统界面,如图9-22所示:

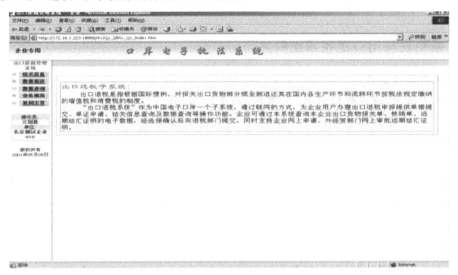

图 9-22 "出口退税"子系统界面

在"出口退税"子系统界面,可以进行如下操作:

(1)传输出口报关单结关信息。企业报关单审结后,海关系统自动向中国电子口岸数据中心发送报关单已结关信息。

(2)查询出口报关单结关信息。企业操作员登录本系统查询已结关报关单信息,如图9-23所示:

图 9-23 "结关信息"查询结果界面图

(3)打印纸质出口退税报关单,如图9-24所示。企业根据已结关报关单信息,前往海关打印纸质出口退税报关单。

(4)传输出口退税报关单数据。海关系统将所有已打印出口退税报关单的报关单数据传输至中国电子口岸数据中心。

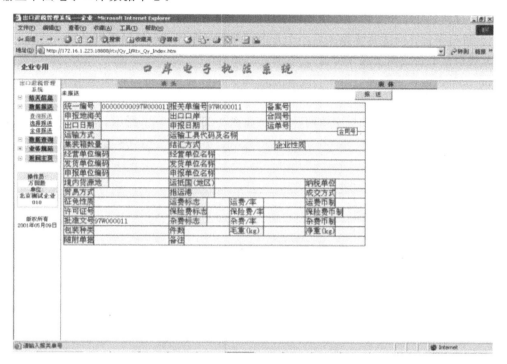

图9-24 "出口退税报关单"报送界面

(5)确认报送。企业登录本系统查询出口退税报关单数据,并提交报送申请。

(6)出口退税操作。企业持相关纸质单据向主管国税局申请出口退税,国税局查询本系统传输的出口退税报关单数据,核对企业的纸质单据,进行出口退税操作。

9.5 进出口收付汇系统

9.5.1 进口付汇系统

1. 进口付汇系统简介

进口付汇系统是针对企业进口付汇环节开发的进口报关单联网核查系统。该系统将海关总署采集的全国各口岸海关"进口报关单外汇证明联"电子底账数据存放到中国电子口岸数据中心,提供给全国的外汇管理局和外汇指定银行实时进行联网核查,并进行核注、结案、退单等业务操作。

2. 进口付汇核销业务流程

(1)进口单位经商务部或其授权单位批准或备案取得进出口权,并取得电子口岸IC卡。

(2)进口单位持有关材料向注册地外汇局申请办理列入"对外付汇进口单位名录"。

(3)外汇局审核无误后,为进口单位办理"对外付汇进口单位名录"手续。

(4)进口单位付汇或开立信用证前,判断是否到外汇局办理"进口付汇备案表"手续。如需要,持有关材料到外汇局办理进口付汇备案手续,领取进口付汇备案表;如不需要,进口单位持有关材料到外汇指定银行办理开证或购汇手续。

(5)进口单位在有关货物报关后一个月内到外汇局办理进口核销报审手续。

3.进口付汇企业网上操作步骤

(1)交单。进口企业通过进口付汇系统将海关审核通过的进口报关单电子数据交由指定的银行办理付汇业务的操作。

交单包括逐票交单和批量交单两种情况,如图 9-25 和图 9-26 所示:

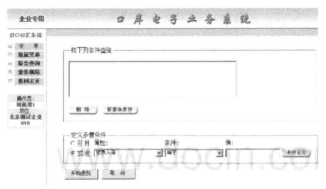

图 9-25 逐票交单

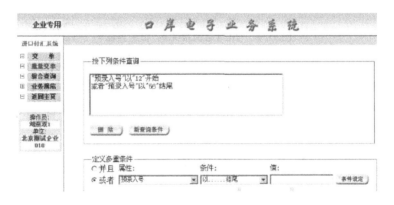

图 9-26 批量交单

(2)综合查询。综合查询包括报关单信息及核注情况查询以及报关单操作明细查询等。

9.5.2 出口收汇系统

1.出口收汇系统简介

出口收汇系统是海关总署联合国家外汇管理局共同开发的出口收汇核销单和出口收汇报关单联网核查系统。系统为出口收汇核销单建立了电子底账数据,核销单的基本信息以及各部门对核销单的操作情况都将保存在电子口岸数据中心,供外汇管理局查询并进行核销单挂失等各项操作。

2. 出口收汇核销业务流程

出口收汇核销业务流程，如图 9-27 所示：

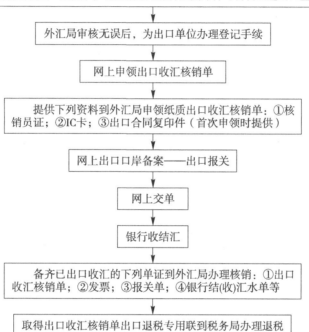

图 9-27　出口收汇核销业务流程

3. 出口收汇企业网上操作步骤

(1) 核销单申请，如图 9-28 所示：

图 9-28　"核销单申请"界面

(2)口岸备案,如图 9-29 所示:

图 9-29 "口岸备案"界面

(3)批量备案。
(4)撤销备案。
(5)企业交单,如图 9-30 所示:

图 9-30 "企业交单"界面

(6)批量交单,如图 9-31 所示:

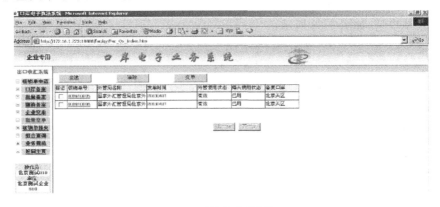

图 9-31 "批量交单"界面

(7)核销单挂失。

(8) 组合查询,如图 9-32 所示:

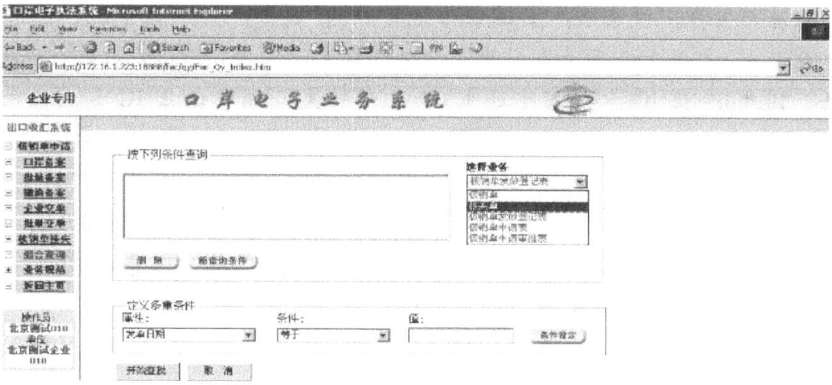

图 9-32 "组合查询"界面

本章小结

本章介绍了电子口岸的相关内容,并将报关申报系统、深加工结转系统、减免税系统出口退税系统以及进出口收付汇系统的简单操作与 QP 系统结合起来。本章需要重点掌握的是能够登入到 QP 系统中操作相关内容。

"中国电子口岸客户端——通关系统"又称"速通(Quick Pass,简称 QP)系统",是由中国电子口岸数据中心开发,并提供给申报单位用于向管理部门进行电子申报及办理相关手续的操作客户端。

深加工结转系统是海关对深加工结转申请表实行网上申报审批以及对收发货单实行网上登记审核的电子化管理系统。

进口付汇系统是针对企业进口付汇环节开发的进口报关单联网核查系统。该系统将海关总署采集的全国各口岸海关"进口报关单外汇证明联"电子底账数据存放到中国电子口岸数据中心,提供给全国的外汇管理局和外汇指定银行实时进行联网核查,并进行核注、结案、退单等业务操作。

出口收汇系统是海关总署联合国家外汇管理局共同开发的出口收汇核销单和出口收汇报关单联网核查系统。系统为出口收汇核销单建立了电子底账数据,核销单的基本信息以及各部门对核销单的操作情况都将保存在电子口岸数据中心,供外汇管理局查询并进行核销单挂失等各项操作。

背 景 知 识

对企业操作员卡的处理

1. 对操作员卡进行作废处理。企业对离开工作岗位操作员所持的操作员卡,以及发现有非正当操作或其他异常情况的操作员卡须及时进行作废处理。可由法人卡持卡人登录"中国电子口岸"网站,直接进行处理。

2. 对操作员卡进行冻结处理。企业对暂时离开工作岗位的操作员所持的操作卡可进行冻结处理。可由法人卡持卡人登录"中国电子口岸"网站,直接进行处理。

3. 企业IC卡用于证实使用人的身份和进行电子签名,涉及系统安全和操作使用责任。因此,企业IC卡如发生遗失,应及时挂失。办理企业IC卡挂失的方法为,企业法人卡的挂失须由企业向制卡点提出申请,由制卡点办理挂失手续;企业操作员卡的挂失可由法人卡持卡人登录"中国电子口岸"网站,直接进行挂失处理。

4. 用企业法人卡注册企业操作员卡。企业的操作员卡由企业法人卡对其进行注册。法人卡持卡人登录中国电子口岸,录入企业操作员基本信息,注册企业操作员,通过数据传输向所在地制卡点提出制作操作员卡的申请。

❖ 习题与实训 ❖

1. 深加工结转实际操作题

××××(深圳)有限公司(海关编码440390××××)向××毛料(深圳)有限公司(海关编码440390××××)购买一批人造毛。双方以加工贸易深加工结转方式办理相关海关手续。转出手册编号C53044××××2,转入手册编号C53044××××1;结转货物为人造毛,商品编码43040010,法定计量单位为千克;申请结转数量为100千克;实际送货50千克,向海关办理结转报关50千克。

以此为例,介绍加工贸易深加工结转的业务操作。

2. QP预录入实际操作题

天津××报关有限公司(海关编码12072800××)代理湖南××有限公司(海关编码43019101××)申报一批出口货物。相关业务人员接收、审核出口企业所提供的单证后,按照相关规定完成报关单草单填制、复核工作,并选择无纸化通关方式进行申报。请根据下述报关单草单(表9-2)进行QP系统录入及申报工作。

相关信息如下:港务局信息网显示,该批出口货物集港码头名称为"五洲"。该批出口货物随附单证为电子报关委托书、发票、装箱单(略)。

表9-2 中华人民共和国海关出口货物报关单

预录入编号: 　　　　　　　　　　　　　　　　　　　　　　海关编号:O20220140220263476

出口口岸 斯地海关(0202)	备案号	出口日期	申报日期
经营单位 湖南××有限公司(43019101××)	运输方式 水路运输(2)	运输工具名称 CMAOGMDEBLSSY/9X011W	提运单号 OOLU2545050770
发货单位 湖南××有限公司(43019101××)	贸易方式 一般贸易(0110)	征免性质 一般征税(101)	结汇方式 电汇(2)
许可证号	运抵国(地区) 斯里兰卡(134)	运抵港 科伦坡(1489)	境内货源地 山东其他(37909)
批准文号	成交方式 CIF(1)	运费 502/350/3	保费 502/100/3	杂费
合同协议号 127C58328B	件数 260	包装种类 其他(7)	毛重(千克) 9599	净重(千克) 9359

续表

集装箱号 TCHU1234567/20/2300	随附单据		生产厂家	
标记喷码及备注				
项号	商品编号	商品名称、规格型号	数量及单位	运抵国(地区)	单价	总价	币制	征税
1	5513112020	涤棉平纹漂白本|种类:单抄|制造方法:梭织|染整方法:半漂|组织结构:平纹|成分含量65%涤35%棉|幅宽:59/60每平方米克重:112G/M2|品牌:无。生产商:潍坊市丰业纺织有限公司	54856.9米 9359千克 54856.9米	斯里兰卡(134)	0.90	49371.21	美元(502)	照单(1)
税费征收情况				
录入员	录入单位	或声明以上申报无讹并承担法律责任	海关审单批注及放行日期(签章)	
			审单	宰价
报关员		申报单位(签章)	征税	统计
单位地址				
邮编	电话	填制日期	查验	放行

3. 简答题

简述出口收汇核销的操作流程。

答案与解析

1. 深加工结转实际操作题

【解析】深加工结转业务需要结转计划备案、收发货登记、转出和转入报关3个阶段若干操作环节。目前,企业办理加工贸易深加工结转业务均通过深加工结转预录入系统操作。本章节的第三节深加工结转系统操作的内容可作本题参考,根据本题目所提供信息预录入相关单据,具体步骤如图9-4至图9-21所示,每一步骤都有图示的提醒和说明。

2. QP预录入实际操作题

【解析】本章节的图9-1至图9-3对认识QP预录入系统的界面有帮助。到了系统的录入界面之后,剩下的工作就是要按照具体的单证开始填写每一个必须填写的项目,具体的填报要求参照本教材关于报关单填制这一章节,里面对每一个录入系统项目都有详细说明和指示。

3. 简答题

【解析】出口收汇核销的操作流程如下：

(1)出口单位取得出口权。

(2)出口单位向海关制卡中心申办中国电子口岸 IC 卡。

(3)向外汇局申请办理出口收汇核销备案时需提供如下资料：单位介绍信或申请书；营业执照副本原件及复印件(由工商行政管理局盖章)；组织机构代码证书原件及复印件；海关注册登记证明书复印件；外经部门批文复印件和资格证书原件及复印件(流通型进出口企业)；资格证书原件及复印件(自营型进出口企业)。

(4)外汇局审核无误后，为出口单位办理登记手续。

(5)网上申领出口收汇核销单。

(6)提供下列资料到外汇局申领纸质出口收汇核销单：核销员证；IC 卡；出口合同复印件(首次申领时提供)。

(7)网上出口口岸备案——出口报关。

(8)网上交单。

(9)银行收结汇。

(10)备齐已出口收汇的下列单证到外汇局办理核销：出口收汇核销单、发票、报关单、银行结(收)汇水单等。

(11)取得出口收汇核销单出口退税专用联到税务局办理退税。

第 10 章
进出口商品归类实务

教学目标

通过本章的学习,了解《商品名称及编码协调制度》含义和我国海关进出口商品分类目录基本结构、基本内容;掌握《商品名称及编码协调制度》归类总规则的含义及具体运用,掌握各类进出口商品范围和主要归类技能;掌握我国进出口商品的归类申报依据和海关预归类管理制度等。

教学要求

知识要点	能力要求	相关知识
《商品名称及编码协调制度》	(1)了解《商品名称及编码协调制度》的含义、基本结构 (2)了解我国海关进出口商品分类目录的基本结构和基本内容	(1)《商品名称及编码协调制度》的基本结构、编排规律 (2)我国海关进出口商品分类目录的基本结构
《商品名称及编码协调制度》归类总规则	(1)掌握《商品名称及编码协调制度》的归类总规则 (2)熟练运用归类总规则,掌握查找商品编码的基本技能	(1)标题、品目条文、类注、章注的归类作用 (2)不完整品、未制成品、混合物品、组合物品、未组装件或拆散件的归类规定 (3)具体列名、基本特征、从后归类原则的运用,零售成套货品的判断标准 (4)最相类似归类原则作用 (5)包装物品归类规定 (6)子目的归类原则及方法
我国进出口商品归类的海关管理	(1)掌握我国进出口商品归类海关管理制度 (2)熟练掌握我国进出口商品预归类办理程序及海关归类争议的处理	(1)商品归类的主要依据及海关进出口商品规范申报目录 (2)我国海关商品预归类管理制度 (3)商品归类决定及其他管理要求
各类进出口商品归类技能	掌握各类进出口商品范围和归类技能	重点掌握动植物产品及食品,化工类产品,塑料制品,纺织原料及纺织制品,贵金属、贱金属及其制品,机械设备、电气设备、运输设备及其零件,光学仪器及设备等商品范围和归类技能

案例导入

如何使用《中国海关报关实用手册》

《中国海关报关实用手册》是海关工作人员、进出口企业报关员、预录入企业操作员必备的工作手册,也是与进出口有关的企事业单位了解海关业务和对进出口货物进行成本核算的重要参考资料。《中国海关报关实用手册》主要内容包括海关监管通关实务、进出口关税征收管理、海关行政诉讼与复议指南、海关最新通关政策规定以及海关通关系统常用代码表等。李海峰是一名国际经济与贸易专业学生,一天,他在学校图书馆查阅《中国海关报关实用手册2013年版》,查阅示例见表10-1。

表10-1 《中国海关报关实用手册2013年版》示例表

商品编码	商品名称及备注	进口关税税率(%)		增值税税率(%)	出口退税税率(%)	计量单位	监管条件
		最惠国	普通				
2201	未加糖或其他甜物质及未加味的水,包括天然或人造矿泉水及汽水;冰及雪						
2201101000	矿泉水(包括天然或人造矿泉水)	20	90	17	0	升/千克	AB
2201102000	未加糖及未加味的汽水	20	90	17	15	升/千克	AB
2201901000	天然水(未加味、加糖或其他甜物质)	10	30	17	0	千升/吨	AB
2201909000	其他水、冰及雪(未加味、加糖或其他甜物质)	10	30	17	0	千升/吨	AB

以出口矿泉水为例,该货品的商品编码是2201101000,最惠国关税税率是20%,普通关税税率是90%,出口退税税率为零,海关第一法定计量单位是升,第二法定计量单位是千克,出口货物海关监管条件是提供出入境检验检疫机构签发的"出境货物通关单"。

通过查阅《中国海关报关实用手册》,能够进一步理解进出口货物商品归类是海关征税、海关监管、海关统计及海关查缉走私的基础。海关商品归类技能是国际经济与贸易专业及其他相关专业学生必须掌握的核心技能,只有掌握该项技能,才能明确不同商品进出口贸易海关的监管条件、确定海关应征关税的税率、知晓进出口商品海关法定计量单位。

正确申报商品归类是进出口收发货人或其代理人应尽的法律义务。因为进出口商品归类正确与否不仅关系到报关人的切身利益,而且直接影响进出口货物通关效率,所以进出口商品归类是报关员必须掌握的基本技能之一。

> **资料卡** ———————— *世界海关组织*
>
> 世界海关组织（World Customs Organization，简称 WCO），于 1994 年成立，其前身为 1952 年成立的海关合作理事会（Customs Cooperation Council，简称 CCC），是专门研究各国政府间海关事务的唯一国际组织。世界海关组织的使命是，提高各成员海关工作效益和海关工作效率，促进各成员在海关执法领域的合作。目前共有 179 个国家和地区的海关加入世界海关组织，承担着占国际贸易总量 98% 的进出口货物的监管任务。

10.1 《商品名称及编码协调制度》

10.1.1 《商品名称及编码协调制度》的产生

《商品名称及编码协调制度》指原海关合作理事会（1995 年更名为"世界海关组织"，World Customs Organization，简称 WCO）主持制定的一部供海关、统计、进出口管理与国际贸易有关各方共同使用的商品分类编码体系，简称《协调制度》或 HS。

在海关合作理事会制定《协调制度》之前，早期的国际贸易领域曾经采用两套商品分类编码体系：一套是欧洲关税同盟研究小组制定的《海关合作理事会商品分类目录》（Customs Co-operation Council Nomenclature，简称 CCCN），另一套是联合国统计委员会研究制定的《国际贸易标准分类目录》（Standard International Trade Classification，SITC）。这两套商品分类编码体系对简化国际贸易程序、提高工作效率起到了积极的推动作用。但由于两套商品分类体系不同，从而造成一种商品在一次国际贸易过程中多次被重新分类、命名和编码，给国际贸易带来极大不便，所以，1973 年 5 月海关合作理事会成立了协调制度临时委员会，以 CCCN 和 SITC 为基础，在世界各国专家的共同努力下，制定和编制了《商品名称及编码协调制度国际公约》及其附件《商品名称及编码协调制度》，如图 10-1 所示。该公约及其附件于 1983 年 6 月在海关合作理事会通过，于 1988 年 1 月 1 日正式实施，被广泛用于海关税则、国际贸易统计、原产地规则、国际贸易谈判、贸易管制等多种领域，并被称为"国际贸易标准语言"。

图 10-1 《协调制度》的产生

《商品名称及编码协调制度国际公约》是世界海关组织管辖下重要的国际公约之一，《协调制度》是其附件作用重要。世界海关组织设立了协调制度委员会，对《协调制度》进行维护和管理。协调制度委员会每隔 4~6 年对其作一次全面的审议和修订。从 1988 年 1 月 1 日实施以来,《协调制度》共进行了 5 次修订,形成了 1988 年、1992 年、1996 年、2002 年、2007 年和 2012 年共 6 个版本。

海关合作理事会在制定《协调制度》的同时,还制定了《商品名称及编码协调制度注释》。《商品名称及编码协调制度注释》是对《协调制度》的官方解释,同时与《协调制度》各个版本同步进行修订。

10.1.2 《协调制度》的基本结构

《协调制度》基本结构包括三大部分:归类总规则、注释、商品编码表。其主要内容如下:

1. 归类总规则

为了保证《协调制度》使用和解释的一致性,位于协调制度文本的卷首,有 6 条归类总规则,这是指导整个《协调制度》商品归类的总规则,是具有法律效力的归类依据。

2. 注释

为了严格界定商品范围,杜绝分类交叉,《协调制度》列有 3 种注释,包括类注释、章注释和子目注释。

(1)位于类标题下的文字说明称为"类注释",简称"类注"。

(2)位于章标题下的文字说明称为"章注释",简称"章注"。

(3)位于类注、章注或章标题下的文字说明称为"子目注释"。

注释也具有法律效力。运用注释解决商品归类问题时,使用顺序是,子目注释在先,其次是章注,再次是类注。

注释一般采用四种方法,包括:

(1)定义法:以定义的形式对某一商品名称和范围作出解释和说明,例如,第四十章章注一,对"橡胶"的定义。

(2)技术指标法:以商品成分所含技术指标对项目范围加以限定,例如,第七十二章章注一,对有关金属的技术指标的规定。

(3)列举法:将归入某一编码的商品一一列出,例如,第三十三章章注四列出了应归入品目 3307"芳香料制品及化妆盥洗品"的具体商品范围。

(4)排除法:用排他条款列举若干不能归入某一编码或某一章的商品,例如第三章章注一列出了不能归入该章的商品范围。

3. 商品编码表

商品编码表由商品编码和商品名称组成(表 10-2),《协调制度》采用 6 位数编码,把全部国际贸易商品分为 21 类、97 章(其中第七十七章空缺,为备用章),每一章由若干品目构成,品目项下又细分出若干一级子目和二级子目。不同商品名称对应不同的商品编码。如"改良种用马"对应的商品编码是 0101.2100,"改良种用牛"对应的商品编码是 0102.2100,"改良种用猪"对应的商品编码是 0103.1000。

表 10-2　商品编码表

商品编码	商品名称	商品编码	商品名称
01.01	马、驴、骡：	0103	猪：
	_马	0103.1000	_改良种用
0101.2100	_ _改良种用		_其他
0101.2900	_ _其他		_ _重量在50千克以下
	_驴	0103.9110	_ _ _重量在10千克以下
0101.3010	_ _ _改良种用	0103.9120	_ _ _重量在10千克及以上,但在50千克以下
0101.3090	_ _ _其他		_ _重量在50千克以上
0101.9000	_其他	0103.9200	绵羊、山羊：
01.02	牛：	01.04	_绵羊
	_家牛		_ _ _改良种用
0102.2100	_ _改良种用	0104.1010	_ _ _其他
0102.2900	_ _其他	0104.1090	_山羊
	_水牛		_ _ _改良种用
0102.3100	_ _改良种用	0104.2010	_ _ _其他
0102.3900	_ _其他	0104.2090	
	_其他		
0102.9010	_ _ _改良种用		
0102.9090	_ _ _其他		

10.1.3 《协调制度》的分类原则

《协调制度》是一部系统的国际贸易商品分类表,所列商品名称的分类和编排具有一定规律。

1. 按类划分

从类来看,《协调制度》基本上按照经济部门划分,把同一工业部门或相关工业部门的商品归于一类,共分21类。如农业产品在第一类、第二类;食品在第三类、第四类;化学工业产品在第六类;塑料橡胶工业产品在第七类;纺织工业产品在第十一类;冶金工业产品在第十五类;机电制造业产品在第十六类;车辆运输业产品在第十七类等。

2. 按章划分

从章来看,《协调制度》基本上采用两种方法分,一是按照商品原材料的属性分,二是按照商品的用途或性能分章,共分97章。

(1)按商品原材料的属性分章,把相同原材料的产品归入同一章。第一章至第八十三章(第六十四章至第六十六章除外)都是按照商品原材料属性进行分章的,如活动物在第一章,肉及食用杂碎在第二章,鱼、甲壳动物、软体动物及其他水生无脊椎动物在第三章,乳品、蛋品、天然蜂蜜及其他食用动物产品在第四章,其他动物产品在第五章。另外,各章前后顺序也是按照动物、植物、矿物和先天然后制造的加工顺序排列。如第十一类包括动物、植物和化学纤维的纺织原料及其产品,其中第五十章和第五十一章是动物纤维;第五十二章和第五十三章是植物纤维;第五十四章和第五十五章是化学纤维。商品按原材料的属性分类是因为商品的成分比较容易区分,同时,商品价值往往取决于构成商品本身原材料的价值。

(2)第六十四章至第六十六章和第八十四章至第九十七章,则是按商品的用途或性能来分的,如第六十四章鞋、第六十五章帽、第六十六章雨伞、第八十四章机械设备、第八十五章电气设备、第八十七章车辆、第八十八章航空航天器、第八十九章船舶等,都是按商品用途进行分章的,没有考虑其原材料的属性。另外,羽绒衣、羽绒被、羽毛掸,也没有按其所使用原材料属性归入第六十七章羽毛、羽绒制品,而是按其不同的用途分别归入第六十二章机织服装、第九十四章床上用品、第九十五章体育用品、第九十六章杂项制品。商品按用途或性能来分类是因为制造业产品往往由多种材料构成,难以按某一种材料制成的物品分类。另外,商品价值不仅体现在构成商品原材料价值上,还体现在生产或使用这种商品所耗用的或所创造的价值上。

3. 按品目的排列划分

同一章内的品目是按照从原料到成品的加工程度不同依次排列的,一般原材料在前,制成品在后;整机在前,零件在后;具体列名在前,一般列名在后。如第四十四章的"木和木制品",按照燃料木料(4401)—原木(4403)—粗加工木棍(4404)—锯木(4407)—制胶合板的薄板(4408)—胶合板(4412)—木制品(4415~4421)的顺序划分为21个品目。

10.2 我国海关进出口商品分类

10.2.1 我国海关进出口商品的分类目录

经国务院批准,自1992年1月1日起,我国海关开始使用《协调制度》,并以《协调制度》为基础,结合我国进出口货物的实际情况,增设了本国子目(三级子目和四级子目),制定了《中华人民共和国海关进出口税则》(以下简称《进出口税则》)和《中华人民共和国海关统计商品目录》(以下简称《统计商品目录》),从而形成了我国海关进出口商品的分类目录。

1992年6月23日,我国正式成为《协调制度公约》缔约国。自2012年1月1日起,我国海关采用2012年版《协调制度》,并据此编制了2012年版《进出口税则》和《统计商品目录》。

10.2.2 我国海关进出口商品分类目录的基本结构

因为《进出口税则》和《统计商品目录》是在《协调制度》基础上编制的,所以目录编排第一类至第二十一类、第一章至第九十七章以及前6位数码、商品名称与《协调制度》完全一致。

我国《进出口税则》中的商品号列称为"税号",为满足征税工作需要,在《进出口税则》每项税号后面还列出了该商品的税率。我国海关《进出口税则》共21类有97章(其中第七十七章为空章)。

我国《统计商品目录》中的商品号列称为"商品编号",为满足统计工作需要,每项商品编号后列出了该商品的计量单位。并且结合我国实际情况,在《协调制度》基础上,增加了一类商品,即第二十二类"特殊交易品及未分类商品",内分第九十八章、第九十九章。我国海关《统计商品目录》共 22 类有 99 章(其中第七十七章为空章)。

我国海关进出口商品分类目录基本结构与《协调制度》是一致的,对商品的分类和编排采取同样的规律,即从类来看,基本上按照社会生产分工(或称生产部类)划分,同属一个生产部类的产品归入同一类;从章来看,基本上按商品的属性或功能、用途划分;每章中各税(品)目的排列顺序一般按照动物、植物、矿物质产品或原材料、半制成品、制成品的顺序编排。

《协调制度》中的编码采用 6 位数,而我国海关进出口商品分类目录的编码为 8 位数,其中第 7 位和第 8 位是"本国子目"。

为了满足海关监管工作需求,提高海关监管计算机管理水平,我国《进出口税则》在 8 位分类编码的基础上,对税号进一步设立了第 9 位数和第 10 位数编码。

我国进出口商品编码的表示方法如下例所示。

例,"活猪(重量在 50 千克以上)"商品编码 0103.9200。

编码: 0 1 0 3 9 2 0 0
位数: ① ② ③ ④ ⑤ ⑥ ⑦ ⑧
含义: 章号 顺序号 一级子目 二级子目 三级子目 四级子目

0103.9200 是"活猪(重量在 50 千克以上)"的商品编码,其中:

前四位 0103 为品目,其中 01 表示章号,03 表示顺序号。

后四位 9200 为子目,

第 5 位表示一级子目,在商品编码表中,在商品名称前用"_"表示。

第 6 位表示二级子目,在商品编码表中,在商品名称前用"_ _"表示。

第 7 位表示三级子目,在商品编码表中,在商品名称前用"_ _ _"表示。

第 8 位表示四级子目,在商品编码表中,在商品名称前用"_ _ _ _"表示。

商品编码 0103.9200 含义如下:

(1)该商品在第一章。

(2)表示重量在 50 千克以上活猪。

(3)商品编码第 5 位数"9"表示除改良种以外其他活猪。

(4)商品编码中第 7 位第 8 位数为"0",表示在二级子目下未设三级子目和四级子目。

需要指出的是,若第 5~8 位上出现数字"9",则通常情况下代表未具体列名的商品,即在"9"的前面一般留有空序号,以便将来修订时增添商品。如上述编码 0103.9200 中第 5 位的"9"并不代表实际顺序号,而是代表除改良种以外未具体列名的其他活猪,其中 2~9 之间的空序号可以用于将来增添新的需要具体列名的其他活猪。

10.2.3 我国海关进出口商品分类目录的基本内容

我国海关进出口商品分类目录共 21 类 97 章,可分为七大部类商品。

七大部类主要类章商品内容见表 10-3。

表 10-3　海关进出口七大部类主要类章商品表

序号	七大部类商品	商品(类或章)基本内容
1	动、植物产品归类	第一类,活动物及产品;第二类,植物产品;第三类,动植物油脂产品;第四类,食品、饮料、酒、醋及烟草代用品制品
2	矿产品归类	第五类非金属矿产品、金属矿产品、有机矿产品和第十三类石料、陶瓷、玻璃等制品
3	化学工业产品归类	第六类无机化学品、有机化学品以及按用途分类的其他化学制品;第七类塑料及塑料制品和橡胶及橡胶制品
4	轻纺工业产品归类	第八类生皮、皮革等制品;第九类木及木制品;第十类木浆及纸制品;第十一类纺织纤维、纤维制品、机织物、针织物、服装制品等;第十二类鞋帽、雨伞、羽绒等制品
5	贵金属、贱金属及其制品归类	第十四类珍珠、宝石、贵金属归类;第十五类钢铁、其他贱金属及其制品
6	机电、车辆及仪器归类	第十六类机械器具、电气设备、电子设备等;第十七类车辆、航空器、船舶及运输设备;第十八类光学、计量、检验、医疗用仪器及设备等;第十九类武器、弹药及其零件、附件等
7	杂项制品归类	第二十类家具、玩具、运动品、杂项品等;第二十一类艺术品、收藏品及古物等

案例讨论

是蔬菜还是水果

多数人可能会毫不犹豫地认为番茄是蔬菜,严谨的学者可能会按照植物学的定义将其归为水果。然而在 100 多年前的美国,番茄是蔬菜还是水果居然闹上了最高法院。事件源于美国 1883 年的《关税法》,其中规定进口蔬菜要缴纳高达 10% 的关税,而水果则不用。当时纽约海关认为番茄是蔬菜,需要交税。约翰·尼克斯等人是做进口番茄生意的,他们认真研习了一番植物学知识,于 1887 年将纽约港海关税收员爱德华·赫登告上了法庭。原告认为番茄应该归为水果,要求返还被征收的税款。按照植物学的定义,尼克斯等人的说法还真有道理,英语中"水果"和"果实"是同一个单词——fruit,一般认为它包含植物的种子,由植物的花发育而来。从植物学来看,番茄是"果实"。此案闹到了美国最高法庭,直到 1893 年法庭才作出最终裁定。法庭认为尽管番茄完全符合植物学中水果的定义,但是人们通常把它作为主菜来烹饪食用,从大众观念和日常的吃法方面来说,它还是更像蔬菜。

分组讨论:

1.《商品名称及编码协调制度》是如何产生的?

2.在我国进出口贸易中,《商品名称及编码协调制度》的地位与作用是什么?

10.3 《协调制度》归类总规则

10.3.1 《协调制度》归类规则一

1. 条文内容

类、章及分章的标题,仅为查找方便而设;具有法律效力的归类,应按税(品)目条文和有关类注或章注确定,如税(品)目、类注或章注无其他规定,按以下规则确定。

2. 条文解释

规则一有三层含义:

(1)"类、章及分章的标题,仅为查找方便而设"。《协调制度》将数以万计的商品按类、章、分章进行分类,每类、每章、每分章都标有标题,这些标题的作用是尽可能概括该类、该章、该分章所包含的商品,从而为查找商品编码带来方便。但是在有的情况下,标题又很难准确地概括所有的商品,例如在第一类"活动物;动物产品"中,按标题该类应包括所有活动物或动物产品,但是该类第一章章注三就指出,品目 9508 流动马戏团及流动动物园的活动物不归入第一章。所以标题的作用,仅为查找方便而设,对商品归类不具有法律效力。

(2)"具有法律效力的归类,应按品目条文和有关类注或章注确定"。本条目包含两层意思:第一,只有按品目条文和有关类注或章注确定的归类,才是具有法律效力的商品归类;第二,许多商品可直接按品目条文规定进行归类,而类注、章注的作用在于限定类、章和品目的商品范围,对那些归类时容易产生混淆和错误的商品加以限定。例如冷冻黄瓜属于冷冻蔬菜,直接按品目条文归入 0710.8090,而干辣椒就不作为食用蔬菜归入第七章,只能按第七章注释四规定,按调味香料归入第九章 0904.2100。

(3)"如品目、类注或章注无其他规定,按以下规则确定"。规则一说明了品目、类注和章注与其他归类原则的关系,也就是说,在商品归类时,品目条文及相关的类、章注释是最重要的,是必须首先遵循的规定。只有在品目和类、章注释无其他规定的条件下,才能根据规则二、规则三、规则四、规则五及规则六的规定依次办理。

归类应按以下顺序进行:首先是品目条文,有具体列名的,直接归入该品目;其次是无具体列名的,查找类注、章注或子目注释,按注释规定确定品目;最后是按照归类总规则使用的条件,依次按其他规则进行归类。

【技能自测】

(1)冷藏的葡萄。

解析:

①查阅类、章标题,归入第二类第八章"食用水果及坚果"。

②第八章品目无具体列名,只列出了鲜的或干的,没有冷藏的。

③查阅第八章章注二,"冷藏的水果和坚果应按相应的鲜果品目归类"。

④按品目"鲜或干的葡萄",归入 0806.1000。

(2)机动混凝土搅拌车。

解析：

①查阅类、章标题，归入第十七类第八十七章"车辆"。

②查阅品目条文，归入品目8705"特殊用途的机动车辆"。

③根据货品的用途，归入8705.4000。

(3)由80％铁、2％金、3％银、15％铜，制成的合金条，非货币用。

解析：

①查阅第十五类注释一（五），"不包括第七十一章的贵金属合金"。

②查阅第七十一章章注五，含金量达2％及以上，属于金合金，归入品目7108。

③根据其用途、加工程度，归入7108.1300。

资料卡 ························· **商品归类操作程序（一）**

进行商品归类，关键要认知商品，要依据商品要素确定品目，具体步骤如下：

(1)查阅类章标题，依据商品生产的经济部门，对可能归入哪类商品作出判断；依据商品原材料属性、用途或加工程度，对可能归入哪章商品作出判断。

(2)查看该章的品目条文，有具体列名的，直接归入编码。

(3)无具体列名的，查阅类注释、章注释、子目注释，按注释规定，确定商品品目。

(4)无注释规定的，采用归类总规则确定品目。

10.3.2 《协调制度》归类规则二

1. 条文内容

(1)规则二（一）：税（品）目所列货品，应视为包括该项货品的不完整品或未制成品。只要在进口或出口时该项不完整品或未制成品具有完整品或制成品的基本特征，就应将其视为包括该项货品的完整品或制成品（或按本款可作为完整品或制成品归类的货品）在进口或出口时的未组装件或拆散件。

(2)规则二（二）：税（品）目中所列材料或物质，应视为包括该种材料或物质与其他材料或物质混合或组合的物品。税（品）目所列某种材料或物质构成的货品，应视为包括全部或部分由该种材料或物质构成的货品。由一种以上材料或物质构成的货品，应按规则三归类。

2. 条文解释

(1)规则二（一）包括两层含义：

①扩大《协调制度》列名商品的范围。《协调制度》列名商品不仅包括该商品的完整品、制成品，而且包括它的不完整品、未制成品，以及完整品、制成品的未组装件或拆散件，或可作为完整品、制成品的未组装件或拆散件。

②该规则的使用是有条件的，《协调制度》列名商品不完整品或未制成品一定要具有完整品（整机）或制成品的基本特征，拆散件必须是完整品的成套散件（如图10-2所示）。

不完整品,指某个货品还不完整,关键部件都有了,但缺少某些非关键零部件,前提是具备完整品的基本特征。例如缺少一个轮胎的汽车或缺少一个倒车镜的汽车,仍按完整品汽车归类。

未制成品,指已经具备了制成品的形状特征,但还不能直接使用,需进一步加工才能使用的货品。例如已具有制成品或零件基本形状或轮廓的锻造坯件,按制成品归类。

未组装件或拆散件,指尚未组装或已经拆散的,且只要通过简单紧固(螺母、螺钉、螺栓等)或通过简单组装(铆接、焊接等)就可装配起来的货品。通常因运输、包装、加工贸易等原因,货品以未组装件或拆散件报验进口或出口。例如未拼装或拆散的木制品,如果各零部件同时报验,则应按相应的完整木制品归类。但是,报验时,对于某一货品的未组装零部件,若有超出组装成品所需数量的,则超出部分应单独归类。

对于以未组装件或拆散件报验的不完整品或未制成品,在进出口报验时,只要它们具有完整品或制成品的基本特征,也应按已组装的完整品或制成品归入相应品目。例如,报验进口或出口时,对于未组装的自行车零部件,如果组装起来缺少坐垫,但具备完整品基本特征,仍按自行车归类。

(2)规则二(二)的含义。

混合物品和组合物品的概念(图10-2)。

图 10-2 规则二扩大了《协调制度》列名商品的范围

规则二(二)包括的货品:

①品目所列某种材料或物质既包括单纯的该种材料或物质,也包括以该种材料或物质为主,与其他材料或物质混合或组合而成的货品。例如加碘食用盐,这种混合物并未改变食用盐的基本特征,因此仍按盐归入相应的品目。这就扩大了品目商品的范围。

②品目所列由某种材料或物质所构成的货品,既包括单纯由该种材料或物质所构成的货品,也包括以该种材料或物质为主,兼有或混有其他材料或物质的货品。例如亚麻机织物,既包括全部由亚麻制成的机织物,也包括主要由亚麻并含有部分棉材料制成的机织物,仍按亚麻机织物归类。这也扩大了品目商品的范围。

③本规则的适用条件是加进去的东西或组合起来的东西,不能失去原品目所列商品的特征或性质。例如加糖牛奶,基本特征还是牛奶,仍按牛奶归类,不应按糖归类。同时还应注意到,仅在品目条文和类注、章注无其他规定的条件下,即必须在遵守总规则一的前提下,才能运用本款规则。

④本规则不是无限扩大品目的范围,如果混合及组合的材料或物质,以及由一种以上材

料或物质构成的货品,看起来可归入两个及两个以上品目时,则不能按本规则而应按规则三的原则进行归类。

【技能自测】

(1)进口日本王冠牌排气量2000毫升4座小轿车(拆散件,缺少坐垫)。

解析:

①按规则二(一),不完整品,具备完整品基本特征,按完整品归类。

②查阅类章标题,可归入第十七类第八十七章"车辆及其零件"。

③查阅品目条文,"用于载人的机动车辆",品目8703。

④按属性发动机机型和排气量,归入8703.2341。

(2)已裁剪成手套形状的针织棉布料片(尚未缝制成型)。

解析:

①按规则二(一),未制成品,具备制成品基本特征,按制成品归类。

②查阅类章标题,可归入第十一类第六十一章"针织或钩编的服装及衣着附件"。

③查阅品目条文,"针织或钩编的分指手套",品目6116。

④按材料,归入6116.9200。

(3)一套散装收音机。

解析:

①按规则二(一),一套散装收音机,属未组装件,是完整品成套拆散件,按完整品归类。

②查类、章标题名称,可归入第十六类第八十五章"录音机及放声机"。

③查阅品目条文,按"无线电广播接收设备",品目8527。

④按货品属性,归入编码8527.1900。

资料卡 ························ *使用归类总规则的顺序*

在使用归类总规则时,必须注意使用顺序:

(1)按顺序使用每条规则,规则一不适合时,才使用规则二;规则二不适合时,才使用规则三,依次进行。例如"液体猪油,未经混合",应按规则一,归入第十五章动植物油,品目1503,而混合了其他油的液体猪油则不能运用规则二(二)归入品目1503。

(2)在使用规则二、规则三、规则四进行商品归类时,要注意它们的使用条件,即品目条文、类注、章注、子目注释有无特别的规定和说明。如有特别规定,应按品目条文、类注、章注、子目注释的规定归类,而不能使用规则二、规则三、规则四。

10.3.3 《协调制度》归类规则三

1. 条文内容

当货品按规则二(二)或由于其他原因看起来可归入两个或两个以上的税(品)目时,应按以下规则归类:

(1)规则三(一):列名比较具体的税(品)目,优先于列名一般的税(品)目。但如果两个或两个以上的税(品)目都仅述及混合或组合货品所含的某部分材料或物质,或零售的成套货品中的某些货品,即使其中某个税(品)目对该货品描述得更为全面、详细,也应视这些货品在有关税(品)目的列名为同样具体。

(2)规则三(二):混合物、不同材料构成或不同部件组成的组合物以及零售的成套货品,不能按规则三(一)归类时,在本款可适用的条件下,应按构成货品基本特征的材料或部件归类。

(3)规则三(三):货品不能按规则三(一)或三(二)归类时,应按号列顺序归入其可归入的最末一个税(品)目。

2.条文解释

规则三运用的前提:规则三首先指明,按规则二(二)或由于其他原因归类,货品看起来可归入两个或两个以上的品目。

在此前提下,规则三概括为三个归类原则:

规则三(一),具体列名的归类原则:列名比较具体的品目,优先于列名一般品目的原则。

规则三(二),基本特征的归类原则:如果不能按照规则三(一)进行归类,在本条款可适用的条件下,混合物、不同材料构成的或不同部件组成的组合物以及零售成套货品,应按照构成货品基本特征的材料或部件归类。

规则三(三),从后归类的归类原则:如果规则三(一)和规则三(二)都不能解决归类问题,则在几个认为可同等归类的品目中,按号列顺序归入其可归入的最后一个品目。

据此,这三条归类原则应按照其在本规则的先后顺序加以运用,即只有在不能按照规则三(一)归类时,才能运用规则三(二);不能按照规则三(一)和规则三(二)归类时,才能运用规则三(三)。因此,它们优先效力的次序是具体列名—基本特征—从后归类。

(1)具体列名归类原则。具体列名归类原则是规则(三)第一条归类办法,它规定列名比较具体的品目,优先于列名一般的品目。一般来说:

①同一类别货品相比较,货品具体名称比货品类别名称更具体。比如,丝制紧身胸衣是一种女式内衣,有两个品目可能归入,一个是品目6208"女式内衣",一个是品目6212"妇女紧身胸衣",前一个是货品类别名称,后一个是货品名称,依据具体列名原则,应归入6212.3090。

②不同类别货品相比较,如果某一个品目所列名称更为明确地包括某一货品,则该品目要比所列名称不完全包括该货品的其他品目更为具体。例如,"用于小汽车的簇绒地毯",两个品目都涉及,一个是品目8708"机动车辆的零件、附件",另一个是品目5703"簇绒地毯及纺织材料的其他簇绒铺地制品,不论是否制成的",相比较来说,5703所列簇绒地毯更为具体,应归入5703.9000。

但是,如果两个或两个以上品目都述及混合或组合货品所含的某部分材料或物质,或零售成套货品中的某些货品,即使其中某个品目比其他品目对该货品描述得更为全面、详细,也应视这些货品在有关品目的列名为同样具体。例如由塑料和橡胶材料制成的传动带,涉及两个品目,即品目3926的塑料制品和品目4010的硫化橡胶制传动带,很显然,两个品目分别列出货品都不能完全包括上述传动带,所以它们的列名应视为同样具体。在这种情况下,货品不能按具体列名的方法归类,而应按规则三(二)的规定进行归类。

也就是说,在不能按照规则三(一)归类时,才能采用规则三(二)。

(2)基本特征归类原则。基本特征归类原则指不能按规则三(一)归类的混合物、组合物以及零售成套货品的归类,应按构成货品基本特征的材料或部件归类。

①不同货品确定其基本特征的因素有所不同,一般来说,可根据货品所含材料或部件的性质、体积、数量、重量或价值来确定货品的基本特征,也可根据所含材料对货品用途和作用来确定货品的基本特征。

例如,含60%棉、40%麻的染色平纹机织物(<170克/平方米),应按棉机织物归类(基本特征:材料重量),归入5212.1300。

再如,塑料制中国象棋,如果按基本特征(材料性质)归类,归入第三十九章"塑料制品",就会产生归类错误,正确的方法首先是按具体列名原则进行归类,归入第二十类第九十五章"玩具、游戏品",品目号码9504.9030。

②本款所称"零售的成套货品",指同时符合以下三个条件的货品:

其一,至少由两种看起来可归入不同编码的不同货品构成。

其二,为了适应某项需求或开展某项专门活动而将几件货品包装在一起。

其三,包装形式适于直接销售给用户,货物无须重新包装。

例如,成套的理发工具,由一个电动理发推剪(品目8510)、一把梳子(品目9615)、一把剪刀(品目8213)、一把发刷(品目9603)、一条毛巾(品目6302)以及一个手提皮箱子(品目4202)组成,则根据归类总规则三(二),该货品符合上述的三个条件,属于"零售的成套货品",所以按该组合货品的基本特征(主要货品电动理发推剪)进行归类,归入品目8510.2000。

(3)从后归类归类原则。规则三(三)明确指出,如果规则三(一)或三(二)都不能解决归类的问题,则应按号列顺序归入最后一个品目。也就是说,如果一个货品看起来可以归入两个或两个以上品目,每个品目比较起来都同样具体,那么就按在商品编码表中位置靠后的那个品目进行归类。

例如,浅蓝色的平纹机织物,由50%棉、50%聚酰胺短纤织成,每平方米重量超过170克。通过查阅类、章标题,棉属第五十二章,聚酰胺属第五十五章,查阅第十一类和第五十二章、第五十五章的注释,未提到该合成织物的归类,因此不适用规则三(一)、规则三(二)。遵循从后归类原则,应按聚酰胺归类,归入5514.3010。

【技能自测】

(1)已冲洗并配音供教学用的35毫米电影胶片。

解析:

①具体列名归类:电影胶片。

②查阅类、章标题,可归入第六类第三十七章"照相及电影用品"。

③查阅品目条文,按"已曝光已冲洗的电影胶片",品目3706。

④按宽度,归入3706.1010。

(2)输出功率为80瓦的吊扇。

解析:

①具体列名归类:风扇。

②查阅类、章标题,可归入第十六类第八十四章"机器、机械器具"。
③查阅品目条文,按"空气泵及风机、风扇",品目8414。
④按属性,归入8414.5110。

(3)混纺毛华达呢面料(机织,按重量计含精梳羊毛95%、涤纶短纤维5%,每平方米重185克)。

解析:
①基本特征(重量)归类:精梳羊毛。
②查阅类、章标题,可归入第十一类第五十一章"羊毛、动物细毛或粗毛"。
③查阅品目条文,按"精梳羊毛机织物",品目5112。
④按属性,归入5112.1100。

(4)刺绣手帕(含棉50%,丝50%)。

解析:
①查阅类、章标题,刺绣手帕可归入第十一类第六十二章,"非针织或非钩编的服装及衣着附件"。
②查阅品目条文,按"手帕",品目6213。
③按材料,棉制刺绣手帕应归入6213.2010,丝制刺绣手帕应归入6213.9020。
④依据规则三(三),从后归类,该货品应归入6213.9020。

(5)混纺府绸(按重量计算,含棉40%,人造短纤维30%,合成短纤维30%,已染色)。

解析:
①该货品由天然植物纤维(棉花)与化学短纤维(人造短纤维,合成短纤维)混纺机织染色而成,并且分别占40%和60%。根据规则三(二)基本特征归类办法,可按第十一类第五十五章"化学纤维短纤"归类。
②该货品化学纤维短纤成分,既包括了人造短纤维,又包括了合成短纤维,且两者在该货品中含量相同,各占30%。可能归入两个品目,一个品目5514(合成纤维与棉混纺机织物),另一个品目5516(人造纤维与棉混纺机织物),根据规则三(三)从后归类办法,该货品应选择品目5516。
③按加工程度,该货品归入5516.4200。

10.3.4 《协调制度》归类规则四

1. 条文内容

根据前述规则无法归类的货品,应归入与其最相类似的货品的税(品)目。

2. 条文解释

随着科学技术的发展,新材料、新技术、新工艺、新产品不断涌现,从理论上说,会出现利用《协调制度》分类时无法处理的情况。为解决这类归类疑难问题,本规则规定了用最相类似货品品目替代方法,即将报验货品与类似货品加以比较,确定其与哪种货品最相类似,然后将所报验货品归入最相类似货品的同一品目。"最相类似"指名称、特征、功能、用途、结构等因素的最相类似,在实际操作中往往难以统一认识。

本规则使整个归类总规则更加严密,但因为很少使用,尤其在 HS 编码中,每个品目都设有"其他"子目,不少章节单独列出"本章其他未列名……"如第九十章品目 9031"本章其他品目未列名的测量或检验仪器、器具及机器;轮廓投影仪",所以,本规则的实际使用频率很低。

10.3.5 《协调制度》归类规则五

1. 条文内容

除前述规则外,本规则适用于下列商品的归类:

(1)规则五(一)。制成特殊形状仅适用于盛装某个或某套物品并适合长期使用的,如照相机套、乐器盒、枪套、绘图仪器盒、项链盒及类似容器,如果与所装物品同时进口或出口,并通常与所装物品一同出售的,则应与所装物品一并归类,但本款不适用于本身构成整个货品基本特征的容器。

(2)规则五(二)。除规则五(一)规定的以外,与所装货品同时进口或出口的包装材料或包装容器,如果通常是用来包装这类货品的,则应与所装货品一并归类,但明显可重复使用的包装材料和包装容器可不受本款限制。

2. 条文解释

(1)本规则是一条关于包装物品归类的专门条款。

规则五(一)主要指适用于供长期使用的包装容器,只要它们同时符合以下各条规定:

①制成特殊形状或形式,专用于盛装某一物品或某套物品,即专门按所要盛装的物品进行设计的,有些容器还制成所装物品的特殊形状。

②适合长期使用的,容器的使用期限与所盛装的物品相比是相称的,在物品不使用期间,这些容器还起保护物品的作用。

③与所装物品一同进口或出口,不论其是否为了运输方便而与所装物品分开包装;单独进口或出口的容器,应归入所应归入的品目报验。

④通常与所装物品一同出售的。

⑤本身并不构成整个货品基本特征。

该类包装物可与所装物品一并归类。例如装有茶叶的铁制茶叶罐与茶叶一并归入品目 0902;装有首饰的首饰盒与首饰一并归入品目 7113。

(2)规则五(二)实际上是对规则五(一)规定的补充,它主要适用于明显不能重复使用的包装材料或包装容器,这些材料或容器如下:

①规则五(一)以外的。

②通常用于包装有关货品的。

③与所装物品一同报验的。

④不属于明显可重复使用的。

从以上特性看,这类包装材料或包装容器是一次性使用的包装物,应与货品一并归类。例如,装有电视机的瓦楞纸箱,由于符合以上条件,因此应与电视机一并归类。

但是,本款规定不适用以下包装物,应分别归类:

①明显可重复使用的包装材料和包装容器。

②构成货品基本特征的包装材料和包装容器。

③单独报验的包装材料及包装容器。

例如"装载压缩液化气体的钢瓶",构成货品基本特征,应按钢瓶和液化气分别归类。

例如,装有茶叶的银质茶叶罐,银罐本身价格昂贵,远远超出茶叶的价格,已构成整个货品的基本特征,不能与茶叶一并归类,应按银制品与茶叶分别归类。

【技能自测】

(1)装有绿茶的银质罐子。

解析:

①银罐本身价格昂贵,已构成整个货品的基本特征,应按银制品归类,不能与绿茶一并归类。

②查阅类、章标题,归入第十四类第七十一章"贵金属及其制品"。

③查阅品目条文,按"贵金属或包贵金属制的金银器",品目7114。

④按材料,归入7114.1100。

(2)装着玻璃杯子的纸板箱。

解析:

①装着杯子的纸板箱属于不能重复使用的包装容器,与货物一起报验时,应与玻璃杯子一并归类。

②查阅类、章标题,归入第十三类第七十章"玻璃及其制品"。

③查阅品目条文,按"玻璃器",品目7013。

④按材料,归入7013.3700。

(3)带塞子的玻璃陶瓷瓶,内装有已消毒的药棉。

解析:

①带塞子的玻璃陶瓷瓶不是通常用于包装消毒药棉的容器,不适用归类总规则五,应分别归类。

②玻璃陶瓷瓶归入第七十章"玻璃及其制品",按材料归入7013.1000。

③消毒药棉归入第三十章"药品",按货品属性归入3005.9010

所以本题货品分别归类为,玻璃陶瓷瓶7013.1000;消毒药棉3005.9010。

10.3.6 《协调制度》归类规则六

1. 条文内容

货品在某一税(品)目下各子目的法定归类,应按子目条文或有关子目注释以及以上各条规则来确定,但子目的比较只能在同一数级上进行。除条文另有规定外,有关的类注、章注也适用于本规则。

2. 条文解释

本规则是关于如何确定子目的一条归类原则,其含义如下:

(1)子目归类首先按子目条文和有关子目注释确定。

(2)如果按子目条文和子目注释还无法确定归类,则上述各规则的原则同样适用于子目的确定。

(3)除条文另有规定外,有关的类注、章注也适用于子目的确定。

但在具体确定子目时,还应当注意以下两点:
①依次确定。在确定子目时,一定要按货品所给条件先确定一级子目,若符合条件,再依次确定二级子目、三级子目、四级子目。
②同级比较。在确定子目时,应遵循同级比较的原则,即一级子目与一级子目比较,进行归类选择,判断哪个子目更为具体,更为合适,通过层层比较,依次确定。
例如,"机织亚麻刺绣双人床单"归类(图10-3)。

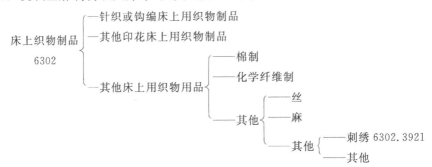

图10-3 机织亚麻刺绣双人床单归类

在确定品目"床上织物制品(6302)"项下子目时,应按以下步骤进行:
(1)先确定一级子目,即将3个一级子目"针织或钩编床上用织物制品""其他印花床上用织物制品"与"其他床上用织物制品"进行比较后,归入"其他床上用织物制品"一级子目。
(2)再确定二级子目,即将3个二级子目"棉制""化学纤维""其他纺织材料制"进行比较后,归入"其他纺织材料制"二级子目。
(3)然后确定三级子目,即将3个三级子目"丝及绢丝制""麻制""其他"进行比较后,归入"麻制"三级子目。
(4)最后确定四级子目,即将2个四级子目"刺绣的""其他"进行比较后,归入"刺绣的"四级子目。
最终得到机织亚麻刺绣双人床单应归入子目6302.3921。

资料卡　　　　　　　　　　商品归类操作程序(二)

进行商品归类,关键要认知商品,要依据商品要素确定子目,具体步骤和注意事项如下:
(1)查阅所属品目的一级子目条文和适用的注释,有具体列名或有注释规定的,则可确定一级子目。
(2)无具体列名且无注释规定的,则采用归类总规则确定一级子目。
(3)依次重复以上操作,确定二级、三级、四级子目,完成归类。
(4)注意:同级子目才能进行比较。

【技能自测】

(1)亚硫酸盐未漂白针叶木浆(非溶解级)。

解析：

①货品为木浆,查阅类、章标题,归入第十类第四十七章"木浆及其他纤维素浆"。

②查阅品目条文,按"亚硫酸木浆"归类,品目4704。

③查阅子目条文,按加工程度,一级子目,归入"未漂白"。

④查阅子目条文,按货品属性,二级子目,归入"针叶"。

得知亚硫酸盐未漂白针叶木浆(非溶解级)商品编码为4704.1100。

(2)"美丽"牌柠檬香型亮光液,600毫升压力罐装,使用时喷于家具表面。

解析：

①货品为亮光液,属光洁剂,查阅类、章标题,归入第六类"化学工业及相关工业产品",第三十四章"肥皂、洗涤剂、光洁剂及牙科用熟石膏制剂"。

②查阅品目条文,按"家具用光洁剂"归类,品目3405。

③查阅子目条文,按用途,一级子目,归入"保养木制家具的上光剂及类似产品"。

得知"美丽"牌柠檬香型亮光液商品编码为3405.2000。

(3)表壳镀金的自动上弦的机械手表。

解析：

①手表应列第九十一章"钟表及其零件"。

②查阅品目条文,根据第九十一章章注二规定,"品目9101仅包括表壳完全以贵金属或包贵金属制的表",表壳镀贵金属的手表应归入品目9102。

③查阅子目条文,按材料,一级子目,"其他手表"。

④查阅子目条文,按用途,二级子目,"自动上弦的"。

得知该货品归入9102.2100。

资料卡 ———————————— *总规则内涵*

规则一,归类总的指导原则。

规则二(一),不完整品、未制成品、未组装件、拆散件的归类。

规则二(二),混合物或组合物的归类。

规则三(一),具体列名归类原则。

规则三(二),基本特征归类原则。

规则三(三),从后归类归类原则。

规则四,最相类似物品的归类。

规则五(一),特殊包装容器的归类。

规则五(二),包装材料及包装容器的归类。

规则六,子目的归类。

10.4 进出口货物商品归类的海关管理

10.4.1 商品归类的依据

为了规范进出口货物的商品归类,保证商品归类结果的准确性和统一性,海关总署根据《海关法》《进出口关税条例》,以第 158 号总署令发布了《中华人民共和国海关进出口货物商品归类管理规定》(以下简称《归类管理规定》)。根据规定,我国进出口货物商品归类的主要依据如下:

(1)《进出口税则》。
(2)《商品及品目注释》。
(3)《本国子目注释》。
(4)海关总署发布的关于商品归类的行政裁定。
(5)海关总署发布的商品归类决定。

10.4.2 《规范申报目录》及商品归类的申报要求

为了规范进出口企业申报行为,提高申报质量,促进贸易便利化,海关总署制定了《中华人民共和国海关进出口商品规范申报目录》(以下简称《规范申报目录》)。《规范申报目录》由"商品编码""商品名称""申报要素"栏组成,并且按照我国海关进出口商品分类目录的品目顺序,根据需要在品目级或子目级列出了具体申报要素。在报关单"商品名称、规格型号"栏必须依据《规范申报目录》列出的申报要素进行申报。

例如,对于品目 3606"各种形状的铈铁及其引火合金",《规范申报目录》规定该品目的申报要素见表 10-4。

表 10-4 "各种形状的铈铁及其引火合金"申报要素表

商品编码	商品名称	申报要素
3606.1000	——直接灌注香烟打火机及类似打火器用液体燃料或液化燃料,其包装容器不超过 300 立方厘米	品名;用途;包装容器的容积
3606.9011	——其他 ——铈铁及其他引火合金	品名;用途;外观;稀土元素重量百分比
3606.9090	——其他	品名;用途;外观

案例:根据 ZIPPO 牌打火机用液体燃料,100%,石脑油制,125 毫升/支,查阅商品编码及商品规范申报要素。

进出口货物收发货人或其代理人在进行进出口申报时,应当查阅《规范申报目录》,其商品编码为 3606.1000,其申报要素为,品名;用途;包装容器的容积。

于是得知报关单"商品名称、规格型号"栏应当填报:

"液体燃料"
"ZIPPO 牌打火机用,125 毫升/支"

《规范申报目录》对商品归类申报管理提出了相应要求：

(1)如实、准确申报：收发货人或者其代理人应当按照法律、行政法规的规定以及海关的要求如实、准确地申报进出口货物的商品名称、规格型号等，并且对其申报的进出口货物进行商品归类，确定相应的商品编码。

(2)提供有关资料：收发货人或者其代理人不得以商业秘密为由拒绝向海关提供资料。如果确实涉及商业秘密的，应当事前向海关提出书面申请，具体列明需要保密的内容，海关应当依法为其保密。

(3)补充申报：由于报关单本身可填写的申报内容有限，因此，对一些较为复杂、需要较多资料说明才能满足归类需要的商品，海关可以要求收发货人或者其代理人提供确定商品归类所需的资料，必要时可以要求收发货人或者其代理人通过补充申报的方式来确保归类申报的完整性和准确性。

10.4.3 商品归类的修改

(1)收发货人或者其代理人申报的商品编码需要修改的，应当按照《中华人民共和国海关进出口货物报关单修改和撤销管理办法》等规定，向海关提出申请。

(2)海关经审核认为收发货人或者其代理人申报的商品编码不正确的，可以根据《中华人民共和国海关进出口货物征税管理办法》的有关规定，按照商品归类的有关规则和规定予以重新确定，并且根据《中华人民共和国海关进出口货物报关单修改和撤销管理办法》等有关规定通知收发货人或者其代理人对报关单进行修改。

10.4.4 我国海关商品预归类管理

什么是预归类管理？《归类管理规定》对商品预归类管理进行重新定义。商品预归类管理是指在海关注册登记的进出口货物经营单位，可以在货物实际进出口的45天前，向直属海关申请就其拟进出口的货物预先进行商品归类，如图10-4所示：

图 10-4 我国海关商品预归类管理

进行商品预归类具体程序是什么？

1. 预归类申请

拟进行商品预归类的进出口货物经营者（以下简称"申请人"），应当填写并且提交《中华人民共和国海关商品预归类申请表》。预归类申请应当向拟实际进出口货物所在地的直属海关提出。

2. 预归类受理和预归类决定

申请预归类的商品归类事项，经直属海关审核，认为属于《进出口税则》《商品及品目注释》《本国子目注释》、海关总署发布的关于商品归类的行政裁定以及商品归类决定有明确规定的，应当在接受申请之日起15个工作日内制发《中华人民共和国海关商品预归类决定书》（简称"预归类决定书"），并且告知申请人。

属于没有明确规定的,应当在接受申请之日起7个工作日内告知申请人可以按照规定申请行政裁定。

3. 预归类决定书的使用

申请人在制发预归类决定书的直属海关所辖关区进出口预归类决定书所述商品时,应当主动向海关提交预归类决定书。

申请人实际进出口预归类决定书所述商品,并且按照预归类决定书申报的,海关按照预归类决定书所确定的归类意见审核放行。

有关规定发生变化导致相关预归类决定书不再适用的,作出预归类决定的直属海关应当制发通知单,或者发布公告,通知申请人停止使用有关的预归类决定书。

10.4.5 商品归类决定及其他管理要求

(1)海关总署可根据有关法律、行政法规规定,对进出口货物作出具有普遍约束力的商品归类决定。进出口相同货物,应该适用相同的商品归类决定。商品归类决定由海关总署对外公布。

(2)作出商品归类决定所依据的法律、行政法规以及其他相关规定发生变化的,商品归类决定同时失效。商品归类决定失效的,应当由海关总署对外公布。

(3)海关总署发现商品归类决定存在错误的,应当及时予以撤销。撤销商品归类决定的,应当由海关总署对外公布。被撤销的商品归类决定自撤销之日起失效。

(4)因商品归类引起退税或者补征、追征税款以及征收滞纳金的,按照有关法律、行政法规以及海关总署规章的规定办理。

(5)违反《中华人民共和国海关进出口货物商品归类管理规定》,构成走私行为或者其他违规违法尚未构成犯罪的,由海关依照《海关法》和《海关行政处罚实施条例》的有关规定予以处理;构成犯罪的,依法追究刑事责任。

综合实训

申报进口需要的单证

中国某进出口公司与香港某公司以FOB横滨USD200/台价格条款签订了贸易合同,进口5000台原产于日本的轿车用压缩机、发动机驱动,用于制冷设备。该批货物于2013年12月4日由"慧通"号货轮载运进境。该公司当日向海关申报货物进口,海关验放后,收货人发现其中有500台已损坏。经该公司与香港某公司交涉,该香港公司同意另行免费补偿同数量、同品牌、同规格的货物,补偿货物于2013年12月13日运达。根据上述案例,分组讨论,并选代表回答以下问题:

1. 该公司在2013年12月4日向海关申报进口时,应提供哪些单证?
2. 根据进口税率适用原则,对该批货物海关按何种税率计征进口税?
3. 该批免费补偿货物进口时,其贸易方式是什么?

解析:

首先,要了解该批货物的商品编码。该批进口商品属于机械设备,归入第八十四章,压缩机有具体列名,根据其用途与功能,用于制冷的非电动机驱动的压缩机,归入9414.3090。因为经查《中国海关报关实用手册》,该货物海关监管方式为7AB,即进口时应向海关提供自动进口许可证和入境货物通关单,所以进口货物报关时,企业应提供进口报关单。基本单证和特殊单证,基本单证包括提货单、商业发票、装箱单,特殊单证包括自动进口许可证、入境货物通关单、原产地证书、贸易合同等。

其次,因为根据海关对税率适用的规定,该批货物原产于日本,有原产地证书,所以应按最惠国税率征税。

最后,该批免费补偿货物属于无代价抵偿货物,只要同数量、同品牌、同规格,且该批损坏货物已退运出境,并向海关申请退还原征税款,就应在补偿货物进口时照章征税。若国内降价处理,并对其残留价值进行补税,则可免税进口。

10.5 各类进出口商品归类技能

10.5.1 动物、植物产品的归类

第一类 活动物;动物产品

——**商品范围**

包括所有活动物和仅作有限加工的动物产品,本类共5章,由3部分组成。

1. 活动物,包括第一章和第三章

(1)第一章,活动物,即除归入第三章鱼、甲壳动物、软体动物及其他水生无脊椎动物外的各种活动物。

(2)第三章,鱼、甲壳动物、软体动物及其他水生无脊椎动物。

2. 食用动物产品,包括第二章和第四章

(1)第二章,肉及食用杂碎,指供人食用的动物肉及杂碎(不包括供食用的动物血、肠、膀胱及胃,归入第五章其他动物产品)。

(2)第四章,乳品、蛋品、蜂蜜、其他食用动物产品。

3. 非食用动物产品,归入第五章

第五章,其他动物产品,如未加工的人发、猪鬃、马毛、骨粉、兽牙、甲壳等。

——**归类技能**

1. 归入其他类的动物产品

(1)通常作为某些行业原材料使用的动物产品,如动物生皮、皮革、毛皮归入第四十五章皮革、第四十三章毛皮;绵羊及其他动物的毛发归入第五十一章羊毛。

(2)巡回展出的活动物,如流动马戏团、流动动物园的,归入第九十五章游戏品。

(3)作为培养微生物使用的活动物应归入第三十章药品。

2. 动物杂碎的归类

杂碎指动物的头、脚、尾、心、舌、皮及动物内脏等。

(1)对于供人食用并符合本章加工程度的,鲜的,归入第二章0206,0207,0208,干、熏、

腌、渍的，归入品目0210；对不适合供人食用的肉及杂碎，一般归入第五章0511。例如，新鲜的猪脚应归入品目0206。

（2）专供制药用的杂碎，例如胆囊、肾上腺、胎盘等，如为鲜、冷、冻或用其他方法临时保藏的，归入品目0510；如经干制的，归入品目3001。

（3）对于既可供人食用，又可供制药的杂碎，如肝、肾、肺、脑、胰腺、脾、脊髓等，临时保藏，以供药用的，归入第五章0510；经干制的，归入第三十章3001；其他适合供人食用的归入第二章（同上），不适合供人食用的归入第五章0511或其他章。

（4）既可供人食用，又有其他用途的杂碎，例如，动物生皮，供人食用，归入第二章；不适合供人食用的，归入第五章或其他有关章，如制革用的动物皮张归入第八类第四十一章或第四十三章，制革过程中产生的生皮边角废料归入品目0511。

（5）根据第二章章注二规定，动物的肠、膀胱、胃或动物血必须按不可食用动物产品，归入第五章0504（动物血符合3002规定的，归入品目3002；不符合的，归入品目0511）。

3. 鱼、甲壳动物、软体动物及其他水生无脊椎动物的归类

（1）各种活鱼，归入品目0301。

（2）活的甲壳动物，包括龙虾、大螯虾、蟹、淡水小龙虾、河虾、对虾等，归入品目0306。

（3）活的软体动物，包括牡蛎、扇贝、贻贝、蚌、墨鱼、鱿鱼、章鱼、蜗牛，归入品目0307。

（4）其他水生无脊椎动物，包括海胆、海参、海蜇、蛤、鲍鱼等，归入品目0307。

（5）鲸、海豚、海狮、海豹、海牛、海象等水生哺乳动物以及可在水中生活的龟、蛇、鳄鱼、甲鱼、水蛙等应归入第一章而不是第三章，归入品目0106。

4. 动物加工产品的归类

（1）肉、鱼等，简单加工（鲜、冷、冻、腌、干、熏），归入第二章、第三章或第五章0504。

（2）肉、鱼等，复杂加工（蒸、煮、煎、烧、炸、烤），归入第十六章肉鱼等制品。

5. 乳品的归类

（1）乳及奶油（原料乳包括消毒乳、炼乳、奶粉、奶油，奶油是原料乳分离制作的产品）未浓缩、未加糖的，归入品目0401；浓缩、加糖的，归入品目0402。

（2）酪乳0403（原料乳经发酵搅拌，制作酪乳）。

（3）乳清0404。

（4）黄油0405；乳酱（酪乳经压炼制成黄油和乳酱，黄油含脂率在80％～95％，乳酱含脂率在39％～80％)0405。

（5）乳酪0406（原料乳经发酵、凝炼制成液态乳清和固态乳酪，但含糖在95％以上的归入品目1702）。

【技能自测】

（1）野鸡。

解析：活动物，非家禽，归入0208.9090。

（2）全脂奶粉，脂肪含量23％，未加糖，450克/袋。

解析：乳品，已浓缩，归入0402.2100。

（3）干的猪蹄筋。

解析：食用杂碎，干制，归入0210.9900。

(4)燕窝。

解析:食用,其他动物产品,未列名,归入 0410.0010。

(5)切成块的大马哈鱼经烹煮后做成罐头包装。

解析:复杂加工,第十六章,肉鱼制品,为鲑科鱼种,归入 1604.1190。

第二类 植物产品

——商品范围

包括绝大多数未加工或仅作有限加工的植物产品,本类共9章,由3部分组成。

1. 活植物,包括第六章

第六章,活树及其他活植物,主要由花店和苗圃供应的,种植或装饰用各种活植物。

2. 食用植物,包括第七章至第十一章,第十二章部分品目

(1)第七章,食用蔬菜,有限加工:鲜、冷、冻、腌、干等,进一步加工归入第二十章;可食用的高淀粉,如马铃薯粉、甘薯粉、木薯粉归入第十一章制粉产品。

(2)第八章,食用水果,有限加工:鲜、冷、冻、腌、干等,进一步加工归入第二十章。

(3)第九章,咖啡等4种植物,具体有咖啡、茶、马黛茶及调味香料。

(4)第十章,谷物,仅作有限加工,不能超过脱粒范围,但稻谷除外。

(5)第十一章,制粉工业产品,包括麦芽、淀粉、菊粉、面筋等。

(6)第十二章,包括含油子仁及果实;杂项子仁及果实;工业用或药用植物产品;稻草秸秆等。

3. 非食用植物,包括第十二章部分品目,第十三章,第十四章

(1)第十三章,虫胶、天然树胶、树脂及其他植物液汁。

(2)第十四章,编结、制帚、制刷或作填充用植物材料;其他植物产品。

——归类技能

1. 归入其他类的植物产品

(1)天然橡胶归入第四十章橡胶。

(2)木材及软木归入第四十四章木及制品,第四十五章软木及制品。

(3)棉花归入第五十二章棉花。

(4)甜玉米、鲜辣椒、蘑菇、块菌、葱蒜等是第七章食用蔬菜。

2. 干蔬菜的归类

第七章章注三,品目 0712 干蔬菜,包括干制的品目 0701~0711 各种蔬菜,但不包括:

(1)脱荚干豆 0713。

(2)品目 1102~1104 所列形状的甜玉米。

(3)马铃薯细粉、粗粉等(可食用的高淀粉,归入第十一章制粉产品)。

(4)品目 0713 干豆制成细粉、粗粉及粉末,归入品目 1106。

3. 调味香料的归类

(1)第九章章注一,单一调味香料,0904~0910,添加其他物质,保持基本特征,归类不影响。

(2)混合调味香料,同品目混合的,品目不变;不同品目混合的,应归入 0910.9100。

(3)混合调味品,虽然含有一种或多种香料,但是其基本特征发生改变,应归入2103混合调味品。

4.谷物细粉、粗粉的归类

(1)根据第十一章章注二、三规定,表中所列某种谷物经碾磨加工所得产品,如果符合章注二的2个条件的,即淀粉含量超过(2)栏指标,灰分含量不超过(3)栏指标,则可归入本章相应品目1101~1104;不符合的,归入2302(糠麸)。

(2)如果经碾磨产品的粗细度又符合(4)栏或(5)栏过筛率指标,则为品目1101或1102的细粉。

(3)品目1103所称的"粗粒"及"粗粉",其过筛率指标为,玉米产品,用2毫米孔径筛网,不低于95%;其他谷物产品,用1.25毫米孔径筛网,不低于95%。

(4)如果某种谷物不是经碾磨加工,而是经其他加工的,例如去壳、滚压、制片、制成粒状、切片或粗磨等,则均归入品目1104,稻谷、大米除外。

【技能自测】

(1)干木耳。

解析:本章注二,属食用蔬菜,干制,归入0712.3200。

(2)干枣100克、龙眼150克、核桃200克的混合食品。

解析:食用水果,混合物,不按基本特征归类,属什锦水果,归入0813.5000。

(3)八角茴香50克,小茴香子80克混合物。

解析:属混合香料,同品目,基本特征,归入0909.5000。

(4)"长寿"牌西洋参片,干的,50克/盒。

解析:药用植物,归入1211.2010。

(5)经粗磨、破碎后呈不规则形状的薏米粗粒。

解析:薏米是植物薏苡的种仁,归入1104.2990。

(6)中国产的生漆。

解析:生漆是从漆树切口处流出的未经加工的树液,归入1302.1910。

第三类 动、植物油、脂及其分解产品;精制的食用油脂;动、植物蜡

——商品范围

本类共1章,包括由第一类和第二类产品进一步加工得到的动植物油脂、油脂分解产品、混合食用油脂、动植物蜡及残渣等。

(1)(初榨或精制)动物油脂1501~1506。

(2)(初榨或精制)植物油脂1507~1515。

(3)化学改性油脂1516(氢化),1518(氧化)。

(4)混合食用油脂1517。

(5)动植物油脂分解产品粗甘油1520。

(6)动植物蜡1521。

(7)残渣1522。

——归类技能

1. 归入其他类的植物油脂

(1) 未炼制的猪脂肪及家禽脂肪归入第二章肉及杂碎(品目0209)。

(2) 从乳中提取的黄油及其他油脂归入第四章乳品(品目0405)。

(3) 动物油渣、植物油渣归入第二十三章食品渣料。

(4) 游离状态的脂肪酸、精制蜡归入第六类化工。

(5) 从油类提取的油膏归入第四十章橡胶制品。

(6) 可可油、可可脂应归入第十八章可可及可可制品(品目1804)。

(7) 甘油(丙三醇)归类：粗甘油(纯度95%以下)，归入第十五章动植物油脂(品目1520)；纯度95%及以上，归入第二十九章有机化学品(品目2905)。

2. 根据油脂的不同加工方式和加工程度确定的归类

(1) 油脂(初榨、精制)，动物(品目1501~1506)，植物(品目1507~1515)。

(2) 油脂(化学改性)(品目1516、1518)。

(3) 混合食用油脂(品目1517)。

(4) 动植物蜡(品目1521)。

(5) 残渣(品目1522)。

3. 变性加工产品的归类

"变性加工"与"化学改性"是不同概念，按第十五章章注三，应归入其未变性油、脂及分离品目，例如变性的初榨豆油，未经化学改性，可按初榨豆油归类，归入1507.1000。

【技能自测】

(1) 食用调和油，豆油占70%，菜籽油占20%，橄榄油占10%。

解析：混合食用油脂，不按基本特征，归入1517.9090。

(2) 用溶剂提取的橄榄油。

解析：溶剂提取，非机械提取，归入1510.0000。

(3) 精制棕榈仁油。

解析：棕榈果仁制，非棕榈果实制，归入1513.2900。

(4) 大豆色拉油，将大豆油毛油经脱胶—脱酸—脱色—脱臭—脱蜡—脱酯等工序制成。

解析：属精制豆油，归放1507.9000。

第四类　食品；饮料、酒及醋；烟草、烟草及烟草代用品的制品

——商品范围

本类共9章，由6部分组成。

1. 以动物产品为原料的食品，包括第十六章

经煮、蒸、烤、炸、炒、均化、混合、调味等肉、鱼、甲壳动物、软体动物及其他水生无脊椎动物制品的进一步加工。

2. 以植物产品为原料的食品，包括第十七章至第二十一章

(1) 第十七章，糖及糖食，具体包括糖、糖浆、人造蜜、焦糖、糖蜜及糖食。

(2) 第十八章，可可及可可制品，包括可可、可可脂、可可油、可可食品。

(3) 第十九章,谷物、粮食粉、淀粉或乳的制品,糕饼点心。

(4) 第二十章,经醋酸制作、用糖保藏、蒸煮加工、均化制作、压榨取汁等的蔬菜、水果等植物制品等进一步加工。

3. 杂项食品,包括第二十一章

4. 饮料、酒及醋,包括第二十二章

5. 食品工业的残渣及废料、配制的动物饲料,包括第二十三章

6. 烟草、烟草制品及代用品,包括第二十四章

——归类技能

1. 混合食品的归类

(1) 根据第十六章注二规定,本章的食品按重量计必须含有 20% 以上的动物类原料,包括香肠、肉、食用杂碎、动物血、鱼(甲软水)等原料。

(2) 不同动物类原料的含量可以相加,低于 20% 以上动物类原料,不归入第十六章。

(3) 对于含有 2 种或以上前述产品的食品,按其中重量最大的产品归入第十六章的相应品目。

注意:品目 1902 所列的包馅食品、品目 2103 所列的调味品、品目 2104 所列的均化混合食品,不论肉、鱼(甲软水)等原料的比重是否超过 20%,仍应分别归入上述有关品目。

2. 均化食品的归类

根据第十六章子目注释一规定,均化食品优先归类,均化食品归入 1602.1000;符合以下 3 条的食品为均化食品:

(1) 非混合食品,一种基本配料,为肉、食用杂碎或动物血,经精细均化制成。

(2) 供婴幼儿食用或营养用。

(3) 零售包装食品,每件净重不超过 250 克。

3. 可可食品的归类

按第十八章章注一规定,含可可的食品,有的归入本章,有的归入其他章。

(1) 加可可的酸乳等产品,归入品目 0403。

(2) 品目 1901 所列的细粉、粗粉、麦精,可可含量低于 40% 以下的,不归入第十八章。

(3) 品目 1904 所列膨化或焙炒谷物,可可含量低于 6% 以下的,不归入第十八章。

(4) 品目 1905 所列含可可的糕点、饼干及类似的焙烘货品,不归入第十八章。

(5) 品目 2105 所列含可可的冰淇淋及其他冰制食品,不归入第十八章。

(6) 品目 2202 或 2208 所列含可可的饮料,不归入第十八章。

(7) 品目 3003 或品目 3004 所列药品,不归入第十八章。

(8) 品目 1704 所列白巧克力,不归入第十八章。

4. 谷物制品的归类

(1) 第十九章章注一,如果配料中含香肠、肉、鱼(甲软水)等重量大于 20% 的食品,归入第十六章(包馅食品除外)。

(2) 第十九章品目 1901,品目条文规定:"麦精;未列名食品,全脱脂可可含量低于 40%;品目 0401～0404 乳制食品,全脱脂可可含量低于 5%。"超出此含量规定的,归入 1806 巧克力可可食品。

(3) 第十九章章注三,品目 1904,膨化、烘炒、预煮食品,3 个不包括:不包括全脱脂可可含量大于6%的食品;不包括巧克力完全包裹的食品;不包括品目1806其他含可可食品。

5. 均化蔬菜的归类

(1)根据第二十章子目注释一规定,指蔬菜经精细均化制成。

(2)供婴幼儿食用或营养用。

(3)零售包装食品,每件净重不超过250克。

均化蔬菜归入2005.10,优先于品目2005的其他子目。

6. 均化水果食品的归类

(1)指果实经精细均化制成。

(2)供婴幼儿食用或营养用。

(3)零售包装食品,每件净重不超过250克。

均化食品归入2007.10,优先于品目2007的其他子目。

7. 番茄产品的归类

(1)鲜的、冷藏的、冷冻的、干的、暂时保藏的,归入第七章(按加工方式归类)。

(2)用醋或醋酸制作或保藏的,归入品目2001(按列名归类);用醋或醋酸以外其他方式制作或保藏的,归入品目2002(按列名归类)。

(3)章注四,干重量在7%及以上的番茄汁,归入品目2002;干重量在7%以下的番茄汁,未发酵或酒精含量不超过0.5%的,归入品目2009;已发酵或酒精含量超过0.5%的,归入品目2206(其他发酵饮料)。

(4)番茄酱及其他番茄调味汁,归入品目2103(杂项食品—调味品);番茄汤料及其制品,归入品目2104(杂项制品—汤料)。

8. 均化混合食品的归类

(1)混合食品,根据第二十一章注三规定,指2种或以上基本配料,如肉、鱼、蔬菜或果实等,精细均化制成。

(2)供婴儿食用或营养用。

(3)零售包装食品,每件净重不超过250克。均化食品归入1602.1000。

注:为达到调味、保藏或其他目的可以加入少量其他配料。

9. 其他品目未列名的食品的归类

品目2106"其他品目未列名的食品",指不能归入HS其他品目的"保健食品",归入品目2106,例如:

(1)加蜂王浆的天然蜂蜜。

(2)以糖为基料的膏,用作巧克力、夹心饼干、馅饼、糕点等的馅。

(3)含替代糖合成甜味剂的甜食、橡皮糖及类似品。

(4)人参精与其他配料的混合物。

(5)通称食品补充剂的制品。

【技能自测】

(1)韩国泡菜,将大白菜、萝卜用盐腌制,然后配上由葱、洋葱、蒜、虾酱、糖、辣椒等做成的调料,再经发酵制成,2千克/坛。

解析:属蔬菜制品,糖醋以外方法制成,归入2005.9999。

(2) 一盒零售食品,内有少量薯条和番茄酱,以及一个牛肉汉堡,上下两层包片,中间牛肉,牛肉重量占60%。

解析:牛肉60%,归入第16章肉鱼制品,其他方法制,归入1602.5090。

(3) 罐头食品,按重量计,含10%鸡肉、10%猪肉、15%鱼肉、55%蔬菜,其余为配料。

解析:混合食品,按重量最大,相同从后归类,归入1602.4910。

(4) 王老吉凉茶,易拉罐装,含水、白砂糖、仙草、布渣叶、菊花、金银花、夏枯草、甘草等成分,有清热去火功效。

解析:属饮料,加味、加糖,归入2202.1000。

10.5.2 矿产品的归类

第五类 矿产品

——商品范围

本类共3章,由以下3部分组成。

1. 非金属矿,包括第二十五章

本章内容结构包括:

盐、未焙烧的黄铁矿、硫黄、天然石墨2501～2504;天然矿砂、高岭土、大理石、石膏、石灰等2505～2522;水泥、水泥熟料2523;石棉、云母、天然冻石、天然硼酸盐、长石等2524～2529;其他品目未列名的矿产品(包括稀土金属矿)2530。

2. 金属矿,包括第二十六章

本章内容结构包括:

铁矿砂2601;其他贵金属、贱金属矿砂2602～2617;矿渣、矿灰2618～2621。

3. 其他矿产品,包括第二十七章

如煤、石油、天然气等矿物燃料。本章内容结构包括:

煤2701～2703;煤的蒸馏产品(焦炭、煤焦油、煤气、其他产品、煤沥青)2704～2708;原油2709;石油制品(汽油、煤油、柴油、5－7号燃料油、润滑油)2710,2711;沥青产品(石油沥青、天然沥青、沥青混合物)2712～2715;电力2716。

——归类技能

1. 非金属矿有限加工产品的归类

第二十五章只包括原产状态或有限加工的矿产品,即只经过洗涤、磨碎、研粉、淘洗、筛选和其他机械物理方法精选过的非金属矿产品,超出这个限度深加工的,不能归入本章。例如,经过简单切割的大理石归入品目2515,表面磨光的大理石归入品目6802。

2. 金属矿有限加工产品的归类

第二十六章加工程度与第二十五章相似,只能进行有限加工的金属矿产品,超出这个限度深加工的,改变了矿物的基本化学成分的产品,不能归入本章,一般归入第二十八章。如铜矿砂,为2603.0000,由铜矿砂经化学方法提取的硫化铜,归入2830.9090。稀土金属矿,不能归入第二十六章,而应归入2530.9020。

3. 矿物燃料产品的归类

第二十七章煤、石油、天然气,按第二十七章注释,可以进行化学提取和进一步加工,但化学提纯归入第二十九章。如"粗苯"归入品目2707;"精苯"归入品目2902。

4. 盐(氯化钠)的归类

(1)食用盐归入2501.0011。

(2)纯的氯化钠归入2501.0020(注:本章特例,少数"纯的"化工产品归入本章,如纯的氯化钠、纯的氧化铁、纯的甲烷、纯的丙烷等)。

(3)氯化钠注射液归入品目3004。

(4)氯化钠制的光学元件归入品目9001。

5. 炉渣的归类

(1)炼钢产生的粒状熔渣2618。

(2)炼钢产生的浮渣2619。

(3)含砷、金属矿灰、残渣2620;如含铅汽油的淤渣,归入2620.2100。

(4)其他矿渣,如焚烧城市垃圾所产生的灰渣,归入2621.1000。

6. 煤干馏产品的归类

煤的干馏,指煤在隔绝空气条件下加热生成:

(1)焦炭,归入2704。

(2)煤焦油,归入2706。

(3)煤气,归入2705。

(4)其他产品,归入2707。

(5)沥青,归入2708。

7. 石油炼制产品的归类

石油的炼制,指将原油用蒸馏方法分离轻重不同的分类油2710,包括:

(1)汽油(轻油)2710.11。

(2)煤油2710.191。

(3)柴油2710.192。

(4)重质燃料油2710.192。

(5)润滑油;2710.199。

【技能自测】

(1)生产电解铜所得的电解槽泥渣(主要含铜)。

解析:属金属矿渣,含铜,归入2620.3000。

(2)粗甲苯。

解析:不属有机化合物,属煤的蒸馏品,归入2707.2000。

(3)凡士林护手霜,20克/盒。

解析:不属2712,为零售包装,优先归类,3304,护肤品,归入3304.9900。

(4)液化气。

解析:属于煤气,矿物燃料,归入2705.0000。

(5)航空煤油。

解析:航空煤油是石油分馏制取的,属煤油的分馏产品,归入2710.1911。

第十三类　石料、石膏、水泥、石棉、云母及类似材料的制品；陶瓷产品；玻璃及其制品

——商品范围

本类商品主要以第五类矿产品为原料,通过进一步加工所制得的制品。本类共3章。

(1)第六十八章,包括石料、石膏、水泥、石棉、云母及类似材料的制品。

(2)第六十九章,主要包括成形后经过烧制的陶瓷制品。

(3)第七十章,包括各种玻璃及其制品。

——归类技能

1.石料、石膏、水泥、石棉等制品的归类

这一类货品大都是第二十五章货品经进一步加工所得,对第二十五章货品改变了原来的形状,而不改变其原料的性质。第六十八章的货品加工范围已经超出了第二十五章所允许的范围,这也是第六十八章产品与第六十九章、第七十章的区别。品目6812包括用石棉制成的服装、衣着附件、帽类和鞋靴。以石棉为原料的制成服装,归入第六十八章,而不能按纺织品归入第十一类。

2.陶瓷制品的归类

陶瓷制的电器用绝缘子归入8546,但也有一些陶瓷制品即使具有第十六类机器或零件的特征,仍应归入本章,如陶瓷泵、陶瓷水龙头归入第六十九章。对属于耐火材料的陶瓷制品,如果可归入6901～6903中的一个品目,又可归入6904～6914中的一个品目,应优先归入品目6901～6903。

3.玻璃及其制品的归类

第七十章的某些玻璃制品虽具有专用性质,但若已在本章列名,则归入本章,例如钟表玻璃仍归入7015,而不按钟表零件归入第九十一章;玩偶等用的玻璃假眼仍归入本章品目7018,而不按玩具的零件归入第九十五章;玻璃纤维和未经光学加工的光学元件归入本章品目7019和7014,而光导纤维、经光学加工的光学元件应归入第九十章品目9001,不归入本章;不带外壳的保温瓶胆归入本章7020,带外壳的保温瓶应归入品目9617,不归入本章。

例如,人造石墨制的轴承,本品看起来既是人造石墨制品,又是机器的零件,作为人造石墨制品应归入本章品目6815,作为机器零件应归入第八十四章品目传动轴8483。但因为第八十四章章注一(一)规定,第八十四章不包括第六十八章的石磨、石碾及其他物品,所以应先归入本章品目"其他未列名的石制品及其矿物制品",然后按子目条文的规定,归入品目非电器用石墨制品,编码是6815.1000。

【技能自测】

(1)每边长20厘米,厚度为1厘米,一面经平面磨光的正方形大理石块。

解析:平面磨光超第二十五章加工程度,归入6802.9190。

(2)成卷的沥青。

解析:沥青制品,有具体列名,归入6807.1000。

(3)青石棉制安全帽,帽内衬有纯棉机织物制衬里。

解析:帽类似乎归入第六十五章,但其章注一(二)规定,归入6812.8000。

(4)用于腐蚀性流体的瓷制龙头,莫氏硬度9以下的瓷制成。

解析:瓷制龙头,专用于腐蚀性流体,归入 6909.1100。

(5)上过釉的瓷砖,用于厨房、卫生间的墙面装饰,规格为 15 厘米×15 厘米。

解析:为建筑用陶瓷制品,归入 6908.9000。

(6)钢化玻璃制未镶框安全玻璃,已制成一定形状,专用于飞机。

解析:可归入飞机零件 8803,可归入钢化安全玻璃 7007,钢化安全玻璃更具体,归入 7007.1110。

(7)轿车用后视镜,已镶框。

解析:不可归入机动车辆零件,应按玻璃制品更具体,归入 7009.1000。

10.5.3 化学工业产品的归类

第六类　化学工业及其相关工业的产品

——商品范围

本类包括化学工业产品以及以化学工业为原料作进一步加工的相关工业产品。本类共 11 章,由以下 2 部分组成:

1. 属于单独的已有化学定义的化学品

属于单独的已有化学定义的化学品包括第二十八章无机化学品、第二十九章有机化学品,这些货品都是基本的化学原料,用于合成或制造其他相关工业制成品。

2. 属于各种不同用途的化工用品

(1)第三十章,药品,包括内服药和外用药(3001~3006)。

(2)第三十一章,肥料,包括动植物肥料、单一肥效矿物或化学肥料、含多种肥效成分的矿物或化学肥料(3101~3105)。

(3)第三十二章,化工原料,包括鞣料、色料、油漆、催干剂、颜料、胶粘剂、墨水等(3201~3215)。

(4)第三十三章,精油与香膏,包括芳香物质、芳香制品及化妆盥洗品等(3301~3307)。

(5)第三十四章,肥皂,包括有机表面活性剂、洗涤剂、润滑剂、调制剂、光洁剂及蜡烛等(3401~3407)。

(6)第三十五章,蛋白类物质、改性淀粉、胶、酶等(3501~3507)。

(7)第三十六章,炸药、烟火制品、火柴、易燃材料等(3601~3606)。

(8)第三十七章,照相及电影用品,包括摄影感光硬片、软片;摄影感光纸、纸板及纺织物;摄影用的各种化学制剂、闪光灯材料等(3701~3707)。

(9)第三十八章,杂项化学产品,包括不能归入第二十八章至第三十七章化学产品及相关工业产品(3801~3825)。

——归类技能

1. 化学品中的优先归类原则(类注一(一)、一(二))

(1)优先于本协调制度其他品目的归类原则(类注一(一)规定):

所有的放射性化学元素、同位素、化合物,不论有机物,还是无机物,一律归入品目 2844。非放射性同位素及化合物,应归入品目 2845。

例如,钴 60,归入 2844.4020。

例如,重醋酸,氢的非放射性同位素,归入2845.9000。

(2)优先于本类其他品目货品的归类原则(类注一(二)规定):

除放射性化学物质2844及非放射性同位素及化合物2845外,凡符合2843、2846或2852规定的货品,应优先本类其他品目归入以上品目(应熟悉2843、2846或2852的品目)。

例如,供摄影用零售包装的硝酸银,应归入品目2843,而不归入品目3707。

(3)制成一定剂量或零售包装的货品,并且该货品可归入品目3004(药品),3005(纱布),3006(肠线),3212(油漆),3303(香水),3304(化妆品),3305(护发品),3306(口腔清洁剂),3307(剃须用制剂),3506(粘合剂),3707(摄影用化学制剂),3808(消毒剂)的,应分别归入以上品目,而不归入本协调制度其他品目(类注二规定)。

例如,安乃近原药,粉状,5千克装。该商品没有配定剂量,也没有制成零售包装,又因为该商品仅有一种成分,所以归入第二十九章,为2933.1920,不能归入3003.3003(由两种或两种以上成分混合而成)。

例如,安乃近药片,因为已经配成一定剂量,所以符合优先归类原则类注二的规定,归入3004.9090。

2. 本类第一部分与第二部分的归类区别

(1)一般情况下,如果一种化工产品是单独的化学元素及已有化学定义的化合物(包括无机化合物和有机化合物),则应归入第二十八章或第二十九章。

(2)如果是由几种不同化学成分混合配制而成的,属于各种不同用途的化工用品,则主要按其用途归类,应归入第三十章至第三十九章。

(3)如果按其用途找不到相符的品目条文,则按照未列名化工产品归入子目3824.9099。

例如,"硫代硫酸钠"可用于摄影,起定影作用,如果只有"硫代硫酸钠"一种成分,则归入2832.3000(无机盐);如果配上其他成分制成定影剂(混合物),则按其用途归入子目3707.9010(照相用品)。

3. 化学品溶液的归类

(1)根据第二十八章章注一,本类产品的水溶液,与原产品归入同一品目。例如,福尔马林(溶质成分:有机化学品甲醛),归入2912.1100。

(2)原产品溶于非水介质所形成的溶液时,如果加入该溶液是为了安全或运输需要,同时加入溶剂后使产品适于一般性用途,此溶液与原产品归入同一品目。

(3)原产品溶于非水介质所形成的溶液时,如果使产品不适于一般性用途,仅适于特殊用途的,此溶液一般归入品目3824(其他未列名的化学工业产品)。例如,溶于甲苯的氧氯化碳应归入3824。

4."药品"的归类

(1)根据第六类类注二,已配定剂量或已配定成零售包装,无论是未混合产品,还是混合产品,均归入品目3004。

(2)未配定剂量或未制成零售包装的,如果是未混合产品,按其成分归入第二十八章或第二十九章;如果是混合产品,则按药品归入品目3003。

(3)供静脉摄入用的滋养品,可作为药品归入第三十章,但营养品、糖尿病食品、强化食品、保健食品、滋补饮料及矿泉水,不能作为药品归入第三十章,只能作为食品、饮料归入第四类。

例如，头孢克罗，归入 2941.9058(只含有一种成分，归入第二十九章)。

例如，含有头孢克罗的药品(未配定剂量，未制成零售包装)，归入 3003.2015(混合产品，归入 3003)。

5. 肥料的归类

根据第三十一章章注二、三、四、五进行归类。

——3105 条件：凡已制成片及类似形状的或每包毛重不超过 10 千克的本章各项肥料，归入 3105.1000。

——3102 条件：单独的已有化学定义的化合物，未制成品目 3105 所述形状或包装，只有符合下列规定条件，才能归入 3102.3102，条件如下：

(1)符合下列任何一条规定的货品：

①硝酸钠，不论是否纯净。

②硝酸铵，不论是否纯净。

③硫酸铵及硝酸铵的复盐，不论是否纯净。

④硫酸铵，不论是否纯净。

⑤硝酸钙及硝酸铵的复盐，不论是否纯净；硝酸钙及硝酸铵的混合物。

⑥硝酸钙及硝酸镁的复盐，不论是否纯净；硝酸钙及硝酸镁的混合物。

⑦氰氨化钙，不论是否纯净或用油处理。

⑧尿素，不论是否纯净。

(2)由上述任何货品相互混合的肥料。

(3)由氯化铵，或上述(1)，或上述(2)任何货品，与白垩、石膏或其他无肥效无机物混合而成的肥料。

(4)由上述(1)的②或⑧项的货品或其混合物溶于水或液氨的液体肥料。

——不符合 3102 条件的，应作为无机物或有机物，归入第二十八章或第二十九章。

案例，硫酸铵，每袋 5 千克包装。符合 3105 条件，归入 3105.1000。

案例，硫酸铵肥料。符合 3102 条件，归入 3102。

案例，氯化铵肥料，2 千克。不符合 3102 条件，也不符合 3105 条件，应归无机化合物氯化铵，2827.1010。

6. 染料和颜料的归类

(1)天然着色料，根据第三十二章章注三，如果是动植物着色料，归入 3203；如果是其他矿物着色料，归入 3206。

(2)合成着色料，有机合成着色料，归入 3204；无机合成着色料，归入 3206。

(3)色淀，归入 3205。

注意：无机着色料，有单独化学定义的，不归入第三十二章，而应归入第二十八章。

例如，二氧化钛，不能归入 3206，而归入 2823。

7. 油漆的归类

(1)以合成聚合物或化学改性天然聚合物为基本成分的油漆或轻漆，

①分散于或溶于非水介质的，归入 3208。

②分散于或溶于水介质的，归入 3209。

(2)以合成聚合物或化学改性天然聚合物以外其他原料为基本成分的油漆或轻漆，归入 3210。

(3)第三十二章章注四规定,品目 3208 包括由品目 3901～3913 所列产品溶于挥发性有机溶剂的溶液,溶剂重量必须超过溶液重量的 50%。

8. 香料(非食用)的归类

(1)香料分为天然香料和人造香料,天然香料归入 3301,人造的化学成分单一的香料,一般归入第二十九章。

案例:天然的薄荷油,归入品目 3301,而人工合成的"薄荷醇"则应归入 2906。

(2)品目 3301 的香料,是单一的香料,而品目 3302 是混合香料,包括香精,香精是由多种香料加上其他成分配制,应按混合香料归入品目 3302。

9. 表面活性剂的归类

(1)第三十四章章注三规定,品目 3402 所称"有机表面活性剂",指不符合化学定义的有机化合物在特定条件下的水溶液。因此,如果一种化工品符合第 34 章章注三关于表面活性定义,则应归入品目 3402(肥皂除外)。

(2)表面活性剂通常按离子类型确定相应子目:阴离子型的,归入 3402.1100;阳离子型的,归入 3402.1200;非离子型的,归入 3402.1300;阴阳离子型的,归入 3402.1900。

10. 洗涤用品的归类

(1)根据第 34 章章注二,肥皂、作肥皂用或作洁肤用的表面活性剂产品制成的洗涤用品,如果符合 3401 品目条文的规定:条状、块状或模制形状的,或液状或膏状并制成零售包装的,则应归入 3401。

(2)其他表面活性剂产品制成的洗涤用品,如果符合 3405 品目条文规定,如光洁剂、擦洗膏等,则应归入 3405,否则归入 3402。

(3)第三十四章章注一,如果表面活性剂属于洗发剂、洁齿品、剃须膏及沐浴用制剂,则优先归入第三十三章的相应品目,如化妆盥洗品等。

11. 照相用品的归类

(1)对于未曝光的照相用品,按基材性质归类:

①纸、纸板及纺织物制的,归入品目 3703。

②纸、纸板及纺织物以外材料制的,归入品目 3701(硬片、平面软片)或归入品目 3702(成卷的)。

(2)对于已曝光、未冲洗的照相用品,归入品目 3704。

(3)对于已曝光、已冲洗的照相用品,摄影硬片、软片,归入品目 3705;电影胶片,归入品目 3706。

(4)摄影用化学品,归入品目 3707。

12. 杂项制品的归类

(1)活性炭,以碳为原料,经加工,改变了表面结构,具有特定性质,归入品目 3802,而天然活性炭,未经加工的,归入第二十五章非金属矿产品。

(2)农药归类,制成零售包装的、制成制剂的或制成成品的,归入品目 3808;未混合或未包装的,归入第二十八章或第二十九章。

(3)实验用试剂归类,用于对动物和人类身体的物理、生物物理、生物化学过程及状况检测,如果用于体外,归入品目 3822;如果用于体内,归入 3006.3000。

13. 其他化学产品的归类

不能归入第六类又未在本章其他品目列名的前面各章的化学产品,归类方法如下:

(1)如果属于化学工业及相关工业的副产品,则应归入品目 3825;如生产抗菌素的残渣,其中抗菌素含量极低,适于配制动物复合饲料,归入 3825.9000。

(2)如果属于化学工业及相关工业的废物,则应归入品目 3825;不含有机成分的,归入 3825.6900。

(3)如果属于其他未列名的化学工业及相关工业的化学产品,则应归入品目 3824。

例如,以碳酸钠、硅酸钠、鞣酸等为基料制成的防垢剂,不归入第六类其他品目,应按其他未列名的化学工业及相关工业的化学产品归入 3824.9099。

【技能自测】

(1)硫化汞。

解析:为汞的无机化合物,提前归类,归入 2852.1000。

(2)重醋酸。

解析:由氢的放射性同位素氚制成,又称"重氢",提前归类,归入 2845.9000。

(3)氢化可的松,未配定剂量,未零售包装。

解析:氢化可的松可用作药品,但未配定剂量,未零售包装,不能按药品归入 3004;应按有机化合物归类,又由于该货品为激素,归入第十一分章,维生素、激素,归入 2937.2100。

(4)非典疫苗,针剂,人用。

解析:属于药品,疫苗,按免疫制品归类,归入 3002.2000。

(5)"红杉"牌男用止汗液,可以除臭止汗。

解析:属化妆盥洗品,按剃须用剂归类,归入 3307.2000。

(6)含氨基酸维生素口服液。

解析:非药品,属杂项食品,按其他未列名归类,归入 2106.9090。

(7)头孢西丁胶囊,一种抗菌素药物,0.5 克/粒,12 粒/盒。

解析:已配定剂量,已包装,抗菌,归入 3004.2013。

(8)"立邦"梦幻系列硝基木器漆,以硝酸纤维素为基本成分,加上有机溶剂、颜料和其他添加剂调制而成。

解析:属油漆,合成聚合物,非水溶剂,归入 3208.9090。

(9)每袋重 10 千克的过磷酸钙。

解析:属化肥,符合 3105 条件,归入 3105.1000。

(10)20 千克装、化学纯级、粉末状硝酸钠。

解析:属化肥,不符合 3105 条件,符合 3102 条件,归入 3102.5000。

第七类 塑料及其制品,橡胶及其制品

——商品范围

本类包括由高分子聚合物组成的塑料、橡胶以及它们的制品共 2 章。

1. 塑料及其制品,包括第三十九章

按加工程度分:

(1)初级形状塑料(合成聚合物、人造聚合物、其他天然聚合物)。

(2) 废碎料及下脚料、半制品(含丝、杆、管、板、膜、扁条等)。

(3) 塑料制成品(卫生洁具、运输包装、餐具用具、建筑制品等)。

2. 橡胶及其制品,包括第四十章

按加工程度排列包括:

(1) 未硫化的天然橡胶、合成橡胶、再生橡胶、废橡胶、复合橡胶。

(2) 已硫化的硫化橡胶半制品、制成品。

──归类技能

1. 初级形状塑料的归类

根据第三十九章章注六,本类产品归类首先要区分的是归类于有机化合物,还是归类于本类塑料的"初级形状"3901～3913。第三十九章章注六为此进行了定义:液体或糊状,或散装形状,归入"初级形状"。

例如,聚乙烯塑料粒子(均聚物,由一种单体聚合而成),不能归入第二十九章有机化合物,而应归入第三十九章初级形状塑料,归入3901.1000(密度小于0.94),或3901.2000(密度在0.94以上)。

2. 共聚物的归类

根据第三十九章章注四:共聚物,由2种或以上的单体单元共同聚合而成,且在共聚物中,按重量计没有一种单体单元的含量在95%以上。

(1) 品目归类。共聚物归类,应按聚合物中重量最大的那种共聚物单体单元所构成的聚合物,归入相应的品目。如果没有一种共聚单体单元重量最大,则应按号列顺序,从后归类。

具体方法:

①将属于同一品目下的单体单元含量相加。

②按含量最高的品目归类。

③若相等,从后归类。

(2) 子目的确定(第三十九章子目注释一规定)。

①在同级子目中有一个"其他"子目的。

其一,子目所列聚合物名称冠以"聚"的,是指列名的该种聚合物单体单元含量在整个聚合物中按重量计必须在95%以上。

例如,95%的乙烯和5%异丁烯构成的聚合物混合体(密度0.95),归入3901.2000。

例如,以15%乙烯、85%氯乙烯的单体单元组成的共聚体,应归入3904.4000,而不能归入3904.1000,原因是3904.1000的聚氯乙烯指氯乙烯单体单元必须占95%以上。

其二,子目中有具体列名的共聚物,如3901.3、3903.2、3903.3、3904.3所列共聚物,指该种共聚单体单元含量在整个聚合物中按重量计,占95%以上。

例如,3903.3000 丙烯腈-丁二烯-苯乙烯(ABS共聚物,同级子目有"其他"子目),表明共聚单体单元含量在整个聚合物中按重量计,占95%以上,但3904.4000其他氯乙烯聚合物不属于这种情况。也就是说,如果共聚物不在95%以上,归入"其他"。

例如,由61%的氯乙烯、35%的乙烯乙酸酯和4%的马来酐的单体单元组成的共聚物(一种品目3904的聚合物),同级品目有"其他"子目,子目有具体列名,且单体单元在共聚物中含量已占96%,高于95%,应归入3904.3000。

例如，由60%的苯乙烯、30%的丙烯腈和10%的甲苯乙烯的单体单元组成的共聚物（一种品目3903的聚合物），应归苯乙烯－丙烯腈共聚物，因为有具体列名，同级子目有"其他"，但含量只占90%，所以不归入3903.2000，而应归入3903.9000（品目3903，同级子目有"其他"子目，且含量小于95%，归入"其他"）。

其三，其他共聚物（不符合以上两种情况的，子目没有"聚"的，也没有具体列名的），按聚合物中重量最大的那种单体单元所构成的聚合物归类。

例如，氯乙烯，乙酸乙烯脂共聚物，其中氯乙烯单体单元为55%，乙酸乙烯脂单体单元为45%。按氯乙烯单体单元构成的聚合物归入3904.3000（品目3904，同级子目有"其他"子目，且含量大于95%，归入具体列名）。

例如，以45%乙烯单体单元，35%丙烯单体单元，20%异丁烯单体单元构成的共聚物（一种品目3902的聚合物）。同一子目相加，归入品目3902；丙烯、异丁烯比较，归入3902.30；同级子目有"其他"子目，归入3902.3090。

②在同级子目中，没有"其他"子目的，直接按重量最大的单体单元所构成的聚合物归入该级相应子目。

例如，含有聚碳酸酯的聚苯二甲酸乙二脂的单体单元的共聚物，若聚碳酸酯含量大于聚苯二甲酸乙二脂含量，则归入聚碳酸酯3907.40；若聚苯二甲酸乙二脂含量大于聚碳酸酯含量，则归入聚苯二甲酸乙二脂3907.60（无"其他"子目，直接归类）。

3. 聚合物混合体的归类

根据第三十九章子目注释：

(1)按聚合物中重量最大的那种单体单元所构成的聚合物归类。

(2)重量相等的，聚合物混合体从后归类。

(3)聚合物混合体应按单体单元比例相同、种类相同的聚合物归类。

例如，96%聚乙烯，4%聚丙烯，组成密度大于0.94的聚合物混合体。该商品是混合体，其中聚乙烯含量最大，组成相同，归入3901.2000。

4. 化学改性聚合物的归类

根据第三十九章章注五，化学改性聚合物应按未改性的聚合物的相应品目归类。子目确定，按本章子目注释一(一)3和一(二)2的规定，当同级子目"其他"子目，化学改性聚合物如无具体列名，应归入"其他"；例如，氯化聚乙烯，归入品目3901；同级子目有"其他"子目，且无具体列名，归入"其他"3901.9090。

当同级子目无"其他"子目，化学改性聚合物应按未改性的聚合物的子目归类。例如，乙酰化的酚醛树脂，归入品目3903，没有一级子目"其他"，按未改性的聚合物酚醛树脂归入3909.4000。

5."人造"聚合物的归类

与合成聚合物不同，人造聚合物不是同低分子聚合得到的，而是由天然的高分子聚合物，经化学改性加工的高分子聚合物。包括：

(1)纤维素及化学衍生物，归入品目3912。

(2)其他天然聚合物及改性天然聚合物，归入品目3913。

6. 塑料废碎料和下脚料的归类

根据第三十九章章注七，一般情况下，塑料废碎料和下脚料直接归入品目3915。但本章

注七规定,品目3915不适用已制成初级形状的单一的热塑材料废碎料及下脚料,也就是说,符合以下3个条件的:

(1)初级形状的。

(2)单一的。

(3)热塑材料。

应归入3901～3914的相应品目。

7. 塑料半制品的归类

根据加工形状、加工程度判断是属于塑料半制品,还是属于塑料制品。

塑料半制品包括:

(1)塑料单丝3916。

(2)塑料条杆3916。

(3)塑料管子3917。

(4)塑料板3918～3921。

8. 塑料制成品的归类

塑料制成品包括:

(1)卫生洁具3922。

(2)运输包装3923。

(3)餐具厨具3924。

(4)建筑用塑料品3925。

(5)其他用品3926。

【技能自测】

1. 氯乙烯—乙酸乙烯酯共聚物,按重量计氯乙烯单体单元为45%,乙酸乙烯酯单体单元为55%,水分散体,初级形状

解析:共聚物,按乙酸乙烯酯聚合物归入品目3905;同级子目有"其他",聚合物单体单元含量必须占95%及以上,按形状的列名,归入3905.2100。

2. 用机器将回收的废"可乐"饮料瓶粉碎成细小碎片,该饮料瓶是由化学名称为聚对苯二甲酸乙二酯的热塑性塑料制成的

解析:该碎片属于废塑料,虽然废塑料在品目3915已列名,但由于该商品已制成细小碎片,属于初级形状,已有化学名称,并且属于热塑材料,所以符合第39章章注七的规定,归入3907.6090。

3. ABS(丙烯腈—丁二烯—苯乙烯共聚物)塑料粒子

解析:该商品属于初级形状,S是以苯乙烯单体单元为主要成分的共聚物,非改性,归入3903.3090。

4. 奥运会水立方材料,聚乙烯与聚四氟乙烯的薄膜(四氟乙烯70%,乙烯其他材料30%)

解析:该商品属薄膜,不能归初级形状,应归半制品品目3920;又因一级子目未列名,归其他塑料制品;再因三级子目具体列名有其他,未达95%,归其他,归入3920.9990。

5. 纳米隔热膜,宽1.524米,成卷,一种新型的汽车用隔热膜,它将氮化钛材料用真空溅射

技术在优质的聚对苯甲酸乙二酯薄膜上形成纳米级的涂层,起隔热、防紫外线、防爆等作用。

解析:该商品属薄膜,不能归初级形状,应归半制品,品目 3920;一级子目,3920.6,再归其他子目,归入 3920.6200。

10.5.4 轻纺工业产品的归类

第八类　生皮、皮革、毛皮及其制品;鞍具及挽具;旅行用品、手提包及类似容器;动物肠线(蚕胶丝除外)制品

——商品范围

本类共3章:

(1)第四十一章包括生皮及皮革、经鞣制湿革、成品革、油鞣皮革、再生皮革等。

(2)第四十二章包括以皮革为原料,进一步加工的皮革或再生革制品,具体有鞍具及挽具、衣箱、手提包、皮革服装及其他皮革制品。

(3)第四十三章为毛皮、人造毛及其制品,包括生毛皮、已鞣毛皮、毛皮服装、衣着附料及其他制品。

——归类技能

1. 带毛生皮或已鞣制带毛皮张的归类

(1)第四十一章生皮与第四十三章生毛皮的不同范围。

(2)第四十一章生皮,主要用来加工皮革(去毛工艺),第四十三章毛皮,主要用来加工皮毛制品(带毛工艺),并以此判断相关制品归类。

例如,生的带毛兔皮归入第四十三章,已鞣制的兔毛皮张,归入品目 4302;带毛的生绵羊皮归入品目 4102,已鞣制的带毛绵羊皮归入 4302(制作皮毛制品)。

2. 皮革服装和毛皮服装的归类

(1)皮革或再生皮革制的服装,归入品目 4203。

(2)以毛皮衬里或作面的衣服及衣着附件的,归入品目 4303。

(3)以人造毛皮衬里或作面的衣服及衣着附件的,归入品目 4304。

(4)用皮革与毛皮或用皮革与人造毛皮制成的分指手套、连指手套及露指手套,应归入品目 4203,不应归入第四十三章,但不包括表带,表带归入 9113(钟表)。

(5)用作机器零件的皮革制品的归类,用作机器零件的皮带、皮制垫圈等应归入子目 4205.0020,而不按机器零件归入第十六类。

3. 品目 4202 所含容器的归类

(1)衣箱类物品,基本上装有固定物品,长期使用,可以用任何材料制成;为具体列名的物品或类似容器,类似容器包括帽盒、相机附件盒、弹药盒、猎刀鞘及野营刀鞘等。

(2)旅行包类物品,必须是用本品目所列材料制成,或全部或主要用这些材料包覆的,包括具体列名的物品和类似物品,类似物品包括皮夹子、文具盒、笔盒、票证盒、针线盒、钥匙袋、烟丝盒、工具包、鞋盒、刷盒等。

(3)第四十二章章注二规定,4202 不包括带把手的塑料薄膜袋,归入品目 3923(包装用塑料制品);不包括编结材料制品,归入品目 4602(编结材料制品)。

(4)4202,4203 制品,装有贵金属等零件,未构成基本特征的,归入上述品目;构成基本特征的,归入第七十一章(珍珠、宝石、贵金属)。

【技能自测】

(1)木制的衣箱。

解析：第四十四章注一(五)，衣箱不论用什么材料制成，归入 4202.1900。

(2)"鳄鱼"牌牛皮公文包。

解析：皮革制品，不论用什么材料制成的公文包，归入 4202.1190。

(3)男式大衣，面料为纯羊毛华达呢，衬里为兔毛皮。

解析：毛皮衣着，品目为 4303 或 4304，归入 4303.1010。

第九类 木及木制品；木炭；软木及软木制品；稻草、秸秆、针茅或其他编结材料制品；篮筐及柳条编结品

——商品范围

本类包括第四十四章至第四十六章的内容，共 3 章。本类商品包括木及木制品、木炭；软木及软木制品；稻草、秸秆、针茅或其他编结材料制品；篮筐及柳条编结品。

有一些木制品并不归入本类：木浆及制品归入第十类第四十七章(木浆)；木制衣箱等容器归入第四十二章(皮革制品)；木制船舶归入第八十九章(船舶)；木制家具归入第九十四章(家具)。

——归类技能

1. 木板材的归类

(1)一般木板材，按其厚度归入品目 4407 或 4408，厚度超过 6 毫米的，包括锯成梁、厚板、拼花地板用板条等，归入 4407；厚度不超过 6 毫米的，包括饰面用薄板、制胶合板用薄板等，归入 4408。

(2)若在端部或侧面制成连续形状(如带有槽、榫等)，归入品目 4409；若是木质碎料板 4410；木纤维板 4411；胶合板 4412。

2. 木地板的归类

(1)平口实木地板 4407,4408。

(2)天然木地板(又称"实木地板"，其侧面带有槽、榫，未装拼)归入品目 4409。

(3)碎料板制木地板(其侧面不论是否制成品目 4409 所列的连续形状)归入品目 4410。

(4)纤维板制木地板(其侧面不论是否制成品目 4409 所列的连续形状)归入品目 4411。

(5)胶合板制木地板(其侧面不论是否制成品目 4409 所列的连续形状)归入品目 4412。

(6)已拼装的拼花木地板归入品目 4418。

(7)由品目 4410 至 4412 为原料(木质碎料板 4410；木纤维板 4411；胶合板 4412)生产的制成品应归入品目 4418。

3. 木制品的归类

大部分木制品归入品目 4414~4421，其中品目 4421 为其他木制品，但不是所有未列名的木制品都归入此品目，必须是其他品目未列名及本章章注一未排除的。若木制品的基本特征属于其他章列名的物品，则应归入其他章。

例如，木鞋，归入 6405；木制首饰，归入 7117；木制乐器，归入第九十二章；木制钟壳，归入 9112；木制家具，归入 9403；木制灯具，归入 9405；木制枪柄，归入 9305；木制坐具，归入

9401;木制玩具,归入9503;木制绘图、画线等仪器及器具,归入9017;木制体操体育用品,归入9506;木制纽扣、铅笔、烟斗、梳子,归入第九十六章杂项制品。

木制的衣箱应归入品目4202(皮革制品),与4415有区别,4415包括木箱,但这些容器可以没有盖;木制的家具应归入第九十四章(家具),木制衣架归入子目4421.1000(其他木制品),但若是落地式木制衣架,因为其具有家具的特征,所以归入品目9403。

4. 编结产品的归类

编结产品一般归入第四十六章,但归入该章的编结产品所用材料范围具有一定的限制,即只适用于第四十六章章注一所列的编结材料。同时,只有截面尺寸大于1毫米的塑料单丝及表观宽度大于5毫米的塑料扁条的编结制品才归入本章;截面尺寸不超过1毫米的塑料单丝及表观宽度不超过5毫米的塑料扁条的编结制品,要按纺织品归入第十二类。

【技能自测】

(1)柚木地板。

解析:木制品,木地板,天然实木,未拼装,柚木,非针叶木,归入4409.2910。

(2)一种强化复合地板,规格700毫米×190毫米×10毫米,由耐磨层(三氧化二铝膜)、表层(印木纹的纸)、基层(干法生产的中密度纤维板,密度0.85克/立方厘米,厚9.5毫米)、背面平衡层(一种纸)经树脂浸渍后高温强压复合而成,边、端制成榫接企口以便于安装。

解析:木制品,木地板,属强化木地板,纤维板制木地板,干法生产,厚度,密度,表面加工,归入4411.1419。

(3)一款家庭两用沙发,放开可作床用于睡觉,由框架、弹簧加软垫和化纤布面制成。

解析:家具,第九十四章,杂项制品,坐具,可作床,归入9401.4090。

(4)表层为巴栲红柳桉木薄板、其他两层为针叶薄板制的三合板,每层薄板厚度为1毫米。

解析:胶合板,巴栲红柳桉木,属于本章子注的热带木,归入4412.3100。

(5)表层为西非褐红椴木薄板,其他两层为针叶木薄板压制的三合板,底层薄板厚度为1毫米。

解析:胶合板,巴栲红柳桉木,属于本章子注的热带木,归入4412.3100。

(6)一种大芯板,厚12毫米,由两面是针叶木包饰面,中间层为碎木料的芯板,厚8毫米,胶合而成。

解析:胶合板,中间层为碎木料的芯板,归入4412.9492。

第十类 木浆及其他纤维状纤维素浆;回收(废碎)纸或纸板;纸、纸板及其制品
——商品范围

本类商品共3章,包括造纸行业、印刷行业生产的产品。第四十七章是按5种加工工艺制得的纸浆,第四十八章是对纸浆进行加工制得各种纸张和纸板,第四十九章是对制得的各种纸板进一步加工制得纸制品及印刷品。

经加工制得的纸(板)的各种制品大部分包括在本类中,但基本特征已属于其他章的某些经加工的纸(板)及制品,则应归入其他章。如,感光纸归入3703,肥皂纸归入3401等。

——归类技能

1. 纸张的归类

(1) 根据纸的加工程度来排列,纸张归类如下:

①未涂布的机械纸或手工制纸(品目4801~4805,包括新闻纸4801,书写纸4802,卫生纸4803,牛皮纸4804,其他纸未列名4805)。

②未涂布但经进一步加工的纸(品目4806~4808,包括植物羊皮纸4806,复合纸4807,瓦楞纸4808)。

③经涂布的纸(品目4809~4811,复写纸4809,单面或双面涂布高岭土,铜版纸4810,其他涂布纸,涂有机物质的纸4811)。

④特定用途的纸及其制品(品目4812~4823,滤块4812,卷烟纸4813,壁纸4814,复写纸4816,信封4817,卫生纸4818,箱盒4819,登记本4820,标签4821,卷轴4822,其他制品4823)。

(2) 根据纸的加工方法,纸张归类要求如下:

对品目4801~4805纸张的加工方法不能超出章注三的所列,即纸及纸板可以经过砑光、高度砑光、釉光或类似处理、仿水印、表面施胶等加工,同时对纸、纸板、纤维素絮纸及纤维素纤维网纸可以用各种方法进行本体着色或染成斑纹。

(3) 根据纸张的规格尺寸,纸张归类要求如下:

属于品目4801和4803~4809列名的品种,还要判断其规格尺寸是否符合本章章注八的条件。一般情况下,品目4801和4803~4809仅适用于大规格尺寸的纸,即成条或成卷时,宽度要大于36厘米;铺平成矩形(包括正方形)时一边要超过36厘米,另一边要超过15厘米(以未折叠计)。对于品目4801和4803~4809列名的小规格尺寸的纸,如果规格不符合章注八的规定,则一般归入4816~4823的相关品目。但是,4802书写纸、4810涂布纸(涂布无机物)、4811涂布纸(涂布有机物)除外,它们为任何尺寸。

例如,如成卷的卫生纸(零售用,宽度为40厘米),归入4803.0000,而成卷的卫生纸(零售用,宽度为12厘米)归入4818.1000。4809大规格复写纸,对应4816小规格复写纸。

(4) 在确定有些子目时,还要考虑所含纸浆的种类。木浆是造纸的主要原料,根据加工方法的不同可分为3种:机械浆、化学浆、化学机械浆。

例如,经砑光处理的书写纸(45厘米×30厘米,80克/平方米,用机械木浆制得)。根据章注三,砑光处理不属于特殊加工的纸,仍归入品目4802,然后根据加工方法,由机械木浆制得,因此归入最后一个一级子目,再确定二级子目,最后根据规格归入4802.6990。

2. 经加工的纸(板)及其制品的归类

经加工的纸(板)及其制品,基本特征符合其他章时,应归入其他章。香水纸3307,肥皂纸3401,感光纸3703,捕蝇纸3808,石蕊试纸3822,擦鞋纸3405,药用纸3005,砂纸6805,纸鞋6405,纸帽6506,纸纱线5308,纸编结品4602,纸伞6601,纸灯罩9405,纸制钟面9114,纸制人造花6702,纸制靶纸9508,纸制玩具或游戏用品9503或9504。

3. 涂布纸的归类

涂布纸是指在纸的单面或双面施以涂料的纸,这类纸纸面有特殊的光泽或有特定用处。若涂布高岭土或其他无机物质,则归入品目4810,如铜版纸等;若涂布塑料、沥青、焦油、蜡或其他有机物质,则归入品目4811,如涂塑相纸、绝缘纸和热敏纸等。

4.已印刷的壁纸及标签的归类

品目4814的壁纸,品目4821的纸或纸板制的标签,归入第四十八章,不归入第四十九章,即使已经印刷。

【技能自测】

(1)成卷的宽度为14.5厘米自粘的胶粘纸。

解析:胶粘纸,成卷,归入4811.4100。

(2)铜版纸,100%漂白化学木浆制造,300克/平方米,规格787毫米×1092毫米。

解析:涂布,无机物,矩形,归入4810.1900。

(3)牛奶包装盒用纸板,由漂白过的纸,350克/平方米重,与塑料薄膜复合而成,其中纸构成了基本特征,宽16毫米,成卷。

解析:基本特征,涂布、浸渍纸板,漂白,成卷,归入4811.5190。

(4)成卷的半透明纸,宽30厘米。

解析:透明纸,宽度,不归入4806,归入4823.9090。

(5)经研光处理的书写纸A4规格,21×29.7厘米,80克/平方米,用化学木浆制。

解析:书写纸,矩形,尺寸,归入4802.5600。

(6)玻璃卡纸,100%漂白化学木浆制造,300克/平方米,规格787×1092毫米。

解析:涂布,无机物,矩形,归入4810.1900。

(7)热敏传真纸。

解析:属于纸制品,在原纸上涂布热敏材料,有机,但非焦油、非胶粘、非塑料、非蜡,归入4811.9000。

第十一类 纺织原料及纺织制品

——商品范围

本类包括各种纺织原料、纺织半制品、纺织制成品,内容为第五十章至第六十三章,共14章,可分两个部分:

(1)第一部分为第五十章至第五十五章,按纤维类别划分各章,每章内按纺织品加工程度由低到高排列,基本按"纺织纤维—普通纱线—普通机织物"的顺序列目。本部分商品范围包括第五十章蚕丝及其机织物;第五十一章羊毛及其机织物;第五十二章棉花及其机织物;第五十三章麻、其他植物纤维及其机织物;第五十四章化学纤维长丝及其机织物;第五十五章化学纤维短丝及其机织物。

(2)第二部分为第五十六章至第六十三章,包括以特殊方式或工艺制成的或有特殊用途的半成品、制成品(本类除品目5809和5902外,一般不包括纺织纤维)。本部分商品范围包括第五十六章絮胎、毡呢及无纺织物、绳索及其制品;第五十七章地毯及纺织材料铺地用品;第五十八章特种机织物、刺绣品等;第五十九章浸渍、涂层、包覆或层压的纺织物;第六十章针织物及钩编织物;第六十一章针织或钩编服装;第六十二章非针织或非钩编服装;第六十三章其他纺织制成品。

——归类技能

1.纺织纤维的归类

纺织纤维包括单一纤维和混纺纤维。

(1)单一纤维的归类。根据纤维的属性,直接判断其可归入的具体章节和品目。

例如,山羊绒(未梳),直接判断其可归入第五十一章,归入 5102.1920。

注意:

①化学纤维有两种状态,一是化学纤维长丝,主要用作纯纺织品,如化纤绸缎、丝袜、纱巾、被面等;二是化学纤维短丝,切段,用作混纺织品,如毛涤纶、黏锦华达呢、涤棉布、毛黏呢绒等。

②化学纤维分为合成纤维和人造纤维。

合成纤维是将有机单体物质加以聚合而制成聚合物。有聚酰胺纤维(尼龙)、聚酯纤维(涤纶)、聚乙烯醇缩甲醛纤维(维尼纶)、聚丙烯纤维(丙纶)、聚氯乙烯纤维(氯纶)、聚丙烯腈纤维(腈纶)、聚氨基甲酸酯纤维(氨纶)。

人造纤维是将天然有机聚合物(如纤维素)溶解或化学处理制成聚合物。有铜氨纤维、黏胶纤维、醋酸纤维等。

(2)混纺纤维的归类。

首先辨别混纺纤维中的各种纤维分别属于哪一章。

其次将属同一章的不同纺织材料相加后,同其他章进行比较,归入重量最大的那一章。

如果重量相等,则按从后归类的原则进行归类。

(注:其他混纺的纺织品,如混纺纱线、混纺织物、混纺制成品的归类步骤跟混纺纤维一样,也按上述步骤进行归类。)

例如,由 35%亚麻、25%黄麻及 40%棉加工而得的纺织材料,归入 5301.2900。

例如,亚麻和黄麻都归入第五十三章,因此合并计算,合计 60%,比棉的含量大,应归入第五十三章。然后,同章再比较,因为亚麻的重量大于黄麻的重量,所以按亚麻归入品目 5301。最后,归入 5301.2900。

2.纺织纱线的归类

纱线包括普通纱线和特种纱线。普通纱线包括缝纫线和非缝纫线、供零售用和非供零售用等,归入第五十章至第五十五章相应品目;特种纱线包括与橡胶或塑料复合的纱线,含金属纱线,粗松螺旋纱线,线、绳、索、缆等,归入 5604~5607 相应品目。

(1)对纱线归类时,首先确定其是普通纱线还是特种纱线。

(2)如果是普通纱线,再判断是由一种纤维制成的,还是多种纤维制成的。由一种纤维制成的,按纱线原料的性质归入相应(第五十章至第五十五章)的品目;由多种纤维制成的混纺纱线,则根据混纺纤维的归类步骤进行归类。

(3)如果是特种纱线,归入第五十六章相应的品目,例如,与橡胶或塑料复合的纱线,归入品目 5604;含金属纱线,归入品目 5605;绳绒线、粗松螺旋花线、纵行起圈纱线等,可归入品目 5606;线、绳、索、缆(符合类注三)归入品目 5607。

例如,尼龙—66 高强力纱线(非零售用,非缝纫线)。尼龙—66 长丝是合成纤维长丝纱线,属于普通纱线,归入第五十四章,编码为 5402.1920。

例如,由尼龙—66 长丝浸渍橡胶制得的高强力纱线。该纱线是由浸渍橡胶制得,属于特种纱线,归入第五十六章,不能按普通纱线归入 5604.9000。

3.纺织织物的归类

织物按制法分为机织物和针织物。

(1)机织物归类与纱线归类一样,先要确定品目是属于普通织物,还是特种织物。

普通机织物,按纤维的种类归入第五十章至第五十五章,方法同上。

特种机织物,归入第五十八章(包括起绒机织物及绳绒织物、毛巾织物、簇绒织物、纱罗等,还包括网眼织物、手织装饰毯、狭幅机织物、纺织标签、流苏、刺绣品等),品目5804~5811。另外,特种机织物,还包括第五十九章的浸渍、涂布、包覆或层压的机织物,以及工业用纺织制品等。

(2)针织物归入第六十章。

例如,每平方米重210克的漂白机织物,含40%棉、30%合成纤维短纤和30%人造纤维短纤。合成纤维短纤和人造纤维短纤都是第五十五章内容,它们的重量可合并计算,合并后大于棉的含量,因此归入第五十五章。又由于合成纤维(品目5514)和人造纤维(品目5516)重量一样,从后归类,归入品目5516,该机织物归入5516.4100。

例如,按重量计含40%棉、35%合成纤维长丝和25%人造纤维短丝的漂白机织物。本货品属于普通的混纺机织物,归入第五十章至第五十五章。

根据类注二,合成纤维长丝(第五十四章)和人造纤维短丝(第五十五章)都属于化学纤维,可以相加,相加后比棉的含量大。因为合成纤维含量比人造纤维含量大。所以不能按普通的棉机织物归入第五十二章,而应按合成纤维长丝的机织物归入第五十四章。最后得到该货品归入5407.8100。

4. 纺织制成品的归类

重点掌握服装和衣着附件的归类,其他的制成品的归类比较简单,可以先按照标题查找,再根据章注和类注是否有规定确定其品目。

服装及衣着附件的归类具体程序:

(1)判断是针织服装,还是非针织(机织)服装,针织服装归入第六十一章,非针织(机织)服装归入第六十二章。

(2)判断是否是婴儿服装,如果是婴儿服装,应优先归入品目6111(针织),或6209(非针织)。

(3)判断是否是特殊面料制成的服装,如果是用塑料、橡胶或其他材料处理过的织物制成的服装,应优先归入品目6113(针织),或6210(非针织)。

(4)根据性别(男式、女式)、服装款式(大衣、西服、衬衣、内衣等)、纤维的种类归入相应的编码。

例如,含50%棉和50%涤纶短纤的机织物制男式衬衫。机织服装归入第六十二章,化纤制男式衬衫,从后归类,归入6205.3000。

例如,由涤纶机织物表面涂布高分子树脂的面料(单面涂层,涂层可明显看出)制成女式雨衣。机织服装归入第六十二章,运用章注五,符合5903"用塑料浸渍、涂布、包覆或层压的纺织物",优先归入品目6210,编码为6210.3000。

【技能自测】

(1)60%棉、40%涤纶短纤混纺的精梳纱,细度200分特,非供零售用。

解析:混纺纱线,精梳,细度,归入5206.2300。

(2)50%棉、50%涤纶短纤的平纹机织布,未漂白,宽1.5米,成卷,200克/平方米解析:涤纶属合成纤维,普通机织物,从后归类,归入 5514.1110。

(3)黏胶短纤维纺制成的多股纱线,12000 分特。

解析:纱线属于纺织原料,黏胶纤维属于人造纤维,短纤应归入第五十五章,但类注三(一)规定,题目中化纤纱线细度达到 1.2 万分特,超过 1 万分特,应按特种纱线归入第五十六章"线、绳、索、缆",归入一级子目"其他",归入 5607.9090。

(4)女式雨衣,由涤纶机织物表面(单面)涂布高分子树脂的面料(涂层可明显看出)制成。

解析:由于题目中的雨衣所用织物是由涂布高分子树脂(塑料)的纺织物制成的,属于特殊面料服装,归入 6210.3000。

(5)印花机织物制正方形围巾(边长 60 厘米;按重量计算,含棉 50%,含涤纶短纤维 50%)。

解析:纺织材料制的围巾属于衣着附件。题目中的围巾是机织的,故应到第六十二章"非针织或非钩编的服装及衣着附件"中查找。但是根据第六十二章章注七的规定,由于题目中的正方形围巾边长 60 厘米,故应作为手帕归类,归入三级子目"其他"6213.9090。

第十二类 鞋、帽、伞、杖、鞭及其零件;已加工的羽毛及其制品;人造花;人发制品

——商品范围

本类共 4 章。包括日常生活用品,鞋、帽、伞、杖、鞭、人造花、人发制品等,本类商品范围共 4 章,按商品用途列名。本类商品主要用第七类的塑料、橡胶,第八类的皮革、毛皮,第九类的木材,第十类的纸(板),第十一类的纺织品,作为原料经加工后制得。本类商品是具体列名的,归类时须注意本类各章不包括的商品。

——归类技能

1. 鞋靴及其零件的归类

(1)鞋靴一般按其外底和鞋面的材料不同归入不同的品目。当鞋面和鞋底由不同材料构成时,鞋面的材料应以占表面面积最大的那种材料为准,而鞋底的材料应以与地面接触最广的那种材料为准。

例如,尺寸为 26 码的旅游鞋,鞋面由皮革和帆布构成,且皮革表面积大于帆布表面积,鞋底材料为橡胶,归入 6403.9900。

(2)运动鞋靴应符合第六十四章子目注释的条件。

(3)某些鞋靴不可归入第六十四章。

(4)鞋靴的零件不包括第六十四章章注二所列的货品,例如鞋带、鞋钉等不能按鞋靴零件归类,一般应按材料属性归类。

2. 第六十四章不包括的制品的归类

根据本章章注一,本章不包括:

(1)易损材料制的无外绱鞋底的一次性脚套或鞋套,应按其构成材料归类。

(2)未用粘、缝或其他方法将外底装在或绱在鞋面上的纺织材料制的鞋靴,应归入第十一类。

(3)品目 6309 的旧鞋靴。

(4)石棉制品,归入6812(石棉制品)。

(5)矫形鞋靴或其他矫形器具及零件,归入品目9021。

(6)玩具鞋及装有冰刀或轮子的滑冰鞋;护胫或类似的运动防护服装,归入第九十五章。例如,溜冰鞋,一般装有冰刀或轮子,归入9506.70000。

3. 帽的归类

一般的帽类归入第六十五章,但旧的帽类归入品目6309,石棉制的帽类归入品目6812,玩偶用帽及其他玩具或狂欢节的用品归入第九十五章。

【技能自测】

(1)用塑料(丙烯聚合物)扁条,宽度为6毫米,编结的缏条缝合成的遮阳帽。

解析:具体列名,不归塑料制品,归入6504.0000。

(2)橡胶制中筒防雨靴。

解析:外底及鞋面由同种材料制成,中筒,归入6401.9210。

(3)滑雪板靴,外底由塑料材料制成,鞋面由皮革制成。

解析:外底材料是塑料,鞋面材料是皮革,运动鞋靴,归入6403.1200。

(4)体操鞋,外底由橡胶材料制成,鞋面由合成纤维制成。

解析:外底是橡胶,鞋面是纺织材料,运动鞋,归入6404.1100。

(5)塑料鞋跟。

解析:鞋靴零件,按材料,归入6406.2020。

(6)旧塑料凉鞋。

解析:第六十三章章注二(二)旧衣着、旧物品归入6309,旧塑料凉鞋归入6309.0000。

10.5.5 贵金属、贱金属及其制品的归类

第十四类 天然或养殖珍珠、宝石或半宝石、贵金属、包贵金属及其制品;仿首饰;硬币

——商品范围

本类商品较为特殊,一般价格较高,例如珍珠,包括天然和养殖珍珠,各种宝石或半宝石,金银铂等贵金属及包贵金属;珠宝首饰、金银器及其制品。此外,还包括一些价格不高的特殊制品,如各种材料制的仿首饰、硬币等。另外,胶态贵金属和贵金属汞齐归入品目2843,不归入本类。

本类只有第七十一章,有三个分章,主要包括:

(1)珍珠、宝石及其制品。

(2)贵金属及其制品。

(3)首饰和硬币。

——归类技能

重点掌握贵金属及包贵金属的归类。要特别注意本类第七十一章注释三、四、五、七、九、十一。

1. 珍珠、宝石或半宝石的归类

(1)未成串或未镶嵌的天然或养殖珍珠,归入7101;已成串或已镶嵌的天然或养殖珍珠

归入 7116(珍珠制品、宝石或半宝石制品)。

(2)未镶嵌的钻石,归入 7102,已镶嵌钻石制品,归入 7116。

(3)未成串或未镶嵌的宝石或半宝石(包括天然的、合成的),归入 7103(天然的)或 7104(合成的);已成串或已镶嵌的宝石或半宝石制品,归入 7116。

(4)天然的或合成的宝石或半宝石粉末,归入 7105。

(5)天然或养殖珍珠、宝石及半宝石,即使超过 100 年,仍归入本章。

2. 贵金属合金的归类

本章章注四对贵金属已定义,指铂、金、银。其中"铂"指铂族元素,包括铂、铱、锇、钯、铑、钌。"铂"类 6 种贵金属,在归类时合并起来作为铂的含量。

本章章注五是一个非常重要的注释,只要其中任何一种贵金属的含量达到合金重量的 2%,则视为本章的贵金属合金。这不同于第十五类贱金属合金的归类原则(按含量较高的金属归类)。

(1)按重量计含铂量在 2%及以上的合金,应视为铂合金。

(2)按重量计含金量在 2%及以上的合金,应视为金合金。

(3)按重量计含银量在 2%及以上的合金,应视为银合金。

注:应用章注五归类时,注意贵金属合金归类的先后顺序:首先铂合金最优先(只要其含铂量在 2%及以上);其次是金合金(只要其含金量在 2%及以上),最后是银合金(只要其含银量在 2%及以上)。

例如,按重量计含铁 80%、铜 15%、银 3%、金 2%的金属合金(未锻造,非货币用)。只要其中任何一种贵金属的含量达到合金重量的 2%,则视为本章的贵金属合金。本题银、金的含量均超过 2%,根据章注五,金合金优先于银合金,因此按金合金归类,编码为 7108.1200。

例如,按重量计含铜 80%、银 10%、金 7%、钯 1.5%、铑 1.5%的合金粉末。因为根据章注四,钯、铑都属于铂,可合并计算,含量为 3%,所以应按铂合金进行归类。根据章注五,虽然金、银含量都大于铂,但根据优先顺序,铂合金最优先。又因为钯、铑的含量是一样的,所以根据从后归类原则,应按金属铑的粉末归类,编码为 7110.3100。

3. 包贵金属和镀贵金属的归类

本章章注七:包贵金属指以贱金属为底料,在其一面或多面用焊接、熔接、热轧或类似机械方法覆盖一层贵金属的材料。包贵金属的覆盖层无论多薄,都应按贵金属归入第七十一章。镀贵金属指以贱金属为底料,通过电镀贵金属的化学方法制得,镀贵金属无论镀层多厚,都应按其内部底料来归类。

4. 首饰、金银器具及仿首饰的归类

(1)完全由贵金属或包贵金属制的首饰归入品目 7113;完全由珍珠、宝石制的首饰归入品目 7116;镶嵌珍珠、宝石的贵金属或包贵金属制的首饰归入品目 7113。

(2)金银器具,包括装饰品、餐具、梳妆用具、吸烟用具及类似的家庭、办公室或宗教用的其他物品,应归入品目 7114。

(3)仿首饰是指用非珠宝、非贵金属或非包贵金属的物品制成的个人用小饰物,归入品目 7117。

首饰分为贵金属首饰和仿首饰。贵金属首饰包括个人用小饰物,如戒指、手镯、项圈、耳环、项链、发夹、头饰等;仿首饰包括随身携带的个人用品,如香烟盒、香粉盒、口红管、带链钱包、钥匙圈等。

例如,镀金铜戒指。镀贵金属无论镀层多厚,都应按内部的底料来归类。本货物属贱金属制成品,另外只要用非珠宝、非贵金属或非包贵金属的物品制成的首饰为仿首饰,归入7117.1900。

【技能自测】

(1)按重量计含铁80%、铜15%、银3%、金2%的金属合金,未经锻炼,非货币用。

解析:贵金属合金,本章章注五规定,按金合金归类,归入7108.1200。

(2)一种工业用的钯基绕组线材,直径0.15毫米,按重量计含银36%、铜4%,其他为钯。

解析:贵金属合金线材,属半制品,以钯合金归类,归入7110.2990。

(3)成套的银制餐叉。

解析:贵金属制餐具,按材料,归入7114.1100。

(4)一种戴在手腕处的装饰品,用樟木制成圆珠状,再用线串成。

解析:一种用樟木制成的首饰,本章注十一,为仿首饰,归入7114.9000。

(5)铜制镀金领带夹。

解析:为镀金制品,按底料归类,归入7117.1900。

第十五类 贱金属及其制品

——商品范围

本类包括贱金属及这些贱金属的大部分制品。本类货品共12章,按材料成分和制品属性分类,总体内容结构分为三大部分。

第一部分(第七十二章,第七十三章):钢铁及其制品。

第二部分(第七十四章至第八十一章):有色金属、金属陶瓷及其制品。

第三部分(第八十二章,第八十三章):贱金属工具及杂项制品。

第一部分和第二部分包含了未制成品和制成品,按金属的属性分章,每章内按加工程度由低到高排列为初级形状,半制成品,制成品。其中将钢铁及其制品分为2章,第七十二章钢铁、第七十三章钢铁制品,为本类重点内容。第二部分有色金属,包括铜、镍、铝、铅、锌、锡、钨等金属及其制品,为了解内容。

第三部分,第八十二章贱金属工具、器具,第八十三章贱金属杂项制品,为重点内容,应重点掌握。

本类有8条类注。重点掌握类注二"通用零件"的注释和类注五"合金"的注释。

——归类技能

1. 生铁、镜铁及合金生铁、非合金生铁的归类

(1)根据七十二章章注一(一),生铁指把铁矿石放在高炉中冶炼而成的产品,主要用来炼钢和制造铸件,是无实用可锻性的铁碳合金,按重量计碳含量≥2%,并含有一种或几种下列含量范围的元素:铬≤10%,锰≤6%,磷≤3%,硅≤8%,其他元素合计≤10%。

(2)生铁包括非合金生铁和合金生铁。根据七十二章子目注释一(一),合金生铁,指按重量计含有一种或几种下列含量范围元素的生铁。铬＞0.2%,铜＞0.3%,镍＞0.3%,0.1%及以上的任何下列元素:铝、钼、钛、钨、钒。

(3)根据七十二章章注一(二),镜铁指按重量计含锰量为6%～30%的铁碳合金,其他方面符合生铁中所列的标准。

2. 铁合金的归类

根据七十二章章注一(三)规定,铁合金指铁与其他元素的合金,按重量计铁含量≥4%,并含下列一种或几种元素,铬＞10%,锰＞30%,磷＞3%,硅＞8%,除碳外,其他元素合计＞10%,但最高含铜≤10%。铁合金不是生铁,不是生铁合金。

二元合金,对于只有一种元素超出本章章注一(三)规定的最低百分比的铁合金,为二元合金,归入相应子目;以此类推,如果有两种元素或三种元素超出本章章注一(三)规定的最低百分比的铁合金,为三元合金或四元合金,归入相应子目。

例如,硅含量40%,即超过了8%,则称此铁合金为"硅铁合金",归入子目7202.2900。

若铁合金中有硅和锰2种元素超出了最低百分比,硅＞8%,锰＞30%,则称此类铁合金为"硅锰铁合金",归子目7202.3000。

3. 第七十二章 7206"初级形状"、7207 非合金钢"半制成品"的归类

(1)7206"初级形状"范围主要包括锭块、方块、团块、熟铁棒、板桩及熔融状态的钢等,这些产品是由冶炼好的熔融的钢水制得。

(2)7207"半制成品"范围主要包括大方坯、小方坯、圆材坯、厚板坯、薄板坯、外观粗糙的粗锻件(这些产品是由7206的初级形状产品经进一步加工制得的)、角材坯、型材坯、异型材坯及所有通过铸造制得的产品。

例如,一种被称为"钢锭"的产品,是由将废铁熔化后,经锻轧和进一步加工而成的成品轧材。其规格为115毫米×115毫米×6000毫米,其成分为铁97.31%、锰0.81%、硅0.545%。

因为该产品已经锻压,所以结合其成分,按7207"半制成品"归类,归入7207.1100。

4. 非合金钢平板轧材的归类

钢材分为非合金钢、合金钢。

非合金钢,一般只含碳元素,又称"碳钢",含碳量为1.2%～2%。

合金钢,包括不锈钢、硅电钢、高速钢、硅锰钢、其他合金钢等,除含碳元素外,还含其他元素。

非合金钢7208～7217,包括:平板轧材、条杆、丝和各种型材、异型材。

(1)平板轧材,宽度600毫米以上的,热轧7208,冷轧7209,包覆、镀层、涂层7210。

平板轧材,宽度600毫米以下的,热轧、冷轧7211;包覆、镀层、涂层7212。

(2)不规则盘卷的铁,非合金钢条杆,热轧7213、7214;冷轧7215。

(3)非合金钢角材、型材及异型材,7216。

(4)铁丝及非合金钢丝,7217。

在非合金钢归类时,按以下顺序进行:

(1)分析钢材的材料性质,判断该钢材属于何种非合金钢。

(2)若为非合金钢平板轧材,则根据钢材的外形尺寸(宽度、厚度),轧制方式(热轧、冷轧),报验状态(卷状、非卷状)、有无包覆、镀层或涂层等,确定相应品目子目。

(3)若不属于平板轧材,为非合金钢条、型材、丝或空心材,则依据第七十二章章注一(十一)、章注一(十二)、章注一(十四)条件归类。

例如,宽1米、厚2毫米的非合金钢热轧卷板,表面涂有防锈漆。根据第七十二章章注一(十),平板轧材包括层叠的卷材。归入第七十二章第二分章的非合金钢平板轧材。根据其他条件,归入7210.7000。

例如,截面为矩形的非合金钢,经电镀法加工而成的平板镀锌铁皮(规格为750毫米×1500毫米,厚度为1毫米)。该货品为平板轧材,根据其他条件,归入7210.3000。

例如,不规则盘卷状报验的不锈钢材(截面为矩形,宽为50毫米,厚为5毫米)除热轧外未经进一步加工。根据原材料判断归入第三分章,归入7221.0000。

例如,非合金钢镀锌(热浸镀)平板轧材,长度24000毫米,宽度1200毫米,厚度1.2毫米。因为该产品符合平板轧材条件,且宽度大于600毫米,所以归入7210.4900。

5. 贱金属合金的归类

(1)如果本类贱金属与贵金属的某种合金中没有一种贵金属(铂、金、银)的重量达到合金重量的2%,则这种合金应作为贱金属归类,达到2%及以上的,应归入第七十一章。

(2)根据第十五类注释五的规定,本类贱金属之间形成的合金,除铜母合金(7405,铜含量占10%及以上)和铁合金(7202,铁含量占4%及以上)外,应按其所含重量最大的金属归类。

(3)由本类贱金属与非本类的元素构成的合金,如果所含贱金属的总量大于或等于所含其他元素的总重量,则按本类贱金属合金归类。

(4)除金属陶瓷外,金属粉末的烧结混合物及熔炼而得的不均匀紧密混合物及金属间化合物,都应作为合金对待。

例如,按重量计含铁80%、铜18%、金2%的金属合金(未锻造,非货币使用)。只有一种贵金属达到合金重量的2%,应归入第七十一章,按金合金归入7108.1200。

例如,硅铁合金(硅含量80%、铁含量10%、其他元素10%)。根据第七十二章章注一(三)铁合金的概念,只要铁的含量在4%及以上,并含有下列一种或几种元素,就按铁合金归类。硅铁合金归入7202.2100。

例如,按重量计,含铅99.9%、锑0.005%、锡0.003%、铁0.002%的合金锭(未锻轧)。本类贱金属之间形成的合金,按其所含重量最大的金属归类。又据第七十八章的子目注释一,本货品属于按重量计所含其他元素是以锑为主的未锻轧铅,按具体列名,归入7801.9100。

6."通用零件"的归类

第十五类类注二对"通用零件"的范围作了明确的规定,"通用零件"的范围适用,单独进出口的"通用零件",即使其本身用途、尺寸有专用性,仍不能作为制品的零件归类,应归入"通用零件"的相应品目。

"通用零件"的范围:

(1)7307的钢铁制管子附件(包括接头、肘管、管套等)。

(2)7312非绝缘的钢铁线、绳、索、缆。

(3)7315钢铁链及其零件。

(4)7317钢铁制的钉、平头钉、图钉、波纹钉、U形钉等。

(5)7318钢铁制的螺钉、螺栓、螺母、方头螺母、钩头螺钉、铆钉、垫圈等。

(6)7320 钢铁制弹簧及弹簧片。

(7)8301 贱金属制的锁、钥匙锁、数码锁、电动锁。

(8)8302 家用五金件(贱金属附件及架座、帽架、托架、小脚轮、自动闭门器等)。

(9)8306 非电动贱金属铃、钟、锣、相框、贱金属镜子等。

(10)8308 贱金属扣、钩、环、眼、管形铆钉、开口铆钉等。

(11)8310 贱金属制的标志牌、铭牌、地名牌等。

例如,内燃机排门用合金钢制螺旋弹簧,属于本类类注二"通用零件"的范围,单独进口,应归入 7320.2090。

7. 各种钢铁钉的归类

(1)普通钢铁钉、平头钉、图钉,归入 7317(钢铁制品)。

(2)订书机用的订书钉,归入 8305(贱金属杂项制品)。

(3)带有铜或铜合金钉头的钢铁钉、平头钉,归入 7415(铜制品)。

(4)钢铁制螺钉、普通铆钉(实心的),归入 7318(钢铁制品)。

(5)管形铆钉、开口铆钉,归入 8308(贱金属杂项制品)。

【技能自测】

(1)除热轧外未经进一步加工的非合金钢材,截面为矩形,平直状报验,厚度 15 毫米,宽度 700 毫米,长 1000 毫米。

解析:非合金钢热轧平板轧材,按厚度,归入 7208.5190。

(2)硅锰钢,一种合金钢制的钢材,除冷轧外,未经进一步加工,截面为矩形,厚度 8 毫米,宽度 500 毫米,平直状报验。

解析:其他合金钢平板轧材,归入 7226.9200。

(3)用多根不锈钢钢丝绞合在一起,供起重机用的非绝缘钢缆。

解析:按类注二规定,属于通用件,归入 7312.1000。

(4)截面为圆形的不锈钢钢材,除冷轧外,未经进一步加工,直径 5 毫米,盘卷状报验。

解析:根据第七十二章章注一(十)、(十四),属于盘卷状冷成形实心产品,归不锈钢丝,归入 7223.0000。

(5)未锻轧的铝锌镁合金块,其中,铝占 40%,锌占 33%,镁占 25%,其余为少量铁和镍。

解析:根据类注五、六的规定,属铝合金,归入 7601.2000。

(6)块状铁合金,其中含 10%硅、15%铬、25%锰、8%钡、6%碳,其余为铁。

解析:铁含量超过 4%,硅、铬超过规定值,应为三元铁合金硅铬铁,归入 7202.5000。

(7)不锈钢制,冷轧成形,圆形截面的无缝锅炉管,外径 200 毫米,内径 150 毫米。

解析:货品为不锈钢制的管子,根据第七十二章章注一(十五),本货品不属第七十二章的空心钻管,而应按钢铁制品归入第七十三章,按材料(不锈钢)、加工方法(冷轧)、用途(锅炉管),归入 7304.4110。

(8)合金钢制供数控铣床用的可互换铣刀。

解析:根据第十六类类注一(十四),可互换刀具,归入 8207.7010。

(9)精炼铜制,截面为圆形的铜丝,截面直径为 4 毫米,热轧成形,盘卷状报验。

解析:本货品为铜丝,归入 7408.1900。

10.5.6 机电、车辆及仪器的归类

第十六类 机器、机械器具、电气设备及其零件;录音机及放声机、电视图像、声音的录制和重放设备及其零件、附件

——商品范围

本类包括大部分用机械及电气方式操作的机器、设备及其零件,共有两章:

(1)第八十四章核反应堆、锅炉、机器、机械器具及其零件 8401~8424。

(2)第八十五章电气电子产品及其零件。

——归类技能

1. 组合机器和多功能机器的归类

根据第十六类类注三规定,组合机器定义包含三条:由两部及两部以上机器装配在一起形成的机器;一般是一台机器装在另一台机器内部或上面,或是两者装在同一机壳内;这组机器必须是永久性地连在一起。多功能机器是具有两种及两种以上互补或交替功能的机器。归类原则:按机器的主要功能归类,当不能确定其主要功能时,按从后归类的原则归类。

例如,具有提供热水、冷水功能的饮水机。该设备具有两种功能:加热和制冷,属于多功能机器,按从后归类原则归类,归入 8516(热水器),而不归入 8418(制冷设备)。

2. 功能机组的归类

根据第十六类类注四规定,由不同独立部件组成的机器,具有第八十四章或第八十五章某个品目所列功能的,全部机器按其功能归入有关品目。

例如,挤奶机器,配有各个独立部件,如真空泵、脉动器、奶头吸杯、奶桶,并由软管和管道加以连接,整套设备按挤奶机功能列名,归入 8434.1000。

3. 本类机器零件或电气零件的归类

(1)本类类注一、第八十四章章注一、第八十五章章注一等排他条款中商品,若已列入,不归本类。

(2)第八十四章和第八十五章中已列名商品,按列名归类。

(3)考虑是否是专用零件,若符合条件可与机器一并归类,或归入指定的专用零件品目。

(4)如果不符合上述品目,重点考虑归入 8487(第八十四章其他品目未列名的机器零件)和 8548(第八十五章其他品目未列名的电气零件)。

例如,电冰箱用压缩机,作为冰箱的一个专用零件,在 8414(用于制冷压缩机)已列名,可归入 8414.30。

例如,电冰箱用壳体,作为冰箱的一个专用零件,可归入 8418.99 项目下相关子目。

4. 可归入多个品目机器或零件的优先归类

(1)第八十四章章注二规定,当出现既可按功能归入 8401~8424 或品目 8426,又可按用途归入 8425~8478 的情况时,应优先按功能列名归入 8401~8424 或品目 8426。但应满足本章章注二的排斥范围要求,包括品目 8419(非家用,非电热热水器装置)、8422(洗涤包装机器)、8424(液体或粉末的喷射器具)的排斥范围要求。

(2)第八十四章章注三规定,当某种机床既可按特种机床归入 8456,又可按普通机床归入 8457~8465 时,应优先归入特种机床 8456。

(3)第八十五章章注八规定,当集成电路、二极管等既可按功能归入品目 8541 或 8542,

又可按所用机器设备的零件归入相关品目时,应优先按功能归入 8541 或 8542。

5. 动力机器及零件的归类

(1)点燃式内燃发动机(汽油机)归入 8407。

(2)压燃式内燃发动机(柴油机)归入 8408。

(3)专用于 8407、8408 所列发动机的零件,归入 8409(专用零件,如活塞、连杆、汽缸体、汽缸盖等)。

(4)电动机归入 8501(产生、变换、储存电能装置)。

例如,别克轿车用发动机,1.6 升,归入 8407.3410;摩托车用汽缸盖,属于 8407 发动机专用零件,归入 8409.9199。

6. 液体泵、气泵、压缩机的归类

(1)液体泵,包括装有可计量装置,归入 8413。

(2)气泵、压缩机,包括空气循环用的机器,如风机、风扇、手动打气筒等,归入 8414。

例如,活塞式内燃机冷却用水泵,属于液体泵,归入 8413.3090;轿车空调压缩机,属于发动机驱动的压缩机,归入 8414.3090。

7. 制冷设备的归类

空调器及其零件归入 8415;其他归入 8418。

例如,家用壁式分体空调器,具有制冷和制热功能,制冷量 3200 千卡/小时,归入 8415.1021。

例如,可逆式热泵,制冷量 2800 千卡/小时,属于装有冷热循环换向阀的制冷装置,归入 8415.8110。

8. 利用温度变化处理材料的设备的归类

本品一般归入 8419,但本品目前一部分的温度变化设备,必须是非家用的,不论是否用电加热;本品目后一部分的热水器,必须是非电热的,不论是否家用。

例如,电热医用消毒设备,属于利用温度变化处理材料的设备,非家用,可电热,归入 8419.2000。

9. 关于印刷机、复印机、传真机的归类

(1)传统印刷机,归入 8443.1。

(2)可与自动数据处理设备及网络连接的:

①具有打印、复印、传真多功能的,归入 8443.31。

②单功能的,归入 8443.32。

(3)不可与自动数据处理设备及网络连接的,归入 8443.39。

10. 金属加工机床的归类

例如,数控齿轮磨床。品目 8460 不包括齿轮磨床,数控齿轮磨床应归入 8461.4010。

例如,非数控卷板机(用于将较厚的板材卷成圆筒状)。该设备属于弯曲、折叠、矫平机床,归入 8462.2990。

11. 自动数据处理设备及其零件的归类

(1)自动数据处理设备只有符合 4 个条件,即符合第八十四章章注五(一)条件(处理数据,随意编程,指令运算,不受干预),才归入 8471。例如,带有计算功能的快译通、电子记事簿、掌上电脑,不能随意编程,不归入 8471,而归入 8470。

(2)一起报验的电脑主机(CPU、主板、硬盘等)、键盘(输入设备)、显示器(输出设备)一并归入 8471.49。

(3)单独报验的电脑主机归入 8471.50；单独报验的输入或输出部件，归入 8471.60；单独报验的存储部件，归入 8471.70；单独报验的其他部件，归入 8471.80。

(4)其他未列名的磁性或光学阅读机，包括条形码阅读器、磁卡阅读器、穿孔卡阅读器、电子分色机上的扫描仪等，归入 8471.9000。

(5)配有自动数据处理设备，或与数据处理设备连用，但从事数据处理以外的某项专门功能的机器，按其功能归相应品目。如与电脑连接使用的名片印刷机，主要功能是印刷，应归入 8443(打印机、复印机、传真机)。

例如，微电脑用内存条，归入 8473.3090；移动硬盘，归入 8471.7010。

12. 专用于制造半导体、集成电路及平板显示器机器的归类

根据第八十四章章注九(四)规定，应优先归入 8486。

13. 通用机器零件的归类

8480~8484,8487,其中：

(1)品目 8480，模具(包括金属铸造、玻璃加工、陶瓷、水泥制品、橡胶、塑料制品等使用的模具)，归入 8480。

(2)品目 8481，机器设备用各种阀门及龙头，归入 8481。

(3)品目 8483，机器设备用传动装置，包括传动轴、变速箱、齿轮、离合器及联轴器等，归入 8483。

(4)品目 8482，滚动轴承，归入 8482；滑动轴承，归入 8483；轴承座，归入 8483。

(5)品目 8484，只有金属片与其他材料制成的密封垫或类似接合衬垫，归入 8484。

(6)品目 8487，其他未列名的通用机器零件，归入 8487。

14. 电池的归类

电池按其是否可充电分为原电池和蓄电池两种，一般不可充电的原电池归入品目 8506，可充电的蓄电池归入品目 8507。

例如，石英手表用的扣式锂电池，属于不可充电原电池，归入 8506.5000；手机用锂电池。属于可充电的蓄电池，归入 8507.8090。有的电池例外，如光电池，归入 8541，废的原电池、蓄电池，归入 8548。

15. 电动机械器具的归类

(1)一般电动机械器具，归入 8508~8510，其中，真空吸尘器归入 8508，电动剃须刀归入 8510，其他家用电动器具归入 8509。

(2)第八十五章章注三规定，品目 8509，仅限"家用"、"电动"器具，通常指任何重量的真空吸尘器、地板打蜡机、食品研磨机及食品搅拌器、水果或蔬菜的榨汁器，或重量不超过 20 千克的其他机器。

例如，家用电动绞肉机，小于 20 千克的，归入 8509；大于 20 千克的，归入 8538；不超过 10 千克的手动绞肉机，按手动机械，归入 8210。

(3)已列名的家用电动器具，不归入品目 8509，如：

电扇、排风扇、抽油烟机等，归入品目 8414。

空调，归入品目 8415。

冰箱,归入品目8418。

离心式干衣机,归入品目8421。

家用洗衣机,归入品目8450。

家用洗碟机,归入品目8422。

家用的电热器具(电热水器、电吹风等),归入品目8416。

电动剃须刀及电动理发用具,归入品目8410。

16. 加热器具的归类

(1)电加热,工业或实验室用炉具,归入8514。

非电加热,工业或实验室用炉具,归入8417。

(2)电加热,一般家用,归入8516。

非电加热,一般家用,归入7321、7322、7317或8419。

(3)非家用的加热器具,归入8419或7322。

例如,燃气热水器,非电加热,家用,归入8419;农产品干燥用的器具,非家用,归入8419。

17. 焊接设备的归类

(1)电焊接,包括激光、超声波、等离子弧,归入8515。

(2)气焊,摩擦焊接,归入8468(焊接机器装置)。

18. 通信设备的归类

(1)不论有线通信设备,还是无线通信设备,一律归入品目8517。

(2)无绳电话机,属于有线通信设备;无线电话,属于无线通信设备。

(3)接收、转换并且发送或再生声音、图像或其他数据用设备,包括基站、交换机、路由设备、通信设备等,归入8517,不要误归入8525"无线电广播、电视发送设备"、8471"自动数据处理设备"等。

19. 音像设备及无线广播、电视接收设备的归类

(1)声音类。传声器、扬声器、音频放大器、扩音机组归入8518;录音、放音设备归入8519;收音等无线电广播接收设备归入8527。

(2)图像类。视频信号录放设备归入8521;摄像等无线电广播、电视发送设备归入8525;监视器、投影机及电视接收设备归入8528。

20. 记录媒体的归类

(1)磁性媒体(磁带、磁盘、磁卡)归入8523.2。

(2)光学媒体(光盘)归入8523.4。

(3)半导体媒体(U盘、数码相机记忆棒、SD卡、CF卡、SM卡等)归入8523.5。

例如,DVD光盘(内含国外获奖影片),属于光盘记录媒体,既有声音信息,又有图像信息,归入8523.4990。

21. 灯、灯具的归类

按有无灯座、何种用途进行区别后归类。

(1)不带灯座的各种灯泡、灯管,归入8539;带灯座的灯具,归入9405(杂项制品)。

(2)机动车辆(不含火车、飞机)照明灯、信号灯,归入8512(包括雨刮器)。

(3)火车、飞机前灯,归入9405(杂项制品)。

(4)自供电源灯(如手电筒、手提式应急灯),归入8513。

(5)交通管理信号灯,归入 8530。

(6)照相机用闪光灯及灯泡,归入 9006(照相器材)。

22. 通用电子元器件及简单电器装置的归类

一般按不同特性进行归类。

(1)无源元件,电容器归入 8532,电阻器归入 8533。

(2)有源元件,热电子管、冷阴极管、光阴极管,归入 8540;半导体器件归入 8541。

(3)集成电路归入 8542,并按用途归相应子目。

(4)简单电器装置,高压电器(电压大于 1000 伏),归入 8535;低压电器(电压小于 1000 伏),归入 8536。

23. 具有独立功能未列名机电产品的归类

(1)具有独立功能未列名机械产品,归入 8479。

(2)具有独立功能未列名电器产品,归入 8543。

【技能自测】

(1)自动打字机。

解析:该机是一种配有电子装置的打字机,不作为电气设备归入第八十五章,应为办公机械,归入 8469.0012。

(2)用于飞机发动机的传动轴。

解析:根据归类总规则三(一)具体列名,无飞机用传动轴,按"其他",归入 8483.1090。

(3)船舶舷外式点燃往复式活塞内燃发动机。

解析:本品是内燃发动机,归入 8407.2100。

(4)安装在公共场所的饮料自动售货机。

解析:属于投币或插入磁卡后,自动送出商品的机器,归入 8476.2100。

(5)宝马 2.8 升轿车用的汽油滤油器。

解析:液体或气体的过滤、净化机器及装置,归入 8421.2300。

(6)摩托罗拉 G20 型手机专用天线。

解析:手机专用天线属零件,按功能归类,归入 8517.7070。

(7)录音机用镍镉可充电电池。

解析:是一种可充电能反复使用的蓄电池,归入 8507.3000。

(8)电动真空吸尘器,功率为 1000 瓦,带有容积为 10 升的集尘袋。

解析:家用电动器具,归入 8508.1100。

(9)计算机网络通信用的路由器。

解析:属于有线通信设备,归入 8517.6236。

(10)"日立牌"彩色等离子数字电视机,显示屏幕为 74 厘米。

解析:本品是一种电视接收装置,归入 8528.7232。

第十七类 车辆、航空器、船舶及有关运输设备

——商品范围

本类包括铁道车辆、其他陆上车辆、航空器及航天器、船舶、气垫船及浮动结构体,另外还包括与运输设备有关的具体列名的货品,例如,集装箱(8609)、降落伞(8804)等。

本类共分 4 章:

(1)第八十六章,包括各种铁道车辆以及交通信号设备。

(2)第八十七章,包括其他陆上车辆及其零件、附件。

(3)第八十八章,包括各种航空器、航天器及其附件。

(4)第八十九章,包括船舶、气垫船及浮动结构体等。

——归类技能

1. 多用途运输工具的归类

(1)既可在道路上又可在轨道上行驶的特殊构造车辆,应归入第八十七章相应品目。

(2)水陆两用机动车辆,应归入第八十七章相应品目。

(3)可兼作地面车辆使用的航空器,应归入第八十八章相应品目。

(4)在导轨上运行的气垫火车,归入第八十六章。

(5)水陆两用的气垫运输工具,归入第八十七章。

(6)在水上航行但只能在海滩或浮码头上登陆或冰上行驶的气垫运输工具,归入第八十九章。

2. 运输设备零件、附件的归类

(1)根据本类注释二,其他类已列名的零件、附件不归入本类,例如,第八十四章、第八十五章列名的机电产品;第十五类注释二规定的"通用零件"及塑料制类似品如汽车发动机的一个部件,在第八十四章已有列名,也不归入第八十七章。

(2)只有专用于第八十六章至第八十八章的设备零件、附件才与设备一并归类或归入零件专用品目。但因为第八十九章不包括零件、附件,所以第八十九章中专用于船舶、气垫船及浮动结构体的,一般按其主要用途归入前面各章。

3. 客车、货车的归类

(1)客车的归类。10 座上的客车(包括驾驶座)按发动机类型或座位数等因素归入 8702;10 座以下的客车(包括驾驶座)按用途、发动机类型、汽缸容量等因素归入 8703。

(2)货车的归类。按发动机类型、车辆总重量归入品目 8704。汽油发动机为点燃式,柴油发动机为压燃式。

例如,"宝来"轿车,排气量 1.8 升。先根据座位判断归入品目 8703,再根据发动机(轿车为点燃式)及排气量,归入相应的子目 8703.2341。

4. 特种车辆的归类

(1)不是以载人或载货为目的的特种车辆,归入 8705(特殊用途的机动车辆)。例如,消防车、抢修车、起重车、混凝土搅拌车、道路清洁车、喷洒车、流动工场车及流动检查车等,都归入 8705。

(2)对于有些特殊用途车辆,仍以载人、载货为目的,不能按特种车辆归类,而要归入相应的品目 8702~8704。

例如,以载人为主要目的的特殊用途车辆如囚车、警车、灵车、赛车、雪地车等归入 8702~8703,不归入特种车辆 8705;以载货为主要目的的特殊用途车辆如冷藏车、运钞车、自动装卸货车等归入 8704,不归入 8705。用于展示、教学用车辆归入 9023(专供示范用途的仪器、装置)。

5. 机动车辆底盘的归类

(1)装有发动机的机动车辆底盘,归入品目8706。

(2)装有驾驶室、发动机和机动车辆底盘的,已经构成"完整品或制成品"的基本特征,按整车归类,归入品目8702～8704,不归入品目8706。

(3)只有底盘,未装发动机、驾驶室的,按机动车辆的零件归入品目8708。

6. 汽车零件、附件的归类

(1)通常所称的汽车零件、附件,一般指品目8701～8705所列机动车辆用的零件、附件。对这些零件、附件进行归类时,根据本类注释二,判断是否已经被本类排除(在其他类已列名)。只有确定其他类未列名的情况下,才归入品目8708。

(2)根据零件所在车辆的部位(如缓冲器、车身、制动器、变速箱、驱动桥、车轮、悬挂系统等),确定第五位子目。

(3)最后按整车车型和编码,确定该零部件的子目。

例如,变速箱(车辆总吨位为15吨,柴油发动机)。首先确定汽车零件品目8708,再根据车辆总吨位为15吨,柴油发动机,确定车辆的编码为8704.2240,最后按车辆编码,确定汽车零件编码,归入8708.4050。

例如,带充气系统的安全气囊(小轿车用),属于轿车专用零件,归入8708,再确定该品目下的一级子目,归入8708.9,最后按列名归入子目8708.9500。

7. 摩托车和自行车的归类

(1)摩托车和自行车分别归入8711和8712,摩托车按发动机类型和气缸容量不同归入不同子目,自行车按用途和车轮直径(以英寸为单位)不同归入不同的子目。

(2)电动自行车不归入8712,而是按装有辅助动力的脚踏车归入8711.9010。

(3)摩托车和自行车零件、附件归入8714,但摩托车用的发动机及发动机的零件在第八十四章已有列名,不归入品目8714。

【技能自测】

(1)适于汽车运输易腐食品用的保温集装箱,规格40英尺,壁面为钢制。

解析:属于集装箱,归入8609.0021。

(2)快餐车,装有点燃式发动机,配有炊具等设备。

解析:属于特殊用途车辆,归入8705.9099。

(3)××牌电动小轿车,5人座,用锂电池,时速130公里/小时。

解析:电动小轿车,未列名,归入8703.9000。

(4)装有18个座位和4把折叠椅的普通中巴客车,汽油发动机。

解析:属于机动车辆,根据该车的用途和座位数,归入8702.9020。

(5)车上装有一部探照灯,由汽车发动机驱动的发电机供电的探照灯车。

解析:特殊用途的机动车辆,归入8705.9099。

(6)50座机动客车(装有柴油发动机)用的变速箱。

解析:是机动车辆零部件,归入8708.4020。

(7)汽车防盗报警器。

解析:本品是音响信号装置,根据第十七类类注(二),归入8512.3012。

(8)机动车辆上汽油发动机(输出功率100马力)用的启动电机。

解析:机动车辆零附件,归入8511.4099。

第十八类　光学、照相、电影、计量、检验、医疗或外科用仪器及设备、精密仪器及设备等;钟表;乐器;上述物品的零件、附件

——商品范围

本类共3章,第九十章,包括光学、计量、医疗仪器、精密仪器及设备等;第九十一章,包括钟表及其零件;第九十二章,包括乐器及其零件。

——归类技能

1. 光学元件的归类

(1)玻璃制的光学元件,只有经过光学加工(未装配的),才归入9001,未经过光学加工的,应按材料归入第七十章,品目7014(玻璃制品)。

(2)其他材料(如有机玻璃)制的光学元件,不论是否经过光学加工,一律归入9001。

(3)已加工,已装配,不构成独立的光学器具,仅作为仪器装置的光学元件,归入9002。

例如,已装配的用于显微镜的物镜归入9002.1990,而已装框的放大镜,因为未作为仪器装置的零件、配件,所以不归入本品目,应归入其他未列名品目9013.8010。

2. 光学仪器的归类

光学仪器按其功能和用途归入品目9005～9013。

(1)双筒望远镜、单筒望远镜等普通望远镜归入9005,但用于机床上的校直望远镜和坦克上的潜望镜归入9013;射电望远镜归入8528。

(2)照相机,包括普通照相机和专用照相机,归入9006相关子目。注意:数码照相机归入8525,与前两者的区别是数码照相机不用化学感光胶片,而是将光信号转换成数码,存储在芯片上。

(3)印刷制版用的电子分色机、激光照排设备,归入9006;不能按制版设备归入8442。

(4)电影摄像机,记录媒体为电影胶片,归入9007,而电视摄像机,记录媒体为存储芯片,归入8525。

(5)影像投影仪,将静止影像通过光学系统放大投影到屏幕上,常见的如幻灯机,归入9008,而视频投影机,把电信号转化为图像信号,投影到屏幕上,归入8528。

(6)负片显示器,用于观察医学射线照片或无线电传真照片的装置,归入9010。

(7)显微镜包括光学显微镜、电子显微镜和质子显微镜,电子显微镜归入9012.1000;液晶显示板,归入9013.8030。

3. 医疗器械及器具的归类

医疗器械及器具,一般归入9018～9022;在确定其品目时,一般要根据其工作原理、特性及用途等因素。

(1)医疗诊断用仪器,因其工作原理不同而归入不同的品目:

①B型超声波检查仪,归入9018.1210。

②核磁共振成像仪,归入品目9018.1310。

③χ射线断层检查仪(又称CT机),归入品目9022.1200。

(2)机械疗法、氧疗法、臭氧疗法、吸入疗法、人工呼吸及按摩等用的设备及装置,归入品目9019。

(3)矫形用具、人造假肢及骨折用具(包括兽用)、弥补人体生理缺陷的器具,归入品目9021。

(4)α射线、β射线、γ射线或χ射线的应用设备,不仅包括用于医疗上的,还包括用于其他行业上的,归入品目9022。但是用于探测的α射线、β射线、γ射线或χ的设备不归入本品目,应归入品目9030。

(5)其他用于医疗、外科、牙科或兽医的仪器及器具(未在其他品目列名的),归入品目9018。例如,电子眼压记录仪,应归入品目9018。

对于已在其他品目列名的医疗仪器,应归入具体列名品目。例如,测量体温的体温表归入品目9025;观察病理切片的生物显微镜归入品目9011或9012;分析、检验血液、组织液、尿液等的仪器设备和检镜切片机归入品目9027;眼底照相机归入品目9006。

4. 第九十章设备所用的零件、附件的归类

(1)根据第九十章章注二(一)规定,凡零件、附件已在第九十章、第八十四章、第八十五章、第九十一章具体列名的,或第十五类注释二规定的通用零件,归入这些章相应品目。

(2)根据第九十章章注二(二)规定,主要用于或专用于本章某一品目所列仪器或器具的零件、附件,与所属仪器或器具一并归入同一品目。

(3)非专用于或主要用于本章某一品目,且在其他类和章又未具体列名的零件、附件,均应归入品目9033。

5. 导航、测量、称量、绘图仪器及装置的归类

(1)航海及航空所用导航仪器及装置,如定向罗盘、高度表、计程仪等归入9014;无线电导航设备归入8526。

(2)野外测量仪器及装置,包括地球物理测量、海洋水文测量、气象测量等,归入9015,但航空测量用照相仪器归入9006。

(3)称量仪器,只有感量为50毫克或更精密的天平归入9016,感量低于50毫克的天平归入8423。另外,品目9016天平所用的砝码若单独报验,不归入9016,归入8423。

(4)绘图、计算仪器,包括三角板、丁字尺、圆规、模板等手工用绘图用具,也包括非手工用绘图机、计算仪器等归入9017。

【技能自测】

(1)检验血液的生化分析仪器。

解析:本品属于为医疗提供分析数据的生化分析仪器,非诊断仪器,归入9027.8099。

(2)测试频率在400兆赫兹至800兆赫兹范围的阴极射线通用示波器。

解析:本品为示波器,属于检测仪器,归入9030.2090。

(3)χ射线治疗仪(治疗肿瘤用)。

解析:本品为医疗设备,具体列名,归入9022.1400。

(4)已制成特定形状的B型超声波诊断仪的外壳。

解析:本品为医疗检查设备超声波诊断仪的专用零件,根据第九十章章注二,应按仪器一并归类,归入9018.5000。

(5)外科手术刀,不锈钢制。

解析:普通刀,不锈钢制,按贱金属制品归类,本品外科手术刀属于医疗用具,归入9018.9090。

(6)电子眼压记录仪,通过记录眼动脉压、眼动脉压的变化,对眼睛进行诊断。

解析:本品为眼科诊断设备,按医疗诊断仪器,归入 9018.5000。

(7)χ射线衍射照相机。

解析:本品为χ射线应用设备,属于医疗设备,归入 9022.1990。

(8)χ射线测量仪。

解析:本品为χ射线测量设备,归入 9030.1000。

(9)医疗用B型超声波诊断仪。

解析:按具体列名,归入 9018.1210。

(10)经光学加工的隐形眼镜片。

解析:本品为经光学加工的光学元件,归入 9001.3000。

第十九类 武器、弹药及其零件、附件

(略)

10.5.7 杂项制品的归类

第二十类 杂项制品

——商品范围

本类所包括的杂项制品是指前述各类、章、品目未包括的货品。共有3章:

(1)第九十四章,包括各种家具、寝具(如床垫、床褥等),其他章未列名的照明装置、灯具和活动房屋等。

(2)第九十五章,包括各种娱乐用品(供成人或儿童娱乐用的各种玩具、运动或游戏用的设备等)。

(3)第九十六章,杂项制品,包括雕刻或模塑材料及其制品,扫把、刷子、成套旅行用具,某些书写及办公用品,某些烟具、化妆品及其他章没有列名的物品。

——归类技能

1. 家具及其零件的归类

(1)具有实用价值的落地式"可移动"家具,如桌椅,落地式或悬挂的、固定在墙壁上叠摞的碗橱、书柜、其他架式家具,坐具及床归入 9401～9407;单独报验的组合家具中的各件家具均归入第九十四章,但落地灯不能按家具归类,而应按灯具归入品目 9405。

(2)品目 9402 为医疗、外科、牙科或兽医用的家具,且不能带有医疗器械(设备)。例如带有牙科器械的牙科用椅不能归入本品目,而应按医疗器械归入品目 9018。

(3)具有特定用途或为安装具有特定用途的装置、设备而特制的家具,一般按特定用途的装置、设备归类。例如,有象棋盘桌面的桌子和桌球台归入品目 9504;作为缝纫机台架用的家具归入品目 8452。

(4)单独报验的玻璃或镜子、大理石按材料归类;机动车辆、飞机等用的坐具及零件,不按车辆或飞机归类,而要归入第九十四章。

2. 床上用品及寝具的归类

(1)装有弹簧或内部有填充物的,或以海绵橡胶或泡沫塑料制成的床上用品及寝具,如

褥垫、被褥及床罩(内含填充物)、鸭绒被、棉被、枕头、靠垫、坐垫、睡袋等归入本章品目9404。

(2)未装有内部填充物的床上用品及寝具,如床单、床罩、枕头套、鸭绒被套、靠垫套、毯子等则按纺织品归入第六十三章。

3. 玩具的归类

儿童乘骑的带轮玩具(如三轮车、踏板车、踏板汽车等),玩偶车,玩偶及其零件、附件(如玩偶用的服装、鞋、靴、帽等)和其他供儿童或成人娱乐用的各种智力玩具或其他玩具均归入9503,但宠物玩具不归入9503。

4. 体育用品和游乐场用娱乐设备的归类

一般体育用品归入9506或9507,游乐场用娱乐设备归入9508。体育用品中不同用途的球归入不同的子目,例如可充气的足球、篮球和排球归入子目9506.6210,草地网球归入子目9506.6100,乒乓球归入子目9506.4010,高尔夫球归入子目9506.3200,羽毛球归入子目9506.9190。

5. 杂项制品的归类

各种纽扣归入品目9606、拉链归入品目9607、梳子归入品目9615,这些不按制成材料归入其他类。打字机色带归入品目9612,不应按打印机的零件归入第八十四章。裁缝用和商品陈列或广告宣传用的人体活动模型归入品目9618,不应按专供示范用模型归入品目9023。

【技能自测】

(1)卧室用家具,红木制。

解析:木制家具应归入第九十四章,归入9403.5010。

(2)一款家庭两用沙发,放开可当床睡觉,由木框架、弹簧、软垫和化纤布面制成。

解析:沙发为坐具,归入9401.4090。

(3)牛骨制的梳妆用梳子。

解析:梳子是一种杂项制品,除贵金属材料外,其他材料制成的都归入第九十六章,归入9615.1900。

(4)海绵橡胶制粉扑,用于化妆时施敷香粉。

解析:粉扑是一种化妆用品,不归入3304,有具体列名,应归入本章杂项制品,归入9616.2000。

第二十一类 艺术品、收藏品及古物

(略)

综合实训

安徽某国际贸易有限公司(3303210118),澳大利亚某国际矿业巨头签订了铁矿砂进口合同,主要内容如下:

(1)商品描述:未烧结铁矿砂及其精矿,平均粒度<0.8毫米。

(2)数量:16,000,000千克。

(3)原产国:澳大利亚。
(4)成交价格 CIF 上海 50 美元/吨。
(5)该货物于 2015 年 3 月 9 日(周一),由"汉津"轮载运进口,在上海港申报进境,起运国为澳大利亚,装运港为墨尔本。

你作为国际贸易公司外贸业务主管,如何根据进口合同,制订货物进口报关操作方案,具体回答以下操作实务。
(1)如何查找该货物商品编码?
(2)该批货物海关监管条件是什么,如何办理自动进口许可证?
(3)该货物是否列入法检范围,如何办理检验检疫手续?
(4)若海关对该贸易公司进口货物实行了"属地报关,口岸验放"通关方式,如何确定该票进口货物电子申报和现场交单的期限?
(5)若海关 2015 年 4 月 5 日填发税款缴款书,如何确定外汇的汇率?并分析汇率的变化,对我国铁矿石市场价格影响。
(6)根据货物成交价格,如何计算进口税费及海关代征税?
(7)若检验检疫人员在检验时,发现该批矿石掺入大量固体废物,并不是铁矿石正常形态,当即作出不予通关的决定,并出具"检验检疫处理通知书"。该公司如何办理该票货物退运出境手续?

案例解析:
具体操作方案包括以下内容:
(1)自理报关。查找商品编码,2601111000。

经查阅《中国海关报关实用手册》,进口货物为未烧结铁矿砂及其精矿,平均粒度 < 0.8 毫米,商品编码是 2601111000,最惠国税率为 0,普通税率为 0,增值税率为 17%,海关监管条件为"7A","7"为自动进口许可证,"A"为入境货物通关单。

商品编码	商品名称	进口最惠国税率(%)	进口普通税率(%)	增值税率(%)	消费税率	计量单位	监管条件
2601111000	未绕结铁矿砂及其精矿	0	0	17	0	千克	7A

(2)该货物列入自动进口许可证管理,自 2013 年 7 月 1 日起,延续多年的铁矿石进口资质管理随之取消。

该贸易公司在进口货物之前,只需将自动进口许可证申请书及其他材料提交至商务部配额许可证事务局,即可进入申报程序。也可进行网上申报。自动进口许可证有效期 6 个月,原则上实行"一批一证"管理。

(3)办理入境货物通关单。
具体程序:
①向上海口岸检验检疫机构进行报检申报(大宗散装,必须在卸货口岸检验检疫机构报检,不适用"属地报关,口岸验放")。
②卸货口岸检验检疫机构受理,按规定计费收费。
③卸货口岸检验检疫机构采取抽样检验方式进行检验检疫。
④检验检疫机构签发入境货物通关单。

⑤海关报关提货后,联系卸货口岸检验检疫机构,实施检验检疫工作。
⑥检验检疫合格后,签发《入境货物检验检疫证明》。

(4)虽然海关对该贸易公司进口货物实行"属地报关,口岸验放"通关方式,但此票货物涉及许可证管理,不适用"属地报关,口岸验放"通关方式,因此,该票进口货物申报地点应为口岸海关,电子申报和现场交单的期限如下:

周一	周二	周三	周四	周五	周六	周日
3月8日	9	10	11	12	13	14
3月9日	10	11	12	13	14	15
16	17	18	19	10	21	22
23	24	25	26	27	28	29

根据货轮预计到港日期,确定电子申报和现场交单的具体期限安排:
装载设备货轮于2015年月9日进境,第2天计起,共14天,应在3月23日完成电子申报,海关接受申报。
电子申报成功后,打印报关单,备齐随附单证,在10日内到海关现场交单。

(5)若海关2015年4月5日填发税款缴款书,如何确定外汇的汇率?
并分析汇率的变化,对我国铁矿石市场价格影响。
适用汇率:海关每月使用的计征汇率,应为上个月第三个星期三,中国人民银行公布外币对人民币的基准汇率。
1美元=6.1528元人民币。
分析逻辑思路:人民币升值/进口企业购买力增强/商品进口量增加/铁矿石供给上升/在需求增幅有限情况下,根据商品价格供需分析,进口铁矿的价格下降(如下图)。

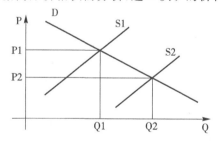

(6)根据货物成交价格,如何计算进口税费及海关代征税?
每吨完税价格=进口货物成交价格=50×6.1528=307.64(元)
进口关税为0;进口消费税为0。
每吨增值税组成价格=完税价格+关税+消费税=307.64(元)
每吨进口增值税=增值税组成价格×增值税率=307.64×17%=52.30(元)
应缴增值税额=52.30×16000=836800(元)

(7)若检验检疫人员在检验时,发现该批矿石掺入大量固体废物,并不是铁矿石正常形态,当即作出不予通关的决定,并出具"检验检疫处理通知书"。该公司如何办理该票货物退运出境手续?
①该票货物是在办结海关放行前,由海关根据国家有关规定责令直接退运境外,故为直

接退运。海关向当事人制发"中华人民共和国海关责令进口货物直接退运通知书"。

②办理直接退运手续,应先填制出口货物报关单。

贸易方式:直接退运(代码4500)。

标记唛码及备注:填报责令直接退运通知书编号。

③再填制进口货物报关单,并在进口货物报关单的"标记唛码及备注"栏填报出口报关单号。

④经海关责令直接退运的货物,不需要交验海关监管证件,免予征收各种税费及滞报金,不列入海关统计。

本章小结

(1)《商品名称及编码协调制度》是在《海关合作理事会商品分类目录》(CCCN)和《国际贸易标准分类》(SITC)基础上编制而成的。1983年6月,海关合作理事会通过了《商品名称及编码协调制度国际公约》及其附件《商品名称及编码协调制度》,从1988年1月1日起正式生效。我国海关自1992年起采用《协调制度》,并在此基础上将我国商品编码细化为8位数级编码。

(2)《协调制度》由三部分组成:①HS归类总规则;②类、章及子目注释;③商品编码表。《协调制度》按社会生产分工和商品的自然属性或用途、功能将商品编码分成21类共97章,采用6位数结构。目前我国采用2012年版《协调制度》,并据此编制了《进出口税则》和《统计商品目录》。我国海关进出口商品分类目录中第一章至第九十七章(其中第七十七章为空章)以及前6位数码、商品名称都与《协调制度》完全一致,只是为了适应我国关税、统计和国际贸易管理的需要,增加了第7、8两位本国子目;《统计商品目录》还增加了第二十二类"特殊交易品及未分类商品"(内分第九十八章、九十九章)。

(3)归类总规则位于《协调制度》的部首,共由6条规则构成,它们是指导和保证商品归类统一的法律依据。归类总规则的使用效力的顺序为规则一优先于规则二,规则二优先于规则三,依次类推,必须按顺序使用。此外,在实际使用规则一、二、三时要注意条件,即类注、章注、子目注释和项目条文是否有特别的规定或说明。如有特别规定的,应按注释和项目条文的规定归类。

(4)我国进出口货物商品归类的依据是《进出口税则》、《商品及品目注释》、《本国子目注释》、海关总署发布的关于商品归类的行政裁定、海关总署发布的商品归类决定;为了防范进出口商品归类风险,提高通关效率,我国实行了预归类制度,对预归类申请、预归类决定、决定书的使用以及商品归类争议处理等都作出了明确的规定。

(5)为了加强商品归类操作技能训练,本章重点编写了《各类进出口商品归类技能》,按照"动植物产品,矿产品,化学工业产品,轻纺工业产品,贵金属、贱金属及其制品,机电车辆及仪器设备,杂项制品"等七大部分商品,详细介绍了我国海关进出口货物各大类商品范围、归类技能以及实训案例解析。这是本章的重点和难点,需要熟练掌握和运用。

背景知识

进出口商品归类风险的防范

商品归类是进出口业务中技术性较强的环节。归类的准确性高低直接关系到企业能否顺利通关,以及其缴纳的税费是否合理。在实际业务中,企业所申报商品类别如果和海关认定的不一致,则往往被认为申报不实而处以罚款,进而影响货物通关,甚至会涉嫌走私。

据《中国海关》报道,某企业于2013年6月以一般贸易方式向海关申报进口"扬声器"一批。该"扬声器"由发声单元、mp3播放器、麦克风、控制电缆、电源线组成。其额定功率待机时为108瓦,正常工作时为180瓦。用途为通过放大器将录制的mp3格式语音或实时喊话的能量增强,通过发声装置播放出去,用于海上船舶之间的语音通信。

事后海关发现,该"扬声器"的商品归类存在申报错误,原申报商品税号为8518.290000"扬声器",关税税率0%。参照该商品的构成及功能,应归入税号8518.5000"电器扩音机组",关税税率10%。其税率相差10个百分点,该企业需补交税款18万元。

由此可知,在进出口商品申报中,企业应预防因商品归类错误引起补征税款等风险。而做预归类能够充分化解归类风险,因为预归类制度是将归类工作前置,在货物实际进出口前完成商品的归类,所以能有效地提高归类的准确性和时效性。

目前,进出口商品预归类有海关预归类和社会化预归类两种形式。企业对拟进出口商品编码把握不准的,可向进出口关区直属海关申请预归类。海关受理预归类申请后依据所提供资料作出决定,并对所作出的商品归类行政裁定予以公布。实践中,很多企业通过向海关申请预归类解决了归类难题,避免了归类错误导致的风险。社会化预归类服务指具有资质的预归类单位受进出口货物经营单位的委托,按照《归类管理规定》,对其拟进出口的货物预先确定商品归类,并出具《进出口商品预归类意见书》的服务活动。由于对于经过社会化预归类服务的商品,海关给予归类认可,所以降低了归类风险,提高了通关效率,实现了进出口企业、预归类单位和海关的三方共赢。

2013年3月,根据预归类资质服务考核结果,经中国报关协会研究并征求海关总署关税司及相关直属海关意见,已正式公布确定上海欣海报关有限公司、天津渤海报关有限公司、南京中外运报关有限公司等35家企业为预归类服务单位。预归类服务由海关走向社会后,便利了企业申请预归类,有利于增强对商品归类风险的防范效果。

习题与实训

查找下列商品 HS 编码:

1. 罐头食品,按重量计,含10%鸡肉、10%猪肉、15%鱼肉、55%蔬菜,其余为配料

2. 韩式大麦茶,由大麦烘炒磨碎制得,每 10 克装于纸袋,食用时连袋一起在热水中浸泡

3. 由多种精制的植物花粉和乳糖制成的营养保健花粉制品

4. 立邦梦幻系列硝基木器漆,以硝酸纤维素为基本成分,加上有机溶剂、颜料和其他添加剂调制而成

5. 硫酸铵化肥,以每袋 5 公斤包装

6. 奥运会水立方材料,聚乙烯与聚四氟乙烯的薄膜(四氟乙烯 70%,乙烯等其他材料 30%)。

7. 聚氯乙烯制宽度为 2 厘米的成卷电工用绝缘胶带

8. 热敏传真纸

9. 一种金拉线,又称"烟用拆封拉带",材料是涂有特种黏合剂的聚丙烯,用于开拆包装卷烟条盒和小盒的薄膜,厚 25 微米,宽 2.5 毫米,长 5000 米

10. 一种牛津布,用尼龙短纤织成机织物,染成黑色,然后在其一面薄薄地涂上聚氨基甲酸酯,以防止雨水渗透,用于制作箱包

11. 一块状铁合金,其中含 10%硅、15%铬、25%锰、8%钡、6%碳,其余为铁

12. 截面为矩形的非合金钢钢材,除冷轧外未经进一步加工,钢材宽 80 毫米,厚 5 毫米,盘卷状报验

13. 光伏电池

14. 光学阅读机,将数据以代码形式转录到数据记录媒体

15. 单独报验的微电脑用内存条

16. 超声波眼镜清洗机

17. 与电脑连接的名片印刷机

18. 可视电话机

19. 汽车 GPS 导航仪,装于汽车上为驾驶员提供道路导航

20. 摩托罗拉 G20 型手机专用天线

21. 旅客安检用金属探测器

22. 光纤连接器,是一种能在光纤与光纤之间进行拆卸连接的器件,用于光纤通信中不同模块、设备和系统之间的灵活连接

23. 蜂胶胶囊,400 粒/瓶,主要成分:蜂胶、玉米油、甘油、明胶,长期服用可调节血糖、降血脂、增强免疫力

24. 唾液酒精快速检测条,将能与酒精起高特异性化学反应的双酶试剂固化于吸水纸上,使用时将检测试条的反应端沾上被测试者的唾液,根据颜色变化判定被测试者体内酒精含量,用于交警部门检查酒后驾车

25. 机器人刀削面机。用途:代替人工技师削面,结构:外体大部分用不锈钢材料依照人体外形压制而成,内设动力装置和传动装置,外设数控箱装置

26. 引线框架。产品:铜 99.6%以上,铁 0.05%~0.15%,磷 0.015%~0.05%。引线框架专用于生产集成电路,是集成电路的芯片载体。使用焊膏等黏合剂将芯片粘贴于引线框架焊盘上,利用合金丝连接芯片和引线框架的引脚,以实现外部电路与芯片内部电路的连接

27. "美孚"牌 5W-40 车用机油,由全合成基础油加上特有的添加剂配制而成,用于汽车发动机的润滑

28. 玉米纤维短纤,以玉米淀粉发酵制得的乳酸为原料,经聚合成聚乳酸,再经纺织而成的纤维

29. TPU 薄膜,中文名称为热塑性聚氨酯弹性体,规格:300 毫米×100 米,用于制作手机按键

30. 牡蛎,活的,供食用

31. 由地沟油炼制成的航空煤油

32. 印花布,平纹机织,含棉 65%,涤纶 35%,180 克/平方米,宽 120 厘米,成卷

33. 弯折机,也称折弯机,非数控,用途:使钢材按照设定的角度弯曲

34. 轿车用倒车雷达,装于轿车尾部,当倒车时距障碍物一定距离即发出警报声,以提醒驾驶员

35. 机坪客车,使用柴油发动机,用于机场候机楼与机坪之间接送旅客

36. 炸薯条,4 公斤/袋,马铃薯经清洗、去皮、切条、油炸、冷冻、包装而成

37. 一种高强度预应力钢筋,铁以外的成分为碳 0.28%～0.33%、硅 0.7%～1.10%、锰 0.9%～1.30%、磷≤0.025%、硫≤0.025%、铜≤0.025%,加工工艺为热轧,抗拉强度 670～740mpa

38. 汽车速度表面板,安装于汽车仪表部件左部,与步进马达、控制电路及指针组成整个单元,用于显示汽车行驶速度,加工采用塑胶热压成型及表面印刷/喷涂工艺

39. 巧克力爆米花,巧克力完全包裹,袋装,配料:玉米粒(爆米花专用)70 克、玉米油 5 克、黄油 25 克、细砂糖 40 克、糖浆 50 克、巧克力 60 克

40. 船舶用造水机,将海水通过蒸馏、冷凝、再过滤净化,成为可以饮用的淡水

答案与解析

商品 HS 编码答案与解析:

1. 【答案】1602.4910

   【解析】混合食品,按重量最大,相同从后归类,归入 1602.4910

2. 【答案】1904.1000

   【解析】大麦属于谷物,归入 1904.1000

3. 【答案】2106.9090

   【解析】保健食品,在其他品目未列名时应归入本章 2106,归入 2106.9090

4. 【答案】3208.9090

   【解析】属油漆,合成聚合物,非水溶剂,区别于 3209、3210,归入 3208.9090

5. 【答案】3105.1000

   【解析】作为一种氮肥,按肥料归入第三十一章,不超过 10 公斤,归入 3105.1000

6. 【答案】3920.9990

   【解析】该商品属薄膜,不能归初级形状,应归半制品品目 3920,又因一级子目未列名,归入其他塑料制品,再因三级子目具体列名有其他,未达 95%,归其他,归入 3920.9990

7. 【答案】3919.1099

   【解析】聚氯乙烯制电工用绝缘胶带是一种自黏塑料带,应按塑料制品归入品目 3919,归入

3919.1099

8. 【答案】4811.9000

【解析】属于纸制品,在原纸上,涂布热敏材料(有机),归入品目4811,但非焦油、非胶黏、非塑料、非蜡,归入其他,区别于4809、4810、4806、4807、4808,归入4811.9000

9. 【答案】5404.9000

【解析】类注一(七),归入第五十四章化学纤维长丝,属表观宽度不超过5毫米的合成纤维纺织材料扁条及类似品,非单丝,归入相应子目,归入5404.9000

10. 【答案】5903.2090

【解析】牛津布属于涂布纺织物,用尼龙短纤机织物浸涂,应归入第五十九章,归入品目5903,因为涂布材料为聚氨基甲酸酯,所以根据货品属性确定相应子目,将其归入5903.2090

11. 【答案】7202.5000

【解析】铁含量超过4%,硅、铬超过规定值,应为三元铁合金硅铬铁,归入7202.5000

12. 【答案】7217.1000

【解析】根据第七十二章章注一(十)的规定,题目中钢材不符合"平板轧材"的定义。再根据第七十二章章注一(十四)的规定,题目中的钢材符合"丝"的定义,应归入品目7217"铁丝或非合金钢丝"。该钢材除冷轧外未经进一步加工,归入7217.1000

13. 【答案】8541.4020

【解析】本货品也称太阳能电池,属于光敏半导体器件,不能按化学电池归类,所以不归入原电池,不归蓄电池,而按光敏半导体器件归入8541.4020

14. 【答案】8471.9000

【解析】本货品属自动数据处理设备,归入8471.9000

15. 【答案】8473.3090

【解析】本货品属自动数据处理设备的零件,归入8473.3090

16. 【答案】8479.8999

【解析】本货品属机器设备类,为第八十四章其他未列名的具有独立功能设备,归入8479.8999

17. 【答案】8471.9000

【解析】根据第八十四章章注五(七),装有自动数据处理设备或与自动数据处理设备连接使用,从事自动数据处理以外的某项专门功能的机器,应按功能归入相应品目,本货品归入8471.9000

18. 【答案】8517.6233

【解析】本货品属于接收声音、图像或其他数据的设备,属有线数字通信设备,归入8517.6233

19. 【答案】8526.9110

【解析】本货品按功能归类,属于导航,归入品目雷达设备、无线电导航设备及无线电遥控设备,归入8526.9110

20. 【答案】8517.7070

【解析】本货品属手机专用天线零件,按功能归类,电话机,包括有线或无线网络的通信设备,按零件归类,归入8517.7070

21. 【答案】8543.7091

【解析】本货品属电气设备,属第八十五章其他未列名具有独立功能的电气设备,归入8543.7091

22. 【答案】8536.7000

【解析】本货品属于光导纤维、光导纤维束或光缆用连接器,归入8536.7000

23. 【答案】2106.9090

【解析】本货品属保健营养品,归入2106.9090

24. 【答案】3822.0010

【解析】本货品属诊断或实验用试剂,归入 3822.0010
25.【答案】8438.1000
   【解析】本货品属食品加工设备,归入 8438.1000
26.【答案】8542.9000
   【解析】本货品属集成电路的专用零件,归入 8542.9000
27.【答案】3403.9900
   【解析】本货品属润滑剂,按不含石油提取的油类,归入 3403.9900
28.【答案】5503.2000
   【解析】本货品属化学纤维短纤,以玉米为原料的聚乳酸属于合成聚合物(聚酯),归入 5503.2000
29.【答案】3920.9990
   【解析】本货品按材料性质归类,为塑料半制成品,归入 3902,其他非泡沫的板、片、膜、箔及扁条。关键在于归入某种子目,聚氨酯非聚酯,为其他塑料制,归入 3920.9990
30.【答案】0307.1190
   【解析】本货品属软体动物,活的,供食用,归入 0307.1190
31.【答案】3826.0000
   【解析】不归入 2710(由石油或沥青矿物提取),本题源头是动植物油脂,应按生物柴油归类,归入 3826.0000
32.【答案】5210.5100
   【解析】混纺材料制机织物,按重量最大归类,归入 5210.5100
33.【答案】8462.2990
   【解析】加工金属的机床,归入 8462,按弯曲、非数控,归入 8462.2990
34.【答案】8512.3019
   【解析】属于车用报警装置,用声音信号报警,归入 8512.3019
35.【答案】8702.1020
   【解析】客车,载客多,按列名归子目,归入 8702.1020
36.【答案】2004.1000
   【解析】属于"蔬菜",用油炸,归入 2004.1000
37.【答案】7227.2000
   【解析】据第七十二章章注一(六),属合金钢,据第七十二章章注一(十一),属热轧条杆,据第七十二章子目注释一(五),属硅锰钢,归入 7227.2000
38.【答案】9029.9000
   【解析】归入 9029,据第九十章注二零件、附件规定,本面板属车速表专用零件,归入 9029.9000
39.【答案】1806.9000
   【解析】据第十九章章注三,巧克力完全包裹的食品,可归巧克力食品,本题归入 1806.9000
40.【答案】8419.4090
   【解析】该"造水机"是通过蒸馏、冷凝、再过滤净化,实现由海水制造成可以饮用的淡水,不能归 8421"液体或气体的过滤、净化机器",应归 8419"利用温度变化处理的机器",参考 8419 品目条文,按"蒸馏设备"归入 8419.4090

第11章 进出口报关单填制

教学目标

通过本章的学习,了解和掌握进出口货物报关单的含义、类别、法律效力及填制的一般要求,重点掌握进出口货物报关单填制规范、各栏目对应关系。在实际操作中,能够根据进出口业务的单证资料,进行合理性审查,完整、准确、有效地填制进出口货物报关单。

教学要求

知识要点	能力要求	相关知识
进出口货物报关单概述	(1)了解最新的法律、规章、政策要求,理解进出口货物报关单的法律效力 (2)掌握报关单填制的一般要求	(1)进出口货物报关单填制的法律依据及相应的法律责任 (2)"单证相符"和"单货相符";"分单填报";"分项填报"
进出口货物报关单的填制	(1)掌握进出口报关单30个表头栏目填报要求和填报技能 (2)掌握进出口报关单表体栏目填报要求和填报技能	进出口货物报关单技能操作实训,包括单证实操训练;报关环节实操训练;运用报关工具书实操训练等
其他报关单的填制	熟悉保税区货物备案清单、出口加工区货物备案清单、进出境快件报关单填报要求	(1)其他报关单的种类 (2)其他报关单的填制实操技能
报关单栏目填报中的对应关系	(1)掌握报关单各栏目填报内容与商业单证的对应关系 (2)掌握加工贸易货物、减免税设备、加工贸易设备、暂准进出境货物以及其他货物报关单填报内容及对应关系	(1)提单、发票、装箱单等原始单证与进口报关单各栏目对应关系 (2)主要海关监管货物流转处理方式与进出口报关单各栏目的对应关系

案例导入

如何准确把握报关单填制所需信息

广州某进出口公司位于广州经济技术开发区,海关注册编号为440124XXXX,所申报商品位列B52084400153号登记手册备案料件第13项,法定计量单位为千克,货物于2013年7月16日运抵口岸,当日向黄埔海关新港办(关区代码为5202)办理进口申报手续,保险费率为0.27%,入境货物通关单编号为442100104064457。

上段文字中包含很多报关单中的信息,可准确填出"进口口岸"、"备案号"、"贸易方式"、"进口日期"、"申报日期"、"经营单位"、"征免性质"、"保险费"、"境内目的地"等信息,并且它们之间有一定的联系。那么到底这段文字包含怎样的信息呢?

11.1 进出口货物报关单

11.1.1 报关单的含义和类别

1. 报关单的含义

进出口货物报关单指进出口货物的收发货人或其代理人,按照海关规定的格式对进出口货物实际情况作出书面申明,以此要求海关对其货物按适用的海关制度办理通关手续的法律文书。

报关单的定义说明报关单是办理通关手续的法律文书。这明确了报关单的用途和法律地位。报关单的定义还表明报关单要按照海关规定的格式填写,这种海关规定的格式是该部分需要学习的主要内容。报关单中填报的内容能够表明货物进出口所适用的海关制度。

2. 报关单的类别

报关单类别的主要内容如图11-1所示:

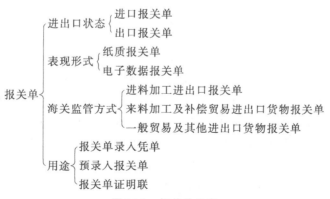

图11-1 报关单分类

在报关单上体现的名称只有两种,分别是《中华人民共和国进口货物报关单》和《中华人民共和国出口货物报关单》。报关单以不同底纹颜色和代码来区分在不同监管方式下的使

11.1.2 进出口货物报关单各联的用途

纸质进口货物报关单一式四联,分别是海关作业联、企业留存联、海关核销联、进口付汇证明联;纸质出口货物报关单一式五联,分别是海关作业联、企业留存联、海关核销联、出口收汇证明联、出口退税证明联。

1. 进出口货物报关单海关作业联

进出口货物报关单海关作业联是报关员配合海关查验、缴纳税费、提取或装运货物的重要单据,也是海关查验货物、征收税费、编制海关统计以及处理其他海关事务的重要凭证。

2. 进口货物报关单付汇证明联、出口货物报关单收汇证明联

进口货物报关单付汇证明联、出口货物报关单收汇证明联是海关对已经实际进出境货物所签发的证明文件,是银行和国家外汇管理部门办理售汇、付汇和收汇及核销手续的重要依据。

3. 进出口货物报关单加工贸易核销联

进出口货物报关单海关核销联是指口岸海关对已实际申报进口或出口的货物所签发的证明文件,是海关办理加工贸易合同核销、结案手续的重要凭证。加工贸易的货物进出口后,申报人应向海关领取进出口货物报关单海关核销联,并此以向主管海关办理加工贸易合同核销手续。

4. 出口货物报关单出口退税证明联

货物报关单出口退税证明联是海关对已实际申报出口并已装运离境的货物所签发的证明文件,是国家税务部门办理出口货物退税手续的重要凭证之一。对可办理出口退税的货物,出口货物发货人或其代理人应当在载运货物的运输工具实际离境,海关收到载货清单(俗称"清洁舱单"),办理结关手续后,向海关申领出口货物报关单出口退税证明联。对不属于退税范围的货物,海关不予签发该联。

11.1.3 进出口货物报关单的法律效力

《海关法》规定:"进口货物的收货人、出口货物的发货人应当向海关如实申报,交验进出口许可证件和有关单证。"

进出口货物报关单及其他进出境报关单(证)在对外经济贸易活动中具有十分重要的法律效力,它是货物的收发货人向海关报告其进出口货物实际情况及适用海关业务制度、申请海关审查并放行货物的必备法律文书。它既是海关对进出口货物进行监管、征税、统计以及开展稽查、调查的重要依据,又是加工贸易核销、出口退税和外汇管理的重要凭证,也是海关处理进出口货物走私、违规案件以及税务、外汇管理部门查处骗税、逃套汇犯罪活动的重要书证。申报人对所填报的进出口货物报关单的真实性和准确性应承担法律责任。

电子数据报关单与纸质报关单具有同等法律效力。

11.1.4 海关对填制报关单的一般要求

(1)进出境货物的收发货人或其代理人向海关申报时,必须按照《中华人民共和国海关法》、《中华人民共和国海关进出口货物申报管理规定》、《中华人民共和国海关进出口货物报关单填制规范》《统计商品目录》和《规范申报目录》等有关规定和要求申报,并对申报内容的真实性、准确性、完整性和规范性承担相应的法律责任。

(2)报关单的填报应做到"两个相符":一是单证相符,即所填报关单各栏目内容必须与合同、发票、装箱单、提单以及批文等随附单据相符;二是单货相符,即所填报关单各栏目的内容必须与实际进出口货物的情况相符,不得伪报、瞒报、虚报。

(3)不同运输工具、不同航次、不同提运单、不同贸易方式、不同备案号、不同征免性质的货物,均应分单填报。

同一份报关单上的商品不能同时享受协定税率和减免税的,应分单填报。

一份原产地证书,只能用于同一批次进口货物。含有原产地证书管理商品的一份报关单,只能对应一份原产地证书;同一批次货物中,实行原产地证书联网管理的,如涉及多份原产地证书或含非原产地证书商品,亦应分单填报。

(4)一份报关单所申报的货物,须分项填报的情况主要有,商品编号不同的,商品名称不同的,计量单位不同的,原产国(地区)/最终目的国(地区)不同的,币制不同的,征免不同的。

案例讨论

上海某工程公司,与越南某公司签订一项工程总承包合同(海外 EPC 项目合同),在越南建设一条年产量 12 万吨的钢板连续镀锌生产线。工程总造价 320 万美元,建设工期 13 个月。项目建设所需设备、物资均在国内分包采购。

货主(该上海工程公司)将物流工作委托国内某家货代公司操作。由该货代公司负责港口接货、单货核对、报关、海运租船等事宜,并最终以货主的名义向海关申报出口。

由于整条镀锌生产线的设备构成复杂、体积庞大、数量众多、施工期较长,所以每一批出口货物都不是完整的镀锌生产线,而仅是当前或下一阶段施工所需的设备和材料。在实际出口操作时,货主将每一批出口货物都以商品名称"钢板连续镀锌生产线"向海关申报,造成货物被归入商品编码 8479819000,并享受了 15% 出口退税率,同时无任何出口监管证件。

直至项目后期第 5 批货物出口,海关随机查验发现集装箱内装有钢管、耐火砖、水泥等施工材料,这与企业申报的商品名称"钢板连续镀锌生产线"和商品编码 8479819000 明显不符。海关随即以涉嫌违报为由将货物扣压,并对该项目前期出口全部货物进行追溯。经调查取证,海关核实每批出口货物实际名称、数量,并逐项确定商品编码、出口退税率和出口监管证件。

货主最终因"违报商品名称和商品编码,骗取出口退税,逃避监管证件",被处出口申报货值 40% 的罚款,总金额 387.5152 万元,同时,企业等级被降为 C 级。

分组讨论,该案例告诉我们,在报关过程中,应当遵循哪些规范要求?

解析:

(1)必须如实申报。就是根据货物实际报验时状态,而不是按货物在项目中最终使用状态申报,该货主出口报关单在商品名称、商品编码、出口退税、海关监管等方面严重不实,单证不符,单货不符,存在严重违报、瞒报和虚报违规行为。

(2) 必须履行合理审查的义务。本案例为委托代理报关,双方签有委托代理协议,案例中货代公司没有核对每一批出口货物箱件清单,对货主提供的货物情况和单证信息没有履行"合理性审查"义务,从而使货主违法并受重大损失。

(3) 必须对出口货物进行认知,了解其工作原理、用途、构成等基本情况。本案例中,海外EPC项目完整的设备或装置受运输条件限制,必须以拆散件形式分类包装运输,企业往往采用逐项确定商品编码申报的方式,这样会给企业带来退税损失。

11.2 进出口货物报关单表头栏目的填报

报关单由表头和表体两个部分组成,从"进出口口岸"到"标记唛码及备注",共30个栏目,为表头,从"项号"到"征免"为主要表体部分,共9个栏目。从"税收征收情况"到"海关审单及放行日期(签章)"是报关单表尾部分,共10个栏目。

进出口货物报关单上方的"海关编号"指海关接受申报时给予的报关单18位顺序编号,一份报关单对应一个海关编号。一般来说,"海关编号"就是"预录入编号",由计算机自动生成,无须填写。

报关单填制规范主要是掌握进出口货物报关单表头部分和表体部分,其他不作要求。

11.2.1 进口口岸/出口口岸

1. 进口口岸/出口口岸的含义

进(出)口口岸指货物实际进(出)我国关境口岸海关的名称。本栏目应根据货物实际进(出)口的口岸海关选择填报"关区代码表"中相应的口岸海关名称及代码。

本栏目填报的基本形态,如货物由上海吴淞海关出境,出口报关单"出口口岸"栏应填报"吴淞海关2202";如货物由天津新港海关进境,进口报关单"进口口岸"栏应填报"新港海关0202"。

2. 进口口岸/出口口岸栏目的填报要求

(1) 填报货物实际进出我国关境的口岸海关名称及代码。填报口岸海关的名称及代码,不是港口名称,而是口岸海关的名称及代码,不是直属海关的名称及代码,而是隶属海关名称及代码。填报货物进出境地的口岸海关名称及代码,并不一定是办理货物报关的海关。

(2) 加工贸易货物,应填报主管海关备案时所限定或指定货物进出的口岸海关名称及其代码。限定或指定口岸与货物实际进出境口岸不符的,应向合同备案主管海关办理《加工贸易手册》变更手续后填报。

(3) 进口转关运输货物,应填报货物进境地海关名称及代码;出口转关运输货物,应填报货物出境地海关名称及代码。按转关运输方式监管的跨关区深加工结转货物,出口报关单填报转出地海关名称及代码,进口报关单填报转入地海关名称及代码。在不同海关特殊监管区域或保税监管场所之间调拨、转让的货物,填报对方特殊监管区域或监管场所所在的海关名称及代码。

(4)其他无实际进出境的货物,填报接受申报的海关名称及代码。如果无法确定进出口口岸,则填报接受货物申报的海关名称及代码。

【技能自测】

(1)万威微型电机大连有限公司(2102245678)持 C09033401543 登记手册进口第一项料件塑料垫圈(非法检商品,法定计量单位为千克)。该项报关单进口口岸栏目填写为"大连海关0900"。

解析:错。填写直属海关的名称及代码,不符合填报要求。本题即使不能从资料中确定本项加工贸易货物正确填写内容,其填写也是错误的。

(2)江苏连云港 A 公司向香港 B 公司出口叉车,经海关批准,该批货物运抵连云港海关监管现场前,先向该海关录入出口货物报关单电子数据。货物运抵海关监管现场后,办理有关手续转关至上海吴淞口岸装运出境。该批货物出口报关单"出口口岸"栏填报"吴淞海关2202"。

解析:正确。当出口货物"转关"运输时,出口货物在起运地海关报关,出口货物报关单"出口口岸"栏目不能填报受理报关手续起运地海关名称及代码,而必须填报货物出境地口岸海关名称及代码。

11.2.2 备案号

1. 备案号的含义

备案号指进出口货物收发货人办理报关手续时应递交的海关备案审批文件的编号,如加工贸易手册编号、加工贸易电子编号、征免税证明编号、实行优惠贸易协定项下原产地证书联网管理的原产地证书编号、适用 ITA 税率的商品用途认定证明编号等。

"备案号"栏目填报的基本形态,如天津华海勘察服务有限公司,在投资总额内进口泥浆泵,向海关申请取得 Z02024A50706 号征免税证明,该企业在泥浆泵进口报关单"备案号"栏填报"Z02024A50706"。

2. 备案号栏目的填报要求

(1)一份报关单只允许填报一个备案号。一般进出口货物报关,备案号栏目为空;保税加工货物,特定减免税货物,CPEA 项下原产于香港或澳门的货物等备案商品,必须填写相应的备案审批文件的编号,不能为空。备案号组成:标记代码+11位数字。注意备案号栏和贸易方式、征免性质、征免方式、用途、项号等栏目的逻辑关系。

(2)加工贸易项下货物,除少量低值辅料按规定不使用《加工贸易手册》及后续以退补税监管方式办理内销征税的货物外,本栏应填报《加工贸易手册》中账册编号。

(3)加工贸易成品凭"征免税证明"转为减免税进口货物的,进口报关单填报"征免税证明"编号,出口报关单填报"加工贸易手册"编号,并在进口报关单"标记唛码及备注"栏填报加工贸易手册编号,在出口报关单"标记唛码及备注"栏填报征免税证明编号。

(4)加工贸易设备之间结转,转入和转出企业分别填制进、出口报关单,在本栏目填报加工贸易手册编号。

(5)进出口减免税审批货物填报征免税证明编号,不得为空。减免税货物退运出口,本栏目填报"减免税进口货物同意退运证明"编号;减免税货物补税进口,填报"减免税货物补税通知书"编号;减免税货物结转进口(转入),填报"征免税证明"的编号;相应的结转出口(转出),填报"减免税进口货物结转联系函"的编号。

(6)进口实行原产地证书联网管理的香港、澳门 CEPA 项下进口货物,本栏目填报原产地证书代码"Y"+"11 位原产地证书编号",还需要在"随附单据栏"填报"Y:〈优惠贸易协定代码〉"。

(7)进出海关特殊监管区域的保税货物,在本栏应填报标记代码"H"的电子账册备案号(表 11-1);进出海关特殊监管区域的特定减免税货物,应填报标记代码"H",同时第六位为"D"的电子账册备案号。

表 11-1 电子账册备案号表

首位代码	备案审批文件	首位码	备案审批文件
B*	加工贸易手册(来料加工)	H	出口加工区电子账册
C*	加工贸易手册(进料加工)	J	保税仓库记账式电子账册
D	加工贸易不作价设备	K	保税仓库备案式电子账册
E*	加工贸易电子账册	Q	汽车零部件电子账册
F	加工贸易异地报关分册	Y*	原产地证书
G	加工贸易深加工结转异地报关分册	Z*	征免税证明

【技能自测】

(1)中国矿业钢铁有限责任公司订购进口一批热合金无缝锅炉管,属法定检验检疫、自动进口许可管理商品,该公司委托辽宁抚顺锅炉厂制造出口锅炉。辽宁龙信国际货运公司持经营单位登记手册和相关单证向大连大窑湾海关申报进口。根据资料选择进口报关单"备案号"栏填报的正确选项。

A. 此栏为空
B. C××××××××××
C. Y××××××××××
D. Z××××××××××

解析:正确答案为 B。题目中"辽宁龙信国际货运公司持经营单位登记手册和相关单证向大连大窑湾海关申报进口",这句话提示:申报的商品不是设备,而是加工贸易进口料件,因为只有加工贸易进口料件才有加工贸易手册,进而判断是保税进口料件,用于制造出口锅炉。因非一般进出口货物,备案号栏目不为空,所以正确答案是 B。

(2)万威微型电机大连有限公司持 C09033401543 手册进口塑料垫圈。该批业务是一般进口业务,备案号栏是空。

解析:错。题目给出了进料加工手册编号,开头第一个字母是"C",应是进料加工业务,进口报关单"备案号"栏应填报"C09033401543",不得为空。

11.2.3 进口日期/出口日期

1. 进口日期/出口日期的含义

进口日期指运载所申报货物的运输工具申报进境的日期。出口日期指运载所申报货物的运输工具办结手续出境的日期。

进口报关单"进口日期"栏目填报的基本形态:2009.03.12。本栏目日期为 8 位数字,顺序为年(4 位)、月(2 位)、日(2 位)。

2. 进口日期/出口日期栏目的填报要求

(1)进口报关单"进口日期"栏,填报的日期必须与相应的运输工具进境日期一致,不得为空;进口货物收货人或其代理人在进口申报时无法确知运输工具实际进境日期的,申报时可免予填报。海关与运输企业实行舱单数据联网管理的,进口日期由海关自动生成。

(2)出口报关单"出口日期"栏,填报运载出口货物运输工具实际离境的日期,海关与运输企业实行舱单数据联网管理的,出口日期由海关自动生成。本栏目供海关签发打印报关单证明联用,在申报时免予填报。

(3)集中申报的报关单,进口日期或出口日期以海关接受报关单申报日期为准。

(4)无实际进出境的报关单填报海关接受申报的日期。

【技能自测】

(1)资料写明"运输工具载运货物于2014年3月12日向大连开发区海关申报进境",则进口报关单"进口日期"栏应填写2014.3.12。

解析:错。应为"2014.03.12"。

(2)资料写明"进口货物于2014年5月12日运抵口岸",则进口报关单"进口日期"栏应填写2014.05.12。

解析:错。运抵口岸的日期不是运输工具申报进境的日期。

11.2.4 申报日期

申报日期指海关接受进出口货物的收、发货人或其代理人向海关申报货物进出口的日期。以电子数据报关单方式申报的,申报日期为海关计算机系统接受申报数据时记录的日期。以纸质报关单方式申报的,申报日期为海关接受纸质报关单并对报关单进行登记处理的日期。

申报日期为8位数字,顺序为年(4位)、月(2位)、日(2位)。

本栏目在申报时免予填报。

11.2.5 经营单位

1. 经营单位的含义

进出口货物报关单中的经营单位指在海关注册登记的对外签订并执行进出口贸易合同的中国境内法人、其他组织或个人。

"经营单位"栏填报经营单位的中文名称及海关注册编码(双填)。

"经营单位"栏填报的基本形态,如北京宇都商贸公司1101220756与韩国客商签约进口电动叉车,其进口报关单"经营单位"栏填报"北京宇都商贸公司1101220756"。

——海关注册编码结构一般规则如下:

(1)海关注册编码由10位数字或字母组成。第1至4位表示经营单位属地的行政区划代码。其中第1位和第2位表示省级地方行政区划代码,例如,上海市为"31";第3位和第4位表示企业所在地级行政区划代码,省辖市(省辖市、地区、省直辖行政单位),例如,安徽省合肥市为"3401";安徽省芜湖市为"3402";安徽省其他未列名地区为"3490"。

(2)第5位表示企业所在经济区域代码。应记住第5位代码的含义,根据这个代码可以确定经营企业在境内的哪个地区,可以判断进口口岸/出口口岸、"境内目的地"或"境内货源地"。第 5 位数字的含义分别如下:

"1"——表示经济特区(深圳特区可用 0)。

"2"——表示经济技术开发区、上海浦东新区、海南洋浦经济开发区、苏州工业园区等。

"3"——表示高新技术开发区。

"4"——表示保税区。

"5"——表示出口加工区。

"6"——表示保税港区。

"7"——表示物流园区。

"9"——其他未列名地区。

例如,广州经济技术开发区为"44012"、珠海国家高新技术开发区为"44043"、珠澳跨境工业区珠海园区(以下简称"珠海园区")为"44045"、珠海市其他地区为"44049"。

(3)第 6 位表示企业经济类型的代码。表明企业性质(应熟记此位代码,根据这个代码可以判断经营单位或判断贸易方式、征免性质等)。第 6 位数字的含义分别如下:

"1"——表示国有企业。

"2"——表示中外合作企业。

"3"——表示中外合资企业。

"4"——表示外商独资企业。

"5"——表示集体企业。

"6"——表示私营企业。

"7"——表示个体工商户。

"8"——表示有报关权而无进出口经营权的报关企业(包括报关行和有报关权的货代公司等)。

"9"——表示其他(包括外国驻华企事业机构、外国驻华使领馆和临时进出口货物的企业、单位和个人)。

(4)第 7 至 10 位为顺序号。

——加工企业海关登记编码。加工企业办理海关登记手续,编制全国统一的登记编码。加工企业海关登记编码和报关单位注册编码编制规则基本相同,也由 10 位数字或字母组成,其中,第 1~4 位表示加工企业所在地行政区划代码,第 5 位表示经济区域代码,第 6 位表示企业经济类型:"A"表示从事对外加工的国有企业,"B"表示从事对外加工的集体企业,"C"表示从事对外加工的私营企业,第 7~10 位为企业顺序编号。

2. 经营单位栏目的填报要求

(1)报关单"经营单位"栏目填报经营单位中文名称和经营单位编码(双填)。单位名称和编码都必须填写,一个不能少,只填报经营单位或者只填报 10 位数字编码都是错误的。

(2)进出口企业之间相互代理进出口业务的,或者没有进出口经营权的企业委托有进出口经营权的企业代理进出口业务的,"经营单位"栏填报代理方的中文名称及编码。

(3)外商投资企业委托其他企业进口投资设备、物品的(其监管方式为合资合作设备"2025"、外资设备物品"2225"),"经营单位"栏目填写该外商投资企业的中文名称及编码,并在"标记唛码及备注"栏注明"委托××公司进口"。

(4)外商投资企业委托外贸企业进口生产用原材料,或者委托的是出口产品的,应视同一般委托,报关单"经营单位"栏应填报代理方(被委托方)的中文名称及编码。

(5)经营单位栏目填报的经营单位实际上就是进出口货物收发货人,所以第6位是"8"的单位只有报关权而没有进出口经营权的企业,不能作为经营单位填报。

(6)境外企业不得作为经营单位填报。

(7)进口援助、赠送、捐赠的货物,进口报关单"经营单位"栏应填报直接接受货物的单位中文名称及编码(多为临时编码)。

(8)合同签订者与执行者不是同一企业的,经营单位应该按执行合同的企业填报。一般是总公司签订合同,分公司执行合同。

【技能自测】

(1)"浙江嘉宁皮革有限公司331392××××",根据海关注册编码,判断企业性质。

解析:10位数字海关注册编码,其中前2位数字"33"表示浙江省,第3、第4位数字"13"表示海宁市,第5位"9"表示其他地区,第6位"2"表示中外合作企业。所以,该公司是浙江海宁的一家中外合作企业。

(2)大连万凯化工贸易公司(210291××××)代理大连万凯化工有限公司(210225××××)对外签约出口三氯硝基甲烷。

解析:显然,大连万凯化工贸易公司对外签约并执行合同,出口报关单"经营单位"栏应填写大连万凯化工贸易公司(210291××××)。

(3)广州轻工机械进出口公司(440191××××)受广州粤港服装有限公司(440123××××)委托在投资总额内进口服装加工设备。货物于××××年××月××日运抵口岸并申报进境,次日广州轻工机械进出口公司持编号为Z×××××××××××的征免税证明向海关报关。

解析:广州粤港服装有限公司(440123××××),其经营单位编码第6位是"3",是一家中外合资企业,属于外商投资企业,在投资总额内,委托进口享受特定减免税设备,有Z字标记代码的征免税证明。这种情况下,报关单的经营单位栏目应填写外商投资企业的中文名称及编码,即"广州粤港服装有限公司440123××××",并且在"标记唛码及备注"栏注明"委托广州轻工机械进出口公司(440191××××)进口"。

(4)厦门世新海正家具有限公司(350294××××),委托厦门世伟进出口有限公司(350211××××)进口松木板材(法定计量单位:千克),用于生产内销家具。

解析:厦门世新海正家具有限公司(350294××××),其经营单位编码第6位是"4",为一家外商独资企业,其委托进口的货物不是投资设备物品,而是进口生产用原材料,应视同一般委托按常规填报,报关单"经营单位"栏应填报代理方(被委托方)的中文名称及编码,即为"厦门世伟进出口有限公司350211××××"。

(5)辽宁龙信国际货运公司(210298××××)向辽宁××海关办理彩色印刷设备的进口报关,在"经营单位"栏内填写"辽宁龙信国际货运公司210298××××"。

解析:错。因为辽宁龙信国际货运公司(210298××××)编码的第6位是"8",表示货运公司是一家只有报关权而无进出口经营权企业,所以不能作为经营单位填报。

11.2.6 运输方式

1. 运输方式的含义

进出口报关单所列"运输方式"栏指海关规定的运输方式。运输方式包括实际运输方式和特殊运输方式,前者指货物实际进出境的运输方式,按进出境所使用的运输工具分类;后者指货物无实际进出境的运输方式,按货物在境内的流向分类。

"运输方式"栏,应根据货物实际进出境的运输方式或货物在境内流向的类别,按海关规定的"运输方式代码表"(表 11-2),填报相应的运输方式名称或代码。

"运输方式"栏填报的基本形态,如厦门某外商投资企业利用自有资金进口服装加工设备,货物于 2014 年 5 月 20 日运抵上海浦东机场,向海关办理进口报关纳税手续,该公司进口报关单"运输方式"栏填报"航空运输"或"5"。

表 11-2 运输方式代码表及说明

代码	名称	运输方式说明
0	非保税区	境内非保税区运入保税区和保税区退区(退运境内)货物
1*	监管仓库	境内存入出口监管仓库和出口监管仓库退仓
2*	水路运输	
3	铁路运输	
4*	公路运输	
5*	航空运输	
6	邮件运输	
7	保税区	保税区运往境内非保税区
8*	保税仓库	保税仓库转内销
9*	其他运输	人扛、驮畜、输水管道、输油管道、输送带和输电网等方式实际进出境货物,部分非实际进出境货物
H	边境特殊海关作业区	境内运入深港西部通道港方口岸区
W	物流中心	从境内保税物流中心外运入保税物流中心或从保税物流园区运往境内
X	物流园区	从境内特殊监管区域外运入园区内或从保税物流园区运往境内
Y	保税港区	保税港区(不包括直通港区)运往区外和区外运入保税港区
Z	出口加工区	出口加工区运往加工区外和区外运往出口加工区(区外企业填报)

2. 运输方式栏目的填报要求

(1)实际进出境货物填报要求。

①进境货物的运输方式,按货物运抵我国关境第一口岸的运输方式填报;出境货物的运输方式,按货物运离我国关境最后一个口岸的运输方式填报。

②进口转关运输货物,按载运货物抵达进境地的运输方式填报;出口转关运输货物,按载运货物驶离出境地的运输方式填报。

③非邮件方式进出境的快递货物,按实际进出境运输方式填报。

④进出境旅客随身携带的货物,按旅客所乘运输工具填报。

⑤不复运出(入)境而留在境内(外)销售的进出境展览品、留赠转卖物品等,填报"其他运输"(代码9)。

(2)非实际进出境货物填报要求。

①境内非保税区运入保税区货物和保税区退区货物,填报"非保税区"(代码0)。

②保税区运往境内非保税区货物,填报"保税区"(代码7)。

③境内存入出口监管仓库和出口监管仓库退仓货物,填报"监管仓库"(代码1)。

④保税仓库转内销货物,填报"保税仓库"(代码8)。

⑤从境内保税物流中心外运入中心或从中心运往境内中心外的货物,填报"物流中心"(代码W)。

⑥从境内保税物流园区外运入园区或从园区运往境内园区外的货物,填报"物流园区"(代码X)。

⑦从境内保税港区外运入港区(不含直通)或从港区运往境内港区外(不含直通)的货物,填报"保税港区"(代码Y),综合保税区比照保税港区填报。

⑧从境内出口加工区、珠海园区外运入加工区、珠海园区或从加工区、珠海园区运往境内区外的货物,区外企业填报"出口加工区"(代码Z),区内企业填报"其他运输"(代码9)。

⑨境内运入深港西部通道港方口岸区的货物,填报"边境特殊海关作业区"(代码H)。

⑩其他境内流转货物,填报"其他运输"(代码9),包括特殊监管区域内货物之间的流转、调拨货物,特殊监管区域、保税监管场所之间相互流转货物,特殊监管区域外的加工贸易余料结转、深加工结转、内销等货物。

【技能自测】

(1)浙江浙海服装进出口公司(3313910194)在对口合同项下进口蓝湿牛皮,委托浙江嘉宁皮革有限公司(3313920237)加工牛皮沙发革。承运船舶在巴西帕拉那瓜港装货启运,航经日本大阪,后停泊韩国釜山港转"HANSA STAVANGER"号轮 HV300 航次(提单号:HSO3D9765)于2012年7月30日抵达吴淞口岸申报进境。

解析:从以上文字材料可以确定运输方式为水路运输,可以填写"水路运输"或"2"。

(2)从"PACKING/WEIGHT LIST"单据中,获得资料如下:

SHIPPING FROM:TAIPEI

THROUGH:HONGKONG TO DALIAN

B/L:784-0084-1691(MAWB/HK-DLC)

解析:B/L是海运提单,其后有一串代码,应为海运提单号码,但因为代码括号内有"MAWB",表示"航空总运单号",所以这一串代码不是海运提单号,而是航空总运单号,运输方式应填写"航空运输"或"5"。

11.2.7 运输工具名称/航次号

1.运输工具名称栏目的填报要求

指载运货物进出境的运输工具的名称或运输工具编号。

本栏目填报载运货物进出境的运输工具名称或编号,填报内容应与运输部门向海关申报的舱单(载货清单)所列相应内容一致。具体填报要求如下:

(1)实际进出境,直接在进出境地或采用"属地申报,口岸验放"通关模式办理报关手续的报关单填报要求如下:

水路运输:填报船舶编号(来往港澳小型船舶为监管簿编号)或者船舶英文名称。

公路运输:填报该跨境运输车辆的国内行驶车牌号,深圳提前报关模式的报关单填报国内行驶车牌号+"/"+"提前报关"。

铁路运输:填报车厢编号或交接单号。

航空运输:填报航班号。

邮件运输:填报邮政包裹单号。

其他运输:填报具体运输方式名称,例如,管道、驮畜等。

(2)实际进出境,转关运输货物的报关单填报要求如下:

①进口转关。

水路运输:直转、提前报关填报"@"+16位转关申报单预录入号(或13位载货清单号);中转填报进境英文船名。

铁路运输:直转、提前报关填报"@"+16位转关申报单预录入号;中转填报车厢编号。

航空运输:直转、提前报关填报"@"+16位转关申报单预录入号(或13位载货清单号);中转填报"@"。

公路及其他运输:填报"@"+16位转关申报单预录入号(或13位载货清单号)。

以上各种运输方式使用广东地区载货清单转关的提前报关货物填报"@"+13位载货清单号。

②出口转关。

水路运输:非中转货物,填报"@"+16位转关申报单预录入号(或13位载货清单号)。如多张报关单需要通过一张转关单转关的,运输工具名称字段填报"@"。中转货物,境内水路运输填报驳船船名;境内铁路运输填报车名(主管海关4位关别代码+"TRAIN");境内公路运输填报车名(主管海关4位关别代码+"TRUCK")。

铁路运输:填报"@"+16位转关申报单预录入号(或13位载货清单号),如多张报关单需要通过一张转关单转关的,填报"@"。

航空运输:填报"@"+16位转关申报单预录入号(或13位载货清单号),如多张报关单需要通过一张转关单转关的,填报"@"。

其他运输方式:填报"@"+16位转关申报单预录入号(或13位载货清单号)。

(3)采用"集中申报"通关方式办理报关手续的,报关单本栏目填报"集中申报"。

(4)无实际进出境的报关单,本栏目免予填报。

2. 航次号栏目的填报要求

本栏目填报载运货物进出境运输工具的航次编号。

具体填报要求如下:

(1)实际进出境,直接在进出境地或采用"属地申报,口岸验放"通关模式办理报关手续的报关单。

水路运输:填报船舶的航次号。

公路运输:填报运输车辆的8位进出境日期[顺序为年(4位)、月(2位)、日(2位),下同]。

铁路运输:填报列车的进出境日期。

航空运输:免予填报。

邮件运输:填报运输工具的进出境日期。

其他运输方式:免予填报。

(2)实际进出境,转关运输货物的报关单。

①进口转关。

水路运输:中转转关方式填报"@"|进境干线船舶航次。直转、提前报关免予填报。

公路运输:免予填报。

铁路运输:"@"+8位进境日期。

航空运输:免予填报。

其他运输方式:免予填报。

②出口转关。

水路运输:非中转货物免予填报。中转货物:境内水路运输填报驳船航次号;境内铁路、公路运输填报6位启运日期[顺序为年(2位)、月(2位)、日(2位)]。

铁路拼车拼箱捆绑出口:免予填报。

航空运输:免予填报。

其他运输方式:免予填报。

(3)非实际进出境的报关单,本栏目免予填报。

【技能自测】

(1)海运提单 BILL OF LADING 给出以下信息:

Vessel:XIE HANG666

VOY No. 510100607200

Port of Loading:香港

Port of Discharge:广州新风

运输工具编号:5101550125

报关单"运输工具名称"填报:①5101550125/510100607200

②XIE HANG666/510100607200

解析:填法①是正确的,填法②是错误的。因为从以上资料可以判断,载货船舶是往返港澳的小型船舶,所以不填船名,填报运输工具编号,正确的填法应为"运输工具编号/航次号"。

(2)海运提单 BILL OF LADING 给出以下信息:

VESSEL VOY(FLAG):YONG YUE 6 V0455W

PORT OF LOADING:LONG BEACH, USA

PORT OF DISCHARGE:BUSAN, KOREA

PLACE OF DELIVERY:DALIAN SEAPORT, CHINA

解析:题目的"运输工具名称"栏填写的是"YONG YUE 6 /0455W",这是错误的,原因是从提单中可以看出该批设备是从美国长滩起运,经韩国釜山中转至大连,这是第一程船的船名,进口报关单"运输工具名称"栏应填报第二程船的船名,也就是从韩国釜山到中国大连的货船的船名和航次。虽然材料没有给出第二程船的船名,但是不妨碍根据已知材料判断题中答案是错误的。

(3)厦门世新海正家具有限公司委托进口松木板材的业务中,根据以下随附单证信息,进口报关单"运输工具名称"栏填报"RUI YUN HE/084N"。

①COMBINED TRANSPORT BILL OF LADING 中的信息:

Ocean Vessel Voy. No. RUI YUN HE V084N

Port of Loading:NELSON NEW ZEALAND

Port of Discharge:HONGKONG

Place of Delivery:XIAMEN,CHINA

Also Notify Party-Routing &Instructions:2 VESSEL TO BE ARRANGED BY CARRIER.

②COMMERCIAL INVOICE 中的信息:

Flight & Date/Vessel &Voyage No. RUI YUN HE V084N

Port of Loading:NELSON

Port of Discharge:XIAMEN,CHINA

解析:已经填报的报关单"运输工具名称"栏填写的是 RUI YUN HE/084N。这显然是错误的。从海运提单中,可以知道,给出的船名是第一程船的船名,也就是从新西兰的港口到中国香港的货船的名称,而根据"运输工具名称"栏填报要求,此栏必须填报运载货物实际进入大陆关境的运输工具名称及编号。第二程船的船名单据没有给出,而作为查找错误,不影响作答。

11.2.8 提运单号

1.提运单号含义

本栏目填报进出口货物提单或运单的编号。

提运单号指进出口货物提单或运单的编号。该编号必须与运输部门向海关申报的载货清单所列相应内容一致。进出口货物报关单所列的"提运单号"栏,主要填报这些运输单证的编号。

"提运单号"栏填报的基本形态,如无锡锡孚汽车配件有限公司出口汽车发动机零件一批,中国国际航空公司 Air Waybill 的右上角写有 999－87908844,为总运单四号,无分运单号,则出口报关单"提运单号"栏填报"99987908844"。

这些运输单证的编号主要包括以下几种:

(1)提单(海运提单)号码(B/L No.)。提单是货物承运人或其代理人,在收到货物后签发给托运人的一种证件。

提单号指水路运输承运人编排的号码,便于承运人通知、查阅和处理业务。提单号一般在提单的右上角。

(2)航运单号(Air Way Bill,AWB)。航运单号是由航空承运人或其代理人签发的货运单据(航空运单)上编排的号码。航空运单分两种:一种是航空公司签发的,称为总运单(Master Air Way Bill,MAWB),总运单的编号称为总运单号;另一种是航空货运代理人签发的,称为分运单(House Air Way Bill,HAWB),分运单的编号称为分运单号。如果发货人直接委托航空公司运输,没有经过航空货运代理公司,则航空公司直接向发货人签发总运单,没有分运单。

(3)铁路运单号。铁路运单号指铁路运输承运人在运单上编排的号码。

(4)海运单号。海运单是证明海上运输合同和货物由承运人接管或装船,以及承运人保证据以将货物交付给单证所载明的收货人的一种不可流通的单证,又称"不可转让的海运单",海运单号指海运单承运人编排的号码。

一份报关单只允许填报一个提单或运单号,一票货物对应多个提单或运单时,应分单填报。

2. 提运单号栏目的填报要求

具体填报要求如下:

(1)实际进出境,直接在进出境地或采用"属地申报,口岸验放"通关模式办理报关手续的。

水路运输:填报进出口提单号。如有分提单的,填报进出口提单号+"*"+分提单号。

公路运输:免予填报。

铁路运输:填报运单号。

航空运输:填报总运单号+"_"+分运单号,无分运单的填报总运单号。

邮件运输:填报邮运包裹单号。

(2)实际进出境,转关运输货物的报关单。

①进口转关。

水路运输:直转、中转填报提单号。提前报关免予填报。

铁路运输:直转、中转填报铁路运单号。提前报关免予填报。

航空运输:直转、中转货物填报总运单号+"_"+分运单号。提前报关免予填报。

其他运输方式:免予填报。

以上运输方式进境货物,在广东省内用公路运输转关的,填报车牌号。

②出口转关。

水路运输:中转货物填报提单号;非中转货物免予填报;广东省内汽车运输提前报关的转关货物,填报承运车辆的车牌号。

其他运输方式:免予填报。广东省内汽车运输提前报关的转关货物,填报承运车辆的车牌号。

(3)采用"集中申报"通关方式办理报关手续的,报关单填报归并的集中申报清单的进出口起止日期[按年(4位)月(2位)日(2位)~年(4位)月(2位)日(2位)]。

(4)无实际进出境的,本栏目免予填报。

【技能自测】

(1)依据 BILL OF LADING 中的以下信息:

某公司进口报关单"提运单号"栏填报"HJSCLGBA00347202"

VESSEL VOY(FLAG):YONG YUE 6 V0455W

PORT OF LOADING:LONG BEACH, SUA

PORT OF DISCHARGE:BUSAN, KOREA

PLACE OF DELIVERY:DALIAN SEAPORT, CHINA

BILLl OF LADING NO. :HJSCLGBA00347202

某公司进口报关单"提运单号"栏填报"HJSCLGBA00347202"。

解析:"提运单号"栏填报错。从提单中可以看出该批设备是从美国长滩起运,经韩国釜山中转至大连,因为中间转运,而且很明显这是第一程船的提单,并非载运进境的船只所属船公司所开提单,所以这个提单号码"HJSCLGBA00347202"不能填在进口货物报关单"提运单号"栏目。二程船的提单号题目没有给,本题只能作查错题。

(2)依据 PACKING/WEIGHT LIST 所给信息,某公司进口报关单"提运单号"栏填报"784-00841691"。

MESSER:W.&W. MICROMOTOR DALIAN
DATE:19-JUL-04
NO.:20407032
SHIPPING FROM:TAIBEI
THROUGH:HONGKONG TO DALIAN
B/L:784-0084-1691(MAWB/HK-DLC)

解析:可以看出在这张装箱单与重量单综合的单子里,给出了运输单据的号码,"B/L"后面一串数字代码。"B/L"是海运提单的简称,后面应为海运提单的号码,但是注意,这串代码后面有(MAWB.),这个提示告诉我们,这一串代码不是海运提单的号码,而是航空总运单的号码。注意航空运单的填法。

11.2.9 收货单位/发货单位

1. 收货单位/发货单位的含义

收货单位指已知的进口货物在境内的最终消费、使用单位,包括:

(1)自行从境外进口货物的单位。

(2)委托有外贸进出口经营权的企业进口货物的单位。

发货单位指出口货物在境内的生产或销售单位,包括:

(1)自行出口货物的单位。

(2)委托有外贸进出口经营权的企业出口货物的单位。

"收货单位/发货单位"栏填报的基本形态,如上海宏伟进出口有限公司(3101935039)进口叉车2台,其进口报关单"收货单位"栏填报"上海宏伟进出口有限公司 3101935039";杭州凌云文具有限公司(3301944018)出口自产打孔机铁件一批,其出口报关单"发货单位"栏填报"杭州凌云文具有限公司 3301944018"。

2. 收货单位/发货单位栏目的填报要求

(1)有海关注册编码或加工企业编码的收、发货单位,本栏目应填报其中文名称及编码(双填),没有编码的应填报其中文名称。

(2)使用《加工贸易手册》管理的货物,报关单的收、发货单位应与"加工贸易手册"的"经营企业"或"加工企业"一致。

(3)减免税货物报关单的收、发货单位应与《征免税证明》的"申请单位"一致。

(4)收、发货单位与经营单位的关系。

①如果没有外贸代理关系,经营单位就是进出口货物实际收发货单位。

②如果有外贸代理关系,则分两种情况。

其一,委托人若是外资企业,经营单位就是进出口货物实际收发货单位。

其二,委托人若不是外资企业,经营单位是代理人,即某进出口企业,实际收发货单位是该委托人,即实际进出口人。

11.2.10 贸易方式(监管方式)

1. 贸易方式(监管方式)的含义

本栏目应根据实际对外贸易情况按海关规定的"监管方式代码表"选择填报相应的监管方式简称及代码。一份报关单只允许填报一种监管方式。

"贸易方式"栏目填报的基本形态,如中商华联贸易有限公司(1102918123)代理湖南长沙家佳纺织有限公司(4301962104)进口未梳棉花(法检商品,法定计量单位为千克),该项进口报关单"贸易方式"栏填报"一般贸易"或者填报贸易方式代码"0110"。

2. 重点贸易方式的填报要求

海关监管方式代码采用四位数字结构,前两位按海关监管业务分类,后两位按海关统计方式为基础分类。我国海关发布的"监管方式代码表"中现行的贸易方式共87种,绝大部分都是不经常用到的,需要特别学习的是"监管方式代码表"中12种标上"＊"号的贸易方式,本书将其列为"重点贸易方式代码表"(表11-3),进行重点介绍。

表11-3 重点贸易(监管)方式代码表

代　码	简　称	全　称
0110	一般贸易	一般贸易
0214	来料加工	来料加工装配贸易进口料件及加工出口货物
0615	进料对口	进料加工
0255、0654	深加工结转	进料深加工结转货物
2025	合资合作设备	合资合作企业作为投资进口设备物品
2225	外资设备物品	外资企业作为投资进口的设备物品
2600	暂时进出货物	暂时进出口货物
3010	货样广告品A	有经营权单位进出口的货样广告品
3039	货样广告品B	无进出口经营企业进出口以及免费提供的进出口货样广告品
3100	无代价抵偿	无代价抵偿进出口货物
4500	直接退运	直接退运
4561	退运货物	因质量不符、延误交货等原因退运进出境货物

(1)一般贸易(0110)。

一般贸易指我国境内有进出口经营权的企业单边进口或单边出口的贸易。也就是买卖双方为了获得商业利益,一方销售,另一方购买,有实际的货物进口或者出口,买卖双方在付款和交货完成后不再有任何的关联,在货物跨越关境进出口时,一般按照国家进出口税则缴纳了进出口关税或者享受减免税优惠的贸易。

通常情况下,贸易方式为一般贸易的,海关都是照章征税,其对应的"征免性质"为"一般征税"或代码"0110","备案号"为空,"征免性质"为"一般征税"或代码"101","征免"为"照章征税"或代码"1"。

(2)来料加工(0214)。

来料加工指进口料件由境外企业提供,经营企业不需要付汇进口,按照境外企业的要求进行加工或装配,只收工缴费,制成品由境外企业销售的经营活动。海关对这种加工贸易形式发放标记码为"B"的《加工贸易手册》,料件进口和成品出口都是免税的。

进口报关单的贸易方式栏填写"来料加工"或代码"0214"。其对应的"征免性质"为"来料加工"或代码"502","征免"为"全免"或代码"3","备案号"栏要填写《加工贸易手册》的编号(编号第一位标记码为B),"用途"为"加工返销"或代码"05"。

(3)进料加工(0615)。

进料加工贸易指经营单位自主从国外购买料件,加工后的产品自行销售给国外。海关对这样的加工贸易形式发放标记码为"C"的《加工贸易手册》,料件进口和成品出口都是免税的。目前,凡是经海关批准进料加工的加工贸易,海关一律以进料对口管理,进口料件全额保税。

进口报关单"贸易方式"栏填写"进料对口"或代码"0615"。其对应的"征免性质"为"进料加工"或代码"503","征免"为"全免"或代码"3","备案号"栏要填写加工贸易手册的编号(编号第一位标记码为C),"用途"为"加工返销"或代码"05"。

(4)来料深加工(0255)、进料深加工(0654)。

加工贸易深加工结转指加工贸易经营企业将保税进口料件所加工的产品,在境内结转给另一个加工贸易企业,用于再加工后复出口的。

转出企业填制出口报关单,"贸易方式"为"来料深加工"或代码"0255",或者"进料深加工"或代码"0654","备案号"为转出手册编号,"征免性质"免予填报,"征免"为"全免"或代码"3","用途"为空。

转入企业填制进口报关单,"贸易方式"为"来料深加工"或代码"0255",或者"进料深加工"或代码"0654","备案号"为转入手册编号,"征免性质"免予填报,"征免"为"全免"或代码"3","用途"为"加工返销"或代码"05"。

(5)合资合作设备(2025)。

中外合资、合作企业利用投资总额内资金进口自用设备、物品。对于属于减免税货物,向海关备案,实际进口时向海关提出申请,经海关审批签发标记代码为Z的"征免税证明",进口时免税。

进口报关单上的"贸易方式"栏,中外合资、合作企业进口设备、物品,填写"合资合作设备"或代码"2025",报关时要提供"征免税证明",进口报关单"备案号"栏填写"征免税证明"编号,"征免性质"为"鼓励项目"或代码"789","征免"为"全免"或代码"3","用途"为"企业自用"或代码"4"。

外商投资企业在投资总额外利用自有资金进口自用设备、物品。对于属于减免税货物,向海关备案,实际进口时向海关提出申请,经审批签发标记代码为Z的"征免税证明",进口时免税。

进口报关单上的"贸易方式"栏填写"一般贸易"或代码"0110"。报关时要提供"征免税证明",进口报关单"备案号"栏填写"征免税证明"编号,"征免性质"为"自有资金"或代码"799","征免"为"全免"或代码"3","用途"为"企业自用"或代码"4"。

(6)外资设备物品(2225)。

外商独资企业利用投资总额内资金进口设备、物品。因为外商独资企业特定减免税下进口的设备物品是免许可证的,所以海关单独设置了贸易方式,便于其监管。对于此类减免税的货物,海关签发标记代码为Z的"征免税证明",进口时免税。

进口报关单上的"贸易方式"栏填写"外资设备物品"或代码"2225"。报关时要提供,报关单"备案号"栏填写"征免税证明"的编号,"征免性质"为"鼓励项目"或代码"789","征免"为"全免"或代码"3","用途"为"企业自用"或代码"4"。

以上外商企业在投资总额内进口设备的贸易方式的设定,还要注意以下两点:

①属于投资类进口。如果外商投资企业进口不是投资用设备,而是进口料件用于加工内销产品,按一般贸易处理,进口报关单"贸易方式"栏填报"一般贸易"或"0110","征免性质"为"一般征税"或代码"110"。外商投资企业使用国产料件加工出口产品,成品出口报关单"贸易方式"栏填报"一般贸易"或"0110","征免性质"与企业的经济类型相适应,为"中外合资"或代码"601",为"中外合作"或代码"602",为"外资企业"或代码"603"。

②如果进口主体不是外商投资企业,而是属于国家重点鼓励发展产业的国内投资项目下进口自用设备,报关单"贸易方式"栏填报"一般贸易"或"0110",报关时要提供,报关单"备案号"栏填写"征免税证明"的编号,"征免性质"为"鼓励项目"或代码"789"。

(7)暂时进出境货物(2600)。

暂时进出境货物指经海关批准,暂时进出关境并且在规定的期限内复运出境或进境的货物,包括国际组织、外国政府或外国和中国香港、中国澳门及中国台湾地区的企业、群众、团体及个人为开展经济、技术、科学、文化合作而暂时运入或运出我国关境及复运出入境的货物。

进境,进口报关单"贸易方式"栏填报"暂时进出货物"或代码"2600","备案号"为空,"征免性质"为"其他法定"或代码"299","征免"为"保证金"或代码"6","用途"为"收保证金"或代码"07"。

复运出境,出口报关单"贸易方式"栏填报"暂时进出货物"或代码"2600","备案号"为空,"征免性质"为"其他法定"或代码"299","征免"为"全免"或代码"3"。

(8)货样广告品 A(3010)、货样广告品 B(3039)。

①含义。

货样广告品 A:有进出口经营权的企业价购或价售进出口货样广告品。简称"货样广告品 A",代码:3010。

货样广告品 B:无进出口经营权的企业进出口以及免费提供的进出口货样广告品,简称"货样广告品 B",代码:3039。

②报关单填报要求。

对于贸易方式为货样广告品 A(3010)、货样广告品 B(3039)的报关单,对应的"征免性质"为"一般征税"或代码"101",或者为"其他法定"或代码"299"。

(9)无代价抵偿进出口货物(3100)。

无代价抵偿进出口货物指进出口货物经海关征税或免税放行后,发现货物残损、短少或品质不良及规格不符等原因,而由进出口货物发货人、承运人或保险公司免费补偿或更换的与原货物相同或者与合同规定相符的货物。

进出口货物收发货人应当在原合同规定的索赔期内,且不超过原进出口之日起 3 年内,办理无代价抵偿货物的进出口手续,逾期按"一般贸易"货物办理。

无代价抵偿进出口货物申报要求如下:

①与无代价抵偿货物相关的原进出口货物退运出境/退运进境时,其报关单"贸易方式"

应填报"其他"或代码"9900","征免性质"为"其他法定"或代码"299","征免"为"全免"或代码"3"。

②补偿进口货物的进口报关单,"贸易方式"栏填报"无代价补偿"或代码"3100","征免性质"为"其他法定"或代码"299",或者为"一般征税"或代码"101"。

补偿出口货物的进口报关单,"贸易方式"栏填报"无代价补偿"或代码"3100","征免性质"为"其他法定"或代码"299"。

③原进出口货物退运出进境报关单(贸易方式9900),及补偿进出口货物报关单(贸易方式3100),均应在其"标记唛码及备注"栏内填报原进口货物报关单号或原出口货物报关单号。

(10)退运货物(4561)、直接退运(4500)。

退运货物指原出口/进口货物,已经进出境,海关放行后,因残损、缺少、品质不良、规格不符、延误交货或其他原因退运进境或者退运出境的。

退运进口报关单或退运出口报关单,"贸易方式"填报"退运货物"或代码"4561","征免性质"为"其他法定"或代码"299","征免"为"全免"或代码"3","用途"为"其他"或代码"11"。退运货物进出时,应随附原出口报关单或原进口报关单,并将原出口报关单号或原进口报关单号填报在"标记唛码及备注"栏内。

直接退运指进口货物收发货人、原运输工具负责人或者其代理人,在货物进境后、办结海关放行手续前,因海关责令或有正当理由获准退运境外的货物。

直接退运应该按照"先出后进"原则,先办理出口报关手续,后办理进口报关手续。出口报关单和进口报关单"贸易方式"均为"直接退运"或其代码"4500"。进出口报关单"标记唛码及备注"栏填报"海关准予进口货物直接退运决定书"或"海关责令进口货物直接退运通知书"的编号,对于进口报关单"标记唛码及备注"栏,还要填报关联报关单号,如出口报关单号。因进口货物当事人或者承运人的责任造成货物错发、误卸或者溢卸,经海关批准或者责令直接退运的,当事人免填制报关单。

3. 其他特殊情况下的填报要求

特殊情况下加工贸易货物监管方式填报要求如下:

(1)进口少量低值辅料(5000美元以下,78种以内的低值辅料)按规定不使用《加工贸易手册》的,填报"低值辅料";使用《加工贸易手册》的,按《加工贸易手册》上的监管方式填报。

(2)外商投资企业为加工内销产品而进口的料件,属非保税加工的,填报"一般贸易"。外商投资企业全部使用国内料件加工的出口成品,填报"一般贸易"。

(3)加工贸易料件结转或深加工结转货物,按批准的监管方式填报。

(4)加工贸易料件转内销货物以及按料件办理进口手续的转内销制成品、残次品、半成品,应填制进口报关单,填报"来料料件内销"或"进料料件内销";加工贸易成品凭"征免税证明"转为减免税进口货物的,应分别填制进、出口报关单,出口报关单本栏目填报"来料成品减免"或"进料成品减免",进口报关单本栏目按照实际监管方式填报。

(5)加工贸易出口成品因故退运进口及复运出口的,填报"来料成品退换"或"进料成品退换";加工贸易进口料件因换料退运出口及复运进口的,填报"来料料件退换"或"进料料件退换";加工贸易过程中产生的剩余料件、边角料退运出口,以及进口料件因品质、规格等原因退运出口且不再更换同类货物进口的,分别填报"来料料件复出","来料边角料复出","进料料件复出""进料边角料复出"。

(6)备料《加工贸易手册》中的料件结转转入加工出口《加工贸易手册》的,填报"来料加工"或"进料加工"。

(7)保税工厂加工贸易进出口货物,根据《加工贸易手册》填报"来料加工"或"进料加工"。

(8)加工贸易边角料内销和副产品内销,应填制进口报关单,填报"来料边角料内销"或"进料边角料内销"。

(9)加工贸易进口料件不再用于加工成品出口,或生产的半成品(折料)、成品因故不再出口,主动放弃交由海关处理时,应填制进口报关单,填报"料件放弃"或"成品放弃"。

其他特殊情况下监管方式填报如下:

(1)减免税货物退运出口,填写4561(退运货物)。减免税货物补税进口,填写9700(后续补税)。

(2)减免税货物结转出口(转出),填写0500(减免设备结转)。

(3)内贸货物出境和进境的监管方式均为"内贸货物跨境运输"(9600)

【技能自测】

(1)中国矿业钢铁有限公司订购进口一批热合金无缝钢管,属法定检验检疫、自动进口许可证管理商品,委托辽宁抚顺锅炉厂制造出口锅炉。辽宁龙信国际货运公司持经营单位登记手册和相关单证向大连大窑海关申报进口。判断贸易方式。

解析:虽然题中没有给出备案号,无法根据备案号判断贸易方式但是文字材料表达意思已经明确说明这笔贸易为"进料加工",贸易关系明显为"经营企业购进料件交加工企业加工成品后由经营企业负责出口"。贸易方式栏填写"进料对口"或代码"0615"。

(2)广州电梯有限公司(440193××××)持C5106000019号《加工贸易手册》向海关申报进口电梯曳引机一批,该批货物列手册第22项,法定计量单位同成交计量单位。保险费率为0.3%。判断贸易方式。

解析:因为文字材料给出了备案号,根据备案号首字母"C",可以判断其贸易方式为进料加工,所以报关单贸易方式栏填报"进料加工"或代码"0615"。

(3)天津华海勘察服务有限公司(120722××××)在投资总额内进口泥浆泵,向海关申请取得Z02024A50706号征免税证明(海关签注的征免性质为"鼓励项目")。泥浆泵随其他设备同批进口,单独向海关申报。判断贸易方式。

解析:根据备案号首号Z可以判断申报商品是特定减免税设备,而根据描述"在投资总额内进口",可以确定是外商投资企业进口的设备物品。再根据经营单位编码120722×××× 的第6位是2,可以确定该企业是中外合作企业,中外合作企业在投资总额内进口的设备物品贸易方式应填"合资合作设备"或代码"2025"。

如果经营单位编码改成120724××××,由于经营单位编码第6位是4,表示该企业是外商独资企业,则进口货物报关单贸易方式栏应填写"外资设备物品"或代码"2225"。

11.2.11 征免性质

1. 征免性质的含义

征免性质指海关根据《海关法》、《进出口关税条例》及国家有关政策对进出口货物实施征、减、免税管理的性质类别。本栏目应按照海关核发的"征免税证明"中批注的征免性质,或根据实际情况按照海关规定的"征免性质代码表"选择填报相应的征免性质简称或代码。

"征免性质"栏填报的基本形态,如上海华柔丝袜有限公司(3119035123)采用国产原料生产袜品出口,其出口报关单"征免性质"填报"中外合资"或者"601"。

2. 常见的征免性质及其适用范围

海关"征免性质代码表"所列征免性质共 44 种,常见的有以下 11 种,见表 11-4,需要记忆其含义、代码及适用范围。

(1)一般征税(101):适用于按照《海关法》《进出口关税条例》及其他法规所规定的税率征收进出口关税、进口环节增值税和其他税费的进出口货物,包括除其他征免性质另有规定者外的一般照章征税和补税的进出口货物。一般来说,征免性质为一般征税(101)所对应的贸易方式是一般贸易(0110)。

(2)其他法定(299):适用于《海关法》《进出口关税条例》规定的,对除无偿援助进出口物资外的其他实行法定减免税的进出口货物,以及根据相关规定非按全额货值征税的部分进口货物。本征免性质对应的贸易方式,可能是无代价抵偿进出口货物(3100)、货样广告品A(3010)、货样广告品 B(3039)、退运货物(4561)等。

(3)科教用品(401):科研机构和学校以科学研究、教学为目的,按照有关征减免税政策,在合理数量范围以内,进口国内不能生产或性能不能满足需要的、直接用于科研或教学的货物。科教用品属于特定减免税货物,事先要经过审批,向海关备案,领取"征免税证明"。

(4)加工设备(501):加工贸易经营单位按照有关征免税政策进口的外商免费提供的加工生产所需设备。免费提供是指不需经营单位付汇,也不需用加工费或差价偿还。经批准,外商免费提供的加工生产所需设备,享受减免税待遇。

(5)来料加工(502):适用于来料加工装配和补偿贸易进口所需的料件等,以及经加工后出口的成品、半成品。申报时需提供编号首位为 B 的《加工贸易手册》。其对应的贸易方式一定是来料加工(0214)。

(6)进料加工(503):适用于为生产外销产品用外汇购买进口的料件,以及加工后返销出口的成品、半成品。申报时需提供编号首位为 C 的加工贸易手册。其对应的贸易方式一定是进料对口(0615)。

(7)中外合资(601):目前一般适用于中外合资企业自产的出口产品。

(8)中外合作(602):目前一般适用于中外合作企业自产的出口产品。

(9)外资企业(603):目前一般适用于外商独资企业自产的出口产品。

(10)鼓励项目(789):适用于 1998 年 1 月 1 日后国家鼓励发展的国内投资项目、外商投资项目、利用外国政府贷款和国际金融组织贷款项目,以及从 1999 年 9 月 1 日起,按国家规定程序审批的利用外资优势产业和优势项目目录的项目,在投资总额内进口的自用设备,以及按照合同随设备进口的技术及数量合理的配套件、备件。一般来说,其对应的贸易方式是合资合作设备(2025)、或外资设备物品(2225)、或一般贸易(0110)。

(11)自有资金(799):经批准的外商投资企业在投资总额以外利用自有资金(包括企业储备基金、发展基金、折旧和税后利润),在原批准的生产经营范围内,对设备进行更新、维修,按有关减免税政策进口国内不能生产或性能不能满足需要的自用设备及其配套的技术、配件、备件。其对应的贸易方式是一般贸易。

表 11-4 常见的征免性质代码表

代码	简称	全称
101	一般征税	一般征税进出口货物
299	其他法定	其他法定减免税进出口货物
401	科教用品	大专院校及科研机构进口科教用品
501	加工设备	加工贸易外商提供的不作价的进口设备
502	来料加工	来料加工装配和补偿贸易进口料件及出口成品
503	进料加工	进料加工贸易进口料件及出口成品
601	中外合资	中外合资经营企业进出口货物
602	中外合作	中外合作经营企业进出口货物
603	外资企业	外商投资企业进出口货物
789	鼓励项目	国家鼓励发展的内外资项目进口设备
799	自由资金	外商投资额度外利用自由资金进口设备、备件、配件

3. 征免性质栏目的填报要求

本栏目应根据实际情况按海关规定的"征免性质代码表"选择填报相应的征免性质简称及代码,持有海关核发的"征免税证明"的,应按照"征免税证明"中批注的征免性质填报。一份报关单只允许填报一种征免性质。

加工贸易货物报关单应按照海关核发的《加工贸易手册》中批注的征免性质简称及代码填报。特殊情况填报要求如下:

(1) 保税工厂经营的加工贸易,根据《加工贸易手册》填报"进料加工"或"来料加工"。

(2) 外商投资企业为加工内销产品而进口的料件,属非保税加工的,填报"一般征税"或其他相应征免性质。

(3) 加工贸易转内销货物,按实际情况填报(如一般征税、科教用品、其他法定等)。

(4) 料件退运出口、成品退运进口货物填报"其他法定"(代码 0299)。

(5) 加工贸易结转货物,本栏目免予填报。

【技能自测】

天津华海勘察服务有限公司(120722××××)在投资总额内进口泥浆泵,向海关申请取得 Z02024A50706 号征免税证明(海关签注的征免性质为"鼓励项目")。泥浆泵随其他设备同批进口,单独向海关申报。

该票进口货物报关单的"征免性质"应如何填报?

若经营单位编码改成 120724××××,进口货物报关单的"征免性质"应如何填报?若经营单位编码改成 120721××××,进口货物报关单的"征免性质"应如何填报?

解析:根据备案号首号 Z 可以判断申报商品是特定减免税设备,而根据描述"在投资总额内进口",可以确定是外商投资企业进口设备物品。再根据经营单位编码 120722××××的第 6 位是 2,可以确定该企业是中外合作企业,中外合作企业在投资总额内进口的设备物品贸易方式应填"合资合作设备"或代码"2025",征免性质为"鼓励项目"或代码"789"。

若经营单位编码改成 120724××××,由于经营单位编码第 6 位是 4(第 6 位由 2 改为 4),

表示该经营单位是外商独资企业,则进口货物报关单贸易方式栏应填写"外资设备物品"或代码"2225",征免性质依然为"鼓励项目"或代码"789"。

若经营单位编码改成120721××××,由于经营单位编码第6位是1(第6位由2改为1),表示该经营单位是国有企业,则进口货物报关单贸易方式栏应填写"一般贸易"或代码"0110",征免性质依然为"鼓励项目"或者代码"789"。

11.2.12 征免比例/结汇方式

1. 征免比例/结汇方式的含义

征免比例仅用于原"进料非对口"贸易方式下进口报关单,现征税比例政策已取消,进口报关单本栏目免予填报。

结汇方式指出口货物发货人或者其代理人收结外汇的方式。

出口报关"结汇方式"栏目填报的基本形态,应按海关规定的"结汇方式代码表"(重要结汇方式代码见表11-5)选择填报相应的结汇方式名称或缩写或代码,如宁波鞋业有限公司(330244××××)将自产的皮鞋出口非洲,结汇方式为电汇,其出口报关单"结汇方式"填报相应的结汇方式名称或缩写或代码("电汇"或"T/T"或"2")。

表11-5 重要结汇方式代码表

代码	结汇方式名称	缩写	英文名称
1	信汇	M/T	Mail Transfer
2	电汇	T/T	Telegraphic Transfer
3	票汇	D/D	Remittance by Banker's Demand Draft
4	付款交单	D/P	Documents Against Payment
5	承兑交单	D/A	Documents Against Acceptance
6	信用证	L/C	Letter of Credit

2. 征免比例/结汇方式栏目的填报要求

(1)进口报关单"征税比例"栏目免予填报。

(2)出口报关单填报结汇方式,按海关规定的"结汇方式代码表"选择填报相应的结汇方式名称或缩写或代码。

(3)出口货物报关单结汇方式栏不得为空。

【技能自测】

(1)发票有这样一个栏目"Payment terms:T/T"。

提示:通过题目表述可以判断付款方式为电汇,所以结汇方式栏可以填报"2"或"电汇"或"T/T"。

(2)发票显示"TERM:D/A60DAYS FROM B/L DATE"。

解析:题目清晰地说明付款方式是承兑交单,则结汇方式栏可以填报"5"或"承兑交单"或"D/A"

(3)发票中描述"L/C No.:Documents Against Acceptance"。

解析:本题,虽然发票描述信用证编号"L/C No.:",可是跟其后的并非信用证号码,而是承兑交单的英文表述。可见这笔贸易不是用信用证付款的,而是用汇付当中的"承兑交单"付款的。注意:在发票中,有信用证号的,后面跟上的不是信用证编号,而是其他汇付方式的,应判断为其他汇付。

11.2.13 许可证号

1. 许可证号的含义

许可证号指国务院商务主管部门及其授权发证机关签发的进、出口货物许可证的编号。

《监管证件代码表》中列入36项监管证件代码,其中7个监管证件应当填报"许可证号"栏目(表11-6),其他监管证件填报"随附单据"栏目。

表11-6 填报"许可证"号栏的监管证件代码表

代码	监管证件名称	代码	监管证件名称
1*	进口许可证	G	两用物项和技术出口许可证(定向)
2	两用物项和技术进口许可证	x	出口许可证(加工贸易)
3	两用物项和技术出口许可证	y	出口许可证(边境小额贸易)
4*	出口许可证		

"监管证件代码表"的代码为"1""4""x""y""2""3""G"才是许可证栏填报的许可证号,尤其,带"*"号的"1""进口许可证"和"4""出口许可证"经常被使用,而其他监管证件都属于其他许可证件,较少被使用。

"许可证号"栏目填报的基本形态,如某在京中央企业从事成品油出口业务,持"14-AA-100256"号出口许可证报关,则该企业出口报关单"许可证号"栏目填报"14-AA-100256"。

许可证号的编号格式是××-××-××××××。

(1)第一、第二位代表年份。

(2)第三、第四位代表发证机关:AA代表商务部许可证事务局,AB、AC代表许可证事务局驻各地特派员办事处,01、02代表地方。

(3)后六位为顺序号。

2. 许可证号栏目的填报要求

(1)一份报关单只允许填报一个许可证号。

(2)非许可证管理商品本栏为空。

11.2.14 起运国(地区)/运抵国(地区)

1. 起运国(地区)/运抵国(地区)的含义

起运国(地区)指进口货物起始发出直接运抵我国的国家(地区),或者在运输中转国(地区)未发生任何商业性交易的情况下运抵我国的国家(地区)。

运抵国(地区)指出口货物离开我国关境直接运抵的国家(地区),或者在运输中转国(地区)未发生商业性交易的情况下最后运抵的国家(地区)。

"起运国(地区)/运抵国(地区)"栏目,应按照海关规定的"国别(地区)代码表"(主要国别(地区)代码见表11-7)选择填报国别(地区)的中文名称或代码。

"起运国(地区)/运抵国(地区)"栏目填报的基本形态,如北京某进出口公司进口的一船美国大豆,从美国波士顿装运直接运抵我国,进口报关单"起运国(地区)"应填报"美国"或

"502";厦门美视光学工业有限公司出口一批太阳眼镜,货物经中国香港中转运至澳大利亚悉尼,出口报关单"运抵国(地区)"应填报"澳大利亚"或"601"。

表 11-7 主要国别(地区)代码表

代　码	中文名称	代　码	中文名称
110	中国香港	307	意大利
116	日本	331	瑞士
121	中国澳门	344	俄罗斯联邦
132	新加坡	501	加拿大
133	韩国	502	美国
142	中国	601	澳大利亚
143	台澎金马关税区	609	新西兰
303	英国	701	国(地)别不详的
304	德国	702	联合国及其机构和国际组织
305	法国		

2. 起运国(地区)/运抵国(地区)栏目的填报要求

(1)根据实际进出口情况,按照海关的"国别(地区)代码表"选择填报国别(地区)的中文名称或代码。

(2)直接运抵货物,指由出口国(地区)运入我国境内的进口货物,或者由我国出口直接运往进口国(地区)的出口货物。对于直接运抵的货物,以货物起始发出的国家(地区)为起运国(地区),货物直接运抵的国家(地区)为运抵国(地区)。

(3)在第三国发生中转货物。中转货物指船舶、飞机等运输工具从装运港将货物装运后,不直接驶往目的地,而在中途的港口卸下后,再换装另外的船舶、飞机等运输工具转运往目的地。对于中转货物,起运国(地区)或运抵国(地区)分两种情况填报。

①对于发生运输中转而未发生商业性交易的货物,其起运国(地区)或运抵国(地区)不变。即以进口货物的始发国(地区)为起运国(地区)填报,以出口货物的最终目的国(地区)为运抵国(地区)填报。

②对于发生运输中转并发生商业性交易的货物,其中转地为起运国(地区)或运抵国(地区)。可通过提单、发票等单证来判断货物中转时是否发生了买卖关系。

例如,上海某进出口公司与香港某公司签约进口 100 台日本产丰田面包车,从日本东京起运经香港中转运抵上海。进口丰田面包车的起运国(地区)为中国香港,因为进口丰田面包车的境外签约人(香港某公司)的所在地(中转地)是香港。

例如,深圳某电子有限公司与香港某公司签约出口的 1 万台自产 DVD 机经香港中转运至日本名古屋。出口 DVD 机的运抵国(地区)为中国香港;最终目的国(地区)为日本。因为出口 DVD 机的境外签约人(中国香港公司)的所在地(中转地)是中国香港。

(4)无实际进出境的货物,"起运国(地区)/ 运抵国(地区)"栏,应填报"中国"(代码142)。

【技能自测】

(1)BILL OF LADING 显示如下信息:

Place of Receipt：BARCELONA（收货地点）

Port of Loading：BARCELONA

Place of Deliver：NINGBO（最终目的地）

解析：从以上信息判断，装货港是巴塞罗那，是西班牙的港口，所以起运国（地区）：西班牙。提单或运单是重要的信息来源，告之货从哪里来，运往哪里去。

一般提单上面总会有 Port of Loading（装货港）、Port of Discharge（卸货港）等词句，在没有中转情况下，装货港所在国家（地区）就是起运国（地区）。同时从 Shipper（发货人）和 Consignee（收货人）可以判断是否有中转。

航空运单中会有 Airport of Departure（起航机场）、Airport of Destination（目的地机场）。没有中转的情况下起航机场所在国（地区）就是起运国（地区），目的地机场所在国（地区）就是运抵国（地区）。

（2）我国某公司进口业务在提单上显示：

Place of Receipt ANTWER－CY（集装箱堆场）

Port of Loading ANTWER

在发票中显示：

Dispatch Station DUSELDORF，Germany（发货地）

解析：收货地和装货港都是安特卫普（比利时港口），但在发票中发货地是德国的杜塞尔多夫，并且发票开出的公司是德国的杜塞尔多夫一家公司。这种运输是典型的多式联运方式，一般都是货物直接在工厂装入集装箱，通过铁路或者公路运输到港口城市的集装箱堆场，然后装船运到目的港，收货人在目的港集装箱堆场提货。最终可确定，该进口报关单"起运国（地区）"填德国或者"304"。

（3）发票上的信息如下：

Shipper Perfrom DALIAN TO SINGAPORE

唛码及备注栏信息如下：

Shipping Mark

SINGAPORE

FOR TRANSSHIPMINT TO CHITAGONG BANGLADESH（孟加拉国地名）

解析：从唛头可以判断货物在新加坡发生中转，查找出票人：如果我国公司与孟加拉国公司发生交易，则运抵国要填写孟加拉国；如果与新加坡公司发生交易，则运抵国填写新加坡。

11.2.15 装货港/指运港

1. 装货港/指运港的含义

装货港指进口货物在运抵我国关境前最后一个境外装运港。

指运港指出口货物运往境外的最终目的港；出口货物最终目的港不可预知的，指运港按尽可能预知的目的港填报。

"装货港/指运港"栏目，应根据实际情况，按海关规定的"港口航线代码表"选择填报相应的港口中文名称或者代码。

"装货港/指运港"栏目填报的基本形态，如北京某进出口公司进口的一船美国大豆，从美国波士顿装运直接运抵我国,进口报关单"装货港"应填报"波士顿";厦门美视光学工业有限公司出口一批太阳眼镜,货物经香港中转运至澳大利亚悉尼,出口报关单"指运港"应填报"悉尼"。

2. 装货港/指运港栏目的填报要求

(1)报关单的"装货港"栏或"指运港"栏应填报装货港或目的港的中文名称或者代码。因本教材没有给出代码,因此,报关单的"装货港"栏或"指运港"栏填的就是中文名称。

(2)在填制报关单时,如遇到"装货港"或"指运港"为非中文名称时,应翻译成中文名称填报。

(3)对于直接运抵的货物,以货物实际装货的港口为装货港,货物直接运抵的港口为指运港。

(4)货物在运输途中只要换装了运输工具,无论是否发生商业行为,装运港都发生了改变,中转港(换装运输工具的港口)为装运港。装运港与发生中转有关,与是否发生商业行为无关。指运港不受中转影响,即无论是否发生中转,出口报关单"指运港"就是出口货物运往境外的最终目的港。

(5)无实际进出境的,本栏目填报中国境内,不能少"境内"两字或代码"142"。

【技能自测】

(1)提单有如下信息:

Port of Loading:SANTOS BRAZILIAN PORT(装货港)

Port of Discharge:HONGKONG(卸货港)

Port of Deliver:DALIAN CHINA(交货港)

Description of Goods:2nd VESSEL:M/V COSCO HONGKONG V.028N

解析:提单中 Port of Loading:SANTOS BRAZILIAN PORT 表示装货港是巴西圣多斯港,Port of Discharge:HONGKONG 表示在香港卸货,这是头程提单,并在货名栏给出了二程船的信息 2nd VESSEL:M/V COSCO HONGKONG V.028N。这说明在香港发生了中转,因此,进口报关单装货港栏填写香港

(2)进口业务 BILL OF LADING 提供信息如下:

Port of Loading:NELSON NEW ZEALAND

Port of Discharge:HONGKONG

Place of Delivery:XIAMEN,CHINA

Also Notify Party-routing & Instructions:2nd VESSEL TO BE ARRANGED BY CARRIER.

COMMERCIAL INVOICE 提供信息如下:

Port of Loading:NELSON

Port of Discharge:XIAMEN,CHINA

Final Destination:XIAMEN,CHINA

解析:从提单可知,进口货物装货港是新西兰尼尔森港,卸货港是香港,交货港是厦门,因为发票是新西兰公司开出的,发票的装货港是新西兰的港口,在香港中转,未发生商业活动,所以起运国(地)填报新西兰。

但从提单可知,头程船卸货香港,二程船由承运人安排,目的地是厦门,所以进口报关单装运港填报香港。

11.2.16 境内目的地/境内货源地

1. 境内目的地/境内货源地的含义

境内目的地是指已知的进口货物在我国关境内的消费、使用地区或最终运抵的地点，境内货源地是指出口货物在我国关境内的生产地或原始发货地。

"境内目的地/境内货源地"栏目填报的基本形态，大连机械设备进出口公司(2102910×××)进口一批电视机零件，装载货物的运输工具于2013年8月12日申报进境，则进口报关单"境内目的地"栏应填报"辽宁大连其他"或者地区代码"21029"。

2. 境内目的地/境内货源地栏目的填报要求

(1)境内目的地和境内货源地栏目应根据进口货物的收货单位、出口货物的生产厂家或发货单位所属国内地区，按海关规定的"国内地区代码表"选择填报相应的国内地区名称或代码。代码含义与经营单位前5位的定义相同。

(2)境内目的地以进口货物在境内的消费、使用地或最终运抵地为准。如果进口货物的消费、使用单位难以确定的，应填报货物进口时预知的最终收货单位所在地。

(3)境内货源地以出口货物的生产地为准。如果出口货物在境内多次周转，不能确定生产地的，应填报最早发运该出口货物的单位所在地。

【技能自测】

(1)厦门世新海正家具有限公司(350294××××)，委托厦门世伟进出口有限公司(350211××××)进口松木板材(法定计量单位：千克)，用于生产内销家具。

解析：在委托进出口的情况下，委托单位通常就是最终的使用单位或生产单位。在没有更明确的最终使用地或生产地的情况下，委托单位所在地就是境内目的地和境内货源地。本题委托单位是厦门世新海正家具有限公司(350294××××)，根据名称确定企业位于厦门，因为其经营单位编码第5位是"9"，所以境内目的地栏目应填写"厦门其他"或者代码"35029"。

(2)大连万凯化工贸易公司(210291××××)代理大连万凯化工有限公司(210225××××)对外签约出口三氯硝基甲烷。

解析：这是委托进口情形，委托单位是大连万凯化工有限公司(210225××××)。根据名称确定企业位于大连，因其经营单位编码前5位"21022"中的第5位2的含义，可以确定报关单境内目的地栏应填写"大连经济技术开发区"或者代码"21022"。

11.2.17 批准文号

进口货物报关单和出口货物报关单本栏目免予填报。

综合实训

某中外合资经营企业，属国家鼓励发展产业类，为生产内销外销产品，在投资总额外从境外购进生产设备若干台。在海关依法查验该批进口设备时，陪同查验人员开拆包装不慎，使其中一台设备的某一部件损坏。后该企业又从同一供货商处购进生产原料一批，其中30%加工产品内销，50%加工产品直接返销境外，20%加工产品结转另一关区其他加工贸易企业继续加工后返销境外。料件进口前，该企业已向海关办妥加工贸易合同登记备案手续，且料件同批进口。内外销生产完成后,该企业为调整产品结构,将进口加工设备出售给某内资企业。

根据上述案例,完成下述实际操作:

(1)在该批料件进口时,办理进口报关手续。

(2)该企业购进生产设备若干台,办理进口报关手续。

(3)本案中,加工产品结转给另一关区企业加工返销境外,办理跨关区深加工结转手续。

(4)内外销生产完成后,该企业将进口的加工设备,出售某内资企业,办理减免税设备转让报关手续。

(5)海关查验环节产生的损坏加工设备,如何处理?

解析:

(1)该批料件同时进口,根据生产内外销产品比例,办理料件进口报关手续,其中30%将加工为内销产品的,按"一般贸易"办理进口报关手续;50%加工产品返销与20%加工产品深加工结转的,按"进料对口"办理进口报关手续。

(2)该企业购进的生产设备若干台,为中外合资企业在投资总额外购进,属国家鼓励类发展产业,在设备进口前办妥减免税申请手续,进口时以"一般贸易"向海关申报,免税进口。

(3)加工产品结转给另一关区企业加工返销境外,办理跨关区深加工结转手续,转出、转入企业向各自主管海关提交深加工结转申请表,办理备案手续;实际收发货后,办理结转报关手续,作为转出企业持申请表、登记表等单证,向转出地海关办理结转出口报关手续,贸易方式栏填报"进料深加工"。

(4)内外销生产完成后,该企业将进口的加工设备,出售某内资企业,办理减免税设备转让报关手续,必须报商务主管部门批准,向海关缴纳按使用时间折旧的税费,并且解除监管证明书,属于自动许可证管理的,还要补交自动进口许可证。

(5)按海关查验赔偿办法,本题不属于海关赔偿责任范围,应由收货人自负责任。

11.2.18 成交方式

1. 成交方式的含义

成交方式是指进出口贸易中进出口商品价格构成和买卖双方各自应该承担的责任、费用和风险,以及货物所有权转移的界限。

"成交方式"栏目应根据实际成交价格条款,按海关规定的"成交方式代码表"(表11-8),选择填报相应的成交方式或其代码。

"成交方式"栏目填报的基本形态,例如浙江木材进出口公司海运进口巴西原木一批,成交价格为CFR,则其进口报关单"成交方式"栏填报"CFR"或其代码"2"。

表11-8 成交方式代码表

成交方式	成交方式名称	成交方式	成交方式名称
1	CIF	4	C&I
2	CFR(C&F/CNF)	5	市场价
3	FOB	6	垫仓

2. 成交方式栏目的填报要求

(1)报关单填制中的成交方式有三种,分别为"FOB、CFR、CIF"。

《2000通则》中的13种贸易术语在填制报关单时,按照就近原则分别归入这三类,选择填报相应的成交方式或其代码。

具体填报关系见表11-9。

表11-9 《2000通则》中13种贸易术语成交方式代码表

成交方式代码	成交方式	《2000通则》对应的贸易术语
1	CIF	CIF、CIP、DAF、DES、DEQ、DDU、DDP
2	CFR	CFR、CPT
3	FOB	EXW、FCA、FAS、FOB

《2010通则》中的11种贸易术语在填制报关单时,按照就近原则分别归入这三类,选择填报相应的成交方式或其代码。

具体填报关系见表11-10。

表11-10 《2010通则》中11种贸易术语成交方式代码表

成交方式代码	成交方式	《2010通则》对应的贸易术语
1	CIF	CIF、CIP、DAT、DAP、DDP
2	CFR	CFR、CPT
3	FOB	EXW、FCA、FAS、FOB

(2)无实际进出境的货物,进口填报"CIF"或其代码"1",出口填报"FOB"或其代码"3"。

(3)采用集中申报的归并后的报关单,进口成交方式必须为"CIF"或其代码,出口成交方式必须为"FOB"或其代码。

11.2.19 运费

1. 运费的含义

本栏目填报进口货物运抵我国境内输入地点起卸前的运输费用,出口货物运至我国境内输出地点装载后的运输费用。进口货物成交价格包含前述运输费用或者出口货物成交价格不包含前述运输费用的,本栏目免予填报。

"运费"栏目填报的基本形态,如天津五矿进出口公司出口铁矿石10000吨,成交价格为"CIF",运费为100USD/吨,保费500USD,则该项业务出口报关单"成交方式"为"1","运费"为"502/100/2","保费"为"502/500/3"。

2. 运费栏目的填报要求

(1)运费可按运费单价、总价或运费率三种方式之一填报,注明运费标记(运费标记"1"表示运费率,"2"表示每吨货物的运费单价,"3"表示运费总价),并按海关规定的"货币代码表"选择填报相应的币种代码。

①直接填报运费率的数值:运费率/运费率标记(百分号省去)。

如5%的运费率,运费栏填报"5/1"。

②运费单价填报:币制代码/运费单价数值/运费单价标记。

如 24 美元/吨的运费单价,运费栏填报 502/24/2。

③运费总价填报:币制代码/运费总价数值/运费总价标记。

如 7000 美元的运费总价,运费栏填报 502/7000/3。

(2)运保费合并计算的,填报在本栏目。

【技能自测】

(1)INVOICE&WEIGHT MEMO 提供的信息如下:

Unit PRICE：USD1.7 FOB AUCHLAND

Amount：FOB USD1390.60

SEA FREIGHT & INSURANCE：USD150.00

TOTAL INVOICE VALUE USD1540.60

解析:这张发票和运费通知单的综合单据在 FOB 价之外列出了运费和保险费的合并费用。因为这是进口业务,是以 CIF 价为进口的完税价格申报的,所以要填写运费和保费。因为根据单据可判断"USD150.00"是运保费总价,所以进口报关单"成交方式"栏填报"3","运费"栏填报 502/150/3。

(2)涉及较复杂的运费计算的报关单运费栏目填报。

Freight Note 提供的信息如下(运费清单):

Description of Goods：ESCALATOR MACHINE

Gross Weight (kgs)：7640.000

Charge Description：

INLAND FREIGHT：USD583.16

OCEAN FREIGHT：USD1030.40

OTHER CHARGES：USD517051

TOTAL AMOUNT：USD2131.07

INVOICE & PACKING LIST 提供的信息如下(商业发票和装箱单):

7cases of ESCALATOR MACHINE

4260kgs gross weight

3980kgs net weight

BILL OF LADING 提供的信息如下(海运提单):

Number and kind of packages：13 CASES

解析:商业发票和装箱单的综合单据表明成交的商品是 7 箱毛重共 4260 千克的电梯用曳引机。而运费清单表明所运的电梯曳引机的总毛重为 7640 千克,且海运提单显示装运的货物是 13 箱,可见,发票所示的这笔合同项下的货物,是和别的合同项下的货物混合装运的。而运费清单给出的是总运费,是 13 箱曳引机的运费,现在只要计算其中 7 箱的运费,采用运费分摊方法计算曳引机运费如下:

总运费(USD2131.07)÷总毛重(7640 千克)×曳引机毛重(4260 千克)=USD1188.27

最终可确定曳引机进口报关单"运费"栏填报 502/1188.27/3。

11.2.20 保险费

1. 保险费的含义

本栏目填报进口货物运抵我国境内输入地点起卸前的保险费用,出口货物运至我国境内输出地点装载后的保险费用。进口货物成交价格包含前述保险费用或者出口货物成交价格不包含前述保险费用的,本栏目免予填报。

2. 保险费栏目的填报要求

(1)本栏应根据具体情况选择保险费总价或保险费率两种方式之一填报,同时注明保险费标记,并按海关规定的"货币代码表"选择填报相应的币种代码。

保险费标记"1"表示保险费率,"3"表示保险费总价。保险费率下填报一个单个数字,保险费总价的填报方式跟运费总额的一样,也是采用三段式。具体如下:

①保费率,直接填报保费率的数值,如0.3%保险费率填报0.3/1。但在考试中保费经常以千分数给出,这种情况下,要填百分数,省掉费率标记和百分号,直接填报0.3。

②保费总价,填报保费货币代码/保费总价的数值/保费总价标记,如10000港元保费总价,填报110/10000/3。

(2)运保费合并计算的,运保费填报在"运费"栏中,本栏目免予填报。

【技能自测】

广州电梯有限公司(440193××××)持C51066000019号加工贸易手册,向海关申报进口电梯用曳引机一批,该货物列手册第22项,法定计量单位同成交计量单位,保险费率为0.3‰。

解析:因为由商业发票可知,该批货物采用的贸易术语是"EXW",所以按就近原则,"成交方式"为"3"。因为这是进口业务,是以CIF价作为进口的完税价格申报的,所以要填运费和保费。"保费"栏填报"0.3"(百分号省去,费率标记省去)。

11.2.21 杂费

1. 杂费的含义

本栏目填报成交价格以外的、按照《进出口关税条例》相关规定应计入完税价格的费用或从完税价格中扣除的费用。

2. 杂费栏目的填报要求

可按杂费总价或杂费率两种方式之一填报,注明杂费标记(杂费标记"1"表示杂费率,"3"表示杂费总价),并按海关规定的"货币代码表"选择填报相应的币种代码。

应计入完税价格的杂费填报为正值或正率,应从完税价格中扣除的杂费填报为负值或负率。

无杂费时,本栏目免予填报。

【技能自测】

中外合资沈阳贝沈钢帘线有限公司(2101232999)使用自有资金,委托上海新元五矿贸易公司(3105913429)持2100-2003-WZ-00717号自动进口许可证(代码:7)进口镀黄铜钢丝(法定计量单位:千克)。货物到港后,报关代理公司报检时为货主代付熏蒸费等410元人民币。舱单件数同装箱单件数。

设货物申报当日适用的汇率为1美元=8.2元人民币。

注：发票所列"Fumigation"项为境外熏蒸费。

Commercial Invoice 提供的信息如下（商业发票）：

Price conditions/Delivery conditions：CIF DALIAN,P. R. CHINA Incoterms 2000

Quantity：36562KG

Unit price：805USD/1000KG

Value：29432.41USD

Fumigation：50.00USD

Total amount due：USD29482.41

International freight：2450.00USD

Insurance：99.34USD

FOB value：26933.07USD

解析：到港后支付的熏蒸费410元，属于境内费用，不能算到完税价格里；因为境外产生的熏蒸费50美元从发票看已经包括在CIF货价中，所以"杂费"栏为空。

此外，发票给出了国际运费和保费，但因为进口货物以CIF价为基准，且已包括在CIF价格中，所以"运费"栏为空，"保费"栏为空，"成交方式"栏为CIF。

11.2.22 合同协议号

1.合同协议号的含义

进出口贸易合同是商品交易的买卖双方就交易事项，确定各自的权利和义务而订立的共同遵守的契约，具有一定的法律效力。合同协议号是指在进出口贸易中，买卖双方或数方当事人根据国际贸易惯例或国家的法律、法规，自愿按照一定的条件买卖某种商品所签署的合同或协议的编号。

"合同协议号"栏目，应填报进（出）口货物合同（协议）的全部字头和号码。

"合同协议号"栏目填报的基本形态：AC－1001。

2.合同协议号栏目的填报要求

(1)本栏目应填报进（出）口货物合同（协议）的全部字头和号码。

(2)有"征免税证明"或《加工贸易手册》等备案文件的贸易，合同协议号应与"征免税证明"或《加工贸易手册》上备案的合同号码一致。

(3)合同协议号一般在发票、装箱单、提运单中以英文或简写表示为"Contract No."，"ORDER No."，"Confirmation No."，"Sales Confirmation No."，"S/C No. (Sales Contract Number)"，"Purchase Order No."或"P/O No."。

11.2.23 件数

1.件数的含义

件数指有外包装的进（出）口货物的实际件数。货物可以单独计数的一个包装称为一件。

2. 件数栏目的填报要求

(1)报关单件数栏目不得为空,件数应大于1或等于1,不得填报为"0"。

(2)舱单件数为集装箱的,填报集装箱个数;舱单件数为托盘的,填报托盘数。

(3)散装、裸装货物填报为"1"。

11.2.24 包装种类

1. 包装种类的含义

包装种类指运输过程中进出口货物外表所呈现的状态,一般情况下,包装种类应以装箱单或提运单据所反映的货物处于运输状态时的最外层包装的种类为准。

2. 包装种类栏目的填报要求

(1)本栏目应根据进出口货物的实际外包装种类,选择填报相应的包装种类。

如:木箱(cases,wooden cases);纸箱(cartons);铁桶(iron drums);塑料桶(plastic casks);桶(drums / casks);木桶(wooden casks);袋(bags);麻袋(gunny bags);纸袋(paper bags);塑料袋(plastic bags);包(bales);捆(bundles);捆(packs);卷(rolls);托盘(pallets);集装箱(containers);裸装(Nude);散装(Bulk)。

(2)裸装、散装货物,"件数"栏填"1";裸装"包装种类"栏填"裸装";散装"包装种类"栏填"散装"。

(3)托盘优先。当集装箱、托盘、货物的外包装(如纸箱等)在一起的时候,包装件数是指托盘的件数。比如某出口商品,20个商品装入一个纸箱,10个纸箱装入一个托盘,200个托盘置于一个40英尺集装箱,则件数为200,包装种类为"托盘"。

如果仅列名集装箱个数,未列名托盘或者单件包装件数的,填报集装箱个数。这种情况一般是指舱单件数为集装箱(TEU)的,填报集装箱个数。

(4)如果给出了多个包装和多个包装件数,则总件数要合并计算。例如,"2 Units & 4 Cartons",说明使用了两种包装,并且给出两种包装各自的件数,件数合并计算,填报"6",包装种类填报"其他"。

(5)本栏目不得填报为零,不得为空。

11.2.25 毛重(千克)

1. 毛重的含义

毛重指货物及其包装材料的重量之和。通常在计算运费中使用毛重。净重指毛重减去外包装材料后的重量。通常在计算价格中使用净重。净重通常等于法定重量。

2. 毛重栏目的填报要求

(1)本栏目填报所申报的进(出)口货物实际毛重,计量单位为千克,毛重数值应大于或等于1,不足1千克的填报为"1"。如单证中是"GROSS WEIGHT 1.5MT",则此栏应填"1500"。

(2)报关单毛重栏不得为空,数值应大于或等于1。

11.2.26 净重(千克)

1. 净重的含义

净重指货物的毛重扣除外包装材料后的重量,即商品本身的实际重量。部分商品的净重还包括直接接触商品的销售包装物料的重量,如罐头装食品等。

2. 净重栏目的填报要求

(1)本栏目填报进(出)口货物的实际净重,不得为空。

(2)商品净重的计量单位为千克,净重数值应大于或等于1,不足1千克的填报为"1"。

(3)进出口货物的净重依据合同、发票、装箱单等有关单证确定填报。净重的英文词组为"NET WEIGHT"、"N.WT"、"N./WEIGHT"、"NET"或"N.W."。

【技能自测】

PACKING LIST 提供的信息如下：

GROSS WEIGHT:294KGS

TARE WEIGHT:24KGS

QUANTITY:680DRUMS IN 170PALLETS

PACKING:270KGS NET IN GALVANIZED IRON DRUMS

解析:因为由上述信息可知,货物装在镀锌铁桶中,净重270KG,680个铁桶装在170个托盘上,所以,"包装种类"填报"托盘";"件数"填报"170"。

因为这批货物总毛重是294×680＝199920KG,总净重是270×680＝183600KG,所以,报关单"毛重"栏填报"199920";"净重"栏填报"183600"。

11.2.27 集装箱号

1. 集装箱号的含义

(1)本栏目填报装载进出口货物(包括拼箱货物)集装箱的箱体信息。集装箱号是在每个集装箱箱体两侧标示的全球唯一的编号。通常前4位是字母,后跟一串数字。其组成规则是箱主代号(3位字母)＋设备识别号"U"＋顺序号(6位数字)＋校验码(1位数字)。例如,EASU9809490。

(2)集装箱规格(SIZE):20英尺、40英尺等多种。均以外部的长计。

(3)自重(TARE):集装箱自身的重量,以千克计,一般,20英尺的2000KG以上,40英尺的在4000KG以上。

(4)集装箱英文词组：

①表示集装箱号的:"Container Numbers"、"Container No."、"CONT No."或"Container#"。

②表示集装箱规格的:2×20CONTAINER (2个20英尺的集装箱)。

③表示集装箱自重的:Tare weight。

(5)几个常见的集装箱英文缩写:LCL(Less Than Container Load)拼箱货;FCL(Full Container Load)整箱货;CY(Container yard)集装箱堆场;CFS(Container Freight Station)集装箱货运站;DC(Dry Cargo CONTAINER)干货箱;HC/HQ 高箱;RF 冷藏箱。

(6)集装箱铅封的封志号:

SEAL NUMBER,简写为 SEAL 或 SEAL NO.。

2. 集装箱号栏目的填报要求

(1)集装箱号栏填报装载进出口货物集装箱的箱体信息,分别填报集装箱号、集装箱规格和集装箱自重。

填报方式:集装箱号/规格 /自重

例如,CBHU9806490/40/4500

表示一个 40 英尺的集装箱,箱号为 CBHU9806490,自重为 4500 千克。

(2)多个集装箱的,第一个集装箱号填报在"集装箱号"栏,其他依次填报在"标记唛码及备注"栏。

(3)在非集装箱运输下,如航空运输,"集装箱号"栏应填报"0",不能为空。

(4)非实际进出境货物采用集装箱运输的,本栏目免予填报。

【技能自测】

(1)大多数情况下,提单中出现集装箱号。BILL OF LADING 中关于货物详细情况的最下方,有一行代码:KCRU9912601/40HQ/GDTL05448/04909。

解析:这个题目,有集装箱号:KCRU9912601;规格:40 英尺;是高柜集装箱。集装箱皮重未知,常用"××××"表示,如 KCRU9912601/40/××××。

(2)有的装箱单中列出集装箱号。在 PACKING LIST 中,SHIPPING MARK 的最下方列出 2 个集装箱号码、规格、皮重:EASU9809490/40/4500 和 TEXU3605231/20/2275。

解析:把其中一个集装箱的号码,如"EASU9809490/40/4500"填报在"集装箱号"栏,把另一个集装箱号码,如"TEXU3605231/20/2275"填报在"标记唛码及备注"栏。

11.2.28 随附单证

1. 随附单证的含义

随附单证指随进出口货物报关单一并向海关递交的单证或文件,包括发票、装箱单、提单、运单等基本单证,海关监管证件、征免税证明、外汇核销单等特殊单证,合同、信用证等预备单证。

在填报进出口货物报关单时,"随附单证"只填写"监管证件代码表"(表 11-11)中许可证以外监管证件的代码及其编号。随进出口货物报关单一并向海关递交的合同、发票、装箱单、许可证等必备随附单证不在本栏目填报。

表 11-11　监管证件代码表

代码	监管证件名称	代码	监管证件名称
1*	进口许可证	2*	两用物项和技术进口许可证
3*	两用物项和技术出口许可证	4*	出口许可证
6	旧机电产品禁止进口	7*	自动进口许可证
8	禁止出口商品	9	禁止进口商品
A*	入境货物通关单	B*	出境货物通关单
D	出/入境货物通关单(毛坯钻石用)	E	濒危物种出口允许证明书
F	濒危物种进口允许证明书	G	两用物项和技术出口许可证(定向)
H	港澳 OPA 纺织品证明	I	精神药物进(出)口准许证
J	黄金及其制品进出口准许证或批件	L	药品进出口准许证
M	密码产品和含密码技术设备进口许可证	O*	自动进口许可证(新旧机电产品)
P*	固体废物进口许可证	Q	进口药品通关单
R	进口兽药通关单	S	进出口农药登记证明
T	银行调运外币现钞进出境许可证	U	合法捕捞产品通关证明
W	麻醉药品进出口准许证	X	有毒化学品环境管理放行通知单
Y*	原产地证明	Z	进口音像制品批准单或节目提取单
e	关税配额外优惠税率进口棉花配额证	q	国别关税配额证明
s	适用 ITA 税率商品用途认定证明	t	关税配额证明
v*	自动进口许可证(加工贸易)	x	出口许可证(加工贸易)
y	出口许可证(边境小额贸易)		

2. 监管证件代码及编号的填报

本栏目填报的基本形态是监管证件的代码/:/监管证件编号。如上海某公司从境外购进一批乙氧氟草醚(监管条:AS;法定计量单位:千克)。若该企业在办理进出口通关手续前,已办理的入境货物通关单编号是 38000011125005000,则进口报关单"随附单证"栏应当填报"A:38000011125005000"。

所申报货物涉及多个监管证件的,第一个监管证件的代码及编号填在"随附单据"栏,其余的监管证件的代码及编号填写在"标记唛码及备注"栏。如以上案例中,该上海公司在办理进出口通关手续前,已向有关部门申请办理了"农药进口登记管理放行通知单",该通知单编号是 JK20111003127,则还要在进口报关单"标记唛码及备注"栏填报"S:JK20111003127"。

3. 优惠贸易协定项下原产地证书相关内容的填报

(1)实行原产地证书联网管理的,随附单据栏填报"Y"":"〈优惠贸易协定代码(表11-12)〉"。

(2)未实行原产地证书联网管理的,本栏目填报"Y:〈优惠贸易协定代码:需证商品序号〉"。

(3)优惠贸易协定项下出口货物,本栏目填报原产地证书代码和编号。

表 11-12　进口货物优惠贸易协定代码表

代码	优惠贸易协定
01	《亚太贸易协定》
02	《中国—东盟自由贸易协定》
03	香港 CEPA
04	澳门 CEPA
05	对非洲特别优惠关税待遇
06	台湾农产品零关税措施
07	《中国—巴基斯坦自由贸易协定》
08	《中国—智利自由贸易协定》
09	对也门等国特别关惠待遇
10	《中国—新西兰自由贸易协定》
11	《中国—新加坡自由贸易协定》
12	《中国—秘鲁自由贸易协定》
13	对最不发达国家的特别优惠关税待遇
14	《海峡两岸经济合作框架协议(ECFA》
15	《中国—哥斯达黎加自由贸易协定》

【技能自测】

(1)适用香港、澳门 CEPA 项下进口商品原产地证书的填报。

解析：适用香港 CEPA 项下进口商品原产地证书填报为"Y:〈03〉"。适用澳门 CEPA 项下进口商品原产地证书填报为"Y:〈04〉"。同时要将香港、澳门 CEPA 的原产地证书编号填写在"备案号"栏，格式为"Y＋原产地证书编号"。

(2)《亚太贸易协定》项下进口报关单中，将商品项号第 1 项到第 3 项和第 5 项列为优惠贸易协定项下商品。

进口报关单"随附单据"栏填报"Y:〈01:1—3,5〉"。

(3)广州斯达电子有限公司为海关 C 类管理企业，进口冷轧铁条(加工贸易限制类商品)，用于加工成品出口，规格：直径 18 毫米与 13.9 毫米，分别位列 B51055200188 号手册备案料件第 7、8 项，入境货物通关单号：4401301060008121，法定计量单位：千克。

解析：进口货物报关单"备案号"栏填报"B51055200188"，"随附单据"栏填报"A：4401301060008121"。

注意：出境货物通关单代码是 B，来料加工手册第 1 位标记码也是 B，不要混淆，出境货物通关单代码 B 填在"随附单证"栏，来料加工手册第 1 位标记码 B 填在"备案号"栏。

11.2.29　用途/生产厂家

1. 用途/生产厂家的含义

用途指进口货物在境内实际应用的范围。应按海关规定的"用途代码表"(表 11-13)，根据进口货物的实际用途，选择填报相应的用途名称或代码。

表 11-13　用途代码表

代　码	名　称	代　码	名　称	代　码	名　称
01	外贸自营内销	05	加工返销	09	作价提供
02	特区内销	06	借用	10	货样、广告品
03	其他内销	07	收保证金	11	其他
04	企业自用	08	免费提供	13	以产顶进

生产厂家指出口货物的境内生产企业名称,该栏目仅供必要时填报。

2. 用途/生产厂家栏目的填报要求

海关规定有"用途代码表",其中较常用的代码是"01"、"03"、"04"、"05",需重点记忆。

(1)"01","外贸自营内销",适用范围:有外贸经营权的企业在经营范围内正常进口的货物。

(2)"03","其他内销",适用范围:非一般进口货物转内销的,如进料加工转内销部分,来料加工转内销部分,外商投资企业进口供加工内销产品的料件等。

(3)"04","企业自用",适用范围:进口供本企业自用的货物,尤其外商投资企业及特殊区域企业、事业和机关单位进口自用的机器设备等。

(4)"05","加工返销",适用范围:来料加工、进料加工、补偿贸易和外商投资企业为履行产品出口合同,从国外进口料件,用于在国内加工后返销到境外。

(5)"06","借用",从境外租借进口,在规定的使用期满后,退运境外的进口货物,如租赁贸易进口货物。

(6)"07","收保证金",担保人向海关缴纳现金的一种担保形式。

(7)"08","免费提供",免费提供的进口货物,如无偿援助、捐赠、礼品等进口货物。

(8)"09","作价提供",我方与外商签订合同、协议,规定由外商作价提供进口的货物,事后由我方支付或从我方出口货物款或出口加工成品的加工费中扣除,如来料加工贸易进口设备等。

【技能自测】

厦门世新海正家具有限公司(350294××××),委托厦门世伟进出口有限公司(350211××××)进口松木板材(法定计量单位:千克),用于生产内销家具。

进口报关单"经营单位"栏填报"厦门世伟进出口有限公司(350211××××)"。

解析:厦门世新海正家具有限公司(350294××××),其经营单位编码第 6 位是"4",为一家外商独资企业,其委托进口的货物不是投资设备物品,而是进口生产用原材料,应视同一般委托按常规填报,报关单"经营单位"栏应填报代理方的中文名称及编码,即为"厦门世伟进出口有限公司 350211××××"。

报关单"用途"栏应填报"外贸自营内销"或代码"01"。

11.2.30　标记唛码及备注

1. 标记唛码项的填报

标记唛码指运输的标志,是为方便收货人查找,便于在装卸、运输、储运过程中识别而设。

标记唛码项的填报要求:

(1)通常按原样照抄,填报货物标记唛码中除图形以外的所有文字、数字。

商业单据中标记唛码通常表示为:

"Marks","Marking","MKS","Marks & No.","Shipping Marks","MKS & No."或"Case Mark"。

运输标记的内容一般共4行:

第一行:收货人代号。

第二行:参考号(包括合同号、发票号、运单号等)。

第三行:目的地。

第四行:件号(或件数)。

案例:

Marks & No.(唛头)

HAMBURG(中转港:汉堡)

IN TRANSIT TO ZURICH SWITZERLAND(目的国/港:瑞士/苏黎世)

C/NO. 1—1533(件数:1533件)

MADE IN CHINA(原产国:中国)

案例:

MKS/Marking(唛头)

SHANGHAI WORLDBEST(收货人)

98K-025SH(合同号)

SHANGHAI(目的地:上海)

C/NO.1—420(件数:420件)

(2)无标记唛码的,免予填报。

大多数为空,有的栏目内写有"N/M",即 NO MARK。

2. 备注项的填报

备注指除报关单固定栏目申报进出口货物有关情况外,需要补充或特别说明的事项,包括关联备案号、关联报关单号,以及其他需要补充或特别说明的事项。总结起来,备注栏要填的内容主要如下:

(1)关联备案号的填报。关联备案号指与本报关单有关联关系的,同时在业务管理规范方面又要求填报的备案号,也就是说,指与本报关单申报货物有关系,在其他报关单上填写"备案号"栏,同时按照海关管理要求要体现在本报关单"标记唛码及备注"栏上。

例如,某一加工贸易手册下的货物结转到另一加工贸易手册下,则货物结转时,在两个手册下都要进行报关(同一货物结转,一个出口报关,一个进口报关),报关时本手册号填写在本报关单的"备案号"栏,而转出方或转入方的加工贸易手册号也要填在本报关单的"标记唛码及备注"栏。

具体关联备案号填写有以下两个方面:

①加工贸易结转货物及凭"征免税证明"转内销货物,其对应的备案号应填在本报关单

"标记唛码及备注"栏。

②减免税货物结转进口(转入),本报关单"标记唛码及备注"栏应填报本次减免税货物结转所申请的"减免税进口货物结转联系函"的编号。减免税货物结转出口(转出),本报关单"标记唛码及备注"栏,应填报与其相对应进口(转入)报关单"备案号"栏中"征免税证明"的编号。

(2)关联报关单号的填报。关联报关单号指与本报关单有关联关系的,同时在业务管理规范方面又要求填报的报关单号,应填在本报关单"标记唛码及备注"栏。

具体关联报关单号应填写三个方面:

①加工贸易结转类货物,应先办理进口报关,并将进口报关单号填在出口报关单的"标记唛码及备注"栏。

②减免税货物结转出口(转出),应先办理进口报关,并将进口(转入)报关单号填入出口(转出)报关单的"标记唛码及备注"栏。

③办理进口货物直接退运手续的,除另有规定外,应先填写出口报关单,再填写进口报关单,并将出口报关单号填在进口报关单的"标记唛码及备注"栏。

(3)其他需要补充或特别说明事项的填报。

①受外商投资企业委托,代理进口投资设备、物品的进出口企业名称,填在进口报关单"标记唛码及备注"栏,格式为"委托××公司进口"。

②所申报货物涉及多个监管证件的。第一个监管证件的代码及编号填在"随附单证"栏,其余的监管证件的代码及编号依次填在"标记唛码及备注"栏。具体填报要求:监管证件代码/:/监管证件编号。

③所申报货物涉及多个集装箱的,第一个集装箱的箱号、规格和自重填在"随附单证"栏,其余的集装箱的箱号、规格和自重依次填报在"标记唛码及备注"栏。具体填报要求:集装箱号/规格/自重。

④办理进口货物直接退运手续的,其出口报关单"标记唛码及备注"栏应填报《准予直接退运决定书》或《责令直接退运通知书》编号。

⑤加工贸易转内销货物,经营企业凭加工贸易货物内销征税联系单纸质或电子数据办理通关手续。在填制内销报关单时,企业需在"标记唛码及备注"栏注明"活期"字样等。

【技能自测】

(1)装箱单、提单、发票中通常有表示标记唛码的栏目。INVOICE 和 PACKING LIST 提供的标记唛码信息如下:

Shipping Mark(唛头)

SINGAPORE(中转港:新加坡)

FOR TRANSSHIPMENT TO

CHITTAGONG,BANGLADESH(目的国/港:孟加拉国/吉大港)

GROSS WEIGHT:294KGS(毛重:294 千克)

TARE WEIGHT:24KGS(皮重:24 千克)

SHIPMENT NO. :2(件数:2 件)

(2)厦门美视光学工业有限公司于2007年4月出口一批太阳眼镜。货物经香港运至最终目的地后,检验发现部分货物不符合质量要求。经协商,美视公司同意退换该部分货物,由香港原收货方安排退回。题目给的单证有这批眼镜原出口报关单,出口报关单的海关编号为371620070167971149。

解析:进口"太阳眼镜"属于进料加工成品退换,根据报关单填制规范要求,应在进口报关单"标记唛码及备注"栏填报原出口报关单号"371620070167971149"。

综合实训

2010年6月1日,江苏超特塑胶有限公司向主管海关申领加工贸易电子化手册,有效期至2011年8月31日,从境外购进一批聚对苯二甲酸乙酯,用于加工生产包装用塑料盒。同时,以"不作价设备"贸易方式申报进口打码机10台,CIF1500美元/台,关税率8%,增值税率17%,1美元=6.8元人民币,用于塑料盒打码。

聚对苯二甲酸乙酯从上海吴淞口岸进口,超特公司委托上海志辉报关行向吴淞海关报关。因报关单表体数量填报有误,报关单被海关退回,经修改后重新申报。

2010年7月1日,因资金周转需要,超特公司向海关申请将部分聚对苯二甲酸乙酯进行抵押。

合同执行完毕,超特公司向主管海关发关报核数据。

根据上述案例,完成下述实际操作:

(1)超特公司以"不作价设备"贸易方式申报进口打码机时,办理报关纳税手续。

(2)超特公司如何修改聚对苯二甲酸乙酯进口报关单?

(3)超特公司向海关申请将部分聚对苯二甲酸乙酯进行抵押,如何办理加工贸易货物抵押手续?

(4)超特公司应提供哪些电子化手册报核数据?

解析:

(1)因为加工贸易不作价设备进口时免征关税,不免征进口环节增值税,所以,10台打码机完税价格为1500×6.8×10=102000元。

(2)超特公司电子化手册在主管海关备案时,已在计算机系统中生成电子底账,企业在口岸海关报关时,数据必须一致。若修改报关单,首先必须由企业从清单开始修改,重新上载报关单后,再在异地下载重新申报。

(3)超特公司向海关申请将部分聚对苯二甲酸乙酯进行抵押,首先抵押期限不得超过电子化手册有效期,其次经营企业缴纳相应的保证金,其数额抵押货物所对应的全部保税料件应缴纳税款金额计算。

(4)根据规定,电子化手册报核时,企业应向主管海关报送包括报核表头、报关单、进口料件、出口成品、单损耗等5个方面的报核数据。

11.3 进出口货物报关单表体栏目的填制

11.3.1 项号

1. 项号的含义

项号指所申报货物在报关单中的商品排列序号和在加工贸易手册、征免税证明等备案单证中的顺序编号。

"项号"栏目填报的基本形态,如厦门美视光学工业有限公司采用进料加工方式,出口一批太阳眼镜,加工贸易电子账册编号是E37106000014,该项商品在加工贸易电子账册备案项号是16,则其出口报关单"项号"应分两行填报,第一行报关单上排列序号为"01",第二行备案单证上对应商品项号为"16"。

2. 项号栏目的填报要求

(1)本栏目分两行填报。

第一行填报报关单中的商品排列序号。

第二行专用于加工贸易、减免税、实行原产地证书联网管理等已备案、已审批的货物,填报和打印该项货物在《加工贸易手册》、"征免税证明"或原产地证书上的对应商品项号。

(2)优惠贸易协定项下实行原产地证书联网管理的报关单,第一行填报报关单中的商品排列序号,第二行填报该项商品对应原产地证书上的商品项号。

(3)加工贸易项下进出口货物的报关单,第一行填报报关单中的商品顺序编号,第二行填报该项商品在《加工贸易手册》中的备案项号,用于核销对应项号下的料件或成品数量。其中第二行特殊情况填报要求如下:

①深加工结转货物,分别按照《加工贸易手册》中的进口料件项号和出口成品项号填报。

②料件结转货物(包括料件、制成品和半成品折料),出口报关单按照转出《加工贸易手册》中进口料件的项号填报,进口报关单按照转进《加工贸易手册》中进口料件的项号填报。

③料件转内销货物,以及按料件办理进口手续的转内销制成品、半成品、残次品,应填制进口报关单,本栏目填报《加工贸易手册》进口料件的项号;加工贸易边角料、副产品内销,本栏目填报《加工贸易手册》中对应的进口料件项号。如边角料或副产品对应一个以上料件项号时,填报主要料件项号。

④料件复出货物(包括料件、边角料、来料加工半成品折料),出口报关单按照《加工贸易手册》中进口料件的项号填报,如边角料对应一个以上料件项号时,填报主要料件项号。料件退换货物(包括料件、不包括半成品),进出口报关单按照《加工贸易手册》中进口料件的项号填报。

⑤成品退运货物,退运进境报关单和复运出境报关单按照《加工贸易手册》原出口成品的项号填报。

⑥成品凭"征免税证明"转为减免税货物进口的,应先办理进口报关手续。进口报关单填报"征免税证明"中的项号,出口报关单填报《加工贸易手册》原出口成品项号,进、出口报关单货物数量应一致。

⑦加工贸易料件、成品放弃,本栏目应填报《加工贸易手册》中进口料件或出口成品项号。半成品放弃的应按单耗折回料件放弃申报,本栏目填报《加工贸易手册》中对应的进口料件项号。

⑧副产品退运出口、结转出口或放弃,本栏目应填报《加工贸易手册》中新增的变更副产品的出口项号。

⑨经海关批准实行加工贸易联网监管的企业,按海关联网监管要求,企业需申报报关清单的,应在向海关申报进出口(包括形式进出口)报关单前,向海关申报"清单"。一份报关清单对应一份报关单,报关单商品由报关清单归并而得。

11.3.2 商品编号

1. 商品编号的含义

商品编号指在《协调制度》的基础上,按商品归类规则确定的进出口货物的海关监管商品代码。商品编号由10位数字组成,前8位为《进出口税则》中的税则号列和《统计商品目录》确定的商品编号,后2位为海关附加编号。进出口货物应填报10位海关商品编号。

2. 商品编号栏目的填报要求

(1)加工贸易货物,报关单商品编号应与加工贸易手册(账册)中备案的商品编号一致。

(2)减免税货物,报关单商品编号应与征免税证明备案数据一致。

(3)加工贸易保税货物跨关区深加工结转的结转双方的商品编号的前4位必须一致。

11.3.3 商品名称、规格型号

1. 商品名称、规格型号的含义

(1)商品名称指所申报的进出口商品的规范的中文名称。

(2)规格型号指反映商品性能、品质和规格的一系列指标,如品牌、等级、成分、含量、纯度、大小等。商品名称和规格型号要规范、准确、详尽,这样才能够保证归类准确、统计清晰,便于监管。

2. 商品名称、规格型号栏目的填报要求

商品名称、规格型号

  棕榈仁油   (第一行,规范的中文名称)

  H2100G,氢化,碘值0.21,游离脂肪酸0.014% (第二行,规格型号)

(1)"商品名称、规格型号"栏目填报格式分两行填报。

第一行填报进出口货物规范的中文商品名称。如果发票中商品名称为非中文名称,则需翻译成规范的中文名称填报,必要时加注原文。

第二行填报规格型号。一般是将发票中涉及规格型号的原文照抄,填在第二行。

(2)商品名称及规格型号应据实填报,并与进出口货物收发货人或受委托的报关企业所提交的合同、发票等相关单证相符。一般来说,商品名称、规格型号都在发票中表示,如:"Description of Goods"," Goods Description"," Description"," Quantities and Description","Product and Description","Product"等栏。

(3)商品名称应规范,规格型号应足够详细,以能满足海关归类、审价及许可证件管理要求为准,可参照《海关进出口商品规范申报目录》,根据"商品名称、规格型号"栏目申报要素

进行填报。

(4)同一编号商品、多种规格型号商品,可归并为一项商品的,按照归并后的商品名称和规格型号填报。

(5)减免税货物、加工贸易等已备案的进出口货物,本栏目填报的内容必须与已备案登记中同项号下货物的商品名称与规格型号一致。

(6)对需要海关签发"货物进口证明书"的车辆,商品名称栏应填报"车辆品牌＋排气量(注明cc)＋车型(如越野车、小轿车等)"。进口汽车底盘不填报排气量。车辆品牌应按照"进口机动车辆制造厂名称和车辆品牌中英文对照表"中"签注名称"一栏的要求填报。规格型号栏可填报"汽油型"等。

【技能自测】

(1)进口商品编码为87032314.01,排气量为1.8升的日产阳光小轿车。

解析:应在报关单"商品名称"一栏填报"阳光1800cc小轿车",在"规格型号"一栏填报"汽油型",不需在商品名称中注明"日产阳光",且此栏目中不得插入空格或其他字符,不填写车辆的英文名称。

(2)进口三菱混凝土搅拌车底盘。

解析:对进口的汽车底盘,亦应按照"签注名称"的要求注明车辆品牌。应在报关单"商品名称"一栏填报"三菱混凝土搅拌车底盘",中间也不得插入空格或其他字符。

(3)粗锯成方的柚木原木,直径40厘米～50厘米,长400厘米～500厘米。

解析:参照《海关进出口商品规范申报目录》,柚木原木"商品名称、规格型号"的申报要素。

表11-14 柚木原木"商品名称、规格型号"申报要素表

商品编码	商品名称	申报要素
4403	原木,不论是否去皮、去边材或粗锯成方; ——其他	品名;种类;直径;长度;级别(锯材级、切片级)
4403.1910	——其他 ——柚木	

则"商品名称、规格型号"栏应填报:粗锯成方的柚木原木 Tectona Grandis L. R.,直径40厘米～50厘米,长400厘米～500厘米,锯材级。

11.3.4 数量、单位

1. 数量、单位的含义

数量指进出口商品的实际数量。单位指针对数量的计量单位。它包括成交计量单位和法定计量单位。数量和单位是相对应的,因此,报关单中的数量既包括成交计量单位的数量也包括法定计量单位的数量。

本栏目分三行填报。

(1)第一行应按法定第一计量单位填报数量及单位。

海关法定计量单位指海关按照《中华人民共和国计量法》规定所采用的计量单位,我国采用国际单位制计量单位。海关法定计量单位分为法定第一计量单位和法定第二计量单位

两种。海关法定计量单位以《统计商品目录》规定的计量单位为准。例如,天然水的法定计量单位为千升/吨;卷烟的法定计量单位为千支/千克;牛皮的法定计量单位为千克/张;毛皮服装的法定计量单位为千克/件等。

上述计量单位斜线前为第一计量单位,斜线后为第二计量单位。

(2)《统计商品目录》列明第二计量单位的,应在第二行填报。无法定第二计量单位的,本栏目第二行为空。

(3)当成交计量单位与海关法定计量单位不一致时,以成交计量单位申报的,须填报与海关法定计量单位数量转换后的数量,将成交计量单位及数量填报在第三行。

当成交计量单位与海关法定计量单位一致时,本栏目第三行为空。

2. 数量、单位栏目的填报要求

(1)法定计量单位为"千克"的数量填报要求如下:

①装入可重复使用的包装容器的货物,按货物的净重填报,如罐装同位素、罐装氧气及类似品等,应按扣除包装容器后的重量填报。

②使用不可分割包装材料和包装容器的货物,按货物的净重填报,即包括内层直接包装的净重重量,如采用供零售包装的罐头、化妆品、药品及类似品等。

③按照商业惯例以公量重计价的商品,应按公量重填报,如未脱脂羊毛、羊毛条等。

④以毛重作为净重计价的货物,可按毛重填报,如粮食、饲料等大宗散装货物。

⑤采用零售包装的酒类、饮料,按照液体部分的重量填报。

(2)成套设备、减免税货物如需分批进口,货物实际进口时,应按照实际报验状态确定数量。

(3)根据归类规则,零部件按整机或成品归类的,法定计量单位是非重量的,其对应的法定数量填报"0.1"。此时若实际成交计量单位与法定计量单位相同,可将实际成交计量单位改成与法定计量单位相近的单位。如法定计量单位与实际成交计量单位都是"台",法定数量填报"0.1"时,实际成交数量按实际情况填报,实际成交计量单位可填报为"个"或"件"等意义相近单位。

(4)具有完整品或制成品基本特征的不完整品、未制成品,根据归类规则应按完整品归类的,按照构成完整品的实际数量填报。如进口的散件占整机的80%,则数量应申报成1,而不是0.8。

(5)加工贸易等已备案的货物,成交计量单位必须与《加工贸易手册》中同项号下货物的计量单位一致,加工贸易边角料和副产品内销、边角料复出口,本栏目填报其报验状态的计量单位。

(6)优惠贸易协定项下进出口商品的成交计量单位必须与原产地证书上对应商品的计量单位一致。

(7)法定计量单位为立方米的气体货物,应折算成标准状况(摄氏零度及1个标准大气压)下的体积进行填报。

【技能自测】

(1)商品名称与规格型号:男式内裤,100%棉针织,法定计量单位是件/千克;以成交计量单位申报进口数量与单位是10220打。

解析:因为成交计量单位与海关法定计量单位不一致,所以需进行成交计量单位与海关法定计量单位的数量转换。10220 打,每打 120 件,转换第一法定计量单位后为 122640 件,转换第二法定计量单位为 1042 千克(净重)。

则"数量及单位"栏目填报为,122640 件(第一行:法定第一计量单位及数量)
1042 千克(第二行:法定第二计量单位及数量)
10220 打(第三行:成交计量单位及数量)

(2)广州斯达电子有限公司为海关 C 类管理企业,进口冷轧铁条(加工贸易限制类商品),用于加工成品出口,规格为直径 18 毫米与 13.9 毫米,分别位列 B51055200188 号手册备案料件第 7、8 项,入境货物通关单号为 440130106008121,法定计量单位为千克。

INVOICE 给出两种商品的信息如下:

冷轧铁条/直径 13.9 毫米,10919 千克

冷轧铁条/直径 18 毫米,4039 千克

解析:进口货物报关单"数量及单位"栏填报:

01　冷轧铁条　　　10919 千克
08　直径　　　　　13.9 毫米
02　冷轧铁条　　　4039 千克
07　直径　　　　　18 毫米

因为只给了一个法定计量单位"千克",并且货物实际就是以"千克"为单位进行计量的,所以法定第一计量单位=法定第二计量单位=成交计量单位(只需填报第一行,第二、三行为空)。

11.3.5　原产国(地区)/最终目的国(地区)

1. 原产国(地区)/最终目的国(地区)的含义

(1)原产国(地区)指进口货物的生产、开采或加工制造的国家(地区)。在原始单据(发票或原产地证明)上原产国(地区)一般表示为"Made in"或"Origin/Country of Origin"或"Manufacture"。

(2)最终目的国(地区)指已知的出口货物最终交付的国家(地区),即最终实际消费、使用或进一步加工制造的国家(地区)。

2. "原产国(地区)"栏目的填报要求

(1)原产国(地区)应依据《中华人民共和国进出口货物原产地条例》、《中华人民共和国海关关于执行〈非优惠原产地规则中实质性改变标准〉的规定》以及海关总署关于各项优惠贸易协定原产地管理规章规定的原产地确定标准填报。

(2)同一批进口货物的原产地不同的,应分项填报原产国(地区)。

(3)进口货物原产国(地区)无法确定的,填报"国别不详"或代码"701"。

3. "最终目的国(地区)"栏目的填报要求

(1)最终目的国(地区)应填报已知的出口货物最终实际消费、使用或进一步加工制造的国家(地区)。

(2)不经过第三国(地区)转运的直接运输货物,以运抵国(地区)为最终目的国(地区);经过第三国(地区)转运的货物,以最后运往国(地区)为最终目的国(地区)。

(3)同一批出口货物的最终目的国(地区)不同的,应分单填报最终目的国(地区)。

(4)出口货物不能确定最终目的国(地区)时,以尽可能预知的最后运往国(地区)为最终目的国(地区)。

4. 加工贸易报关单特殊情况的填报要求

(1)料件结转货物,原产国(地区)为原进口料件生产国(地区);最终目的国(地区)填报"中国"或国别代码"142"。

(2)深加工结转货物,原产国(地区)和最终目的国(地区)均为中国。

(3)料件复运出境货物,填报实际最终目的国(地区),加工出口成品因故退运境内的,原产国(地区)填报中国,复运出境的货物填报实际最终目的国(地区)。

(4)加工贸易货物转内销,原产国(地区)应按以下情况填报:加工贸易剩余料件内销,原产国(地区)填报料件原实际生产国(地区);加工贸易成品转内销,原产国(地区)填报"中国"或国别代码"142"。

(5)海关特殊监管区运往境内区外,未经加工的进口货物,原产国(地区)填报货物原进口时的原产国(地区);对于经加工的成品或半成品,按现行原产地规则确定原产国(地区);区外运入区内的货物,最终目的国填报"中国"或国别代码"142"。

11.3.6 单价、总价、币制

1. 单价、总价、币制的含义

(1)单价指商品的一个计量单位以某一种货币表示的价格。商品的单价一般应包括单位商品的价值金额、计量单位、计价货币和价格术语四个部分。如,"AT USD459/DRUM FOB DALIAN",价值金额是459,计量(计价)单位是桶(DRUM),计价货币是美元(USD),价格术语是FOB DALIAN。

(2)总价指进(出)口货物实际成交的商品总价。商业发票中常用"Total Amount"表示。

(3)币制指进出口货物实际成交价格的计价货币的名称。

2. 单价、总价、币制栏目的填报要求

(1)单价栏填报。

①填报同一项号下进出口货物实际成交的商品单位价格。

②无实际成交价格的,本栏目填报单位货值。

③单价非整数,其小数点后保留4位,第5位及以后略去。

(2)总价栏填报。

①填报同一项号下进出口货物实际成交的商品总价。

②无实际成交价格的,本栏目填报货值。

③总价非整数,其小数点后保留4位,第5位及以后略去。

(3)币制栏填报。

①根据实际成交情况,按海关规定的"货币代码表"(常用货币代码见表11-15)选择填报相应货币名称或代码。

②"货币代码表"中无实际成交币种,需转换后填报。

表 11-15 常用货币代码表

货币代码	货币符号	货币名称	货币代码	货币符号	货币名称	货币代码	货币符号	货币名称
110	HKD	港币	116	JPY	日本元	132	SGD	新加坡元
142	CNY	人民币	133	KRW	韩国圆	300	EUR	欧元
302	DKK	丹麦克朗	303	GBP	英镑	330	SEK	瑞典克朗
331	CHF	瑞士法郎	344	RUB	俄卢布	501	CAD	加拿大元
502	USD	美元	601	AUD	澳大利亚元	609	NZD	新西兰元

【技能自测】

对于复杂的单价和总价,要搞清楚单据中单价和总价的准确数值。INVOICE 提供的信息见表 11-16:

表 11-16 某发票信息表

Item	Commodity Description	CTNR	QTY(set)	Amount(USD)
1	BEM-600Shale shaker with Flow Divider	HJCU7492121	4	382434.60
2	Degasser,CD14000	HJCU8030278	2	72380.00
3	Mud pump for trip tank	WFHU4032026	2	11142.00
4	Mud pump for mud mixing		2	23000.00
5	Mud pump for mud charge		3	30000.00
6	Mud pump for base oil transfer		2	24572.00
7	Mud pump for brine transfer		1	8214.00
8	Mud pump for LP shear		1	15793.00
	Total		17	
	Total:in USD			567535.60

从资料可知,进口方在投资总额内进口泥浆泵,泥浆泵随其他设备同批进口,单独向海关申报。

从发票可看到,第 1 项和第 2 项是同批进口的其他货物,分别由 2 个集装箱装运;第 3 项到第 8 项都是泥浆泵,并从进口报关单看,这 6 项泥浆泵是合并在一项内申报的,其单价和总价是按单独申报计算得出的数字。总价为 567535.60 美元有无错误呢?

解析:因为 6 项泥浆泵总件数为 11 套(set),总价为 567535.60－382434.60－72380.00＝112721.00 美元,单价为 112721÷11＝10247.363636,小数点后取 4 位,即 10247.3636,所以,单价栏应填报 10247.3636;总价栏应填报 112721(不是 567535.60)。

11.3.7 征免

1.征免的含义

征免指海关依照《海关法》、《进出口关税条例》及其他法律、行政法规,对进出口货物进行征税、减税、免税或特案处理的实际操作方式。

同一份报关单可以有不同的征、减、免税方式。

主要征、减、免税方式有 7 种,见表 11-17,包括:

(1)照章征税:对进出口货物依照法定税率计征各类税、费。

(2)折半征税:依照主管海关签发的征免税证明或海关总署通知,对进出口货物依照法定税率折半计征收关税和增值税,但照章征收消费税。

(3)全免:依照主管海关签发的征免税证明或海关总署通知,对进出口货物免征关税和增值税,但消费税是否免征应按有关批文的规定办理。

(4)特案减免:依照主管海关签发的征免税证明或海关总署通知规定的税率或完税价格计征各类税、费。

(5)随征免性质:对某些特定监管方式下进出口的货物按照征免性质规定的特殊计税公式或税率计征税、费。

(6)保证金:担保人向海关缴纳现金担保经海关批准具保放行货物的一种担保形式。

(7)保函:担保人根据海关的要求,向海关提交的订有明确权利义务的一种担保形式。

表 11-17　征、减、免税方式代码表

代　码	名　称	代　码	名　称
1	照章征税	6	保证金
2	折半征税	7	保函
3	全免	8	折半补税
4	特案减免	9	全额退税
5	随征免性质		

2. 免征栏目的填报要求

(1)本栏目应按照海关核发的"征免税证明"或有关政策规定,对报关单所列每项商品选择填报海关规定的"征减免税方式代码表"中相应的征、减、免税方式名称。

(2)加工贸易货物报关单应根据《加工贸易手册》中备案的征免规定填报;《加工贸易手册》中备案的征免规定为"保金"或"保函"的,本栏目应填报"全免"。

综合实训

湖南湘水铜业有限公司以 CIF 黄埔 USD2000/吨的条款,从美国购进委内瑞拉产的 10 吨黄铜废料。货物由黄埔关区老港口岸进口,该公司持有关单证向海关申请转关至长沙海关办理进口验放手续。

接受申报的海关在审价时认为货价偏低,确定按 CIF 黄埔 USD2500/吨征税,该公司对此提出异议。

黄铜废料的监管条件为 7AP;进口关税最惠国税率为 1.5%,普通税率为 11%,暂定税率为 0%,进口增值税率为 17%。

根据上述案例,完成下述实际操作:

(1)湖南湘水公司提出转关申请,海关为什么不同意?

(2)企业办理货物进口报关手续时,应提交哪些单证?

(3)该企业对海关审定的完税价格有异议,可以采取哪些补救措施?

(4)设 USD100＝CNY700，按 CIF 黄埔 USD2500/吨计算，该批货物的进口税款是多少？

解析：

(1)因为根据国家对进口废物的管理规定，对进口废物(废纸除外)，海关不予办理转关手续，所以应在进境地海关办理进口结关手续。

(2)黄铜废料的监管条件为 7AP，进口货物报关应提交的基本单证包括提货单据、出口装货单据、商业发票、装箱单等，特殊单证包括自动进口许可证、固体废物进口许可证、入境货物通关单、原产地证明书、报关单和贸易合同等。

(3)根据规定，对海关确定的纳税义务人、完税价格等涉及税款征收具体行政行为有异议的，纳税义务人可以向其上级海关申请复议，但不得直接向人民法院提起行政诉讼，原因是对涉及税收的异议，实行复议前置原则。

(4)根据原产国证明，委内瑞拉享受最惠国税率，"从低适用"，有暂定税率，适用暂定税率，所以进口关税为零，增值税＝$2500\times 7\times 10=175000$ 元。

11.4 报关单填制栏目对应关系

11.4.1 报关单各栏目内容与主要商业、货运单证的对应关系

1. 发票

报关单填制的过程中来自发票的信息有：经营单位，收、发货单位，结汇方式(出口)，成交方式，运费，保险费，杂费，商品名称，规格型号，数量及单位，原产国(地区)/最终目的国(地区)，单价，总价，币制，合同协议号，集装箱号等。发票的主要内容如下：

(1)出票人的名称与地址。发票的出票人一般就是出口方，位置印在正上方或右上方。注意，这个栏目非常重要，它是判断进口货物中转时是否发生买卖关系的指标之一。如果出票人的地址与进口货物起运地一致，则说明进口货物中转时没有发生买卖关系，无所有权的转移；如果出票人的地址与进口货物运输的中转地一致，与起运地不一致，则说明进口货物中转时发生了买卖关系。

(2)起运及目的地。这个栏目说明了货物运输的实际起止地点。如货物需要转运，则注明转运地。有的还注明运输方式，例如，FROM NINGBO TO LONDON VIA HONGKONG。

(3)抬头，也就是收货人。在"To"，"Sold to Messrs"或"For Account and Risk of Messrs"等字样后，一般注明买方的名称和地址。

这个栏目是判断出口货物中转时是否发生买卖关系的指标之一。如果收货人的地址与出口货物运输的目的地一致，则说明出口货物中转时没有发生买卖关系；如果收货人的地址与出口货物运输的中转地一致，与目的地不一致，则说明出口货物中转时发生了买卖关系。

(4)唛头及编号。该栏一般注明包装的运输标记及包装的数量。

(5)品名和货物描述。该栏一般有"Description of Goods"或"Name and Commodity"字样，其下一般写明具体装运货物的名称、品质、规格及包装状况等内容。

(6)数量、单价和总价。数量为实际装运的数量。单价包括计价货币、具体价格数、计价单位、贸易术语四部分。

2. 装箱单和提运单

装箱单和提运单对报关单填制的作用包括：运输方式、运输工具名称、航次、提运单号、起运国(地区)/运抵国(地区)、装货港/指运港、件数、包装种类、毛重、净重、标记唛码及备注。

11.4.2 加工贸易货物报关单填制各栏目对应关系

加工贸易货物报关单填制各栏目对应关系见表 11-18 和表 11-19。

表 11-18 加工贸易货物报关单填制各栏目对应关系表(一)

项目栏目	料件进口	料件退换	余料结转		深加工结转		料件内销	料件复出
	进境	先出境后进境	形式进口	形式出口	形式进口	形式出口	形式进口	出境
贸易方式	来料加工/进料出口	进料加工/料件退换	来/进料余料结转	来/进料余料结转	来/进料深加工	来/进料深加工	来/进料料件内销	来/进料料件复出
进/出口岸	指定实际进出口岸海关		接受申报的海关					指定
征免性质	来料加工/进料加工	免予填报	免予填报				一般征税	其他法定
备案号	加工贸易手册编号		转入手册编号	转出手册	转入手册	转出手册编号	加工贸易手册编号	
运输方式	实际进境运输方式	实际出/进境运输方式	其他运输					实际出境运输方式
运输工具名称	实际进境运输工具名称	实际出/进境运输工具名称	免予填报					实际出境运输工具名称
起运国/运抵国	实际起运国	实际运抵国/起运国	中国					实际运抵国
备注		退运出境报关单填报原进口报关单号	转出手册号	转入进口报关单号;转入手册号	转出手册编号	转入进口报关单号;转入手册编号	"活期"	原进口报关单号
用途	加工返销	加工返销(进口)	加工返销	—	加工返销	—	其他内销	—
项号(第2行)	手册对应进口料件项号	转入手册进口料件项号	转出手册对应进口料件项号	转入手册对应进口料件项号	转出手册对应进口料件项号		手册对应进口料件项号	
原产国/最终目的国	料件进口国/成品最终目的国	原进口料件原产国	原进口料件原产国	中国			原进口料件原产国	实际最终目的国
征免	全免						照章征税	全免

由于加工贸易进出口货物包括料件、成品、剩余料件、残次品、副产品、边角料等多种货

物和料件,所以填制起来非常复杂,具体填制时应根据海关核定的去向,按照海关监管的要求,分别填制报关单并办理报关手续(如表11-19所示)。

表11-19 加工贸易货物报关单填制各栏目对应关系(二)

项目\栏目	成品出口		成品内销			成品退换	
			按料件征税	转减免税			
	出境		形式进口	形式进口	形式出口	进境	出境
贸易方式	来料加工	进料对口	来/进料料件内销	根据货物实际情况选择填报	来/进料成品减免	来/进料成品退换	
进/出口口岸	指定范围进出口岸海关		接受申报的海关			指定范围进出口岸海关	
征免性质	来料加工	进料加工	一般征税	征免税证明所批征免性质	免予填报	免予填报	
备案号	加工贸易手册编号		征免税证明编号			加工贸易手册编号	
运输方式	实际出境运输方式		其他运输			实际进出境运输方式	
运输工具名称	实际进境运输工具名称		免予填报			实际出境运输工具名称	
起运国/运抵国	实际运抵国		中国			实际起运国/运抵国	
随附单证			C:内销征税联系单号				
备注	料件费、工缴号		"活期"	转出手册号	转入征免税证明编号		
用途	—	其他内销	企业自用	—	其他	—	
项号(第2行)	手册出口成品项号		手册进口料件项号	转出手册编号	转入征免税证明编号		
原产国/最终目的国	实际最终目的国		中国			实际最终目的国	
征免	一般为"全免"应征出口税的"照章征税"		照章征税	全免			

(1)成品出口或内销的报关单的对应关系与料件相似。成品出口的,"贸易方式"如果是"来料加工"或"进料加工","征免性质"就是"来料加工/进料加工";"备案号"则填加工贸易手册的编号;备注里需指出料件费和工缴费;项号(第2行)则填明手册出口成品项号;"征免"则一般是"全免",如应征出口税的则填"照章征税"。

(2)成品内销的,"贸易方式"如果是"来/进料料件内销","征免性质"则是"一般征税";"备案号"则填加工贸易手册编号;"用途"填"其他内销","项号"填手册进口料件项号,"征免"写"照章征税";特定减免税的成品内销,"贸易方式"填"来/进料成品减免","征免性质"进口填"征免税证明所批征免性质",出口的"免填";"备注"进口填"转出手册编号",出口填"转入征免税证明编号";"项号"进口的填"征免税证明对应项号",出口则填"手册原出口成品对应项号";"征免"不管是进口还是出口都填"全免"。

(3)成品退换的,进境和出境的"贸易方式"都填"来/进料成品退换";"征免性质"填"其他法定";"备案号"则填"加工贸易手册编号";"项号"填手册原出口成品对应项号;"征免"填"全免"。

案例讨论

厦门太德进出口有限公司(3502160069,C类管理企业),已向海关办理了加工贸易电子化手册,手册项下外销成品所需棉坯布(加工贸易限制类商品,法定计量单位:米/千克),采购进口后由厦门太福布业有限公司(3502930256,B类管理企业)负责加工。如下图所示：

解析:依据加工贸易表各栏目对应关系,本题重点栏目可填报：
(1)贸易方式:进料对口(或0615);备案号:C××××××××××;征免性质:进料加工(或503);征免:全免(或3);用途:加工返销(或5)。
(2)运输方式:水路运输(或2);工具名称:OOLU/014N3;提单号:OOLU3018584;起运国(地):中国香港(或110);装货港:香港;境内目的地:厦门。
(3)讨论：
①起运国(地)为什么是中国香港？
②包装种类为什么选件？
③数量及单位栏如何填？

案例讨论

宁波量子模塑有限公司(3502235177)委托杭州全成进出口有限公司(3301964442),进口龙门式镗铣加工中心,系法定检验检疫商品和自动进口许可证管理商品。该加工中心属于量子公司投资总额内进口设备,进口前已向海关办理减免税备案审批手续。(本题是2011年报关单查错题)如下图所示：

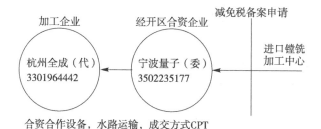

解析:依据减免税表各栏目对应关系,本题重点栏目可填报:

(1)贸易方式:合资合作设备(或 2025);备案号:Z×××××××××××;征免性质:鼓励项目(或 789);征免:特案(或 4);用途:企业自用(或 4)。

(2)运输方式:水路运输(或 2);工具名称:DA××/813N;提单号:COXU602××;起运国(地):中国香港(或 110);装货港:香港;境内目的地:宁波。

(3)讨论:

① 什么是合资合作设备?
② 本题经营单位栏如何填报?
③ 成交方式 CPT 如何填?
④ 项号栏填报有何规定?

11.4.3 减免税进口设备报关单各栏目填报内容及对应关系

减免税进口设备报关单各栏目填报内容及对应关系见表 11-20 所示。

表 11-20 减免税进口设备报关单各栏目对应关系

项目 栏目	投资总额内进口			投资总额外进口	减免税设备结转	
	合资合作企业	外商独资企业	国内投资项目			
	进境	进境	进境	进境	形式进口	形式出口
贸易方式	合资合作设备	外资设备物品	一般贸易	一般贸易	减免税设备结转	
征免性质	鼓励项目等			自由资金	按实际情况填报	免予填报
备案号	征免税证明(首位为"Z")编号			征免税证明编号	结转联系函号	
经营单位	该合资合作企业	该外商独资企业	设备进口企业		转入企业	转出企业
备注	如为委托进口,须注明代理进口的外贸企业名称				结转联系函编号	转入进口报关号;转入方征免税证明编号
用途	企业自用					
原产国(地)/最终目的国(地)	设备实际原产国(地)				设备原生产国(地)	中国
征免	特案			全免		

11.4.4 加工贸易进口设备报关单各栏目对应关系

加工贸易进口设备报关单各栏目对应关系见表 11-21 所示。

表 11-21 加工贸易进口设备报关单各栏目对应关系

栏目 \ 项目	加工贸易征税进口设备	加工贸易免税进口不作价设备				
	进境	进境	退运出境	内销形式进口	不作价设备结转	
					形式进口	形式出口
贸易方式	加工贸易设备	不作价设备	加工设备退运	加工设备内销	加工设备结转	
征免性质	一般征税	加工设备	其他法定	免于填报		
备案号				加工贸易手册(首位标记"D")编号		
运输方式	实际进境运输方式	实际进境运输方式	出境实际运输方式	其他运输(9)		
备注			原进口报关单号		转出手册号	转入手册号、转入进口报关单号
用途	作价提供/企业自用	企业自用	—	其他内销	企业自用	—
原产国(地)/最终目的国(地)	设备实际原产国(地)	设备实际原产国(地)	实际最终目的国(地)	设备实际原产国(地)	设备原生产国(地)	中国
征免	照章征税	特案	全免	照章征税	全免	

案例讨论

安徽桐城某公司与外方签约开展来料加工业务,双方在加工贸易合同(编号 117080224S)中约定,由境外厂商免费提供加工生产所需设备一批。设备进口前已在主管海关办理相关备案手续。现部分设备(法定计量单位均为千克,监管条件无),已运抵上海口岸,在进境地海关办理进口申报手续。上海海关部分关区代码如下:上海海关 2200;浦东海关 2210;沪机场关 2203;浦东机场 2233。(本题是 2011 年报关单查错题)如下图所示:

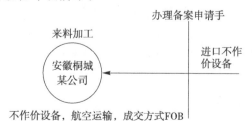

解析：依据加工贸易设备表各栏目对应关系，本题重点栏目可填报：

(1) 贸易方式：不作价设备(或 0320)；备案号：D××××××××××；征免性质：加工设备(或 501)；征免：特案(或 4)；用途：企业自用(或 4)。

(2) 运输方式：航空运输(或 5)；工具名称：CA1064/273；运单号：99992638851－91036282；起运国(地)：日本(或 116)；装货港：日本某地(题未告)；境内目的地：安徽桐城。

(3) 讨论：
①什么是不作价设备？
②航空运输中提运单栏如何填报？
③项号栏如何填？
④净重栏填报有何规定？

11.4.5 暂准进出境货物报关单部分栏目对应关系

暂准进出境货物的贸易方式包括"展览品"和"暂时进出货物"两类。征免性质都是要"其他法定"。进境的展览品在进境时"用途"填"收保证金/其他"，复出境的"用途"不填。在复出境的报关单的备注中要注明原进口报关单号。进境的"征免"要填"保证金/保函"，而复出境的"征免"填"全免"。暂时进出货物的填制与展览品的基本相同。

表 11-22 暂准进出境货物报关单部分栏目对应关系

项目\栏目	进境展览品		其他暂准进境货物	
	进境	复出境	进境	复出境
贸易方式	展览品		暂时进出货物	
征免性质	其他法定			
用途	收保证金/其他	—	收保证金/其他	—
备注		原进口报关单号	暂时进境申请批准决定书	原进口报关单号
征免	保证金/保函	全免	保证金/保函	全免

11.4.6 无代价抵偿、一般退运、直接退运货物报关单部分栏目一般对应关系

在表 11-19 中，最需要注意的是无代价抵偿、一般退运、直接退运货物的"贸易方式"和"备注"两个栏目。无代价抵偿在补偿进境时的"贸易方式"是"无代价抵偿"，一般退运货物的进境和出境填"退运货物"，直接退运货物填"直接退运"。"征免性质"都是"其他法定"。

表 11-23 无代价抵偿、一般退运、直接退运货物报关单部分栏目一般对应关系

项目\栏目	无代价抵偿进口货物		一般退运货物(品质规格原因)		直接退运货物	
	退运出境	补偿进境	进境	出境	先出口报关	后进口报关
贸易方式	其他	无代价抵偿	退运货物	直接退运		
征免性质	其他法定					
备注	原进口报关单号		原出口报关单号	原进口报关单号	决定书/通知书编号	出口报关单号；决定书/通知书编号
征免	全免					

"征免"都是"全免"。无代价抵偿进口货物的"备注"栏填写原进口报关单号,一般退运货物的退运进境货物"备注"栏填原出口报关单号,退运出境的货物"备注"栏填原进口报关单号。直接退运货物要先出口报关,后进口报关,在出口报关时"备注"栏填决定书或通知书的编号;在进口报关时,"备注"栏填出口报关单号和决定书或者是通知书编号。

案例讨论

2007年5月,杭州凌云文具有限公司(3301944018)出口自产打孔机铁件一批,出口报关单号310420070546636188,出口收汇核销单号039997791。出口货物到达目的地后客商检验发现货物存在质量问题,双方协商同意将货物退回凌云公司。2007年10月,该批打孔机铁件与凌云公司自同一客商购买的旧点焊机同批进境,运费共计3300美元,在向口岸海关办理转关手续后,转关申报单编号@0731049999505171,运抵指运地海关办理正式进口报关手续。

点焊机属自动进口许可证管理商品,为凌云公司投资额内进口减免税货物,(本题是2008年报关单填报题)如下图所示。

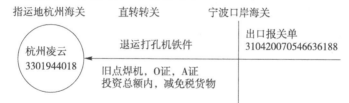

解析:依据一般退运货物表和减免税货物表各栏目对应关系:

打孔机铁件,依据一般退运货物表各栏目对应关系,本题重点栏目可填报:

(1)贸易方式:退运货物(或4561);备案号:空;征免性质:其他法定(或299);征免:全免(或3);用途:其他(或11)。

(2)运输方式:水路运输(或2);工具名称:@0731049999505171;起运国(地):美国(或502);装货港:长滩;境内目的地:杭州其他。

旧点焊机,依据减免税货物表各栏目对应关系,本题重点栏目可填报:

(1)贸易方式:外资设备物品(或2225);备案号:Z××××××××××××;征免性质:鼓励项目(或789);征免:全免(或3);用途:企业自用(或04)。

(2)运输方式:水路运输(或2);运输工具名称:@0731049999505171;起运国(地):美国(或502);装货港:长滩;境内目的地:杭州其他。

(3)讨论:

①一般退运与直接退运报关单填报栏目有何区别?

②一般退运货物进出口报关单如何填报?

③直转转关方式下报关单运输工具名称栏目填报有何规定?

11.5 其他进出境报关单

11.5.1 保税区进出境货物备案清单

《保税区进出境货物备案清单》(简称《保税区备案清单》)是海关规定的统一格式,由保税区内企业或其代理人填制,并向保税区海关提交的申请货物进出保税区的法律文书,是海关依法对出、入保税区货物实施监督管理的重要凭证。

《保税区备案清单》适用于保税区从境外进口的货物(包括加工贸易料件、转口货物、仓储货物)和保税区运往境外的出口货物。不包括保税区与国内非保税区之间进出口的货物,区内企业从境外进口自用的机器设备、管理设备、办公用品以及区内工作人员自用的应税物品。

《保税区备案请单》的填制格式、内容及填制要求与报关单基本相同。

11.5.2 出口加工区进出境货物备案清单

《出口加工区进出境货物备案清单》(简称《出口加工区备案清单》)是海关规定统一格式,由出口加工区内企业或其代理人填制,并向出口加工区海关提交的申请货物运入或运离出口加工区的法律文书,是海关依法对出入出口加工区货物实施监督管理的重要凭证。

《出口加工区备案清单》主要适用于:

(1)出口加工区实际进出境货物(简称"加工区进出境货物")。

(2)出入加工区与国内其他地区之间的非实际进出境货物(简称"加工区进出区货物")。对"加工区进出区货物",区外企业除填制《出口加工区备案清单》外,尚需同时填制《进出口货物报关单》,向出口加工区海关办理报关手续。

(3)同一出口加工区内或不同出口加工区之间的企业结转(调拨)货物(简称"加工区结转(调拨)货物")。

《出口加工区备案清单》的填制,除进(出)口岸、备案号、运输方式、运输工具名称有所不同(有关内容已在相应部分作介绍),其他的要求与报关单的填制要求相同。对《出口加工区备案清单》中的以下栏目应按下列规定要求填报:

①进出口口岸,对加工区进出境货物,应按货物实际进出境的口岸海关名称填报;对加工区进出区货物,应填报本出口加工区海关名称;对属同一区内结转(调拨)货物,应填报对方出口加工区海关名称;对不同出口加工区之间结转(调拨)货物,应填报对方出口加工区海关名称。

②备案号:对出入出口加工区的保税货物,应填报标记代码为"H"的电子账册备案号;对出入出口加工区的征免税货物,应填报标记代码为"H",第六位为"D"的电子账册备案号;对出口加工区企业的维修、测试、检验、展览及暂进出口货物运往区外的,不需填报备案号。

③运输方式:对加工区进出境货物,其填报与进出口报关单的要求相同;对加工区进出区的货物,应填报"Z";对加工区结转(调拨)货物,填报"9"。

④运输工具名称:应填报转入方关区代码(前两位)和进口货物报关单(备案清单)

号,即"转入××(关区代码)××××××××(进口货物报关单/备案清单号)"。

11.5.3 过境货物报关单

《过境货物报关单》是指由过境货物经营人向海关递交申请过境货物进(出)境的法律文书,是海关依法监管货物过境的重要凭证。

有关过境货物的具体内容见第9章第6节。

11.5.4 进(出)境快件报关单

《进(出)境快件报关单》是指进出境快件运营人向海关提交的申报以快件运输方式进出口货物、物品的报关单证。

《进(出)境快件报关单》的适用范围:

(1)《KJ1报关单》适用于A类快件,包括海关现行法规按规定予以免税的无商业价值的文件、资料、单证、票据。

(2)《KJ2报关单》适用于海关现行法规规定限值内予以免税的物品。

(3)《KJ3报关单》适用于超过海关现行法规规定限值,但不超过人民币5000元的应税物品,但国家法律和行政法规限制进出口的、配额管理的商品除外。

(4)除上述1至3以外的快件,均按一般进出口货物报关的规定办理。

11.5.5 暂准进口单证册

《暂准进口单证册》(以下简称《ATA单证册》)是指由世界海关组织通过的《货物暂准进口公约》及其附约A和《关于货物暂准进口的ATA单证册海关公约》中规定的,用于替代各缔约方海关暂准进出口货物报关单和税费担保的国际统一通用的海关报关单证。

由于我国目前只加入了展览品暂准进口使用《ATA单证册》的有关国际公约,因此,我国目前只接受属于展览品范围的《ATA单证册》。有关单位向海关递交《ATA单证册》时,应递交中文或英文填报的《ATA单证册》。如递交英文时,应提供中文译本;用其他文字填写的,必须同时递交忠实于原文的中文或英文译本。

有关暂准进口单证册内容见本书第9章第5节。

11.5.6 集中申报清单

集中申报是指向海关备案,进出口货物收发货人在同一口岸多批次进出口属于《中华人民共和国海关进出口货物集中申报管理办法》规定范围内的货物,可以先以"海关进出口货物集中申报清单"申报货物进出口,然后在海关规定的期限内再以进出口货物报关单集中办理海关申报手续的特殊通关方式。

背景知识

天津海关率先探索出口CY拼箱通关新模式

2013年7月2日,天津海关出口CY拼箱业务改革正式启动。桐庐永信机械有限公司申报出口拼箱货物快速办结海关手续,次日即装船出口。

CY(Container Yard)即集装箱堆场,对海运集装箱出口来说,堆场的作用就是把所有客户的集装箱先集合于某处,到集港时间后再统一上船。对于出口CY拼箱货物,原有的通关模式要求企业将拼箱中所有分票货物的报关单等单证须集中递交后,海关才能实施审核放行等操作。整个过程等待时间长、手续繁琐,增加了出口企业、港口作业部门和拼箱公司的物流成本和时间成本。

新模式实行一次报关、入库查验、先放行后装箱,具体流程可以概括为"货入库—核舱单—辨条码—发运抵—专区验—先放行—封箱离—统集港—终结关"。在此流程下,海关以信息化和监管仓库围网管理为依托,实现分散报关、无纸化放行和顺势查验,即顺着物流流程实施查验,解决了多年来以整箱为单位多票同时报关,海关和港口公司人工核对纸质放行单据、布控查验,一票货物须整箱多票货物"陪同"查验的弊端。

目前天津海关海运口岸的出口CY拼箱报关单量占出口总报关量近40%,新模式的推出,将为大量货物带来通关便利。以拼箱业务为主营报关业务的环发报关行通关负责人说:"新模式实施后,大约半小时就可以办完手续,为出口企业节约了隐性的时间成本和三分之一的总体物流成本。"天津隶属新港海关关长说:"新模式的推出是我们落实海关总署关于促进贸易便利化的具体举措,达到了理顺流程、强化管理、提高效率、服务出口的目的。"

本章小结

1.进出口货物报关单是指进出口货物收发货人或其代理人,向海关办理货物进出境申报手续的主要单证,它是一种法律文书。报关单位和报关员要对所填报关单的真实性、准确性、完整性和规范性承担相应的法律责任。

2.进出口货物收发货人或其代理人应按照《中华人民共和国海关进出口货物申报管理规定》、《中华人民共和国海关报关单填制规范》、《统计商品目录》、《规范申报目录》等有关规定要求向海关如实申报,交验进出口许可证件和有关单证。

3.报关单的填报必须真实,要做到"两个相符":单证相符和单货相符。单证相符,即所填报关单各栏目内容,一定要按照商业发票、销售合同、发票、装箱单、提单以及其他原始单证如实填报,不得出现报关单内容与原始单证不相符的情形;单货相符,即所填报关单各栏目的内容,一定要和实际进出口货物的情况相符,不得出现伪报、瞒报、虚报的情形。

4.不同运输工具、不同航次、不同提运单、不同贸易方式、不同备案号、不同征免性质的货物,均应分单填报。同一份报关单上的商品不能同时享受协定税率和减免税的,应分单填报。一份报关单所申报的货物,如果商品编号不同,商品名称不同,计量单位不同,原产国(地区)/最终目的国(地区)不同,币制不同,征免不同,须分项填报。

5.进口货物报关单和出口货物报关单各栏目填报有明确而详细的规定,栏目之间有很多内在联系,报关单填报的准确性关系到报关质量,维系着通关效率,也反映了报关员的报关技能水平,只有通过认真学习,才能不断积累经验,提高报关单填报实操能力。

习题与实训

1. 报关单填制

资料1:

华东瑞祥贸易有限公司(310991××××)与中国香港华尔斯海外进出口公司签订不同款式PU面休闲鞋(属法检商品,法定计量单位:双)出口合同(合同号WVI8101)。为履行该合同,华东公司又与苏南泰安鞋业制造公司(322351××××)签订该批休闲鞋委托加工生产合同(合同号HS80764),并支付该批货物的加工劳务费用。

该批货物于2013年10月5日装入20尺集装箱(箱号BMOU2433296,自重2400千克),由苏南韵达物流公司(322358××××)用汽车从产地直接运至上海吴淞码头。华东瑞祥贸易有限公司持出境货物通关单(编号:32005020813713400)和出口收汇核销单(编号:111121750)及其他单证向上海海关隶属吴淞海关(2202)办理出口报关手续。

该批货物拟于2013年10月8日由"CLEMENTINE MAERSK"号轮(0810 50591672)载运出境。

资料2:

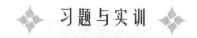

HUADONG RUIXIANG TRADING LTD.
INVOICE

Messers: WEALTH OVERSEAS (HONGKONG) IMPORT AND EXPORT LTD.   INV. No.: WVI8101

Date: 28-Sep-13
S/C. No.: WVI8101
PAYMENT: T/T

SHIPPED FROM SHANGHAI, CHINA   TO ROTTERDAM, NETHERLANDS PER   S.S.

GOODS DESCRIPTION				QUANTITY			UNIT PRICE	TTL. AMOUNT
LOT NO.	STYLE	ORDER NO.	SIZE	CTNS		PRS	USD	USD
CASUAL SHOES WITH PU UPPER								
WV8021	FT00052	307879-1329	4-12	8	CTNS	96	PRS	19.70	1891.20
WV8038	FT00052	307768-1313	4-12	84	CTNS	1008	PRS	19.70	19857.60
WV8020	FT00051	307879-1329	4-12	5	CTNS	60	PRS	21.00	1260.00
WV8037	FT00051	307768-1313	4-12	102	CTNS	1224	PRS	21.00	25704.00
TTL				199	CTNS	2388	PRS		48712.80

MARKS & No.
　　　　DESTINATION
REF No.:
FILA ORDER-PROD:
STYLE CODE:
SIZE:
QUANTITY:
CTN No.:
MADE IN CHINA
SAY: TOTAL US DOLLARS FORTY EIGHT THOUSAND SEVEN HUNDRED AND TWELVE
　　　AND EIGHTY ECNTS ONLY

资料3:

HUADONG RUIXIANG TRADING LTD.
PACKING LIST

Messers:
WEALTH OVERSEAS(HONG KONG)IMPORT AND EXPORT LTD.   INV. No. WVI8101

DATA:28-Sep-13

S/C No. WVI8101

CASUAL SHOES WITH PU UPPER				TTL CTNS	TTL PRS	KG		CBM
C/N	O/No.	STYLE	COLOUR DESCRIPTION			NW	GW	
WV8021				8	96	95	111	0.97
1-5	307879-1329	FT00052	BLK/GOLD	5	60	59	69	0.60
6-8	307879-1329	FT00052	WHT/METCOPPER	3	36	36	42	0.37
WV8038				84	1008	1002	1170	10.27
9-54	307768-1313	FT00052	BLK/GOLD	46	552	549	641	5.64
55-92	307768-1313	FT00052	WHT/METCOPPER	38	456	453	529	4.63
WV8020				5	60	59	69	0.60
93-97	307879-1329	FT00051	BLK/GOLD	5	60	59	69	0.60
WV8037				102	1224	1194	1398	11.91
98-158	307768-1313	FT00051	BLK/GOLD	61	732	714	836	7.22
159-199	307768-1313	FT00051	SLV/PCT	41	492	480	562	4.69
TOTAL				199	2388	2350	2748	23.74
SAY TOTAL: ONE HUNDRED AND NINETY NINE CARTONS ONLY. ON 10 PALLETS.								

请根据以上资料,选择以下栏目正确选项:

(1)"备案号"栏:

  A. HS80764   B. WVI8101   C. 8101   D. 此栏为空

(2)"经营单位"栏:

  A. 华东瑞祥贸易有限公司 310991××××

  B. 香港华尔斯海外进出口公司

  C. 苏南泰安鞋业制造公司 322351××××

  D. 苏南韵达物流公司 322358××××

(3)"运输方式"栏:

  A. 江海运输   B. 水路运输   C. 公路运输   D. 其他运输

(4)"运输工具"名称栏:

  A. CLEMENTINE MAERSK

  B. CLEMENTINE MAERSK 0810 590591672

  C. CLEMENTINE MAERSK(0910 590591672)

  D. CLEMENTINE MAERSK/0810 590591672

(5)"发货单位"栏:

A. 华东瑞祥贸易有限公司 310991××××

B. 苏南泰安鞋业制造公司 322351××××

C. 香港华尔斯海外进出口公司

D. 苏南韵达物流公司 322358××××

(6)"贸易方式"栏：

　　A. 来料加工　　B. 进料加工　　C. 成品进出区　　D. 一般贸易

(7)"征免性质"栏：

　　A. 来料加工　　B. 进料加工　　C. 其他法定　　D. 一般征税

(8)"结汇方式"栏：

　　A. 信汇　　B. 票汇　　C. 信用证　　D. 电汇

(9)"运抵国（地区）"栏：

　　A. 鹿特丹　　B. 荷兰　　C. 香港　　D. 中国香港

(10)"指运港"栏：

　　A. 香港　　B. 中国香港　　C. 荷兰　　D. 鹿特丹

(11)"境内货源地"栏：

　　A. 31099　　B. 32235　　C. 31909　　D. 此栏为空

(12)"批准文号"栏：

　　A. WVI8101　　B. 307879－1329　　C. 307768－1313　　D. 111121750

(13)"件数"栏：

　　A. 1　　B. 10　　C. 199　　D. 2388

(14)"包装种类"栏：

　　A. 纸箱　　B. 托盘　　C. 集装箱　　D. 其他

(15)"集装箱号"栏：

　　A. BMOU24332996　　　　B. BMOU2433296＊1(1)

　　C. BMOUO2433296/2400　　D. BMOU2433296/20/2400

(16)"随附单据"栏：

　　A. B　　　　B. 3200050208137134000

　　C. B3200050208137134000　　D. B：3200050208137134000

(17)下列关于"商品名称、规格型号"栏填报的表述,正确的是：

　　A. 按"PU 面休闲鞋"合并为一项填报　　B. 按商品的批号分项填报

　　C. 按商品的色彩分项填报　　D. 按商品的规格型号分项填报

(18)"数量及单位"栏的"计量单位"项：

　　A. 打　　B. 箱　　C. 双　　D. 千克

(19)"最终目的国（地区）"栏：

　　A. 香港　　B. 中国香港　　C. 鹿特丹　　D. 荷兰

(20)"征免"栏：

　　A. 照章征税　　B. 折半征税　　C. 全免　　D. 保证金

2. 报关单改错

根据以下资料改正已填报关单的错误：

资料 1：

天津龙泰科技有限公司(1207943355)将位于征免税证明(Z02020833457)下第 3 项的画质检查机(法定计量单位：台)和位于征免税证明(Z02040888767)下第 2 项的搭载机用出料器(法定计量单位：千克)结转至天津科明工业有限公司(1207649786)，画质检查机和搭载机用出料器分别位于转入企业所持征免税证明(Z02020877654,海关签注的征免性质为鼓励项目)下的第 2 项和第 3 项。

结转进口报关单编号：020220081088098768；减免税进口货物结转联系函编号：RZ020208689。

资料 2：

INVOICE & PACKING LIST

天津龙泰科技有限公司　　　　　　　　　　I/V NO. LONGTAI20131112
地址：塘沽区大禹路 77 号　　　　　　　　DATE：20131112
电话：×××××××××××
SHIPPED FROM TIANJIN TO TIANJIN　　　T/T　CIFTIANJIN
PER　BY TRUCK　　　　　　　　　　　　DESCRIPTION：外资设备物品

Item	DESCRIPTION	QUANTITY (PER PKG Q'TY)	NET/W (PER N/W)	GROSS/W (PER G/W)	UNIT PRICE USD	AMOUNT USD
1	COSMO 牌画质检查机 CMX-CUBE-SSE	6SET	39.00KG	39.00KG	3700.00	22200.00
2	松下牌搭载机用出料器 FAYTCA00059	2SET	300.00KG	300.00KG	28508.98	57017.96
	TOTAL	裸装	834.00KG	834.00KG		79217.96

资料 3：

中华人民共和国海关出口货物报关单

预录入编号：　　　　　　　　　　　　　　海关编号：

出口口岸	(A)备案号 Z02020877654	出口日期	申报日期
(B)经营单位 天津龙泰科技有限公司 1207943355	(C)运输方式 4	(D)运输工具名称	提运单号
发货单位	(E)贸易方式 外资设备物品	(F)征免性质	结汇方式
许可证号	(G)运抵国(地区) 中国	(H)指运港 天津	(I)境内货源地 塘沽区其他
(J)批准文号	(K)成交方式 CIF	(L)运费	(M)保费	杂费
合同协议号	(N)件数 1	(o)包装种类 裸装	毛重(千克)	净重(千克)
集装箱号	(P)随附单据		生产厂家
标记唛码及备注(Q) Z02020833457，Z02040888767，020220081088098768			

续表

项号 商品编号 商品名称、规格型号	(R)数量及单位	(S)最终目的国(地区)	单价	总价	币值	(T)征免
COSMO 牌画质检查机 CMX-CUBE-SSE	6 台	142				全免
松下牌搭载机用出料器 FAYTCA00059	2 台	142				全免

税费征收情况				
录入员	录入单位	兹证明以上申报无讹并承担法律责任	海关审单批注及放行日期(签章) 审单审价	
		报关员		
单位地址		申报单位(签章)	征税统计	
邮编	电话	填制日期	查验放行	

❖ 答案与解析 ❖

1. 报关单填制

(1)【答案】D

【解析】属于一般贸易出口,无须备案证明文件。

(2)【答案】A

【解析】经营单位应具有进出口业务经营权,填报规则是单位+编码。

(3)【答案】B

【解析】运至码头后装船出境,水路运输是正确的。

(4)【答案】D

【解析】填报规范是船名/船次

(5)【答案】B

【解析】发货单位是境内的生产单位。

(6)【答案】D

【解析】属于单边出口,应是一般贸易。

(7)【答案】D

【解析】没有可以减免税的事由,所以是一般征税。

(8)【答案】D

【解析】见发票。

(9)【答案】B

【解析】运抵国不应是港口,见发票所示。

(10)【答案】D

【解析】见发票所示。

(11)【答案】B

【解析】与发货单位编码的前五位对应。

(12)【答案】D

【解析】见资料1所示。

(13)【答案】B

【解析】件数有托盘的应以托盘为准。

(14)【答案】B

【解析】与件数栏保持一致。

(15)【答案】D

【解析】集装箱号/规格/自重。

(16)【答案】D

【解析】监管证件代码与监管证件编号之间要有":"。

(17)【答案】D

【解析】四种不同的型号,必须分项填报。

(18)【答案】C

【解析】见发票,"双"PRS。

(19)【答案】D

【解析】见发票、装箱单所示。

(20)【答案】A

【解析】征免性质是一般征税,对应的征免就是照章征税。

2. 报关单改错

【答案】ACEHKQR

【解析】通过分析所给资料可知,本票货物是一家外资公司将一批减免税设备结转至另一家外资公司。

A:减免税货物结转,结转出口报关单"备案号"栏目应填报"减免税进口货物结转联系函"的编号。

C:减免税货物结转货物属非实际进出境货物,"运输方式"栏应填报"其他运输"或其代码"9"。

E:通过对资料1的分析可知,本题是天津龙泰科技有限公司将一批减免税设备结转至天津科明工业有限公司,因此本栏应填报"减免设备结转"或其代码"0500"。

H:对于无实际进出境的货物,"装货港"栏或"指运港"栏应填报"中国境内"或其代码"0142"。

K:非实际进出境货物,出口报关单成交方式栏应填报"FOB"或其代码"3"。

Q:本栏漏填与该出口(转出)报关单相对应的进口(转入)报关单"备案号"栏所应填写的"征免税证明"编号。另外,转出征免税证明编号无须填报在"标记唛码及备注"栏。

R:漏填"搭载机用出料器"的法定计量单位。

第12章
与报关工作相关的海关法律制度

教学目标

通过本章的学习,熟悉海关统计制度、海关稽查制度的基本方法和基本内容;重点掌握海关事务担保制度、知识产权海关保护制度、海关行政处罚制度的适用范围、基本内容和办理程序;了解海关行政复议制度、海关行政许可制度、海关行政申诉制度、海关行政裁定制度的基本概念和基本内容。

教学要求

知识要点	能力要求	相关知识
1. 统计制度	(1) 了解海关统计的含义、性质、特点 (2) 掌握我国海关统计范围、统计项目及规范要求	(1) 列入海关统计范围的进出口货物 (2) 不列入海关统计范围的货物 (3) 不列入海关统计但实施单项统计的货物
2. 稽查制度	(1) 掌握海关稽查对象、海关稽查方式、海关稽查实施程序 (2) 了解海关稽查的含义、特征、目标	(1) 海关稽查的企业、单位 (2) 海关稽查的进出口活动 (3) 海关稽查的方式和实施程序
3. 事务担保制度	(1) 了解海关事务担保的含义 (2) 掌握海关事务担保4大一般适用范围、4种担保方式、5种担保程序方式	(1) 当事人申请提前放行货物担保 (2) 当事人申请办理特定海关业务担保 (3) 税收保全担保 (4) 免予扣留财产担保
4. 知识产权海关保护制度	(1) 了解知识产权海关保护的含义、范围及模式 (2) 掌握知识产权海关保护的备案过程及申请扣留、发现扣留担保条件	(1) 权利人申请扣留侵权嫌疑货物及提供担保 (2) 知识产权权利人接到海关发现侵权嫌疑货物通知的扣留申请 (3) 知识产权海关保护的备案
5. 行政许可制度	(1) 了解海关行政许可的含义及程序 (2) 掌握海关行政许可的范围	(1) 法律法规设定的海关行政许可项目 (2) 国务院公布的海关行政许可项目
6. 行政处罚制度	(1) 了解行政处罚的含义、性质、原则 (2) 掌握海关行政处罚的范围、管辖、基本形式及具体方式	(1) 依法不追究刑事责任的走私行为 (2) 违反海关监管规定的行为 (3) 法律法规规定由海关实施行政处罚的行为

续表

知识要点	能力要求	相关知识
7.行政复议制度	(1)了解行政复议的含义、特征、作用 (2)掌握海关行政复议的范围及程序	(1)海关行政复议的申请、受理、审理 (2)海关行政复议的决定、和解、调解
8.行政申诉制度	(1)了解申诉案件程序及救济途径 (2)掌握含义、办理范围、管辖	(1)海关行政申诉制度的含义 (2)海关办理申诉案件的范围、管辖
9.行政裁定制度	(1)掌握行政裁定的适用范围 (2)掌握行政裁定的程序及法律效力	(1)海关行政裁定的含义、适用范围、作用 (2)海关行政裁定的申请、受理、审查、裁定

案例导入

禁止进境货物已征收的税款可以退吗？

2012年8月，S进出口有限公司向A海关申报进口一批铅铋合金粉，缴纳进口关税20余万元，进口增值税62万元。A海关对该批货物进行查验，经鉴定，属于生产过程中产生的废弃物质，为禁止进口固体废物。2012年10月，A海关根据《固体废物污染防治法》规定，对S公司作出罚款10万元，并责令退运该批固体废物。因境外发货人不同意退运，S公司根据省环保厅对本案处理意见，将其移交有处置资质的单位进行了无害化处理。

2013年3月，S公司以固体废物未能通关和销售为由，向海关申请退还缴纳的税款。A海关经研究，认为S公司情形不符合《进出口关税条例》关于已征进口关税货物，因品质或者规格原因，原状退货复运出境的，可以申请退还的规定，于2013年11月对S公司作出不予退税的决定。

S公司不服A海关不予退税决定，向其上一级海关申请行政复议。S公司认为其根据海关和环保部门的要求，已将本案货物做了无害化处理，货物未能通关销售，不应征收关税和增值税。

复议机关经审查后认为，目前海关法律条文没有对S公司这种情况可否退税作出具体规定，但是根据《海关法》第五十三条和《进出口关税条例》第二条规定，国家准许进出口货物，由海关依法征收关税，也就是说，准许进出口货物才能成为关税的课税对象。由于S公司进口货物经主管部门检验认定为国家禁止进口货物，并对其进行无害化处理，考虑到货物未实际进入国内市场，应当退还S公司已征收税款，作出了撤销A海关作出的不予退税决定。

分组讨论：
(1)A海关作出不予退税决定的依据是什么？
(2)S公司能否不经过海关行政复议，而是直接通过法院行政诉讼途径解决？
(3)海关行政复议管辖实行上级复议的原则，你是如何理解的？

12.1 海关统计制度

12.1.1 海关统计制度的内涵

1. 海关统计的含义

海关统计是海关依法对进出口货物贸易的统计,是国民经济统计的组成部分。而海关统计工作、海关统计资料和海关统计理论,则是理解"海关统计"含义的三个重要概念。海关统计有着非常重要的作用,它有助于强化国家宏观经济管理与宏观调控,有助于国家对进出口进行监测、预警,有助于海关对业务管理、执法情况进行监控。

2. 海关统计的性质

海关统计的性质可以从五个方面来理解:

(1)海关统计是国家进出口货物贸易的统计。

(2)海关统计是国民经济统计的重要组成部分。

(3)海关统计是国家制定对外贸易政策、进行宏观经济调控的重要依据。

(4)海关统计是研究我国对外贸易发展和国际经济贸易关系的重要资料。

(5)海关统计客观地反映了我国的对外贸易和海关依法行政的过程和结果。

3. 海关统计的范围

《统计条例》规定,实际进出境并引起境内物质存量增加或者减少的货物,列入海关统计;进出境物品超过自用合理数量的,列入海关统计。这表明列入我国海关统计范围的货物必须同时具备两个条件:一是跨越我国经济领土边界的物质商品流动;二是改变我国的物质资源存量。

根据联合国关于国际货物贸易统计的原则,我国将进出口货物分为列入海关统计的进出口货物、不列入海关统计的货物和不列入海关统计但实施单项统计的货物三类。

(1)列入海关统计的进出口货物。以海关监管方式为基础进行分类,包括:

①我国境内法人和其他组织,以一般贸易、易货贸易、加工贸易、补偿贸易、寄售代销贸易等方式进出口的货物。

②保税区和保税仓库进出境货物。

③租赁期一年及以上的租赁进出口货物。

④边境小额贸易货物。

⑤国际间或国际组织间无偿援助、赠送的物资等。

(2)不列入海关统计的货物。根据国际惯例和我国确定的海关统计范围,对于没有实际进出境或虽然实际进出境但没有引起物质存量增加或减少的货物、物品。包括:

①过境货物、转运货物和通运货物。

②暂时进出货物。

③用于国际收支手段的流通中的货币以及货币用黄金。

④租赁期在1年以下的租赁货物。

⑤由于货物残损、短少、品质不良或者规格不符,而由该进出口货物的承运人、发货人或

者保险公司免费补偿或者更换的同类货物。

⑥退运货物;边民互市贸易进出货物。

⑦中国籍船舶在公海捕获的水产品;中国籍船舶或者飞机在境内添装的燃料、物料、食品。

⑧中国籍或者外国籍的运输工具在境外添装的燃料、物料、食品,以及放弃的废旧物料等。

⑨无商业价值的货样或者广告品。

⑩海关特殊监管区域之间、保税监管场所之间,以及海关特殊监管区域和保税监管场所之间转移的货物等。

(3)不列入海关统计的物品。包括:

①修理物品。

②打捞物品。

③进出境旅客的自用物品(汽车除外)。

④我国驻外国和外国驻我国使领馆进出境的公务物品,以及使领馆人员的自用物品。

⑤我国驻香港和澳门特别行政区军队进出境的公务物品以及军队人员的自用物品等。

(4)不列入海关统计但海关实施单项统计的货物。包括:

①免税品。

②进料与来料加工以产顶进。

③进料和来料加工转内销货物。

④加工贸易转内销设备。

⑤进料与来料加工深加工结转货物及余料。

⑥加工贸易结转设备。

⑦退运货物。

⑧进料与来料加工复出口料件等。

12.1.2 海关统计制度的基本内容

1. 海关统计资料的管理

(1)海关统计数据的收集。《统计条例》规定,海关统计的原始资料是经海关确认的进出口货物报关单及其他有关单证。进出口货物报关单和其他申报单证,是由进出口货物收发货人或其代理人填制并向海关提交的申报货物状况的法律文书,是编制海关统计的重要凭证。

《海关法》规定,进口货物的收货人、出口货物的发货人应当向海关如实申报,接受海关的监督管理,这为海关及时收集全面、准确的进出境货物统计资料提供了法律依据和根本保证。

(2)海关统计数据的审核。海关统计数据的审核指的是通过利用计算机的各种检控条件对已转入统计数据库的数据进行检查,并打印出各种统计数据审核表供统计人员进行复核。各直属海关通过电子审核、人工专业化审核、现场接单审核、通关数据综合复核、统计数据最终审核。

(3)海关统计资料的报送。各直属海关的统计部门将审核后的统计数据通过网络传到海关总署,海关总署综合统计司负责对各直属海关上报数据进行最终复核和检查。

(4)海关综合统计资料的编制。海关统计资料的编制是指对所收集的统计数据,进行科学的汇总与加工整理,使之系统化、条理化,成为能够反映进出口货物贸易和物品特征的综合统计资料,即为海关统计资料的编制。其范围为列入海关统计的货物、物品及海关统计项目。

(5)海关统计资料的发布的提供。海关综合统计资料的发布是指海关总署及各直属海关统计部门对经汇总加工编制的海关统计资料,通过出版发行统计书刊、电子数据交换、新闻媒介等形式,定期向地方政府通报和向社会各界公开发布。海关总署及其直属海关分别应当定期、无偿地向国务院有关部门及所在地省、自治区、直辖市人民政府有关部门提供有关综合统计资料。

海关综合统计资料包括下列内容:各地区进出口总值表;进出口商品贸易方式总值表;国别(地区)进出口总值表;主要商品进出口总值表;进出口贸易方式企业性质总值表;运输方式进出口总值表;反映进出口总体进度的分析报告、进出口监测预警信息等。

2. 海关统计基本项目

进出口货物的统计项目包括:名称及编码;数量、价格;经营单位;贸易方式;运输方式;进口货物的原产国(地区)、起运国(地区)、境内目的地;出口货物的最终目的国(地区)、运抵国(地区)、境内货源地;进出口日期;关别;海关总署规定的其他统计项目。

对上述海关统计项目的规范要求是:

(1)海关统计商品分类。凡列入海关统计范围的进出口货物,应当按照《中华人民共和国海关统计商品目录》所列的商品名称以及编码进行归类统计。《海关统计商品目录》是由海关总署以世界海关组织制定的《协调制度》为基础编制的,采用8位数编码的结构,《海关统计商品目录》分为98章,第一章至第九十七章的前6位数编码及商品名称与《协调制度》完全一致,第七十七章为空章。第九十八章是根据我国海关统计的需要设置的。

(2)海关统计的数(重)量。

①进出口货物的统计数(重)量必须以海关查验放行的实际数(重)量为依据,对免予查验的,可根据合同、发票等有关单证确定。

②成套设备、减免税货物如需分批进口,货物实际进口时,应按照实际报验状态确定数量。

③根据归类规则,零部件按整机或成品归类的,且法定计量单位是非重量的,其对应的法定数量应为"0.1",统计为0。

④具有完整品或制成品基本特征的不完整品、未制成品,根据归类规则,应按完整品归类的,按照构成完整品实际数量申报和统计。

⑤法定计量单位为立方米的气体货物,应折算成标准状况,即摄氏零度及1个标准大气压下的体积进行申报和统计。

⑥法定计量单位为"千克"的商品,其重量统计要求如下:装入可重复使用的包装容器的货物,应按货物扣除包装容器后的重量统计;使用不可分割包装材料和包装容器的货物,按货物的净重统计;有些商品按照商业惯例是以公量而不是净重计价的,公量重的计算方法是用科学方法抽去商品中的水分,再加上标准含水量所求得的重量,这种计算方法适用于经济价值较高而含水量又极不稳定的商品。对这类商品,应按公量统计,而不按净重统计;在国

际贸易中,有些商品因包装本身不便分别计量,或因包装同商品价格相差不大,采用以毛作净,按毛重统计;采用零售包装的酒类、饮料,按照液体部分的重量统计。

(3)海关统计价格。

①按统计价格的货币计算。我国在海关统计价值的货币计算和汇率折算方面,进出口货物的价格分别按照美元和人民币统计。进出口货物的价格以其他外币计价的,应当分别按照国家外汇管理部门按月公布的各种外币对美元的折算率以及海关征税适用的中国银行折算价,折算成美元值和人民币值进行统计。

②价格统计的规定。进口货物的价格以海关审定的完税价格为基础进行统计。即进口货物的价格,按照货价、货物运抵中华人民共和国境内输入地点起卸前的运输及其相关费用、保险费之和进行统计;出口货物的价格,按照货价、货物运抵中华人民共和国境内输出地点装卸前的运输及其相关费用、保险费之和进行统计,其中包含的出口关税税额,应当予以扣除。

(4)海关统计国别(地区)。海关统计国别(地区)指的是国际货物贸易统计资料的报告国接收其进口货物的对象国家(地区),或报告国出口货物发往的对象国家(地区)。

(5)海关统计经营单位。海关统计经营单位是按照已在海关注册登记的从事进出口经营活动的境内法人、其他组织或者个人进行统计。经营单位统计可以反映各地区、各种经济类型的企业进出口情况及其在我国对外贸易中所占比重的变化情况,为国家制定有关政策和经济发展规划提供重要依据。

(6)海关统计贸易方式。进出口货物的贸易方式以海关的监管方式为基础进行分组。按贸易方式分组的海关统计资料,可以反映各种贸易方式进出口货物情况及其在我国对外贸易中所占比重,为研究和分析对外贸易发展变化提供资料,为有关部门制定外贸政策及检查执行情况提供参考依据。

(7)海关统计境内目的地、境内货源地。进口货物的境内目的地,按照进口货物在我国境内的消费、使用地或者最终运抵地进行统计,其中最终运抵地为最终使用单位所在的地区。最终使用单位难以确定的,按照货物进口时预知的最终收货单位所在地进行统计。

出口货物的境内货源地,按照出口货物在我国境内的产地或者原始发货地进行统计。出口货物在境内多次转换运输工具、难以确定其生产地的,按照最早发运该出口货物的单位所在地进行统计。境内目的地和境内货源地采用5位数代码,其结构及编码原则和经营单位的前5位数代码完全一致。

(8)海关统计运输方式。进出口货物的运输方式包括水路运输、铁路运输、公路运输、航空运输、邮件运输和其他运输等方式。进境货物的运输方式应当按照货物运抵我国境内第一个口岸时的运输方式进行统计;出境货物的运输方式应当按照货物运离我国境内最后一个口岸时的运输方式进行统计。

而进出境旅客随身携带的货物,按照旅客所乘运输工具进行统计。非邮政方式进出口的快递货物,按照实际运输方式统计。以人扛、畜驮、管道、电缆、输送带等方式运输的货物,按照其他运输方式进行统计。

(9)海关统计关别。海关统计关别指的是对进出口货物实施统计的海关,用以反映一定时期内各口岸进出口货物的情况以及货物进出关境的线路分布,以便于对各口岸监管验放货物的执法水平进行比较。

进出口货物按照接受申报的海关进行统计。进口转关运输货物按照接受申报的指运地海关进行统计;出口转关运输货物按照接受申报的起运地海关进行统计。

(10)海关统计时间。海关统计时间指的是海关对进出口货物实施统计的时间。进口货物按照海关放行日期进行统计;出口货物按照海关结关日期进行统计。进口转关运输货物按照指运地海关放行的日期进行统计;出口转关运输货物按照起运地海关的结关日期进行统计。

3. 海关统计的权利、义务及法律责任

(1)海关统计部门对统计原始资料中的申报内容有疑问的,可以直接向当事人提出查询,核实有关内容,当事人应当及时据实作出答复。

(2)海关统计人员对在统计过程中知悉的国家秘密、商业秘密、海关工作秘密负有保密义务。

(3)海关统计人员有权拒绝、揭发和制止影响海关统计客观性、真实性的人为干扰。

(4)海关统计人员应当遵守《中华人民共和国海关法》和《中华人民共和国统计法》的规定,不得自行、参与或者授意篡改海关统计资料、编造虚假数据。

(5)海关统计人员玩忽职守、滥用职权、徇私舞弊的,依法给予处分;构成犯罪的,依法追究刑事责任。

(6)未经海关授权,任何单位或者个人不得擅自销售海关统计资料和海关统计电子数据。

(7)依法应当申报的项目未申报或者申报不实影响海关统计准确性的,除责令当事人予以更正外,需要予以行政处罚的,依照《中华人民共和国海关行政处罚实施条例》的规定予以处罚。

【技能自测】

(1)下列转内销货物的是( )。

A. 加工贸易转内销货物

B. 退运货物

C. 保税仓库进境货物

D. 无代价抵偿货物

解析:《统计条例》规定,实际进出境并引起境内物质存量增加或者减少的货物,列入海关统计;进出境物品超过自用合理数量的,列入海关统计。BD虽然实际进出境但没有引起物质存量增加或减少,A不列入统计,单项统计,C正确。

(2)下列进出口货物不列入海关统计的是( )。

A. 退运货物

B. 租赁期1年及以上的租赁进出口货物

C. 保税区进出境货物

D. 一般贸易进出口货物

解析:以一般贸易、易货贸易、加工贸易、补偿贸易、寄售代销贸易等方式进出口的货物,保税区和保税仓库进出境货物,租赁期一年及以上的租赁进出口货物,均列入海关统计;A选项正确,退运货物虽然实际进出境但没有引起物质存量增加或减少。

(3)下列货物不列入海关统计的是( )。

A. 一般贸易进出口货物

B. 加工贸易进出口货物

C. 租赁期在1年及以上的租赁进出口货物

D. 无商业价值的进出口货样或者广告品

解析：不列入海关统计的货物，包括：过境货物、转运货物和通运货物；暂时进出货物；用于国际收支手段的流通中的货币以及货币用黄金；租赁期在1年以下的租赁货物；由于货物残损、短少、品质不良或者规格不符，而由该进出口货物的承运人、发货人或者保险公司免费补偿或者更换的同类货物；退运货物；边民互市贸易进出货物；中国籍船舶在公海捕获的水产品；中国籍船舶或者飞机在境内添装的燃料、物料、食品；中国籍或者外国籍的运输工具在境外添装的燃料、物料、食品，以及放弃的废旧物料等；无商业价值的货样或者广告品；海关特殊监管区域之间、保税监管场所之间，以及海关特殊监管区域和保税监管场所之间转移的货物等。D为正确选项。

资料卡 ……………… **海关统计是海关依法对进出口货物贸易的统计**

按照《中华人民共和国海关行政处罚实施条例》（以下简称《条例》）的规定，当事人有权在保存期限内查询自己申报的海关统计原始资料及相关信息，对查询结果有疑问的，可以向海关申请核实。海关对当事人依法应当申报的项目有疑问的，可以向当事人提出查询。当事人依法应当申报的项目未申报或者申报不实影响海关统计准确性的，海关应当责令当事人予以更正，需要予以行政处罚的，依法处罚。

《条例》规定，进出口货物的品名、税则号列、数量、规格、价格等应当申报的项目未申报或者申报不实，影响海关统计准确性的，予以警告或者处1千元以上1万元以下罚款。《条例》对于这种情况，除规定海关有权依法进行处罚外，还规定海关有权责令其更正，目的就是保证海关统计数据的准确性，使海关统计能够作为决策依据发挥应有的作用。

12.2 海关稽查制度

12.2.1 海关稽查制度的内涵

1. 海关稽查的含义

海关稽查是海关在规定的期限内依法对被稽查人的会计账簿、会计凭证、报关单证，以及其他有关资料和有关进出口货物进行的核查，以监督被稽查人进出口活动的真实性和合法性。

2. 海关稽查的特征

从本质上看，海关稽查是海关监督管理职能的主要实现方式，也是海关监管制度的主要组成部分。然而海关稽查与传统的海关监管相比又有着显著的区别，其特征主要表现在：

（1）将原有海关监管的时间、空间进行大范围的延伸和拓展，海关监管不仅局限于进出口的实时监控和进出境口岸，而是对放行未结关货物的使用、管理情况和在货物结关放行之后的一定期限内,对与进出口货物直接有关的企业、单位的会计资料、报关单证及其他相关资料进行稽查。

(2)将海关监管的主要目标从控制进出口货物转变为控制货物的经营主体——进出口企业,不再人为地将企业与货物割裂开来。海关围绕企业的进出口活动实施动态和全方位的监管,通过监管企业的进出口行为来达到监管进出口货物的目的。

3. 海关稽查制度的目标

海关稽查制度的目标分为直接目标以及最终目标。

直接目标即海关稽查直接作用于被稽查人(企业、单位),通过对被稽查人的会计资料、报关单证及其他相关资料和进出口货物的稽核,监督被稽查人进出口活动的真实性、合法性。

最终目标则是指通过有计划、分步骤的海关稽查,全面规范企业的进出口行为,提高进出口企业守法自律意识,防范或减少企业违法行为的发生,维护正常的进出口秩序。

12.2.2 海关稽查制度的基本内容

1. 海关稽查的对象

——海关稽查的企业单位

根据《稽查条例》规定,海关对下列与进出口活动直接有关的企业、单位实施稽查:

(1)从事对外贸易的企业、单位。

(2)从事保税加工业务的企业。

(3)经营保税物流及仓储业务的企业。

(4)使用或者经营减免税进口货物的企业、单位。

(5)报关企业,包括专业从事报关服务的企业,经营对外贸易仓储、运输、国际运输工具或国际运输工具服务及代理等业务又兼营报关服务的企业。

(6)海关总署规定的从事与进出口活动直接有关的其他企业、单位。

上述企业、单位是海关稽查对象,亦称被稽查人。

——海关稽查的进出口活动

根据《稽查条例实施办法》规定,海关对被稽查人实施稽查所涉及的进出口活动包括:

(1)进出口申报。

(2)进出口关税和其他税费的缴纳。

(3)进出口许可证件的效验。

(4)与进出口货物有关资料的记载、保管。

(5)保税货物的进口、使用、储存、加工、销售、运输、展示和复出口。

(6)减免税进口货物的使用、管理。

(7)转关运输货物的承运、管理。

(8)暂准进出境货物的使用、管理。

(9)其他进出口活动。

2. 海关稽查的方式

(1)常规稽查,是指海关根据关区的实际情况,以监督企业进出口活动,提高海关后续管理效能为目标,以中小型企业为重点,采取计划选取与随机抽取相结合的方式,对企业开展的全面性稽查。

(2)专项稽查,是指海关根据关区的实际情况,以查缉企业各类问题,为税收和防范走私违法活动提供保障为目标,以风险程度较高或政策敏感性较强的企业或行业为重点,采用风险分析、贸易调查等方式,对某些企业或某些商品实施的行业式、重点式、通关式稽查。

(3)验证稽查,是指海关以验证企业守法状况或贸易安全情况,动态监督企业进出口活动,规范企业内部管理,促进企业守法自律为目标,对申请评为 AA 类管理企业的准入资质实施的稽查。

3. 对企业管理账簿、单证等有关资料的规范性要求

(1)账簿、单证等有关资料的真实性。与进出口活动直接有关企业、单位,所设置和编制会计账簿、会计凭证、会计报表及其他会计资料,应当真实、准确、完整地记录和反映进出口业务的有关情况。

(2)账簿、单证等有关资料的保管。会计资料的保管:与进出口活动直接有关企业、单位,应当按照有关法律和行政法规规定的保管期限,保管会计账簿、会计凭证、会计报表和其他会计资料。

与进出口业务有关的海关统计原始资料的保管:经海关确认的进出口货物报关单以及与进出口业务直接有关的其他资料的保管期限按照海关稽查期限确定。

(3)账簿、单证等有关资料的报送。与进出口活动直接有关的企业、单位应当按照海关的要求,报送有关进出口货物的购买、销售、加工、使用、损耗、库存的资料。

4. 海关稽查的实施

海关进行稽查时,将组成稽查组,其成员不少于 2 人。海关工作人员进行稽查时,应当向被稽查人出示《中华人民共和国海关稽查证》,同时应当说明双方的权利和义务等有关事项。

海关工作人员与被稽查人有利害关系的应当回避。

——海关稽查实施程序

海关稽查的实施包括稽查通知、稽查实施和稽查报告与稽查结论等环节。

(1)稽查通知。海关进行稽查时,应当在实施稽查的 3 日前,将稽查通知书送达被稽查人的法定代表人或者主要负责人或者指定的代表人。在特殊情况下,经直属海关关长或其授权的隶属海关关长批准,海关可以不经事先通知进行稽查,但径行稽查仍应制发稽查通知书。

被稽查人在收到稽查通知书后,正本留存,副本加盖被稽查人印章并由被稽查人代表签名后交海关留存。

(2)稽查实施。稽查实施是指海关依据稽查的程序,采用各种有效的稽查方法,对被稽查人进出口活动的合法性、真实性和规范性进行核查的行政执法活动。

(3)稽查报告与稽查结论。海关稽查组实施稽查后,应当向海关提出稽查报告,稽查报告报送海关前,应当征求被稽查人的意见。被稽查人应当自收到稽查报告之日起 7 日内,将其书面意见送交海关。

海关应当自收到稽查报告之日起 30 日内,作出海关稽查结论并送达被稽查人。

——海关实施稽查时,可以行使的职权

(1)查阅、复制被稽查人的账簿、单证等有关资料。

(2)进入被稽查人的生产经营场所、货物存放场所,检查与进出口活动有关的生产经营情况和货物。

(3)询问被稽查人的法定代表人、主要负责人员和其他有关人员与进出口活动有关的情况和问题。

(4)经直属海关关长或其授权的隶属海关关长批准,查询被稽查人在商业银行或者其他金融机构的存款账户。

(5)海关进行稽查时,发现被稽查人有可能篡改、转移、隐匿、毁弃账簿、单证等资料的,经直属海关关长或其授权的隶属海关关长批准,在不妨碍被稽查人正常的生产经营活动的前提下,可以暂时封存其账簿、单证等有关资料。海关对有关情况经查明或者取证后,应当立即解除封存。

(6)海关进行稽查时,发现被稽查人的进出口活动有违反《海关法》和其他有关法律、行政法规嫌疑的,经直属海关关长或其授权的隶属海关关长批准,可以封存有关进出口货物。

——海关实施稽查时被稽查人的义务

(1)应当配合海关稽查工作,并提供必要的工作条件。

(2)应当接受海关稽查,如实反映情况,提供账簿、单证等有关资料,不得拒绝、拖延、隐瞒。被稽查人使用计算机记账的,应当向海关提供记账软件、使用说明书及有关资料。

(3)海关行使查阅、复制、检查权时,被稽查人的法定代表人或者主要负责人或者指定的代表人应当到场,并按照海关的要求,清点账簿、打开货物存放场所、搬移货物或者开启货物包装。

(4)海关进行稽查时,与被稽查人有财务往来或者其他商务往来的企业、单位,应当向海关如实反映被稽查人的关系情况,提供有关资料和证明材料。

5. 海关稽查发现问题的处理

(1)经海关稽查,发现关税或者其他进口环节的税收少征或者漏征的,由海关依照《海关法》和有关税收法律、行政法规的规定,向被稽查人补征;因被稽查人违反规定而造成少征或者漏征的,由海关依照《海关法》和有关税收法律、行政法规的规定追征。

被稽查人在海关规定的期限内仍未缴纳税款的,海关可以依法采取强制执行措施。

(2)封存的有关进出口货物,经海关稽查排除违法嫌疑的,海关应当立即解除封存;经海关稽查认定违法的,由海关依照《海关法》和《海关行政处罚实施条例》的规定处理。

(3)经海关稽查,认定被稽查人有违反海关监管的行为的,由海关依照《海关法》和《海关行政处罚实施条例》的规定处理。

(4)经海关稽查,发现被稽查人有走私行为,构成犯罪的,依法追究刑事责任;尚不构成犯罪的,由海关依照《海关法》和《海关行政处罚实施条例》的规定处理。

(5)海关通过稽查决定补征或者追征的税款、没收的走私货物和违法所得及收缴的罚款,全部上缴国库。

(6)被稽查人同海关发生纳税争议的,依照《海关法》的规定办理。

6. 被稽查人的法律责任

(1)被稽查人有下列行为之一的,海关应当制发"限期改正通知书"交被稽查人,责令其限期改正。逾期未改的,海关处1万元以上3万元以下的罚款;情节严重的,海关取消其报关资格,并对负有直接责任的主管人员和其他直接责任人员处1千元以上5千元以下的

罚款:
① 向海关提供虚假情况或者隐瞒重要事实的。
② 拒绝、拖延向海关提供账簿、单证等有关资料的。
③ 转移、隐匿、篡改、毁弃账簿、单证等有关资料的。

(2) 被稽查人未按照规定设置或编制账簿、单证等有关资料的,海关应当制发"限期改正通知书"交被稽查人,责令其限期改正。逾期未改的,海关处 1 万元以上 5 万元以下的罚款;情节严重的,海关取消其报关资格,并对负有直接责任的主管人员和其他直接责任人员处 1 千元以上 5 千元以下的罚款。

【技能自测】

(1) 海关在以税收和防范走私违法活动为目标,采用风险分析、贸易调查等方式,对某公司实施稽查时,(　　),应经海关关长批准。

　A. 进入该公司的仓库,实施检查

　B. 到该公司的开户商业银行查询该公司的存款账户和汇款

　C. 暂时封存该公司的账簿、单证等有关资料

　D. 对与该公司有业务关系的企业实施延伸稽查

解析:本题知识点为"海关稽查,可以行使的职权",经直属海关关长或其授权的隶属海关关长批准,查询被稽查人在商业银行或者其他金融机构的存款账户。经直属海关关长或其授权的隶属海关关长批准,在不妨碍被稽查人正常的生产经营活动的前提下,可以暂时封存其账簿、单证等有关资料。BC 为正确选项。

(2) 海关稽查的对象,也称被稽查人,包括(　　)。

　A. 经营保税物流的企业

　B. 使用减免税货物的企业

　C. 报关企业

　D. 报关员

解析:本题知识点为"海关稽查的对象",包括从事对外贸易的企业,从事保税加工业务的企业,经营保税物流及仓储业务的企业,使用或者经营减免税进口货物的企业,以及报关企业,正确的选项是 ABC,报关员不属于海关稽查对象。

(3) 在特殊情况下,经海关关长批准,海关可以不经事先通知进行稽查,也称径行稽查,径行稽查也需要制发稽查通知书。

解析:本题知识点为"海关稽查实施程序",在特殊情况下,经直属海关关长或其授权的隶属海关关长批准,海关可以不经事先通知进行稽查,但径行稽查仍应制发稽查通知书。本题表述是正确的。

背景知识

"三个一"通关新模式

据介绍,"三个一"通关新模式,是对"一次申报、一次查验、一次放行"流程的简称,是海关和检验检疫部门在不改变各自现有业务管理系统的前提下,搭建关检公共信息平台,以信息化手段对关检双方的作业流程进行整合和互动,最大限度地简

化通关手续,提高通关效率。据了解,目前关检合作"三个一"通关模式已在国内 8 个省份的 56 个口岸现场推开,企业可减少约 30% 的关检重复申报项目,申报环节时间可节省约三成,查验环节时间及费用均可节省近半。

(1)"一次申报",是企业在预录入环节只需要一次录入,系统自动转换成报关单和报检单电子数据,分别传送到海关和检验检疫,完成报检和报关。企业只作一次录入即可完成报检和报关,大大简化了报关报检的申报手续。

(2)"一次查验",是关检双方都需要检查货物或取样时,借助信息系统对碰查验、检验信息,双方共同进行检验、查验或取样,同时开展执法互助和资源共享,提高运作效率。

(3)"一次放行",是指海关放行信息与检验检疫放行信息通过信息系统实现对碰,对碰成功后企业即可提取海关放行的货物。同时,企业无须来回奔跑,只要轻点鼠标,即可通过信息系统查询进出口货物通关过程中的实际通关状态,及时办理结关手续。

12.3　海关事务担保制度

12.3.1　海关事务担保制度的内涵

1. 海关事务担保的含义

海关事务担保是指与进出境活动有关的自然人、法人或其他组织,在向海关申请从事特定的经营业务或者办理特定的海关事务时,以向海关提交保证金、保证函等担保,承诺在一定期限内,履行其法律义务的法律行为。

2. 海关事务担保的作用

海关事务担保制度,从本质上讲,是海关支持和促进对外贸易发展和科技文化交流的措施,既保障国家利益不被侵害,又便利进出境活动,促进对外贸易效率的提高。同时,担保制度对进出境活动的当事人也将产生较强的制约作用,促进企业守法自律,按时履行其承诺的诸如补交单证、补缴税款、按规定复进(出)口等义务。

3. 海关事务担保的适用

重点介绍海关事务担保的一般适用,即提前放行货物担保、办理特定海关业务担保、税收保全担保、免予扣留财产的担保等 4 种情形。

(1)当事人申请提前放行货物的担保。本概念是指在办结商品归类、估价和提供有效报关单证等海关手续前,当事人向海关提供与应纳税款相适应的担保,申请海关提前放行货物。

在通常情况下,有下列情形之一的,当事人可以在办结海关手续前,向海关提供担保,要求提前放行货物:

①进出口货物的海关归类、完税价格、原产地尚未确定的。

②有效的报关单证尚未提供的。

③在纳税期限内税款尚未缴纳的。
④滞报金尚未缴纳的。
⑤其他海关手续尚未办结的。

但是,国家对进出境货物、物品有限制性规定,应当提供许可证件而不能提供的,以及法律、行政法规规定不得担保的其他情形,海关不予办理担保放行。

(2)当事人申请办理特定海关业务的担保。本概念是指当事人在申请办理内地往来港澳货物运输,办理货物、物品暂时进出境,将海关监管货物抵押或者暂时存放在海关监管区外等特定业务时,根据海关监管需要或者税收风险大小向海关提供的担保。

当事人申请办理下列特定海关业务的,按照海关规定提供担保:
①运输企业承担来往内地与港澳公路货物运输、承担海关监管货物境内公路运输的。
②货物、物品暂时进出境的。
③货物进境修理和出境加工的。
④租赁货物进口的。
⑤货物和运输工具过境的。
⑥将海关监管货物暂时存放在海关监管区外的。
⑦将海关监管货物向金融机构抵押的。
⑧为保税货物办理有关海关业务的。

当事人不提供或者提供的担保不符合规定的,海关不予办理所列特定海关业务。

(3)税收保全担保。本概念是指进出口货物的纳税义务人在规定的纳税期限内有明显的转移、藏匿其应税货物及其他财产迹象的,海关可以责令纳税义务人提供担保;纳税义务人不能提供担保的,海关依法采取税收保全措施。

(4)免予扣留财产的担保。
①有违法嫌疑的货物、物品、运输工具应当或者已经被海关依法扣留、封存的,当事人可以向海关提供担保,申请免予或者解除扣留、封存。
②有违法嫌疑的货物、物品、运输工具无法扣留或不便扣留的,当事人或者运输工具负责人应当向海关提供等值担保;未提供等值担保的,海关可以扣留当事人等值的其他财产。

有违法嫌疑的货物、物品、运输工具属于禁止进出境,或者必须以原物作为证据,或者依法应当予以没收的,海关不予办理担保。

③法人、其他组织受到海关处罚,在罚款、违法所得或者依法应当追缴的货物、物品、走私运输工具的等值价款未缴清前,其法定代表人、主要负责人出境的,应当向海关提供担保;未提供担保的,海关可以通知出境管理机关阻止其法定代表人、主要负责人出境(受海关处罚的自然人出境的,适用上述规定)。

4. 海关事务总担保

《海关事务担保条例》规定,当事人在一定期限内多次办理同一类海关事务的,可以向海关申请提供总担保;提供总担保后,当事人办理该类海关事务,不再单独提供担保。目前,可申请海关事务总担保的情形有:

(1)ATA单证册项下暂准出口货物由中国国际商会统一向海关总署提供总担保。
(2)经海关同意,知识产权权利人可以向海关提供总担保,总担保金额不得低于人民币20万元。

(3)由银行对纳税义务人在一定时期内通过网上支付方式申请缴纳的进出口税费提供总担保。

12.3.2 海关事务担保制度的主要内容

1. 担保人的资格及担保责任

《海关法》规定:"具有履行海关事务担保能力的法人、其他组织或者公民,可以成为担保人。法律规定不得为担保人的除外。"

《海关法》规定:"担保人应当在担保期限内承担担保责任。担保人履行担保责任的,不免除被担保人应当办理有关海关手续的义务。"

(1)担保责任含义。担保人应承担的担保责任,主要是指被担保人应当在规定的期限内全面、正确地履行其承诺的海关义务。

(2)担保的期间。是指担保人承担担保责任的起止时间。担保人在规定的担保期间内承担担保责任,逾期,即使被担保人未履行海关义务,担保人也不再承担担保责任。具体担保期间由海关行政法规来制定。

(3)担保责任的解除。被担保人在规定的期间内履行担保承诺的义务,或者规定的期间届满,担保人的担保责任应依法予以解除,由海关及时办理销案手续,退还有关保证金。

2. 海关事务担保的方式

《海关法》规定海关事务担保的方式有以下几种:

(1)以人民币、可自由兑换的货币提供担保。人民币是我国的法定货币,用于支付我国境内的一切公共的和私人的债务,任何单位或个人均不能拒收;可自由兑换货币,指国家外汇管理局公布挂牌的作为国际支付手段的外币现钞,例如美元、欧元、日元等货币。

(2)以汇票、本票、支票、债券、存单提供担保。汇票是指由出票人签发的委托付款人在见票时或者在指定日期无条件支付确定的金额给收款人或持票人的票据,分为银行承兑汇票和商业承兑汇票。

本票是由出票人签发的,承诺自己在见票时无条件支付确定的金额给收款人或持票人的票据。

支票是指出票人签发的,委托办理支票存款业务的银行或者其他金融机构在见票时无条件支付确定的金额给收款人或者持票人的票据。

债券是指依照法定程序发行的,约定在一定期限还本付息的有价证券,包括国库债券、企业债券、金融债券等。

存单是指储蓄机构发给存款人的证明其债权的单据。

(3)以银行或者非银行金融机构的保函提供担保。保函,即法律上的保证,属于人的担保范畴。保函不是以具体的财产提供担保,而是以保证人的信誉和不特定的财产为他人的债务提供担保;保证人必须是第三人;保证人应当具有清偿债务的能力。

中国人民银行作为中央银行,根据《中国人民银行法》不能为任何单位和个人提供担保,故不属担保银行的范畴。

对于ATA单证册项下进出口的货物,可由担保协会这一特殊的第三方作为担保人,为展览品等暂准进出口货物提供保函方式的担保。

(4)以海关依法认可的其他财产、权利提供担保。指除上述财产、权利外的其他财产和权利。

3. 海关事务担保方式的选择

(1)保证金的应用。保证金是由担保人向海关以现金担保的一种方式,其金额相当于货物应纳税费之和。以保证金方式保证其履行海关规定的义务,目前的应用范围主要有三种情况:

①担保人必须以缴纳保证金方式申请担保。例如,对要求减免税的进口货物在办结海关手续前,担保人申请担保,要求先放行货物,应支付保证金。

②由海关视监管需要,要求担保人以缴纳保证金方式申请担保。对于海关担保制度未明确应采用哪种方式担保的,海关将视进出口货物及其经营单位的具体情况决定,一般情况下,以采用保证函方式为主,但对信誉较差的企业或者敏感性较强的商品则将要求担保人采用保证金方式提供担保。

③担保人自选保证金方式申请担保。对于海关担保制度未明确规定,海关也未要求担保人必须用保证金方式申请担保的,通常担保人都将采用保证函方式申请担保。但担保人从自身的实际情况考虑,选择采用保证金方式申请担保的,海关也将允许。

(2)保证函的应用。除上述须用保证金申请担保的外,担保人均可以保证函方式申请担保。在实施保证函担保时,因担保人所要担保的情况不同,在实际使用时,对担保人的身份亦有相应的要求。

4. 海关事务担保的具体实施

(1)担保申请。凡符合申请担保条件的货物,由当事人向办理有关货物进出口手续的海关申请担保,由海关审核并确定担保的方式。

(2)交付担保资金。以保证金方式申请担保的,由当事人向海关缴纳相当于有关货物进口税费等额的保证金,并获取海关开具的"海关保证金收据"。

以保证函方式申请担保的,由当事人按照海关规定的格式填写保证函一式两份,并加盖担保人印章,一份交海关备案,一份留存。

其中,《海关事务担保条例》规定,担保金额按照下列标准确定:

①为提前放行货物提供的担保,担保金额不得超过可能承担的最高税款总额。

②为办理特定海关业务提供的担保,担保金额不得超过可能承担的最高税款总额或者海关总署规定的金额。

③有明显的转移、藏匿应税货物及其他财产迹象,被海关责令提供担保,担保金额不得超过可能承担的最高税款总额。

④为罚款、违法所得或者依法应当追缴的货物、物品、走私运输工具的等值价款未缴清前出境提供的担保,其提供担保金额相当于罚款、违法所得数额或者依法应当追缴的货物、物品、走私运输工具的等值价款。

此外,有违法嫌疑的货物、物品、运输工具无法扣留或不便扣留的当事人或者运输工具负责人应当向海关提供等值担保;未提供等值担保的,海关可以扣留当事人等值的其他财产。

(3)担保的受理。海关应当自收到当事人提交的材料之日起5个工作日内,对相关财产、权利等进行审核,并决定是否接受担保。当事人申请办理总担保的,海关应当在10个工作日内审核并决定是否接受担保。

符合规定的担保,自海关决定接受之日起生效,对不符合规定的担保,海关应当书面通知当事人不予接受,并说明理由。

(4)担保的销案。当事人必须于规定的担保期满前,凭"保证金收据"或留存的"保证函"向海关办理销案手续。在当事人履行了向海关承诺的义务后,海关将退还担保人已缴纳的保证金,或注销已提交的保证函。至此,担保人的担保义务将解除。

5. 担保人、被担保人的法律责任

(1)被担保人在规定的期限内未履行有关法律义务的,海关可以依法从担保财产、权利中扣缴。当事人以保函提供担保的,海关可以直接要求承担连带责任的担保人履行担保责任。

(2)担保人、被担保人违反《海关事务担保条例》,使用欺骗、隐瞒等手段提供担保的,由海关责令其继续履行法律义务,处5千元以上50万元以下的罚款;情节严重的,可以暂停被担保人从事有关海关业务或者撤销其从事有关海关业务的注册登记。

(3)担保人、被担保人对海关事务担保的具体行政行为不服的,可以依法向上一级海关申请复议或者向人民法院提起行政诉讼。

【技能自测】

(1)下列情形属"当事人申请办理特定业务的担保"的是( )。
　　A.有效报关单证尚未提供的
　　B.在纳税期限内税款尚未缴纳的
　　C.进口货物的原产地尚未确定的
　　D.将海关监管货物暂时存放在海关监管区外的

解析:本题知识点为"特定海关业务的担保",有效报关单证尚未提供的、在纳税期限内税款尚未缴纳的、进口货物的原产地尚未确定的,均属提前放行货物的担保,而将海关监管货物暂时存放在海关监管区外的,属办理特定海关业务的担保,本题正确选项为D。

(2)当事人为提前放行货物提供的担保,其担保金额按照( )的标准确定。
　　A.不超过可能承担的最高税额总额
　　B.不超过该货物的等值价款
　　C.不超过可能承担的最高罚款总额
　　D.不超过海关总署规定的金额

解析:本题知识点为"担保金额",提前放行的,不得超过可能承担的最高税款总额;特定海关业务的,不得超过可能承担的最高税款总额或者海关总署规定的金额;转移、藏匿的,不得超过可能承担的最高税款总额;罚款、违法所得的,相当于罚款+等值价款;无法扣留的,等值担保。本题正确答案是A。

(3)下列适用海关事务担保或保税事务担保中,可以采取海关事务总担保的方式是( )。
　　A.因管理混乱被海关要求整改,尚在整改期内的加工贸易经营企业申请备案的
　　B.申请经营海关监管货物运输业务的
　　C.加工贸易经营企业租赁厂房或者设备的
　　D.因进口货物规格不符,原进口货物尚未退运出境,纳税人申报进口无代价抵偿货物的

解析:本题知识点为"海关事务总担保",总担保范围包括3个:ATA单证册项下的,知识产权权利的,网上支付的。本题4个选项都不符合。

综合实训

如何办理海关报关单证担保申请

解析：

受理部门：海关事务管理部门

操作流程：

第一步，提交申请。

报关员根据报关单证的担保申请内容，按照海关要求的保证函格式内容，可以通过海关提供的"保函管理系统"输入保函电子文本，也可由企业自行制发的纸面保函文本，经核对无误后打印3份（一份随报关单流转，一份留存海关担保部门登记管理，一份报关员凭以办理核销），并加盖担保单位公章。报关员携有关报关单证到海关通关现场提交担保申请书和纸面报关单、代理报关委托书、合同、发票、提单（运单）、装箱单、加工贸易备案手册、涉及贸易管制证件复印件等。必要时，还应按海关要求出示相关的证件资料。

第二步，海关审核。

海关受理担保申请书后，根据报关单证显示的进出口货物，核对担保内容、担保人资格、担保期限、担保人签字、担保单位公章等内容，经审核同意后，报关单证担保申请即生效，企业按正常情况办理通关放行手续。

第三步，保函核销。

在履行担保义务后，报关员应及时向海关书面提出担保核销申请。经海关审核担保人提交的单证与担保内容一致性，对符合核销要求的，有些海关可在"保函管理系统"作相应的核销操作，有些海关可在企业自行制发的纸面保函文本中批注核销意见。报关员应当按照报关单证管理要求，妥善保管担保申请书，以备接受海关后续管理的需要。

12.4 知识产权海关保护制度

12.4.1 知识产权海关保护制度的内涵

1. 知识产权海关保护的含义

知识产权是指公民、法人或其他组织对其在科学技术和文学艺术等领域内，主要基于脑力劳动创造完成的智力成果所依法享有的专有权利，又称"智力成果权"。

海关保护是指海关依法禁止侵犯知识产权的货物进出口的措施，在世界贸易组织《与贸易措施有关的知识产权协议》中被称为知识产权边境措施。

2. 知识产权海关保护的范围

世界贸易组织关于《与贸易措施有关的知识产权协议》，将与贸易有关的知识产权的范围确定为：著作权和与著作权有关的权利、商标权、地理标志权、工业品外观设计权、专利权、集中电路布图设计权、未披露过的信息专有权。

根据《知识产权海关保护条例》及其他法律、行政法规的规定,我国知识产权海关保护的适用范围为:与进出口货物有关并受中华人民共和国法律、行政法规保护的知识产权,包括商标专用权、著作权和与著作权有关的权利、专利权、奥林匹克标志权、世界博览会标志专有权。具体说,以下知识产权可以向海关申请备案保护:

(1)国家工商行政主管部门核准注册的商标。

(2)在世界知识产权组织注册并延伸至我国的国际注册商标。

(3)国家专利行政主管部门授予专利权的发明、外观设计、实用新型专利。

(4)《保护文学和艺术作品的伯尔尼公约》成员国的公民或者组织拥有的著作权和与著作权有关的权利。

(5)根据《奥林匹克标志保护条例》和《世界博览会标志保护条例》的规定,我国海关对奥林匹克标志和世界博览会标志实施保护。

《知识产权海关保护条例》规定,侵犯受法律、行政法规保护的知识产权的货物禁止进出口。

3. 知识产权海关保护的模式

(1)依申请保护。指知识产权权利人发现侵权嫌疑货物即将进出口时,根据《知识产权海关保护条例》规定,向海关提出采取保护措施的申请,由海关对侵权嫌疑货物实施扣留的措施。该模式又称"被动保护"模式,海关对扣留的侵权嫌疑货物不调查,权利人需要就有侵权纠纷向人民法院起诉。

(2)依职权保护。指海关在监管过程中发现进出口货物有侵犯在海关总署备案的知识产权的嫌疑时,根据《知识产权海关保护条例》规定,主动中止货物通关程序,并通知有关知识产权权利人,根据知识产权权利人的申请对侵权嫌疑货物实施扣留的措施。该模式又称"主动保护"模式,海关扣留侵权嫌疑货物属于主动采取措施制止侵权货物进出口,同时海关还有权对货物的侵权状况进行调查和对有关当事人进行处罚。

知识产权权利人向海关申请采取依职权保护措施前,应当按照《知识产权海关保护条例》规定,将其知识产权及其他有关情况向海关总署进行备案。

12.4.2 知识产权海关保护制度的基本内容

1. 知识产权海关保护的备案申请

(1)知识产权海关保护备案的申请人。知识产权海关保护备案的申请人应为知识产权权利人,知识产权权利人可以委托代理人办理知识产权海关保护备案。

(2)将其知识产权向海关总署申请备案的,应当提交申请书和随附的文件及证据。

——申请书

知识产权权利人应当就其申请备案的每一项知识产权,单独提交一份申请书;知识产权权利人申请国际注册商标备案的,应当就其第一类商品单独提交一份申请书。

申请书应当包括下列内容:

①知识产权权利人的名称或者姓名、注册地或者国籍、通信地址、联系人姓名、电话和传真号码、电子邮箱地址等。

②注册商标的名称,核定使用商品的类别和商品名称、商标图形、注册有效期、注册商标

转让、变更、续展情况等。作品的名称,创作完成的时间,作品的类别,作品图片,作品转让、变更情况等。专利权的名称、类型、申请日期、专利权转让、变更情况等。

③被许可人的名称、许可使用商品、许可期限等。

④知识产权权利人合法行使知识产权的货物的名称、产地、进出境地海关、进出口商、主要特征、价格等。

⑤已知的侵犯知识产权货物的制造商、进出口商、进出境地海关、主要特征、价格等。申请书内容有证明文件的,知识产权权利人应当附送证明文件。

——随附文件及证据

①知识产权权利人个人身份件的复印件、工商营业执照的复印件或者其他注册登记文件的复印件。

②商标注册、著作、专利权证明或证书。

包括:国务院工商行政管理部门商标局签发的"商标注册证"复印件;著作权登记部门签发的著作权自愿登记证明复印件和经著作权登记部门认证的作品照片;国务院专利行政部门签发的专利证书的复印件。

③知识产权权利许可他人使用注册商标、作品或者实施专利,签订许可合同的,提交许可合同复印件,未签订许可合同的,提交有关情况的书面说明。

④知识产权权利人合法行使知识产权货物及其包装的照片。

⑤已知的侵权货物进出口的证据。

⑥海关总署认为需要提交的其他文件或者证据。

(3)知识产权海关保护备案申请的受理。海关总署应当自收到全部申请文件之日起30个工作日内作出是否准予备案的决定,并书面通知申请人;不予备案的,应当说明理由。

有下列情况之一的,海关总署不予受理:

①申请文件不齐全或者无效的。

②申请人不是知识产权权利人的。

③知识产权不再受法律、行政法规保护的。

(4)知识产权海关保护备案的时效。知识产权海关保护备案自海关总署准予备案之日起生效,有效期为10年。自备案生效之日起,知识产权的有效期不足10年的,备案的有效期以知识产权的有效期为准。

在知识产权有效的前提下,知识产权权利人可以在知识产权海关保护备案有效期届满前6个月内,向海关总署申请续展备案。每次续展备案的有效期为10年。知识产权海关保护备案有效期届满而不申请续展或者知识产权不再受法律、行政法规保护的,知识产权海关保护备案随即失效。

(5)知识产权海关保护备案的变更。向海关提交的申请书内容发生改变的,知识产权权利人应当自发生改变之日起30个工作日内,向海关总署提出变更备案的申请并随附有关文件。

海关发现知识产权权利人申请知识产权备案未如实提供有关情况或者文件的,海关总署可以撤销其备案。

知识产权备案情况发生改变,但知识产权权利人自发生改变之日起30个工作日未向海关总署办理备案变更或者注销手续,给他人合法进出口或者海关依法履行监管职责造成严重影响的,海关总署可以根据利害关系人的申请撤销有关备案,也可以主动撤销有关备案。

2. 知识产权权利人申请扣留侵权嫌疑货物及提供担保(海关依申请保护)

知识产权权利人发现侵权嫌疑货物即将进出口,或者接到海关就实际监管中发现进出口货物涉嫌侵犯在海关总署备案的知识产权而发出的书面通知的,可以向货物进出境地海关提出扣留侵权嫌疑货物的申请,并按规定提供相应的担保。

(1)申请扣留侵权嫌疑货物的申请书。知识产权权利人发现侵权嫌疑货物即将进出口,并要求海关予以扣留的,应当向货物进出境地海关提交申请书及相关证明文件。申请书主要内容包括:

①知识产权权利人的名称或者姓名、注册地或者国籍等。

②知识产权的名称、内容及其相关信息。

③侵权嫌疑货物收货人和发货人的名称。

④侵权嫌疑货物名称、规格等。

⑤侵权嫌疑货物可能进出境的口岸、时间、运输工具等。

⑥侵权嫌疑货物涉嫌侵犯备案知识产权的,申请书还应当包括海关备案号。

(2)申请扣留侵权嫌疑货物的证据。知识产权权利人提交的证据,应当能够证明以下事实:

①请求海关扣留的货物即将进出口。

②在货物上未经许可使用了侵犯其商品专用权的商标标志、作品或者实施了其专利。

(3)请求扣留侵权嫌疑货物的担保。知识产权权利人请求海关扣留侵权嫌疑货物的,应当在海关规定的期限内向海关提供相当于货物价值的担保,用于赔偿可能因申请不当给收货人、发货人造成的损失,以及支付货物由海关扣留后的仓储、保管和处置等费用;知识产权权利人直接向仓储商支付仓储、保管费用的,从担保中扣除。

知识产权权利人提出的申请不符合规定或者未按规定提供担保的,海关应驳回其申请并书面通知知识产权权利人。

3. 知识产权权利人接到海关发现侵权嫌疑货物通知的扣留申请(海关依职权保护)

(1)海关书面通知知识产权权利人。海关发现进出口货物有侵犯备案知识产权嫌疑的,应当书面通知知识产权权利人。

(2)知识产权权利人提交扣留申请。知识产权权利人自通知送达之日起 3 个工作日内提交扣留申请,并提供担保的,海关应当扣留侵权嫌疑货物,书面通知知识产权权利人,并将海关扣留凭单送达收货人或者发货人。知识产权权利人逾期未提出申请或者未提供担保的,海关不得扣留货物。

(3)请求扣留货物的担保。知识产权权利人在接到海关发现侵权嫌疑货物通知后,向海关提出扣留涉嫌侵犯其已在海关总署备案商标专用权的进出口货物申请时,应按如下规定向海关提供担保:

①货物价值不足人民币 2 万元的,提供相当于货物价值的担保。

②货物价值为人民币 2 万至 20 万元的,提供相当于货物价值 50% 的担保,但总担保金额不得少于人民币 2 万元。

③货物价值超过人民币 20 万元的,提供人民币 10 万元的担保。

(4)请求扣留货物的总担保。在一定时间内,知识产权权利人因接到海关发现侵权嫌疑货物,多次向海关提出扣留涉嫌侵犯其已在海关总署备案商标专用权的进出口货物申请时,须提供总担保。

总担保的金额应相当于知识产权权利人上一年度向海关申请扣留侵权嫌疑货物后发生的仓储、保管和处置等费用之和;知识产权权利人上一年度未向海关申请扣留侵权嫌疑货物或仓储处置费不足人民币20万元的,总担保金额为人民币20万元。

(5)总担保保函的有效期及担保事项发生期间。总担保保函的有效期是指作为担保人的银行承担履行担保责任的期间,即总担保保函签发之日至第二年6月30日。

担保事项发生期间是指知识产权权利人在向海关提出采取保护措施申请时无须另行提供担保的期间,即自海关总署核准之日起至当年12月31日。

知识产权权利人未提出申请或者未提供担保的,海关将放行货物。

4. 海关对侵权嫌疑货物的调查处理

(1)扣留侵权嫌疑货物并制发通知和扣留凭单。知识产权权利人申请扣留侵权嫌疑货物,并提供担保的,海关应当扣留侵权嫌疑货物,并将海关扣留侵权嫌疑货物的扣留凭单送达收发货人。经海关同意,收发货人可以查看海关扣留货物。

(2)海关对扣留侵权嫌疑货物的调查。海关依职权扣留侵权嫌疑货物,属于主动采取制止侵权货物进出口措施,海关扣留侵权嫌疑货物后,应当依法对被扣留的侵权嫌疑货物及有关情况进行调查,知识产权权利人和收发货人应当予以配合,如实提供有关情况和证据。海关对依申请扣留的侵权嫌疑货物不进行调查,知识产权权利人需要就有前侵权纠纷向人民法院起诉。

知识产权权利人与收发货人就海关扣留的侵权嫌疑货物达成协议,向海关提出书面申请并随附相关协议,要求海关解除扣留侵权嫌疑货物的,海关除认为涉嫌构成犯罪外,可以终止调查。

(3)放行被扣留的侵权嫌疑货物。

①海关对扣留的侵权嫌疑货物进行调查,不能认定货物是否侵犯有关知识产权的,应当自扣留之日起30个工作日内,书面通知知识产权权利人和收发货人。

海关不能认定货物是否侵犯有关专利权的,收发货人向海关提供相当于货物价值的担保后,可以请求海关放行货物。海关同意放行货物的,海关应当放行货物并书面通知知识产权权利人。

知识产权权利人应有关专利侵权纠纷向人民法院起诉的,应当在海关放行货物的书面通知送达之日起30个工作日内,向海关提交人民法院受理案件通知书的复印件。

②对海关不能认定有关货物是否侵犯其知识产权的,知识产权权利人可以依法在起诉前向人民法院申请采取责令停止侵权行为或者财产保全的措施。

海关自扣留侵权嫌疑货物之日起50个工作日内,收到人民法院协助扣押有关货物书面通知的,应当予以协助;未收到人民法院协助扣押有关货物书面通知或者知识产权权利人要求海关放行有关货物的,海关应当放行货物。

(4)没收被扣留的侵权货物。

①侵权货物的没收与收缴。海关调查后认定侵犯知识产权的,予以没收,并将侵权货物的有关情况书面通知知识产权权利人,包括侵权货物的名称和数量,收发货人名称,侵权货物申报进出口日期、海关扣留日期和处罚生效日期,侵权货物的起运地和指运地,海关可以提供的其他与侵权货物有关的情况等。

进出口货物或者进出境物品经海关调查认定侵犯知识产权,根据规定应当由海关予以没收,但当事人无法查清的,自海关制发有关公告之日起满 3 个月后,可由海关予以收缴。

②侵权货物没收后的处理。

被没收的侵犯知识产权货物可以用于社会公益事业的,海关应当转交给有关公益机构用于社会公益事业;知识产权权利人有收购意愿的,海关可以有偿转让给知识产权权利人。

被没收的侵犯知识产权货物无法用于社会公益事业且知识产权权利人无收购意愿的,海关可以在消除侵权特征后依法拍卖,但对进口假冒商标货物,除特殊情况外,不能仅清除货物上的商标标识即允许其进入商业渠道。

侵权货物特征无法消除的,也不符合 A 项处理条件的,海关应当予以销毁。

5. 知识产权权利人应承担的责任

(1)海关依照规定扣留侵权嫌疑货物,知识产权权利人应当支付有关仓储、保管和处置等费用。

(2)海关没收侵权货物的,知识产权权利应当按照货物在海关扣留后的实际存储时间支付有关仓储、保管和处置等费用。但海关自没收侵权货物的决定送达收发货人之日起 3 个月内不能完成货物处置,且非因收发货人申请行政复议、提起行政诉讼或者货物处置方面的其他特殊原因导致的,知识产权权利人不需支付 3 个月后的有关费用。

(3)知识产权权利人未支付有关费用的,海关可以从其向海关提供的担保金中予以扣除,或者要求担保人履行有关担保责任。侵权嫌疑货物被认定为侵犯知识产权的,知识产权权利人可以将其支付的有关仓储、保管和处置等费用计入其为制止侵权行为所支付的合理开支。

(4)海关接受知识产权保护备案和采取知识产权保护措施的申请后,因知识产权权利人未提供确切情况而未能发现侵权货物,未能及时采取保护措施或者采取保护措施不力的,由知识产权权利人自行承担责任。

(5)知识产权权利人请求海关扣留侵权嫌疑货物后,海关不能认定被扣留的侵权嫌疑货物侵犯知识产权权利人的知识产权,或者人民法院判定不侵犯知识产权权利人的知识产权的,知识产权权利人应当依法承担赔偿责任。

【技能自测】

(1)对于没收的假冒商标进口货物,海关可以采取的处置方式有(　　)。

A. 转交给公益机构用于社会公益事业

B. 有偿转让给知识产权权利人

C. 拍卖

D. 销毁

解析:本题知识点为"没收侵权货物的处理",用于社会公益事业,有偿转让给知识产权权利人,在消除侵权特征后依法拍卖,但对进口假冒商标货物,除特殊情况外,不能仅清除货物上的商标标志即允许其进入商业渠道,海关应当予以销毁。正确选项为 ABD。

(2)关于知识产权海关保护备案与申请扣留侵权嫌疑货物之间的关系,下列表述错误的是(　　)

A. 只有办理了知识产权海关保护备案的权利人,才有权申请扣留侵权嫌疑货物

B. 没有办理知识产权海关保护备案的权利人申请扣留侵权嫌疑货物,必须补办备案

C. 海关发现侵犯备案知识产权的嫌疑货物,即使权利人不提出申请,海关也应予扣留

D. 没有办理知识产权海关保护备案的权利人,按规定申请扣留嫌疑货物的,只要提供担保,海关应当扣留侵权嫌疑货物

解析:本题知识点为"海关扣留侵权嫌疑货物"条件,知识产权权利人可以向货物进出境地海关提出扣留侵权嫌疑货物的申请,并按规定提供相应的担保。所以只有2个条件,无论是否备案,更不要讲是否补办备案,所以正确选项是 ABC。

(3)知识产权权利人接到海关发现知识产权侵权嫌疑货物的书面通知,请求海关扣留侵权嫌疑货物的,经海关同意提供总担保的,总担保金额不得低于人民币(　　)

　　A. 10万元　　　　B. 15万元　　　　C. 20万元　　　　D. 50万元

解析:本题知识点"总担保适用范围",总担保的金额应相当于知识产权权利人上一年度向海关申请扣留侵权嫌疑货物后发生的仓储、保管和处置等费用之和;知识产权权利人上一年度未向海关申请扣留侵权嫌疑货物或仓储处置费不足人民币20万元的,总担保金额为人民币20万元。C 为正确选项。

案例讨论

海关知识产权保护模式有哪些?有何区别?

2012年3月,上海海关查获一起出口侵犯国内自主商标专用权调味料案,查获侵权商品近800万件。2012年3月20日,安徽某食品有限公司以一般贸易方式向海关申报出口一批复合调味料。上海海关关员在对该票单证进行审单时,根据风险参数提示对该批货物布控查验。3月21日,上海海关隶属洋山海关查验关员接到指令开箱查验,发现箱内都是盒状小块调味料。彻查发现,2个集装箱内装满标有"jamila"商标的复合调味料,包装较为粗糙,存在一定侵权风险。在海关查询系统并联系权利人后,"jamila"商标权利人宁波保税区新东方国际贸易有限公司于3月29日确认该批货物侵权,权利人提出扣留申请,并提交担保。

经海关调查,本案涉嫌侵权的"jamila"复合调味料共3700箱,7981920块,价值人民币64.07万元。上海海关在扣留侵权货物后,对案件进行了缜密调查,最终认定该批货物侵权。由于涉案货物数量较大,案值较高,涉嫌刑事犯罪,海关将涉案信息通报了上海市公安局。

试根据以上案例分析:

(1)该票知识产权保护案件是何种保护模式?

(2)权利人提交申请,提供担保,其担保金额是多少?

(3)海关通过缜密调查,最终认定该批货物侵权,如果侵权成立,该批货物发货人会受到什么样的处罚?

解析:

(1)知识产权海关保护有2种模式,即依申请保护和依职权保护。本案件属于依职权保护,即权利人向海关申请采取依职权保护措施前,应当按照《知识产权海

关保护条例》规定,将其知识产权及其他有关情况向海关总署进行备案。

(2)本案属于知识产权权利人接到海关发现侵权嫌疑货物通知的扣留申请,知识产权权利人提交扣留申请,并提供担保,根据货物价值超过20万元的,应提供10万元的担保。

(3)由于涉案货物数量较大,案值较高,涉嫌刑事犯罪,海关调查后认定侵犯知识产权的,予以没收,并将侵权货物的有关情况书面通知知识产权权利人。

(4)侵权货物没收后的处理方式有3种:一是用于社会公益事业,二是有偿转让给知识产权权利人,三是侵权货物特征无法消除的海关应当予以销毁。

12.5 海关行政许可制度

12.5.1 海关行政许可制度的内涵

1. 海关行政许可的含义

海关行政许可是指海关根据公民、法人或其他组织的申请,经依法审查,准予其从事与海关进出关境监督管理相关的特定活动的行为。其内涵可以从几个层面加以理解:

(1)海关行政许可是基于申请人的申请。行政许可的两方主体是特定的,一方是收到申请的海关,一方是提出申请的特定公民、法人或者其他组织。

(2)海关应当依法对申请进行审查。行政许可的审查活动必须依法进行,既包括程序性要求,也包括实体性内容。

(3)海关行政许可应当有一个决定。经过审查,海关作出了准予或者不准予从事海关进出关境监督管理相关的特定活动的决定。

(4)海关行政许可决定应当是有载体的。海关出具正式文书,主要是海关准予或者不准予行政许可决定书、资格证书及资质证明等。

2. 海关行政许可范围

(1)法律法规设定的海关行政许可事项。

①报关企业注册登记。

②报关员注册登记。

③出口监管仓库、保税仓库设立审批。

④海关监管货物仓储审批。

⑤免税商店设立审批。

⑥加工贸易备案(变更)、外发加工、深加工结转、余料结转、核销、放弃核准。

⑦进出口货物免验审批。

⑧暂时进出口货物的审批。

⑨报关单修改、撤销审批。

(2)以国务院决定方式公布的海关行政许可项目。

①常驻机构及非居民长期旅客公私用物品进出境核准。

②小型船舶往来香港、澳门进行货物运输备案。
③承运境内海关监管货物的运输企业、车辆注册。
④制造、改装、维修集装箱、集装箱式货车车厢工厂核准。
⑤获准入境定居旅客安家物品审批。
⑥长江驳运船舶转运海关监管的进出口货物审批。

12.5.2　海关行政许可制度的基本内容

1. 海关行政许可的归口管理

直属海关法制部门是海关行政许可的归口管理部门。包括海关总署法制部门和各直属海关法制部门。

2. 海关行政许可一般程序

(1) 申请与受理。申请人或其代理人可以到海关办公场所提出，也可以通过信函、电报、电传、传真、电子数据交换和电子邮件等方式提出书面申请。同时申请人应当提供能够证明其申请文件效力的材料。海关在接到申请人的申请后，进行审核，符合条件的应当受理。

(2) 审查与决定。海关对申请人的申请进行审查，对申请材料齐全、符合法定形式，能够当场作出决定的，应当当场作出书面的海关行政许可决定，并当场制发决定书，不能当场作出决定的，应在法定期限内作出海关行政许可决定。

(3) 变更与延续。

①变更。在取得海关行政许可后，因拟从事活动的部分内容超过准予海关行政许可决定或者海关行政许可证件规定的活动范围，或者是发生其他变化需要改变海关行政许可有关内容的，被许可人可以在该行政许可的有效期内，以书面形式向作出决定的海关提出变更申请。

②延续。需要延续依法取得的海关行政许可的有效期的，被许可人应当在该行政许可有效期届满 30 日前向作出决定的海关提出书面申请，符合条件的准予延续。

3. 海关行政许可的听证程序

法律、行政法规、海关总署规章规定实施海关行政许可应当听证的事项，或者海关认为需要听证的涉及公共利益的其他重大海关行政许可事项，海关应当向社会公告，并举行听证。

海关行政许可直接涉及行政许可申请人与他人之间重大利益关系，海关在作出海关行政许可决定前，应当告知申请人、利害关系人享有要求听证的权利。海关应当根据听证笔录作出海关行政许可决定。

(1) 听证准备。海关应当于举行听证的 7 日前将有关事项通知海关行政许可申请人、利害关系人或者听证参加人。

海关行政许可申请人、利害关系人或者听证参加人，应当按照海关通知的时间、地点参加听证；亦可以委托代理人代为参加听证，但是资格授予、资质审查等行政许可事项不得委托他人代为参加听证。

海关行政许可听证实施部门应当指定 1 名听证主持人，负责组织听证活动。

(2) 举行听证。

①听证主持人宣布听证开始，并宣布听证事由，介绍听证主持人、听证人员、记录员的身

份、职务,宣布海关行政许可申请人、利害关系人或者听证参加人,并核对其身份,告知海关行政许可申请人、利害关系人或者听证参加人有前的听证权利和义务。

②听证主持人宣布听证秩序。

③审查海关行政许可申请的工作人员陈述审查意见和依据、理由,并提供相应的证据。

④审查海关行政许可申请的工作人员、海关行政许可申请人、利害关系人或者听证参加人可以进行总结性陈述。

⑤听证主持人宣布听证结束。

4. 海关行政许可的特别程序

对在进出境活动中提供公众服务并且直接关系公共利益的职业、行业,需要确定具体特殊信誉、特殊条件或者特殊技能等资格资质事项实施海关行政许可的,应当依照以下规定办理:

(1)赋予公民从事报关业务或者其他与进出境活动有关的特定活动的资格,应当举行全国统一资格考试,根据考试成绩和其他法定条件作出海关行政许可决定。

(2)赋予法人或者其他组织从事与进出境活动有关的特定活动的资格、资质的,应当根据对申请人的专业人员构成、技术条件、经营业绩和管理水平等的考核、审查、评定结果,作出海关行政许可决定。

5. 海关行政许可的期限

在海关行政许可过程中,除当场作出海关行政许可决定外,海关应当自受理海关行政许可申请之日起 20 日内作出决定。20 日之内不能作出决定的,经审批,可以延长 10 日,但应制发"延长海关行政许可审查期限通知书",将延长期限的理由告知申请人。

依法应当先经下级海关审查,后报上级海关决定的海关行政许可,下级海关应当根据法定条件和程序进行全面审查,并于受理海关行政许可申请之日起 20 日内审查完毕,将审查意见和全部申请材料直接报送上级海关。上级海关应当自收到下级海关报送的审查意见之日起 20 日内作出决定。

法律、行政法规另有规定的,依照其规定。

【技能自测】

(1)除当场作出决定的外,海关应当自受理海关行政许可申请之日起(　　)内作出决定。

　　A. 7 日　　　　B. 10 日　　　　C. 20 日　　　　D. 30 日

解析:本题知识点是"海关行政许可期限",在海关行政许可过程中,除当场作出海关行政许可决定外,海关应当自受理海关行政许可申请之日起 20 日内作出决定。20 日之内不能作出决定的,经审批,可以延长 10 日。正确选项是 C。

(2)下列选项中,属于海关行政许可事项的是(　　)。

　　A. 报关企业注册登记

　　B. 加工贸易深加工结转

　　C. 暂时进出口货物的核准

　　D. 保税仓库设立审批

解析:本题知识点是"海关行政许可范围",法律法规设定的海关行政许可事项,包括报关企业注册登记,保税仓库设立审批,加工贸易备案核准,进出口货物免验审批等,正确选项是 ABCD。

案例讨论

加工贸易备案制度是否属于行政许可

加工贸易备案步骤:

受理部门:海关加工贸易备案部门

办理步骤:

第一步:提交申请。向海关提交单证:

(1)商务主管部门核发的《加工贸易业务批准证》、《加工贸易加工企业生产能力证明》。

(2)提交来料加工协议或合同(进料加工协议或合同)。

(3)提交归口主管部门的监管证件。

(4)经营企业签章确认的单耗核算资料。

第二步:海关审批。对纸质单证和电子数据同步审核。

第三步:登记银行保证金台账。

第四步:领取电子化手册号码。

解析:加工贸易合同备案是一种海关行政许可,是海关对加工贸易经营企业签订并经商务主管部门批准的加工贸易生产合同的审核许可及登记备案的制度。

海关合同备案之所以表现得不像是行政许可,是因为加工贸易生产经营企业必须先得到商务主管部门批准,取得《加工贸易业务批准证》、《加工贸易加工企业生产能力证明》等批准文件后,才能到海关进行下一步程序。同时,海关又是在商务主管部门审批结果的基础上作进一步的审核,并套上"备案"两字,使人容易产生误解,也使海关合同备案的行政许可性变得模糊。

从另一方面看,在对加工贸易合同的审批中,商务主管部门与海关的监管出发点是有区别的,前者是从进口货物加工成产品出口这一过程对国内市场以及相关贸易管制造成的影响等角度去考虑的,而海关是从保税货物进出口流程的角度去审批的,两者考虑的因素是有区别的,因而不能说商务主管是审批合同,海关只是备案。所以,我们可以确定,海关的加工贸易合同备案与商务部门的加工贸易业务批准一样,都是对加工贸易生产经营业务的行政许可,它们一前一后,共同组成对一个审批项目的两层行政许可。

12.6 海关行政处罚制度

12.6.1 海关行政处罚制度的内涵

1. 海关行政处罚的含义

海关行政处罚是指海关根据法律授予的行政处罚权力,对公民、法人或者其他组织违反海关法律、行政法规,依法不追究刑事责任的走私行为和违反海关监管规定的行为,以及法律、行政法规规定由海关实施行政处罚的行为所实施的一种行政制裁。

2. 海关行政处罚的性质

海关行政处罚作为一种行政制裁行为,通过对违反海关法的当事人财产、资格或声誉予以一定的剥夺或限制,以达到规范进出境监管秩序、保护国家利益和他人合法权益的目的。海关行政处罚以当事人的行为违反海关法律、行政法规,并需要追究当事人的行政法律责任为前提,因此不能把海关行政处罚和海关强制措施相混淆。同时,对于应追究刑事法律责任的违反海关法的行为也不能以罚代刑,即不能用海关行政处罚代替刑事处罚。

3. 海关行政处罚的范围

海关行政处罚的范围包括依法不追究刑事责任的走私行为,违反海关监管规定的行为,以及法律、行政法规规定由海关实施行政处罚的行为。

——依法不追究刑事责任的走私行为

(1)走私行为。

什么是走私行为?

根据《海关行政处罚实施条例》的规定,违反《海关法》及其他有关法律、行政法规,逃避海关监管,偷逃应纳税款、逃避国家有关进出境的禁止性或者限制性管理,并有下列行为之一的,是走私行为:

①未经国务院或者国务院授权的机关批准,从未设立海关的地点运输、携带国家禁止或者限制进出境的货物、物品或者依法应当缴纳税款的货物、物品进出境的。

②经过设立海关的地点,以藏匿、伪装、瞒报、伪报或者其他方式逃避海关监管,运输、携带、邮寄国家禁止或者限制进出境的货物、物品或者依法应当缴纳税款的货物、物品进出境的。

③使用伪造、变造的手册、单证、印章、账册、电子数据或者以其他方式逃避海关监管,擅自将海关监管货物、物品、进境的境外运输工具,在境内销售的。

④使用伪造、变造的手册、单证、印章、账册、电子数据或者以伪报加工贸易制成品单位耗料量等方式,致使海关监管货物、物品脱离监管的。

⑤以藏匿、伪装、瞒报、伪报或者其他方式逃避海关监管,擅自将保税区、出口加工区等海关特殊监管区域内的海关监管货物、物品,运出区外的。

⑥有逃避海关监管,构成走私的其他行为的。

走私行为的构成特征有哪些?

走私行为在客观上首先表现为违反《海关法》及其他有关法律、行政法规,其次表现为逃

避海关监管,这是构成走私行为必不可少的两个前提条件。所以,走私行为的构成特征可以从4个方面来理解:

第一,违反的法律。走私行为违反《海关法》及其他有关法律、行政法规。

第二,走私的目的。是偷逃应纳税款、逃避国家有关进出境的禁止性或者限制性管理。

第三,走私的特征。走私的行为特征是逃避海关监管,非法运输、携带、邮寄进出境,或者擅自在境内销售等。

第四,走私的对象。走私的对象是国家禁止、限制进出口或者依法应当缴纳税款的货物、物品,或者是未经海关许可并且未缴纳税款、交验有关许可证件的保税货物、特定减免税货物,以及其他海关监管货物、物品、进境的境外运输工具等。

(2)按走私论处的行为。

①明知是走私进口的货物、物品,直接向走私人非法收购的。

②在内海、领海、界河、界湖、船舶及所载人员运输、收购、贩卖国家禁止或者限制进出境的货物、物品,或者运输、收购、贩卖依法应当缴纳税款的货物,没有合法证明的。

(3)以走私的共同当事人论处的行为。与走私人通谋为走私人提供贷款、资金、账号、发票、证明、海关单证的,与走私人通谋为走私人提供走私货物、物品的提取、发运、运输、保管、邮寄或者其他方便的,以走私的共同当事人论处。

——违反海关监管规定的行为

违反海关法及其他有关法律、行政法规和规章,但不构成走私行为的,是违反海关监管规定的行为。现列举以下几种:

①违反国家进出口管理规定,进出口国家禁止进出口的货物的。

②违反国家进出口管理规定,进出口国家限制进出口的货物或属于自动进出口许可管理的货物,进出口货物的收发货人向海关申报时不能提交许可证件的。

③进出口货物的品名、税则号列、数量、规格、价格、贸易方式、原产地、起运地、运抵地、最终目的地或者其他应当申报的项目未申报或者申报不实的。

④擅自处置监管货物,违规存放监管货物,监管货物短少灭失且不能提供正当理由的,未按规定办理保税手续,单耗申报不实,过境、转运、通运货物违规,暂时进出口货物违规的。

⑤报关资格违规,如非法代理、行贿、未经许可从事报关业务、骗取许可等,以及主管人员和直接责任人员的处罚。

⑥其他违规,如中断监管程序、伪造、变造、买卖单证、进出口侵犯知识产权货物等。

——法律、行政法规规定由海关实施行政处罚的行为

除《海关法》规定了走私行为和违反海关监管规定的行为由海关处理外,还包括其他法律、行政法规,以及国务院的规范性文件规定由海关实施处罚的行为的处理。

12.6.2 海关行政处罚制度的基本内容

1. 海关行政处罚的管辖

(1)海关行政处罚可以由发现违法行为的海关管辖,也可以由违法行为发生地的海关管辖。

(2)2个以上海关都有管辖权的案件,由最先发现违法行为的海关管辖。

(3)管辖不明确的案件,由有关海关协商确定管辖,协商不成的,报请共同的上级海关指

定管辖。

(4)重大、复杂的案件,可以由海关总署指定管辖。

2. 海关行政处罚的基本形式

海关行政处罚的形式主要包括:

(1)警告。

(2)罚款。

(3)没收走私货物、物品、运输工具及违法所得。

(4)撤销报关等企业的注册登记,取消报关从业资格,暂停从事有关业务或者执业。

(5)取缔未经注册登记和未取得报关从业资格从事报关业务的企业和人员的有关活动。

3. 海关行政处罚的具体方式

(1)对走私行为的行政处罚。

①没收走私货物、物品及违法所得。

②可以并处罚款。

③专门用于走私的运输工具或者用于掩护走私的货物、物品,应当予以没收。

④2年内3次以上用于走私的运输工具或者用于掩护走私的货物、物品,应当予以没收。

⑤藏匿走私货物、物品的特制设备、夹层、暗格,应当予以没收或者责令拆毁。使用特制设备、夹层、暗格实施走私的,应当从重处罚。

⑥在海关注册的企业、报关人员,构成走私犯罪或者1年内有2次以上走私行为的,海关可以撤销其注册登记、取消其报关从业资格。

(2)对违反海关监管规定的行为的行政处罚。

①警告。

②罚款。

③没收违法所得。

④暂停有关企业或者人员从事有关业务或者执业、撤销海关注册登记或取消报关从业资格。

⑤未经海关注册登记和未取得报关从业资格从事报关业务的,予以取缔。

4. 海关行政处罚的程序

(1)一般规定。

①案件移交。海关发现的依法应当由其他行政机关或者刑事侦查部门处理的违法行为,应当制作案件移送函,及时将案件移送有关行政机关或者刑事侦查部门处理。

②双人办案。海关在调查、搜集证据时,办理行政处罚案件的海关工作人员不得少于2人,并且应当向当事人或者有关人员出示执法证件。

③回避。办案人员有下列情形之一的,应当回避,当事人及其代理人有权申请其回避:当事人的近亲属;本人或者其近亲属与本案有利害关系;与本案当事人有其他关系,可能影响案件公正处理的。

(2)案件调查。

①案件立案。海关发现公民、法人或者其他组织有依法应当由海关给予行政处罚的行为的,应当立案调查。经核实有下列情形之一的,不予立案:没有违法事实;违法行为超过法律规定的处罚时效的;其他依法不予立案的情形。

②调查取证。海关立案后,应全面、客观、公正、及时地进行调查、收集证据。海关调查、收集证据,应当按照法律、行政法规及其他有关规定的要求办理。调查、收集的证据涉及国家秘密、商业秘密或者个人隐私的,海关应当保守秘密。

③案件调查的中止和终结。

中止调查。海关办理行政处罚案件,在立案后发现当事人的违法行为应当移送有关行政机关或者刑事侦查部门处理的,应当及时移送。行政处罚案件自海关移送其他行政机关或者刑事侦查部门之日起中止调查。

恢复调查。海关中止调查的行政处罚案件,有下列情形之一的,应当恢复调查:其他行政机关或者刑事侦查部门已作出处理的海关移送案件,仍需要海关作出行政处罚的;其他行政机关或者刑事侦查部门不予受理或者不予追究刑事责任,退回海关处理的。

终结调查。经调查,行政处罚案件有下列情形之一的,可以终结调查:违法事实清楚、法律手续完备、据以定性处罚的证据充分的;没有违法事实的;作为当事人的自然人死亡的;作为当事人的法人或者其他组织终止,无法人或者其他组织享受其权利和承担其义务,又无其他关系人可以追查的;其他行政机关或者刑事侦查部门已作出处理的海关移送案件,不需要海关作出行政处罚的;其他依法应当终结调查的情形。

④案件审查。

海关对已经调查终结的行政处罚案件,应当经过审查;未经审查程序不得作出撤销案件、不予行政处罚、予以行政处罚等处理决定。

海关审查时,应当审查案件的违法事实是否清楚,定案的证据是否客观、充分,调查取证的程序是否合法、适当,以及是否存在不予行政处罚或者减轻、从轻、从重处罚的情节,并提出处理意见。违法事实不清的案件、定案的证据不足或调查程序违法的应当退回补充调查。

不满14周岁的人有违法行为的,不予行政处罚,责令其监护人加以管教;已满14周岁不满18周岁的人有违法行为的,从轻或减轻行政处罚。

精神病人在不能辨别或者不能控制自己行为时有违法行为的,不予行政处罚,但应当责令其监护人严加看管和治疗。

告知、复核和听证。

告知。海关在作出行政处罚决定前,应当告知当事人作出决定的事实、理由和依据,并且告知当事人依法享有的权利。在履行告知义务时,海关应当制发行政处罚告知单,送达当事人。一般情况下,当事人应当在收到告知单的3个工作日内提出书面陈述、申辩和听证申请。逾期视为放弃权利。

复核。海关收到当事人的书面陈述、申辩意见后,应当进行复核;当事人提出的事实、理由或者证据成立的,海关应当采纳。经复核,变更原处罚告知事实、理由、依据、处罚幅度的,应当重新制发海关行政处罚告知单。

听证。

第一,举行听证的范围。根据《海关行政处罚实施条例》规定,海关在作出暂停从事有关业务,暂停报送从业;撤销海关注册登记,取消报关从业资格;对公民处1万元以上罚款,对法人或者其他组织处10万元以上罚款;没收有关货物、物品、走私运输工具等行政处罚决定之前,应当告知当事人有要求举行听证的权利。当事人要求听证的,海关应当组织听证,听证费用由海关承担。

第二,举行听证的申请。当事人应当在海关告知其听证权利之日起3日内,以书面形式向海关提出听证申请,因不可抗力或者其他特殊情况不能在规定期限内提出听证申请的,经海关同意可以在障碍消除后3日内提出听证申请。

第三,举行听证的决定。海关决定组织听证的,应当自收到听证申请之日起30日内举行听证,并在举行听证的7日以前书面通知申请人;决定不予听证的,应当在收到听证申请之日起5日内告知申请人。

(3)行政处罚的决定。海关关长应当根据对行政处罚案件审查的不同结果,依法作出以下决定:

①确有违法行为,应当给予行政处罚的,根据其情节和危害后果的轻重,作出行政处罚决定。

②依法不予行政处罚的,作出不予行政处罚的决定。

③符合撤销案件规定的,予以撤销。

④符合《海关行政处罚条例》规定的收缴条件的,予以收缴。

⑤违法行为涉嫌犯罪的,移送刑事侦查部门依法办理。

行政处罚决定书应当在宣告后当场交付当事人,当事人不在场的,海关应当在7日内将行政处罚决定书送达当事人。

(4)行政处罚决定的执行。

①执行。

海关作出行政处罚决定后,当事人应当在行政处罚决定书规定的期限内,予以履行。

当事人向海关提出延期或者分期缴纳罚款的,应当以书面方式提出申请。海关在收到申请后,应当在10个工作日作出是否准予延期、分期缴纳罚款的决定。同意当事人延期或者分期缴纳罚款的,执行完毕的期限自处罚决定书规定的履行期限届满之日起不得超过180日。

当事人逾期不履行行政处罚决定的,海关可以采取下列措施:到期不缴纳罚款的,每日按罚款数额的3%加处罚款;逾期不履行处罚决定,又不申请复议或者向人民法院提起诉讼的,海关可以将扣留的货物、物品、运输工具变价抵缴,或者以当事人提供的担保抵缴,也可以申请人民法院强制执行;受海关处罚的当事人在出境前未交清罚款、违法所得和依法追缴的货物、物品、走私运输工具的等值价款,也未向海关提供相当于上述款项担保的,海关可以制作阻止出境协助函,通知出境管理机关阻止其出境。

②中止执行。有下列情形之一的,应当中止执行:处罚决定可能存在违法或者不当情况的,经直属海关关长或者其授权的隶属海关关长批准;申请人民法院强制执行,人民法院裁定中止执行的;行政复议机关、人民法院认为需要中止执行的;其他依法应当中止的情形。

③恢复执行。中止执行的情形消失后,应当恢复执行。

④终结执行。

据以执行的法律文书被撤销的。

作为当事人的自然人死亡的。

作为当事人的法人或者其他组织被依法终止,又无权利义务承受人的,也无其他财产可供执行的。

海关行政处罚决定履行期限届满超过2年,海关依法采取各种执行措施后仍无法执行完毕的,但是申请人民法院强制执行情形除外。

申请人民法院强制执行,人民法院裁定中止执行后超过2年仍无法执行完毕的。

申请人民法院强制执行后,人民法院裁定终结执行的。

其他依法应当终结执行的。

(5)简单案件处理程序。

①简单案件,是指海关在行邮、快件、货管、保税监管等业务现场,以及其他海关监管、统计业务中,发现的违法事实清楚、违法情节轻微的案件,可以适用简单案件处理程序。适用简单案件处理程序的案件,海关进行现场调查后,可以直接制发行政处罚告知单,当场由当事人或者其代理人签收。

②简单案件程序的适用。适用简单案件处理程序的情形主要包括:适用《海关行政处罚实施条例》第15条第1、2项规定进行处理的;适用《海关行政处罚实施条例》第20条至第23条规定进行处理的;违反海关监管规定携带货币进出境,金额折合人民币20万元以下的;其他违反海关监管规定,案件货物价值在人民币20万元以下的,物品价值在人民币5万元以下的。

③适用简单案件程序的告知、调查取证和制发行政处罚告知单。适用简单案件程序办理案件的,海关应当告知当事人,当事人应当根据海关要求提交有关单证材料。办理案件的,海关应当当场立案,立即开展调查取证。

海关进行现场调查后,应当当场制发行政处罚告知单,并将其交由当事人或者其代理人当场签收。对符合《行政处罚法》第33条规定的简单案件,可以不制发行政处罚告知单。

④行政处罚决定书的制发。适用简单案件程序办理的案件,海关应当在立案后5个工作日以内制发行政处罚决定书或者不予行政处罚决定书,送达当事人或者其代理人。有下列情形之一的,海关可以当场制发行政处罚决定书,并当场送达当事人或者其代理人:当事人对被告知的事实、理由以及依据无异议,并填写了《放弃陈述、申辩、听证权利声明》的;当事人对海关告知的内容提出陈述、申辩意见,海关能够当场进行复核,且当事人对当场复核意见无异议的。

⑤适用简单案件程序的终止。有下列情形之一的,海关应当终止适用简单案件程序,适用一般程序规定办理,并告知当事人:适用简单案件处理程序过程中,海关对当事人提出的陈述、申辩意见无法当场进行复核的;海关当场复核后,当事人对海关的复核意见仍然不服的;当事人当场依法向海关要求听证的,或海关认为需要进一步调查取证的,海关不得当场作出行政处罚决定,而应当按照一般程序规定办理。

【技能自测】

(1)既适用于走私行为,也适用于违规行为的行政处罚形式是(　　)。

　　A.警告　　　　B.罚款　　　　C.没收货物　　　　D.没收违法所得

解析:本题知识点是"海关行政具体处罚形式",对走私行为的行政处罚有6条,对违反海关监管规定的行为的行政处罚有5条,共同处罚方式有罚款、没收违法所得、撤销注册登记。本题正确选项是BD。

(2)(　　)不得设定对管理相对人的行政处罚

　　A.法律　　　　B.行政法规　　　　C.海关总署公告　　　　D.直属海关公告

解析:本题知识点是"海关执法依据",海关行政处罚是指海关根据法律授予的行政处权力,对公民、法人或者其他组织违反海关法律、行政法规,依法不追究刑事责任的走私行为和违反海关监管规定的行为,以及法律、行政法规规定由海关实施行政处罚的行为所实施的一种行政制裁。部门规章、规范性文件均不得设定对管理相对人的行政处罚。因此CD是正确的选项。

(3)海关在作出(　　)决定之前,应当告知当事人有要求听证的权利。

A. 撤销海关注册登记　　　　B. 暂停报关执业

C. 对法人处5万元罚款　　　D. 没收走私运输工具

解析:本题知识点为"行政处罚中听证的范围"、"举行听证的范围"。根据《海关行政处罚实施条例》规定,海关在作出暂停从事有关业务,暂停报送从业;撤销海关注册登记,取消报关从业资格;对公民处1万元以上罚款,对法人或者其他组织处10万元以上罚款;没收有关货物、物品、走私运输工具等行政处罚决定之前,应当告知当事人有要求举行听证的权利。本题正确选项是ABD。

案例讨论

陈光对违规处罚不服,如何获得救济?

2012年7月17日,陈光乘坐中国南方航空公司航班从泰国抵达中国汕头机场,随身携带人民币40万元,经中国汕头机场海关旅检大厅进境未进行申报,查验关员查获并扣押该笔款项,同时还开具了海关扣留凭单。2013年4月26日,陈光收到中华人民共和国汕头海关的处罚决定书。该处罚决定书认定:陈光于2012年7月17日乘坐中国南方航空公司航班从泰国抵达汕头机场,进境时选择无申报通道,被海关从其随身携带的密码箱中查获人民币40万元整,其中38万元人民币没有向海关申报。以上事实,有海关旅检现场查验记录、查问笔录、相片、海关扣留凭单等证据为证。根据《中华人民共和国海关行政处罚实施细则》中的规定,决定没收陈光走私进境的人民币38万元。

试根据以上案例分析:

(1)陈光若不能接受该项处罚决定,该如何维护自己的权利?

(2)海关作出这样的处罚是合理的吗?

解析:

(1)陈光若是对该处罚不服的话,有两种方法可以维护自己的权益:第一种是依据《中华人民共和国复议法》的相关规定,自本处罚决定之日起60日内向上一级海关(海关总署)申请复议;第二种是依据《中华人民共和国海关法》的相关规定,自本处罚判决书送达之日起30日内,直接向汕头市中级人民法院起诉。

(2)海关作出这样的处罚是有理有据的。

陈光携带40万元人民币进入无申报通道是一种违法行为,因为国家货币为限制进出境物品,携带人民币超过20000元以上者,应向海关申报,本案中当事人直接选择无申报通道入境,违反了《通关规定》,属于逃避海关监管的行为。所以按照《中华人民共和国海关行政处罚实施细则》的规定对其作出的处罚是合理的。

12.7 海关行政复议制度

12.7.1 海关行政复议制度的内涵

1. 海关行政复议的含义

海关行政复议是指公民、法人或者其他组织不服海关及其工作人员作出的具体行政行为,认为该行政行为侵犯其合法权益,依法向海关复议机关提出复议申请,请求重新审查并纠正原具体行政行为,海关复议机关依照法定程序对上述具体行政行为的合法性和适当性(合理性)进行审查并作出决定的海关法律制度。

海关行政复议是因公民、法人或者其他组织认为海关具体行政行为侵犯其合法权益而引起的。其申请人是公民、法人或者其他组织,被申请人则是作出具体行政行为的海关。而海关行政复议机关是作出具体行政行为海关的上一级海关。

2. 海关行政复议的特征

(1)海关行政复议的申请人是公民、法人或者其他组织。

(2)海关行政复议的被申请人是作出具体行政行为的海关。

(3)海关行政复议是因公民、法人或者其他组织,认为海关具体行政行为侵犯其合法权益而引起的。

(4)海关行政复议机关是作出具体行政行为海关的上一级海关。对海关总署直接作出的具体行政行为不服而申请复议的,海关总署是复议机关。

3. 海关行政复议的范围

公民、法人或者其他组织可以向海关申请行政复议的范围主要包括:

(1)对海关作出的警告,罚款,没收货物、物品、运输工具和特制设备,追缴无法没收的货物、物品、运输工具的等值价款,没收违法所得,暂停从事有关业务或者执业,撤销注册登记,取消报关从业资格及其他行政处罚决定不服的。

(2)对海关作出的收缴有关货物、物品、违法所得、运输工具、特制设备决定不服的。

(3)对海关作出的限制人身自由的行政强制措施不服的。

(4)对海关作出的扣留有关货物、物品、运输工具、账册、单证或者其他财产,封存有关进出口货物、账簿、单证等行政强制措施不服的。

(5)对海关收取担保的具体行政行为不服的。

(6)对海关采取的强制执行措施不服的。

(7)对海关确定纳税义务人、确定完税价格、商品归类、确定原产地、适用税率或者汇率、减征或者免征税款、补税、退税、征收滞纳金、确定计征方式以及确定纳税地点等其他涉及税款征收的具体行政行为有异议的(以下简称"纳税争议")。

(8)认为符合法定条件,申请海关办理行政许可事项或者行政审批事项,海关未依法办理的。

(9)对海关检查运输工具和场所,查验货物、物品或者采取其他监管措施不服的。

(10)对海关作出的责令退运、不予放行、责令改正、责令拆毁和变卖等行政决定不服的。

(11)对海关稽查决定或者其他稽查具体行政行为不服的。
(12)对海关作出的企业分类决定以及按照该分类决定进行管理的措施不服的。
(13)认为海关未依法采取知识产权保护措施,或者对海关采取的知识产权保护措施不服的。
(14)认为海关未依法办理接受报关、放行等海关手续的。
(15)认为海关违法收取滞报金或者其他费用,违法要求履行其他义务的。
(16)认为海关没有依法履行保护人身权利、财产权利的法定职责的。
(17)认为海关在政府信息公开工作中的具体行政行为侵犯其合法权益的。
(18)认为海关的其他具体行政行为侵犯其合法权益的。

纳税争议事项,公民、法人或者其他组织应当依据《海关法》的规定,先向海关行政复议机关申请行政复议,对海关行政复议决定不服的,再向人民法院提起行政诉讼,即实行复议前置的原则。

12.7.2　海关行政复议制度的基本内容

1. 海关行政复议的管辖

(1)海关行政复议实行上级复议的原则,即对海关具体行政行为不服的,作出该具体行政行为海关的上一级海关为复议机关。
(2)对海关总署作出的具体行政行为不服的,海关总署为复议机关。
(3)两个以上海关以共同的名义作出具体行政行为的,其共同的上一级海关为复议机关。
(4)海关与其他行政机关以共同的名义作出具体行政行为的,海关和其他行政机关共同上一级行政机关为复议机关。
(5)对海关总署与国务院其他部门共同作出的具体行政行为不服,由海关总署、国务院其他部门共同作出处理决定。
(6)海关设立的派出机构、内设机构或者其他组织,未经法律、行政法规授权,对外以自己名义作出具体行政行为的,该海关的上一级海关为复议机关。

2. 海关行政复议的程序

(1)海关行政复议的申请。
①申请人。海关行政复议的申请人,是指认为自己的合法权益受到海关具体行政行为的侵犯,依法向海关复议机关申请复议的公民、法人或者其他组织。

有权申请行政复议的公民死亡的,其近亲属可以申请行政复议。

有权申请行政复议的法人或者其他组织终止的,承受其权利的公民、法人或者其他组织可以申请行政复议。法人或者其他组织实施违反海关法的行为后,有合并、分立或者其他资产重组情形,海关以原法人、组织作为当事人予以行政处罚,并且以承受其权利义务的法人、组织作为被执行人的,该被执行人可以以自己的名义申请行政复议。

②被申请人。公民、法人或者其他组织对海关作出的具体行政行为不服申请行政复议的,作出该具体行政行为的海关是被申请人。

两个以上海关以共同的名义作出具体行政行为的,以作出具体行政行为的海关为共同被申请人。

海关与其他行政机关以共同的名义作出具体行政行为的,海关和其他行政机关为共同被申请人。

下级海关经上级海关批准后以自己的名义作出具体行政行为的,以作出批准的上级海关为被申请人。

海关设立的派出机构、内设机构或者其他组织,未经法律、行政法规授权,对外以自己名义作出具体行政行为的,以该海关为被申请人。

③第三人。在行政复议期间,申请人以外的公民、法人或者其他组织认为与被审查的海关具体行政行为有利害关系的,可以向海关行政复议机构申请作为第三人参加行政复议。海关行政复议机构认为申请人以外的公民、法人或者其他组织与被审查的具体行政行为有利害关系的,应当通知其作为第三人参加行政复议。

④申请的期限。公民、法人或者其他组织认为海关的具体行政行为侵犯其合法权益的,可以自知道该具体行政行为之日起60日内提出行政复议申请。因不可抗力或者其他正当理由耽误法定申请期限的,期限自障碍消除之日起继续计算。

⑤申请的方式。申请人可以书面形式,也可以口头形式申请行政复议,但口头申请的,复议机构应当当场制作行政复议申请笔录,并由申请人签字。

(2)海关行政复议申请的受理。

海关行政复议机关收到行政复议申请后,对复议申请进行审核。不予受理的,应制作行政复议申请不予受理决定书,并送达申请人。凡是符合法定的范围、条件和要求的,自收到复议申请书之日起5个工作日内作出受理决定,并制作《行政复议申请受理通知书》和《行政复议答复通知书》,分别送达申请人和被申请人。行政复议申请自海关行政复议机构收到复议申请之日起即为受理之日。

申请人就同一事项向两个或者两个以上有权受理的海关申请行政复议的,由最先收到行政复议申请的海关受理;同时收到行政复议申请的,由双方在10日内协商确定,协商不成的,由共同上一级海关在10日内指定受理海关。

两个以上的复议申请人,对同一海关具体行为分别向海关复议机关申请行政复议,或同一申请人对同一海关的数个相同类型,或者具有关联性的具体行政行为,分别向海关复议机关申请行政复议的,海关复议机关可以并案受理,并以后一个申请复议的日期为正式受理日期。

(3)海关行政复议的审理。

海关行政复议的审理工作是指海关行政复议机关受理复议案件后,对复议案件的事实是否清楚、适用依据是否准确、程序是否合法等方面进行全面审查的过程。

海关行政复议案件的审理实行合议制,由不得少于3人的单数的行政复议人员审理,其中一人担任主审。对事实清楚、案情简单、争议不大的案件,可以不适用合议制,但应当由2名以上行政复议人员参加审理。

案件受理后,有下列情形之一的,海关行政复议机构可以采用听证的方式审理案件:
①申请人提出听证要求的。
②申请人与被申请人对事实争议较大的。
③申请人对具体行政行为适用依据有异议的。
④案件重大复杂或者争议的标的价值较大的。

⑤海关行政复议机构认为有必要听证的其他情形。

除涉及国家秘密、商业秘密、海关工作秘密或者个人隐私的案件外,听证应当公开举行。

(4)海关行政复议的决定。

海关复议机构在对案件依法审理后,提出处理意见,经海关行政复议机关负责人审查批准后,作出复议决定。

①作出复议决定的期限。

海关行政复议机关应当自受理申请之日起 60 日内作出行政复议决定。有下列情况之一的,经海关行政复议机关负责人批准,可以延长 30 日:行政复议案件案情重大、复杂、疑难的;经申请人或其代理人同意的;有第三人参加行政复议的;申请人、第三人提出新的事实或者证据需进一步调查的;决定举行行政复议听证的。

海关行政复议机关延长复议期限,应当制作《延长行政复议审查期限通知书》,并且送达申请人、被申请人和第三人。

②复议决定的种类。

决定维持。海关行政复议机关对于原海关的行政行为适用依据正确,具体行政行为所认定的事实清楚、证据确凿,符合法定权限、法定程序,内容适当的复议案件应给予维持的决定。

决定被申请人限期履行法律职责。对于复议申请人要求被申请人履行某一法定职责有事实和法律上的依据、被申请人具有这一法定职责,且被申请人未履行此法定职责无正当理由的,海关行政复议机关经审理后认为被申请人的不作为行为属于未履行法定职责的,应作出责令其在一定期限内履行法定职责的决定。

变更决定。对于案件认定事实清楚、证据确凿、程序合法,但是明显不当或者适用依据错误的;或案件认定事实不清、证据不足,但是经海关行政复议机关审理查明事实清楚、证据确凿的,海关行政复议机关可以决定变更。

撤销决定或责令被申请人在一定期限内重新作出具体行政行为。被申请人作出的具体行政行为符合下列条件之一的,海关行政复议机关可以作出撤销决定或者确定其违法:主要事实不清、证据不足;适用依据错误;违反法定程序;超越或滥用职权;具体行政行为明显不当。

对于决定撤销或者确认该具体行政行为违法的,可以责令被申请人在一定期限内重新作出具体行政行为。

行政复议机关责令被申请人重新作出具体行政行为的,被申请人不得以同一事实和理由作出与原具体行政行为相同或者基本相同的具体行政行为。

(5)海关行政复议和解与复议调解。

海关行政复议和解,是指公民、法人或其他组织,对海关作出的具体行政行为不服申请行政复议,在海关行政复议机关作出行政复议决定之前,申请人和被申请人双方在自愿、合法基础上达成和解协议,并报请海关复议机关审查批准的活动。

海关行政复议调解,是指公民、法人或其他组织,对海关作出的具体行政行为不服申请行政复议,以及行政赔偿、查验赔偿或者行政补偿纠纷的行政复议处理中,海关行政复议机关在查明事实基础上进行协调,引导申请人和被申请人在自愿、合法基础上达成调解协议的活动。

在海关行政复议中,对于符合条件的案件,可以遵循自愿、合法、公正、合理、及时、便民原则,进行复议和解与调解。但是,行政复议和解、调解,不是办理行政复议案件的必经程序。

【技能自测】

(1)(　　),不能采取口头形式提出。

　　A.申请行政许可　　B.申请行政复议　　C.申请行政申诉　　D.申请行政裁定

解析:本题知识点为"当事人申请的具体形式",申请人可以书面形式,也可以口头形式申请行政复议,但口头申请的,复议机构应当当场制作行政复议申请笔录,并由申请人签字。行政许可要求书面申请,行政申诉要求提交申诉材料,行政裁定要求提交书面申请。本题ACD为正确选项。

(2)某进出口公司于今年3月1日向海关申报进口一批木材,当日海关向该企业填发了海关专用缴款书,并在企业缴纳税款后放行了货物。今年5月1日,该企业对此票货物的海关税则归类有异议,该企业可以通过(　　)方式获得救济。

A.申请行政复议　　B.提起行政诉讼　　C.申请行政申诉　　D.申请行政裁定

解析:本题知识点是"行政复议前置"原则,对海关确定纳税义务人、确定完税价格、商品归类、确定原产地、适用税率或者汇率、减征或者免征税款、补税、退税、征收滞纳金、确定计征方式以及确定纳税地点等其他涉及税款征收的具体行政行为有异议的(以下简称"纳税争议"),纳税争议事项,公民、法人或者其他组织应当依据《海关法》的规定,先向海关行政复议机关申请行政复议,对海关行政复议决定不服的,再向人民法院提起行政诉讼,即实行复议前置的原则。本题A项是正确选项。

(3)下列情形中,可以向海关申请行政复议的有(　　)

A.对海关作出的限制人身自由的行政强制措施不服的

B.认为海关违法收取滞报金的

C.对海关税则归类有异议的

D.对海关关于该企业分类不服的

解析:以上均属于海关行政复议范围中的18项内容,正确选项为ABCD。

案例讨论

申请海关行政复议的期限有多长

海关行政复议实行"不申报,不复议",海关行政复议期限延长,是适时启动行政复议程序不可或缺的重要环节。请先看以下案例:

2013年1月,荣华公司因货物申报情况与实际进口货物不符,被某海关处罚款人民币35万元,有关《行政处罚决定书》于1月20日送达荣华公司,该公司对此未提出异议,并执行了处罚决定。2013年3月中旬,荣华公司获悉海关对另一公司相似的申报不实行为只罚款人民币10万元,即认为该海关先前对其作出的处罚决定过重,遂于4月1日向该海关的上一级海关申请行政复议,请求行政复议机关考虑其实际过错程度重新进行量罚。复议机关经审查认为,荣华公司针对该海关处罚决定提出复议请求已超出《海关行政复议办法》规定的申请时限,且不存在延长期限的法定事由,复议机关根据《行政复议法》和《海关行政复议办法》的有关规定,对荣华公司的复议申请作出不予受理决定。

请分组讨论：
(1)海关行政复议期限到底有多长？如何计算？
(2)哪些情形可以延长申请期限？
(3)荣华公司是否还有其他救济途径可供选择？请说出具体实操步骤。

12.8 海关行政申诉制度

12.8.1 海关行政申诉制度概述

1. 海关行政申诉制度的含义

海关行政申诉制度是指公民、法人或者其他组织不服海关作出的具体行政行为,但在法定期限内未申请行政复议或提起行政诉讼,或者不服海关行政复议决定,但在法定期限内未提起行政诉讼的,向海关提出申诉请求,海关对原具体行政行为的合法性和适当性进行审查并作出处理决定的法律救济制度。

海关行政申诉是对已经丧失行政复议和诉讼救济权利的当事人,本着保护当事人合法权益、实事求是、有错必纠的原则,再给当事人一次陈述理由、申辩意见的机会。

2. 海关行政申诉制度的作用

为了规范海关申诉案件的办理,保护公民、法人或者其他组织的合法权益,保障和监督海关依法行使职权,海关总署依据《海关法》《行政处罚法》及其他有关法律、行政法规,制定了《海关办理申诉案件暂行规定》,该规定的实施,对及时解决行政争议,提高行政效率,监督海关依法行使行政职权,进一步贯彻执法为民、依法行政理念,减轻信访压力,缓解社会矛盾都会产生积极的作用。

12.8.2 海关行政申诉制度的基本内容

1. 海关办理申诉案件的范围

(1)公民、法人或者其他组织不服海关作出的具体行政行为,但在法定期限内未申请行政复议或提起行政诉讼,向海关提出申诉请求的案件。

(2)公民、法人或者其他组织不服海关行政复议决定,但在法定期限内未提起行政诉讼,向海关提出申诉请求的案件。

(3)海关有关部门接到公民、法人或者其他组织的信访、投诉,如涉及海关具体行政行为或者行政复议决定的合法性问题,由申诉人按规定提出申诉要求而转送海关申诉审查部门的申诉案件。

2. 海关办理申诉案件的管辖

(1)申诉案件的管辖海关。

①申诉人可以向作出原具体行政行为或者复议决定的海关提出申诉,也可以向其上一级海关提出申诉。

②对海关总署作出的具体行政行为或者复议决定不服的,应当向海关总署提出申诉。

③海关总署认为必要时,可以将不服广东省内直属海关作出的具体行政行为或者行政复议决定向海关总署提出申诉的案件,交由广东分署办理。

(2)海关申诉审查部门。

①对海关调查、缉私部门经办的具体行政行为不服的申诉案件,由调查、缉私部门具体负责办理。

②对其他海关具体行政行为和复议决定不服的申诉案件,由负责法制工作的机构具体负责办理。

3. 海关办理申诉案件的程序

(1)申诉人提出申诉申请。申诉人提出申诉应当递交书面申诉材料,申诉材料中应写明申诉人的基本情况、明确要求撤销或者变更海关原具体行政行为的申诉请求、具体事实和理由。

(2)海关受理申诉申请。海关申诉审查部门收到申诉人的书面申诉材料后,应当在5个工作日内进行审查,作出受理或不予受理的决定。决定受理申诉的,海关申诉审查部门收到书面申诉材料之日为受理之日。

对不符合本规定,有下列情况之一的,决定不予受理,并书面告知申诉人不予受理理由。

①申诉针对的具体行政行为或者复议决定不是海关作出的。

②申诉事项已经人民法院或者行政复议机关受理,正在审查处理中的。

③申诉事项已经人民法院作出判决的。

④申诉事项已经其他海关作为申诉案件受理或者处理的。

⑤申诉事项已经海关申诉程序处理,申诉人重复申诉的。

⑥仅对海关制定发布的行政规章或者具有普遍约束力的规定、决定提出不服的。

⑦请求事项已超过法律、行政法规规定的办理时限的。

⑧其他依法不应受理的情形。

对符合海关办理申诉案件规定,但需要转送其他海关处理的,应当将申诉材料转送相应海关,同时书面通知申诉人,由接受转送的海关办理。

(3)海关审查申诉案件。

①申诉案件的审查内容:申诉审查部门应当对原具体行政行为、行政复议决定是否合法进行审查。

②申诉案件的审查方法一:申诉案件的审查原则上采取书面审查的办法;申诉人提出要求或者申诉审查部门认为在必要时,可以向有关组织和人员调查情况,听取申诉人、与申诉案件有利害关系第三人的意见,听取作出原具体行政行为或者复议决定的海关或者原经办部门的意见。

③申诉案件的审查方法二:申诉审查部门认为需要向作出具体行政行为或者复议决定的海关或者原经办部门了解情况的,可以在受理申诉之日起7个工作日内,将申诉材料副本发送该海关或者经办部门,该海关或者经办部门应当自收到申诉材料副本之日起10个工作日内,书面说明有关情况,并提交当初作出具体行政行为或者复议决定的有关证据材料。

④申诉案件的审理人员:原具体行政行为、复议决定的经办人员不得担任申诉案件的审理人员。申诉人认为申诉案件的审理人员与本案有利害关系或者有其他关系的,有权申请审理人员回避,审理人员的回避由申诉审查部门负责人决定,申诉审查部门负责人的回避由其所属海关负责人决定。

4. 申诉案件的撤销、撤诉

(1)申诉案件的撤销。海关在受理申诉之后,作出处理决定之前,发现有上述"决定不予受理"情形之一的,应当撤销申诉案件,并书面告知申诉人。

(2)申诉案件的撤诉。申诉案件处理决定作出前,申诉人可以撤回申诉,撤回申诉应当以书面形式提出。申诉人撤回申诉的,海关应当终止申诉案件的审查。

5. 申诉案件的处理决定

(1)海关作出处理决定的时限。海关应当在受理申诉之日起60日内作出处理决定,情况复杂的案件,经申诉审查部门负责人批准,可以适当延长,但延长期限最多不超过30日。延长审查期限应当书面通知申诉人。

(2)海关处理决定的种类。

①原具体行政行为、复议决定认定事实清楚,证据确实充分,适用依据正确,程序合法,内容适当的,决定维持,驳回申诉人的申诉请求。

②海关有不履行法定职责情形的,决定在一定期限内履行或者责令下级海关在一定期限内履行。

③原具体行政行为有下列情形之一的,决定撤销、变更或者确认违法;需要重新作出具体行政行为的,由原作出具体行政行为的海关重新作出:主要事实不清,证据不足的;适用依据错误的;违反法定程序,可能影响公正处理的;超越或者滥用职权的;具体行政行为明显不当的。

④原复议决定违反法定程序,可能影响公正处理的,决定撤销,由原复议机关重新作出复议决定。

(3)申诉案件处理决定的送达。对申诉案件作出处理决定应当制发法律文书,加盖海关行政印章,并在7个工作日内将法律文书送达申诉人。

6. 申诉人救济途径

申诉人对经申诉程序改变后的具体行政行为或者重新作出的具体行政行为仍不服的,还可以依法申请行政复议、提起行政诉讼。

综合实训

天津华峰机械设备有限公司委托新新国际货运公司以一般贸易方式向海关申报进口汽车零部件。经海关审单和查验发现,天津华峰机械设备有限公司实际进口数量多于申报数量,涉嫌漏缴税款人民币25万元,且部分零部件涉嫌侵犯在海关总署备案的知识产权。经海关进一步调查,该进口货物收货人无以伪报、瞒报方式逃避海关监管、偷逃应缴税款的主观故意,进口汽车零部件申报不实是由于公司业务员提供申报材料有误及新新公司报关员未认真核查有关单证、工作疏忽所致。根据上述案例,解答下列问题:

(1)由于申报不实导致漏缴税款人民币 25 万元,天津华峰机械设备有限公司构成的应该是走私罪、走私行为,还是违规行为?

(2)两公司如对海关处理决定不服,可如何处理以维护自身权益?

(3)对于涉嫌侵权的零部件,海关是否可以直接扣留?应如何处理?

解析:

(1)由于不存在逃避海关监管、偷逃应缴税款的主观故意,该公司构成违规行为。

(2)向上级海关申请行政复议,对复议决定不服的,方可向人民法院提起行政诉讼。

(3)不能直接扣留,应当不予放行,书面通知知识产权权利人。

12.9 海关行政裁定制度

12.9.1 海关行政裁定制度的内涵

1. 海关行政裁定的含义

海关行政裁定是指海关在货物实际进出口前,应对外贸易经营者的申请,依据有关海关法律、行政法规和规章,对与实际进出口活动有关的海关事务作出的具有普遍约束力的决定。

2. 海关行政裁定的作用

(1)海关行政裁定保证各海关执法的统一性和规范性,避免不同的对外贸易经营者在不同的海关、于不同的时间受到不同的待遇。

(2)加大海关法律规范解释的透明度,促成对外贸易经营者知法、守法经营。

(3)增强海关执法和对外贸易经营者贸易活动的可预知性,加快通关速度,降低贸易成本,提高贸易效率。

(4)通过在法律制度上限制海关的自由裁量权,降低执法风险。

3. 海关行政裁定的适用范围

海关行政裁定主要适用以下海关事务:

(1)进出口商品的归类。

(2)进出口货物原产地的确定。

(3)禁止进出口措施和许可证件的适用。

(4)海关总署决定适用本办法的其他海关事务等。

12.9.2 海关行政裁定制度的主要内容

1. 海关行政裁定的程序

(1)海关行政裁定的申请。

①申请人。海关行政裁定的申请人只能是在海关注册登记的进出口货物经营单位。进出口货物经营单位可以自行向海关申请,也可以委托他人向海关提出申请。

②申请期限和方式。除特殊情况外,申请人一般应当在货物拟作进口或出口的 3 个月

前向海关总署或者直属海关提交书面申请。

申请人每一份申请只能就一项海关事务请求行政裁定。如果申请人有多项海关事务要求裁定的,必须逐项提出。

申请人不得就同一项海关事务向两个或者两个以上海关提交行政裁定申请。

③申请书的主要内容。申请人应当按照海关要求填写海关行政裁定申请书,主要内容包括:申请人的基本情况;申请行政裁定的事项;申请行政裁定的货物的具体情况;货物预计进出口日期及进出口口岸;海关认为需要说明的其他情况。

④提交申请书及其他申请资料的要求。

申请人应当按照海关要求提供足以说明申请事项的资料,包括进出口合同或意向书的复印件、图片、说明书、分析报告等。

申请书所附文件如为外文,申请人应同时提供外文原件及中文译文。

申请书应当加盖申请人印章,所提供文件与申请书应当加盖骑缝章。

申请人委托他人申请的,应当提供授权委托书及代理人的身份证明。

海关认为必要时,可要求申请人提供货物样品。

⑤商业秘密的保护。申请人为申请行政裁定向海关提供的资料,如果涉及商业秘密,可以要求海关予以保密。申请人对所提供资料的保密要求,应当书面向海关提出,并具体列明需要保密的内容,除司法程序要求提供的以外,未经申请人同意,海关不应泄露。

(2)海关行政裁定的受理。

①直属海关收到行政裁定申请书后,应予初审。

对符合规定的申请,应在接受申请之日起3个工作日内,移送海关总署或其授权机构。申请资料不符合有关规定的,海关应当书面通知申请人在10个工作日内补正。

②海关总署或授权机构应当自收到申请书之日起15个工作日内,审核决定是否受理,决定受理的需书面告知申请人,不予受理的应当说明理由。

①具有下列情况之一的,海关不予受理:申请超出行政裁定范围的;申请人不具备资格的;申请与实际进出口活动无关的;海关已就同一事项作出有效的行政裁定或有其他明确规定的;经海关认定不予受理的其他情形。

(3)海关行政裁定的审查。

①海关行政裁定的审查机构应为海关总署或海关总署授权的机构。

②海关在受理申请后,作出行政裁定以前,可以要求申请人补充提供相关资料或货物样品。

申请人主动向海关提供新的资料或样品作为补充的,应当说明原因,海关审查决定是否采用。

申请人在规定期限内未能提供有效、完整的资料或样品,影响海关作出行政裁定的,海关可以终止审查。

③审查过程中,海关可以征求申请人以及其他利害关系人的意见。申请人可以在海关作出行政裁定前,以书面形式向海关申明撤回申请。

(4)海关作出行政裁定。

海关对申请人申请的海关事务应当根据有关事实和材料,依据有关法律、行政法规、规章进行审查并作出行政裁定。海关应当自受理申请之日起60日内作出行政裁定。

海关作出的行政裁定应当书面通知申请人,并对外公布。

2. 海关行政裁定的法律效力

海关作出的行政裁定自公布之日起在中华人民共和国关境内统一适用。进口或者出口相同情形的货物,应当适用相同的行政裁定。对于裁定生效前已经办理完毕裁定事项有关手续的进出口货物,不适用该裁定。

3. 海关行政裁定的失效与撤销

(1)海关行政裁定的失效。海关作出行政裁定所依据的法律、行政法规及规章中的相关规定发生变化,影响行政裁定效力的,原行政裁定自动失效。

(2)海关行政裁定的撤销。有下列情况之一的,由海关总署撤销原行政裁定:

①原行政裁定错误的。

②因申请人提供的申请文件不准确或者不全面,造成原行政裁定需要撤销的。

③其他需要撤销的情形。

海关撤销行政裁定的,应当书面通知原申请人,并对外公布。撤销行政裁定的决定,自公布之日起生效。

经海关总署撤销的行政裁定对已经发生的进出口活动无溯及力。

海关总署应公布自动失效或被撤销的行政裁定,并应告知申请人。

4. 海关行政裁定的异议审查

进出口活动的当事人对于海关作出的具体行政行为不服,并对该具体行政行为依据的行政裁定持有异议的,可以在对具体行政行为申请复议的同时,一并提出对行政裁定的审查申请。复议海关受理该复议申请后,应将其中对于行政裁定的审查申请移送海关总署,由总署作出审查决定。

案例讨论

涉嫌违法货物无法扣留,海关是否有权收取担保?

2012年4月18日,安丰化工有限公司向某海关申领B××××8100002号来料加工手册,此后,安丰公司持该手册以加工贸易方式陆续进口高密度聚乙烯原料150吨。2012年11月15日,某海关经稽查发现,安丰公司进口保税料件存在数量短少情形。经进一步核查安丰公司来料加工料件库存情况、合同执行情况以及国产料件采购情况,某海关确认安丰公司进口的高密度聚乙烯原料数量短少55吨,同时掌握了上述短少料件已有部分在国内销售的初步证据。在此情况下,某海关以涉嫌擅自销售保税料件为由对安丰公司立案调查,同时依法扣留了涉案进口原料及库存成品。鉴于手册项下进口55吨高密度聚乙烯原料去向不明,无法扣留,某海关向安丰公司收取上述货物等值价款人民币65万元作为案件保证金。

2012年12月8日,安丰公司就此向某海关的上一级海关申请行政复议,安丰公司辩称,其在开展来料加工外,还从事一般贸易,加工成品国内销售,一般贸易与加工贸易进口原料存放同一库房,两种料件未严格区分,不当串换是造成保税料件短少的主要原因。因此并未实施擅自内销保税料件的违法行为,请复议机关依法撤销某海关收取的担保的具体行政行为。

复议机关经审理认为,某海关扣留走私嫌疑或违规货物是《海关法》赋予的法定职责;涉嫌货物无法或不便扣留的,某海关向当事人收取等值担保有法有据;上述保证金最终处理结果取决于安丰公司涉案行为是否违法。因此,2013年1月13日,复议机关作出行政复议决定,维持某海关收取担保的具体行政行为。

分组讨论:

(1)海关事务担保制度规定的4种情形是什么?本案涉及海关在什么情形下收取担保,请具体阐述。

(2)海关事务担保可以用哪些财产,当事人不提供担保会承担何种法律后果,请分别阐述。

(3)海关如何处理担保财产?

本章小结

1. 海关统计是海关依法对进出口货物贸易的统计,是国民经济统计的组成部分。要求了解海关统计的含义、性质与特点,重点掌握我国海关统计范围,将其分为列入海关统计的进出口货物、不列入海关统计的货物和不列入海关统计但实施单项统计的货物;重点掌握海关统计项目以及对海关统计项目规范性要求。

2. 海关稽查是海关监督管理职能的实现方式,是海关监管制度的主要组成部分。要求了解海关稽查的含义、特征目标,重点掌握海关稽查对象、海关稽查方式、海关稽查的实施程序;熟悉与海关稽查相关的法律责任。

3. 海关事务担保是与进出境活动有前自然人、法人或其他组织在向海关申请从事特定海关业务和办理特定海关事务时,以向海关提交保证金、保函等担保,承诺在一定期限内履行义务或者承担责任的法律行为,要求了解海关事务担保概念,重点掌握海关事务担保4个一般适用范围,掌握海关事务担保的4种方式,了解办理海关事务担保的五大程序。

4. 知识产权保护是海关依法禁止侵犯知识产权的货物进出口的措施,是世界贸易组织通用的边境措施。要求了解知识产权的含义、知识产权海关保护的范围及模式,重点掌握知识产权海关保护的备案过程,掌握申请扣留和发现扣留两种重要保护担保的条件,了解海关对侵权嫌疑货物调查处理过程。

5. 海关行政许可指海关行政机关根据公民、法人或者其他组织的申请,经依法审查,准予其从事特定活动的行为。要求了解海关行政许可的含义、原则,重点掌握海关行政许可两大范围,包括法律法规设定的项目和国务院公布的项目,掌握海关行政许可的一般程序与听证程序。

6. 海关行政处罚是指海关根据法律授予的行政处罚权力,对依法不追究刑事责任的走私行为、违反海关监管规定的行为以及法律、行政法规规定由海关实施行政处罚的行为所实施的一种行政制裁。要求了解行政处罚的含义、性质、原则,重点掌握海关行政处罚的3个范围及其对应处罚措施,掌握海关行政处罚的管辖、处罚5种基本形式和2种具体方式,了解海关行政处罚一般规定、案件调查、处理决定、决定的执行简单案件处理程序。

7. 海关行政复议是指不服海关及其工作人员作出的具体行政行为,依法向海关复议机关提出复议申请,请求重新审查并纠正原具体行政行为,以及海关复议机关进行审查并作出决定的海关法律制度。要求了解海关行政复议含义、特征、作用,重点掌握海关行政复议的范围、管辖;掌握海关行政复议的程序,包括申请期限、申请方式、申请受理、复议审理、复议决定等内容。

8. 海关行政申诉是指不服海关作出的具体行政行为,但在法定期限内未申请行政复议或未提起行政诉讼,或者不服行政复议决定但在法定期限内未提起行政诉讼的,向海关提出申诉请求,海关进行审查并作出决定的救济制度。要求重点掌握行政申诉制度含义,重点掌握办理申诉的范围、管辖,了解海关办理申诉案件的程序及申诉人的救济途径。

9. 海关行政裁定是指海关在货物实际进出口前,应对外贸易经营者的申请,依据有关海关法律、行政法规和规章,对与实际进出口活动有关的海关事务作出的具有普遍约束力的决定。要求掌握海关行政裁定的适用范围,熟悉海关行政裁定的程序及法律效力。

习题与实训

1. 单项选择题

(1) 下列进出口货物不列入海关统计的是( )。
   A. 退运货物　　　　　　　　　　B. 租赁期1年及以上的租赁进出口货物
   C. 保税区进出境货物　　　　　　D. 一般贸易方式进出口货物

(2) 下列进出口货物不列入海关统计的是( )。
   A. 一般贸易进出口货物
   B. 加工贸易进出口货物
   C. 租赁期在1年及以上的租赁进出口货物
   D. 无商业价值的进出口货样或者广告品

(3) 海关稽查具有特定的期限,即必须在法定的期限内,对与进出口有关的企业实施才具有法律效力,下列有关稽查期限的表述,错误的是( )。
   A. 对于一般进出口货物,海关的稽查期限是自货物放行之日起3年内
   B. 对于保税货物,海关的稽查期限是海关监管期限
   C. 对于特定减免税货物,海关的稽查期限是海关监管期限及其后的3年内
   D. 对于暂准进出境货物,海关的稽查期限是自货物办结海关手续之日起2年内

(4) 担保人可以凭( )向海关提供担保。
   A. 人民币存单　　　　　　　　　B. 各种外币
   C. 政府主管部门的保函　　　　　D. 中国人民银行的保函

(5) 东京回合《海关估价守则》规定了6种可供选择的估价方法,下列选项中,不属于海关估价方法的是( )。
   A. 实际成交价格　　　　　　　　B. 相同产品的成交价格
   C. 类似商品成交价格　　　　　　D. 目标价格

(6) 稽查组实施稽查后,应当向海关提出稽查报告。海关应当在收到稽查报告之日起

( )日内作出《海关稽查结论》并送达被稽查人。

A. 5   B. 7   C. 15   D. 30

(7)知识产权权利人接到海关发现知识产权侵权嫌疑货物的书面通知,请求海关扣留侵权嫌疑货物,经海关同意提供总担保的,总担保金额不得低于人民币( )。

A. 10万元   B. 15万元   C. 20万元   D. 50万元

(8)下列各项中,说法正确的是( )。

A. 暂准进出境货物的使用、管理不纳入海关稽查范围内

B. 海关稽查是从海关对货物放行后3年内实施的

C. 一般进口货物的使用、管理不纳入海关稽查范围内

D. 海关稽查是针对所有进出口企业、单位的

(9)知识产权权利人可以在知识产权海关保护备案有效期届满前6个月内,向海关总署申请续展备案。下列对每次续展备案的有效期表述正确的是( )。

A. 1年   B. 3年   C. 7年   D. 10年

(10)下列对知识产权权利人请求海关扣留侵权嫌疑货物时,应当向海关提供担保额度的表述正确的是( )。

A. 货物价值2万元的,提供货物等值的担保

B. 货物价值2万元以上的,提供货物等值50%的担保

C. 货物价值2万元以下的,提供货物等值的担保

D. 货物价值1倍的担保

(11)根据《中华人民共和国海关法稽查条例》的规定,与进出口活动直接有关的企业、单位应当自进出口货物放行之日起( )年内保管好报关单证、进出口单证、合同以及与进出口业务直接有关的其他资料。

A. 1年   B. 2年   C. 3年   D. 永久

(12)经海关稽查,发现少征或者漏征的税款,应当从缴纳税款或者货物放行之日起( )年内,向被稽查人补征。因被稽查人违反规定而造成少征或者漏征的,海关可以在( )年内向被稽查人追征。

A. 1,3   B. 1,5   C. 3,5   D. 2,3

(13)根据《中华人民共和国海关法》,下列行为中,不属走私罪的行为是( )。

A. 未经海关许可,擅自开拆、提取、交付、发运、调换、改装、抵押或者转让海关监管货物的。

B. 以暴力抗拒检查走私物品,数额不大的。

C. 以牟利、传播为目的,邮寄国家禁止出口的文物出境的。

D. 携带国家禁止进出口的毒品进出境的。

(14)某进出口公司经海关实施稽查后,于1998年10月8日收到海关的稽查报告,该公司向海关送交其对稽查报告的书面意见的最后有效期限是( )。

A. 1998年10月14日   B. 1998年10月23日

C. 1998年10月15日   D. 1998年11月9日

(15)下列说法错误的是( )。

A. 海关行政处罚由发现违法行为的海关管辖,也可以由违法行为发生地海关管辖。

B. 两个以上海关都有管辖权的案件,由最后发现违法行为的海关管辖。

C. 管辖不明确的案件,由有关海关协商确定管辖,协商不成的,报请共同的上级海关指定管辖。

D. 重大、复杂的案件,可以由海关总署指定管辖。

(16)海关发现进出口货物有侵犯备案知识产权嫌疑的,应当立即书面通知知识产权权利人。知识产权权利人自通知送达之日起(　　)个工作日内提出扣留侵权嫌疑货物申请。

  A. 3   B. 7   C. 10   D. 15

(17)海关行政复议机关应当自受理申请之日起(　　)日内作出行政复议决定。

  A. 10   B. 15   C. 30   D. 60

(18)下列不属于海关行政裁定的范围的是(　　)。

  A. 进出口商品的归类。   B. 进出口货物运输方式的确定。

  C. 进出口货物原产地的确定。   D. 禁止进出口措施和许可证件的适用。

(19)申请人书面申请行政复议的,不可以采取(　　)方式递交行政复议申请书。

  A. 他人代交   B. 邮寄   C. 传真   D. 电子邮件

(20)根据《中华人民共和国海关稽查条例》的规定,海关稽查的时限是:(1)尚在监管期内的减免税进出口货物;(2)保税货物自进境之日起至海关核销结束后3年内;(3)一般进出口货物,应自海关放行之日起(　　)。

  A. 1年内   B. 3年内   C. 5年内   D. 8年内

2. 多项选择题

(1)关于知识产权海关保护备案与申请扣留侵权嫌疑货物两者之间的关系,下列表述错误的是(　　)。

  A. 只有办理了知识产权海关保护备案的权利人才有权申请扣留侵权嫌疑货物

  B. 没有办理知识产权海关保护备案的权利人申请扣留侵权嫌疑货物,必须补办备案

  C. 海关发现侵犯备案知识产权的嫌疑货物,即使权利人不提出申请,海关也应予扣留

  D. 没有办理知识产权海关保护备案的权利人,按规定申请扣留嫌疑货物的,只要提供担保,海关应当扣留侵权嫌疑货物

(2)下列选项中,属于海关行政许可事项的是(　　)。

  A. 报关企业注册登记   B. 报关员资格核准和注册登记

  C. 暂时进出口货物的核准   D. 保税仓库设立审批

(3)海关作为国家进出关境的监督管理机关,对(　　)具有行政许可权。

  A. 企业报关资格   B. 报关员的报关从业资格

  C. 企业从事对外贸易经营业务的资格   D. 企业从事海关监管货物仓储业务的资格

(4)下列项目中,属于海关行政许可范围的是(　　)。

  A. 报关员资格核准及注册登记   B. 报关单修改、撤销审批

  C. 进境货物直接退运核准   D. 加工贸易深加工结转核准

(5)根据《中华人民共和国海关行政处罚实施条例》,下列选项所表述的情形中,属于"违反海关监管规定的行为"的是(　　)。

  A. 进口货物的价格申报不实,并影响税款征收的

B. 未经海关许可,擅自将海关监管的特定减免税进口设备移作他用的
C. 进口国家限制进口的消耗臭氧层物质,申报进口时未能提交许可证的
D. 以伪报数量的方式逃避海关监督,偷逃应纳税额,擅自将出口加工区加工贸易货物运往区外的

(6) 下列情形中,可以向海关申请行政复议的有(　　)。
　A. 对海关作出的限制人身自由的行政强制措施不服的
　B. 认为海关违法收取滞报金的
　C. 对海关税则归类有异议的
　D. 对海关关于该企业的分类不服的

(7) 海关对下列(　　)具有行政裁定权。
　A. 进出口商品归类　　　　　　　B. 进出口货物的有关当事人行为合法性
　C. 禁止进出口措施和许可证的适用　D. 进出口货物原产地的确定

(8) 下列对海关监管对象表述正确的是(　　)。
　A. 进出境货物　　　　　　　　　B. 进出境的各国货币
　C. 利用管道输送出口的天然气　　D. 各国驻华使领馆用品

(9) 海关行政处罚的形式包括(　　)。
　A. 警告
　B. 罚款
　C. 没收走私货物、物品、运输工具及违法所得
　D. 取缔未经注册登记和未取得报关从业资格从事报关业务的企业和人员的有关活动。

(10) 海关稽查的对象也称为被稽查人,包括(　　)。
　A. 经营保税物流的企业　　　　　B. 使用减免税货物的企业
　C. 报关企业　　　　　　　　　　D. 报关员

3. 判断题(对的打"√",错的打"×")

(1) 对进口货物,海关将按照接受申报的日期统计。　　　　　　　　(　　)
(2) 申请人可以就同一项海关事务同时向两个直属海关提出行政裁定。　(　　)
(3) 海关在查验进出境货物、物品时,损坏被查验的货物、物品的,应当赔偿实际损失。
　　　　　　　　　　　　　　　　　　　　　　　　　　　　　　(　　)
(4) 纳税人认为海关征税有错误或者法律适用不当时,可以向海关申请复议,但同时应当在法律规定的时间内按海关核定的税额缴纳关税。　　　　　　　(　　)
(5) 个人进出境物品超出自用合理数量的,不列入海关统计。　　　　(　　)
(6) 海关发现进出口货物有侵犯备案知识产权嫌疑的,应当立即书面通知知识产权权利人。知识产权权利人在规定的时间内未向海关提出申请或者未提供担保的,海关不得扣留货物。　　　　　　　　　　　　　　　　　　　　　　　　　(　　)
(7) 海关行政许可的一般程序包括:申请与受理、变更与延续。　　　(　　)
(8) 直接向走私人非法收购走私进口货物的行为是违规行为。　　　　(　　)
(9) 海关调查、收集证据时,海关工作人员不得少于2人,并应当向被调查人出示证件。
　　　　　　　　　　　　　　　　　　　　　　　　　　　　　　(　　)

(10)海关行政复议申请人是公民、法人或者其他组织,被申请人则是作出具体行政行为的海关。   (   )

4. 综合实务题

2006年3月21日黑龙江省某进出口公司以FOB价格向海关申报进口某国生产的"心电图综合分析记录仪"2台。根据国家有关规定,该记录仪属于自动许可证管理及法定检验检疫商品,但是不属于倾销商品。海关放行后,收货人发现其中一台出现技术指标偏差问题,经该公司与供货人协商,同意另外免费补偿一台同型号的心电图综合分析记录仪。该补偿货物于2006年4月15日向海关申报进口。在正常使用8个月后,其中一台出现故障,运到境外修理后,于2007年3月1向海关申报复运进口。该批货物的销售合同中免费保修期为1年。

(1) 2台心电图综合分析记录仪进口报关时,应向海关提供(   )。
　　A. 自动进口许可证　　B. 入境通关单　　C. 发票　　D. 原产地证书

(2) 免费补偿的心电图综合分析记录仪在申报进口时,贸易方式应填报为(   )。
　　A. 一般贸易　　B. 不作价设备　　C. 无代价抵偿　　D. 其他贸易

(3) 免费补偿的心电图综合分析记录仪申报进口时,对进口税费表述正确的是(   )。
　　A. 若原货物已退运出境,海关已退还原征税款,则免费补偿进口货物照章征税。
　　B. 若原货物已放弃交由海关处理,则不得再向海关申请退还原征税款,但免费补偿进口货物可以免税进口。
　　C. 若收货人已将原货物在境内作削价处理,经海关对其残留价值补税后,则免费补偿进口货物可以免税进口。
　　D. 无论收货人对原货物作何处理,则免费补偿进口货物均可以免税进口。

(4) 运到境外修理的心电图综合分析记录仪,应当自出境之日起(   )内复运进境。
　　A. 1个月　　B. 一般为6个月,经海关批准可以延长3个月
　　C. 6个月　　D. 一般为6个月,经海关批准可以延长6个月

(5) 运到境外修理的心电图综合分析记录仪复运进境向海关申报时,应提供的单证及进口税费规定描述正确的是(   )。
　　A. 原进口货物报关单、税款缴款书,免税进口。
　　B. 原进口货物报关单、申报出境维修的出口报关单,免税进口。
　　C. 原进口货物报关单、申报出境维修的出口报关单、修理费和材料费等发票,征税进口。
　　D. 原进口货物报关单、税款缴款书、保修协议、售后服务合同,免税进口。

答案与解析

1. 单项选择题

(1)【答案】A

【解析】不列入海关统计的货物主要有:过境货物、转运货物和通运货物,以及退运货物、暂时进出口货物、边民互市贸易进出口货物和租赁期在1年以下的租赁货物;无商业价值的货样或者广告品。

(2)【答案】D

【解析】不列入海关统计的货物主要有:租赁期在1年以下的租赁货物;无商业价值的货样或者广告品;海关特殊监管区域之间、保税监管场所之间以及海关特殊监管区域和保税监管场所之间转移的货物。

(3)【答案】D

【解析】海关稽查具有特定的期限,即必须在法定的期限内,对与进出口有关的企业实施才具有法律效力。对于减免税进口货物,海关的稽查期限是海关监管期限;对于保税货物,海关的稽查期限是海关规定的监管期限,或自复运出境放行之日起3年内或经批准转为一般贸易进口放行之日起3年内;其他货物的稽查期限是在办结海关手续之日起3年内。

(4)【答案】A

【解析】担保人可以人民币、可自由兑换货币;汇票、本票、支票、债券、存单;银行或者非银行金融机构的保函;海关依法认可的其他财产、权利等财产或权利提供担保。

(5)【答案】D

【解析】东京回合《海关估价守则》规定了的估价方法包括:实际成交价格,相同产品的成交价格,类似商品成交价格,推定价格,计算价格,其他方法。

(6)【答案】D

【解析】海关实施稽查应当组成不少于2人的稽查组。稽查组实施稽查后,应当向海关提出稽查报告。海关应当在收到稽查报告之日起30日内作出《海关稽查结论》并送达被稽查人。

(7)【答案】C

【解析】知识产权权利人在一定时间内因接到海关发现侵权嫌疑货物,多次向海关提出扣留涉嫌侵犯其已在海关总署备案商标专用权的进出口货物申请时须提供总担保,总担保的金额应相当于知识产权权利人上一年度向海关申请扣留侵权嫌疑货物后发生的仓储、保管和处置等费用之和;知识产权权利人上一年度未向海关申请扣留侵权嫌疑货物或仓储处置费不足人民币20万元的,总担保金额为人民币20万元。

(8)【答案】B

【解析】海关稽查的对象包括企业、单位的进出口活动。海关稽查具有特定的期限,即必须在法定的期限内,对与进出口有关的企业实施才具有法律效力。对于减免税进口货物,海关的稽查期限是海关监管期限;对于保税货物,海关的稽查期限是海关规定的监管期限,或自复运出境放行之日起3年内或经批准转为一般贸易进口放行之日起3年内;其他货物的稽查期限是在办结海关手续之日起3年内。故A、C、D不正确。

(9)【答案】D

【解析】在知识产权有效的前提下,知识产权权利人可以在知识产权海关保护备案有效期届满前6个月内,向海关总署申请续展备案。每次续展备案的有效期为10年。知识产权海关保护备案有效期届满而不申请续展或者知识产权不再受法律、行政法规保护的,知识产权海关保护备案随即失效。

(10)【答案】C

【解析】知识产权权利人在接到海关发现侵权嫌疑货物通知后,向海关提出扣留涉嫌侵犯其已在海关总署备案商标专用权的进出口货物申请时,应按如下规定向海关提供担保:货物价值不足人民币2万元的,提供相当于货物价值的担保;货物价值为人民币2万至20万元的,提供相当于货物价值50%的担保,但总担保金额不得少于人民币2万元;货物价值超过人民币20万元的,提供人民币10万元的担保。

(11)【答案】C

【解析】被稽查人应当按规定设置和编制会计账簿、会计凭证、会计报表和其他会计资料,建立健全财务管理制度,真实、准确、完整地记录和反映进出口活动;并按照规定的保管期限保管会计账簿、会计凭证、会计报表和其他会计资料,按照国家财政部门规定实行会计电算化的被稽查人,应当将计算机储存的会计记录打印成中文书面会计记录,与软件说明书、磁盘等介质一起按规定保管;经海关确认的进出口货物报关单以及与进出口业务直接有关的其他资料应当自进出口货物放行之日起保管3年。

(12)【答案】A

【解析】经海关稽查,发现少征或者漏征的税款,应当从缴纳税款或者货物放行之日起1年内,向被稽查人补征。因被稽查人违反规定而造成少征或者漏征的,海关可以在3年内向被稽查人追征。

(13)【答案】A

【解析】下列情形属于走私行为:经过设立海关的地点,以藏匿、伪装、瞒报、伪报或者其他方式逃避海关监管,运输、携带、邮寄国家禁止或者限制进出境的货物、物品或者依法应当缴纳税款的货物、物品进出境的;使用伪造、变造的手册、单证、印章、账册、电子数据或者以其他方式逃避海关监管,擅自将海关监管货物、物品、进境的境外运输工具,在境内销售的。

(14)【答案】C

【解析】被稽查人应当自收到稽查报告之日起7日内提出书面意见送交海关。逾期未提交的,视为无意见。

(15)【答案】B

【解析】海关行政处罚由发现违法行为的海关管辖,也可以由违法行为发生地海关管辖。两个以上海关都有管辖权的案件,由最先发现违法行为的海关管辖。管辖不明确的案件,由有关海关协商确定管辖,协商不成的,报请共同的上级海关指定管辖。重大、复杂的案件,可以由海关总署指定管辖。

(16)【答案】A

【解析】海关发现进出口货物有侵犯备案知识产权嫌疑的,应当立即书面通知知识产权权利人。知识产权权利人自通知送达之日起3个工作日内提出申请,并提供担保的,海关应当扣留侵权嫌疑货物,书面通知知识产权权利人,并将海关扣留凭单送达收货人或者发货人。知识产权权利人逾期未提出申请或者未提供担保的,海关不得扣留货物。

(17)【答案】D

【解析】海关行政复议机关应当自受理申请之日起60日内作出行政复议决定。但若行政复议案件案情重大、复杂、疑难的;决定举行行政复议听证的;有第三人参加行政复议的;或申请人、第三人提出新的事实或者证据需进一步调查的,经海关行政复议机关负责人批准,可以延长30天。

(18)【答案】B

【解析】海关行政裁定的范围主要包括:进出口商品的归类;进出口货物原产地的确定;禁止进出口措施和许可证件的适用;海关总署决定适用本办法的其他海关事务等几个方面。

(19)【答案】A

【解析】申请人书面申请行政复议的,可以采取当面递交、邮寄、传真、电子邮件等方式递交行政复议申请书。

(20)【答案】B

【解析】海关稽查具有特定的期限,即必须在法定的期限内,对与进出口有关的企业实施才具有法律效力。对于减免税进口货物,海关的稽查期限是海关监管期限;对于保税货物,海关的稽查期限是海关规定的监管期限,或自复运出境放行之日起3年内或经批准转为一般贸易进口放行之日起3年内;其他货物的稽查期限是在办结海关手续之日起3年内。

2. 多选题

(1)【答案】ABC

【解析】知识产权权利人发现侵权嫌疑货物即将进出口的,可以向货物进出境地海关提出扣留侵权嫌疑货物的申请。海关发现进出口货物有侵犯备案知识产权嫌疑的,应当立即书面通知知识产权权利人。知识产权权利人申请扣留侵权嫌疑货物,并提供担保的,海关应当扣留侵权嫌疑货物,书面通知知识产权权利人,并将海关扣留凭单送达收货人或者发货人。

(2)【答案】ABCD

【解析】法律法规设定的海关行政许可事项包括：报关企业注册登记；报关员资格核准及注册登记；出口监管仓库、保税仓库设立审批；暂时进出口货物的审批，以及报关单修改、撤销审批。

(3)【答案】ABD

【解析】法律法规设定的海关行政许可事项包括：报关企业注册登记；报关员资格核准及注册登记；出口监管仓库、保税仓库设立审批；进出境运输工具改、兼营境内运输审批；海关监管货物仓储审批。

(4)【答案】ABCD

【解析】法律法规设定的海关行政许可事项包括：暂时进出口货物的审批，以及报关单修改、撤销审批；报关员资格核准及注册登记；出口监管仓库、保税仓库设立审批；进出境运输工具改、兼营境内运输审批；海关监管货物仓储审批；免税商店设立审批；加工贸易备案（变更）、外发加工、深加工结转、余料结转、核销、放弃核准。

(5)【答案】ABC

【解析】违反海关监管规定的行为包括：进出口货物的品名、税则号列、数量、规格、价格、贸易方式、原产地、启运地、运抵地、最终目的地或者其他应当申报的项目未申报或者申报不实；进出口属于自动进出口许可管理的货物，进出口货物的收发货人向海关申报时不能提交自动许可证明。

(6)【答案】ABCD

【解析】公民、法人或者其他组织可以向海关申请行政复议的范围主要包括：对海关作出的警告，罚款，没收货物、物品、运输工具和特制设备，追缴无法没收的货物、物品、运输工具的等值价款，没收违法所得，暂停从事有关业务或者执业，撤销注册登记，取消报关从业资格及其他行政处罚决定不服的；对海关作出的收缴有关货物、物品、违法所得、运输工具、特制设备决定不服的；对海关作出的限制人身自由的行政强制措施不服的；对海关作出的扣留有关货物、物品、运输工具、账册、单证或者其他财产，封存有关进出口货物、账簿、单证等行政强制措施不服的；对海关确定纳税义务人、确定完税价格、商品归类、确定原产地、适用税率或者汇率、减征或者免征税款、补税、退税、征收滞纳金、确定计征方式以及确定纳税地点等其他涉及税款征收的具体行政行为有异议的。

(7)【答案】ACD

【解析】海关行政裁定的范围主要包括：进出口商品的归类；进出口货物原产地的确定；禁止进出口措施和许可证件的适用；海关总署决定适用本办法的其他海关事务等几个方面。

(8)【答案】ABCD

【解析】海关依法监管进出境的运输工具、货物、行李物品、邮递物品和其他物品，征收关税和其他税、费，查缉走私，并编制海关统计和办理其他海关业务。

(9)【答案】ABCD

【解析】海关行政处罚的形式包括：警告；罚款；没收走私货物、物品、运输工具及违法所得；撤销报关企业和海关准予从事海关监管货物的运输、储存、加工、装配、寄售、展示等业务的企业的注册登记，取消报关从业资格，暂停从事有关业务或者执业；取缔未经注册登记和未取得报关从业资格从事报关业务的企业和人员的有关活动。

(10)【答案】ABC

【解析】海关稽查的对象包括企业、单位的进出口活动。具体包括：进出口申报；进出口关税和其他税、费的缴纳；进出口许可证、件的交验；与进出口货物有关的资料记载、保管；保税货物的进口、使用、储存、加工、销售、运输、展示和复出口；减免税进口货物的使用、管理；转关运输货物的承运、管理；暂时进出口货物的使用、管理；以及其他进出口活动。

3. 判断题（对的打"√"，错的打"×"）

(1)【答案】×

【解析】海关统计时间指的是海关对进出口货物实施统计的时间。进口货物按照海关放行日期进行统计；出口货物按照海关结关日期进行统计。进口转关运输货物按照指运地海关放行的日期进行统计；出口转关运输货物按照启运地海关的结关日期进行统计。

(2)【答案】×

【解析】申请人不得就同一项海关事务向两个或两个以上海关提出行政裁定。

(3)【答案】√

【解析】《海关法》第九十四条规定，海关在查验进出境货物、物品时，损坏被查验的货物、物品的，应当赔偿实际损失。

(4)【答案】√

【解析】当事人申请行政复议的，并不免除其应当按照海关的行政决定履行的海关义务。

(5)【答案】×

【解析】根据《中华人民共和国海关法》的规定，个人携带进出境的行李物品、邮寄进出境的物品，应当以自用、合理数量为限，并接受海关监管。

(6)【答案】√

【解析】海关发现进出口货物有侵犯备案知识产权嫌疑的，应当立即书面通知知识产权权利人。知识产权权利人自通知送达之日起3个工作日内提出申请，并提供担保的，海关应当扣留侵权嫌疑货物，书面通知知识产权权利人，并将海关扣留凭单送达收货人或者发货人。知识产权权利人逾期未提出申请或者未提供担保的，海关不得扣留货物。

(7)【答案】×

【解析】海关行政许可的一般程序包括：申请与受理、审查与决定、变更与延续。

(8)【答案】×

【解析】按走私行为论处的行为主要包括：明知是走私进口的货物、物品，直接向走私人非法收购的；在内海、领海、界河、界湖，船舶及所载人员运输、收购、贩卖国家禁止或者限制进出境的货物、物品，或者运输、收购、贩卖依法应当缴纳税款的货物，没有合法证明的。

(9)【答案】√

【解析】海关实施稽查应当组成不少于2人的稽查组。海关工作人员进行稽查时，应当向被稽查人出示《中华人民共和国海关稽查证》。

(10)【答案】√

【解析】海关行政复议是因公民、法人或者其他组织认为海关具体行政行为侵犯其合法权益而引起的。其申请人是公民、法人或者其他组织，被申请人则是作出具体行政行为的海关。而海关行政复议机关是作出具体行政行为海关的上一级海关。

4. 综合实务题

(1)【答案】ABC

【解析】该记录仪属于自动许可证管理及法定检验检疫商品，进口报关时，应向海关提供自动进口许可证、入境通关单以及发票。

(2)【答案】C

【解析】进出口货物在海关放行后，因残损、缺少、品质不良或规格不符，由进出口货物的发货人、承运人或者保险公司免费补偿或更换的与原货物相同或者与合同规定相符的货物为无代价抵偿货物。

(3)【答案】AC

【解析】无代价抵偿贸易方式下，被更换的原出口货物退运进境时不征收进口关税和进口环节税。但原货物退运出境时，海关已退还原征税款，则免费补偿进口货物照章征税。若收货人已将原货物在境内作削价处理，经海关对其残留价值补税后，则免费补偿进口货物可以免税进口。

(4)【答案】CD

【解析】货物出境后,在境外维修的期间为出境之日起 6 个月,可以申请延长,延长的期限最长不超过 6 个月。

(5)【答案】B

【解析】进出境修理货物免缴纳进出口关税和进口环节税,但要向海关提供担保,并接受海关后续监管。出境修理的货物复运进境向海关申报时,应提供原进口货物报关单、申报出境维修的出口报关单。

参考文献

[1] 海关总署报关员资格考试教材编写委员会.报关员资格全国统一考试教材.北京:中国海关出版社,2013.

[2] 海关总署报关员资格考试教材编写委员会.进出口商品名称与编码.北京:中国海关出版社,2013.

[3] 国务院关税税则委员会办公室.中国关税制度、政策与实践.北京:中国财政经济出版社,2011.

[4] 中国海关报关实用手册编写组.中国海关报关实用手册.北京:中国海关出版社,2015.

[5] 李齐.现代关税实务.北京:中国海关出版社,2012.

[6] 杨鹏强,林青.电子口岸实务.北京:中国海关出版社,2010.

[7] 敖汀,张永刚.关税业务实训.北京:北京大学出版社,2012.

[8] 宗慧明.海关商品归类学.北京:中国海关出版社,2009.

[9] 钟昌元.进出口商品归类教程.上海:上海人民出版社,2009.

[10] 苏州工业园区海关.报关实务一本通.北京:中国海关出版社,2012.

[11] "关务通·加贸系列"编委会.加工贸易典型案例启示录.北京:中国海关出版社,2014.

[12] 刘晓斌.报关业务操作.北京:中国人民大学出版社,2012.

[13] 罗兴武.进出口报关实务.北京:中国人民大学出版社,2012.

[14] 姚长佳.报关实训教程.大连:大连理工大学出版社,2010.

[15] 程敏然,董晓波.报关实务与实训.合肥:安徽大学出版社,2009.

[16] 谢国娥.海关报关实务.上海:华东理工大学出版社,2013.

[17] 张瑞夫,于文婷.新编报检实务.大连:大连理工大学出版社,2011.

[18] 夏英祝,郑兰祥.国际贸易与国际金融.合肥:安徽大学出版社,2012.

[19] 陈宪,张鸿.国际贸易理论、政策与案例.上海:上海财经大学出版社,2012.

[20] 田运银.国际贸易实务精讲.北京:中国海关出版社,2012.

[21] 杨鹏强.国际货运代理操作实务.北京:中国海关出版社,2010.

[22] 丁行政.国际贸易单证实务.北京:中国海关出版社,2010.